西方城市史学

陈恒 等著

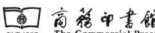

图书在版编目(CIP)数据

西方城市史学/陈恒等著.—北京:商务印书馆,2017
 ISBN 978-7-100-14565-7

Ⅰ.①西⋯ Ⅱ.①陈⋯ Ⅲ.①城市史-研究-西方国家 Ⅳ.①K915

中国版本图书馆CIP数据核字(2017)第173113号

权利保留,侵权必究。

责任编辑:谷 雨
装帧设计:胡 枫

西方城市史学
陈 恒 等著

商 务 印 书 馆 出 版
(北京王府井大街36号 邮政编码100710)
商 务 印 书 馆 发 行
山 东 鸿 君 杰 文 化 发 展
有 限 公 司 印 刷
ISBN 978-7-100-14565-7

2017年9月第1版　开本640×960　1/16
2017年9月第1次印刷　印张33.75
定价:120.00元

目 录

绪 论

西方城市史的兴起、发展与现状 / 3

总 论

第一章 城市起源 / 13
    第一节 权势创造城市——论农业时代的城市起源 / 13
    第二节 聚落形态与城市起源研究 / 35

西方古代中世纪城市史

第二章 西方古代城市的兴衰 / 55
    第一节 古代城市的源起 / 55
    第二节 古希腊城市的发展历程 / 67
    第二节 古罗马城市的发展历程 / 78

第三章 西方古代城市与古典文明 / 87
    第一节 古雅典城市的公共空间与民主政治 / 87
    第二节 城市公共空间与民主机制的运作 / 92
    第三节 古雅典城市的文化生活形态 / 95
    第四节 古罗马的城市建筑与古典欢娱 / 104

第四章 西欧中世纪城市的兴起 / 114
    第一节 中世纪城市起源问题的探索 / 114
    第二节 中世纪城市的兴起过程 / 119
    第三节 中世纪城市的类型及规模 / 122

第五章 社会政治体系中的中世纪城市 / 126
    第一节 城市共同体与城市自治运动 / 126
    第二节 城市市政机构与管理 / 129

第三节　城市同盟 / 132
　　第四节　城市与国王的结盟 / 134

第六章　中世纪城市的形态与结构 / 137
　　第一节　城市景观与空间结构 / 137
　　第二节　城市社会结构 / 140
　　第三节　城市工商业组织 / 142
　　第四节　城市政治机制的演变 / 147

第七章　中世纪城市的经济社会功能 / 152
　　第一节　城乡的共生与互动 / 152
　　第二节　城市对农村经济的冲击 / 156
　　第三节　城市与国内外贸易市场 / 159
　　第四节　城市成长为文化与社会中心 / 162

第八章　中世纪城市的历史作用与命运 / 167
　　第一节　中世纪城市对近代因素的孕育 / 167
　　第二节　中世纪晚期的城市危机与转型 / 175

分　论

伊斯兰城市

第九章　伊斯兰城市 / 187
　　第一节　伊斯兰城市形成 / 187
　　第二节　伊斯兰城市发展与辉煌 / 191
　　第三节　建立世界贸易圈的尝试与挫败 / 199
　　第四节　伊斯兰城市的行政管理体系与阶级结构 / 209
　　第五节　伊斯兰城市文明在世界城市文明中的地位 / 220

英国城市史

第十章　第一个城市社会 / 227
　　第一节　工业革命 / 227
　　第二节　现代城市的崛起 / 231
　　第三节　第一个城市社会 / 240

第十一章　现代城市的发展 / 251

第一节　向郊区扩展 / 251
　　第二节　新城运动 / 257
　　第三节　城市更新与城市复兴 / 262
第十二章　城市管理与城市生活 / 269
　　第一节　城市政府的改革 / 269
　　第二节　城镇世俗生活 / 276
　　第三节　城镇宗教生活 / 281

法国城市史

第十三章　法国近代早期的城市发展，1500—1800 年 / 287
　　第一节　1700 年之前的法国城市 / 288
　　第二节　18 世纪法国的城市发展 / 300
　　第三节　启蒙时代的巴黎 / 306
第十四章　现代法国的城市发展轨迹，1800—1911 年 / 313
　　第一节　革命冲击与"城市剧场" / 314
　　第二节　19 世纪法国城市化的历程 / 324

美国城市史

第十五章　从农村到城市——传统城市化时期 / 337
　　第一节　19 世纪上半期区域城市化 / 337
　　第二节　19 世纪下半期工业化与城市化 / 341
第十六章　从城市到大都市区——新型城市化时期 / 348
　　第一节　美国成为一个大都市区化国家 / 348
　　第二节　大都市区的横向蔓延与郊区化 / 355
第十七章　城市的社会经济生活与城市管理 / 362
　　第一节　城市问题的恶化与社会改革 / 362
　　第二节　城市生活的场景 / 369
　　第三节　城市管理与城市改革 / 374

理论与方法

第十八章　城市研究的多重视野 / 381

第一节　社会科学视野 / 382
　　第二节　人文学科的研究视野 / 392
　　第三节　都市文化研究的方法论体系 / 398

西方城市史学的理论和方法

第十九章　从对城市的最初研究到新城市史 / 405
　　第一节　欧洲对城市社会的最初研究 / 405
　　第二节　芝加哥学派 / 408
　　第三节　以城市史为视角解释历史 / 414

第二十章　城市化理论 / 416
　　第一节　城市化理论的提出 / 416
　　第二节　人口城市化 / 417
　　第三节　结构城市化 / 419
　　第四节　行为城市化、城市化的阶段划分 / 420
　　第五节　"皇家城市化" / 421

第二十一章　都市—地区理论 / 424
　　第一节　都市主义理论提出的学术背景 / 424
　　第二节　凯尔莱斯的都市主义理论 / 427
　　第三节　斯蒂尔特的城市—腹地理论 / 429

第二十二章　关于城市郊区化研究 / 434
　　第一节　从城市化到郊区化 / 434
　　第二节　郊区化的阶段划分 / 435
　　第三节　郊区化的发展进程 / 437
　　第四节　美国郊区的人口特征和种族、阶级结构 / 438
　　第五节　郊区化造成的社会后果 / 439

第二十三章　后现代主义和全球化理论对城市史学的挑战 / 441
　　第一节　后现代主义的出场 / 441
　　第二节　环境史学对城市史学的介入 / 442
　　第三节　全球化理论对城市史的挑战 / 444

第二十四章　城市史是否是一门学科？ / 453
　　第一节　来自各方面的质询 / 453
　　第二节　对什么是城市和城市史的回答 / 454

第三节　结论　/　455

西方城市史与城市理论对中国城市研究的影响

第二十五章　"城市"概念的从无到有　/　459
　　第一节　中国古代并无"城市"的概念　/　459
　　第二节　"城市"概念的产生和城市史研究的起步　/　465
　　第三节　西方界定城市的标准对中国的影响　/　468
第二十六章　西方城市规划对中国近现代城市规划的影响　/　474
　　第一节　中国古代缺少系统的城市规划理论　/　474
　　第二节　西方城市规划对中国近现代城市规划的影响　/　475
第二十七章　西方理论对中国城市史研究的影响　/　482
　　第一节　"坊市制崩溃"与"中世纪城市革命"　/　482
　　第二节　区域研究　/　487
　　第三节　施坚雅模式　/　490

附录　/　499
参考文献　/　499
海外城市研究杂志指南　/　514

城市与都市的本源意义（代后记）　/　528

绪 论

西方城市史的兴起、发展与现状

城市的诞生也就意味着城市史的诞生。城市史研究涵盖的领域非常广泛，不仅研究城市的起源、嬗变，研究城市本身的历史与文化，研究城市与人、自然之间的关系，研究城市设施、居民生活与礼俗的变迁，而且还要研究那些有关城市的理论。本书从城市起源、社会进程、理论渊源、学科发展等几个方面来论述城市史学产生的内在逻辑；从有关城市史期刊、城市史研究组织、城市史研究主题、城市史理论与方法等几个方面来论述城市史学的蓬勃发展。具有显著跨学科性质的城市史学综合了各门学科的优势，吸收了不同的观念与方法，以独特的视角研究城市的历史、现状并审视未来。处于急剧转型时期的当代中国，城市化的速度越来越快，伴随这一进程也出现了一系列问题，因此这一研究不仅有着重要的学术价值，而且有着人类关怀的现实意义。

工业革命对近代世界的影响是难以估量的。它不仅在技术上取得了突飞猛进的进展，而且改变了人类的生活方式。与这个过程相伴随的是人口从乡村向城市的大规模流动，比如在19世纪20、30年代，英国许多城市的人口以每十年40%到70%的速度增长，[1]到1900年，居住在城市的人口已达70%。[2]由于年轻人是这种流动的主体，传统家庭生活瓦解了，道德观念变化了。设施不佳、空前拥挤的城市本身成了许多新来居民的人间地狱。由于居住拥挤以及卫生环境条件恶劣，穷人区居民的健康水平下降，犯罪率也呈上升趋势。[3]社会处于从乡村到城市、从传统到现代的激烈转型时期：个人如何生存？家庭如何应对这种挑战？城市恶劣的卫生、交通状况如何解决？城市化对资产阶级、中产阶级、无产阶级又意味着什么？这一切对自然科学、社会科学的发展最终又会带来那些影响？……一些重要的思想家都亲身经历了这一变革，对此都有着切身的体会。因而，腾尼斯(Ferdinand Tönnies，1855—1936)提出了礼

---

[1] 巴克勒等：《西方社会史》(第3卷)，霍文利等译，广西师范大学出版社2005年，第54页。
[2] Paul Cloke, Philip Crang and Mark Goodwin(ed.), *Introducing Human Geographies*, 2nd., Hodder Arnold, 2005, p.425.
[3] 斯特恩斯等：《全球文明史》，赵铁峰等译，中华书局2006年，第647页。

俗社会(Gemeinschaft)和法理社会(Gesellschaft)的概念,前者指小规模的、有内聚力的、紧密团结在一起的共同体,后者指由现代城市或国家组成的庞大而复杂的"大社会";涂尔干(Emile Durkheim,1858—1917)在读书时把大部分时间都用来研究那些失去了稳定社会规范引导的人们的惶惑不安的心理状态;齐美尔(Georg Simmel,1858—1918)也论述城市社会对人们心态的影响;①马克思也一直关注城市问题,恩格斯的《英国工人阶级状况》更是经典的城市著作;韦伯(Max Weber,1864—1920)则以更精确的历史分析方法考察了大量城市。城市问题促进了社会学研究的快速发展,也是城市史研究兴起的社会背景。

在所有社会科学中,社会学和人类学在观点上与历史学最为接近。当代社会与过去社会之间的分界线是微妙的、不断变动的,而且是人为的……有一些极其重要的问题——例如文化转移、不同社会之间的接触所引起的变化——对于人类学家、社会学家和历史学家来说,都是同等重要的研究主题。②可见,历史学与社会学之间并不存在任何逻辑上或方法上的分野。因此,历史学家从马克思、韦伯等思想家首创的社会科学中汲取社会结构理论、社会变化理论,并把这些理论应用到城市史、家庭史这类直接反映当今现实问题的研究中并非偶然。③这是城市史兴起的理论渊源,城市史与社会理论紧密结合在一起。当下的中国城市史研究也不例外,运用了大量的社会理论方法。美国汉学家施坚雅(G. William Skinner)主编的《中华帝国晚期的城市》一书就"标志着对中国城市的研究,已经跳出了晦涩难懂的传统汉学的窠臼,开始进入了历史社会科学的比较城市研究的轨道"。④而王笛新近出版的《街头文化》更是其中杰出的代表。⑤与此前的自上到下的对城市精英和城市管理、警察的研究不同,这个研究提供了一个从下到上的考察视角,以街头和丰富的街头文化贯穿全书。⑥

从学科本身来看,城市史属于新文化史的一个分支,是新史学发展的必然

---

① 斯特龙伯格:《西方现代思想史》,刘北成、赵国新译,中央编译出版社 2005 年,第 412 页。
② 巴勒克拉夫:《当代史学主要趋势》,杨豫译,北京大学出版社 2006 年,第 60-61 页。
③ John Tosh, *The Pursuit of History*, revised 3ed., Longman, 2002, p.326.
④ 芝加哥大学金斯伯格(Norton Ginsburg)对《中华帝国晚期的城市》(叶光庭等译,中华书局 2000 年)的评论。转引自行龙:《也论中国近代的城市化》,刊杨念群、黄兴涛、毛丹主编:《新史学——多学科对话的景象》(下),中国人民大学出版社 2003 年,第 528 页。
⑤ 王笛:《街头文化:成都公共空间、下层民众与地方政治,1870—1930》,李德英等译,中国人民大学出版社 2006 年。该书因其史料的丰富、方法的缜密、思想的深邃,对城市史研究有着重大的贡献,于 2005 年膺获"美国城市史研究会最佳著作奖"。
⑥ 英国《中国季刊》评论语。同见注⑤,第 399 页。

结果。二战以后的西方史学界发生了两次重大变化,一是自20世纪50年代中期以来的"新史学"(又称"社会史")挑战了以兰克为代表的传统史学,社会史逐渐取代了政治史,成为史学研究的主流。这一时期的主要史学流派有:法国年鉴学派、英国马克思主义历史学派(或称"新社会史学派")、美国的社会科学史学派(或称"克莱奥学派",Cliometricians)等,其中年鉴学派影响最大。到了20世纪70年代后期,肇始于法国的"新文化史"(又称"社会文化史")取代"新史学"成为西方史学界的新宠。为了区别以布克哈特(Jacob Burckhardt,1818—1897)、哈伊津哈(Johan Huizinga,1872—1945)等人为代表的文化史,美国杰出的女历史学家林·亨特于1989年在《新文化史》①中首次将这种史学流派称为"新文化史"。需要特别注意的是,在新史学(政治史→社会史→新文化史)成为主流以后,传统史学并未寿终正寝,而是继续存在和发展,并与新史学相抗衡,只是大势已去而已。在新文化史家看来,"文化"并不是一种被动的因素,文化既不是社会或经济的产物,但也不是脱离社会诸因素独立发展的,文化与社会、经济、政治等因素之间的关系是互动的;个人是历史的主体,而非客体,他们至少在日常生活或长时段里影响历史的发展。因此,研究历史的角度发生了变化,新文化史家不追求"大历史"(自上而下看历史)的抱负,而是注重"小历史"(自下而上看历史)的意义,即历史研究从社会角度的文化史学转向文化角度的社会史学,从过去注重对历史因果关系的探究转变到对事物和事件意义的探究。②持久追求新话题的新文化史,③自然会把最能表达西方文明本质的城市作为研究对象。

城市史研究涵盖的领域非常广泛,不仅研究城市的起源、嬗变,研究城市本身的历史与文化,研究城市与人、自然之间的关系,研究城市设施、居民生活与礼俗的变迁,而且还要研究那些有关城市的理论。西方人关注城市,最早可追溯到希腊神话、史诗、哲人、地理学家以及历史学家的记述。苏格拉底曾说:"乡村的旷野和树木不能教会我任何东西,但是城市的居民却做到了"。④到了中世纪,"城市使人自由"又成了人人皆知的谚语。西方历史上自然也就充斥着大量有关城市的文献,但这些记述并不属于现代意义上的城市史研究。

---

① Hunt Lynn(ed.), *The New Cultural History*, University of California Press, 1989.
② Alan Gordon, Introduction: the new cultural history and urban history: intersections, in *Urban History Review*, Vol.33, 2004.
③ 法国史家费雷的看法。见Francois Furet, "Beyond the annale," *Journal of Modern History*, 55, No.3(1983), p.405。
④ 科特金:《全球城市史》,王旭等译,社会科学文献出版社2006年,第31-32页。

自20世纪早期以来,这一切都逐渐改变了。有关城市史的期刊与连续出版物出现了,城市史研究组织越来越系统化了,城市研究主题越来越明确了,理论与方法也越来越能反映出自身的本质特色。一言以蔽之,科学的城市史已经真正建立起来了,城市研究空前繁荣。

史学杂志是史学发展到一定阶段的必然产物,是史学深入研究的必要条件,是史学持续发展的物质载体,也是史学普及与专业化的标志。第一批史学专业杂志产生于19世纪后半期,以德国的《历史杂志》(1859)、法国的《历史杂志》(1876)、英国的《英国历史评论》(1886)、意大利的《历史杂志》(1888)和美国的《美国历史评论》(1895)为代表。随着近代文明在全球的扩延,创办史学杂志之风也蔓延到了世界各地。稍后,随着史学研究的进一步深化,又产生了分科更细的史学杂志,如经济史、社会史、妇女史等专业杂志及地区史、国别史等区域和断代专业杂志。当然,城市史也是其中一个重要的分支,最近几十年涌现出一大批这类杂志,比如《中欧城市史文献》(*Beiträge zur Geschichte der Städte Mitteleuropas*,1963①)、《现代城市史通报》(*Informationen zur modernen Stadtgeschichte*,1970)、《城市史评论》(*Urban History Review*,1972)、《城市史杂志》(*Journal of Urban History*,1973)、《城市史年鉴》(*Urban History Yearbook*,1974)、《城市史、城市社会学、古迹保护杂志》(*Zeitschrift für Stadtgeschichte,Stadtsoziologie und Denkmalpflege*,1974)、《历史上的城市》(*Stadt in der Geschichte*,1977)、《城市史》(*Storia urbana*,1977)、《古老城市》(*Die alte Stadt*,1978)、《都市:艺术、历史和城市人类文化学》(*Urbi: arts,histoire,ethnologie des villes*,1979)、《城市史》(*Urban History*,1992)、《规划史研究》(*Planning History Studies*,2002)、《规划史杂志》(*Journal of Planning History*,2002)等一大批专业杂志。这些杂志设立专题以引导研究的方向,报道相关的史料与书目以便于学者的研究,在促进城市史研究方面发挥着重大作用。

专业团体是学科发展的重要支撑,更是一个学科成熟的标志。随着城市的快速发展,自20世纪20年代以来西方世界陆续成立了一些城市史专业组织。成立于1919年的城市史协会(Institute of Urban History)是欧洲最古老的城市史研究中心,旨在促进有关城市史、市镇史和地方史的研究。②美国历史

---

① 为创刊时间,下同。详见本书附录2。
② 当时是作为瑞典城镇联盟(the Confederation of Swedish Towns)的一个组成部分存在的。参阅 http://www.historia.su.se/urbanhistory/eauh/organisers.htm。

协会的城市史小组(An Urban History Group of the American Historical Association)建立于20世纪20年代早期。伴随着城市化浪潮,20世纪60年代以来又陆续建立了许多这类组织。城市事务协会(The Urban Affairs Association,UAA)的宗旨是促进有关城市生活、城市化消息的发布,支持高等学府、研究机构有关城市事务的发展,在促进城市事务专业化、学术化方面提供强有力的支持。[1]位于英国莱斯特大学(Leicester University)的城市史中心(The Centre for Urban History,CUH)成立于1985年,现已成为城市史方面跨学科研究、研究生教育重要的国际性中心。[2]美国城市和区域规划史协会(The Society for American City and Regional Planning History,SACRPH)的宗旨是促进美国规划史的教学、研究、出版和公共教育。[3]伦敦大学和伦敦博物馆及其他机构一起于1988年成立了大城市史中心(Centre for Metropolitan History,CMH),目的是用宏观和比较的方法,研究伦敦自建成以来的特性和历史。[4]在欧盟的支持下,"欧洲城市史协会"(European Association for Urban History,EAUH)于1989年建立。[5]国际规划史协会(International Planning History Society,IPHS)成立于1993年,目的是促进世界范围内的规划史研究。[6]这些协会会员包含历史学家、社会学家、地理学家、人类学家、艺术史家、建筑史家、经济学家、规划学家、公共事务人员以及其他各领域的专家。它们为社会培养了大量的硕士、博士人才;为成员出版、举办会议、相互联系提供方便。这一切都大大促进了城市史研究。

韦伯、库朗士(Fustel de Coulanges,1830—1889)、皮雷纳(Henri Pirenne,

---

[1] 该组织的前身是一群大学城市研究计划的指导者于1969年在波士顿建立的城市事务大学委员会(the Council of University Institutes for Urban Affairs),1981年改为现在的名称,主要成员、机构来自北美、欧洲、亚洲,每年春天举办一次会议。参阅 http://www.udel.edu/uaa/history.htm。

[2] 该组织的主要研究领域是环境城市史、1700年以来的城市地形学、殖民地城市史、城市管理、18世纪以来的城市史著作、口述史、法律和城市财产、城市规划史、1750年以来的住房和建设环境、19世纪地方城镇与中央关系、家庭生活与休闲、工业市镇等。参阅 http://www.le.ac.uk/urbanhist/home/uk_text.html。

[3] 是在1986年举行的第一次美国规划史国家大会(the First National Conference on American Planning History)上成立的。每两年举办一次大会。参阅 http://www.urban.uiuc.edu/sacrph/about/about.html。

[4] 参阅 http://www.history.ac.uk/cmh/cmh.main.html。

[5] 每两年举行一次大会,至今为止已经举办了8届会议。参阅 http://www.historia.su.se/urbanhistory/eauh/。

[6] 前身是1974年在英国建立的规划史小组(the Planning History Group)。参阅 http://web.bsu.edu/perera/iphs/。

1862—1935)等人的著作属于早期城市研究范畴,他们的论述虽然很重要,但在本质上并没有激发人们对城市史研究的兴趣。柴尔德、汤因比、布罗代尔等人的城市研究有跨学科的性质,虽然对城市史研究有很大的启发,但他们本身不属于专业的城市史学家。除这两类学者外,城市史研究的发展历程大致如下。

作为一个学科的城市史首先是在第二次世界大战前后那几年间出现于美国的,施莱辛格(Arthur Schlesinger,1888—1965)、韦德(Richard Wade,1925—)的著作促进了这一学科的发展。施莱辛格反对特纳的边疆学说,代之以城市的方法解释美国历史,这标志着对城市史持久兴趣的开始。①在英国,布里格斯(Asa Briggs,1921—)的《维多利亚时代的城市》(*Victorian Cities*,1963)是城市史研究中重要的一步。1961年、1966年在美国和英国召开的两次会议产生了城市史研究的两本重要著作,为城市史研究奠定了重要基础。②

20世纪60年代的美国城市危机引起了"新城市史"(New Urban History)研究。③"新城市史"在很大程度上是基于这样的假设前提:可以通过分析美国人口普查的各种表格及其相关的其他各种数据(特别是税收记录,城市姓名地址簿,出生、结婚和死亡登记簿)来重建城市中不断变化的社会结构。④新城市史家是一群聚集在瑟恩斯罗姆(Stephen Thernstrom)周围的年轻的美国城市史家。这些新城市史家并不像芒福德(Lewis Mumford,1895—1990)、布里格斯、雅各布斯(Jane Jacobs,1916—2006)、迪奥斯(H.J.Dyos,1921—1978)等人一样,关注"城市"现象的研究,⑤而是忙于研究社会流动、少数群体政治、市

---

① John Higham, *History*, *Professional Scholarship in American*, Johns Hopkins University Press, 1983, p.203.美国城市史专家王旭教授说:"20世纪30年代以前,在美国史学界中占支配地位的是以特纳为代表的'中西部学派'和以比尔德为代表的'经济学派'。这两个学派对于城市史的发展均未给予应有的重视。虽然当时美国曾出现零零星星地出现过一些城市史著作,但多半是彼此无大关联,纯记述性的城市志,在通史中未获一席之地。著名史学家爱德华·钱宁在其6卷册的《合众国历史》中,曾用一章专门论述城市的发展,在当时也未引起人们足够的重视"。见王旭:《美国城市化的历史解读》,岳麓书社2003年,第383页。

② 这两本著作是汉德林(Oscar Handlin, 1915—)和布尔查德(John Burchard)编辑的《历史学家和城市》(*The Historian and the City*, 1966),迪奥斯(Jim H.Dyos)编辑的《城市史研究》(*The Study of Urban History*, 1968)。见Martin Hewitt, "Urban history," in Kelly Boyd(ed.), *Encyclopedia of Historians & Historical Writing*(II), Fitzroy Dearborn Publishers, 1999, p.1246.迪奥斯所领导的雷斯特大学(University of Leicester)城市史研究团体(Urban History Group),以及1966年夏天所举办的国际城市史会议,都是重要的里程碑。他所编辑的大会论文集——《城市史研究》表现了他对城市史的展望。

③ 值得注意的是,直到20世纪70年代,城市史并没有引起人们的足够重视。比如巴勒克拉夫受联合国教科文组织委托于1978年出版的《当代史学主要趋势》对城市史只字未提。

④ John Tosh, *The Pursuit of History*, p.251.

⑤ Harry Jansen, *The Construction of an Urban Past: Narrative and System in Urban History*, tr.Feike de Jong, Berg Publishers, 2001, p.46.

中心贫民地区等问题。①因为,研究城市问题不仅需要从经济的角度入手,而且需要将其作为一个社会变化进程来研究,研究移民同化、社会分层新形式、工作与休闲之间严峻对立等等问题。

与此同时,在20世纪60年代兴起了以马克思主义为指导进行城市研究的思潮,其代表人物是勒费弗尔(Henri Lefebvre,1901—1991)、哈维(David Harvey,1935—)、卡斯特(Manuel Castells,1942—),他们把社会空间引入到马克思主义研究之中,②我们称之为"新马克思主义城市学"。该理论主张在资本主义生产方式理论框架下考察城市问题,着重分析资本主义城市空间生产和集体消费,以及与此相关的城市社会阶级斗争和社会运动。③城市研究呈现百家争鸣的局面。

作为一个历史学科,城市史总是对自己的身份认同不确定,处于困惑之中。英国城市史之父迪奥斯把城市史描述为一个"百纳主题"、一个"知识领域",可见城市史不是可以用传统方法来定义的学科。④首先,我们关心城市是怎样产生、发展的。这是研究城市的内在观点,其重点在于描述、分析城市大小和形状的变化、城市人口和经济构成、人口组成部分的分布、商业设施和生产设施的分布、城市政治和城市政府的本质以及这些因素之间的相互关系。其次,我们尽量评估城市在文明发展中的作用,以外在观点来研究城市。关注的是城市这一文明现象是怎样广泛影响政治发展的,比如对美国革命或新政的影响;是怎样广泛地影响经济事件的,比如对工业化的影响……综合这两种方法则称之为社会生态学方法。⑤尽管研究城市史的方法越来越复杂,但城市史从没有彻底摆脱城市传记(Urban biography)框架的约束。城市史研究压倒性的方式是以单个的城市中心作为研究焦点,从早期的经典研究比如斯掇尔(Bayrd Still,1906—1992)的《密尔沃基》(*Milwuukee*,1948)到现代的系列丛书,比如Belknap Press出版社出版的世界城市史系列丛书(*Word Cities histories*),都是如此。⑥无论如何,人们是可以通过各种方法来追述城市发展

---

① John Tosh, *The Pursuit of History*, p.27.
② Ira Katznelson, *Marxism and the City*, Clarendon Press, 1993, p.92.
③ 张应祥、蔡禾:《新马克思主义城市理论述评》,载《学术研究》2006年第3期。
④ Martin Hewitt, "Urban history", in Kelly Boyd(ed.), *Encyclopedia of Historians & Historical Writing*(II), Fitzroy Dearborn Publishers, 1999, p.1246.
⑤ Zane L.Miller, Patricia M.Melvin, *The Urbanization of Modern America: A Brief History*, 2nd, Harcourt Brace Jovanovich, 1987, p.iii.
⑥ Martin Hewitt, ibid., p.1247.

史的。

　　宏观上看，城市史学的发展与各个国家、地区的城市发展进程是相适应的，城市发达的地区，城市史研究也非常发达。在意大利、西班牙、荷兰等国家，从早期城市就占据优势，因此也就难以把城市史从通常的政治史、行政史或者经济社会史的著作中区分开来，因为在这些地区，从本质上来看城市是分析民族、社会、文明诸问题最便利的单位。在东欧、中国、拉丁美洲这些地区，乡村经济占据优势，缺乏重要的工业中心，因而难以使城市史研究得到快速发展。另一类国家比如美国、英国，这些国家的工业革命使乡村社会快速实现了城市化，自19世纪以来城市发展带来的问题就为现代城市史研究打下了坚实的基础，[1]城市史研究兴起于英美自然是合情合理的。

　　总之，城市史是一门新兴的前沿学科，目前已出现了众多与这一领域相关的学科，如地方史、市镇史、建筑史、规划史、城市地理史等。广义上讲，上述学科都可以归入城市史这一范畴，因而城市史一个重要特点是跨学科性，它综合各门人文科学的优势，吸收不同的观念与方法，以独特的视角研究城市的历史、现状并审视未来。处于急剧转型时期的当代中国，城市化的速度越来越快，伴随这一进程也出现了一系列问题，因此这一研究不仅有着重要的学术价值，而且有着人类关怀的现实意义。[2]

（陈　恒）

---

[1]　Martin Hewitt, ibid., p.1247.

[2]　"都市文化研究卷首语"，载孙逊、陈恒主编《都市文化研究》，上海三联书店2005年。值得注意的是，1992年发展中国家人口占世界总人口的比例是77%，到2025年，这一数字将增加到85%；1992年城市人口占世界总人口的37%，到2025年，这一比例将增加到60%。可见今后的一段时间发展中国家将面临一系列城市化问题。参阅Conrad Philip Kottak, *Mirror for Humanity: A Concise Introduction to Cultural Anthropology*, McGraw-Hill, 2005, pp.10-11。

总　　论

第一章 城市起源

第一节 权势创造城市[①]——论农业时代的城市起源

在农业文明时代,城市普遍地由统治者的权力所缔造。城市是各种非农业活动的汇聚之地,其中,政治及与政治相联系的军事、宗教活动对于城市的兴起最为重要。最早一批脱离农业生产并能够聚集于城里的人,首先就是社会的管理者,也是阶级社会中的统治者。统治阶级连同为统治者服务的军队、僧侣等,构成早期城市的主体。城市中的工商业是以政治中心为基础发展起来的,并主要为统治阶级服务。工商业活动追随权势而发展,随着权势的消长而兴衰。到中世纪晚期和近代早期,资本对城市的命运产生越来越明显的影响,权力开始屈从于资本。

城市的起源不是一个新问题,它是研究城市的学者着力探讨的三大主题之一。[②]这一问题已有不少答案。起初,学者们倾向于从经济方面阐述城市的起源,因为城市繁荣的工商业活动总是给人留下深刻的印象。比利时历史学

[①] 本节所说的"权势"主要是指政治上的权力及其在运用中所造成的影响。在古代,世俗统治者常常以神的名义行使其权力,因此,僧侣(或教士)也是拥有权势的社会阶层。关于"城市"的定义,现代的城市概念不适用于古代农业文明中的城市。这里所说的"城市",是一批脱离了农业生产,以非农活动服务于社会的人们的聚居之地。"脱离了农业生产"当然不是说城市与农业毫无关系。事实上,农本时代的城市与农业的关系千丝万缕,城市中有农田,居民中有农民,是农业社会城市的普遍现象。但是,城市居民的主体已不是农民,他们不再以农业生产为主业。所谓"非农活动",是指农业以外的其他活动,这些活动包括行政管理、工商业、文化和宗教、军事活动(如防卫)。至于"聚居之地"的规模,在不同历史时期,从几千人、几万人,乃至数十万人不等,一些城市的规模甚至不见得比现在的村庄大多少。参见:G. Sjoberg, "The Origin and Evolution of Cities," in *Scientific American*, September 1965;范·沃维克:《城市的兴起》,载波斯坦、科尔曼彼得·马赛厄斯主编:《剑桥欧洲经济史》第三卷"中世纪的经济组织和政治",第6页;伊迪斯·恩南:《中世纪的城市》,第185页。布罗尔:《15—18世纪的物质文明、经济和资本主义》(第1卷,日常生活的结构:可能和不可能),顾良、施康强译,三联书店1992年,第573页;简·埃尔文特·迈莱:《北欧国家》,载查德·罗杰:《欧洲城市史:展望和回顾》,第178页。

[②] 保罗·霍恩伯格、林恩·霍伦·利斯:《都市欧洲的形成:1000—1994年》,阮岳湘译,商务印书馆2009年,第8-9页。

家亨利·皮雷纳是工商业起源说的代表,[①]他不仅用工商业发展解释中世纪欧洲城市的起源,而且把它当成一切时代、所有地方城市起源的基本原因,他说:"在任何一种文明中,城市生活的发展都必须依靠工商业。……过去埃及、巴比伦、希腊、罗马帝国或阿拉伯帝国的城市是这种情况,今天欧洲、美洲、印度、日本或中国的城市也是这种情况。"[②]皮雷纳的思路和观点在学术界产生了重要而深远的影响,在一些人看来,城市似乎就天然地成了工商业中心:农业发展到一定的阶段,生产出现剩余,人们就开始用剩余的产品进行交换,从而形成工商业中心。[③]后来,也有学者不同意皮雷纳的观点,但依然从经济方面去分析城市的兴起。[④]当然,也有学者反对单纯地从经济方面解释农业时代的城市起源,认为中世纪的城市有多种类型,城市因为不同的性质而有不同的兴起原因。[⑤]还有人认为,城市兴起并不只有一个原因,而是贸易、政治、宗教等因素共同作用的结果。[⑥]

以上各种解释体现了在城市起源这一主题上的学术进步。但存在一个主要问题,就是人们倾向于根据城市生活中某一个或某些突出的特点,去探讨城市兴起的原因,这就容易为表象所蒙蔽。本书认为,在农业文明时代,城市普遍地由统治者的权力所缔造,作为政治中心的城市是如此,工商业较为发达的城市也是如此。城市是各种非农业活动的汇聚之地,其中,政治及与政治相联系的军事、宗教活动对于城市的兴起最为重要,工商业活动追随权势而发展,随着权势的消长而兴衰。

一、农业时代城市的工商业

在农业文明中,任何城市都存在较为活跃的工商业。

上古时期的城市,规模一般都不大,但工商业已比较发达。两河流域的乌

[①] 亨利·皮雷纳:《中世纪的城市》,陈国樑译,商务印书馆2006年。
[②] 亨利·皮雷纳:《中世纪的城市》,第84页。
[③] Paul Bairoch, *Cities and Economic Development: from the Dawn of History to the Present*, translated by Christopher Braider, The University of Chicago Press, 1988, p.11. Shigeto Tsuru, "The economic significance of cities," in Oscar Handlin and John Burchard(ed.), *The Historian and the City*, The MIT Press, 1966, pp.44-55.
[④] 比如刘景华在《西欧中世纪城市新论》一书中,虽不同意皮雷纳的观点,提出了很有见地的"生产不足论",但依然在工商业的范围内寻找中世纪城市兴起的原因。
[⑤] 见马克垚:《西欧封建经济形态研究》,人民出版社2001年,第278-293页。
[⑥] 莫里斯:《城市形态史——工业革命以前》(上册),成一农等译,商务印书馆2011年,第45-46页。

鲁克,形成于约公元前 4500 年,是世界上最早的城市。在鼎盛时期,它的面积达 450 公顷,人口在 1 万人以上。在这个城市里,商人和工匠的社会地位尽管不高,但他们与数以千计的渔夫、农民、水手和奴隶一起,构成了城市中的绝大多数人口。①在公元前 3000 年,苏美尔人的城市拉伽什,手工业分工十分明确,仅在巴乌②的庙宇中工作的面包师就有 21 名,并附带了 27 名女奴;有啤酒酿造者 25 名,并配有 6 名奴隶做助手;有 40 名剪羊毛的女工;另有女纺线工、女织布匠、男金属匠若干。③在印度,考古学家能从公元前 2500 年左右的一些城市里,发掘出商店和作坊遗迹,而遗存的建筑物和器物表明,当时应存在着砖匠、木匠、陶工、铜匠、釉工、石匠、金匠和珠宝匠等工种。④在美洲,考古学家揭示的特奥蒂瓦坎城在长达八个多世纪的发展过程中,共兴建过 600 座金字塔、500 个作坊区、一座大市场、2 000 座住宅建筑以及广场区,一些工匠和商人就生活在各自的区域里,"贸易是这座城市致富的源泉"。⑤

古时有个别族群专门以贸易为业,并形成城市。马克思曾讲过,腓尼基人是以经商为主的民族。⑥公元前 3000 年代末至 2000 年代前期,腓尼基人已经建立了一些沿海的城市国家,比如北方的乌伽里特和比布罗斯,比布罗斯是位于今天的黎巴嫩朱拜勒地区的城市,是当时最重要的商业城市,与两河流域平原、埃及和塞浦路斯等中东地区的经济体有经常的贸易往来,它是介于叙利亚和埃及之间的重要港口。在公元前 1000 年代的前期,腓尼基最重要的城市是南部的西顿和推罗,腓尼基人在塞浦路斯和爱琴海的贸易中充当中间人的角色,他们的足迹遍及地中海世界的每个角落。

上古时期的城市不仅有繁荣的工商业,而且,不同的地区和城市之间的贸易往来也十分密切。古代两河流域的城市与印度河流域的各城市都有贸易往来。在两河流域的一些城市遗迹中出土了一些不具备苏美尔特征的印章、珠子甚至陶器,但它们却与同期信德和旁遮普各城市的同类产品十分相似,这就表明,两河流域与印度河流域存在着贸易交往。⑦现在有很多考古材料可以证明,在公元前 3000 年以前,在两河流域和印度河流域之间存在着一个联系广

---

① 布赖恩·费根:《世界史前史》,杨宁等译,世界图书出版公司 2011 年,第 232 页。
② 巴乌(Bau)是美索不达宗教所崇奉的神灵,是拉伽什地区的护城女神。
③ 戈登·柴尔德:《历史发生了什么》,李宁利译,上海三联书店 2008 年,第 80 页。
④ 戈登·柴尔德:《人类创造了自身》,安家瑗、余敬东译,上海三联书店 2008 年,第 126 页。
⑤ 布赖恩·费根:《世界史前史》,第 330-333 页。
⑥ 《马克思恩格斯文集》(第 5 卷),人民出版社 2009 年,第 155 页,注 90。
⑦ 戈登·柴尔德:《人类创造了自身》,第 113-114 页。

泛并且密切的商业网,所以,有人提出,"世界体系"应有 5 000 年的历史。①

到中古时期,城市的工商业活动更加兴旺,一些城市甚至呈现出工商业城市的面貌。

中世纪英国的莱斯特就是这样一个繁荣的工商业中心。但它是从军事要塞、行政中心发展起来的。②公元 1 世纪时,罗马军队在当地建了一个军事要塞。7 世纪时,莱斯特成为主教驻地。再后来,莱斯特就成为了莱斯特郡的首府。到 1086 年时,莱斯特有教堂 8 所,人口约 2 000。但是,到 13 世纪中叶,莱斯特逐渐从区域性的政治中心演变成工商业发达的城市。14、15 世纪,莱斯特的制革业繁荣。16 世纪初,莱斯特所记录的行业从业人员包括屠夫、制鞋匠、裁缝、布商和面包师。

另一个城市诺里奇,在 1194 年时由英国国王理查一世授予建城特许状。根据 1377 年人头税的记录,诺里奇当时的人口将近 6 000,成为英格兰第四大城市。③诺里奇发展很快,到 16 世纪时,它已成为除伦敦以外英国最大,也是最富有的城市。16 世纪上半期,诺里奇有 79 种不同的职业,其中有 12 种主要的职业,包括呢绒织工、裁缝、绸布商、屠夫、日用杂货商、木工、皮革匠、剪毛工、面包师、鞋匠、石匠、床罩织工。到 16 世纪下半叶,诺里奇成为服务于诺福克和萨福克两郡的主要工商业中心。④

大城市的工商业最为发达。在中世纪的巴黎,仅手工业就有一百多种职业,1291 年的一份地租册表明,当时的行业达 128 种,所涵范围极广,包括纺织、皮革、建筑、五金、零售、餐饮业。⑤因为人口众多,巴黎的商业贸易不仅兴旺发达,而且其影响力广泛。巴黎像一个巨大的胃,吞噬着来自四面八方的粮食、肉类、水果、蔬菜、牛奶等食物,当然还有大量的生活用品。巴黎的影响力甚至决定了方圆几十公里的范围内人们的经济活动的走向。⑥伦敦作为英国的

---

① 安德烈·冈德·弗兰克、巴里·吉尔斯主编:《世界体系:500 年还是 5000 年?》,郝名玮译,社会科学文献出版社 2004 年。威廉·伯恩斯坦:《茶叶、石油、WTO:贸易改变世界》,李晖译,海南出版社 2010 年,第 20-43 页。
② 参见保罗·霍恩伯格、林恩·霍伦·利斯:《城市欧洲的形成,1000—1950 年》,第 24-28 页。
③ 莫里斯:《城市形态史——工业革命以前》(上册),第 264、397 页。
④ J. F. Pound, *The Social and Trade Structure of Norwich 1525-1575*, in *Past and Present*, No.34, 1966, pp.49-69.
⑤ R. H. Hilton, *English and French Towns in Feudal Society, A Comparative Study*, Cambridge University Press, 1992, p.66.
⑥ 布罗代尔:《法兰西特性(空间和历史)》(1),顾良、张泽乾译,商务印书馆 1994 年,第 206-208 页;N. J. G. Pounds, *An Economic History of Medieval Europe*, Longman, 1974, pp.271-272.

政治中心对于英国经济生活的影响一如巴黎之于法国。13世纪下半叶,伦敦的工商业已十分发达,不仅行业众多,而且都形成了各自的组织,影响最大的工商业组织是商人组织。1300年前后是中世纪伦敦人口最多的时期,据估计达到8至10万,庞大的人口规模造就了广泛的粮食和原材料的供应区,伦敦成为英国最大的粮食需求市场。研究显示,在只有陆路运输的情况下,伦敦从距离其20英里以上的集镇吸收粮食;在可以水运的情况下,输送粮食的距离达到60英里。牲畜和畜产品的供应地更远。满足伦敦需求的粮食供应区包括伦敦周围的10个郡,其最大补给区超过4 000平方英里,最大补给距离超过100英里。英格兰东南部地区因为向伦敦供应粮食而长期保持繁荣。①

中国古代的城市在其发展过程中也出现了商业化的趋向,其中最值得注意的变化就是在唐宋之际,中国城市内部的坊墙逐渐被拆除。唐代中期以前,城市内部还都是划分为若干个里或坊,四周筑以高墙,夜晚关闭坊门,实行宵禁,居民经商只能到官府设立的官市进行,不得随意开门设店。随着城市经济的繁荣和发展,居民迫切需要扩大商业市场和活动空间。在由唐至宋的社会变革过程中,"里坊制"和"官市制"逐渐被废弃,坊墙被拆除,城市居民可以自由地沿着街道布置住宅,开设店铺,城市面貌因而大为改观。宋代以降,这种新的空间结构和市井面貌已成为城市的常态。

农业文明上起新石器时期,下至18世纪工业革命,是一个漫长的历史时代。在这个时代,城市的发展经历了很大的变化,城市的规模也有极大的差别。但是,它们普遍地具有较为活跃的工商业,上述城市仅仅是作为例证,以说明这一事实。从世界城市史的一般趋势看,随着生产力的不断发展,农业生产出现更多的剩余,分工越来越细,人类物质文明也更加发达,这些都为城市文明的发展创造了条件。可以说,在近代资本主义经济到来之前,繁荣的工商业都已成为农业社会城市生活的一个典型特征。

二、农业时代城市统治阶级权力

繁荣的城市工商业容易使人以为,城市是随着工商业的发展而兴起的。但是,在农业时代,仅仅靠手工业和贸易活动的集聚,很难发展为城市生活。

生产出现剩余以及工商业一定程度的发展有助于形成地方上的市场,四邻八乡的农民在约定俗成的日子汇聚到某个地方进行交易。通常,集镇或小

---

① 参见:David Nicholas, *The Later Medieval City 1300-1500*, Longman: London and New York, 1997, p.45;谢丰斋:《英国封建社会市场研究:12—14世纪的扩张时期》,2002年北京大学博士论文,第51页。

城镇就是大家赶集的地方。较大的城市里有常设的市场,那里的市场开放时间更长,商品更加丰富。因此,在城市和城镇,在人口集聚的地方,就必然有市场。但不能反过来说,有市场就必然形成城市。

单从商品交换这个角度来看,简单的、偶然的商品交换,根本不可能形成城市,甚至定期的、大规模的交易也不一定形成城市。从历史上看,这种交易活动充其量只能形成市集,中世纪欧洲发达的长途贸易和兴旺的市集就是一个很好的例子。12、13 世纪,欧洲工商业兴盛,到处都形成市集,最繁忙的市集都集中在由意大利和普罗旺斯通往法兰德斯海岸的贸易大道靠近中点的地方。其中最有名的市集当数香槟市集,12、13 世纪的香槟市集吸引了整个欧洲的商人,香槟市集大约在 13 世纪下半叶发展到了高峰,但到 14 世纪初便开始衰落。以香槟市集优越的地理环境和交通运输条件,加上它在长期的贸易活动中形成的交易规模和影响力,都没有使当地出现重要的商贸城市,那么,在更早的古代,在经济不够发达的条件下,仅仅依赖当时那种水平和规模的工商业,是很难形成最早的城市的。

那么,城市是如何兴起的呢?

我们认为,农业时代的城市由统治阶级的政治权力所开创。

很多关于城市起源的传说,传达了这样一种信息。

关于最早的城市的起源问题,往往充满着神秘和想象的色彩。根据两河流域的神话传说,城市是这样建造起来的:恩基神为了给人类寻找栖身之地,交给砖神库拉斧和砖模,选择房址,打好地基,又交给恩利尔神的首席设计师穆什达玛建造。在另一则神话中,描述了恩基建立城市和农村,让人类生活其中。神建城市、神等同于城市的观念在古代两河流域人的观念中根深蒂固。[1]两河流域人认为,尼普尔是神最早建立的城市,它位于天地的交界处,是宇宙的中心。伊新第一王朝的国王伊什麦·达干这样描绘尼普尔城:"啊,尼普尔圣殿,你的光辉普照苏美尔大地,你是神的杰作。"[2]

在古代两河流域的都城中,巴比伦城是规模最大、影响最深远的城市。巴比伦人同样视巴比伦城为神最早建立的城市,在中巴比伦时期的文献中,巴比伦城被称为"ālsâti"(最初的城)和"duruš ta-ku-un-x-x-nu"(永恒之地)。巴比

---

[1] J. G. Westenholz, "The theological foundation of the city. The capital city and Babylon," in J. G. Westenholz(ed.), *Capital Cities: Urban Planning and Spiritual Dimensions. Proceedings of the Symposium Held on May 27-29, 1996. Jerusalem*, Israel Bible Lands Museum Jerusalem.

[2] 同上,第 47 页。

伦人把巴比伦城视为他们的宗教中心和精神首都。在巴比伦人的神话、史诗以及各种文献中,巴比伦城的地位与尼普尔和埃利都相当。两河流域的创世史诗(*Enuma Elish*)在确定巴比伦城市保护神马尔杜克的首神地位的同时,也将巴比伦城提高为圣城,超越了尼普尔,成为天地交界处的城市、宇宙中心、永恒之城。在巴比伦人统治末期编纂完成的一部著作《巴比伦地形》中,巴比伦人这样描述巴比伦城:"一个富庶、快乐的地方,公正、自由、美丽,它是最古老的城市,由神建立,并被他们当作家乡;它是一座圣城,是生活之源、智慧之泉,是天下的宗教中心和宇宙中心,掌管节日庆典、行使王权、执行神御人之命。"[1]

神或英雄创造城市的传说流行于很多地方。无数的城市为了强化城市共同体意识,以及为了从传统中寻求城市荣誉感,总是诉诸神灵的启示和英雄的开端这类故事,来描述城市的起源和历史。关于罗马城的起源就形成了好多种充满传奇色彩的说法。[2]这种故事往往十分动听,而且,有的城市的确可以从某个英雄人物或某个事件中找出其开端。

不过,撩起神秘的面纱,我们仍能发现,正是统治者创建了早期的城市。

就以罗马城来说,这个从台伯河边七座小山中发展起来的"七丘之城",最初只是几个小村落,后来发展为罗马帝国的政治中心。到公元 2 世纪时,它的人口至少有 100 万以上,成为西方世界的大都市。罗马城的不断扩大与罗马政治体制的演变以及帝国的扩张紧密地联系在一起。罗马先后共修建过七道城墙,第一道城墙围绕着七丘之一的帕拉蒂诺山修建。共和国时期,即公元前 378 年至前 352 年,第二次修建城墙。公元 272 年至 280 年,罗马城修建了奥雷里安城墙,这道城墙长 11.5 英里,城墙内的面积大约为 5.3 平方英里,城墙本身宽 13 英尺,城墙外部的防守地带宽 33 英尺,城墙内环绕城墙的道路宽 16 英尺(公元 402 年霍诺瑞亚斯在位时,又在城墙上修复了 381 座突出的尖塔,间隔 32 码)。直到 19 世纪,罗马城的防御工事还是主要依托于奥雷里安城墙。罗马城的规划和城内的建设也是在统治者的主导下进行的,比如公元前 27 年至公元 14 年,奥古斯都改造罗马城,用大理石替代砖修建城市。公元 64 年的大火使罗马城几乎全毁,但也给了统治者全面重建的机会。后来的历任

---

[1] J. G. Westenholz, "The theological foundation of the city. The capital city and Babylon," in J. G. Westenholz(ed.), *Capital Cities: Urban Planning and Spiritual Dimensions. Proceedings of the Symposium Held on May 27-29,1996. Jerusalem*, Israel Bible Lands Museum Jerusalem, p.50.

[2] 可参见《世界史资料丛刊·上古史部分:罗马共和国时期》(上),杨共乐选译,商务印书馆 1997 年,第 6-12 页。

统治者都不遗余力地建设罗马城,终于将其建设得辉煌灿烂。①罗马有多壮丽,现在的人们只要看看它的遗址,看一看它的公共建筑残留下来的遗迹,就不能不发出由衷的赞美和感叹。

在前殖民时期的南美,这个长期"与世隔绝"的新大陆,城市也是统治者的杰作。在那里,城市人口的增长和积聚,不是简单地因为有了较高的农业生产水平和更密切的商业交往关系,所有的城市中心都没有自然而然地经历这种线性的发展过程。在城市形成过程的中、晚期,新的政治组织出现了,为了更为合理地利用劳动力、土地和水资源,统治者建立了规模空前的城市中心。于是,在墨西哥中部高地,出现了特奥蒂瓦坎;在佩腾有蒂卡尔;在瓦哈卡有蒙特阿尔邦;在玻利维亚高地有蒂亚瓦纳科;在的的喀喀湖的北部盆地有普卡拉,等等。当需要扩大或重建一个城市的时候,总是由国王、高级僧侣或某位有权势的人下令进行。帕查库提是印加帝国 1439 年到 1471 年的皇帝,是他下令重建了库斯科的中心。令西班牙人惊叹的阿兹特克首都,基本上也是阿兹特克国王蒙提祖马一世的杰作,他在位期间下令扩大特诺奇蒂特兰,建造主神殿。像这样由一位拥有绝对权力的人物改造或建造城市的事情在殖民者到达以前的南美还有很多。贵族们修建了城市,用以管理和控制广大领土内的生产、贸易和文化生活。②

在农业文明时代,政治权力缔造城市和城市体系的事例,最典型的莫过于罗马帝国时期推行的都会化运动。一些学者认为,罗马帝国是由各城市或各城邦有机地汇合而成的一个大联合。③的确,罗马帝国的皇帝们几乎是一任接着一任地在帝国境内建立市镇,推广城市生活。奥古斯都(公元前 27—公元 14 年在位)和克劳迪亚斯(公元 41—54 年在位)是其中最积极的。到图拉真(公元 98—117 年在位)和哈德良(公元 117—138 年在位)统治时期,仍在推行都市化措施。内战及其以后几任皇帝统治期间,意大利人大批向其他地方迁移,成为市镇发展的开端。皇帝们支持这一趋势,他们希望建立新的城市生活中心,有更多的罗马化居民的中心。在这样一个背景下,各个行省的都会化运动都受到了鼓励,特别是当罗马由于对外进行战争而需要尽可能地征募新兵的时候鼓励尤甚。奥古斯都在整个东方就是追随了庞培(公元前 106—前 48

---

① 可参见莫里斯:《城市形态史——工业革命以前》(上册),第 162-189 页。
② Jorge E. Hardoy, "The building of Latin American cities," in A. Gilbert(ed.), *Urbanization in Contemporary Latin America*, John Wiley and Sons Ltd., 1982, pp.20-23.
③ 庞兹:《中世纪欧洲经济史》,第 20 页;马克垚:《西欧封建经济形态研究》,第 1 页。

年)、恺撒(公元前 100—前 44 年)和安东尼(公元前 82—前 30 年)的政策,在许多村庄、聚落和寺院土地上建立起新的城邦。对西方,如高卢、西班牙和阿非利加,奥古斯都所采取的政策和对东方的政策原则相同。竭力向高卢和西班牙的克勒特人部落制度中传入都市生活,在阿非利加原先的迦太基国境中恢复都市生活。①韦巴芗(公元 69—79 年在位)也积极鼓励各行省发展城市生活,其目的首先是扩大皇帝权力最后凭借的基础,对于那些多少已经罗马化了的行省,特别是那些主要的征兵地区和驻扎有罗马重兵的行省,如西班牙、日耳曼尼亚和多瑙河流域诸行省,他就加速其都会化运动。在罗马化程度较高的行省内,把罗马公民资格和拉丁公民资格授予新建立的都市中心。无论什么地方,都会化运动都尽可能地被推进到极限。在图拉真和哈德良时代,罗马帝国仍致力于推行都会化。到公元 2 世纪时,罗马帝国看上去就像一个由城邦组成的大联盟,每一座城市都有自己的地方自治和本地的"政治"生活。②

在罗马帝国统治下的欧洲地区,出于军事征服和政治统治的需要而广泛建立权力中心,这些权力中心首先是作为军事据点或战略要地建立起来的,并在后来发展为管治一方的政治中心,这是该地区城市形成的主要原因。③比如英国在罗马人到来之前并没有真正的城镇,罗马人在这里建立殖民地,并最终建立了四个城镇作为当地的行政中心,其中包括伦敦。④英国所有的罗马城市实际上都有军事起源。欧洲在罗马帝国的统治下城市化进展明显,据估计,除意大利之外,整个欧洲建立的罗马城市至少有 300 个以上,虽然大部分规模很小,但其中的确有很多大城市,有的人口已超过 5 万。罗马统治下的欧洲城市人口约有 100 万—140 万,城市化水平约为 8%—15%,⑤在那个时代,这个比例就相当高了。相反,在没有受到罗马帝国统治的欧洲地区,当时就没有什么城市,⑥这从反面说明了帝国的政治力量对欧洲的城市化进程起到了很大的推动作用。

---

① 罗斯托夫采夫:《罗马帝国社会经济史》(上册),马雍、厉以宁译,商务印书馆 1986 年,第 79-80 页。
② 罗斯托夫采夫:《罗马帝国社会经济史》上册,第 166、196 页。
③ Keith Hopkins, "Economic growth and towns in classical antiquity", in Philip Abrams and E. A. Wrigley, (eds.), *Towns in Societies*: *Essays in Economic History and Historical Sociology*, Cambridge University Press, 1978, pp.59, 68.
④ E. J. Owen, *The City in the Greek and Roman World*, Routledge: London and New York, 1991, p.124.
⑤ 保罗·贝劳奇:《城市和经济的发展:从古至今》,第 91-92 页。
⑥ 参见庞兹:《中世纪欧洲经济史》,第 71 页。

由于城市为统治者所建,很自然的,最早一批脱离农业生产并能够聚集于城里的人,首先就是社会的管理者,也是阶级社会中的统治者,统治阶级连同为统治者服务的军队、僧侣等,构成了早期城市的主体。根据唯物史观,生产力发展到一定的程度就会产生私有制,出现阶级的分化,而阶级就是这样一些集团,其中一部分人占有另一部分人的劳动。所以,最早的生产剩余除了一部分流入市场用于交换外,很大一部分被统治阶级占有。统治者用这些剩余养活自己的军队、神职人员、随从,以及为他们服务的工匠。① 这样,当人们被迫将剩余的粮食交到统治者手中的时候,城市就开始兴起了。②

三、农业时代城市主要功能

既然是统治阶级创建了城市,那就不难理解,农业时代的城市主要就是一个政治中心。

古代城市的政治性质突出地反映在城市主要功能上:对外防御和对内实行统治。

人类聚落从一开始就是有组织的。西亚地区最早的人类聚落耶利哥就建造了防卫设施,城镇周围有开挖的壕沟,城墙高 12 英尺。在公元前 6000 多年时,城墙高度已经达到 15 英尺。稍晚于耶利哥的人类聚落恰塔尔休于也重防御,那里的房屋聚集在一起,共同构成一个大的防御体系。③ 有坚固的城墙和防御体系,这足以说明:稳定的、永久性的、较大规模的人类聚落不可能存在于无组织、无权威的状态中。

城市出现以后,为了防止外来侵略,大规模的防御成为一个现实和迫切的需要。世上第一座城市乌鲁克的防御功能十分突出,在公元前 3000 年代早期,乌鲁克城市建起了巨大的围墙。目前已发掘的城墙有 9.5 公里长,这是大约公元前 2700 年,乌鲁克城市的统治者吉尔伽美什下令修建的城墙。④ 上古时期的城市往往也是一个军事要塞,即使处在平原地带,也会建筑城墙以防入侵。古代亚述人的城市更加突出防御的功能,亚述国家先后有六个首都,阿淑尔城为古亚述(约公元前 2000—前 1800 年)和中亚述(约公元前 1400—前 1050 年)前期的首都,后来阿淑尔城一直是亚述人的宗教首都和王陵所在地;

---

① 可参见柴尔德:《人类创造了自身》中的论述,第 108-111 页。
② Kenneth Boulding, "The death of the city: a frightened look at postcivilization," in Oscar Handlin and John Burchard(ed.), *The Historian and the City*, pp.134-135.
③ 相关图片可参见:Michael Roaf, *Cultural Atlas of Mesopotamia and Ancient Near East*, New York, 1990, pp.32, 44.
④ Stephanie Dalley, *Myths from Mesopotamia*, Oxford, 1991, p.50.

中亚述时期王图库尔提·尼努尔塔一世和新亚述王萨尔玛那塞尔三世(公元前858—前824年)先后建立新都,但使用时间不长。中亚述末期,卡拉赫、尼尼微先后成为首都,城市里同样有高大的城堡建筑。新亚述王国的萨尔贡二世(公元前721—前705年)建立的萨尔贡要塞(今科尔萨巴德),是亚述人城市新观念的典范。萨尔贡要塞是一个崭新的城市,占地2平方公里(0.8平方英里),城堡依城墙而建,甚至高于城墙。城堡中有神庙,寺塔和宫殿合成一体,庞大的人工平台建在原来的居住区上,另有一个平台建筑了纳布神庙,一个略低矮的城堡是贵族官邸,有城墙与城市其他部分区隔。第二层防御工事仍建在城墙上,靠近主城门,是帝国军械库所在,用于储藏武器和战利品。[1]

中古时期,农业生产有所发展,工商业活动也活跃起来,来城市居住和经营的人多了,于是,城市面积不断扩大,但新扩的城区依然需要修筑城墙以防卫,这在中世纪欧洲城市复兴运动中是十分常见的事情。在12—14世纪间,许多城市曾拆毁它们的老城垣,填平它们的旧城壕,把郊区变为城区,并建造了新城垣。在1078年到1175年差不多一个世纪的时间里,佛罗伦萨筑了两圈城墙。在老德意志区各地,萨克森或萨利安时代所建造的古老城垣相对人口数量来说已显得太狭窄,因而被拆除,并另造了扩大范围的新城垣。在莱茵—多瑙河地区诸省内,差不多每个城市都经过两次这样的扩大,一次在12世纪,一次在13世纪。1281年,科伦的城垣有65座城堡和13座城门,这就是城市聚合扩大的结果。[2]

事实上,农业文明中的城市几乎都被围圈在城墙里,而没有城墙的城市倒是罕见的。

早期城市的一个基本功能是实行统治。因此,从一开始,城市就是作为政治中心而存在的,统治者及为统治阶级服务的各种人员构成了城市居民的主体。

在两河流域,国家产生以后,城市化进程加快。公元前3000年代初,两河流域南部地区有146个城镇或大型聚落,但城市仅2个。到公元前2700年,城镇或聚落减少到24个,城市数量增加到8个。公元前2500年左右,80%的

---

[1] Michael Roaf, *Cultural Atlas of Mesopotamia and Ancient Near East*, p.184.

[2] David Nicholas, *The Later Medieval City 1300-1500*, Longman: London and New York, 1997, p.4. David Nicholas, *The Growth of the Medieval City: From Late Antiquity to the Early Fourteenth Century*, London and New York: Longman, 1997, pp.93-95. 汤普逊:《中世纪经济社会史(300—1300年)》(下册),耿淡如译,商务印书馆1984年,第82页。庞兹:《中世纪欧洲经济史》,第231-232页。

人口居住在大于 40 公顷的城市里。①城市人口中包括城市的最高统治者、各职能部门的大小官员、城市中从事各种职业的手工业者、商人、小商贩、农民等。值得指出的是,在古代两河流域居民的社会生活中,城市的身份认同一直是区分一个人的民族身份的重要标准。城市产生之初,在民族认同标准中,是否生活在城市里是认同的唯一标准,在《吉尔伽美什史诗》中,恩基都通过一名城市的女祭司被引介到城市,着城市人的服装,过城市人的生活后,才被乌鲁克人接受成为自己人。②可见,城市居民的身份成了一个政治符号。

苏美尔城邦时代(约公元前 2900—前 2340 年)的城市在城邦的控制之下,城邦的核心是一个中心城市,周围有小城市、城镇和农村。阿卡德人的统一战争结束了苏美尔城邦时代,再经过乌尔第三王朝(公元前 2112—前 2004 年)和古巴比伦王朝(约公元前 1894—前 1595 年)的发展,两河流域地区专制的中央集权国家建立,城市发展进入一个新阶段,都城成为中央统治的政治中心,其他城市则成为地方的行政中心。阿卡德国家的建立开创了一种新的统治模式,而在城市发展的历史中,这个新的国家带来的最重要的变化就是首都的出现。萨尔贡在王室铭文中说:他创立了一个新的城市阿卡德以为自己的首都。都城,苏美尔文写为"Uru-sag","Uru"就是城市,"Sag"在苏美尔语中的意思为"头""首""第一"等。阿卡德城在当时已经具备政治中心、经济中心的地位。原来各苏美尔城邦中的中心城市现在成为地方行政中心,如乌玛成为乌玛区的首府,由中央派遣官员管理行政和军事事务。阿卡德时期(约公元前 2296—前 2112 年),城乡差别进一步明确,在城市中居住的人除上下层官员外,还有他们的扈从和手工业者,而占人口绝大多数的农民,在城邦时期是居住在城市里的,这时已经被排除在城市之外,他们无权享用城市中生产的生活产品。从乌尔第三王朝开始,随着官僚体制的进一步完善,中央统治的加强,特别是乌尔第三王朝的统治者舒尔吉进行税收体制改革,又出现了一批新城市。根据两河流域地区的古老传统,城市一般遵循从小的定居点到聚落,到大型聚落,再到城镇、城市的发展道路,一般城市都由统治者负责修复和改造,传统城市,如乌尔、尼普尔、拉尔萨、乌玛、基什等,在历朝历代都是重要的地区性政治、经济、宗教中心。

两河流域的城市作为政治中心体现在神庙和宫殿等建筑上。在苏美尔城

---

① Amélie Kuhrt, *The Ancient Near East c.3000-300BC*, Routledge Publishing, 1995, p.31.
② Stephanie Dalley, *Myths from Mesopotamia*, Oxford, 1991, pp.53-59.

邦时期,城市中有神庙、寺塔、王宫、城墙和房屋等建筑,神庙是城邦观念的核心,参与祭祀城邦神是城邦成员资格的标志。城邦是城邦守护神的财产。因此,在城邦的中心城市规划中,神庙是标志性建筑,一般位于城市的中心。神庙的出现与城市化进程几乎同步,有学者甚至认为两河流域城市起源的一个重要原因就是神庙的发展。[1] 神庙的作用是积聚和再分配剩余财富。公元前3500年的乌鲁克城市里,唯一的管理机构是神庙,最早的文字、合同文献、艺术、建筑等都在这里兴起。乌鲁克城的统治者也是神庙的负责人,承担了世俗和神圣领袖的双重角色。[2] 城市间,后来是城邦间的战争使得军事首领的地位日益提高,一些城邦统治者采用"卢伽尔"的称号,这是一个军事化特征明显的称号,苏美尔文直译为"大人",后译为"王"。有学者认为,原来这个称号只是战时城邦军事首领的称号,后来逐渐固定下来成为城邦统治者的称号,比如拉伽什的最后一个统治者乌鲁伊尼姆基那(即乌鲁卡基那)就已经自称为王卢伽尔;基什的统治者麦塞里姆也自称卢伽尔。[3] 由此称号也派生出另一种城市机构,即王宫,是王居住办公的场所。在多数苏美尔城邦中,王宫控制政治、军事权力,经济权力仍然掌握在神的手中。在文献中,行政长官的官邸与王宫没有区分,但建筑样式和规划并不相同。在苏美尔地区,王宫建筑以统治者的名字命名,而其他公共建筑名称比较模糊。在可以区分王宫和神庙的遗址中,王宫的位置亦不固定,或位于神庙旁边,如拉尔萨;或距离神庙非常远,如埃利都和乌鲁克。在多数情况下,神庙与权力机构的位置对比说明世俗权力与神权的关系。

在中国,城市的起源也很早,可以追溯到公元前3000多年前,早期的中国城市充分展现了政治中心的作用。目前考古发现的中国最早的城市,是距今已有5500多年的安徽含山凌家滩遗址。这处城市遗址沿河而建,方圆达160万平方米,以二个台阶为界线划分成三处功能不同的区域,既有大型宫殿、神庙等标志性建筑以及布局整齐的房屋、墓地,又有护城壕沟、手工作坊和集市。[4]

夏、商、周时代,城市进一步发展,出现了不少规模宏大的城市。《淮南子·原道训》中有"夏鲧作三仞之城"之说。近年对河南新密新砦遗址的发掘显示,这是一处设有外壕、城墙和内壕共三重防御设施,中心区建有大型建筑

---

[1] Elizabeth Stone, "The Development of cities in ancient mesopotamia," in Jack M. Sasson (ed.), *Civilizations of the Ancient Near East*, Peabody, 2000, pp.235-248.
[2] 布赖恩·费根:《世界史前史》,第332页。
[3] J. N. Postgate, *Early Mesopotamia. Society and Economy at the Dawn of History*, London, 1992, p.31.
[4] 周剑虹、孙晓胜:《含山凌家滩:中国最早的城》,载《江淮晨报》2002年7月26日。

的大型城址，整个城址总面积逾100万平方米，极有可能就是夏代开国之君夏启的都城，即古文献中所说的"夏启之居"。①河南洛阳偃师二里头的大型都城遗址，东西最长约2 400米，南北最宽约1 900米，其中宫殿区面积达12万平方米左右，据碳-14测定其年代约为公元前1900年至前1600年，应是夏代中、晚期的都邑故址。商代的城市遗址，迄今已发现多座。如郑州商城周长近7公里，城墙估计能达到7—8米高，东墙、南墙长1 700米，西墙长1 870米，北墙长1 690米，平面基本呈方形，东北有一抹角。位于洛阳的东周王城，《逸周书·作雒解》谓"城方千七百二十丈，郛方七百里，南系于洛水，北因于郏山，以为天下之大凑"。据考古实测，东周王城南北长度大约3 320米，东西宽度约2 890米，总面积约为9 564 800平方米，规模确实十分巨大。

商、周以降直至近代以前，中国城市的数量之多、规模之大，在世界上一直是名列前茅的，其他地区鲜有能与之匹敌者。自商、周时代就形成的中国城市的形态和特征，也长期保持下来而无大变化。学者们大多认为，中国古代城市的形成，基本上是出于政治和军事的需要，而非经济活动的结果。如张光直指出："中国初期的城市，不是经济起飞的产物，而是政治领域的工具。"②这种看法大体上符合中国城市起源和发展的实际。直至清朝时期，中国的城市基本上仍是各级行政机构的治所，而且城市的等级与其行政等级相互对应。

再来看欧洲，欧洲文明的源头在古希腊，古代希腊的城邦制度发达，是古希腊社会发展到"高级而完备的境界"③时的一种状态。人们通常认为，古代希腊城市中的工商业活动十分发达，这的确是一个事实。但是，古希腊的城邦就其实质来说，仍是一个政治单位，正如亚里士多德所说，所谓"城邦"，实即政治社团（城市社团）。④城市的政治性质体现在城市的建筑上，比如城市需要防卫。古希腊城市的地理位置除了选择天然适于防御的地点以外，还建造卫城、城墙等设施。而城市的政治和行政管理方面的重要作用主要反映在古希腊城市的大会场和古罗马城市的广场上，它们分别处于城市的中心，并通过街道路网与城市的其他地区联接在一起，它们标志着城市在政治上和行政管理方面的独立。⑤罗马帝国时期在都会化运动中造就的城市，其政治性质不言而喻。罗马

---

① 桂娟：《多年苦寻公元前2000多年夏代开国都城始有结果——初步勘定位于河南新密新砦遗址》，载《人民日报海外版》2004年10月9日。
② 张光直：《关于中国初期"城市"这个概念》，载《文物》，1985年第2期。
③ 亚里士多德：《政治学》，吴寿彭译，商务印书馆1995年，第7页。
④ 亚里士多德：《政治学》，第3页。
⑤ E. J. Owen, *The City in the Greek and Roman World*, London and New York, 1991, pp.1-3.

帝国垮台后,欧洲的城市工商业衰退,那时,城市作为权力中心的特点反而更加明显,例如从公元5世纪晚期到7世纪初,盎格鲁-撒克逊人在原有的罗马城市的基础上建立的最初的城镇,都是由世俗的和教会的权力所占有。这些城镇尽管缺乏罗马帝国时代的城市所拥有的完善的功能,但它们有城墙,有与世俗和教会贵族有关的低水平的贸易和手工业活动,它们是盎格鲁-撒克逊人的最早的城市,国王和主教在这一城市复兴时期起到了关键的作用。①

农业时代的城市普遍地具有政治性质。在历史的早期,很可能发生了这样的情况,即当工商业尚未发达到使工商业者形成一定的规模、可以稳定地汇聚于一地的时候,统治阶级的队伍已经十分庞大,为了实行有效的统治,他们集合在一起,创设国家机器,建立官僚机构,以此为基础,号令天下。这个最初的权力中心就是城市文明的胚胎,权力的掌控者以及所有与他们有关的人员,组成最早的、脱离了农业生产的定居者。随着官僚机构的进一步发展,权力中心的各种设施也更加完备,不仅建立宫殿和其他议事或执行机关,还建起了神庙、学校。当然,市场也是不可少的。为了满足各种需要,权力中心吸引了各种各样的工商业者,城市生活就这样慢慢地发育、生成。可见,城市的政治性质并不排斥发展工商业。

四、农业时代城市权力与工商业之间的关系

事实上,正是因为城市里有强大、稳定的政治力量,工商业才欣欣向荣。

早期城市中的工商业是以政治中心为基础发展起来的,主要为统治阶级服务。在古代的两河流域,工匠和商人的职业活动依赖于城市统治者,有些贸易,如对武器制造极为重要的金属贸易,甚至为王室垄断。②与宫廷有联系的商人集团推动了对青铜武器和奢侈品的广泛需求。寺庙和宫廷工匠,加上与宫廷有关的市场的出现,也催生了独立的工匠,他们聚集在城内的空旷地带,自由地交换他们的产品。③印度在朱罗王朝时期(850—1279年)的城市是在村落的基础上逐渐发展起来的,不同的社会宗教集团以寺庙为中心进行各种经济活动。寺庙充当了社会经济和政治整合的制度性基地,在公元7—9世纪的印度教一神崇拜运动(Bhakti Movement)中起了重要作用。一些"守贞专奉"

---

① Daniel G. Russo, *Town Origins and Development in Early England*, c. 400—950 A.D., Greenwood Press: Westport, 1998, pp.232-233.

② 戈登·柴尔德:《历史发生了什么》,第85页。

③ Linda Manzanilla, "Early urban societies: challenges and perspectives," in Linda Manzanilla (ed.), *Emergence and Change in Early Urban Societies*, Plenum Press: New York and London, 1997, pp.6-8.

(bhakti)中心成了重要的政治和朝圣中心,并且演变为庞大的城市综合体,它们或者以某个大庙为中心,或者是几个寺庙共同组成某个城市综合体。这种寺庙由统治者建造,寺庙也是大土地拥有者。9世纪以后,寺庙也开始接受钱财捐赠,并且再把所接受的捐赠投资到土地和贸易中去。寺庙所从事的经济活动的发展,导致了城市的发展。农产品和当地制造品的贸易,以及为这些中心所需要的、来自于远方的奢侈品的贸易是城市发展中的一个辅助性因素。由地方贵族和寺庙所产生的,而本地的生产又无法满足的需求,将行商带到这些市场,并鼓励大量的工匠、艺人定居下来,他们最终在寺庙中心从事经营活动。这个过程十分缓慢,跨越了四个世纪。[1]

经济活动不仅为统治阶级提供服务,而且也为统治者带来利益,因此,工商业受到统治者的鼓励和支持。中世纪欧洲的城市复兴运动,是由权力所推动的。这可以从两个方面来看,一是商业的复兴、城市工商业的成长往往就是在这些权力中心周围开始的。正是以罗马帝国时代的那些政治中心为基础,形成了封建欧洲最初统治一方的权力中心,并在此基础上发展了中世纪的工商业,乃至长途贸易。比如中世纪英国的赫里福德和诺丁汉都是重要的贸易中心,早在10世纪时已是发展成熟的自治市,但追溯历史,我们发现赫里福德早在7世纪晚期就已是主教驻节地。对于像赫里福德和诺丁汉这样的城市来说,城市的规划和形成可能更多地由商业以外的需要来决定。[2]皮雷纳对中世纪欧洲城市的兴起持"商业起源说",但追溯一下他所说的那些城市的历史,仍可发现这些工商业城市是从以前的权力中心演变而来的。大多数比利时的城市历史都可以追根溯源到中世纪,这些地方往往是作为封建的和教会的领地上的政治中心、管理中心和宗教中心而被选中的。世俗封建主和教会领主将他们设防的住处变成了他们的司法管辖权、领地的行政管理权的所在地。[3]二是新兴的城市也是由封建主来设置的。封建主鼓励在自己的属地上设立城市是出于获取利益的考虑,城市成为中世纪封建领主的一项重要收入来源。所以,中世纪的西欧到处都有封建领主积极设立城市的情况。[4]德国的封建主创

---

[1] R.Champakalashmi, *Trade, Ideology and Urbanizatio: South India 300BC to AD 1300*, Oxford University Press, 1999, pp.207-208.

[2] Platt Colin, *The English Medieval Town*, London, 1976, p.30.

[3] Raymond van Uytven, "Belgium," in Richard Rodger(ed.), *European Urban History, Prospect and Retrospect*, Leicester University Press, 1993, p.111.

[4] 可参见:Keith D. Lilley, *Urban Life in the Middle Ages 1000-1450*, Palgrave: New York, 2002, pp.106-136.

设的城市数量最多,而且不少城市后来都成了重要的工商业中心,比如慕尼黑、哥廷根、汉诺威、乌尔姆、吕贝克、奥得河畔法兰克福、凯泽斯劳滕、茨维考、开姆尼茨等,都是由封建主创建,授予特许状后成为城市的。①从 12 世纪起,佛兰德和埃诺的伯爵、布拉班特的公爵,甚至一些较小的封建主都建起了一些新城。在不拉奔,大约在 1234 年左右,公爵亨利一世在边境和新兼并的土地上建立了许多新城市,则是出于领地扩张的需要,这些城市一旦建立,就成了附近农村的共同市场。②

甚至中世纪欧洲的宗教城市,也产生了相应的工商业。在主教城市,由于是大主教、主教的驻地,有教堂、寺院的存在,宗教中心的经济影响十分明显。比如在中世纪盛期的阿尔勒,除了大教堂以外,还有大约 11 所寺院。在马赛,在同一时期的初期,大约建起了 6 所以上的寺院。这些寺院不只是宗教信仰的中心,其中还有一大批牧师、教士,以及为他(她)们服务的仆人,这些人有服务和物质供给方面的需求。这就意味着应有一批工匠、店主和小贩在这些地方居留下来。所以,法国的主教城市从中世纪早期起就具有商业功能。在英国,主教城市的数量要比法国少得多,只有 17 个主教城市。所以,在盎格鲁—撒克逊时期,英国的主教城市网络的规模比较小,但是,主教城市作为权力中心和贸易中心的作用可是一点不小。坎特伯雷在公元 9 世纪就建起了大教堂,并在城墙外建立了圣奥古斯丁修道院。在大教堂周围,建造了密集的房屋,教堂的东侧有一个市场,在通往多佛的大道边形成了一个牛市。在同一时期,另一个主教城市温切斯特也存在类似坎特伯雷的土地市场,它的街道的名称表明了专业化的工匠集中的地区,比如盾牌工街、制革匠街、肉铺街、市场街等。伍斯特也是一个主教城市,9 世纪时这里就有土地市场,还有不止一个的商品市场,主教有权对欺骗顾客的商贩进行罚款。③

农业时代城市的工商业繁荣程度,往往与城市作为政治中心在整个权力层级中所处的地位相联系,地位越高,城市中的工商业也相应地更加繁荣。

---

① David Nicholas, *The Growth of the Medieval City: From Late Antiquity to the Early Fourteenth Century*, Longman: London and New York, 1997, pp.9-98.

② Raymond van Uytven, "Belgium," in Richard Rodger(ed.), *European Urban History, Prospect and Retrospect*, Leicester University Press, 1993, p.112; Scott Tom, *Society and Economy in Germany 1300-1600*, Palgrave, 2002, p.114.

③ R. H. Hilton, *English and French Towns in Feudal Society, A Comparative Study*, Cambridge University Press, 1992, pp.27-29; David Nicholas, *The Later Medieval City 1300-1500*, Longman: London and New York, 1997, pp.1-2; Reynolds, Susan, *An Introduction to the History of English Medieval Towns*, Clarendon Press, 1977, p.20.

一国的首都通常是达官贵人云集，经济生活也更为活跃。在农业时代，凡是大城市多为一国的首都，罗马、长安、开封、杭州、巴黎、伦敦等均是如此，这些城市的几十万，甚至上百万人的规模本身就是一个巨大的市场。同时，大都市还为工商业带来了更多的发展机会，比如巴黎作为法国的政治和文化中心，创造了相应的奢侈品市场与经济生活。法国最重要的统治机构都在首都：巴黎的老议会、审计院、大委员会(the Grand Conseil)，等等，这些机构的存在，意味着有大批的官僚及相关人员在巴黎集中，同时，也意味着有大量的地方官员进出巴黎。据估计，1515年，巴黎的行政系统需要5 000名王室官员，另需8 000名"技术专家"。朝廷和各类官僚机构集中，达官贵人及其家眷云集，这意味着在巴黎，他们除了日常的消费之外，还有大量的奢侈品需求，仅此一个方面的消费需求，足以使首都形成一个档次较高、规模不小的消费市场。巴黎作为文化中心也带动了当地的经济，巴黎的大学吸引了一些教师和学生，并支撑起相关的经济活动，如印刷业。[1]

然而，大都市繁荣的经济活动又是以强大的权力为后盾的。在农业时代，市场经济还未得到充分的发展，要维持大规模人口的日常生活，没有一个强势的力量控制物资供应，那是不可想象的。

有人认为，在古代，即使在相当繁荣的地区，要让一个人脱离土地而生活，就需要超过10个人在土地上干活。[2]城市文明在初期就是靠着这样一点少得可怕的剩余农业产品来支撑的，而这点剩余完全可能因为干旱、水涝、瘟疫、社会混乱或战争而遭到破坏。所以，以今天的城市人口规模来衡量，上古时期城市的人口规模都不大。到中古时期，农业生产力有了较大的发展，但维持一般规模的城市人口的生计，也需要有广大的农村腹地来支持。波尔顿曾经计算，一座3 000人口的城镇每年至少消费掉1 000吨谷物，这就相当于4 500英亩耕地的年收成。如按二圃制生产，这个面积加上休耕地，共需耕地9 000英亩。如按三圃制生产，也需要7 500英亩的耕地来供养。[3]

参考以上估算，我们就容易理解，存在于农业时代的大城市和特大城市必

---

[1] Jacquart, Jean, Paris: first metropolis of the early modern period, in Peter Clark and Bernard Lepetit(eds.), *Capital Cities and their Hinterlands in Early Modern Europe*, Aldershot: Scholar Press, 1996, pp.106-107.

[2] 林恩·怀特(小):《500—1500年技术的发展》,见(意)卡洛·奇波拉:《欧洲经济史》(第1卷),"中世纪时期",商务印书馆1988年,第110页。

[3] J. C. Bolton, *The Medieval English Economy*, 1150-1500, London and New York, 1980, p.119.

须靠相应的权力来支撑。唐代长安盛期的人口数量大约为100万,北宋开封、南宋杭州盛期的人口数量约为150万;北京历元、明、清三代都是帝国的首都,其人口规模在元朝盛期约为95万,明朝和清朝盛期均为100万。①这些人口众多的首都城市,仅靠本经济区域内的农业生产是无法维持的,它们都需要从远方运输粮食。唐都长安从关东输入的粮食,每年都有数十万石,多时达数百万石。北宋开封仰赖于江淮漕粮,每年漕额约为600万石左右。②元、明、清时期,京师人口全赖江南粮米接济。从江南调运北京的粮食,元朝时期每年少则100余万石,多则300余万石;明朝初期数额不固定,每年少时100万石,多时达500万石,明中叶以后至清朝则固定在400万石左右。③除政府调运外,商人们每年也向首都贩运大量粮食。长距离的粮食转运,需要有一个比较便利的水上运输体系。除元朝主要依靠海运外,其他朝代都主要依赖运河向首都漕运粮食。因此,历代政府都很注意运河的开浚与维护,其中京杭大运河对于首都的粮食供给发挥了长久而关键的作用。④

罗马帝国时期罗马城的粮食供应问题,也是在帝国这样的政治框架内才得到解决。公元初,罗马的人口将近100万,小麦的消费总量约为4 000万摩底(古罗马计量单位,1摩底约合8.754升),其中,大约75%—95%是从意大利以外的地方输入的。⑤罗马城依靠强权解决了粮食供应问题,粮食供应由皇帝负责,所以,是整个罗马帝国供养着罗马城:罗马城的粮食供应有来自埃及的谷物,还有来自西西里和非洲的皇家田地与公共田地上的谷物,高卢和西班牙也要送来一些,这都是佃户缴纳的地租,使京城里的无产者和宫廷得到允足的粮食供应。此外,皇帝们还采取了一些预防措施来保证罗马城所有居民得到足够的粮食供应,例如使罗马城的居民对一些产谷行省的产品有优先取得之权,换言之,就是规定埃及出口的谷物除特殊情况外不得输往罗马城以外的任

---

① 关于历代都城的人口数量,学者们的估计颇为悬殊。兹处所用数字,唐长安据宁欣:《唐代长安流动人口中的举选人群体》,载《中国经济史研究》1998年第1期;北宋开封据周宝珠:《宋代东京研究》,河南大学出版社1992年,第321-324页;南宋杭州据斯波义信:《宋代江南经济史研究》,方键、何忠礼译,江苏人民出版社2001年,第329-331页;元大都、清北京据韩光辉:《北京历史人口地理》,北京大学出版社1996年,第81-84、120-128页;明北京据高寿仙:《明成化年间北京城市人口数额初探》,载《北京档案史料》2005年第1期。
② 周宝珠:《宋代东京研究》,第185页。
③ 韩光辉:《金元明清北京粮食供需与消费研究》,刊《中国农史》1994年第3期。
④ 常征、于德源:《中国运河史》,燕山出版社1989年。
⑤ Paul Bairoch, *Cities and Economic Development: from the Dawn of History to the Present*, translated by Christopher Braider, The University of Chicago Press, 1988, p.86.

何地区。①

　　首都的繁华取决于权力,地方上其他权力中心也是这样,布罗代尔曾详细地描写过法国城市贝桑松从中世纪到近代早期的经历,很好地说明了政治地位的变迁对其命运的影响。早在罗马统治之前,贝桑松就已成为高卢的一个重要部落塞卡尼人的首府。到古罗马时代,贝桑松又成为一个交通要道上的城市。到中世纪,城市已相当发达,成了大主教的驻地。1290年,贝桑松建立市镇机构,成为帝国的自由城市。不过,贝桑松在孔泰地区的政治地位长期不确定,使得它的发展很慢。它是孔泰地区的宗教首府,但多勒才是弗朗什—孔泰的首府。多勒与贝桑松本来势均力敌,但多勒成了本地区的行政中心以后,形势逐渐向不利于贝桑松的方向发展。1422年,省高等法院迁往多勒。随后,又有一所大学也迁走。多勒因此而发展起来。而贝桑松尽管人口不少,但一直不够繁荣发达。到17世纪,贝桑松还是一副"灾难深重"的样子。战争、瘟疫、饥荒在贝桑松周围游荡。路易十四统治时期终于确立了贝桑松的省城地位,把设在多勒的高等法院又迁了回来,并创设了一个初等法院、一个中等法院和一系列非常法庭。贝桑松还接纳了一所大学,迎来了巡按使和军事总督,最后还有一支强大的驻军。贝桑松因其地位的改变而得益,首先是各种官员大量涌入,官吏总数大约有500人,连同家属可能达到2 000人,城市人口大为增加。不过,更重要的意义在于它成为省城以后对本地区其他城市的控制。到18世纪末,贝桑松的商业已十分活跃,商人众多,出现了一些著名的商号,甚至还有专做大宗批发生意的商人,贝桑松成为四周小城镇的货物集散中心。不仅如此,这里还成为一个活跃的汇兑中心,几乎全省所需的汇票,都直接或间接地与贝桑松有联系。在工业方面,新兴的针织业发展迅猛。成为当地政治中心的贝桑松就这样慢慢地又成了工商业中心。通过与孔泰省其他城市人口增长状况的比较,可以略窥贝桑松发展速度之一斑。18世纪末,该省的城市增长率为32%,而贝桑松市的这一增长率为75.6%;1788年,贝桑松的居民为20 228人,同年,其他城市的居民分别为:萨兰6 630人、多勒7 774人、格雷4 784人、阿尔布瓦5 902人、隆勒索涅6 500人,其他城市的人口都在4 000人以下。由此可见,成为孔泰省的政治中心对于贝桑松的发展是多么的重要。但是,正像权势给它带来繁荣一样,失势也使它衰败。贝桑松的繁荣并没有长久保持,法国大革命使它遭受致命的打击,一下丧失了高等法院、巡按使以及

---

① 罗斯托夫采夫:《罗马帝国社会经济史》(上册),第287页。

各个宗教团体,等等。从此以后,贝桑松显得无精打采,不断地走下坡路,在法国城市中的排名从1801年的第18位,下降到1851年的第25位。[1]

在农业时代,由于城市主要是政治中心,经济生活首先是围绕着权力发展起来,并在权力的支撑下繁荣、兴旺的,因此,权势的消长往往就决定了城市工商业的兴衰,不仅贝桑松,连不可一世的罗马城也没能免遭这样的命运。罗马的衰落开始于公元200年,初时,衰落的趋势十分缓慢。从公元330年起,这种趋势加快,尤其是在君士坦丁大帝(约280—337年)将首都迁往君士坦丁堡以后更为明显。罗马帝国在公元476年灭亡,罗马城便失去了帝国政治中心的地位,完全失去了昔日的辉煌和光彩。在后来的几百年中,罗马城对商业和工业来说就是一个死城[2],这可以从城市人口的变化中看到。罗马盛世时,城市人口大约有上百万。但到公元700年左右,罗马城的人口只剩5万左右,而到11世纪初,人口下降到只有3.5万。1377年前后,罗马人口处在谷底,那一年,教皇驻地从阿维农迁回罗马,罗马的人口只有大约1.5万至2万。[3]

五、农业时代城市权力与城市景观

权力缔造了城市,权力的大小决定了城市的规模和影响力。正是从这个意义上讲,在农业社会里,尤其在较早的历史时期,城市主要是政治的中心。但是,这一说法并不是想否定政治性质的城市同时也可以成为工商业中心,作为政治中心的城市并不排斥经济功能,只要在那里集中了一定数量的非农业人口,那里就必定有对商品(无论是农产品,还是制造品)的需求,形成相应的手工业和商业活动。同时,城市里的市场也为周围农村地区提供了一个稳定的交易场所。而且,发展城市经济本身也给城市当局带来利益。这样,从权力中心发展出工商业活动就成了一件十分自然的事情。但是,对农本经济时代的大多数城市来说,它们的政治作用是主要的,而经济功能则是从属的、随之而发生的,这就是农业时代城市中的权力起伏决定城市经济的繁荣程度的主要原因。

所以,农业时代城市兴起的根源在于政治统治的需要,而不是工商业发展所造成的结果。那种根据城市的类型去寻找城市起源的思路,虽然注意到了

---

[1] 参见费尔南·布罗代尔:《法兰西的特性(空间和历史)》(1),顾良、张泽乾译,商务印书馆1994年版,第150-163页。

[2] 汤普逊:《中世纪经济社会史》(上册),第399页。

[3] Paul Bairoch, *Cities and Economic Development: from the Dawn of History to the Present*, translated by Christopher Braider, The University of Chicago Press, 1988, pp.109-110.

政治或宗教在造就某些类型城市的形成过程中所起的作用,但是,这种思路依然是以默认一些城市的工商业起源为前提的。而把城市的起源归结于贸易、政治、宗教等各种因素共同作用的观点,在一定程度上低看了权力在城市形成过程中的作用。

当然,在肯定越是在城市历史的早期,政治因素对城市命运的影响越是重要的同时,也应该看到,随着人类生产力的发展,工商业逐渐发达,它在城市生活中的影响力在不断扩大。有些城市尽管还是一定区域内的政治中心,但兴旺发达的工商业已经使这些城市的政治角色退居幕后,而表现出工商业城市的面貌。这一变化在中世纪后期的西欧表现得十分明显,之前提到的英国城市莱斯特和诺里奇就是这样。德国的一些城市也是如此,14世纪末的科隆已有36个行会。到15世纪末,这里的行会达45个。美茵河畔的法兰克福,规模远小于科隆,只有万把人口。1355年时,它有14个行会。到1387年,行会增至20个,从业人员1 544人,其中,从事第一产业的人占6.1%,从事第二产业(包括纺织、制衣、食品加工、建筑、金属加工、制革、燃料生产)的人占81.4%,服务业从业人员占12.3%。到15世纪,法兰克福的行会发展到了28个。①一些原来名不见经传的地方也发展为喧闹的城市,如法国的蒙彼利埃、第戎、里尔,德国的柏林、莱比锡、纽伦堡、慕尼黑。还有一些城市,如安特卫普、哥本哈根、爱丁堡、莫斯科、奥斯陆、斯德哥尔摩、维也纳、华沙,等等,原先也都是一些默默无闻的城市。

在欧洲城市历史的这种转变过程中,尤可注意的是城市工商业者作为政治力量的兴起。到12、13世纪,在欧洲,工商业的发展使城市工商业者成为一个很有实力和影响力的阶层。到13世纪,制造业首次成为欧洲城市中一个重要的财富创造行业,而商人则在很多城市里成为特殊的群体。长期的聚居、共同的利益和经验终于在居民中间养成了一种强烈的共同意识,这反映在以和平方式要求领主承认城市为一个自治社会,如果这项要求被拒绝,就以暴力方式来反抗封建权力并要求宪章的自由。②新形成的资产阶级要求"权利"与"自由",不再愿意服从封建主的权力,城市应有它的行政官、它的团体印章、它的市政厅、钟塔,这一切都是它独立的象征。尽管西欧的城市那时依然处在封建主义的汪洋大海之中,但历史的潮流逐渐地把工商业者作为一个重要的社会力量推到城市生活的中央,他们所从事的活动不再仅仅围绕城市里的封建权

---

① 庞兹:《中世纪欧洲经济史》,第294-295页。
② 汤普逊:《中世纪经济社会史》(下册),第424页。

力,也不再仅仅是为当地居民的生活提供日常服务,他们也为遥远的国际市场组织生产,从事长途贸易,他们是正在形成中的资产阶级,创造并生存于具有世界性的资本主义经济体系中。

正是新兴的资本主义赋予了新生的资产者日益强大的力量,并且使城市的命运逐渐摆脱了对政治权力的依赖。一些城市的兴衰,主要不是受城市中政治权力变化的影响,而是取决于城市在资本主义经济体系中的位置。从13世纪中叶开始,意大利的城市由于地处东西方贸易的交汇点,就成了欧洲国际贸易的中心,先是热那亚,后来是威尼斯,在两个多世纪的时间里,它们先后成为欧洲无可匹敌的商业首都。新航路开辟以后,国际贸易的中心从地中海转向大西洋和波罗的海沿岸。结果,从1570—1578年,阿姆斯特丹成为最主要的国际贸易中心,兴旺了大约两个世纪。以后,阿姆斯特丹又让位给伦敦。

从权力创造城市并决定城市的命运,城市生活围绕权力而发展,到城市的兴衰取决于城市在资本主义世界体系中所处的位置,这一变化体现了资本的力量。

然而,在商业资本主义阶段,资本的力量还没有发展到能够独立于封建的权力体系的程度。就城市发展史而言,在中世纪晚期和近代初期的欧洲,商业资本仍然需要借助于现存的、为封建统治服务的城市体系和从过去留下来的权力中心,来发展和壮大自己。资本创造城市的力量要等到工业化时期才充分地展现出来,那时,资本创造并推动着欧洲新兴的工商业城市蓬勃发展,那些虽然有着悠久甚至辉煌的历史,但不能适应资本扩张需要的旧的权力中心,被无情地边缘化了。在资本主义占统治地位的城市里,权力与工商业的关系已经颠倒:以前,工商业围绕权力而发展;现在,则是权力屈从于资本。

(俞金尧　刘　健)

第二节　聚落形态与城市起源研究

聚落考古是20世纪中叶兴起的一项全新探索,它的潜力在于能够根据人类栖居形态的特点和变化来观察社会结构的特点与演变的轨迹。在文明和早期国家起源研究中,城市的出现是一个标志性的事件,被广大考古学家和历史学家所关注。但是由于文献记载的局限,早期城市的发展往往需要靠考古学来了解。而聚落形态研究就可以为我们提供一种视角,观察人类社会从自治村落向集中城市发展的过程。本节从当今国际学界研究的视野和成果出发,介绍这个研究领域的基本概念和方法,以便为我们的聚落形态和城市起源研究提供一个世界性的参照。

一、新问题、新趋势、新方法

20世纪上半叶,文化历史考古学的主要任务集中在定义考古学文化和建立文化的年代学上,也就是用物质文化来延长和补充编年史。这样一种以器物为中心的操作往往造成见物不见人,于是也在学界内受到越来越多的质疑。20世纪40年代末,在一批文化人类学家的倡导下,文化生态学的理论开始影响考古学。这一理论的鼻祖是美国民族学家和考古学家朱利安·斯图尔特(J. Steward)。斯图尔特将人类文化看作一块"蛋糕",经济位于最底层,中间是社会结构,上层是意识形态。但是,斯图尔特在这块"蛋糕"之下又加了一层"生态环境",并将它看作影响文化演变的重要因素。聚落考古的思维最早也是在斯图尔特的启发下萌发的。20世纪40年代中叶,斯图尔特正在从事美国西部大盆地半定居印第安土著的民族学研究,跟随土著部落迁徙,观察他们的生活习惯和在不同地点废弃遗物的方式。他建议考古学家戈登·威利(G. Willey)在考古研究中采取他对大盆地土著的研究方法,不只局限于研究一群人留在一地的遗存,而应当研究一群人在不同地点留下的遗存,也就是说要从人类栖居活动的形态来研究人类的文化。

20世纪40年代末到50年代初,威利首次将这一方法运用于秘鲁维鲁河谷的考古工作。他将聚落形态(settlement pattern)定义为"人类在他们栖居环境里安置自身的方式"。[1]他把河谷里的聚落形态分为生活居址、社区或仪式建筑、设防据点或庇护所,及墓地四种功能类型,并根据陶器类型学它们归入前后相继的八个时期,时间跨度从公元前1200年到公元1532年。然后观察每一时期四类建筑在河谷里的分布特点,拼复成一幅幅相互关联的功能图像,并从它们的历时演变来追溯该河谷中几千年的社会变化。因此,聚落考古学不但能够了解人类群体在不同环境里的适应,而且能够研究社会的复杂化进程,探究文明和国家的起源。在文明和国家的探源中,城市的起源往往成为判断国家政体存在的证据。于是在一个区域中追溯从原始村落到城址的发展,

---

[1] G. R. Willey, G. R. *Prehistoric Settlement Patterns in the Virú Valley, Peru*, Bureau of American Ethnology, Smithsonian Institution, Bulletin 155, 1953.

可以勾画出一条史前社会从简单到复杂的演变轨迹。威利在聚落考古上的开拓性工作受到了考古学界的高度评价,被誉为"考古学文化功能分析性阐释提供了一个战略性起点"[①]和"考古学史上最重要的方法论突破"。[②]

二、聚落形态

美国考古学家欧文·劳斯(I. Rouse)将聚落形态(settlement pattern)定义为"人们的文化活动和社会机构在地面上分布的方式。这种方式包含了文化、社会和生态三种系统,并提供了它们之间相互关系的记录"。生态系统反映了人们对环境的适应和资源的利用,文化系统系指人们的日常行为,社会系统则是指各类组织性的群体、机构和制度。他还指出,聚落形态研究旨在确定人类活动的范围,比如从粮食生产到艺术宗教活动,并标示出这些活动地点的分布。它也要确定人们机构的分布范围,比如从起居的住所到作坊和宗教场所,并将这些地点的分布表示出来,从而表明人们是如何参与各种活动的。然后,我们可以构建一个不同地点的网络,将每个地点所从事活动的记录和机构性质结合起来,便是我们所要了解的聚落形态。如果从聚落形态来分辨文明发展的进程,需要分辨该人群的社会发展程度。劳斯指出,文明和城市化是不同的进程,文明是指一群人活动的发展,因而是文化的;而城市化是指一种机构的发展,因而是社会的。对于从聚落形态来分辨文明的迹象,他提出了一个两分的标准,即维生人群和专业人群的分化。对于非文明的社会,聚落内居住的是单一的维生人群。当聚落形态显示出现专业人群的分化,出现维生人群和专业人群相互依存的共生状态时,即表明了文明进程的开始。这就需要我们分辨这些共生人群活动在聚落形态上的表现。比如,美索不达米亚早期苏美尔共生人群都生活在城市中,专职人群在城市中心,而维生人群在城厢和郊区;中美洲古典玛雅专职人群住在祭祀中心,维生人群住在卫星村落中;在古希腊和古罗马,专职共生人群住在城市里,而大多数维生人群住在乡下[③]。

加拿大考古学家布鲁斯·特里格(B. G. Trigger)将聚落考古定义为"运用考古材料来研究社会关系"。与目前我国仍然流行的文化历史考古学不同的是,聚落考古不是对我们所要了解的考古学文化在社会关系方面做一些补

---

① G. R. Willey, *Prehistoric Settlement Patterns in the Virú Valley, Peru*, Bureau of American Ethnology, Smithsonian Institution, Bulletin 155, 1953.
② 布鲁斯·特里格:《考古学思想史》(第2版),中国人民大学出版社 2010 年。
③ I. Rouse, "Settlement pattern in archaeology", in P. J. Ucko, R. Tringham and G. W. Dimbleby (eds.), *Man, Settlement and Urbanism*, Cambridge, Duckworth, 1972, pp.95-107.

充,而是将其作为一种经济、政治和相关的功能系统来看待。①特里格指出了聚落形态两种主要研究的方法,一种是生态学方法,将聚落形态看作技术和环境相互作用的产物,这种方法主要研究聚落形态如何反映一个社会和技术对其所处环境的适应;另一种是社会学方法,将聚落形态看作史前文化的社会、政治和宗教结构的反映。前者适合研究史前的简单社会,比如旧石器时代和新石器时代早期的人类社会,而后者比较适合研究复杂的等级社会。

特里格提出了聚落形态研究的三个层次。第一个层次是个别建筑,一方面个别建筑反映了当地的气候环境,以及技术和建筑材料所允许的条件。另一方面则反映了社会发展的特点,比如在简单社会里只有一种非常单一的房屋类型,没有特殊目的建筑物,但是在复杂社会里,建筑物有明显的多样性,包括各种房屋、庙宇、要塞、墓葬和其他特殊功能的建筑物。而且房屋的大小可以反映家庭结构和组织形式,一些大房子及其结构可以反映社会等级制度。各种特殊功能的公共建筑也变得十分明显,如果这些建筑的功能可以从考古学上加以确定的话,对于了解当时的公共活动和社会生活有很大的帮助。第二个层次是社区布局,一般来说社区相当于一个聚落或村落。社区的规模很大程度上受制于生态环境因素,但是其布局则受家庭和亲属制度的影响很大,在原始的血缘社会中聚落形态的布局常以亲属关系的远近而聚合或进行季节性的分裂,内部建筑和结构区别不是很明显。但是在复杂社会中,不同社会阶层生活在仔细划定的区域里,不同的宗教群体和族群也可能如此。拥有财富的不同可以明显地从不同群体所居住的房屋上反映出来。此外,在简单社群的聚落里,专门手工业生产可以在一个地点或村落的层次上发展,而复杂社会的手工业生产可能有更为严密的组织,出现集中的作坊和大规模的原料供应和储藏,并与市场和贸易网的安置关系密切。第三个层次是聚落的区域形态,在简单社会中社群和遗址的分布形态一般依自然资源和条件而定,比如狩猎采集群的遗址一般集中在接近水源和食物资源比较集中的地方,而农业村落的布局取决于土壤的肥力和便于灌溉的位置。在复杂社会中,聚落的区域布局越来越多地取决于经济和政治因素而非生态因素,因为其重要程度不等,聚落规模表现出明显的等级差别。特别到了国家社会,城市成为管理和维系周边农村的中心,而首都则可以从其规模和奢华程度予以分辨,这种政治经济中

---

① B. G. Trigger, "Settlement archaeology—its goals and promise", *American Antiquity*, 1967, 32(2):149-159.

心存在的宫殿和神庙反映了政治组织的规模。一个区域里一个大的中心和周围一大批中小型聚落的分布,反映了后者对于前者的从属地位。如果要研究一个区域里社会的复杂化过程,可以将聚落形态的同时性和历时性特点进行整合研究,从而可以追溯其演进的具体轨迹,并判断其社会发展的层次。[①]

美国考古学家肯特·弗兰纳利(K. V. Flannery)在对中美洲和近东村落起源的比较研究中提供了许多启发性的见解。他注意到自更新世结束后村落在世界各地逐渐独立出现,在近东大约出现在公元前 7500 年,安第斯山区是公元前 2500 年,中美洲是公元前 1500 年。但是村落、农业和定居生活这三个变量并非必然密切相关,农业不一定导致定居生活和村落,定居生活不一定需要农业和采取村落的形式,而村落的存在不一定需要农业和全年的定居生活。比如,在近东公元前 8000 年的人们已经完全定居,但是缺乏驯养动植物的证据。在中美洲,人们在公元前 5000 年已经栽培了四五种农作物,但是在后来的 3500 年里仍然采取流动性很大的生活方式,无法定居下来。

弗兰纳利介绍了麦克尼什(R. S. MacNeish)对中美洲干旱高地游群聚落形态的观察。麦克尼什分辨出两种居址形态,一种是"大游群"营地,由 12—20 人在某个季节的大部分时间里居住;另一种是"小游群"营地,由 2—5 人占据数天到一个季节不等。由于"小游群"营地中一般兼有男女使用的工具,麦克尼什称之为"家庭采集群",而"大游群"营地则是某些地区在食物资源十分充足时段里,许多分散家庭阶段性聚合的场所。这种狩猎采集群缺乏领土概念,部分是因为资源的分散性和群体之间对其广泛分享的需要。

但是到了农业社会,人们的生产活动集中在沼泽湿地或季节性泛滥的冲积平原上,维护这些有限和局部的资源造成了相邻群体之间的竞争,于是产生了社群领土所有权的概念。为了维护资源的所有权,农业社会一般有三种方法:(1)在关键资源区域里定居下来。(2)建立起一种栖居形态从"核心"地带到"边缘"区域的梯度。(3)形成一种继承的意识,强调代代相承来维护土地的所有权。

弗兰纳利还确立了早期农业村落的两种居址类型,一种是圆形房屋的住宅,另一种是由较大的方形房屋组成的真正村落,并具体总结了这两类居址类型所反映社会结构。(1)一般而言,在新石器时代,每人居住的房屋面积大约为 10 平方米。(2)圆形房屋往往为流动或半流动社群的居址特点(从统计学

[①] B. G. Trigger, *Time and Tradition*, Edinburgh University Press, 1978.

上的观察）；而方形房屋一般为完全定居社群的居址特点（当然存在许多例外）。（3）从世界上许多地区的考古学证据来看，有一种方形房屋结构随时间的推移取代圆形房屋的趋势（虽然也有相反的情况）。（4）尽管圆形房屋易于建造（也易于拆卸），但是方形房屋更易添加房间，以适应不断扩大的延伸或宗亲家庭。在不分层的社会里，这种早期村落存在一个弱点，即当一个村落里的人口达到一定数量时就会因矛盾和冲突难以管辖而分裂，比如亚马逊农业部落就缺乏维系一个不断增长的群体规模的政治机制。因此，复杂社会所需要的强化农业生产不是受制于他们拥有的技术，而是缺乏真正的权威。所以，不分层的社会大都是生产力低下的社会，强化生产不在于新的农业系统，而是要么让人们多劳动，要么让更多的人劳动。弗兰纳利指出，村落社会的成功是政治进一步演变的前提，后继的文化发展阶段——酋邦和国家是基于强化的生产、财产和地位的悬殊分化。①

30 年后，弗兰纳利根据新的考古资料对上述的观点做了一些补充和修正，认为采用一种模式来解释一种居址形态取代另一种的理由看来过于简单了，两种居址策略很可能提供足够的灵活性来调节变异很大的不同条件和变量，而且这种取代在情况发生变化时会发生逆转。此外，从史前村落的发展来看，还有一个重要的社群发展阶段——经济专门化。比如在秘鲁沿海的考古遗址后来发现了农人、渔民、编织工匠、陶工和金属工匠的居址；古典期中美洲的城市特奥蒂化坎有专供专业陶工、陶俑工匠、黑曜石工匠等专职人士生活和工作的区域；在美索不达米亚，专职陶工会在他们的产品上留下以供分辨的标记；而在幼发拉底河的早期城市里有农人、牧人和渔民的生活区。弗兰纳利将这种生产专门化导致的居址形态的发展称为继圆形房屋向方形房屋村落发展之后的第三个阶段——一种从核心家庭向延伸家庭的转变，其较大范围的劳力组合标志着社会发展所导致的多种经济的发展。②

就聚落形态而言，部落社会因其经济上自给自足和政治上自治的性质，使得地域上的聚落布局呈现均匀分布，大小基本相差不大，没有起主导作用的政治或经济中心。到了酋邦阶段，由于部落的聚合使得一些起管辖和再分配作

---

① K. V. Flannery, "The origin of the village as a settlement type in Mesoamerica and the Near East: a comparative study," in P. J. Ucko, R. ringham and G. W. Dimbleby(eds.), *Man, Settlement and Urbanism*, Duckworth, 1972, pp.23-53.

② K. V. Flannery, "The origin of the village revisited: from nuclear to extended households," *American Antiquity*, 2002, 67(3):417-433.

用的聚落成为重要的政治和经济中心,因此聚落形态至少出现两个层次的等级。①此外,酋邦在聚落形态上还表现为出现了大型的建筑物,特别是那些从事宗教活动的祭祀中心,其数量一般少于聚落的数量,而劳力投入则需要多聚落之间的合作。

  早期国家的管辖和聚落层次超过了酋邦,弗兰纳利指出,近东的酋邦一般表现为二到三个聚落层次的等级,而早期国家的聚落层次至少有四个等级:城市、镇、大村落和小村落。他还指出,"管辖等级"和"聚落等级"含义并不相同,前者指社会系统管辖级别的数量,如果没有文献资料的帮助,一般很难从考古学上进行分辨;而后者是指社群规模级别的数量,一般可以从聚类矩形图上或从考古学对一些建筑发掘所显示的不同级别的管辖机构上反映出来。比如,墨西哥萨波特克(Zapotec)地区最早可以明确分辨的国家(公元前100—公元100年)表现为至少四个层次的遗址等级:最高等级是首都,拥有一处大型的"政府宫殿"、一处祭祀广场、多处寝宫和王室墓葬、多处标准神庙、一处以上的球场、一座用象形文字记载下属省份的建筑;次一等级的遗址拥有规模较小的"政府宫殿"、数量较少的庙宇、较少的寝宫和墓葬,只有一处球场;再次一等的遗址只有一处庙宇,没有宫殿、祭祀广场,也没有球场;最低层次的遗址没有任何公共建筑。在萨波特克的腹地瓦哈卡河谷(the Valley of Oaxaca),估计有4.1万人分布在518处遗址中,首都占地416公顷,人口约1.45万人;下一等级的遗址共有6个镇,人口约970—1 950人,他们分布在首都周围14—28公里范围以内;再次一等的遗址由至少30个占地5—10公顷、200—700人的"大村落"组成;最低层次的遗址由400个以上、不到200人的"小村落"组成。

  在玛雅低地,由于拥有象形文字资料,早期国家的聚落形态和遗址等级的考古学分析可以得到文献的佐证。玛雅城市卡拉克姆尔(Calakmul)是中心等级之首,周围有六个次级镇以大约34公里的相等距离呈网格状分布。各个镇也被若干大小村落围绕。在中心城市卡拉克姆尔和周边的镇之间有一系列的道路相连。这些从属的镇的铭文中都雕刻有标志卡拉克姆尔的徽号。弗兰纳利认为,如果聚落形态研究发现四个层次的遗址等级,特别是其围绕一处主要城市呈网格状分布,那就是标志一个国家存在的线索②。

---

  ① W. Creamer, and J. Haas, "Tribe versus chiefdom in lower Central America," *American Antiquity*, 1985, 50(4):738-754.
  ② K. V. Flannery, "The ground plans of archaic states," in G. M. Feinman, and J. Marcus (eds.), *Archaic States*, Santa Fe: School of American Research Press, 1998, pp.15-57.

英国考古学家科林·伦福儒和保罗·巴恩总结了研究复杂社会聚落形态的一些理论和方法，其中"中心位置理论"认为如果自然条件分布均匀，那么聚落分布模式是应该十分规则的。相同规模和性质的聚落和城镇会呈等距离的分布，一些中心会被次一级的中心所围绕，而后者本身周围也会有更小的卫星村落分布。在一种完美的条件下，每个中心控制的地域呈六边形，而层次不同的中心会组成一种错综复杂的聚落网络系统。"遗址等级分析"可以根据遗址的大小排列成等级的次序，然后用柱状图加以表示。在一个聚落系统中，中小村落和居民点一般要比大的城镇多得多，因此柱状图可以用来对不同地区、不同时期以及不同社会类型的遗址等级进行比较。比如在狩猎采集社会里，遗址规模基本相同，变异很小，国家社会则会有城市、镇、大村落和小村落这样的规模差异，这种聚落形态结构和遗址等级就是社会结构以及复杂程度的反映。[1]

三、城市与都市化

城市和都市化是复杂社会的重要标志，也是文明和国家起源研究的一个主要方面。人类学和社会学研究常常集中在城市的性质方面，而考古学在研究一个大型遗址时经常会涉及判断其是否是一个城市的标准问题。由于早期文明或国家的城市与后来的都市有一定的差别，所以将最早的城市和先前的中心聚落区分开来，是考古学必须仔细加以解决的问题。在文明和早期国家探源中，讨论城市的形成机制以及主要的特点是国际学界最为关心的课题。

城市(city)和都市化(urbanism)是两个常常可以互换的术语，在中国的文献资料中并没有明显的区别，但是在欧美的术语中，城市是指表现有许多都市特征的聚居实体；都市化是指具有许多与简单社会居址不同特征的聚落形态，不但具备都市社会的结构，同时还表现为维系周边镇和村落的政治和经济中心。早期的城市根据其形成的过程和在整个社会中发挥的作用而被认为有许多不同的形态，比如大部分美索不达米亚的早期城市是人口聚居的中心，并没有仔细安排和规划的城址，然而我国华北和印度河谷的早期城市的布局比较规范，有仔细安排和规划的城址。在古埃及，并非所有城市都是大批人口聚居的中心，有些城市拥有大量的祭祀建筑但是居民数量很少。在尼罗河谷，这些祭祀中心是权力之所在，发挥着和美索不达米亚城市同样的政治聚合功能。同样，在爱琴海克里特岛的迈锡尼文明中，发现的许多宫殿并不位于拥有大量

---

[1] 科林·伦福儒、保罗·巴恩：《考古学——理论、方法与实践》(第2版)，上海古籍出版社2015年。

人口的聚居中心，但是它们发挥着一种将社会聚合和组织起来的世俗统治中心的作用。

尽管世界各地早期城市有不同的形态，但是作为一个城市，其主要特点还是有较高的人口密度和较大的占地面积，雷德曼认为城市区别于镇等居址的人口底线应该在 5 000 人，尽管存在有更多人的聚集却不一定存在城市的聚合特点，而人数较少的社群反倒具备了所有必要的都市特征的可能。定义一个城市最重要的标志应该是它的复杂性和聚合形式，城市不单单是有密集的人口，而在于人口或职业的多样性，以体现经济和社会结构上的差异和相互依存，这是城市区别于简单聚落形态的关键所在。他指出，大部分的城市一般具有如下几个特点：(1)具有大量和密集的人口，(2)复杂而相互依存，(3)具有正式和非个人的机构，(4)存在许多非农业活动，(5)兼有为城市和周边地区社群提供的各种服务。①

20 世纪 50 年代，柴尔德曾提出了十项从考古学上界定城市的标准。他指出，要对城市进行定义是极其困难的，从历史或史前史的角度来定义城市，意味着它是一种"革命"的结果和象征，它开启了社会进化的一个新的经济时代。他将新石器时代农业经济的发展和人口的增长看作城市起源的重要因素，随着这个社会发展进程，大约在 5000 年前的尼罗河、两河流域以及印度河流域开始出现了社会剩余产品的积累，足以供养不必自己从事粮食生产的定居专职人士。同时依赖灌溉使得这些地区的耕地限制在容易获得水源的地区并防止洪水泛滥的威胁，使得人口的聚集成为可能。这就最终导致出现了比新石器时代村落大十倍的聚落单位——城市。城市在许多方面不同于一般的聚落单位，柴尔德将标志城市特点的十项标准描述如下：(1)城市的规模和密度要比任何先前的聚落来得大，虽然它可能比现代的许多村落要小得多，比如，像苏美尔城市的人口在 7 000 到 2 万之间；(2)城市人口的结构与任何村落不同，很可能城市的主要居民还是耕耘周边农田的农民，但是所有城市存在自己不从事粮食生产的专职工匠、运输工人、商人、官吏和祭司；(3)每个基本的生产者都必须向神祇和国王进贡的形式交付一定的税赋，后者成为剩余产品的集中管理者；(4)出现了宗庙、宫殿、仓库和灌溉系统这样的纪念性公共建筑和大型劳力工程，以区别于一般的村落，并且是社会剩余产品集中的象征；(5)出现了一个完全脱离体力劳动的宗教、政治和军事的特权统治阶级，阶级社会成

---

① C. L. Redman, *The Rise of Civilization*, W. H. Freeman and Company, 1978.

型并实施对社会的组织和管理;(6)为了提高管理效率、记录税收导致文字的发明;(7)农业和宗教活动的需要导致数学、几何、历法和天文学等科学技术的产生;(8)由专职工匠生产的标准化的和高度发展的艺术品,成为体现地位的象征并体现美学意识;(9)生产专门化和交换扩展到城市范围以外的地区,导致长途贸易的出现;(10)出现了按居住方式或职业范围而定的社会政治结构,国家机构取代了基于血缘关系的政治认同。①

虽然柴尔德提出的十项判断标准被考古学界广泛引用,但是也有学者指出,这十项特征在早期城市形成过程中并不一定同步,而且每个特征的重要性在不同功能的城市形成中也存在一定差异。比如许多早期国家和城市并不一定出现了文字、数学和天文知识。所以,针对具体案例需要做具体的分析,以便能够了解某个城市形成的主要动力机制和所发挥的具体功能。史密斯(M. L. Smith)认为,如何认定一处聚落已经到达城市的标准即使在现在都很困难,更不用说古代了。今天对城市的界定一般根据人口统计和经济发展状况,对古代城市的界定一般较难做到。因此,无论对于现代还是古代城市,一般根据集中的人口、多样的经济、专门的社会和宗教活动来予以判定。量化的参数如人口、密度和占地面积等是有用的衡量标准,质量的参数如城市和农业活动的差异也是重要的衡量标准。②

恩布林(G. Emberling)提出城市的三重特征。一是专业化的社群,这种职业和社会功能的分化和专门化被亚当斯认为是城市起源的主要机制。二是人口聚集的中心。三是居民身份认同。作为一个城市必须考虑包括占地规模、人口密度和周边聚落的关系在内的几项关键要素。一个城市不可能独立存在,它的形成、发展、运转和功能有赖于与周边城镇和农村的依存关系。在考古学观察上,这些学者也更注重遗址所反映的社会内部结构。比如近东巴勒斯坦和约旦地区的耶利哥(Jericho,公元前 10000—前 8500 年)遗址被认为是世界上最早的城市,它占地 2.5 公顷,遗址周围有石砌的高墙和望塔。然而从内部居址特点来看,分布多为单间的住宅,房屋和墓葬没有等级差别,也不见手工业专门化的迹象。发掘者基扬(K. Keyon)认为高墙是为抵御外敌而建,而巴·约瑟夫(O. Bar-Yosef)认为可能是为了抵挡洪水。虽然从外部特征来看,该遗址确实很像是一座城市,但是从社会复杂化和都市化的标准来看,

---

① G. V. Childe, "The urban revolution," *The Town Planning Review*, 1950, 21:3-17.

② M. L. Smith, "Introduction: the social construction of ancient cities," in *The Social Construction of Ancient Cities*, Washington: Smithsonian book, 2003, pp.1-36.

它还算不上一座真正的城市。而美索不达米亚的早期城市是专业人群的聚居处,它们形成于乌鲁克时期,统治者、祭司、商人和工匠构成了城市独特的群体。①

到了国家阶段的城市,特别是首都,往往会显示最高统治者地位的特点,比如庙宇、宫殿和墓葬都会表现出反映统治阶层的地位、权力和宗教信仰的大量劳力和资源的投入。比如,玛雅的昌昌(Chan Chan)是奇穆(Chimu)王国的首都,它建有10个高墙围绕的城区,占地6.73—21.2公顷不等,9米多高的围墙内有113—907间不等的房屋和其他设施,比如广场、仓库和皇室墓地。还有一种被称为"U形房屋"的特色建筑,其宏大的规模、复杂的结构、华丽的装饰表明它们可能是奇穆国王的宫殿。这种高墙建筑的城市形成于公元前750—前600年,即奇穆王国和首都格局日趋完备的阶段。②

莫妮卡·史密斯把城市看作社会日趋复杂过程中随机出现的少数结节或中心点,以维持社会网络的稳定性。随着人口增长和社会的不确定性增加,城市便成为一种将无数农村和边远地区人群联系到一起的途径。因此,一处城市从本质上说是构建和促进人际沟通的手段。城市在社会政治日趋复杂化和人口分散的区域中成为维系社会网络的中心,它们在诸如防卫、祭祀和经济等因素的刺激下显示出社会交往和信息流通上的便利和重要价值。古代城市常常被看作政治和经济中心,但是政治等级和人口集中并不总是能直接对应。在古代社会里,城市的存在并不需要国家层次的政治结构,它们只需较大的劳力投入和发挥维系社会网络的功能便会形成。一旦城市生活的价值被不利条件所压倒,城市便会迅速瓦解。在古代,城市和国家常常相互交织,学者们从城市劳力的投入和城市结构来定义国家甚至帝国。③

在一篇新发表的论文中,史密斯根据印度次大陆的案例进一步强调,人口集中的城市并不必然与大型的政体相关。他提出一种自下而上的视野来看待城市,认为城市可以在国家政体形成之前形成,并在国家政体崩溃后仍然存在。她认为可以用质与量的标准来定义城市:一方面,如果一处遗址有大量人

---

① G. Emberling, "Urban social transformations and the problem of the 'First City'—new research from Mesopotamia," in *The Social Construction of Ancient Cities*, Smithsonian book, 2003, pp.254-268.

② J. D. Moore, "Life behind walls—patterns in the urban landscape on the prehistory north coast of Peru," in *The Social Construction of Ancient Cities*, Smithsonian book, 2003, pp.81-99.

③ M. L. Smith, "Early walled cities of the Indian subcontinent as 'small worlds,'" in *The Social Construction of Ancient Cities*, Smithsonian book, 2003, pp.269-289.

口聚居的证据,即使其内部功能契合程度较低,也能定义它为城市;另一方面,有些遗址即使人口较少,占地面积较小,但是存在内部高度特化或多样化的功能契合,也能定义它为城市。她试图改变学界将城市看作基本由贵族居住和控制的地方,强调城市和人口聚居中心对普通民众的吸引力,认为城市是为许多个人和团体提供成功机会的地方,是社会不同阶层谈判、协调和达成共识的产物。城市的长期的稳定性与政体短命的轮回形成了鲜明的对比,它们可以超越政体的兴衰而长期存在和发展。[①]

沃尔卡(Warka)是美索不达米亚南部最大的早期城市,占地面积约 80 公顷,人口估计约 1 万人。考古发掘的两处宗庙区显示,阿努(Anu)塔庙是由一系列的建筑组成,经由历代修葺到乌鲁克(Uruk)时期形成了目前所见的规模。其中白庙(White Temple)保存最为完整,它的基座是经复杂的工序用砖砌成,建筑长 22.3 米,宽 17.5 米,三重台阶,内部结构包括一个长形的祭祀房间和两边的一排小房间。该庙是祭祀苏美尔人的主神——天神(Sky God)之所在。阿努神庙的建筑群大约需花费 7 500 人一年的劳力,其设计规划、营造技术、投入劳力以及反复的修缮,表明存在一个制度化的统治阶级控制着可观的经济资源、劳动人口和具有专业技术的工匠。[②]

特里格讨论了早期文明中城镇的特点和从考古学上进行判断的依据。他指出,考古学家一度认为没有一个文明不存在城市,然而有许多早期文明的城市实际上是仅仅居住着少数祭司的"祭祀中心",居住在周边的人们定期聚集到这里进行宗教活动。城镇也曾被定义为非农业人口的聚居地,人口密度至少达到 5 000 人或每平方公里 386 人。然而,欧洲中世纪许多法定的城市只有数千人,而东欧和意大利许多农业村落的人口则是这些城市的好几倍。在许多早期文明和工业前社会里,大量的农业人口居住在都市中心。近至 1910 年,开罗人口的 10% 为农业人口。因此特里格认为,定义城市的关键应该着眼于那些联系周边广大农村、发挥一系列特殊功能的特征。早期文明被用城市来定义的范畴中,最大的一类是城市国家(city-state)的首都或地域国家(territorial state)的首都和省会。在它们之下是缺乏特殊功能的镇和村。然而,城、镇和村的分类至多只是人为根据聚落形态大小和功能级别所定的主观单位,而不是从结构或功能上进行定义的实体。无论城市具有何种功能,它们是早

---

① M. L. Smith, "The archaeology of South Asian cities," in *Journal of Archaeological Research*, 2006, 14(2):97-142.

② C. L. Redman, *The Rise of Civilization*, W. H. Freeman and Company, 1978.

期文明社会中上层阶级以及非农业人口居住的地方。它们往往是高级的政治和管理中心，主要从事专业化的手工业生产、商贸、长途贸易、高层次教育、艺术和文化活动的地方。除了很少的例外，重要的庙宇、宫殿和公共建筑都位于城市中心，而这些中心人口所需的粮食有赖于周边农村的供应。重要城市都以它们的规模、富有、庄严和宏伟建筑物令人惊叹，这些特点都强调普通人的渺小和统治者的权力、合法地位以及超自然力量的伟大。有人将早期文明城市的起源归因于宗教的功能，其实这一看法与考古证据不合，特别无助于区分其在宗教、管理和商贸上发挥的作用。

特里格指出，在一些主要中心里集中各种特殊功能能够取得明显的经济效益。比如，长途贸易者和专职冶炼工匠居住在同一个社区里，这对于工匠来说很容易从贸易者那里获得原料，并将他们的剩余产品通过贸易渠道出售。这种不同功能的聚集对于统治阶层而言也提供了方便，他们能够很容易获得想要的物品或服务，并能够监控各种专门的活动以提高他们的权力和福利。每个城市国家的最大社群总是位于城市的中心，这种中心位置可以降低在政体内部和外部运输和交流的代价。有些城市国家，特别是那些比较小的和高度集中的国家，只有一个管理中心。较大的或聚落形态比较分散的城市国家，其首都会有次一级的管理中心，以大约10公里的间距呈卫星状分布，而次一级的管理中心又被第三级中心所围绕。地域国家会存在层层相套和呈等级的无数中心，等级越高的中心数量越少，而公共建筑越大，表明那里居住的人地位越高。庙宇、宫殿和市场也会随中心聚落等级的下降而规模变小或缺失。提供服务的人员或侍从往往居住在他们主人的附近，使得城市出现贫富区域的划分。[1]

四、中国都市探源与展望

河南偃师二里头遗址被我国学者认为是夏都，其分布面积约五六百万平方米，内部分布有各种建筑物，包括下层平民居住的半地穴式窝棚、平地而起的单间和多间房屋，还有宏伟壮观的宫殿或庙宇。手工业作坊种类齐全，规模大，主要从事青铜冶炼、制陶和制骨。墓葬等级分化明显，高级墓葬出土了象征王权的礼器和精美陶器。偃师商城被认为是早商的都城，使用阶段进行了多次的扩建和翻修，根据城墙的建制分为大城和小城。大城面积近200万平方米，小城面积为81万平方米。大城布局十分对称，发现城门5处，城墙外有

---

[1] B. G. Trigger, *Understanding Early Civilization*. Cambridge University Press, 2003.

护城河,宽20米,深约6米。城内有各种道路相联,城内和城外有供水和排水系统。宫殿区位于城的南部,总面积超过4.5万平方米,出土不下9座宫殿建筑基址,其中五号宫殿面积达9 000多平方米。大城东北发现了铸铜作坊的遗迹,但是对青铜冶炼的状况仍了解不够。陶窑发现了十余座,都属二期,此外还发现了加工骨器的遗迹,暗示附近存在骨器加工的作坊。墓葬共发现了百余座,但是大多数是小型墓葬,中型墓葬极少,尚未发现贵族墓地和王陵。①

中国学者倾向于把古城看作城、乡初步分化意义上的产物,把古国看作高于氏族部落的独立政治实体。②然而,人们在对城市的定义上常因汉语"城"与"市"的结合而多歧义,有学者认为城市是人类历史发展到一定阶段所产生的一种高度复杂的聚落形态,是有别于乡村的一种地域单位,是一种复杂的自然、经济和社会复合有机体。不能将"城"和"市(场)"的结合看作城市出现的标准,因为很难说在城出现之前就没有市场,也不能说发挥特殊功能却没有市场存在的中心聚落就不是城。他们提出了判断城市的三项标准:(1)城市应当是具有多种职能的复合体,不像早期农村只具备单项的农业职能。(2)空间结构、布局和功能的分化,体现城市是人口、手工业生产、商品交换、社会财富、房屋建筑和公共设施集中的场所,以适应复杂的政治、经济和文化生活的需要。(3)城市应当表现为人口多、密度高、职业构成复杂,相当成员从事非农业的经济、行政和文化活动。他们认为不能仅仅将夯土城墙的出现作为城市形成的标志,而要看这个遗址的内涵是否达到了从事城市活动的条件。③这种观点十分接近西方在定义城市时,把城作为一个自然实体和都市化特点之间区分开来,表明我国学者强调社会复杂化的内涵,避免单凭一些简单表征来判断城市形成的正确思考。

张光直赞同傅斯年等学者的看法,认为中国最早的城市与西方的最早城市在很多方面显著不同,中国早期城市不是经济起飞的产物,而是政治权力的工具和象征。他进而根据商代考古材料列举了早期城市的主要特点:(1)夯土城墙、战车、兵器;(2)宫殿、宗庙和陵寝;(3)祭祀法器包括青铜器与祭祀遗迹;(4)手工业作坊;(5)聚落布局在定向与规划上的规则性。而西方文明史上的最早城市一般以公元前3500年左右的两河流域的苏美尔城市乌鲁克为代表,这个时期的城市遗迹中出现了三项新的重要文化成分,即巨大的庙宇建筑、圆

---

① 中国社会科学院考古研究所编著:《中国考古学——夏商卷》,中国社会科学出版社2003年。
② 曲英杰:《古代城市》,文物出版社2003年。
③ 高松凡、杨纯渊:《关于我国早期城市起源的初步探讨》,载《文物季刊》1993年第3期。

柱形印章和楔形文字。这些新文化成分的出现,充分反映了当时经济贸易活动的起飞。①

目前我国考古界从田野发掘中判断一处遗址是否是城,习惯上以是否有墙为依从,所以比较容易引起争议。一种意见认为,既然是城市就必定有城墙;而另一种意见认为,城墙是一种防御性设施,城市的特质是具有作为政治中心的"都邑"地位,它和有无城墙并无必然关系。中国的早期城市可以既无城墙,也不一定有市,它们一般是以政治军事职能为主的聚落形态。有学者认为,中国古代早期社会的商贸并不发达,因此不适宜过分强调中国早期城市的商贸功能。中国早期城市一般表现为三个特点:(1)作为邦国的权力中心而出现,具有一定地域内政治、经济和文化中心的功能。考古学上往往可见大型建筑基址和城垣。(2)因社会阶层分化和产业分工而具有居民构成复杂化的特征,存在非农业的生产活动,又是社会物质财富集中和消费的中心。(3)人口相对集中,但是在城市的初级阶段,人口的密度不能作为判断城市的绝对标准。我国学者还发现,中国尚未发现早期城市是从原始中心聚落直接演化而成的证据。②这一观察表明,城市确实不再是农业聚落那种纯粹对生态环境适应的产物,而是脱离了基本生存适应功能的更高层次上的聚落或政治管辖中心。

石兴邦指出,从中国历史传统而言,城市是国家的心脏和神经,是社会运转的动力和枢纽。然而,就考古学的"城址"而言,则是多属性的,如要确定某个城址是否是城市,需要科学地界定其内涵和性质。有防御设施的史前聚落或城址有可能只是单功能的生存单位,内部社群结构简单,生产和消费基本是内向和自给自足的。但是作为文明标志的城市应该是打破血缘关系,以政治、社会等级和疆界等因素构成的体制,经济上以横向沟通的生产关系来维持。所以文明和早期国家的城市是集政治、经济、贸易、宗教和军事等社会职能于一体,并以市场和服务维系着周围的聚落族群。③

钱耀鹏认为,有城墙的聚落往往被称为城址,但是未必是城市,而城市也未必都有城垣。这往往成为认识史前城址性质最容易引起争议的主要原因。他指出,城墙或城垣不能作为城市的根本标志,但是古代城市大多有城墙则是不争的事实。修筑城墙毕竟体现了当时社会发生的一些重要变化,比如冲突

---

① 张光直:《青铜挥麈》,上海文艺出版社 2000 年。
② 许宏:《先秦城市考古学研究》,北京燕山出版社 2000 年。
③ 石兴邦:序"中国史前城址与文明起源研究",钱耀鹏:《中国史前城址与文明起源研究》,西北大学出版社 2001 年。

加剧和社会组织管理能力的提高。而伴随着聚落形态分化和社会等级而产生的城乡分化意义上的城市,则与文明及国家机构的产生和发展有着密切的关系。因此,他呼吁在城址考古的田野工作中,在分辨城墙或城垣的同时,也应关注城址内的社会等级和功能区的分化,以及反应城乡之间分化和相互依存的证据,这样可以使城址研究和文明起源研究更有成效。①

我国学者分析早期城市的思路已经十分接近国际学界的一些流行看法,如果能够更多借鉴国际上的一些成功经验和探索方向,可以开拓我国早期城市研究的视野,获得更为丰硕的成果。城市和都市化研究是社会复杂化和国家起源的一个重要方面,目前面临的问题是,探索城市的起源涉及许多变量,包括人口、经济基础、社会结构、贸易、信息处理以及战争等因素,有许多重要的信息难以直接从考古材料中进行观察和评估。考古学分析不仅要确定促使城市产生的那些变量,还需要弄清这些变量的相互关系。比如,人口规模普遍被看作城市的重要特征,但是现在仍不清楚的是,究竟人口的规模和密度是城市形成的先决条件呢,还是都市化的进程为人口的大规模增长和集中提供了条件。②因此城市和都市化起源研究需要多学科的协作探究。考古学家面临的一个困难是,城市的占地面积往往占地很大,加上都市化研究需要了解城市形成过程中与周边城镇和村落的关系,需要发掘和勘探的面积非常之大,局部观察往往难窥全豹,而且需要对一些证据进行仔细的量化分析才能看出它们的演变和内在联系。徐苹芳先生也提到,先秦城市研究的最大困惑是许多城址的田野考古工作不彻底,无法提供研究所需的资料,对城内的遗址情况所知甚少,很难做深入研究。③所以,城市研究比新石器时代一般聚落的发掘需要有更明确的探索目标,为采集必要的证据做精心的研究设计,在大型城址无法做全面发掘和揭露的情况下,采取将定点发掘和概率性勘探相结合的策略,以便了解和弄清城址中心区域和各组成部分的布局,甚至需要涵盖周边卫星镇和村落的分布和结构,通过仔细采样的数据分析来了解城市的性质和功能。中国早期城市研究不仅要关注早期城市的起源和发展,也应当从政治、经济和文化的角度来了解区域都市化的进程。

五、结论

聚落考古为我们提供了一种从物质文化和历史遗迹来分析社会结构及其

---

① 钱耀鹏:《中国史前城址与文明起源研究》,西北大学出版社2001年。
② R. McD. Adams, *The Evolution of Urban Society*, Aldine, 1966.
③ 徐苹芳:序《先秦城市考古学研究》(许宏著),北京燕山出版社2000年。

发展的方法。自 20 世纪中叶以来,这一方法日益完善,分析对象小到微观的家居和单一社群,大到区域的政体和联邦,不但可以使我们探究特殊生态环境里人类社会的适应和组织结构,而且还能追寻社会复杂化以及城市和国家起源的具体轨迹。本文主要介绍了国际学界在这一研究领域中所采用的理论概念和分析方法,以及相关案例,并将这一进展与我国的研究现状进行对比,可望为推进城市和国家探源提供有益的借鉴。

(陈　淳)

西方古代中世纪城市史

第二章 西方古代城市的兴衰

在这个世界上,人类作为唯一的高等种群,不但超越了其他物种,也超越了自己,是唯一能够按照自己的设想不断规划未来的物种。这种独一无二的能力之体现,就是人类文明的延续。在漫长而又伟大的人类文明进化征途上,城市诞生了,成为了人类文明的新载体,以人类高级社会化标志物的地位登上了历史的大舞台。如果说,城市的诞生宣告了远古文明进入新的发展阶段,那么,这个文明载体是如何萌芽、生长、怒放的?又是如何影响到后世发展的呢?

人类古代文明的发展起源,通常基于三个农耕化社会中心,对此形成西方、东方和中美洲三种叙事解读。上古时期,虽因地理阻隔致使三个区域并立而鲜有交流,然而不可忽视的是,在不同的历史年代里,农耕定居化的逐步深入最终将其依次带入了城市发展模式,其迹荫泽后世。古埃及、两河流域诸古国、古希腊和古罗马先后在各自文明鼎盛之刻,无不例外地拥有一大批自己的城市(城邦),或为文明的中心,或为分布聚点,古来相续,林立不息。正是由于这最早一批的西方城市络绎中相摹相融,尼罗河、两河、爱琴海和亚平宁半岛,四个文明的源泉,先后合汇,终成一条巨流,承载着西方文明的发展,奔腾跃进。上古西方城市,作为世界城市发展的一个部分,同样承载着西方文明的历史变迁与特色内涵。

第一节 古代城市的源起

一、古代两河流域的城市

两河流域又称"美索不达米亚"(Mesopotamia),这个名称最早是由希腊旅行家和历史学家命名的,意指幼发拉底河与底格里斯河之间的"新月沃土"(美索不达米亚平原)。在古代,两河流域大致以今天的希特—萨马腊为界分为南北两个部分,南部称巴比伦尼亚,北部称亚述。巴比伦尼亚又以尼普尔为界分为南北两部,以南是苏美尔,以北是阿卡德。两河流域产生了西亚最早的文明,主要包括苏美尔—阿卡德、巴比伦、亚述、赫梯和腓尼基等文明以及之后在此区域兴起的波斯帝国。

幼发拉底河与底格里斯河源自土耳其安纳托利亚山区,顺流而下经过山脉、草原和冲积平原、沼泽地,最终合流并注入波斯湾。上古时期的美索不达米亚地区是一个干旱的区域,经河流冲击的两河流域下游地区土壤肥沃,因此发展起农业灌溉网络,形成了以城市为中心的农业社会,这也是两河流域文化发展的主要基础。

1. 苏美尔—阿卡德文明的城市

约公元前 4300 年,两河流域的苏美尔人开始了氏族公社解体和向文明过渡的过程。这一过程在考古学上分为三个时期:埃利都·欧贝德文化期(约公元前 4300—前 3500 年)、乌鲁克文化期(约公元前 3500—前 3100 年)、捷姆迭特·那色文化期(约公元前 3100—前 2700 年)。在约 1600 年间,苏美尔人利用所掌握的人工灌溉技术从事农业生产,并随着铜器以及运用陶轮制作的陶器的普遍出现,社会日益分化,此外,还出现了苏美尔语的楔形文字。捷姆迭特·那色文化期之后,两河流域南部正式步入奴隶制社会,进入苏美尔早王朝时期(约公元前 2800—前 2371 年)。

此时的苏美尔地区出现了几百个城邦,这些城邦都是以一个城市为中心建立起来的,周围包括一些村镇。神庙在早期苏美尔文明城市的"内城"中处于支配地位,与王室和贵族的宫殿、宅邸比肩而立,这种布局让整个城区充满着一种神祇庇护下的安全感。[1]神庙也是城邦的经济中心,规模一般较小,祭祀阶层以神的名义控制公共土地以及所有重要剩余劳动产品的仓储和分配。

就苏美尔时期的两河区域来说,其最早期的城市型制特色,是具有一定的宗教性质。具体来分析,就是在早期人类族群的思想意识之中,有非常浓烈的宗教意识(对自然力的敬畏心理使然),那么一个定居化了的聚集区,必然要有一个宗教化的核心象征建筑物,就是神庙。神庙成为了早期苏美尔城市的核心,由其更为深广的内涵,我们应清晰地看到:神庙这个特色建筑物,在同贵族、王室的宫殿、宅邸比邻而立的时候,更具有一种文化作用于整个城市。早期文字、艺术等文化元素,正是环绕宗教而生的。从城邦文化的形成这个层面来讲,宗庙的作用要远远大于城内其他的各色建筑物,这点毋庸置疑。

---

[1] Werner Keller, *The Bible as History*, William Morrow Publishing, 1981, p.8.

早期苏美尔文明时期的两河流域大小城市林立,最具代表性的虽然大多数已经绝迹,但从考古发掘中我们仍能窥见它们中的一部分及其建筑和文化。

始建于约公元前5400年的埃利都(Eridu)可能是苏美尔最早的城市,其位于苏美尔的最南部,地理位置接近幼发拉底河进入波斯湾的入海口。传统上将这个地方作为"大洪水"(文明早期)之前最早拥有君王的地方。苏美尔王表开头记录道:"王权从天而降,落在了埃利都。"埃利都城内祭祀恩奇(地下淡水神)的神庙和塔庙建筑极具特色。

苏美尔文明最古老的城市之一尼普尔(Nippur),约在公元前6000年代早期就被当作定居地建立起来,是苏美尔众多城市中位于最北端的城市。尼普尔滨幼发拉底河,处于今天伊拉克的南部,守护神是恩利尔。恩利尔在当时被认为是苏美尔众神之首,所以普尼尔成为苏美尔的宗教中心,同时还保持着政治上的中立地位。1889年考古学家在发掘尼普尔遗址时发现了神庙的建筑结构遗址和数以千计的楔形文字泥板,内容都是从苏美尔主要文学作品中提取出来的。

阿布·萨拉比克(Abu Salabikh)在公元前4000—前3000年曾经辉煌一时,其大约位于苏美尔的尼普尔和基什(Kish)之间,保护神是芦苇女神尼萨巴(Nisaba)。20世纪60年代,考古学家在巴格达东南约75公里的地方挖掘出了这座城市城墙的遗迹。考古学家在这里出土了五百余块楔形文字泥板。其中名为《舒鲁帕克的教谕》(The Instructions of Shuruppak)的文学作品残片记录的是一位父亲对自己儿子品格的培养;另一些文学作品残片中记述了一首颂扬苏美尔母亲女神宁胡尔萨格(Ninhursag)神庙的赞美诗。[①]

早王朝时期,基什是巴比伦尼亚北部塞姆语文化区的中心城市。在公元前2000年代前期,基什为了表达对它的庇护神——扎巴巴的尊崇,修建了神庙和塔庙。基什在早王朝后期的重要影响不仅表现在它对苏美尔南部各城邦的政治干涉上,还表现在它把美索不达米亚文化通过商业交往传播到了叙利亚一带。20世纪初对基什的考古发掘主要发现了早王朝中期的三座战车殉葬墓、晚期的两座古塔和一座王宫以及一部分有关阿卡德时期的经济文书和巴比伦时期的书信的楔形文字泥板。

约在公元前2300年左右,两河流域南部的操塞姆语的部落在国王萨尔贡(Sargon)的带领下征服了苏美尔,建立起阿卡德人奴隶制国家,定都阿卡德。

---

① 斯蒂芬·伯特曼:《探索美索不达米亚文明》,商务印书馆2009年,第12页。

萨尔贡是第一位真正意义上的帝国的创建者，他的帝国不仅仅是建立在一座城市之上，更是基于武力统治的基础上。他在都城中建立起宫殿和神庙，神庙尊崇的是战神扎巴巴(Zababa)和伊什塔尔(Ishtar)。阿卡德城位于两河流域南部偏北，地理位置优越，加之自萨尔贡不断的对外扩张，逐渐发展成为商道的集中点，满载各种货物的外国商船源源不断地抵达其港口，阿卡德语一度成为商业与外交的国际语言。经过近1000年的繁荣，公元前2200年阿卡德遭到来自东北部山区的游牧民族库提人(Gutians)的入侵，阿卡德王国灭亡。

库提人在乌尔第三王朝的国王乌尔纳姆(Ur-Nammu)的率领下控制了整个苏美尔地区，并向东部和北部扩张到埃兰、阿卡德。处于幼发拉底河与底格里斯河波斯湾入海口位置的乌尔(Ur)就是这一时期的代表性城市，其遗址在今天伊拉克的内地，幼发拉底河的南部。乌尔城中建造了许多精心设计的墓，其中最著名的莫过于由莱昂纳多·伍利爵士所发现的"乌尔王陵"。从对墓穴的挖掘中，不仅发现了随同主人去往阴间的卫兵和宫廷侍女所在的"伟大的死亡大坑"，还挖掘出了"乌尔的皇家军旗"，这个手工制品生动地展现出战斗中的激烈场面和战斗后举行胜利庆典的场面。

苏美尔，是人类最为古老的文明发源之一，其很多方面（如文字、艺术、律法、宗教等）后来都为周边地区的诸民族所吸收，尤其对西方的古典文明影响颇深。如果从其城市起源状况来分析，可以很深入地发掘出某些城市初级形态的共性，从这些共性之中，我们可以进一步分析其渊源和形成的规律模式。

自公元前4300年苏美尔人开始向文明过渡，至前2200年阿卡德王国灭亡，两千余年之中，两河地区的早期人民摆脱了原始社会的荒蛮状态，并在两河流域的南部发展起自己的文明以及与文明相伴的城市。从基础上看，这诸多的城市依然是存在于相对发达的农业基础之上的，这是其农业文明的本质决定的。

幼发拉底河与底格里斯河冲击而成的平原地区农业十分发达，对比其他地区，这一地区的劳动者可以更便利地生产出更多的农作物以维持生计。于是，他们拥有了更加充足的时间去从事手工业，并解放出更多的人力去进行文化活动。手工业逐步从农业中分离出来的时候，需要一个平台来进行农业同手工业的互通，这就是市集。而这种人群的区域性聚集开始固定化，就形成了原始的城市。另一方面，充足的农产品供应的直接结果之一，就是解放出了部分的有才艺的人，他们开始进行文化活动（宗教、艺术等）。在原始的城市中，这些人的工作逐步促进了本城市文化的形成，是一种积极的结果。城市产生后,在其内部神庙与宫殿建筑众多,有的城市还建有宏伟的王陵和学校,手工业在城市中发展迅速。另外从文化方面看来,城市的发展又反作用于文明,它也是自身文化不断衍生更新的一个媒介。

虽然苏美尔—阿卡德文明时期各城市的发展有其独特性,但统观其共因,正是由于优越的地理位置促成了这些城市在这一地区的最早兴起。此外,文化作用也不可小觑,如宗教因素在其中就具有举足轻重的地位。神庙是这些充分发展的城市的生活中心。城市祭仪的重要地位明显表现出美索不达米亚悠长进化史中的宗教狂热。[1]反之,城市发展也促进了文化的繁荣。可以说,早期两河流域2000年来的文化演变,都深深附着于苏美尔—阿卡德各个城市的发展历程之中。

2. 巴比伦王国的城市

在约公元前1894年,来自叙利亚草原的闪族人的一支阿摩利人攻占了巴比伦城,建立起自己的国家,并在之后以这里为中心,开始向外扩张,到第六代国王汉谟拉比时期,基本上统一了整个两河流域,从而最终建立起一个强大的王国,史称"古巴比伦王国"。汉谟拉比统治的全盛时期之后,王国开始陷入内外交困的局面。公元前1595年,赫梯人南侵,洗劫了巴比伦城,古巴比伦王国灭亡。公元前630年,闪族人的另一只迦勒底人的领袖那波帕拉萨(Nabopolassar,新巴比伦国王,前626—前604年在位)奉当时统治两河流域的亚述的命令进入巴比伦,却趁内乱发起了反对亚述统治的起义,逐渐取得了对巴比伦的控制,建立了"新巴比伦王国"。新巴比伦王国鼎盛时期在位的君主是尼布甲尼撒二世,正是在他在位时期,巴比伦城有了新的发展,建造了世界"七大奇迹"之一的"空中花园"。在其死后,新巴比伦王国内部阶级矛盾激化,不久就被强大起来的波斯帝国灭亡。

从公元前19世纪古巴比伦王国统一两河流域到约公元前6世纪,巴比伦城一直是两河流域最繁荣、最壮观的城市。在巴比伦人自己的塞姆语中,他们的城市有可能是"上天之门"或者"众神之门"。[2]巴比伦城拥有在《圣经》中象征人类傲慢自大、拘留希伯来囚徒的巴别塔(Tower of Babel)和举世瞩目的世界"七大奇迹"之一的"空中花园"。虽然这些至今都已不可见,但在巴格达西南方的幼发拉底河畔发现了巴比伦城遗址。大河沿岸有利的地理位置让巴比伦城的商业活动频繁,商品货币关系发达。从考古发掘出的千余块泥板的记载

---

[1] Mason Hammond, *The City in the Ancient World*, Harvard University Press, 1972, p.38.
[2] 斯蒂芬·伯特曼:《探索美索不达米亚文明》,第14页。

中发现,在新巴比伦王国时期,著名的大商家埃吉贝的经济活动范围极其广泛,已经不仅仅局限于王国内,甚至延伸到了国外,在波斯帝国征服后,甚至远及伊朗高原。埃吉贝家族的活动除传统的农产品经营外,还包括土地和房屋的买卖租赁、货币借贷、奴隶买卖等,铭文中有关于埃吉贝家族使用奴隶代理人经营各种业务的记录。新巴比伦王国时期,尼布甲尼撒二世扩建巴比伦城,在城外围修建了护城河与高大的城墙,主墙每隔44米有一座塔楼,全城共300多座塔楼;城有九个入口,均以一位神明的名字命名,其中的北门就是著名的伊斯达尔门,此门表面饰以青色琉璃砖,砖上还细致地刻画了众多神话中的怪物和公牛等浮雕;城内街道宽阔,且皆由石板铺筑,幼发拉底河穿过城区,紧邻它的是献给诸神的埃特美南基塔庙(Etemenanki)和供奉巴比伦的庇护神马尔杜克及其神灵配偶的神庙综合建筑埃萨吉拉(Esagila);国王的王宫建设十分奢华,宫墙多用精美的狮像和彩色瓷砖装饰。这里不可不提的便是尼布甲尼撒二世为其王妃兴建的高达25米的花园。花园在高台上,使用立体叠园的手法,分层重叠,层层种植奇花异草,并埋设用以灌溉的水源和水管,园外环绕着镶嵌有许多彩色石子的高墙。从远处望去,花园恰似悬空而立,故称"空中花园"。

巴比伦城是两河流域兴起的众多城市中最大的一个,其繁荣程度不言而喻。值得关注的是巴比伦城较之前这一地区兴起的其他城市而言,除了具备正常的政治职能与经济职能外,更加明显地体现出城市的一种文化职能。一个非常突出的例子就是"空中花园",它所代表的是巴比伦城的形象,是城市文化的一部分。就像太阳神雕像之于罗德岛,帕特农之于雅典城,"空中花园"是巴比伦城最为令人所瞩目的建筑。这些规模宏伟的人工建筑物的作用非同寻常,不仅是该座城市的特色标志,同时更加深入地发展了城市本已存在的基本功能,将"城市文化"的概念发展到顶峰,是一种城市功能的升级。甚至,将其视为当今世界各大都市标志建筑的最早雏形亦不为过。

从政治、经济职能发展到注重文化职能,巴比伦城的功能升级依赖的是巴比伦发达的经济及厚实物质基础,以及在数学、建筑、天文学上先进科学知识的积淀,所有这些因素综合作用,使巴比伦城具备了世界名城的特质,直至今日仍在世人的记忆中葆有永久的魅力。

3. 赫梯的城市

赫梯国家于公元前19世纪中期发源于小亚细亚东部的高原山区,最初仅是一个小国,在古巴比伦王国后期逐渐强盛起来。公元前16世纪后半叶,赫梯国王铁列平进行改革,确立了王位继承法,使赫梯的王权得到巩固,国势日趋强盛,公元前15世纪末至前13世纪中期,发展到极盛。公元前13世纪末,"海上民族"大规模入侵,席卷了东部地中海地区,赫梯帝国被击垮。公元前8世纪,亚述灭亡赫梯。

农业在赫梯古王国时期已经成为主要生产部门,金属冶炼业发展水平较高,赫梯是西亚地区最早发明冶铁技术和使用铁器的国家。除冶铁业之外,纺织和陶器制造等也有一定程度的发展。与腓尼基、爱琴诸岛、塞浦路斯等地都有商业往来。

赫梯王国最有名的城市是哈图莎(Hattusha),即赫梯城,其遗址位于土耳其乔鲁姆省的博兹柯伊村,在城内发现了赫梯王国的王宫。古城附近的阿拉加霍于克是赫梯人最早的居住地。哈图莎依峭壁和山坡而立,众多溪流从山坡顺势而下,赫梯人利用巨石雕刻而成的水池储水。哈图莎城外围有长达6公里的高墙,这些坚固的石墙下面是一条隐蔽的隧道,城内的防守者可以随时向进犯者发起反击。城门的建造也极富保卫性,两旁有塔楼护卫,城门自身则雕刻着装饰性雕塑。

赫梯赖以立国的国家思维便是不断扩张,战争的影响深入国家的各个方面,军备尤其受到重视,这从哈图莎的建造模式之中便可见一斑。城市临山而筑,易守难攻,城墙高耸,城门护卫严密。作为人群集中居住的区域,城市面临着武力侵犯的威胁,所以早期城市的构筑基本从一开始就建立在筑城造郭的概念之下,然而这只是城市职能的附带品,就是说在维护城市的政治、经济、文化这些主要职能之下,城防作为附属的被动概念被提出。但哈图莎城却将这种概念提升到了一个新的层次,将城防作用主动地转化为城市的主要职能。这种新思维,无疑受到其民族意识——军备精神的极大影响。

防备作用对城市形态的这种主动化影响表现在冷兵器时代,城市的军事作用被发挥到了极致,前后延续2000年之久,直至中世纪末期火药技术在军事领域大规模应用,这一情况才得以改变。

4. 亚述的城市

公元前3000年代末,操塞姆语的亚述人开始以底格里斯河两岸的亚述城为中心建立城邦。当西亚、北非的一些强国,如赫梯、巴比伦、埃及在公元前1000年代左右逐步衰落时,亚述开始走上兴起的道路。在存在的两千余年时间内,它经历了古亚述、中亚述和亚述帝国三个阶段,其中帝国时期是鼎盛阶段。帝国后期内战频繁,西徐亚人游牧部落入侵,帝国最终于公元前612年灭亡。不断发展的亚述国家发展起了众多城市,其中一些在历史上颇具影响。

亚述国家第一个王家首都亚述城(Ashur),在早期亚述国家中曾起到过重要作用,这从它的名称与国家和国家的保护神阿淑尔神的名称一致中即可了解到。城中有新、旧两座宫殿,历代君主就埋葬在宫殿地下室的石棺里。阿达德尼拉里一世在位时在这里建立了大型码头。城北有底格里斯河河湾及悬岩为屏障,曾建立一系列有凸出扶壁的城墙和名为穆什拉鲁的港口要塞,后者是粗石砌成的半圆形塔楼。城西和城南则有一系列坚固的防御工事。亚述城一直在亚述国家中保持有宗教方面的首要地位,在其鼎盛时期共有34座神庙,城中最古老的公共建筑即战争和爱情女神伊什塔尔的神庙。

取代亚述城的是底格里斯河沿岸的城市卡拉赫(Kalakh)。卡拉赫在阿拉伯语中又称尼姆路德(Nimrud,国王纳西尔帕二世称之为卡拉赫),建于公元前1300年左右,在公元前9世纪开始成为亚述帝国的首都,直至公元前8世纪末。卡拉赫是古代底格里斯河沿岸最大的城市之一,面积达到316平方英里,周围的城墙绵延4.5英里(1英里=1.609 344公里),一共用了7 000万块砖[①]。卡拉赫修建有坚实的城墙和宏伟的运河。城内的神庙包括一座专门供奉人们崇敬的英雄尼努尔塔的神庙和一座塔庙。国王们在卡拉赫修建各自的宫殿,其中,沙尔马那赛尔二世建造的被后世人称为"沙尔马那赛尔堡垒"的宫殿拥有一个阅兵场和一座军械装备库。在对卡拉赫的考古发掘中,发现了精心雕刻的象牙板和大量的青铜器、铁器,可以看出亚述具备先进的冶炼技术。

公元前8世纪末,国王萨尔贡二世将杜尔—沙鲁金作为亚述的新首都建立起来,其遗址位于今伊拉克北部。在对杜尔—沙鲁金的发掘活动中,发现了一批不朽的亚述时期的雕塑样品,发掘学者对此进行了细致的描绘,从而使现代人能够在废墟上复原杜尔—沙鲁金的原貌。萨尔贡二世的宫殿极度富丽堂皇,他称其为"无与伦比的宫殿",宫殿使用的木材从黎巴嫩进口,宫门和墙壁上都装饰有众多雕塑。

作为前期两河流域诸城市之集大成者,亚述的城市发展得更为完备。缘于其尚武的民族的性格,亚述的城市规划更加侧重于城市防卫体系的建设;此外,其城市的政治、经济、文化的发展更加完善,并在吸收先前文明的基础之上有所创新,这不仅是基于自身的物质基础(生产力发展的必然结果),同时也有愈加成熟的技术支持在内,这也是历史延续性的一种表现。这里体现了关于城市发展的一个客观作用,即城市本身也逐渐演变为一种承载文明的工具,所

---

① 斯蒂芬·伯特曼:《探索美索不达米亚文明》,第32页。

以比较起维持民众的生计和维护一国一时之强盛等这类短期的效用,在广义上讲,城市的文明承载作用更加具有延续性,更有其突出的历史地位。

5. 波斯帝国的城市

波斯兴起于伊朗高原西南部,其之所以日后能成为地跨欧、亚、非三大洲的帝国,关键人物是阿黑门尼德氏族首领居鲁士。居鲁士带领人民推翻了米底的统治,并在对外扩张的过程中征服了小亚沿岸及两河流域的一系列城市,奠定了帝国巨大版图的基础。经过居鲁士、冈比西斯、大流士不断外扩领土,波斯发展成为一个大帝国,定都波斯波利斯(Perspolis)。

波斯波利斯是大流士在位时期,为纪念阿黑门尼德氏族历代国王而下令建造的波斯都城。其位于一个山坡上,规模宏大,东面依山,其余三面均为围墙,从城西北入口宽阔的石阶路可以骑马入城,各个城门的装饰都精美绝伦。城中的主要建筑有万国之门、觐见厅、大流士宫殿、宝库等。其中,尤以"万国之门"华彩异常。它高十余米,入口前有宽大的台阶和平台,石阶两侧伴有生动的浮雕,反映出当时波斯帝国的一片繁华景象。值得关注的是,在大流士一世修建这座都城时,波斯帝国处于极盛时期,为更好地修建城市,帝国广揽各类人才,使得文化交流在帝国内部十分兴盛。波斯波利斯城的修建自大流士一世始,终于阿尔塔薛西斯,前后共六十余年,是波斯帝国中央集权的重要象征。公元前330年,亚历山大大帝攻占波斯波利斯,将这个繁荣一时的大都市付之一炬。

之前尚武民族建城时的传统思想,即注重城市的安全和守卫,已然被深深地注入波斯波利斯城的建造之中。此外,波斯帝国在最鼎盛时期建造起来的都城集合了周边各国的优质原材料,如使用从黎巴嫩运输来的雪松制成圆柱和柱头,这彰显了波斯帝国雄厚的物质基础。地跨欧亚非三大洲的优越地理位置也使波斯有条件集合东西方的学者和能工巧匠,间接促进了东西方文化的交流,这是之前的城市没有能够做到的。可以说,波斯波利斯城的文化功效已经不仅仅局限于宗教信仰和城市标志建筑,而扩散到了整个世界文化的发展。

上述历史说明,尽管每个文明所建立城市的特点各有不同,但是仔细思考,它们之间又确实存在一些共性的东西,即"城市的概念都被严格地界定在基本的政治、社会和宗教组织和文化成果的中心"。[1]上古两河流域的城市都起

---

[1] Mason Hammond, *The City in the Ancient World*, Harvard University Press, p.54.

到一种规范人民宗教信仰或道德操守的作用，城内建有一定数量的塔庙或神庙，将城市与神祇紧密结合。凯文·林奇曾指出："一个突出的城市景观不过是一个轮廓而已。"[1]城市真正需要的是一种精神的凝聚力，这种凝聚力就是宗教。然而，仅仅有精神上的皈依是远远不够的，城市的安全也是建造城市时必须考虑的因素，这就使城市建造者更多地去重视城市的选址以及城市道路，甚至是隧道的修建，城市安全是城市长期繁荣的必要条件。城市建造和城市基础设施建设水平在此前提下日趋提高。

城市和它所独立的公民资格不仅为人们提供了自由、匿名和特权的尺度以及发展自身个性和才能的机会，还给人们带来了尝试各种不同工作、拓宽眼界和获取更多快乐的刺激。随着历史不断发展，城市也在逐渐成长。

二、古代尼罗河流域的城市

尼罗河，现今世界流程最长的河流，总长约6 650千米，由发源于非洲中部的白尼罗河和发源于苏丹的青尼罗河汇合而成。尼罗河流经非洲大陆的森林和草原地带，到下游分成许多支流，最后注入地中海。尼罗河每年7月至11月定期泛滥，润泽了两岸土地，尤其是下游的三角洲平原，地势平坦，河流交织，土壤肥沃，孕育了古埃及文明，也是古代埃及的政治、经济、文化中心。

古代埃及文明是由讲塞姆语的来自西亚的人种和讲哈姆语的北非土著人共同创造的。公元前6000至前5000年代，三角洲地区的农业已经相当发达，并且开始使用铜器，这为文明的出现奠定了基础。公元前3500年左右，在这一地区建立了上埃及和下埃及两个王国。到早王朝时期的第一王朝时期，美尼斯建立了统一的埃及国家，并为了巩固其对北方的统治在河谷和三角洲交界的地方建立了城市孟斐斯。古埃及从早王朝时期起经历了七个发展时期：早王朝时期（第1、第2王朝，约公元前3100—前2686年）、古王国时期（第3—6王朝，约公元前2686—前2181年）、第一中间期（第7—10王朝，约公元前2181—前2040年）、中王国时期（第11、第12王朝，约公元前2040—前1786年）、第二中间期（第13—17王朝，约公元前1786—前1570年）、新王国时期（第18—20王朝，约公元前1570—前1085年）、后期埃及（第21—31王朝，约公元前1085—前332年）。公元前332年，亚历山大带领马其顿军队征服埃及，埃及进入马其顿、希腊统治时期。

埃及总共经历了31个王朝的更迭，在前后约3000年的时间里，经济、文

---

[1] Kevin Lynch, *The Image of the City*, Technology Press, 1960, p.4.

化不断发展,城市建设也不断发展。

相传为第一王朝的建立者美尼斯建造的孟斐斯城(Memphis)位于上下埃及交界的交通要塞处,最初被称为"白城"(因城市的泥砖墙用白石膏粉涂饰,"孟斐斯"是希腊人对这座城市的称呼)。孟斐斯是埃及古王国时期的首都,集政治、经济、文化中心于一身。通过考古发掘,在城内发现了阶梯状的金字塔,这也是古埃及第一座金字塔,此外还发现了拉美西斯二世巨大的花岗岩雕像。古王国后期,经过战乱,第12王朝的国王重新统一埃及,在尼罗河三角洲上开辟了一片绿洲,建筑起人工蓄水水库,将首都迁至名为伊套伊的古堡之中。虽然孟斐斯不再作为埃及的首都,但其仍然是古埃及的重要城市之一,直到公元7世纪阿拉伯人征服埃及,孟斐斯遭到毁灭性破坏。

另一座值得关注的古埃及城市卡洪(Kahun)建成于第12王朝时期,距今已有4 000余年。卡洪城的城市构造十分特别,城内到处都可以看到正确的几何图形,笔直的街道垂直地交叉着;全城有砖墙围绕着。[1]城市以厚厚的死墙为界,划分为东西两部分,城西是奴隶居住区,在这一区域密集地建造有许多矮小的房屋;城东是贵族区,这里是城中富豪居住的场所,他们的住宅特别奢华,面积是一般贫民居住房屋的五十倍,此外,贵族区还有市集。城市中心设有神庙,城东南建有大型坟墓。从卡洪城的布局来看,阶级差别明显,奴隶社会地位低下,居住条件恶劣,手工业者、商人处于社会中层,构成城市中等居民阶层。中层在社会动荡时依附于以奴隶为代表社会下层,共同推翻贵族的统治。

位于尼罗河中游的底比斯城(Thebes),横跨尼罗河两岸,在中王国时期成为埃及的都城,也是当时的宗教和政治中心。在古王国时期,底比斯是一个商道中心,后因供奉阿蒙神,在法老孟苏好代布时期成为首都。在中王国和新王国时期,底比斯可谓世界上最繁华的都城之一,规模宏大,仅城门就有百座,被古希腊著名诗人荷马称为"百门之都",历代埃及法老都居住在此,建造了数目可观的宫殿、神庙、陵墓等。世界知名的卡纳克神庙即位于现在的底比斯城北部遗址上,其规模宏大,全部用巨石堆砌而成,由17个部分组成,面积约24公顷,是世界现存规模最大的庙宇。法老拉美西斯二世的神庙就位于卡纳克神庙周边宏伟的建筑群右侧。在底比斯城,众多的法老墓穴依山而建,墓穴中到处可见各种反映古代埃及人信仰和生活的壁画,历史价值极高。这些建筑有一个共同的特点,即都是精雕细刻而成,工艺精湛,这也反映出古埃及中王国

---

[1] 阿甫基耶夫:《古代东方史》,王以铸译,上海书店出版社2007年,第205页。

和新王国时期建筑制造水平的高超。

古埃及新王国时期,为加强中央集权统治,国王自称为神,对国王的崇拜不再在金字塔或祭堂里,这就使宫殿与庙宇结合起来,宫殿成为拜谒国王的场所。国王埃赫那吞为削弱祭司阶层,在约公元前1370年左右定都戴尔·埃尔-阿玛纳城(Tell el-Amarna),并用10年时间修筑这座城市。阿玛纳城地理位置优越,一面面向尼罗河,其余三面环山,这就使其建造格局呈带状,沿尼罗河延伸。城市分为南部、北部和中部三个部分,由三条自南向北的道路串通。南部是高级官吏的宅邸,有部分绿化的街道和较为宽敞的房屋;北部是当时劳动人民居住的场所,房屋排列密集;城市中部区域是国王的统治中心,东西向贯穿一条宽阔的皇家道路,皇宫、神庙和行政机构、文化建筑物都建于此。阿玛纳城的创新即在于已经明显地规划出城市的中部为中心区,国王占据这一区域,显示出其至高无上的地位和权威。

古埃及在城市建设上的成就不仅在于驰名世界的金字塔,更在于其城市的布局和建设的造诣。与两河流域一样,埃及人也十分重视城市的选址。由于尼罗河流域特殊的地理分布和气候条件,城市和庙宇多建在尼罗河畔的高地上,这就解决了取水和交通运输的问题。古埃及的城市已经开始根据等级划分居住区域,并有了功能分区,这可以说是世界城市建设的首创。功能分区有利于统治者制定相应的统治措施,修建相应的建筑物,并进行城市景观和道路设计。

作为人类古代文明的另一发源地,古埃及同两河流域一道较早地进入了文明时期。古埃及城市的起步也是相当早的,从其城市发展的完备性、多样性就可以看出。然而较之两河流域,由于埃及文明并非源于城市,其城市发展与其他文明大不相同。[①]古埃及城市的文化性作用更加深入。这要分两点来看:其一,古埃及的统一性质要更为明显,因为其发展不是从林立的诸多城邦而起,相反,从最初便先进行了王权的统一(这个时期非常早,从聚落时代就开始了由"王"所领导的统一战争),而后才有了城市职能的健全化,这是同早期两河流域不同的地方;其二,古埃及统一的时期较多,先后出现众多的王国(包括入侵的外族建国)都曾很有效地完成了国家统一,其文明脉络就体现了其专制性格,表现在文化上就是宗教、王权的绝对权威性,而反作用于城市建设,精美的寺庙、恢宏的王宫及陵墓类的建筑成为其主要特色。然而无论是埃及特色

---

① Mason Hammond, *The City in the Ancient World*, p.76.

还是两河流域特色,在古代城市,尤其在西方(欧洲及西亚)城市的发展上,都起到了各自的渊源作用。在这两种形式的传承作用之下(有时是并行的,有时也是相互交渗的),促生了后来诸多形色各异的西方古代城市。

世界观开放的埃及人认为人死后的灵魂会永生,死后的世界才是永存的,因此,后人在考察古埃及的建筑时往往发现庙宇、金字塔的形式是一致的,而城市的发展则各具特色。城市史学家刘易斯·芒福德指出:"在埃及,除了城市,任何其他东西都能找到永恒的形式。"[1]

第二节 古希腊城市的发展历程

一、古希腊城市的源起

古希腊位于地中海东部,在古代,并不存在希腊国,"希腊"(Hellas)一词是指希腊传说中的始祖希伦(Hellen)的后代希腊人(Hellenes)所居住的地方,大致包括希腊半岛、爱琴海诸岛、爱奥尼亚群岛和小亚细亚半岛西部沿海地区。

古希腊文明是欧洲文明的源头,而古希腊的历史始于爱琴文明。在城市历史的初期,靠近希腊大陆的克里特岛(Crete)出现了最早的城市迹象。凭借其有利的地理位置,克里特岛的居民利用长桨船运送诸如橄榄油和锡这样重要的贸易品,受美索不达米亚和埃及的商业和思想影响,克里特孕育了自己的城市文化。

克里特岛的地理条件较好,树林茂盛,岛东部的平原地带适于进行农业生产,尤以谷物、葡萄、橄榄为主。岛内经济发达,工商业和对外贸易都有一定程度的发展。手工业制成品十分精美,陶器制造水平高超。由于有发达的造船业的支撑,克里特与地中海地区和埃及的贸易往来频繁。在强大的经济基础的支撑下,克里特在古王宫时期兴起了一些以王宫为中心的国家。到新王宫时期,克诺索斯的米诺斯王朝统治了整个克里特岛、基克拉迪斯群岛以及爱琴海和小亚细亚许多殖民点。考古研究在克诺索斯发现了早期的聚落核心——宫殿,它也因此被称为"宫殿国家"(palace state)。在克里特岛上共有四个米诺王宫,而克诺索斯宫是其中最大的一个,现在仍能从遗址上看到宫殿里的庙

---

[1] Lewis Mumford, *The City in History: Its Origins, Its Transformations, and Its Prospects*, Harcourt, Brace & World, Inc., 1961, p.80.

宇痕迹。克诺索斯宫大约始建于公元前 1600—前 1500 年，修建于一座山的缓坡上，是一座规模巨大的多层平顶式建筑，有大小宫室 1 500 余间。克诺索斯宫不设宫墙堡垒，明显不同于其他古代文明对城防建设的重视。宫殿中的内部装饰，诸如住宅设计、卫生设施等，表明当时、当地的劳动组织和工程技术都可以与苏美尔古城相媲美。"克里特文化最新奇之处是那些窗子，克诺索斯正是在这一点上超过了苏美尔城那些幽暗无窗的住宅"。[1]公元前 1450 年左右，操希腊语的人占领了克诺索斯王宫，这标志着克里特文明的衰落。爱琴文明的中心也转移到了希腊本土的迈锡尼。

公元前 2000 年左右，希腊人开始在巴尔干半岛南端居住，并在公元前 16 世纪前期逐渐形成一些奴隶制国家，出现了迈锡尼文明。迈锡尼人骁勇善战，四处征讨，他们将战争意识融入了城市建设中。主要的迈锡尼城市都有加筑工事，除了城堡外还有一些对领土起军事控制作用的孤立要塞。城墙都是使用巨石堆砌而成。出于战争的考虑，城内配有水井、水箱。最具代表性的迈锡尼宫殿是在迈锡尼、皮洛斯等地发掘出的。这些宫殿继承了米诺斯宫殿的特点，同时也传承了青铜时代中期希腊大陆上其他居民建筑的特色。"迈锡尼人展现了将代表下一个千年里希腊城市文明特征的诸多基本模式。"[2]公元前 12 世纪后半叶，多利亚人入侵希腊半岛，迈锡尼文明衰亡，宫殿体系所掌握的强有力的中央集权政治统治消失了。伴随着广泛出现的人口锐减和遗弃，许多青铜时代的中心地区被摧毁，关于城市建造的技术上和艺术上的技巧大量流失。[3]

尽管克里特—迈锡尼文明与希腊历史的关系很难明晰而准确地叙述清楚，但是，米诺和迈锡尼无疑可作为西方古代城市的前身，"米诺城市以宫殿和用于节日及政治集会的公共场地（即早期的阿果拉）为中心。迈锡尼城市则是附加有工事的城堡"。[4]作为前期爱琴文明的繁盛之地，延续千年的克里特—迈锡尼留下了丰富的文化遗产，使得后来入主的多利亚人受益颇多。后继者必然会在吸收、兼容前人的基础上，衍生出自己的新兴文化。城邦文化作为其中的一个方面，更好地体现了文化的延续性、衍生性。多利亚人本是落后的半游牧的原始民族，在进入希腊半岛之后，仅仅三个世纪的时间，就很好地完成了

---

[1] Lewis Mumford, *The City in History*, Penguin Books, 1979, pp.145-146.
[2] 乔尔·科特金:《全球城市史》，王旭等译，社会科学文献出版社 2006 年，第 30 页。
[3] E. J. Owens, *The City in the Greek and Roman World*, Routledge, London and New York, 1991, p.12.
[4] R. E. Wycherley, *How the Greeks Built Cities*, second edition, W. W. Norton and Company, 1962, p.2.

向定居的农业社会的转变,最终无法抵御被征服者的先进文化,模仿并自创着开始进入了城邦时代。小范围来讲,多利亚人完成了一个跳跃式的进化,实现了自身的发展;大范围来说,在这个过程之中,多利亚人又不自觉得充当了历史的工具,成为先在文明的一个延续、发展的平台。特色上各有不同的克里特与迈锡尼,其先前的城邦文明已然为新时期的希腊城邦的产生、发展、繁盛奠定了一个深厚的先在基础。

公元前 11 世纪,多利亚人入侵,加速迈锡尼文明没落,至公元前 9 世纪长达三个世纪的时间里,记录这段历史的只有《荷马史诗》,因此这一时期又被称为荷马时代。荷马时代,希腊与其他文明区域的联络消失了,导致社会文化等全面停滞。故而,唯有在荷马史诗之中,我们方可以感悟到这一时期(迈锡尼时代及以后)的宫殿与城池的情景。荷马史诗里的核心社区单位是城堡或市区(Polis, Astu),它们既是抵御敌人进犯的堡垒,又是平常部落集会或其他社会活动的中心。多利亚人部落虽然善于征战,但这些蛮族在进驻希腊半岛后,愈发地趋向一种定居的方式,并进行一些农业生产,这就不免会采用一种聚集形式、一定的聚集地点,这就是城镇。城镇或城堡的统治者是巴赛勒斯(Basileus,意思是"王")。在蛮族入侵时,许多原先居住在希腊半岛的人为躲避战祸,聚集到阿提卡,这部分人继承了迈锡尼的生产和生活方式,建造村落聚集成高级的或低级的城市。同时,克里特—迈锡尼文明所留下的文化、制度等遗产也在多利亚人的生产生活过程中被或多或少地吸收和借鉴,这为荷马时代后期文化与城市的复兴提供了条件。希腊城市形成时,"迈锡尼贵族及与其思想相通的阿卡亚人和多利亚人的后继者们所培养的习惯,有些已随之进入了希腊城市"。[1]古代希腊城市在经历了三个世纪的漫长黑暗期后,在公元前 9 世纪又得到了复兴,并且在历史进程中进一步发展。

异于两河流域与尼罗河流域文明,古希腊文明在不同时期,通过与东方,尤其是与埃及以及地中海沿岸地区的贸易往来,受到很多影响。"有个现代的思想流派甚至相信史前埃及是希腊宗教众神的直接来源。"[2]这种与东方世界的紧密联系到黑暗时代就终止了,直到公元前 8 世纪后才恢复并日渐密切起来。紧接着希腊人在尼罗河三角洲建立了永久居住地,以及一个被称为诺克拉提斯的地方。这些地方港口贸易发达,繁荣了希腊的对外经济,经济发展的

---

[1] Lewis Mumford, *The City in History*, Penguin Books, 1979, p.147.
[2] 保罗·卡特里奇主编:《剑桥插图古希腊史》,郭小凌、张俊、叶梅斌、郭强译,山东画报出版社 2005 年,第 58 页。

反作用又促使古希腊在进入古风时代后的城邦达到了一个普遍发展的阶段。经济和城邦的关系水乳交融，难以分列而书；相对于新希腊时期的那种多元化的文明和多样化的城邦建制、政治类型，经济的发展状况基本上是与其城邦状况相对应的，对后世所产生的影响也极为深刻。

二、古希腊城市的发展

1. 古风时代的希腊城邦

公元前8世纪，随着铁器的普遍使用，希腊半岛各地生产力都有了不同程度的增长，农业发展伴随着铁制工具的普及发展迅速，除传统的葡萄、橄榄这样的经济作物外，粮食生产也大幅度发展。随着半岛恢复了与东方的海上贸易往来，希腊社会内部产生了阶级分化并日趋明显，这为早期奴隶制城邦的建立奠定了坚实的基础。希腊在爱琴文明衰亡后重新开始普遍出现国家。最早建立城邦的是当时文化较发达的地区，如希腊的雅典、优卑亚半岛以及接近东方文明区的小亚沿岸、爱琴海诸岛等，随后克里特岛和多利亚人占据的伯罗奔尼撒半岛等地纷纷建城立国。这时的国家基本上都是以一个城市或者市镇为中心，结合周围农村形成的，一城一邦，独立自主。在这些城邦中尤以雅典、斯巴达以及诸殖民子邦较有代表性。

公元前1000年左右，雅典（Athens）已经成为古希腊的核心城市。公元前9世纪末至公元前8世纪初，雅典的铁器和青铜器生产发展迅速，已形成建立城邦的基础。提修斯改革是雅典城市发展过程中的一个重要阶段。其一，提修斯在"统一运动"中，取消了阿提卡各部落议事会等部落管理机构，设立了以雅典城市为中心的中央议事会和行政机构，雅典城初步成为早期政府的所在地和政治中心。其二，提修斯在雅典卫城西北侧的斜坡上，建立了雅典最古老、雅典人共同体日常活动的公共空间阿果拉（Agora，又名"提修斯广场"）。从公元前6世纪初开始，在提修斯广场的西北侧建立起了一些公共建筑，开始摆设路摊。广场周围以及通往广场的街道，渐渐变成私人店铺和手工作坊的密集区。昔日作为雅典人日常集会的广场，也成为商品经济活动的市场。城市的经济功能日趋增显。其三，提修斯为纪念雅典娜女神，规定在雅典历一月举行祭典庆祝"统一节"。这一祭祀活动使雅典开始具有宗教文化中心的功能。因此，提修斯改革使雅典从一个以卫城为中心，包括周围若干居民点的设防聚落中心，逐渐发展为初具政治、经济、宗教功能的城市。到梭伦执政时期，在卫城以南的山脚下，又兴建了一座新广场，称"梭伦广场"。梭伦广场长200公尺，宽250公尺，主要用于体育竞技比赛和文化娱乐活动。从公元前6世纪中叶起,梭伦广场四周也建立起一些神殿和其他公共建筑设施。随之,在雅典卫城周围,以提修斯广场和梭伦广场等新旧广场为核心,形成了一个全新的居民区"下城区"。过去作为城市核心的卫城,现在主要是雅典人的宗教圣地。至此,雅典由设防的聚落中心变成城与市融为一体的真正意义上的城市。正是在提修斯改革和梭伦改革中确立下的民主政治的传统,为雅典城日后的发展提供了良性的政治环境。

斯巴达(Sparta)位于希腊半岛南部的拉哥尼亚平原,最早是由南下入侵的多利亚人建立的。公元前830年左右,国王莱库古所进行的改革使斯巴达从氏族社会阶段进入阶级社会阶段,斯巴达确立起贵族寡头政治。这以后几百年的时间内,斯巴达政治稳定、军事力量强大,在古典时期强盛一时。斯巴达是极其崇尚武力的民族,在长期四处征战的过程中,他们通过两次美塞尼亚战争,将这些被征服地区的人变为斯巴达的国有奴隶,称其为"希洛人",此外。拉哥尼亚地区的被征服居民被迫向斯巴达人纳贡,这些居民被称为"庇里阿西人"(周围地区的居民之意)。斯巴达在贵族政治之下具有严格的等级划分,整个社会极其尚武,重视对公民的军事训练,轻视文化教育。斯巴达城既没有宏伟的建筑物,也没有高大的城墙(在斯巴达人的观念中,斯巴达男子即城墙,以保卫国家),甚至斯巴达人连一件精致的艺术品都没有流传后世。这种统治使斯巴达成为一个军事实力极强的城邦,在公元前7世纪的希腊半岛首屈一指。

希腊社会经济在公元前8世纪至前6世纪经历了一个迅速发展的时期。与此同时,古代希腊城市也普遍兴起,发生于此期间的、规模空前的"殖民运动"所产生的重要影响之一,便是推动了希腊城市的成长和分布空间的扩展。殖民运动使希腊城市扩展到小亚细亚和黑海沿岸,西至意大利和西西里。据统计,公元前800至前500年间,由希腊母邦城市所建的殖民地达139个。虽然殖民母邦与子邦之间的关系不尽相同,科林斯与其子邦叙拉古之间就形成了一种良好的连带关系,两者联系密切,叙拉古在科林斯的影响下,模仿其政体建立起僭主政治;"科林斯和它的女儿邦科西拉据说是第一对兵戎相见的母邦与女儿邦,时间是在科西拉建立之后的两代人之内"。[①]因此,不管"殖民运动"的动机如何,其最终结果无疑是推动了希腊城市的发展。这种发展不仅仅表现为城市地域空间的扩展和城市数量的增加,更重要的是城市工商业的活跃。殖民子邦为母邦提供源源不断的粮食,母邦在子邦拓展自己的市场。

---

① 保罗·卡特里奇主编:《剑桥插图古希腊史》,第56-57页。

古风时代,古希腊城市的发展基本没有规划,城市规划理论十分有限,希腊人对于城市的发展采取的是一种自由放任的态度。这种比较自由的氛围,反而在初期放任了各城邦得以按照不同的、适合各自的类型加以发展,其结果是,最终出现了林林总总的大量的不同类型的城邦及其所附带的城邦文化(政治、经济、军事),希腊人已经有依据自身政治特点建造城市的想法和初步实践。另外,我们还可以看出在这一时期,通过"殖民运动",希腊的城市广为发展,这为古典时期城市的兴盛发展打下了坚实的经济基础。希腊城市的出现是内部经济发展和通过海外贸易所获得的日益增长的财富以及手工业共同作用的结果,这些因素又都是古风时期的显著现象,恰似古希腊的文学、哲学和艺术一样。[1]然而有意思的是,无论散布世界的城邦距离多么遥远、多么众多,希腊人仍有自己极其强烈的民族认同感,这点从其一脉相承的宗教神谱即可见一斑。故而,"希腊人"与"非希腊的蛮族"两者之间的区分是极其严格的。

2. 古典时代的希腊城邦

波斯帝国在公元前 6 世纪崛起后,开始不断对外侵略扩张,公元前 500 年小亚的米利都发动暴动,反抗波斯对小亚沿岸希腊城邦的统治,从公元前 492 至前 449 年,希腊与波斯进行了近半世纪的战争,史称"希波战争"。希波战争以希腊的胜利告终,希腊各城邦在原有基础上继续发展,尤其雅典,空前繁荣,成为古典时期希腊城邦政治、经济和文化活动的中心。

作为希腊城邦经济中心的雅典

雅典位于巴尔干半岛南端,三面环山,海岸线曲折多良港,这为它发展海外贸易提供了一个很重要的自然基础。雅典矿藏丰富,产一种优质的陶土,农业发达,尤以葡萄和橄榄这样的经济作物为主。但农业发展仅依靠经济作物是不够的,雅典的谷物种植不甚发达,铁、锡等重金属稀缺,"对于这些原料的大量需求便成为激发希腊对外贸易的一个重大契机"。[2]

公元前 5 世纪,雅典的人口已经达到 30 万,但在自然状况最好的年份,整个雅典生产的粮食也不过 45 万麦斗,只能满足 7.5 万人的粮食需求。因此,粮食进口成为雅典对外贸易的主要内容。雅典从周边的产粮区,如埃及、西西里、黑海沿岸等,进口大量粮食。粮食进出口贸易拉近了雅典同这些地区的商业贸易联系,也给雅典带来了巨大的收益。雅典港口在这种贸易中通过征收一定的贸易税,获利丰厚。除去粮食的大量进口,雅典也顾及诸如木材、麻布、

---

[1] Mason Hammond, *The City in the Ancient World*, p.174.
[2] 让·皮埃尔·韦尔南:《希腊思想的起源》,生活·读书·新知三联书店 1996 年,第 59-60 页。

铁、锡、珠宝、象牙等手工业原料、建筑材料以及生活必需品等的进口。随着对外贸易的发展，雅典城市与其他希腊城市之间，或希腊人与异邦人之间的城际"互市"贸易逐渐兴起。从事海外贸易的商人通过其从事的经济活动，促使雅典和希腊其他诸城邦以及地中海地区其他地区的物质联结和社会交往日趋密切，这不仅促使雅典奴隶制经济进一步发展，也使雅典在希腊社会的经济中心地位不可动摇。

基于发达的海外贸易，雅典城市的市集贸易丰富多彩，可以分为经常性市集和非经常性市集。经常性市集主要是一些商人和小手工业生产者聚集在雅典的中心广场（阿果拉）及附近地区从事一些农产品和手工业产品的交换。非经常性的市集主要指依托于在城市（如奥林匹亚、德尔菲）等举办假日庆典和竞技会，或者尾随征战军队而形成的具有临时性和流动性的市集。值得关注的是，市集使商品交换活动日益频繁，这时雅典开始出现公开租售奴隶的市集并成为当时地中海地区最著名的奴隶市场之一，长久保持着繁荣的奴隶交易。商业贸易的兴盛，一方面使雅典聚集了大量的财富，另一方面也使雅典金融业大为发展。随着雅典的铸币与度量标准通行于提洛同盟（Delian League）的所有同盟国，雅典的货币开始应用于一个更为广泛的地区，并通过商业贸易拓展到地中海世界。货币繁荣促进了雅典金融业的兴盛。古典时期，雅典出现了由一些"金融商"（trapezitai）经营的银行业。金融商们在其他城市开设分支或代理机构，最终形成了一个以雅典为中心的信贷体系。

古典时期的雅典成为希腊城邦的经济中心并不是一蹴而就的，其自身的自然资源条件并不算优越，粮食、重金属不能自给自足，但凭借有利的地理位置和港口条件，雅典发展起蓬勃的海外贸易，雅典城市的市集贸易与海外贸易相结合，在让雅典富裕的同时，也使其作为 个以工商业经济为中心贸易实体，具有巨大的商业性特征，使其在经济上的影响波及开来。

作为希腊城邦文化中心的雅典

古典时期，雅典是"全希腊人的学校"，这彰显出它在文化上的繁荣。依托于雅典城市的宗教节庆、戏剧赛会和公民教育等文化活动，融通了思想，活跃了文化市场，使哲学家、智者或知识分子的思想和学识逐渐成为大众的常识。[1]这些公众活动使雅典民众积累下广泛的文化基础。雅典不仅是希腊城邦的文化中心，也是整个地中海地区的文化中心。

---

[1] T. E. Rihll, "Teaching and learning in classical Athens," *Greece and Rome*, Vol.50, No.2, pp.170-172.

雅典城邦的宗教节日众多，据不完全统计，共有 70 个公共宗教节日，一年有 144 天是公共宗教节庆的日子，此外，几乎 12 个月中的每一天都是节庆日。在这些节庆日中，最主要的有泛雅典娜节、狄奥尼索斯节和厄琉西斯的大秘仪。在宗教庆典中，雅典城市的居民，甚至是全希腊人，聚集在一起举行宗教仪式，同时还参加体育竞技和艺术赛会。宗教活动和体育竞技使希腊社会不同地区的人们彼此交流，加深了对彼此的了解。

区别于斯巴达轻视文化教育，雅典十分重视公民教育，教育是雅典公民应有的权利。雅典公民接受的教育主要包括书写、音乐、体育三项，追求的是心智与身体的和谐发展。除了对公民进行必要的文化知识教育外，雅典城邦还通过美化城市面貌和创造良好的城市社会环境等，对公民实施社会教育。例如，公共宗教节庆、戏剧赛会、竞技赛会等，这些都是雅典城邦对公民进行人生观、世界观和伦理教育的社会教育艺术形式。伯里克利执政时期，不惜动用国库资金和提洛同盟的金库贮存，大规模地兴建雅典卫城、神庙、大剧场、音乐厅、街道和大型雕塑像，使雅典城市最终成为"全希腊的学校"和希腊世界的文化中心。

可以看出，古典时期的雅典城市拥有一种广泛意义的世俗性的文化生活形态，这是以其城市自由公民为主体的，起到一种教化民众的心智、素质的启蒙作用。它的外化表现，就是雅典城内的各种宗教节庆、戏剧赛会和公民教育等等。发展城市文化，使得雅典城市公民的精神状况实现了一个飞跃，在意志、心智、思维和道德方面都有了长足的进步。作为一个规模较小的城邦，在面临外来入侵的压力和挑战之时，因为其所特有的这样一种精神力量，仍旧可以激发整个城市的心智、活力来抵抗强压。基于发达的城市文化，雅典开创了一个极其辉煌的历史时期，创造了一个智慧的精神世界，直到今天，仍旧深深影响着西方的价值观念，在西方人的心灵上留下了深刻的印记，使得其思维相异于东方。那一时期的艺术、思想观念，至今无法被超越。在雅典城中，我们可以感受到文化赋予城市的更强大的生命力和竞争力。这种城市文化的理念，甚至已经深深影响到了当今世界各地的城市发展。

古典时期的城邦政治同盟

仔细研读古典时期的历史可以得知有两次战争贯穿了这一时期，即希波战争（公元前 492—前 449 年）和伯罗奔尼撒战争（公元前 431—前 404 年）。希波战争的胜利使希腊城邦进入繁荣发展时期，而伯罗奔尼撒战争则标志着希腊城邦日渐衰微。希腊城邦在两次战争中经历了从联合到分散的发展过程,在这一过程中尤以以雅典为首的提洛同盟和以斯巴达为首的伯罗奔尼撒同盟为主。城邦政治同盟的形成是古典时期城市发展演进的一个重要表现。

希波战争的第一个阶段,希腊联军基本消灭了入侵的波斯陆军和海军。战争的第二阶段,主要是希腊人进一步解放爱琴海上和小亚沿岸的希腊城邦。公元前478年,雅典组织爱琴诸岛、小亚和中希腊的一些城邦形成"提洛同盟",继续对波斯联合作战。公元前449年,双方缔结和约,波斯承认小亚各希腊城邦的独立,希波战争以希腊的胜利告终。凭借在提洛同盟中的领导地位,雅典城邦不断扩大其在希腊世界的霸权,并将由此带来的收益的大部分用于提升、加强和巩固雅典城市的综合竞争力。战争的胜利增强了雅典城市的经济实力,使雅典的民主政治进一步发展,城市进行了大规模的市政建设,这都是促使雅典城市成为希腊众城邦的经济和文化中心的主要原因。随着提洛同盟规模的日渐扩大(入盟的城邦增至200个),雅典也不断拓展自己在爱琴海区域的霸权,控制希腊主要的港口和海路,收取贸易税。利用庞大的税收收入和入盟城邦交纳的贡赋,雅典城大规模修建卫城、市政广场、议事会厅、帕特农神庙等众多宏伟的公共工程,作为城邦中心的雅典城市不断兴盛。可以看出,提洛同盟已经从初建时的战争同盟沦为雅典霸权统治的工具。

除以雅典为首的提洛同盟外,以斯巴达为首的伯罗奔尼撒同盟(Peloponnesian League)在希腊半岛也拥有重要地位。伯罗奔尼撒同盟始建于公元前6世纪中叶,最初是斯巴达同埃利斯、科林斯、麦加拉等城邦订立的双边军事同盟条约。到公元前530年左右,伯罗奔尼撒半岛上的大多数城邦都加入了同盟。在希波战争中,伯罗奔尼撒同盟与提洛同盟联合抗击波斯,并取得了战争胜利。战争结束后,雅典在其拥有的坚实强人的海军实力、经济实力的基础上全面、急速地发展,这种实力的陡增引起了以斯巴达为首的伯罗奔尼撒同盟的不安。两大同盟间的对立日趋激化,公元前431年,底比斯袭击了雅典的盟友普拉提亚,伯罗奔尼撒战争爆发。这场战争绵延近30年,以斯巴达为首的伯罗奔尼撒同盟取得了战争的胜利。雅典在战争失败后迅速衰败,民主政治被颠覆,经济发展几近停滞,除阿提卡之外的所有殖民地全部丧失。这对繁荣的古典时期是一个毁灭性的打击。城邦就此衰落下去。

纵观古典时期城邦政治的发展,希腊诸城邦能够在面对外敌入侵时,放下彼此间的不同政见,一致对外,体现出整个希腊民族的团结精神。希波战争的胜利离不开雅典强大的海军以及整个希腊社会发达的经济支撑。化解异族入侵的危机后,本就奉行自治民主的城邦又出现纷纷而立的局面,这些城邦中两个实力较强的城邦斯巴达和雅典就领导各自的同盟发展,由于雅典巨大的经济和地理位置优势,发展尤其昌盛。伯罗奔尼撒同盟与提洛同盟在各种原因的综合作用下爆发了内战。这场战争摧毁了古典时期的一切伟大成果,繁荣的古典时期城市政治、经济、文化、公共工程建设不复发展。斯巴达取得了战争的胜利,却也无法阻止希腊城邦的衰败之势,而作为城邦中心的雅典城市亦难以复兴。来自北方的马其顿王国征服了希腊,最终摧毁了繁荣一时的希腊城邦。这标志着一个由希腊城邦起主导作用的时代结束了。①

三、古希腊城市的衰落

希腊城邦奴隶制经济的发展加剧了社会分化,这动摇了城邦赖以生存的物质基础,导致了希腊城邦危机。城邦内部阶级斗争的激化引起了城邦混战,这为希腊北部的马其顿的兴起以及控制整个希腊世界提供了条件。马其顿国王腓力二世通过一系列改革强化了王权,建立起一支强大的军队。在这之后,马其顿趁希腊城邦混战南下侵入希腊。以雅典、底比斯为代表的希腊联军与马其顿军队决战,后战败。次年,腓力在科林斯召开全希腊会议,成立"希腊联盟"(也称科林斯联盟),至此确立了马其顿在希腊的统治。腓力二世及其继任者亚历山大三世建立起一个地跨亚、欧、非三大洲的马其顿帝国。

亚历山大建立起的世界性的大帝国冲击着小国寡民的希腊城邦,这些城邦对马其顿的反抗失败后,许多城市被毁灭,居民被变为奴隶。这些城邦此后再没有作为独立的政治实体出现。但是,希腊城邦的毁灭并不代表这种文化也告消亡,马其顿帝国幅员辽阔,使古希腊文化传播到非洲、亚洲,大大超过了其之前有限的影响范围。帝国经济发达,海外殖民地辽阔,文化得到继续发展,数学、物理学、天文学等都有很大发展。尽管亚历山大之后帝国分裂成为三个部分,但就整个希腊化时代而言,大批马其顿人和希腊人移居埃及以及西亚各地,一些在很大程度上与希腊城邦体制有着千丝万缕关系的城市在埃及、西亚等地建立起来。希腊化时代的城市可以分为两大类,一类是亚历山大和塞琉古时期新建的希腊化城市,共88个;一类是被希腊化了的城市,这其中又分为小亚细亚原有的希腊城邦和古代东方神庙城市两类,共63个。②这些希腊化时代的城市中,最著名的莫过于普南城(Priene)和亚历山大里亚。

普南城始建于约公元前6世纪,在公元前4世纪,亚历山大统治时期对它

---

① M. M. Austin, *Greek Trade, Industry, and Labor*,转引自(美)乔尔·科特金:《全球城市史》,王旭等译,社会科学文献出版社2006年,第34页。

② 陈恒:《希腊化研究》,商务印书馆2006年,第330页。

进行了重建。这次重建工程不仅改造了旧城,还增筑了新城,之后的三个世纪其都处于繁荣发展时期。普南城地理位置独特,背山面水,按希波丹姆规划①建立在宽阔台地上。城中的台地上建有剧院、会堂、雅典娜神庙、中心广场等,其中中心广场居于显著位置,是整个城市的政治和商业活动中心。广场上设置有雕塑群。全城约有 80 个街坊,街坊面积很小,每个街坊约有 4 至 5 座住房,住房以两层楼房为多,一般没有庭院。

公元前 332 年亚历山大里亚建城,国王亚历山大以自己的名字命名,并将其设为马其顿帝国的首都,在后希腊化时代成为埃及托勒密王朝的首都。亚历山大里亚地处尼罗河河口西部,因其优越的地理位置,成为当时地中海和东方各国商品贸易和文化交流的中心。城中建有规模宏大的王宫和公共庙坛。城中的著名景观有占全城面积四分之一的宫殿里的亚历山大博学园,它由藏书 70 万卷的图书馆、研究院和动植物园组成。"在整个希腊化时代直到后来的罗马帝国时代,亚历山大里亚一直保持着人类已知世界的中心地位。"②除此之外还有被称为世界七大奇迹之一的法罗斯岛上的亚历山大灯塔。它建于公元前 300—前 280 年,塔高 130 米,用石料修成,分塔基、塔楼、塔顶灯座三个部分。塔顶部分四面透光,并用凸透镜聚光,使火光可以覆盖十多公里的距离,指引着远方的船安全到达亚历山大港。

进入希腊化时代后,之前那种希腊城邦就没有办法继续存在下去了,腓力二世和亚历山大三世彻底改变了城邦的本质,小国寡民的城邦政治转而被人帝国控制下的城市模式取代,帝国政权对城市管理具有一定的处理权,这也成为此后几乎所有城市的管理模式和特征。然而,在这里不能否认希腊化时代的城市与古典时期城邦之间的继承关系,这种继承体现在社会、政治、文化机构各个方面。城外依旧存有城市和乡村的区分,城市内也建有神庙、剧院、公共建筑等,但在君主统治下,古典城邦建筑的比例和平衡被打破,政治特权在建筑上的体现日趋明显,宏伟建筑多含有世俗而非宗教作用。马其顿—希腊人建立和统治的城市遍布西亚、北非和希腊本土,在亚、非、欧三大洲建立起一个庞大的希腊文化网络。这些城市中的一部分发展为当时世界上的贸易和文化中心。它们的建造融合了以希腊为代表的西方文化元素以及其所在地的文

---

① 希波丹姆规划是由"西方古典城市规划之父"希波丹姆提出的遵循古希腊哲理,探求几何与数的和谐,强调以棋盘式的路网为城市骨架并构筑明确、规整的城市公共中心,以求得城市整体的美和秩序的城市规划模式。

② 陈恒:《希腊化研究》,第 328 页。

化元素,取代了之前不规则的希腊建筑模式。可以说,希腊化城市为东西方文化的交融作出了卓著的贡献。普鲁塔克曾评论城市在希腊化进程中的作用:"假如他们没有被征服的话,亚历山大的新臣民将不会被开化;埃及将不会有亚历山大里亚,美索不达米亚不会有塞琉西亚,索各迪安那也不会有普罗普特西亚,印度也不会有布斯法里亚,同样高加索附近也不会有希腊城市;因为在这些地方建立了这些城市,野蛮消失了,甚至较坏的因素在这种文化的影响下,也逐渐和这种较好的东西熟悉并发生了变化"。①

在亚历山大死后一个世纪,希腊化城市开始衰败,各地区之间的宗教矛盾也开始尖锐化,宫廷内的争斗不断,这些是都严重破坏城市经济发展和政治稳定的因素。到了公元前30年,随着最后一个希腊化王国托勒密埃及被罗马所灭亡,辉煌了几个世纪的古希腊城市消散于浩瀚的历史潮流之中,但是,我们不能忽视的是,古希腊城市所起到的典范作用在其后世界城市的发展历史上是不朽而辉煌的。

第三节 古罗马城市的发展历程

一、古罗马城市的源起

位于地中海中部的意大利是古罗马文明的发祥地。意大利是一个呈"靴形"的半岛,半岛东部狭长地带向南与阿普利亚高地相接,为畜牧业的发展提供了条件;南部沿海地区,发展农耕极为适宜,临近南部的西西里岛就盛产谷物;西部地形较为平坦,形成了伊达拉里亚、拉丁姆和坎佩尼亚平原;北部处于波河流域,具有富饶的冲积平原。

自公元前10世纪至公元前7世纪,亚平宁半岛一直是一个多民族、多文化交织的地区。在这些民族中,"古意大利人"是较为重要的一支。他们在公元前1000年到达亚平宁半岛,并从那时起开始慢慢由游牧生活转向农耕的生活方式。这种农耕的生活方式成为半岛以后几个世纪内的主要生活方式,影响深远。公元前9世纪和前8世纪,亚平宁半岛上出现了希腊人和埃特鲁斯坎人(Etruscans,也译为伊达拉里亚人,但有学者认为,二者并非统一族群)两个新民族。其中,埃特鲁斯坎人在半岛上创造了自己的文明,建立起独立而强大的城邦,实行寡头统治,经营发展商业和手工业,组织严密的军队统治周边

---

① Plutarch, *On the Fortune of Alexander*, Penguin Classics, 2012, 328F.

的民族。居住在这片土地南端的拉丁人受埃特鲁斯坎人语言、思想等影响,最终在半岛上建立起罗马城。

公元前8世纪,伊达拉里亚人在半岛的腹地占据了大部地区,逐步过渡到阶级社会,建立起一些奴隶制城邦。到公元前7世纪左右,伊达拉里亚出现了一批城市国家,主要有塔魁尼、伏尔西、卡勒、沃尔西尼、维图洛尼亚、维爱等。这些城市国家曾经结成联盟,进行一些宗教性质的活动,但是没有成立一个统一的国家。这时的城市建设较为突出的特点是城市分区明显。城市的选址通常在山上,这可能是出于军事安全的需要。建造在山上的城市分区而治,区下面再分成块。而整个城市的建设最为重视宗教因素,以宗教作为修建街道的指导,城市的宗教功能显现得较为明显。罗马王政时期和共和国初期的城市就是在伊达拉里亚时期的基础上发展起来的。

到公元前7世纪,分散的山村公社逐渐联合起来,以帕拉丁为中心的拉丁部落建立了"七丘之盟",随后又和在奎里纳尔等山村的萨宾部落联合在一起,成为"四区之城"。公元前7世纪末,大批伊达拉里亚人移居到罗马地区。公元前753年,传说中的英雄罗慕洛斯建立了罗马城。而自公元前753年罗慕洛斯建城至公元前510年高傲者塔克文被推翻,共有七位王统治罗马,这一时期就是罗马历史上的王政时代。

罗马不是一日建成的。最早的罗马城实际上是通过联合、归并附近的村落逐渐形成的。到公元前6世纪时,罗马城进行了一系列市政建设,如挖掘水道、修筑城墙、建造神庙和住房、铺设街道等。"国王塔克文纽斯·普里斯库斯在卡匹托利山上建造了献给朱庇特、朱诺以及密涅瓦三神的神庙,在卡匹托利山和巴拉丁山之间的低地上建造了一个广场——罗马广场,围绕它陆续建了一些设施:其西北角是民众会场(公民投票处)、罗慕洛斯神庙(同时也负责收藏最古老的拉丁文文献)、维纳斯神庙;其东南角是雷吉亚神庙(该神庙负责保存大祭司长的档案及罗马城的编年记载)、维塔斯神庙。"[1]这些使罗马的面貌焕然一新,真正兴起成为城市。

高傲者塔克文在公元前510年被罗马人驱逐,王政时代结束,建立了罗马共和国,由元老院、执政官和部族大会执掌政权。罗马城又陆续建立起几座神庙,包括农神庙、卡斯托尔神庙、雅努斯神庙等。从中可以看出,王政时代到共和时代前期,宗教建筑在罗马城市建设当中占有很重要的地位。

---

[1] Luisa Franchi Dell' Orto, *Ancient Rome: Life and Art*, Summerfield Press, 1981, pp.11-43.

王政时代到共和国初期,罗马城不断发展,尤为突出的是建成了城市古老的政治、经济和宗教的中心——罗马广场。共和国的公民在广场上进行投票、占卜以及祭祀等活动,同时广场也是讨论政治国事的重要场所,行政司法活动和商业交易活动围绕在广场周围展开。罗马广场承载了罗马的共和精神,明显地体现出元老院统治下的公民城邦政治体制。此外,神庙在早期罗马城的建设中是一个很重要的建筑,它在传统的宗教功能的基础上,更被赋予了一种公共事务的职能,如用作罗马元老院的集会场所、审判场所、国家某官署驻地,或是档案保存地。[1]较之王政时代,共和国初期罗马城市建设的发展,体现在当时的城市建设组织方式上:由元老院委托检察官与私人承建商订立合同,由国库出资,私人承建商承建。这体现出以元老院为中心的政治体制在罗马城建设中的重要作用。

　　自王政时代到共和国初期,罗马城的发展依托的更多的是罗马人所拥有的一些经济资源以及适宜的气候条件。在早期同伊达拉里亚人的战争中,罗马人磨砺了自身的坚韧品质以及独立性,使其日后在同高卢入侵者的战争中,即使罗马城被大火焚毁,还能够在原址上重建;同时,也是通过战争,使当时还很落后的罗马人受到了先进的希腊、腓尼基文化的熏陶,这一点很明显地体现在罗马城的建设当中。出于对传统的继承,罗马城中众多的神庙都表明对祖先和神的崇拜植根于罗马人的思想之中。几个世纪之中,罗马城市开启了的建设的篇章,随着罗马国家的发展,它的前进脚步没有停歇。很明显地,罗马城市的构筑有一大部分是对其他周边先进文明的吸收和消化,这里就体现了古罗马人的孜孜以求的学习性格。另一方面,当时伊比利亚半岛内的不同民族的部落城邦众多,相互间争夺激烈,这就不可避免地会导致罗马人的性格坚韧化、战争化,受其影响,罗马城必然会在之后逐步侧重于军事,逐步演化成一个为对外征服的战略基地。

二、古罗马城市的发展

　　公元前3世纪,经过两次布匿战争,罗马最终取得了对迦太基的决定性优势,将西西里岛、撒丁岛和科西嘉都收为行省,确立了在西地中海的霸权。在这之后,罗马开始向东地中海地区扩张。公元前2世纪初,罗马开始大规模的海外征服,罗马共和国的版图迅速扩大。伴随着军事征服,罗马人获得了不计其数的战利品和大量战争赔款、奴隶,并在征战过程中建设了大量的军营,这

---

[1] James C Anderson, *Roman Architecture and Society*, Johns Hopkins University Press, 1997, p.57.

些军营最终发展成为营塞城。营塞城的建设有固定的模式,通常是在建立四面方形城墙的基础上,每一面城墙开城门一扇,由四个城门方向修建十字形交叉的道路,在道路交叉的路口建立城中的广场和神庙。迄今保存最完整的营塞城是罗马帝国设在北非(大致在今阿尔及利亚)的提姆加得城(Timgad),该城呈方形,城中有宽阔的干道和面积较大的广场。一部分西方封建社会的城市正是在罗马营塞城的基础上兴起的。

罗马城位于台伯河下游平原之上,包括帕拉蒂诺、埃斯奎利诺、卡皮托利诺、阿文蒂诺、维米纳莱、奎里那莱、凯里七座山丘,被称为"七丘之城"。罗马城东西宽约 3 500 米,南北长约 6 200 米,城墙跨河依山成不规则状。虽然在一个较长的时期内,罗马城没有一个合理的布局,但作为罗马共和国的中心,在共和国后期,它得到了进一步发展,之前古朴严谨的罗马建筑风格逐步被大规模和大手笔投资的市政建设所取代。罗马城中心最重要地段是罗马广场,位居帕拉蒂诺、卡皮托利诺和埃斯奎利诺三丘之间的谷地,建城以后即为居民举行集会的中心。到共和国末年,广场四周已遍布神庙、会堂、元老院议事堂和凯旋门、纪念柱等。恺撒之后的各朝皇帝在罗马广场的东面和北面建立起以皇帝名字命名的广场,其中最大的是图拉真广场。罗马广场西南部耸立着的角斗场。角斗场采用圆形剧场的形式修建,内部可容纳 5 万观众,是古代最宏大的剧场建筑。广场群周围的建筑在排列上比较散乱,显现出与整体不相协调的特点,这大致是由于政治军事权力的逐步增长造成的。公元前 193 年和前 192 年,罗马修了三个柱廊,其后又由检察官加图负责建造波奇业大会堂,新修城市的排水管道和引水桥。公元前 144 年,元老院委任执政官马尔奇亚负责整修已有的饮水桥,并新修马尔奇亚饮水桥,为此元老院在四年内筹措了 1.8 亿塞斯退斯的巨额资金。[①]苏拉独裁时期,罗马城的建设由其助手卡图鲁斯负责,苏拉死后,个人出资建设的方式在罗马城流行起来。庞培、恺撒执政时都曾花费大量资金进行市政建设。

庞贝城在共和国后期得以开发,成为继罗马城之外的古罗马第二大繁荣城市。庞贝城最早是由奥斯坎斯部落兴建的,公元前 89 年被罗马人征服,成为罗马共和国的一部分。据近代以来的考古发掘,庞贝城东西长 1 200 米,南北宽 700 米,共开城门七扇,以维苏威火山为中心布置街道,城内有四条主要街道呈"井"字形交错,排水设施完善。城内最宏伟的建筑物都围绕在城市西南部一个

---

① Esther Boise Van Deman, *The Building of the Roman Aqueducts*, Carnegie Institution of Washington, 1934, p.67.

长方形的市政广场四周,广场周围有朱庇特神庙、阿波罗神庙、公共市场、市政中心大会堂等建筑物,这里是这座城市的政治、经济和宗教的中心。庞贝城的官府位于广场东南方。广场的东北方是繁华的集贸市场。此外,城内还有公共浴池、体育馆和大小两座剧场,街市东边则有可容纳万余名观众的圆形竞技场。庞贝的人口极盛时达 2.5 万,贵族富商视这里为寻欢作乐的福地,在此营建了众多豪华奢侈的别墅,使其成为闻名遐迩的酒色之城。而一般民众住宅则连同作坊店铺,以行业为划分标准,按街坊分布,这是罗马民用建筑的典型特色。

  从上述介绍中可以看出,共和国后期罗马城市的建设已不局限于罗马城这一单独的城市。营塞城随着罗马人的征服在各地建立起来,庞贝城是除罗马城外又一主要的罗马城市。从各个城市的发展来看,城市除了继续行使其政治、经济、宗教职能外,公共娱乐场所大量出现,娱乐类建筑兴旺起来。城市内大到公共建筑的修建,小到排水系统的建设都汇集了罗马人,尤其是罗马统治阶层的高度智慧。"它天才的行政管理能力将城市保障发展到了一个空前水平——在已拓殖的广阔地区激起了一个城市建设的新的黄金时代"。[1]罗马共和国在马略和苏拉的争权夺利中被削弱,恺撒与庞培之间进行的内战使罗马元老院实力严重削弱。经过前三头同盟和后三头同盟的统治后,公元前 27 年,屋大维"迫于"元老院和公民的请求,接受完全背离共和制度的绝对权力,成为元首,获得"奥古斯都"的称号,罗马帝国建立。屋大维出于稳定政权的目的实施了包括改组元老院、笼络罗马平民在内的一系列措施。帝国初期,由于长时期的战争破坏,罗马城显出破败的景象,加之城内人口激增,屋大维开始进行大规模城市建设。他曾说自己"接受的是一座砖城而留给后人的是一座大理石的城"。[2]屋大维建造了屋大维亚柱廊、奥古斯都广场,建成公民投票堂、盖乌司柱廊、路基乌司柱廊、路基务司大会堂、里维亚柱廊、马尔采鲁斯剧场、阿格里帕大浴场等;新建或重建包括奥古斯都广场上的马尔斯神庙、巴拉丁山上的阿波罗神庙、卡皮托尔山上的朱庇特神庙等一批神庙;此外,屋大维还遵照元老院的决议对罗马城内的待修的 82 座神庙进行了全面的修葺。[3]自屋大维之后,帝国皇帝都在罗马城内兴建市政工程,如皇帝克劳狄于公元 52 年在城内建成两座引水桥,以及运粮船队必经的外港——奥斯蒂亚港;尼禄在位时

---

  [1]　乔尔·科特金:《全球城市史》,第 51 页。
  [2]　李雅书:《罗马帝国时期》(上),商务印书馆 1985 年,第 33 页。
  [3]　Naphtali Lewis and Mayer Reinhold, *Roman Civilization*, Volume I, Columbia University Press, 1990, pp.567-568.

则把建筑重点放在各种享乐设施上,主要是竞技场、浴场等,此外,他还建造了奢华异常的"金屋";图拉真时期,新建了市集、浴场、乌尔比亚大会堂、记功柱、饮水桥等,并扩建了尼禄时期的竞技场。罗马城在帝国时代发展到极盛,对近代以来欧洲的主要城市,伦敦、巴黎、布达佩斯和维也纳等,影响深远,这些重要城市的建造都在不同程度上汲取了罗马城建设的经验。

进入帝国时期,屋大维改善了行省制度,效仿恺撒,在行省当中推行自治市制度,授予行省上层人士罗马公民权,并将行省里的城市分为四个等级,即罗马殖民地、自治市、享有拉丁权的城市和纳税城市。帝国控制下的城市在罗马城建设的影响下,也建造属于自己城市的剧院、露天剧场、广场等。随着帝国皇帝不断扩大罗马公民权授予的范围,帝国城市的范围也不断扩展。帝国军队征服的地区,划归为新的行省,行省中再建立不同等级的城市,帝国本身发挥着"城市单元的联邦"的作用。[1]

在帝国大量城市的恢复和重建时期,随着社会经济的进一步发展,意大利地区涌现出了很多手工业发展的中心城市,诸如制陶业的中心是阿尔列提乌姆,青铜制造业中心在卡普亚,冶金术的发展又促进了西部行省的城市建立,意大利的康帕尼亚和埃特鲁利亚,则是意大利地区手工业最发达的地区。"东部地中海的一些旧有手工业中心随着城市的重建而复活,成为意大利城市的有力竞争者"。[2]另外,当城市手工业在帝国境内迅速发展的时候,为顺应商品贸易,沿海地区还兴起了一些小的港口城市和地方性的中心城市。所有这些新兴的商业城市,极大地推进了的手工业、商业的发展,也促进了早期工业的进步,对整个帝国经济的繁荣来讲是一种重要的助推力量。

帝国的兴盛源于不断地对外征服扩张。对内而言,扩张所带来的经济利益为城市的建造提供了富足的资金;对外则是一种城市文明的扩散形式。被罗马征服的地区很快被吸纳为帝国的行省,在其中建立起诸多城市,进而人口、物产、商业、技术等快速流动到这些城市,甚至当时先进的思想观念都能够在这些城市当中迅速传播开来。城市文明使野蛮血腥的征服带上了一丝人性化的色彩,其意义也远大于征服本身。公元2世纪的希腊作家阿里斯泰德宣称:"罗马已经成为世上所有民族都视为其村民的城堡。"[3]

---

[1] Robert Lopez, *The Birth of Europe*, M Evans & Co., 1967, p.15.
[2] 杨俊明:《奥古斯都时期古罗马的城市管理与经济状况》,载《湖南师范大学社会科学学报》2004年第4期。
[3] 乔尔·科特金:《全球城市史》,第53页。

作为上古时期的代表性文明,罗马的城市化随同其帝国的发展逐步迈入了辉煌时代。在社会生产处于农业时代的大背景下,罗马帝国已经步入了一个依托农业兴建城市的阶段,对比当时任何一个其他民族而言,罗马已然进步匪浅。高速的城市化发展,依托的不仅仅是整个国家的经济实力,同时也需要一个相对和平安全的国内环境,这就需要强大的综合国力作为其后盾。罗马帝国进入鼎盛时期,城市的大规模兴建也就成为罗马国家实力雄厚的一个重要体现。城市在这一时期的发展势头之迅猛,在19世纪以前是绝无仅有的。可以说,罗马帝国为城市在整个世界历史中的发展历程画下了浓墨重彩的一笔。

三、古罗马城市的衰落

罗马帝国经历了克劳狄王朝、弗拉维王朝近200年的繁荣发展后,到安敦尼王朝的马可·奥勒略统治时期,"黄金时代"同"罗马和平"趋于结束。在奴隶制基础上建立起来的罗马帝国面临严重的统治危机,史称"三世纪危机"。这种危机最早体现在经济的凋敝上。奴隶日渐缺乏生产劳动的积极性,开始以各种形式反抗奴隶主的统治,加之奴隶价格的不断上涨,经营葡萄和橄榄业的奴隶制庄园无利可图,生产规模急剧萎缩。安敦尼王朝的皇帝曾采取多种措施试图遏制农业萎缩的状况,但收效甚微。公元3世纪,农业危机波及高卢、北非等地的帝国行省,行省中的城市经济衰退明显。在帝国初期手工业、商业发达的意大利地区城市受此波及,显出衰败之势。在农业危机的影响下,城市中的奴隶主统治阶层不仅没有及时想出应对措施,反而依旧沉溺于往日的腐化生活中。王室、贵族为奢侈生活所支付的费用不减反增,城市财政不堪重负,帝国政府只好加大城市赋税的征集以填补亏空,欠税由城市议员补齐。城市议员负担越来越重,致使他们中的绝大多数人出售土地、释放奴隶,放弃议员资格,逃跑他乡。城市中中等阶级的没落使罗马帝国失去了统治的支柱。

自由民在罗马社会中是另一个重要的社会阶层。由于地位高于奴隶,他们鄙视奴隶劳动,整日游手好闲。农业危机使社会统治风雨飘摇,大量破产的农民涌入城市,加入城市无产者的队伍,帝国城市中大量流氓无产者的存在成为城市衰落的诱因。农业危机的影响不局限于庄园之中,它蔓延到城市,破坏城市生产、摧残城市经济、扰乱城市稳定,经济危机是城市在"三世纪危机"以及帝国后期普遍衰败的至关重要的因素。

如果说"三世纪危机"在经济上的影响是逐渐显现出来的,其在政治上的表现则是疾风骤雨般的。严重的政治危机表现为帝国面临内忧外患,政府陷入瘫痪状态。对内,安敦尼王朝末代皇帝康茂德被杀后,爆发了争夺皇位的内战。四年后,潘诺尼亚总督塞维鲁建立塞维鲁王朝,但仅维持了四十余年的时间,统治集团内部混战又卷土重来。内战对城市的破坏不言而喻,没有城市能避免战争的蹂躏,城市内手工业、商业都无从展开,人们为躲避战乱选择逃离城市,这对城市发展来说是十分沉重的打击。争夺皇位的混战使劳动群众的生活苦不堪言,他们逐渐走上了反抗统治的斗争,使帝国统治陷入风雨飘摇的境地。人民反抗斗争遍及帝国境内,意大利、北非、小亚细亚都爆发了起义,其中斗争规模最大、持续时间最久的是高卢的巴高达运动。帝国初期在这些地区兴建的城市受反抗斗争的影响,毁坏严重。

内部的社会危机以及统治集团的混战,严重削弱了帝国的边防,罗马不断遭到蛮族和异族的进犯。"乘军事上的无政府之机,日耳曼部落越过莱茵—多瑙河边界烧杀抢劫。新兴的萨珊波斯帝国,进攻并一度征服了罗马人在东方的领土。某些地区企图脱离帝国,这在高卢地区最明显;这些行动反映出区域性的爱国主义主张压过了罗马人的一统性。"[①]帝国政治危机不断加深,政局动荡,帝国首都在名义上仍然是罗马,但实际上米兰、拉文那都曾暂时作为首都,庞大的帝国领土上没有一块安全的土地可以成为首都的选地。面对异族和蛮族的入侵,罗马采取以蛮治蛮的政策,将大批蛮族部落居民以军事移民的方式迁居到帝国边境。这种政策实际上的积极效果很小,却使军队蛮族化,并为蛮族大规模进攻埋下了隐患。包括日耳曼人在内的蛮族占领罗马帝国的领土后,在当地定居下来,由游牧生活转向农耕生活,使这些地区的城市生产有了一定程度的恢复,但可以肯定的是,这些地区城市都无法再现帝国盛期的辉煌了。

"三世纪危机"是罗马帝国由盛转衰的一个重要转折点,也是罗马城市衰落的起点。在"三世纪危机"后,戴克里先称帝,缩小行省的规模,共划分了100多个行省,设立行政区,由地方总督管理。君士坦丁大帝统治时,将全国分为四大行政区,并在博斯普鲁斯海峡旁修建新都君士坦丁堡,号称新罗马。君士坦丁堡的地理位置决定了它能够抵御蛮族入侵,并继续发展。"到公元6世纪的全盛时期,作为欧洲的首要城市,君士坦丁堡的人口接近50万,并且控制着从亚得里亚海到美索不达米亚、从黑海到非洲之角的庞大帝国。"[②]

罗马帝国后期,有一段恢复的稳定期,一部分城市得到重建和发展,还有

[①] T. R. Glover, *The Ancient World*, Penguin Books Ltd, 1957, p.322.
[②] 乔尔·科特金:《全球城市史》,第53页。

诸如君士坦丁堡这样的新城的建立。但公元467年,罗马帝国分裂为东西两个部分之后,帝国境内的城市再也没有发展到之前的旷世盛景,除了在稳定时期显现出一些复兴的景象外,罗马的城市在战乱中日渐衰落。教皇格里高利目睹这种荒废景象之后感慨道:"整个世界都曾经聚集在这里往上爬;现在则到处是孤独、荒芜和悲哀。"[1]农业社会时代,土地是国家基本的经济命脉,土地制度的适当与否,决定着整个国家的前途。当国家的基础经济濒于崩析之时,依托其上的城市发展必然无以为继,走向没落。

(解光云)

---

[1] Dunbar von Kalckreuth, *Three Thousand Years of Rome*, Alfred A. Knopf, 1st English Edition, 1930, pp.141-143.

第三章 西方古代城市与古典文明

　　文明,是人类从古至今所创造的财富,尤其是精神财富的总和,它推动着历史的延续和不断发展。古典文明,是当代文明的先源,想要更好地认识人类的今天,就离不开对古典文明的深入研究。而城市,作为文明的高级载体,有其不可替代的历史作用。

　　西方文明,作为人类文明的一大主要脉络,古今相延。在西方古典文明繁荣的一千余年里,古希腊—罗马是上古时代一个重要的文明轴线,前后两者相继而盛,为后世遗留了大量的文明遗产。这两大文明都经历了一个漫长的城市发展时期,先后衍生出了各具特色的城市。

　　这其中,作为古希腊城邦最典型的代表——雅典,最为突出特点的是民主政治、多元的文化繁荣,这些都脱离不了古典时期雅典城市的发展,及其发达的公共空间和文化活动场所。

　　古希腊文明的某些方面不可避免地为古罗马所承继和吸纳;而古罗马文明则更进一步推动了西方城市的发展。伴随着罗马人对地中海区的统一,作为地中海区域文明重要传承地域的古罗马城市成为西方文明古典盛世的又一标杆。

第一节　古雅典城市的公共空间与民主政治

一、古雅典城市建筑与公共空间

　　古风时代初期,随着希腊城邦的兴起,公共建筑开始在希腊半岛出现,到古典时期,雅典城市的公共空间发展繁荣。雅典城市的公共空间是传载城邦公共活动的重要场所,诸如参与议事会和法庭陪审、参战和体育竞技等,都需要有一定的公共空间或城邦领域。这些公共空间都是通过公共建筑的格局形成的。公共空间主要包括公共建筑、神殿、神庙、狭窄的街道等。这些公共建筑主要集中于城邦的中心城市,在城邦社会生活中具有重要作用。

雅典城邦的公共建筑集中于雅典城市,形成了以雅典城市为中心的建筑格局。主要有:阿果拉(agora)、议事会厅(bouleuterion)、议事会执行委员会会厅(prytaneion)、柱廊(stoa)、公民大会会场、忒罗(tholos)、神庙和祭坛(temples and altars)、音乐厅(odeion)、剧场(theaters)、健身房(gymnasium)、摔跤场(palaestar)、田径场(stadium)、跑马场(hippodrome)等。

阿果拉是雅典城市公共生活的中心,通常也称市政广场。从早期开始,阿果拉就是一个公共活动的空间,但在当时它仅指希腊人共同体(Greek Community)日常非经济活动的范围,即公众集会的地方。"早期的阿果拉是无组织的和不规则的形式,时常像是一个开放的空间,比城市里的主要街道要稍宽一点。为着公共的目的可以公开地占用,而不必封闭起来。经常毗连的建筑在不规则的柱式周围建造。这里是神殿,那里是英雄的雕塑或喷泉;或者可能是一排排、一组组的手工作坊,向路人开放。中央临时性的摊货说明,在交易日,农民把大蒜、蔬菜或橄榄带来城市,换得罐子或由补鞋匠修补鞋子。"[1]阿果拉是雅典城邦的政治、宗教生活和社会的中心,是全体公民的政治和司法活动的场所,通常也举行一些戏剧、体育比赛和司法活动,后来还被多数人用来进行朋友聚会、商业活动以及讨论一些哲学问题。早期阶段,阿果拉位于雅典卫城附近,离卫城的主入口不远,位置便捷且安全,这就使卫城和阿果拉成为互为一体的双核心。在政治作用的促使下,阿果拉的实际作用和政治重要性愈加超过卫城,成为雅典城市最重要以及最具特色的地方。

阿果拉是城市的中心区、公共空间和城市最核心的生存空间,建立在其周边的也是雅典城市一些其他的重要公共建筑,如议事会厅、议事会执行委员会会厅和柱廊等。其中,柱廊是紧密围绕在阿果拉周围的。

作为公民生活中的公共建筑的柱廊始建于公元前5世纪,在整个古典时期,柱廊都是雅典民主政治生活的重要场所之一。柱廊的建设简单而实用,基本由开放的长形列柱(colonnade,单排或双排柱子)组成,通常有饰有文字或图画的背景墙,以顶棚将列柱相连,列柱朝向阿果拉敞开,主要柱子是多利亚式(Doric order),内柱为爱奥尼亚式(Ionic order)。柱廊是阿果拉的显著特征之一,集政治、商业、娱乐体育作用为一身,"人们聚集在柱廊下,商人们讨论价格,热心政治的人们讨论下届人民大会的议程,无所事事的人们,傻傻地观望着市场上的一举一动"。[2]柱廊的作用随阿果拉的变化而变化,既可以用作街

---

[1] Lewis Mumford, *The City in History*, Penguin Books, 1979, pp.175-176.
[2] G. Glotz, *Ancient Greece at Work: An Economic of Greece*, p.290.

道,也可以作为剧院和健身房。柱廊还是人们聊天、集会、散步、教育的地方,芝诺(Zeno of Citium)及其追随者被称为"斯多噶派"(stoicism),这一名称即因为他们经常在柱廊集会而来。柱廊作为城邦政治、经济和社会生活的公共空间,一直持续到希腊化时期,到希腊化时期,柱廊的建造有了新的发展,出现了两层房顶的柱廊。

公元前4世纪晚期,雅典开始建造议事会厅,直至公元前5世纪最终建成,一般是长方形(也有正方形)的建筑,处于阿果拉的西侧,靠近忒罗。议事会厅主要是雅典城市用来召开公民大会的场所,三面设有椅形座位,有时内部有柱子支撑房顶,内部设有单个会堂用以议事会成员辩论。早期的议事会厅建设比较简易,经过发展到希腊化时期基本达到完备形态。

议事会执行委员会有专门的集会场所,即议事会执行委员会会厅。它实际是市政管理的公共会堂或总部,而公共会堂在某种程度上可以看作一个城市的象征。每当建立新城,殖民者都要从母城的灶火中取余火在新的殖民城市的公共会堂里妥善保存,以表示新城市的建立。公共会堂除设有官员的办事机构外,还用来款待外来使者和举行国宴。议事会执行委员会会厅仍保留着宫殿和神殿的基本特征,被视为王的家,供奉着献给赫斯提尔神的圣火,此外也保存有关政治和国民事务的最早文献,如德拉古和梭伦的立法文献等。因此有西方学者称议事会执行委员会会厅为"市政厅",将其视作"政治权力从宗教权力的分离在希腊城市的一个转折点"。①

一般在每座城市的市政广场上都有自己的公民大会会场,有时公民大会也会在雅典城市和它周围的其他一些地方召开。如公元前5世纪,公民大会主要在雅典卫城西部的皮尼克斯(Pnyx)小山举行,公元前4世纪晚期的公民大会曾在狄奥尼索斯剧场召开过。

忒罗是一个圆形建筑,由此也称"圆形厅",最著名的忒罗用柱子支撑房顶,形似神庙,却更精美。雅典的忒罗主要用于宗教祭祀活动。从公元前465年雅典在新议事厅附近建造一个新的忒罗代替旧建筑后,议事会执行委员会开始在这里公费就餐(一次就餐的规模可达50人)和举行宗教祭祀仪式。此外,官方的度量衡也保存在忒罗。

卫城或者阿果拉附近通常会建有神庙和祭坛等宗教建筑,这些宗教圣地也是人民参与日常宗教崇拜的重要场所。神庙不仅是一种宗教建筑,而且是

---

① Lewis Mumford, *The City in History*, Penguin Books, 1979, p.182.

城邦的标志,是国家意识的体现。雅典的神庙约兴起于庇西特拉图僭主政治时期。希波战争后,雅典迅速崛起,神庙建筑成为这一时期公共建筑的典范。神庙是雅典城邦复兴的最亲切的象征。[1]神庙的基本构成是中央内殿,殿内供奉有神像。古典时代早期(公元前480—前450年),以多利亚式神庙居多(Doric temples)。公元前5世纪后半期(古典时代盛期),雅典卫城兴起许多神庙,主要有帕特农神庙(the temple of Parthenon)、雅典娜胜利女神庙(the temple of Athena Nike)、伊瑞克特翁神庙(the temple of Erechtheum)。其中,帕特农神庙是希腊半岛最大的多利亚式神庙,有"希腊国宝"之称;雅典娜胜利女神庙、伊瑞克特翁神庙是典型的爱奥尼亚式神庙。到公元前4世纪科林斯式神庙逐渐流行,伴随着多利亚式和爱奥尼亚式神庙的继续发展。祭坛是用于献祭的台子。作为神庙出现前崇拜活动中心的祭坛在人们生活中是必不可少的。神庙出现后,祭坛一般设在神庙的外面(通常是在神庙的前面,也有设在神庙里面的),位于高位。通常祭坛呈长方形、正方形或者圆形,由石头制成,随着时间发展,最终成为一个独立于神庙的建筑。最著名的祭坛是帕加马(Pergamum)的希腊式宙斯祭坛。

音乐厅(指带有顶棚的小型剧场)最早由伯里克利建造于公元前5世纪的雅典,是一个独特的、大型的锥形木质顶棚的长方形建筑,主要用于演奏、演唱、音乐比赛、诗歌吟咏以及类似的表演。

古希腊的剧场最早诞生于公元前6世纪,最初是为狄奥尼索斯节特别设计的。出于神圣的宗教祭祀活动的需要,古典时期的希腊城市中大都建有剧场,其中最著名的当属雅典的狄奥尼索斯剧场。剧场通常依山坡或凹地的自然倾斜斜面而造,都是开放式建筑,多为"D"字形或者半圆形,由观众区(the koilon, theatron)、乐队区(orkhestra)和置景屋(skene, hut)三个主要部分组成。观众站在山坡上或者坐在木质座位上观看表演,座位之间有人行道方便行走,最靠近乐队的几排座位是为官员和牧师预留的。乐队在座位低端平坦的圆形土地上演奏,合唱队(chorus)和演员也在这里表演。置景屋主要是为演员更衣而设,后来用来置换布景或根据乐队的演奏更换布景。

健身房的大规模建造始于公元前4世纪晚期,发展到希腊化时期,已成为希腊文化的核心组成部分。健身房设有健身室、讲演室、供运动员使用的涂油室、洗浴室等。健身房专供男子进行体育训练,男子不分年龄均可在健身房进

---

[1] 阿诺德·汤因比:《历史研究》,曹未风等译,上海人民出版社1987年,第137页。

行除投掷、田径训练、跳高、球类运动等项目外的锻炼。

除了在公共的健身房进行体育锻炼之外,摔跤场也是希腊人热衷的训练场所。摔跤场又称角力学校,功能类似体育场。一般为私人占有的摔跤场教授希腊男子摔跤和拳击。摔跤场虽非属城邦所有,却仍旧是公共场所,通常是一个露天的围以柱廊的庭院,院子里铺满沙子,供训练用。柱廊后面是浴洗室和更衣室。摔跤场大多是体育场的一部分。

古希腊的田径场主要是竞走运动的场地,有时也进行其他体育项目。竞走跑道长 200 码(183 米)、宽 30 码(27 米),跑道边缘有围墙或围堤。

跑马场是战车和战马比赛的场地。跑马比赛是节日竞技项目中最引人注目的赛事。[1]

古希腊的公共建筑是依托城邦的公共空间建立起来的,为城邦共有,向公众开放,是真正意义上的公有、公用建筑。对于公民而言,城市功能的开放化意味着民智、民体、民德等各方面可以得到全面的提升与锻炼,可以更加优化提高全体国民的综合素质。另外,公用化的城市功能也是民主化的一个衡量标准,功能各异而又不可或缺的城市公共空间,诸如政治活动场所、艺术与体育活动场所、交易活动场所等,不是专属于某个统治者或某个统治阶层,而是由全体城邦公民所共享;在这些公共场所里进行各色的活动,有助于各阶层相互间的交流融合,成为非常有效的共生平台。可以明显看到,古代雅典城市公共空间的最终成型,是一个漫长并具有延续性的建筑历程,这个过程伴随着整个雅典民主政治的发展,这是相辅相成的两者,不可分立而视。

不难看出的是,这些公共建筑大致可以分为三类:市政性质的公共建筑,如阿果拉、公民大会、巾政厅、忒罗、柱廊、议事会厅等;宗教性质的公共建筑,如神庙和祭坛;文体性质的公共建筑,如露天剧场、音乐厅、健身房、摔跤场、田径场、跑马场等。城邦公民皆可在这些公共建筑中从事相应的公共活动,这就导致了公民活动范围的扩大以及认知能力的提升,作为西方文化摇篮的希腊文化,其繁盛从其中也可窥见一些缘由。

总之,公共建筑所承载的公共空间都是某类或某些公共活动的中心。正如法国学者维达尔·那奎特对城邦空间的描述:"城邦创造了一种全新的社会空间——一个以市政广场及其公共建筑为中心的公共空间。在这里,人们就涉及公共利益

---

[1] J. H. Crouwel, *Chariots and Other Wheeled Vehicles in Iron Age Greece*, Amsterdam, 1992, pp.62-63.

的问题进行争论。权力不再限于王宫之中,而是置于这个公共的中心。"①

第二节　城市公共空间与民主机制的运作

雅典自梭伦改革开始,历经数次改革,最终确立了民主政治(Democracy)。到古典时期,雅典城邦民主政治的权力机构主要有公民大会、五百人议事会、陪审法庭和十将军委员会等,这些权力机构都设在雅典城市,并以其为中心运转。这些机构拥有一大批公职人员,在阿果拉西部设置了公共行政机关。城邦的行政机构全都集中在城市,且负责组织和运作的都是城邦内的男性公民。

雅典的最高权力机构和立法机构是公民大会。它由议事会召集符合年龄(需年满 18 岁)和财产资格限定的男性公民参加,行使投票和发言的权力。公民大会在一年中大约要举行 40 次,每 10 天一次,其中 4 次是定期例会,会议主要讨论和决定由议事会提交的议案,如城邦防御、粮食供给、宗教问题并负责立法,但不具有颁布法令的权力。

公民大会主要在市政性公共建筑最为集中的卫城北部的阿果拉举行。阿果拉即市政广场,是城邦生活的公共空间和最大的集市所在地。人们在这里交流有关城邦事务的信息,参与市政议事会和公民大会。雅典公民多在城市的广场上举行大会商讨城邦大事。在市政广场上,建有一座名为"纪名英雄墙"(Eponymous Heroes)的建筑,其顶端竖立着 10 位雅典英雄的青铜像,分别代表 10 个雅典部落。"纪名英雄墙"墙身用作沟通政府和公众民意的公告栏,公告一些诸如公民大会的会期、议案、决定以及各项法案的草案等内容。法案草案经人们讨论后在公民大会上投票表决,通常使用举手表决或者投放卵石(*psephoi*, pebbles)的方式。此外,雅典的 9 位执政官在就职前要在广场上的宙斯神坛(the alter of Zeus Agoraios)前宣誓他们会公正地依法从政,不以权谋私,否则要奉献一座金像。公元前 5 世纪末,雅典城邦在市政广场上兴建了母亲神圣殿,城邦的所有法律、法令以及公民大会、五百人议事会的决议、收支账目都存放在这里以供公民查询。由此可见,圣殿也是雅典的公共档案

---

① Pierre Vidal-Naquet, *The Black Hunter*: *Forms of Thought and Forms of Society in the Greek World*, The Johns Hopkins University Press, 1988, p.257.

馆。雅典城市的市政广场是城邦发布和交流市政信息的中心，也是公众了解和参与城邦事务的重要场所。有史学家在论及雅典政治中心的变迁时如是说："梭伦、克里斯提尼（Cleisthenes）和埃非厄尔特（Ephialtes）的多次政治改革，使雅典城邦的政治制度发生了深刻变化。其中一点，政府的所在地由卫城——迈锡尼王起初称王的地方，迁移到阿果拉，这里随之成为公民的、行政的和司法的中心，最终成为雅典民主政治的象征。"[1]

古希腊贵族政治（aristocracy）和寡头政治（oligarchy）城邦最具权力的政治机构是议事会，但在民主政治城邦，议事会的作用和地位都处于公民大会之下，是城邦最高行政机构。议事会除吉日和节日外每日例行，其基本事务就是为公民大会准备所有的议案，执行公民大会的决议，接待使者以及处理公共财物的管理、公共建筑的建造、宗教和司法活动的举行等城邦日常事务。

雅典议事会的发展可以分成两个时期，分界点是公元前6世纪。在此之前，雅典的议事会被称为战神山议事会（the Areopagus），因常在战神山（the Areios pagos）举行例会得名。战神山议事会的成员都是世袭贵族，这些人掌握议事会大权，独断专制。自公元前6世纪的梭伦改革开始，新的议事会在雅典产生，战神山议事会的权力日渐削弱。梭伦废除了贵族在政治上的世袭特权，由4个传统部落中各选举出100名代表，形成共400名男性公民组成的"四百人议事会"（Council of Four Hundred）。四百人议事会取代战神山议事会成为雅典最高行政权力机关。公元前6世纪末，克里斯揭尼以10个新的地区部落代替旧有的胞族和氏族，并建立由10个地区部落各选举出的50名代表，共500名年满30岁的男性公民组成的"五百人议事会"（Council of Five Hundred），议事会成员每年抽签改选一次。进入公元前4世纪，议事会的人数有所变化，议员人数为30人。到伯里克利时期，议事会成员已不再仅由第三等级以上的公民担任，公职对全体公民开放。公元前450年，议事会成员由抽签产生，并给予生活费，这为贫穷公民担任公职提供了条件。直到雅典寡头统治时期（公元前441—前404年），议事会被寡头会议（oligarchic councils）取代。到4世纪晚期，主席代替执行委员会主管议事会。

在一年1/10的时间内，由来自10个部落的50名代表组成主席团或议事会执行委员会（the prytaneis）负责公布议事会应办事务通知、开会地点以及日常事务程序等，有时会在露天的市场举行公民大会，选举军事长官。每天在主

---

[1] Iris Douskou, Athens, *The City and Its Museums*, Greece: Athens, 1982, p.7.

席团中抽签选举出一人任各类会议的主席和公民大会的主席,也称"总主席"。总主席任职一天,不能够在一年中再度任职,他主要负责保管国家的钱财、档案和国玺。

陪审法庭(heliaea)。陪审法庭也称陪审团或者陪审会。在陪审法庭设立前,审理案件的主要是一名或多名执政官(archon),战神山议事会审理的是纵火案、谋杀案以及伤害案,陪审团(Ephetai)审理非公民杀人案和非故意杀人案。到公元前6世纪初,梭伦改革设立了陪审法庭,代替行政官员(magistrates)审理案件。公元前6世纪末,克里斯提尼改革中将陪审法庭称作"迪克斯特里"(dicasteries)。公元前5世纪中叶,随着陪审法庭职权的不断扩大,它分享了原属贵族会议的若干权力,成为雅典奴隶制民主政治的最高司法和监察机构。

古典时期,"陪审法庭布满了城市中的显著地方"。[①]不同规格的陪审团审理不同的案件,陪审团的人数不定,上达1 000人,下至200人。陪审员由30岁以上的公民中选举产生,从10个部落中各抽签选出600人组成6 000人规模的陪审团,任期一年。公元4世纪以后,几乎所有的司法权限都由陪审法庭掌控,执政官仅作为具体案件审判的法庭负责人,不得充任法官或陪审员,例如将军可以参与军事案件的审判,执政官可以参与宗教案件的审判,低职的官员可以参与诸如市场管理等方面的纠纷处理等。

十将军委员会是雅典城邦的最高军事机构,创立于公元前6世纪末的克里斯提尼改革。十将军委员会由每个地区部落各推举一名将军组成,通常是由公民大会从40岁以上的人员中选举产生,任期一年,可以连选连任。十将军委员会的首席握有领导国家的实际大权。10名将军的分工是:一名指挥国家保卫、一名指挥重装步兵、一名负责海军装备,两名负责庇里尤斯港守备,其余轮流担任远征军指挥。在希波战争中,其作用进一步加强,权力不断增强,统率海、陆两军。伯里克利任将军时,拥有广泛的司法、军事、财政等方面的行政权力,有权决定一些重大的对外决策和召集公民大会等,并在战时可不通过公民大会独自行事。直到希腊化时期,在阿卡亚(Achaean)和埃托尼亚(Aetolian)联盟中,将军仍具有广泛的政治军事权力。

除了公民大会、四百人议事会、陪审法庭和十将军委员会这些民主政治的主要权力机构中的官员外,还有执政官(Archon)等许多官员供职或服务于设立在雅典城市的政治权力机构。这些权力机构都是将城市作为其行政、司法

[①] G. Glotz, *The Greek City and Its Institutions*, Kegan Paul, Trench, Trubner & Co., LTD, 1929, p.232.

和战略决策的核心据点。

　　市政广场、公民大会会场、议事会厅、市政厅、柱廊等雅典城市的公共空间，都是雅典民主政治活动的主要舞台。这个大舞台，"在理论上对于所有的公民都是平等的，由抽签分派较低的职位，任职于市政议事会或陪审法庭，一年一次地轮流，或任期更短"。[①] 为了让全体公民都积极地参与到城市公共空间的民主政治生活中，雅典实行公薪制，对担任公职者给予一定补贴。有了民主政治活动的空间，再加上公薪制的补贴，势必会推动大量的下层公民积极参与政治活动，真正意义上实现了当时条件下最大化的民主政治。可以看出，这些活动场所正是其民主活动的一种不可或缺的硬件基础，在其整个城邦发展的历程之中，是依附其民主化进程而存在和发展的。雅典的政治民主离不开城市的公共空间，而城市内公共空间的构建—完善—辉煌，也离不开雅典民主发展的硬性需求。虽然民主政治的范围很广，但必须看到，农村居民的司法参与权是被剥夺的，雅典城市的文化人和知识分子对所谓"乡下人"的农村居民还怀有鄙夷的敌意，一些参加会议的民众也不可能依靠有限的津贴为生。

　　雅典民主政治的成功发展，依靠的是多次社会改革，这些改革也将乡村结合到以城市为中心的民主政治结构中，城市和乡村在政治生活中构成了城邦统一的整体。以城市为中心的雅典民主政治机构的设置和运作所带来的自由、民主和幸福，并不仅仅属于公民，而属于古典时期的整个雅典城市，乃至希腊。可以说，雅典的公共空间以及民主政治的推进是雅典城邦文化长期繁荣的重要因素之一。就其对后世的影响而言，雅典的最成功之处，正是其民主和文化。重要的一点是，其城邦型制构建从一开始，就同其民主和文化的发展密不可分。雅典城邦，作为古代希腊的一隅名城，在历史的奔流之中，形成了自己的民主化政治模式，深深印刻在其城垣的角角落落，为人所羡，为人所摹，为人所载而传之千年，铭之不朽。

第三节　古雅典城市的文化生活形态

一、古雅典城市与科学文化知识的积聚

　　城市工商业经济的发达和以城市为中心的民主政治机构的设置与运作，

---

① Lewis Mumford, *The City in History*, Penguin Books, 1979, p.182.

为古典时期雅典城邦的文化繁荣提供了坚实的物质基础和有益的社会环境。在优良的政治、经济环境下,希腊人在古典时期达到了文化的鼎盛,发展突出的雅典城市不仅集聚了古典文化繁荣所需要的政治、经济基础,也成为古典文化繁荣的基地。雅典城市积聚了大量的科技人才资源和科学文化知识,此外,文化教育与交流活动也依托于雅典城市展开,其形式多样、内容丰富,使公众对古典文化的认知、理解、接纳和传扬拥有了广泛的基础。雅典城市成为"全希腊的学校"和那个时代文化的先锋。

古希腊人认为,"求知是人类的本性"。[1]雅典人以这句话为信条,也在生活中践行了这句话,他们以富足的经济为基础,发展雅典的文化,使雅典城市成为交流活动和文化教育的重要空间。

雅典城市经过长时期的市政建设,聚集了许多繁荣古典文化所必需的重要场所和设施,如市政广场、圣庙、柱廊、祭坛、剧场、音乐厅、体育场、竞技场等一大批公共建筑。戏剧、艺术、节庆、教育、竞技、哲学等文化活动都经由公共文化空间传扬古典文化。这些场所和设施满足了人们学习、娱乐和体育等需要,成为古代雅典城市文化发展的物质载体和文化环境的主要组成部分,传播了科学技术文化知识、交流了思想信息、提高了民众身体素质和文化修养、满足了精神文化的享受、丰富了文化生活并陶冶了情操。体育场、竞技场和剧场"不仅仅铸造了城市的形态;同样,每个场馆也经由旅游和朝圣而达到更广泛的文化交融的目的"。[2]对于雅典公民而言,公共文化空间,不仅仅是精神娱乐之地,也是接受城邦制度、民主思想和社会道德教育活动的重要场所,在这里他们认知、理解和接纳古典文化。希腊文化也正是在这样一个思想和文化日渐开放的过程中不断形成的。

雅典城市在发展的同时也广泛吸纳域外先进的文化知识和人才,从雅典的历任执政官改革中就可以窥见一斑。梭伦改革时期,就颁布措施鼓励外籍工匠移居雅典,给各种专业技师公民权并设置特别区供其居留。到伯里克利时期,他希望雅典成为整个希腊的"都城",成为希腊世界最强大和最美丽的城市[3],由此雅典更是大范围地吸收周边国家的人们来到这里学习、交流文化知识。到伯里克利统治的"黄金时代",雅典城市30万人口中,据后人推测约有3万异邦人。拥有特殊才能的异邦人在雅典主要从事的是工商业经营,文学、艺

---

[1] 苗力田主编:《亚里士多德全集》(第7卷),中国人民大学出版社1993年,第27页。
[2] Lewis Mumford, *The City in History*, 1979, p.168.
[3] Plutarch, *Pericles*, Penguin Classics, 2012, Ⅻ.

术创作、行医、法律执业等。许多希腊世界的异邦文化名流都游访过雅典,有些甚至工作在雅典、久居于雅典,为雅典带来了丰富的文化知识,增添了浓厚的文化交流氛围。诸如克拉左门尼的哲学家阿纳克萨歌那(Anaxagoras of Clazomenae,公元前500—前428年),20岁时移居雅典,成为第一位来自外邦并定居雅典的哲学家,也成为伯里克利的良师益友。此外,"史学之父"——哈里坎纳索斯的希罗多德,著名雕刻家、《掷铁饼者》的作者——庇奥提亚的伊力特里亚(Eleutherae)人米隆(Myron,约公元前460—前430年),雕刻家——克里特的赛杜尼亚(Cydonia)人克利斯拉斯(Cresilas,公元前450—前430年)等都曾游历过雅典。这些文化名流对雅典文化的繁荣起到了极为重要的作用。诚如伯里克利所言:"我们的城市,对全世界的人都是开放的。""它使全世界各地一切好的东西都充分地带给我们,使我们享受国外的东西,正好像是我们本地的出产品一样。"①异邦人给雅典带来了商品、艺术和音乐,同雅典城市本土的知识和文化巧妙地结合起来,推动古希腊文化走向高峰。

作为欧洲文明源头的希腊,紧邻西亚、北非等古老文明区域。希腊古典文化的繁荣,深受历史悠久而博大精深的东方文化的影响。"如果说希腊在数个世纪里,于人类活动的每个方面都取得了不可比拟的成就,那是因为其所处的地方长期受到发达文明的影响。"②自公元前750年至前600年的150余年间,希腊文化的一个重要特征就是其发展深受东方文化的影响,有的西方学者据此也不得不承认希腊历史上确实存在过一个"东方化时代"。这里需要指明的是,古老的东方文化并非主动融入希腊文化之中,古希腊人在吸纳、学习、继承东方文化的基础之上,对其加以创造性地改造和发展,形成了别具特色的希腊古典文化。生活于雅典城市(包括由异邦迁居雅典城市)的许多文化人、知识分子,虚心求教,广泛汲取东方文化,竭心尽力变丰富的文化资源优势为文化发展优势。他们是繁荣希腊古典文化的功臣和时代的先锋。如古雅典著名的政治改革家和诗人梭伦(Solon,约公元前630—前560年)在青年时遍访小亚细亚沿岸的希腊城邦,游历经商,考察各城邦的风土人情和社会制度,结交了泰勒斯等名人学者。梭伦博学多才,获得"雅典第一诗人"的称号以及"希腊七贤"的美誉。著名医生希波克拉底(Hippocrates,约公元前484—前377年)从小随父学医,曾在黑海沿岸、北非、小亚细亚等地游历行医。在此基础上,他写

---

① 修昔底德:《伯罗奔尼撒战争史》(上册),第131页。
② G. Glotz, *Ancient Greece at Work*, *An Economic History of Greece*, Kegan Paul, Trench, Trubner & Co., LTD, 1926, p.7.

成集大成的医学著作《希波克拉底文集》，成为西方医学最早的奠基人。此外，古希腊哲学家德谟克利特、"史学之父"希罗多德都曾在小亚细亚、北非等地游历学习，著作名垂千古。对于希腊人对于东方文明的吸收并加以创造，有学者如是说："古希腊的科学成果很少是由他们自己创造的，很多是直接从巴比伦和埃及人那里引进来的。""希腊人当然不是直接去探索宇宙的，他们只是不择手段地获得古代世界的一切技术。"[1]

古典时期，雅典城市集聚着古希腊社会最先进的科学文化知识，这是多方面因素综合作用的结果。从外界原因来说，东方文化对希腊自身文化的发展影响至深；从内部原因看来，希腊人显示出了一种巨大的包容性，将一切美好的文化和有才能的异邦人都集中到了雅典城市，在城市中的公共文化空间范围内从事一切弘扬文化的活动。浓厚的文化意蕴是"雅典精神"在古典时期复兴的一个重要原因。

科学技术用之于当时，可以提升其整个民族的综合竞争实力；而科技文化又具有广博的涵盖性和承继性，是一种极其重要的文化积淀，也是其文明标志的组成部分。科技文化作为文明的一个表现层面，具有不可替代的重要作用，对于古典时期的雅典来说，其科技文化的进步依托于城市的发展而达到了巅峰，对于周边城邦甚至其他民族的辐射作用也是极其广大的。更重要的是，其对于后世的影响作用更为深厚，代表了上古时期科技文化发展的一个辉煌的高峰，对比当时的现实作用来看，它的历史意义更为彰显。古雅典城发达的科技成就，随同其城市的发展历程，共同铸就了古代雅典文明的伟大和不朽。

二、古雅典城市的文化生活

古典时期，雅典城市的公共宗教节庆、公民教育、学园教育、竞技比赛、戏剧演艺等文化活动形式多样，内容丰富。各种文化活动普及了知识，培养了人才，沟通了思想，活跃了文化市场，使戏剧、雕刻、建筑、诗歌、辩论演说等古典文化的认知、理解、接纳和传扬有了广泛的社会根基。哲学家、智者或者知识分子的思想、学识和见解逐渐成为大众的"常识"。[2]

1. 公共宗教节庆

"城市也是宗教共同体。神庙、圣殿和其他圣地是城市结构不可分割的组成部分。"[3]古希腊的宗教崇拜是全体公民的共同活动。公共宗教节庆指源于

---

[1] 贝尔纳：《科学的社会功能》，陈体芳译，商务印书馆 1982 年，第 53 页。

[2] T. E. Rihll, "Teaching and learning in classical Athens," *Greece and Rome*, Vol.50, No.2, October 2003, pp.170-172.

[3] E. J. Owens, *The City in the Greek and Roman World*, Routledge, London and New York, pp.3-4.

宗教崇拜并向城邦所有公民开放的公共节日庆贺活动。希腊崇拜的神祇众多,据不完全统计,可达 400 位,全国每年的宗教节日有 300 余天。雅典一年中有 144 天是公共宗教节庆期,有 70 个公共宗教节日。雅典主要的节庆有 3 个,即泛雅典娜节(Panathenaea,祭雅典娜的节庆)、狄奥尼索斯节(Dionysus,祭酒神的节庆)、厄琉息斯秘仪(Eleusinian Mysteries,祭地母的节庆)。

泛雅典娜节是雅典人最重视的宗教节庆之一,其举行主要是为纪念雅典的守护神雅典娜的诞生,同时庆祝新年和丰收。该节于古雅典历或阿提卡历每年的元月即贺卡托庇翁月(Hekatombion,公历 7 月)的第 23 日至第 30 日期间举行,其中第 28 日为泛雅典娜节的主节庆日。泛雅典娜节每年都举行,逢四年一大庆,称为大泛雅典娜节(the Great Panathenaea)或泛雅典娜竞技会(the Panathenaic Games),雅典所有民众都参加为期六天的节庆,节庆中有游行和各种竞技比赛等。

葡萄和葡萄酒之神狄奥尼索斯(Dionysus)是奥林匹斯山十二神之一,狄奥尼索斯节主要即是祭祀他的宗教节日。在雅典城邦中有两个酒神节,于古雅典历或阿提卡历每年的 9 月即埃拉菲波里翁月(Elaphebolion,公历 3 月)的第 10 至 17 日举行的是较大规模的城市酒神节(the City Dionysia)大酒神节(the Great Dionysia);于古雅典历或阿提卡历每年的 6 月即波塞冬月(Poseideon,公历 12 月)举行的是较小规模的乡村酒神节(the Rural Dionysia)。"城市狄奥尼索斯节的庆祝来源于乡村,即在阿提卡和彼奥提亚之间的边境要塞。"①两个酒神节的程序安排基本相同,异乡人也可以参加酒神节的节庆活动。城市酒神节在古希腊社会中是最隆重的节日,上至权贵、商人,下至旅游者、获释的罪犯都可以聚集于雅典参加为期 5—6 天的公共节庆活动。

厄琉息斯秘仪(Eleusinian Mysteries)是祈求保佑来世的幸福生活的宗教祭仪,前后共存在了约 1000 年。厄琉息斯秘仪每年春秋举行两次,于古雅典历或阿提卡历每年的 3 月即波得罗密翁月(Boedromion,公历 9 月)播种时节的仪式最为隆重。秘仪参加者须在海中沐浴净身后贡献幼猪,然后口唱赞歌,手举火把,把几天前从厄琉西斯带到雅典并存放在卫城下厄琉西斯神庙的圣物随游行队伍护送回厄琉西斯,抵达后禁食行礼,表演圣剧,祭仪前后共有 10 天的活动。

在公共节日里,多采用祭仪游行(formal procession)为主要的节庆方式,这体现出献祭的价值和献祭者的虔诚。②赛马、徒步竞走等竞技活动以及朗诵、

---

① Erika Simon, *Festivals of Attica*, the University of Wisconsin Press, p.103.
② Jan N. Bremmer, *Greek Religion*, *Greece & Rome*, Oxford University Press, 1994, p.39.

戏剧表演、音乐等艺术赛会也成为节庆的主要内容。而这些节庆活动都是由城邦长官管理或者直接主持的。

2. 公民教育

雅典人认为,"一切公民都要受到同样的教育,而关心这种教育应是国家的本分"。[1]教育在雅典城邦是公民应有的权利。

在城邦发展的早期阶段,书吏(scribes)、神职人员(priests)和诗人较早接受到教育。随着城邦民主制度的日渐完善和其他社会生活的需要,掌握一定的文字与书写知识成为公民参与城邦日常政治和经济生活的基本条件。随着城邦工商业的繁盛和民主政治的不断推行,教育逐渐面向公民全体。公元前6世纪末,学校开始在城邦中出现。男子从6岁或者7岁开始接受学校教育,女子也享有同样的教育,但是否与男子在同一学校不得而知。学校的教师多由奴隶担任,少数自由民也充当教师,但他们往往是教师中的"领导"(the head teacher)。雅典人教育的内容主要有书写、体育、音乐三项课程,男女教育内容基本相同,只是女子教育更侧重于在家庭内由母亲授以家务劳动技能。书写、阅读、文学和算术课程都由文法教师教授。至公元前5世纪,大多数雅典男性公民都具备一定的书写和阅读能力。

从教育内容可以看出,古代雅典公民教育所追求的是心智和身体的和谐发展。雅典公民从6、7岁至20岁所接受的教育都旨在发展其智育和美育,包括音乐、文学艺术、音乐、戏剧、哲学辩论等方面的教育,试图通过这种教育将公民培养成独立自主、温文尔雅、多才多艺的人。公民教育的这一特点从雅典健身房的设置上可见一斑。健身房在希腊人生活中的作用十分重要,是人们裸身锻炼的地方,除了满足体育锻炼和军事训练的需要之外,还是一个集教学、研究、著述与运动、健身为一体的文化教育场所和交流空间。苏格拉底、柏拉图和亚里士多德都曾在健身房传授哲学、伦理、修辞、逻辑等文化知识。

除了文化教育外,雅典城邦还通过有益的公共文化活动、建造公共建筑、创造良好的社会环境等措施,对公民实施教育。公民教育的普遍意义在于提高了民众的整体文化素质。刘易斯·芒福德说:"古希腊人在几个世纪里对自然界和人类潜在能力所作的发现,超过了古埃及人或苏美尔人在几千年中的成就。所有这些成就都集中于希腊城邦里,尤其集中在这些城市中最大的雅典城市。"[2]基于良好的公民教育,雅典成为精英荟萃的地方。采取多种方式的

---

[1] 曹孚:《外国教育史》,人民教育出版社1979年,第28页。
[2] Lewis Mumford, *The City in History*, Penguin Books, 1979, p.148.

公民教育为雅典城邦培养出了一大批优秀的政治家、诗人、艺术家、哲学家、雄辩师、自然科学家等社会精英(social elite)。这些人在希腊文化逐渐衰败后为希腊文化的传承做出了不可磨灭的贡献。正是由于他们凝结着希腊古典文化精要的劳动成果,如手抄本希腊典籍文献、精美绝伦的古建筑和雕刻艺术等,才为西方文化的延续以及文艺复兴的产生奠定了坚实的基础。

3. 学园教育

在古代雅典城市,有些知识分子或者文化人开办学园,著述讲学,他们的教育对象是所有人,教育内容和方式不等。这种教育形式被称为"学园教育"。

公元前5世纪后,学园教育在雅典广泛流行,成为雅典较高层次教育的重要园地。著名的学院有伊索克拉特创建的修辞与哲学学园、柏拉图创建的阿卡德米亚学园(akademia)、亚里士多德创建的吕库姆学园(lyceum),以及后来希腊化时代哲学家伊壁鸠鲁兴办的伊壁鸠鲁学园等。

雅典城市并立着诸多的学园与学派,都是城邦政府所允许的,并被认为是为青年提供显赫前途的不可或缺的训练场所。这大大推动了人们去接受不同学派的思想,从而加深对客观世界和主观世界的认识与了解,对雅典城市文化的发展起到了推动作用。

在当时的时代大背景之下,雅典所采取的推动学院教育的做法已然超前了一大步,从历史的角度加以衡量,是一种弥足珍贵的进步。一种积极的教育模式,必然也离不开城市本身发展程度所决定的文化基础和物质基础,其结果是,不仅繁荣了自身城市的文化、提升了文明程度,并且反过来,也成为城市在科技、社会、艺术等诸多方面进步的一种必需的基本发展动力。一个城市的文明发达程度,从其教育发展的力度便可见一斑。另外,雅典模式的这种学园教育,在一定概念上观察,也可视为后来的学院教育及中古以后大学教育的雏形,随同古希腊众多文化遗产一并为后世所汲取和吸收,对以后的西方高等教育体系而言,是一种不可忽视的先在存在。

4. 竞技比赛

古希腊人有崇尚竞技比赛的传统,有修养的人和杰出的公民都必定拥有强健的体魄,许多文人学者也擅长体育竞技,是优秀的运动员或竞技大赛的获奖者。

竞技比赛原来是重大节庆时用以敬神和祭神的活动,包括赛马、赛战车、徒步竞走、跑步、角力、投掷等体育竞技,以及舞蹈、歌唱、朗诵、音乐、绘画、雕刻等艺术赛会和展演活动。公元前6世纪,各种竞技赛会蓬勃发展,其中最著名的有四个大型的泛希腊竞技会：在奥林匹亚举行的敬贺奥林匹亚宙斯神的奥林匹亚竞技会（Olympic Games）、在阿果利斯举行的敬贺阿果利斯（Argolis）的尼密阿竞技会（Nemean Games）、在科林斯地峡举行的敬贺波塞冬神的地峡竞技会（Isthmian Games）、在德尔菲举行的敬贺阿婆罗神的皮提翁竞技会（Pythian Games）。这四个竞技会以四年为一循环周期，依次举行。在这些竞技会的推动之下，几乎每个城邦都建设了自己的体育场馆进行竞技活动，在竞技会上赢得冠军的人可以获得极高的荣誉以及城邦的重奖。在体育竞技之外，还有舞蹈、歌唱、朗诵、音乐、绘画、雕刻等艺术赛会和展演。

从竞技比赛的内容不难看出，它所倡导的不仅仅是对健康体质的追求，更是一种对平等、自由、和谐的心智与生活的倡导。竞技会"把希腊人从希腊世界的每个角落聚集在一起……如此大规模的动员和聚会预示着更广阔世界中更自由的运动"。[①]竞技比赛培养了民众追求和谐、健康、自由的生活状态和竞争精神，不同城市、民族间也相互交流彼此的价值观念等，促进了地区整体的统一。

5. 会饮

会饮，作为古希腊一项历史悠久的文化古风，是当时社会流行的一种习俗，早在荷马时代就可以见到些许的端倪。一般而言，当时的人通常在竞技日或者节日之后，选择一天聚集在一起举行宴会，通过饮酒和歌颂诸神表达庆祝之意。

人们聚在一起观赏娱乐，吃饭喝酒，一边还轻松愉快地聊天。随着时间的推移，"会饮"之时的讨论话题和其间所发生的趣事，也逐渐成为一种受人欢迎的文艺题材，甚至亚里士多德的著作目录之中，就有一篇题为《会饮》的作品，可惜已佚。

在雅典这样的文化大城里，"会饮"题材更为文人所偏爱。伟大的思想家苏格拉底的两个门徒，柏拉图和色诺芬，都曾以其为题材，创作出不朽的文化珍典。色诺芬曾以《会饮》为题创作过戏剧作品；而柏拉图更是在自己的作品《会饮》之中，借苏格拉底之口，进行"爱"与"美"这样不朽的对话讨论。

作为一项社会活动，"会饮"本身就具有一种深入的文化影响作用，与会者不仅可以在其中得到各种艺术享受，还能激发自己思想的创造性，这从诸多文艺、文学作品就能看出。在崇尚文化的雅典城市里，这种聚会更为众人所称道。

另一方面，饮宴于同席，也缩短了人与人之间的距离，增进了彼此的感情，从一个侧面也体现出了雅典民众心中的平等追求。无论往来何处，富贵与否，

---

① Lewis Mumford, *The City in History*, Penguin Books, 1979, pp.161-163.

人们同席而坐,高谈阔论,相互交流思想,而无阶层、身份地位的限制,很好地表达了大家不同的理念。这种高雅的辩论、宴享娱乐的方式,成为了古代雅典文化中独特的一面,为人所津津称道。

6. 戏剧演艺

古希腊的戏剧于公元前6世纪出现于雅典,而后迅速传遍整个希腊世界。戏剧源于狄奥尼索斯节抒情诗歌的合唱。在戏剧中,除了有角色演员,还有亦唱亦舞的合唱队起旁白者(narrator)的作用。

戏剧演艺是雅典城邦利用戏剧节组织的戏剧赛会,主要是在祭典和节日中以集体方式依托于城市进行的。每次公共节日雅典都会有新剧目上演,包括悲剧和喜剧。

古希腊的悲剧是由祭酒神狄奥尼索斯的赞美诗(dithyramb)发展而来的。一般认为其发源于公元前6世纪中期的阿提卡半岛,也有说在伯罗奔尼撒半岛。[1]悲剧主要限于在狄奥尼索斯节庆赛会上演出,城市酒神节(the City Dionysia)是悲剧演出的最重要的节日。酒神节的戏剧演艺活动由城邦组织,由名年执政官(eponymous archon)负责选出三名剧作家并指派演员,每个悲剧作家每次提交与城市酒神节主题相关的三部悲剧作品参赛,即所谓"三部剧"(trilogy),获胜者将赢得一个花环;从公元前449年开始,最佳主角演员也获得奖励(可能含有金钱奖励)。

喜剧(comedy)一词原指饮酒狂欢者的游行,可能是由雅典酒神节游行中伴有生殖崇拜特色的男生合唱发展而来的,诙谐幽默,无拘无束,嬉笑怒骂当代人物和社会问题,以及神灵、神话中的人物、宗教生活等。古希腊的喜剧可以分为三个发展阶段:旧喜剧,中期喜剧和新喜剧。其中旧喜剧较之于悲剧,规范性限定更少一些。

然而无论是悲剧抑或喜剧,其创作都是剧作家对神话、历史和社会生活的感悟与体验的艺术再现。雅典城市不仅是戏剧演艺的舞台,也为戏剧的创作和发展提供了丰富的素材,其所体现的悲喜荣辱映照着雅典城市兴衰浮沉的演进历程。如果说"公元前5世纪的古希腊文学史即是雅典的城市史",[2]那么,此言同样适用于古希腊的戏剧。在剧作家笔下,反映城市风情和市井百态的作坊劳动、家庭生活、市集交易、奇闻趣事等不胜枚举。如阿里斯托芬的喜

---

[1] L. Adkins, R. A. Adkins, *Handbook to life in Ancient Greece*, Facts On File, Inc., 1997, p.258.

[2] Charle Rowan Beye, *Ancient Greek Literature and Society*, second edition, revised, Cornell University Press, 1987, p.97.

剧有很多情节即是反应形形色色的商贩生活。①由此可见,"只有在城市中它才有可能为人类戏剧准备如此齐备的人物角色,也只有在城市中才可能有如此丰富的多样性和竞争性去活化戏剧情节,把表演者们推向精彩、专注、自觉参与的最高潮"。②

起初,戏剧演艺只是祭仪的附属品,后来剧场逐渐取得社会意义,成为政治论坛、休息与娱乐之地,戏剧便有了独特的文化价值。另一方面,戏剧演艺活动多是在祭典和节日中,以集体方式依托于城市进行,由国家出钱上演,观众主要是公民,人们从中得到的不仅仅是愉悦,还有心智教育。戏剧演艺也被赋予了展示城邦实力、对公民进行思想教育的丰富内涵,以城市为依托的戏剧演艺,在潜移默化中培养了公民的自我觉醒意识和爱国情操。聚集于同一剧场的公民观看同样的表演,共同的文化活动,相似的情感体验,使人们逐渐获得的是一种集体的认同感和对雅典城市作为城邦中心的归属感。

依托于雅典城市的公共宗教节庆、戏剧演艺、竞技比赛和各类教育等,既是广泛意义上的、世俗性的、以城市自由公民及其他群众为主体的文化娱乐活动,也是对民众的文化教化的过程,是一个培育和赋予人性或人文素养的过程。古典时期,雅典城邦强盛的重要因素之一,就是很好地利用了政治、经济优势,对公民实行文化教化,而非军事强化。侧重于文化教化,就促进了雅典人的意志、心智和思维能力的飞跃。雅典创造了一个精神与智慧的世界,以至于其民众的心灵与思维不同一般,进而所创造出的艺术作品,所产生的思想观念,很难为后人所逾越。希腊的古典时代是不朽的,而依托于雅典城市的文化创造力更是其对外争霸扩张、维系城邦活力的强大精神支柱。

第四节　古罗马的城市建筑与古典欢娱

一、古罗马的城市建筑

古罗马时期是上古西方社会奴隶制发展最完备的阶段,罗马人除了留给世人"不是一日建成的"罗马城这样伟大的城市外,还在它不断扩张的领土上建造了许多或宏伟或壮丽的建筑。美国著名诗人爱伦·坡就曾在诗中这样描

---

① Aristophones, *Wasps* 680; *Clouds* 766 ff.; *Plutus* 175; *Eccles*.757; *Frogs* 1068 ect.;另可参见 R. J. Hopper, *Trade and Industry in Classical Greece*, Thames and Hudson, p.68。

② Lewis Mumford, *The City in History*, Penguin Books, 1979, p.139.

述希腊和罗马:"光荣属于希腊,伟大属于罗马。"古罗马城市富有传奇色彩的宏大建筑、广阔通畅的道路和精心设计的城市规划等等都给后人留下了深刻的印象。古罗马城市的建筑归结起来,以其用途为依据可以划分为:宗教性或政治性和纪念性建筑,如神庙、万神殿、纪功柱、凯旋门等;文体欢娱性建筑,如圆形剧场、浴室、大竞技场等;城市规划建筑,如道路、高架饮水桥等。

1. 宗教性建筑

亚平宁半岛从伊达拉里亚人统治时期开始,就有了对于男女诸神的信奉传统,在他们被征服后就将这种信仰传给了罗马人。而希腊人在西西里岛和意大利南部建立殖民城邦更是对古罗马人产生了极为重要的影响,他们不仅贡献了自己的文字,还有一些艺术,更将宗教观念和习俗留在了这片土地上,罗马人信奉的主神中的绝大多数在希腊神话中都能找到对应的神。为表示对神的尊敬和崇拜,伊达拉里亚人、生活在意大利和西西里岛的希腊人以及罗马人在半道上修建了大量的神庙。

伊达拉里亚人时期神庙的建式确立于公元前 6 世纪,在此前,他们进行宗教活动的庙宇主要由石料和木材构建而成并附有富丽的装饰。公元前 6 世纪后的神庙一般是建在高高的基座之上,正立面设有台阶,是神庙的唯一入口;平面为长方形,前后一分为二,前部是一个很深的门廊,有圆柱支撑,后半部是内殿,砌起连续的承重墙;内殿横向一分为三,形成三个独立的室内空间,里面分别供奉着不同的神祇。从外观看,整个建筑较为低矮,两坡房屋出檐较远,在正面形成类似于山花的三角形,以彩绘的陶制雕刻装饰。[1]

希腊人向西西里岛和意大利南部地区的大规模移民促进了这些地区城市的建立和宗教性建筑的修建。科林斯人在西西里岛东岸的叙拉古城修建了多利克式的阿波罗神庙(Temple of Apollo),在阿克拉加斯(Acragas)修建了规模巨大的奥林匹亚宙斯神庙(Temple of Olympian Zeus)。这些都为共和时期的罗马人修建神庙等宗教性建筑提供了很好的范本。

在罗马共和国时期,每年固定日期的节日约 120 天,多为宗教日,举行祭神仪式的地点都选在神庙。广场是神庙的主要修建地点。罗马广场上最古老的建筑是农神庙(Temple of Saturn)和罗马贵族为纪念希腊神话中的英雄卡斯托耳与波吕丢刻斯修建的卡斯托耳与波吕丢刻斯神庙(Temple of Castor and Pollux)。战神广场上(Campus of Martius)于公元前 433 到前 431 年的两

---

[1] 陈平:《外国建筑史:从远古至 19 世纪》,东南大学出版社 2006 年,第 107-108、113 页。

年间建起了一座供奉希腊神祇的阿波罗神庙。卡斯托耳与波吕丢刻斯神庙和阿波罗神庙的建立也成为罗马人接受希腊宗教的证据。共和国晚期，罗马最著名的神庙当属建于公元前 2 世纪晚期的普勒尼斯特的命运女神神庙（Sanctuary of Fortuna Primigenia）。这座神庙综合运用混凝土、凝灰岩、灰泥等多种材质，依陡峭的山体建造而成，在山顶上建有一座圆形剧场，最上面才是一个小小的圆形神庙。

共和国后期，财富开始聚集于少数阶层手中，社会危机增加；同时，为了争夺罗马的统治权，上层统治阶级也开始发起了纷乱的内战。贵族的挥霍无度和上层的内乱，导致当时的罗马社会爆发了严重的道德危机和社会危机。屋大维确立"元首制"之后，开始偏重于利用宗教来重新构建道德体系，可以看出，他认识到了宗教对社会道德恢复的影响。奥古斯都的宗教复兴措施首先是对神庙的修建，公元前 29 年一年中下令修复了罗马的 82 座神庙；其次是恢复各种宗教庆典和仪式的举行。奥古斯都复建和新建的神庙中，公元 118 年至 125 年建造的万神殿（Pantheon）是一个标志性的作品，它也是唯一保存完整的罗马帝国时期的建筑物。万神殿圆顶的跨度达 43.2 米，圆顶直径正好与地面到圆眼窗（oculus）的高度相等，室内比例十分协调。站在大天窗的下方环顾四周，可以清晰地看到三个层次：底层是一系列向里凹进的壁龛、拱门、小礼拜堂，由科林斯式的圆柱与壁柱所划分，其虚实相间的节奏消除了圆形墙壁的沉重感；中间一层是相交替的装饰镶板与假窗；第三层便是巨大的圆顶高高升起。[1] 如此宏伟的万神殿彰显着罗马帝国时代国运之昌，罗马民众的富足恰若处在整个宇宙的中心。

公元 3—4 世纪，罗马帝国境内各地出于纪念战争等原因建造了众多大小不一的凯旋门，其中仅罗马城就有十余座。早期的凯旋门多为单开间，立面大体为长方形，中央是一个拱洞，拱洞内壁是刻画战争场景或者凯旋仪式的浮雕，两侧树立两对混合式或科林斯式的柱子，有很高的刻有纪功铭文的女儿墙。现存完好的凯旋门有塞维鲁凯旋门和康斯坦丁凯旋门。塞维鲁凯旋门（Arch of Septimius Severus）建于公元 203 年，面宽 23.3 米，进深 11.85 米，高 20.8 米，中央拱门宽 6.8 米、高 12.1 米，两侧拱门各宽 2.95 米、高 7.7 米。各拱门的两侧还有直径 0.9 米、高 8.78 米的混合式柱，顶上有塞维鲁和其子驾驭战车的铜雕（现在已不知去向）。塞维鲁凯旋门是现在公认的古罗马凯旋门中最

---

[1] 陈平：《外国建筑史：从远古至 19 世纪》，第 131-132 页。

具代表性的杰作。君士坦丁凯旋门修建于公元4世纪初,凯旋门上增加了华丽的浮雕装饰,拥有的三座拱门略有变化,中间的拱门略大于两侧,从装饰上暴露出许多反映罗马帝国衰落的印迹。

古罗马的纪念性建筑除了凯旋门,还有纪功柱。罗马城中最著名的保存最完好的是图拉真纪功柱。图拉真纪功柱,总高度为38米,柱身高27米,用白色大理石砌成,耸立在方形的基座上,基座是爱奥尼亚柱式。圆柱直径3米,柱头为多利克式,柱顶安放图拉真雕像,柱础为爱奥尼亚式,基柱下埋藏着图拉真夫妇的骨灰。纪功柱的柱身刻有长达200米的饰带浮雕,分为22个圈组成的螺旋形浮雕带,刻画的是图拉真率领罗马军队征服达西亚的战争场景。整个雕刻是一部形象的战争史,具有一定的史料价值。

2. 文体欢娱性建筑

共和时期,罗马已经成为亚平宁半岛上最大的城市,罗马广场则是城中各地区拥有的一个共同市场(Forum)。罗马广场从一个单纯的开放性场地,逐渐发展成为一个完整的具有繁复的布局形式的管区,圣祠、庙宇、法庭、议会、威严的柱廊怀抱的开阔空间都是其组成部分。罗马广场也是角斗表演的场所。公元前264年,每逢节日或者别的什么活动,罗马广场就搭建起临时的角斗表演的露天舞台。直到共和末期,角斗表演才换了地方,由广场转入了竞技场。①罗马广场不仅是人们公共节日的必去之处,平日里,广场附近的理发店、小酒馆也是人们消遣小憩的最佳场所。理发店里人们互相交换着对彼此熟悉的新闻的看法;小酒馆往往满是吃喝、淫乐的罗马穷人和富人们,斗殴在这里时有发生,罪犯、小偷、奴隶也常常在此出没。

狩猎表演和戏剧演出通常被安排在剧场。公元前55年在罗马建成的庞贝剧场(Theatre of Pompey)是古罗马最早的永久性石制圆形剧场。公元前13年落成的马赛卢斯剧场(Theatre of Marcellus)则代表了不同于典型的希腊式剧场的罗马式建制。剧场建在平地上,外观呈半圆形,以混凝土筑成坚实的拱式结构,树立高大的立面和舞台建筑布景,上下共三层,自上到下分别采用科林斯式、爱奥尼亚式和多利克式建造。罗马人对于戏剧的兴趣远不如对各种狩猎表演的兴趣浓厚,非真兽表演和驯兽表演在人为营造的逼真氛围中呈现给观众,反响热烈。

古罗马的洗浴事业和公共浴场的兴盛是在进入共和时期之后。地中海沿

---

① 让-诺埃尔·罗伯特:《古罗马人的欢娱》,王长明、田禾、李变香译,广西师范大学出版社2005年,第68-69页。

岸的希腊化地区如西西里岛、叙拉古、维拉等地，最早出现罗马公共浴池。真正具有罗马建筑风格，即具有较为严整的内部结构和宏大规模的外部特征的古罗马浴室出现在公元前 3 世纪的坎帕尼亚。共和末期至帝国初期，罗马人在日常生活中将洗浴视为必须，并使之普遍化。基于这样的前提，浴池广泛出现在帝国各行省，许多规模宏大的浴场应运而建。约建于公元 80 年的提图斯浴场(Baths of Titus)奠定了日后帝国大浴场的基础。其顶端加盖交叉拱顶，浴场范围内都设有凉水大浴室，周围是高温浴室、更衣室和体育馆等。其后建立的图拉真浴场(Baths of Trajan)规模较提图斯浴场更大、更宏伟，高温浴室与体育馆沿浴场中央的凉水浴室对称分布。图拉真浴场建成后，一系列的皇家浴场先后建成。卡拉卡拉浴场(Baths of Caracalla)和戴克里先浴场(Baths of Diocletian)是最大的，前者甚至可以同时供 1 600 人洗浴。浴场在帝国范围内的建设不仅满足了民众对洗浴的要求，也使他们可以在浴室附设的体育馆内锻炼身体。在这里，没有贵族与平民的阶级划分，可以说"浴场反映了帝国权力对一个贫穷人的恩惠"。[①]

角斗表演在共和时期一直在罗马广场上进行，并没有自己的固定建筑物。公元前 53 年建造的两个木质剧场第一次将角斗表演领进大竞技场的门槛。公元前 1 世纪晚期，帝国各地区开始普遍造竞技场，但木质竞技场仍然是这一时期的主流。直到公元前 55 年庞培下令修建了第一个永久性的竞技场，奥古斯都统治时期，罗马又落成一座新的石质大竞技场。帝国时期，竞技场在半岛各地区纷纷涌现，其中最著名的、规模最宏大的非科罗塞姆大竞技场莫属。科罗塞姆大竞技场历时八年建成，占地约 2 万平方米，外观上呈正圆形，共分四层，最高的第四层是厚重的冠冕式的墙，下面三层则是拱式的券廊。整个竞技场分为表演区和观众区，两个区域由栏杆护墙隔离开。供斗兽、角斗、竞技的表演区又称斗兽场或角斗场，它的设计精妙，有严密的地下排水设备和供角斗士、乐队休息的房间，地下到地上由升降机运送；观众区分为三个区域，贵族与平民按等级由下向上就座，平民座区之上还有一层专门留给妇女的座位。竞技场除了上演血腥的角斗表演外，还经常被帝国皇帝进行模拟海战。

3. 城市规划性建筑

感慨于古罗马创造出如此众多的建筑奇迹的同时，我们不能忽视古罗马人对于他们城市所做的精心规划。城市的空间本是受限的，还要依托于周边

[①] J. P. Toner. *Leisure and Ancient Rome*, Polity Press, 1995, p.54.

的自然环境来进行构造，以期最合理地实现其居民的必需性的生活安排。古罗马城人口众多，需要协调安置的例如饮水、道路、宗教场所、行政场所、娱乐场所等等非常繁杂，而罗马人完成了整个规划，将城市建造为其人民得以安居之处，是极具智慧的。

睿智的罗马人完美地把饮水桥应用于城市建设当中。由于罗马城位于山丘之上，台伯河的河床偏低，城市内取水多有不便，为改变这种不利状况，罗马人决定由城外引水供应城市。古罗马高架饮水桥始建于公元1世纪下半叶至公元2世纪初的弗拉维王朝时期，大多数饮水桥至今仍然保存完好，甚至到近现代还能发挥一些效用。到罗马全盛时期，城内有14条输水道，总长超过2 000公里，其中一些规模恢弘的输水道架在绵延20余公里的连拱上，看似一条长长的长桥，成为城内一道别致的景观。相似的饮水桥遍布整个帝国境内，这也解决了城市中人们的用水问题，洗浴事业等随之兴起并繁荣。

建于公元1世纪的塞戈维亚高架饮水桥是古罗马饮水桥的一个标志性建筑，建成于图拉真皇帝在位时期。这座饮水桥全长728米，有上下两排高出地面的拱门，共166个桥孔，它被用来向城市地势较高的区域汲水。不同于现代城市引水装置，塞戈维亚高架饮水桥共用两万多块石块搭建而成，没有使用任何水泥或者灰浆。这不得不说是工程学和建筑学上的一项奇迹。

古罗马人在今天法国尼姆境内修建了一条水渠，引50公里外的泉水入城，在越过加尔河峡谷时，修建了壮阔的加尔桥，在高出河面49米的地方引泉水越过谷地。加尔桥分为三层，每层都是一个接一个的拱状桥洞。最上面的那层有35个拱，每个拱的拱顶只有一个拱，拱与拱的连接处比较狭窄，这样便减少了在此高度上作用在桥上的风应力；中间的一层有11个拱，每个拱的拱顶由3个相同的拱构成，这一层跨越主流的拱比其他相邻的宽，以便增加河水的流量，减少冲击；最底的一层有6个拱，每个拱的拱顶都有相同的4个拱，这种结构使桥坚固，以抵御水流的冲击。每个拱的拱顶都是由并列的、相同的拱构成，加尔桥的拱及其拱顶都是泥石结构，不同于现代的钢筋混凝土桥梁，却也坚固耐用。

万神殿、高架饮水桥、卡拉卡拉浴场、图拉真广场、阿皮亚古道、大竞技场和斗兽场并称为"古罗马七大奇观"。罗马城位于幅员辽阔的罗马帝国的中心。与其他文明区的古城所不同的是，它拥有庞大的道路系统，辐射帝国全境，非洲都留下了古罗马人建设的道路，"条条大路通罗马"的说法放在当时来看确实是对帝国道路系统实际情况的描述。

史上的第一条罗马大道是阿皮亚古道,由罗马执政官阿皮乌斯·克劳狄于公元前312年下令修建。这条道路堪称罗马筑路技术的典范,全长29万公里的罗马道路均沿用此项技术。它将一小层石头用灰泥抹缝,构成坚实的地基;灰泥上填满沙砾,然后用石板铺就路面。用多边形石板铺成的阿皮亚古道看上去非常精密细致,有鬼斧神工之妙。阿皮亚古道将罗马与南部意大利连接起来,是通往希腊和东方的主干道。全长350英里的阿皮亚古道,仍有部分保存至今,依然维持原样。

在非洲,出于军事和统治的需要,奥古斯都命罗马人以罗马大道的标准大规模改造这一地区旧有道路。公元42年,克劳迪乌斯征服毛利塔利亚,同样加强了对该地区的道路建设,他沿地中海沿岸建造了尼罗河到大西洋长达4 480公里的道路。[1]帝国时期,罗马人在北非地区的道路建设网络最终形成。出于对北非富足粮食的觊觎,罗马人希望通过修建北非内陆到港口的道路网以便发展和促进罗马与非洲的商业贸易。据学者统计,罗马人在非洲建立的主要大道就有20条之多。[2]这些道路无一例外是按照罗马道路的标准修筑的,城市也随着道路的出现在非洲大陆兴起并发展。

城市建筑的设计、构筑,直接影响到城市的未来发展。对于每一位公民来说,自然愿意自己所居之地舒适宜人、设施齐备,无论生活、娱乐还是工作都能最为便利和安全。在古罗马时期,公民的自主意识是非常强烈的,所以他们在同自身切身相关的城市发展方面极为用心,构筑了许多在当时最为一流的工程建筑物,甚至其中的一些还遗留到了今天,为当代人所瞻。而这些伟大的建筑工程,不仅仅体现了古罗马国家经济的发达,也有其当时领先于世界的科技水平作用其中。

二、古罗马城市的古典欢娱

罗马帝国城市的繁荣"比之于现代欧洲和美洲的许多城镇也毫不逊色"。[3]城内设计严谨的宽阔道路和高架饮水桥,为市民生活提供了最根本的保证;城内建造的诸多宏伟的公共活动建筑,同样为上至王公贵族下至一般市民的各个阶层提供了纵情享乐的完美场所。宏伟的罗马城拥有发达的城市文明,这种城市文明又孕育了繁华的都市生活。

罗马人拥有"尚武"的精神特质,这种精神融进了他们的血液里,外化到日

---

[1] Victor W. Von Hagen, *The Roads that Led to Rome*, Cleveland and New York, 1967, p.72.
[2] Tenney Frank, *An Economic Survey of Ancient Rome*, Vol.Ⅳ, Pageant Books Inc. 1959, p.67.
[3] 罗斯托夫采夫:《罗马帝国社会经济史》(上),第208页。

常生活中的表现就是他们热衷于角斗表演。不同于希腊人热衷戏剧的习惯，角斗士的决斗是古代罗马城市中最受欢迎的表演活动之一。

第一次正式的角斗比赛(munera gladiatoria)开始于公元前264年，布斯普鲁斯兄弟第一次在父亲的葬仪上组织了一场有三对剑斗士参加的角斗表演。[①]这种表演形式迅速博得罗马民众的喝彩，并不断效仿，角斗比赛广泛开展起来。共和国晚期，政府承认了决斗比赛，并颁发了通行的比赛规则。帝国时期，角斗比赛已经在圆形剧场里举行，成为帝国周年纪念的一项主要活动，由市政官主办。人们在此时已经完全沉溺于这种血腥的表演场面以寻求更大的感官刺激。

角斗表演在古罗马最大的圆形竞技场(克罗塞姆大竞技场)内举行，能容纳8万名观众同时观看。大竞技场的演出时间一般是一整天，分为三个部分：上午安排的是斗兽表演和狩猎表演；中午处死罪犯；下午是精彩的角斗表演。

斗兽表演开始于演出日的一大早。一些处于极度饥饿状态的猛兽会被放出来进行对抗式的厮杀，直至其中一只先死去，通常是公牛对大象、河马对野牛、狮子对猎豹。获胜的动物会在稍晚时候的驯兽表演中被猎杀。动物厮杀后上演的是人兽对抗，由手持矛盾、剑，穿着护胸的猎手和斗兽师在场内屠杀鸵鸟、羚羊、长颈鹿等事先被放进去的猎物，血流成河之后铺满干沙，然后继续下一轮屠杀，对象变成狮子、狼、老虎等猛兽。战斗结果几乎都是动物被屠杀，偶尔也有猎人丧命的情况出现。对死囚的行刑被放在中午。首先被处决的是犯有杀人罪的罗马公民，他们享有的一点利益就是能被刽子手一剑杀死。而奴隶和非罗马公民的处决则残忍得多，他们会被执行绞刑或者钉死在十字架上，抑或被单独放在斗兽场内与野兽搏杀，直到被撕咬而死。许多王公贵族觉得公开执行的死刑场面过于血腥残忍，便在中午时分借口吃午饭离开大竞技场。午后，竞技场内经过打扫，死刑尸体被拖出场外，要进行的便是最令人激动的角斗士表演。首先开始的是角斗士表演的开场仪式，主要是抽签和武器检查，这种事先不知道比赛对手并一定要用锋利武器决出生死的角斗增加了表演的可看性。喧闹声中，角斗比赛开始。比赛双方在进攻和防守中寻找对手的薄弱环节，伺机给予致命一击。角斗士戴的盔甲、护胸，有些时候还有盾牌，让角斗士们不至于很快丧命而让表演丧失观赏性。一场势均力敌的比赛

---

① 赫·乔·韦尔斯：《世界史纲》，吴文藻、谢冰心、费孝通等译，人民出版社1982年，第488页。

可能会持续很长时间,最后基本是能分出胜负的,或者被打翻在地,或者被对方的武器重伤。被击败的角斗士仰面躺在地上,他的生死掌握在观众手上,观众可能因为他的勇猛表现高喊放了他,他就能存活下来。获胜的角斗士作为竞技场的英雄而得到胜利的奖赏——金钱和象征胜利的棕榈枝。他们将头戴桂冠,手挥棕榈枝,无比荣耀地绕竞技场一周。给予获胜角斗士的最高奖赏是一把木剑,它象征着角斗士获得了自由。角斗表演过程异常血腥,罗马人却对这种残酷的表演显示出了巨大的热情,举国上下无不为之欣喜,帝国境内的"每一个城市都可以看到剑术格斗和猎搏野兽。'从耶路撒冷到塞维利亚,从英格兰到北非,没有一个城市不是年复一年地有无数的牺牲者遭受屠杀'"。[1]

罗马城内供水系统的构筑使他们不再忧心用水问题,充足的水资源使洗浴风靡罗马全境。对于古罗马市民而言,去公共浴池洗浴是日常生活中一个重要的组成部分,而浴场在古罗马社会中不单是洗浴之所,更是一个集健身、文娱、社交为一身的公共场所。罗马公共浴室的规模宏大,数量众多。几乎每一个城镇和乡村都拥有至少一个属于自己的公共浴室。公元前33年,罗马有170个浴场,到了公元5世纪早期,帝国境内的浴场数量达856个,这其中还不包括11个大型的帝国浴场。[2]像卡拉卡拉浴室一次能够容纳1600人共同沐浴,后建的戴克里先浴室更是占地11公顷,可供3000人洗浴。

共和国时期,罗马一般的公共浴室通常有热水厅、温水厅、冷水厅,较大规模的除了这些还包括运动场、娱乐厅和休息厅。帝国时期,由皇帝下令修建的皇家浴场中增设了讲演厅、图书馆和商店等。

人们进入浴室后,首先去宽敞的更衣室换上轻便的衣服,然后去体育馆进行体育锻炼。体育场内可以进行的体育项目很多,如跑步、跳高、投掷铁饼、摔跤以及各种球类运动等等。充分运动后,浴者走到浴室的微温浴室中的隔阁处放下衣服和毛巾,走进热水浴室,在这里有可以用于洗脸和手的热水喷水池以及洗热水澡用的水槽。有些人会往身上涂抹香料再去干蒸房让自己多出汗,带着满身大汗再折回到微温浴室,用高卢传来的肥皂冲洗全身,放松疲劳的身体。然后由微温浴室走到冷水浴室,在里面冲上一个冷水澡或者把自己浸泡在游泳池里。最后再往身上涂抹香料。整个过程中,浴者要涂抹自己两

---

[1] 弗里德里希·包尔生:《伦理学体系》,中国社会科学出版社1960年,第93页。
[2] D. S. Potter and D. J. Mattingly, *Life, Death, and Entertainment in the Rome Empire*, The University of Michigan, 1999, p.246.

次,第一次是由仆人用肥皂清洁,第二次涂抹是为了使自己身上能够散发出芳香的味道。①贵族去浴室洗浴会带上随从奴隶以便及时为自己服务,在而穷人则只能自己洗浴。

洗浴过程完成后,很少人会离开浴场。浴场提供很多消遣娱乐的场所,图书馆、绘画和雕塑的艺廊等都是浴者聚会的绝佳地点,在这里他们可以尽情谈笑以打发浴后几个小时的闲暇时间。浴者还可以在浴场中的餐厅就餐,这里提供丰盛的菜肴和醇厚的美酒,完全可以酒足饭饱后再离去。

作为文明程度提高和社会进步的一个重要参数,洗浴事业和洗浴文化的繁荣提高了罗马人的身体素质和健康水平,丰富了他们的日常生活,开辟了人类卫生洗浴发展的新篇章。但需要看到的是,在很长的一个时期内,罗马的公共浴室允许男女混浴,这招来许多娼妓流连其中,在一定程度上对罗马的社会道德产生了很严重的负面影响。民众沉迷于洗浴和相关活动,日益贪恋骄奢淫逸的生活,丧失共和国时期朴素、勤劳的传统,也是罗马帝国由盛转衰的一个重要的信号。

欢娱对于民众来说,是一种休养身躯、放松精神的方式;对于国家而言,也不失为一种调节国民情绪的工具。古罗马的公共欢娱项目众多,规模宏大,大多是政府负责承办的,体现了政府治理的人性化。另一方面,古罗马的欢娱项目也达到了古典时期的一个高峰,这离不开巨大的国家经济支持与城市发展的高程度需求。在罗马帝国之后的中古时期,已经很难再看到如此辉煌的城市娱乐与节庆事典了,遗憾的另一面则是更多的对古典城市文明的追忆和怀旧。

(解光云)

---

① Daniel Sperber, *The City in Rome Palestine*, Oxford University Press, 1998, pp.61-62.

第四章 西欧中世纪城市的兴起

第一节 中世纪城市起源问题的探索

一、19世纪学术界的探讨

西方中世纪城市即指西欧中世纪城市,即11—15世纪的西欧城市。由于城市形态的变化具有一定滞后性,故论述材料有时延至17、18世纪。在世界城市发展史上,西欧中世纪城市极富本质特性。在西欧中世纪历史中,工商业自由城市的出现是最突出的特征之一。对中世纪城市的认识,更多地应是对其质的分析,辅之以貌的观察和量的描述。

西欧中世纪城市的兴起,本身是一个极具意义的历史事件。与中国等东方地区的城市具有发展的连续性不同,西欧中世纪城市是在日耳曼人进入、西罗马帝国崩溃、原有城市大多被夷为平地、城市发展经历了五六百年的断裂期(5—10世纪)这种特殊历史背景下,[1]在10—13世纪期间重新兴起的。为什么这一时期城市会在西欧普遍兴起?史学界对此长期关注并探讨,各种观点精彩纷呈。[2]

罗马起源论认为中世纪城市是罗马城市的直接后裔。这种观点出现于18世纪,在19世纪上半叶成为主流。这种观点的明显不足是,起码德国中世纪城市的兴起与罗马无关,因为它不在罗马帝国版图之内。1847年,小黑格尔(哲学家黑格尔之子)出版《意大利城市制度史》,提出了意大利中世纪城市并没有起源于罗马时代的足够证据,所有意大利城市都是起源于中世纪的。作为罗马中心区的意大利尚且如此,其他国家更不待言了。

---

[1] 中世纪早期西欧城市及工商业几乎绝迹,这是学术界一致同意的结论。如罗马城,古代最高峰时人口曾达到100万—400万人,而到9世纪,缩减到只有3.5万居民。Leopold Arnaud, "Medieval towns," *Journal of the American Society of Architectural Historians*, Vol.3, No.1-2, The History of City Planning.(Jan.-Apr., 1943), p.30.

[2] 孙秉莹:《欧洲近代史学史》,湖南人民出版社1985年。

罗马起源论销声匿迹后,中世纪城市起源问题在19世纪后期引起了更广泛的讨论。

"基尔特说"认为基尔特(行会)是中世纪城市的核心组织,城市起源当与其有关。此说被美国史学家格罗斯所批驳。他证明了基尔特出现于城市兴起之后,虽然它是城市最重要的特征之一,但不可能对早于它出现的城市起源产生影响。

"马尔克说"提出中世纪德国城市是从日耳曼人马尔克公社发展而来的。这一观点看到了马尔克公社制度对城市共同体制度的影响,分析了城市制度的法理源流,但没有深入研究城市兴起的必要的社会经济背景条件。

"特权说"把神圣罗马帝国皇帝奥托赐给主教们的特权当作城市兴起的原因,说主教们在自己领地上建立城市,以优惠条件吸引工商业者。这一说法的片面性显而易见,它起码不能说明那些非主教城市的起源。

"市场法说"认为凡有法律保护市场的地方,工商业就会繁荣,并会逐步发展为城市。这一说法混淆了作为定时聚集性活动地的市场与作为工商业者永久聚居地的城市之间的区别,而且西欧许多村庄也拥有市场并受到领主保护。

"封建领地说"强调是封建领主鼓励在自己的领地上建立城市。毫无疑问,领主建立城市是出于财政需要,但工商业是否因此而兴旺,则要看城市是否适应了社会经济需要。

"堡垒说"指出,9—10世纪时,法、德、英等国为了防止北欧诺曼人的侵扰而修建了许多堡垒;堡垒地区受到保护、环境安定,吸引了工商业者聚集,逐步发展为城市。这一观点至少无法解释非军事地区城市的起源。

尽管这些观点都有其合理的地方,但都因不能对中世纪城市的普遍兴起做出充分解释而不为学术界认同。进入20世纪后,对中世纪城市起源问题的理论探讨更加深入。

二、商业起源论

中世纪西欧城市有一个极为显著的特征,那就是它们最初都是作为工商业中心出现的,或者说,它们都是"工商业者的聚居地",而不像古代罗马城市或中国古代城市那样最初多是作为政治中心出现的。它们的产生,是工商业发展到一定阶段的产物,是各个地区社会经济发展的自然结果。因此讨论城市的兴起,必须与工商业的发展相联系,二者不可割裂开来认识。西方学术界显然也意识到了这个关键所在,因此20世纪初兴起的商业起源论,就是力图从经济运动本身来解释中世纪城市起源的。

商业起源论是比利时学者亨利·皮雷纳提出来的。他在1925年出版的《中世纪的城市》一书中,将以往的"堡垒说"和"市场法说"结合起来,认为城市是商人围绕设防地点(城堡和堡垒)的聚居地。其思路是这样的:8世纪时,由于阿拉伯人的征服和堵塞商道,导致了地中海海上贸易的衰落。到11世纪时,随着商道的畅通和商业的恢复,最早的城市便作为商业据点出现在地中海沿岸,特别是意大利地区。由于商业的发展和范围的扩大,越来越多的城市出现了。商业从意大利沿海先是向北部波河平原上汇聚,结果"在那个令人神往的平原上,城市像庄稼一样茁壮成长";然后再通过阿尔卑斯山,商业又来到了欧洲内陆,凡是商道经过的地方,都出现了城市。与此同时,欧洲北部诺曼人的航海活动,也刺激了佛兰德尔一带的工商业发展,到11世纪时,这里也出现了一大批工商城市。商业从南北两个地方发端,迅速扩散到欧洲各地,城市也就在欧洲普遍兴起了。①

商业起源论假设的一个前提,即认为5—8世纪西欧商业发达、城市仍是工商中心,遭到了许多学者的批评。商业起源论也不能解释西欧广大中小城镇兴起的原因,许多中小城镇并非是作为国际贸易据点出现的。当然商业起源论也确实揭示了中世纪那些重要城市兴起的客观过程,所以仍然是西方学界的主流观点。

三、手工业起源论

手工业起源论主要为马克思主义史学界所坚持。这一观点认为,11世纪前后,西欧式封建制度即庄园制、农奴制最后形成,社会生产力无论农业还是手工业都有了显著进步。农业方面,铁制农具普遍推广,土地耕作二圃制、三圃制流行。随着生产力提高,一方面农产品有了剩余,可以投入市场养活专门的手工业者;另一方面,手工业技术日趋复杂,需要熟练技巧,农民无法继续兼营,这样,专门手工业者的出现既成为必要,也成为可能。手工业者需要和农村居民交换产品,交换便因此发展起来,并促使作为交换中介的商人出现。工商业者聚居在交通便利、生产便利或交换便利的地方,这些地方经过一段时间的发展,便成长为城市。在手工业起源论看来,中世纪城市尤其是中小城市主要是各地经济发展的自然结果。

西欧中世纪手工业比较发达,与其农本经济中畜牧业比重较大的特点有

---

① 亨利·皮雷纳:《中世纪的城市》,商务印书馆1985年。

关。畜牧业发达使得毛纺业发达。由于消费者对"织"的需求弹性较大,而"织"又不同于"耕",它可以使前后生产环节在一个地方同时进行,并且可以不固着在某个地方,而向着靠近市场或交换方便的地方移动和集中。这样,手工业的发展特别是纺织业发展就能为城市兴起创造条件。①

手工业起源论的最成功之处,在于从生产力发展来分析广大中小城市兴起的社会经济原因;但它对西欧众多重要城市的成长背景揭示不够,而这些城市恰恰又对中世纪生活起着举足轻重作用,是中世纪城市的主体,因此未能得到广泛赞同,还有进一步探索的必要。

四、生产不足论②

中世纪城市之所以广泛出现,其中必有更深刻的经济社会原因。可以说,城市是中世纪社会基本矛盾运动的产物。这一基本矛盾,是西欧不断增长的人口的生活需要与其生产力水平相对落后不能满足这种需要。由于经济体内部在生产上不能满足需要,因而必须寻求外部养分来填补需求缺口,工商业发展和城市兴起便是这种寻求展开的产物。这一看法可用"生产不足论"来概括。

农业技术水平相对低下,是西欧不能自足的根本原因。西欧农业生产力水平低下,有自然和传统两方面因素。从自然条件看,西欧并不很适合农业。气候上西欧北部偏冷,降水量全年均匀分布;南部地中海夏季高温干燥,降水以冬季为主。雨热不同期,是西欧气候的典型特点,不利于需要高温高湿的高产农作物如水稻的生长。西欧北部由于降水量冬季偏多,土壤排水性能较差,土壤黏性大难以翻耕。这种气候与土壤条件,决定了中世纪农民普遍种植黑麦、燕麦等粗劣粮食,小麦虽然也种植,但产量低。从传统因素看,是日耳曼人农业起点低。他们在公元初期才过渡为简单定居农业。10世纪后农业有较大进步,但仍相对落后,休耕制本身就是落后的表现,它不能使耕地得到最大程度利用,土壤和水量条件还使农民难以精耕细作。粗放落后的耕作方式,使农业单产量非常低。查理曼时代,许多年成的播收之比是小麦1∶1.7,大麦1∶1.6,黑麦1∶1.1。③中世纪盛期有所提高。如1267—1268年英国林肯郡拥有35英亩土地的农户,产粮可达100蒲式耳左右,④法国大部分地区播与收之比

---

① 吴于廑:《世界历史上的农本与重商》,载《历史研究》,1984年第1期。
② 刘景华:《生产不足论:对西欧中世纪城市兴起问题的新思考》,载《世界历史》1993年第4期。
③ G. Duby, *Rural Economy and Country Life in the Medieval West*, London, 1968, pp.25-26.
④ Gregory Clark, "Productivity growth without technical change in European agriculture before 1850," *The Journal of Economic History*, Vol.47, No.2, The Tasks of Economic History(Jun., 1987), p.420.

为1:4至1:6。农业最发达的巴黎盆地,14世纪中期曾达到1:8至1:10。①

农奴家庭经济和领主庄园经济,同为中世纪西欧最基本的经济体。两者各自存在不能自足的特征,成为工商业发展和城市广泛兴起的基本背景。

在典型的西欧封建社会里,农奴是主要的生产者,农奴家庭经济是最基本的生产消费单位和农本经济的细胞。农奴家庭男耕女织,具备了适应衣食基本需求的生产结构。由于份地不能增加,农奴家庭的生产能力便大受局限,原有土地难以维持不断增长的人口的基本生活,于是便分离出剩余人口。这些多余人口被排挤出去,要么去垦殖边际土地,要么离开土地从事工商业,这就为城市兴起提供了人口来源。正是离开土地的农民子弟建立了中世纪城市。生产力虽然不断提高,但生活水准也在提高,因此农奴份地始终难以满足人口增长的需要,农奴家庭不断离析出一批批劳动力,其子弟纷纷以进城当学徒的形式流入城市。

领主经济即庄园经济。庄园融生产和消费为一体,但在生产结构上存在欠缺,即领主不能从庄园直接取得高档手工业品和奢侈品。庄园不具备生产这些高档品的机制,这就为工商业专门化提供了市场需求。而庄园粮食除满足领主家庭消费外,显然有大量剩余,领主可以用来换取手工业品和奢侈品。领主输出多余粮食,能为专门工商业者提供生活品保障。因此,由那些溢余的农村人口专门从事工商业便成为可能。"商业和工业最初从没有土地的人们中间获得发展。"②工商业者聚居在一起,城市尤其是中小城镇便因此而兴起。

西欧各地区在自然条件、技术水平及作物种类等方面千差万别,呈现出农牧经济的不同特点。由地区性的农业特点和资源优势,产生了各具特色的地区手工业。地区手工业实质是各地希望交换外部产品而利用本地资源优势的结果。具有地区特色的手工业产品,一般都面向外地市场。地区性手工业的集中,使许多较大的手工业城市产生。地区间的物资流通和调剂,需要有大的商业交换中心,即商业城市。这样,地区经济的不能自足,使得一批地区性工商业城市成长。

尽管有地区间的物资流通,但西欧在总体上仍然难以自足。发展中的西欧不仅需要外部世界供给高级消费品和奢侈品,也需要外部世界供给一定的生活必需品。这些消费品和奢侈品的取得主要依靠地中海东方贸易和波罗的

---

① G. Duby, *Historie de al France rurale*, Paris, 1975, Vol.I, pp.362, 451-452.
② 亨利·皮朗:《中世纪欧洲经济社会史》,上海人民出版社1987年,第41页。

海贸易。由承担这种对外商业职能的需要，便在地中海和北海波罗的海兴起了国际贸易城市。两个贸易区往西欧运送的商品中，有奢侈品和贵重物品，也有生活必需品。如谷物就是地中海贸易的主要货物之一。要与东方维持稳定的贸易，西欧就须有可供交换的产品，因而在国际贸易线路附近发展了面向东方的手工业城市。这样，由于西欧整体上不能自我满足，从而产生了以调节这一整体与外部的物资交换为职能，以及为这种调节服务的国际性工商城市。

第二节 中世纪城市的兴起过程

一、欧洲大陆城市的兴起

中世纪城市兴起运动的浪头，当在9世纪前。大约有四类城市。第一类是罗马时代遗留下来的城市居民点，它们在外观上仍有城市的某些功能。这类城市数量虽不多，但有的后来成长为欧洲一流城市，如罗马、伦敦、巴黎、科隆等。第二类是与贸易发展相适应而新涌现的城市。如维京人用劫掠品交换东欧和东方产品的场所，像波罗的海岸边的伯尔卡、居姆纳和海塔布等。与地中海国际贸易相联系，9世纪在地中海沿岸出现最早的城市。第三类是因防卫需要而兴起的城市。9—10世纪西欧国王们为防止维京人入侵而建立了许多城堡或要塞，有的因其防卫功能而成功地吸引着工商业者，结果成长为重要城市。第四类是围绕修道院建立的城市。修道院连同前来拜谒的香客，创造了对产品和服务的需求，商人和手工业者聚集成小小的城镇，正好可以满足对他们的需求。这四类城镇的共同点，是多起源于前封建时代，即封建土地所有制形成之前。①它们被认为是"有机"(organic)城市，即自发成长起来的城市。虽然难以明确其起源时间，但它们后来逐渐获得特许权而确立了城市地位，并且快速成长，因而是城市兴起运动的重要组成部分。

10—11世纪，欧洲中世纪城市兴起运动大规模地开始；12、13世纪达到高潮。这时兴起的城市，多为"新植"(planted)城市。②这是指封建领主仿照已有的工商特权城市而在自己领地上新建的城市。他们在那些适宜进行工商业活动的地方，主动建立城市并赋予一定工商经营特权，吸引甚至招徕工商业者。领主们的初衷自然是为了获得更多的财政收入：一方面可以直接获得城

---

① Norman Pounds, *The Medieval City*, Greenwood Press, 2005, pp.9-10.
② Norman Pounds, *The Medieval City*, p.12.

市税收,另一方面能促进领地上经济的繁荣,从而达到增加岁入之目的。至于城市选址,可以是古代城市旧地,也可以是交通要道、河津海港之类,但必须具有对工商服务活动的需求,否则领主的建城企划就会流产。总之,城市作为一个社会经济体或居民点出现,一般都与领主的活动有某种联系。

从地理上看,大陆国家城市的兴起在时间上是有先后差异的。

10—11世纪,随着地中海贸易范围的扩大和向内陆深入,越来越多的城市在地中海沿岸涌现。这些国际贸易城市有意大利的阿马尔菲、威尼斯、比萨、热那亚,以及诸伦巴第城市;有西班牙的巴塞罗那、塞维利亚、科尔多瓦和格拉纳达等;有法国的港口马赛等。

10—11世纪的西北欧洲,也有一些罗马城市复兴,如法国北部的图尔、鲁昂、兰斯和阿拉斯。同时又有一批新城市诞生,如佛兰德尔地区的杜埃、伊普雷、里尔、布鲁日和根特,布拉邦特地区的布鲁塞尔和列日。

10世纪末,中欧特别是德国的城市开始发展,科隆、雷根斯堡、斯特拉斯堡、沃姆斯、美因兹,都是在这个时候出现的。12—13世纪里,中欧城市有较大发展。如威斯特伐利亚地区1180年前只有6个城市,1180—1240年间出现了36个,1240—1290年间兴起了39个,1290—1350年发展了57个,至此共达138个。[1]

到中世纪盛期即13、14世纪之交时,西欧的城市城镇总数大约达到了1万个左右,[2]平均约每500平方公里就分布有一个,或者说每隔20多公里就能看到一个城镇。

中世纪城市在初期还有许多农业社会的特征,甚至还有相当比例的以农业为主业的居民,但它们的本质特征是工商业中心。任何被称为城市的地方,至少有一个商品交易市场。诚如马克斯·韦伯所说,经济意义上的城市,必有一个地方市场作为定居点的经济中心。[3]

二、英国城市的兴起

英格兰城市的兴起是个特例。英国是一个岛屿,远离中世纪欧洲经济发展中心地区,城市的发展远没有大陆国家那样出色。除伦敦等个别城市外,多数英国城市与国际市场联系并不多,受外界因素的干扰和影响相对较小,因此它们的发展更带有自然性、原发性。

---

[1] N. J. G. Pounds, *An Economic History of Medieval Europe*, Longman, 1994, chapter 6.
[2] 萨马尔金:《中世纪西欧历史地理》,莫斯科良好教育出版社1976年,第95页。
[3] 马克斯·韦伯:《经济与社会》,商务印书馆1998年,第9章。

英国城市的最初发展始于罗马不列颠时期,即 1—5 世纪。在不列颠的东部、南部和中部,都分布了一些罗马人建立的类似于军事堡垒式的城市。为防御凯尔特人,城市多有城墙,居民是罗马军人与非军人。其中大者如伦丁尼,城墙内面积有 330 英亩。①小者则有西伦斯特、罗克塞特、威鲁拉密厄姆等。行政管理和政治教化是罗马不列颠城市的主要功能,后又衍生了面向地方的社会和经济功能。5 世纪初罗马人撤出,随后盎格鲁—撒克逊人涌入,岛上本来就不多的城市基本毁于一旦。

到盎格鲁-撒克逊时代后期,即 7—10 世纪,随着经济发展和生产分工,具有工商功能的城市又有出现,但不成气候。这一时期的城市发展可分两个阶段。在 7 世纪时,有些城市作为海岸或通航河流的"威克"(wik,港口)而发展起来,如伦敦在 7 世纪初叫做"伦登威克"。604 年左右时,伦敦作为一个商业中心,吸引着许多从海路和陆路来的人进行贸易。②此后出现的类似城市还有肯特郡的福德威奇、桑德威奇,汉普郡的汉威奇,北方的埃奥菲尔威克(约克),多塞特郡的斯旺纳威克,东盎格利亚的伊普斯威治和诺里奇。这些城市的出现与工商业有关,但规模很小。同时还出现了一批王室或教会建立的城市,如坎特伯雷、温切斯特、罗切斯特、伍斯特等,它们也逐步衍生出了工商业中心的功能。③

10 世纪左右又有一批新城市萌芽,它们多被称为"堡"(burh)。堡本为设防阻止丹麦人入侵的工事,由附近居民奉国王之命而守卫,受到了王权保护,因此有较高的安全系数,工商业活动便逐渐在堡的周围集中。几乎每一个堡都有市场,交易活动在市场进行。不过这时的城市还属于庄园管辖,要向庄园负担租役。④

各类城市规模逐渐扩大,数目也逐渐增多。到 11 世纪《末日审判书》时代,英格兰大小城市约有 100 多座。人口在一千以上的 30 余座,著名者如埃克塞特、奇切斯特、牛津、南安普敦、北安普敦、施鲁斯伯利、沃里克、剑桥、林肯、切斯特、科耳切斯特、莱斯特、亨廷顿、诺丁汉等。人口不满一千的 60 多座,如布里斯托尔、格洛斯特、斯塔福德、德比、达拉姆、圣阿尔班、贝德福等。⑤

---

① Susan Reynolds, *An Introduction to the History of English Medieval Towns*, Clarendon Press, 1977, p.5.
② 比德:《英吉利教会史》,商务印书馆 1991 年,第 106 页。
③ Susan Reynolds, *An Introduction to the History of English Medieval Towns*, pp.24-30.
④ 马克垚:《英国封建社会研究》,北京大学出版社 2005 年,第 46-47 页。
⑤ Susan Reynolds, *An Introduction to the History of English Medieval Towns*, p.35.

后来的一些著名城市,大多在11世纪就已存在。

11世纪的诺曼征服,促使英国封建化过程最后完成和庄园经济体制最终确立,社会生产力显著提高。12—14世纪是英国城市大发展时期。其中12—13世纪属于城市蓬勃兴起阶段,14世纪属于稳定发展阶段。在这个时期里,城市数量增加到300个左右。[①]此外,还有许多定期或不定期开市的市场(market),甚至还有一些全国性或国际性的市集(fair),这些市场和市集到后来慢慢有工商人口定居。虽然其中大多数并没有取得特许状,甚至当时没有被当作城市对待,但其经济功能完全可属城市范畴。这些地方一般被称作"市镇"(market town)。这样的市镇全英格兰大约有300—500个。总体上,到1350年时,英国有600个自治市。16世纪初,英格兰有市场的城市共为742个。[②]

英国远离中世纪国际贸易中心区,与国际贸易体系的联系并不是很密切,事实上英国也很少出现大的国际贸易城市。英国城市的兴起基本上是本土经济发展的自然结果。用"商业起源论"来解释英国城市的兴起显然行不通。

第三节 中世纪城市的类型及规模

一、中世纪城市的分类

城市的功能、规模、辐射区域是千差万别的。为了对其有更确切的认识,有必要对城市做些分类。中世纪西欧城市也是这样。

城市的经济社会功能是城市存在和发展的基本前提。就其经济功能而言,中世纪西欧城市大致可分为手工业城市、商业贸易城市和工商并重城市三大类。

工商并重城市是中世纪城市的主体。它们的辐射和服务区域以本地区为主。工业方面,为本地区的农村居民及城市居民生产和提供日常消费所需的手工业产品。有的也根据本地资源条件发展了略有特色的手工业,其产品面向国内外市场。商业方面的活动包括:(1)本城附近农村居民相互交换剩余农产品;(2)城市居民手工业产品与农村居民剩余农产品相交换;(3)汇集本地剩余农产品、特色产品或资源并运往外地市场;(4)外地产品到达后向本地居民

[①] J. L. Bolton, *The Medieval English Economy 1150-1500*, London, 1980, p.121.

[②] Joan Chartres, ed., "Chapters from the Agrarian history of England and Wales, 1500-1750," Vol.4; *Agricultural Markets and Trade*, Cambridge University Press, 1990, pp.17-24.

销卖。此外，还有以面向本地区为主的劳务性服务行业和食品加工行业等。中小城镇在早期几乎都是工商并重的，虽然人口不多，但行业齐全，虽然有的行业仅有一两个从业者。辐射较广的地区中心城市也多是工商并重城市，只不过行业更多，从业者更多而已。

手工业城市也有许多工商行业，只不过这些城市以生产某种特色产品为经济支柱，并闻名国际国内市场。西欧的特色手工业城市较多。如佛兰德尔地区的毛纺业城市伊普雷斯、根特、杜埃、阿拉斯，意大利毛纺业城市佛罗伦萨、武器甲胄业城市米兰，德国铁器制造业城市纽伦堡、麻纺业城市奥格斯堡，法国葡萄酒酿造城市波尔多、图卢兹，英国毛纺业城市诺里奇、格罗斯特、西伦斯特等。

商业贸易城市和国内外贸易相联系。中世纪西欧的长途贸易有三个层次。第一个层次是国内长途贸易；第二个层次是西欧各国间的贸易；第三个层次是西欧与东方及东欧之间的贸易。从事贸易的城市多为沿海港口或通海河流港口。著名的国际贸易城市有从事地中海贸易的意大利城市威尼斯、热那亚、比萨，法国的马赛、香槟集市，西班牙的巴塞罗那、塞维利亚；从事北海波罗的海贸易的低地国家城市布鲁日、安特卫普、阿姆斯特丹，英国伦敦，德国卢卑克、科隆、汉堡、不来梅等。小规模的港口贸易城市如英国有南安普敦、布里斯托尔、伊普斯威治、大雅茅斯、金斯林、波士顿、赫尔等。

还有一些城市是政治文化宗教中心。政治功能突出的城市有法国首都巴黎和英国首都伦敦。宗教功能突出的城市有意大利的教廷城市罗马、拉文那，德国主教城市科隆、美因兹、特里尔，英国主教城市坎特伯雷、约克等。以文化中心闻名的城市有意大利的大学城市萨勒诺、波伦纳，英国的大学城市牛津、剑桥等。

如果以辐射面积大小为标准，那么中世纪城市还可以区分为中小城镇、地区中心城市、国际性工商业城市等几个层次。

二、中世纪城市的规模

中世纪西欧城市的规模较小，不能以现代标准去衡量它们。若以人口标准衡量，超过5万人的城市就被有些学者称为"巨大城市"，这样的城市也不过10个左右，如意大利的威尼斯、热那亚、佛罗伦萨、米兰，法国的巴黎，低地国家的根特、布鲁日等。2万—5万人口的城市被认为是"特大城市"，也不到20个，如意大利的罗马、那不勒斯，西班牙的巴塞罗那、巴伦西亚、塞维利亚，德国的科隆、卢卑克、纽伦堡，低地国家的伊普雷斯、布鲁塞尔，英国的伦敦等。

1万—2万人口的"大城市",整个欧洲大约有70个左右。如意大利的伦巴第平原诸城市,德国的美因兹、法兰克福、雷根斯堡、奥格斯堡、沃尔姆、布拉格、汉堡等,法国的里昂、鲁昂、波尔多、图卢兹、南特、斯特拉斯堡等,英国的布里斯托尔、约克、诺里奇等,低地国家的阿拉斯、列日、莱登、安特卫普、阿姆斯特丹等。1万人以下的中小城镇,则遍布西欧各地。如果将其再细分,则3 000人至1万人的可看作中等城镇,3 000人口以下的为小城镇。①

对城市人口有许多估计。一种估计列出了1330年人口排前30位的欧洲城市(表4-1):②

表 4-1

格纳那达	15万	塞维利亚	9万	巴塞罗那	4.8万	波罗那	4万	鲁昂	3.5万
巴黎	15万	科尔多瓦	6.5万	瓦伦西亚	4.8万	克列莫纳	4万	圣奥麦尔	3.5万
威尼斯	11万	那不勒斯	6万	托莱多	4.4万	比萨	3.8万	里斯本	3.5万
热那亚	10万	科隆	5.4万	布鲁日	4万	斐拉拉	3.6万	安杰斯	3.3万
米兰	10万	巴勒莫	5.1万	马拉加	4万	伦敦	3.5万	马赛	3.1万
佛罗伦萨	9.5万	锡耶纳	5万	阿奎拉	4万	蒙特彼埃	3.5万	图卢兹	3万

英国的城市更小。只有伦敦达到了欧洲大陆二流城市的标准(2万—5万人),与德国科隆,佛兰德尔的伊普鲁斯、根特,法国里昂、马赛,意大利的伦巴第城市差不多。大陆那种三流城市,英国只有布里斯托尔、约克和诺里奇勉强过了1万人,而且不稳定。英国的地方城市一般在2 000人至1万人,最多相当于大陆欧洲的中等城镇。英国的中小城镇约为500—2 000人。许多中小城镇只有一条街道,或纵横两条街道,十字街口往往就是市场地,一座小城不需一小时就可走完。即便如伦敦,16世纪旅行家利兰曾说,他一个下午就步行走完了伦敦全城。

英国作为一个独立的地理单元,却逐步形成了由三个层次构架的城市体系。最基层也是最广泛的,是数百个中小城镇,它们是周围数十英里地区的工商业活动中心地。中间层次是大约100个左右的地方城市,包括稍小一些的郡城、港口城市,一般以本郡为腹地;也包括五六个稍大一些的地区中心城市,即东盎格利亚的诺里奇,西部的布里斯托尔,西南的埃克塞特,中部的考文垂,

---

① N. J. G. Pounds, *An Economic History of Medieval Europe*, chapter 6.
② J. Bradford De Long & Andrei Shleifer, "Princes and merchants: European city growth before the industrial revolution," *Journal of Law and Economics*, Vol.36, No.2.(Oct., 1993), p.678.

北部的约克等,它们的辐射区域在两个郡以上。地方城市一般是工商并重,但也有城市具有特色手工业;有些是港口商业城市,与国内外市场有联系。最上是伦敦,它是首都,是全国最大的工商业中心,辐射整个英格兰,并有较多的国际贸易联系。

(刘景华)

第五章　社会政治体系中的中世纪城市

第一节　城市共同体与城市自治运动

一、城市共同体

11世纪以来兴起的西欧中世纪城市，无论其是古老罗马城市的复兴，还是新近涌现和建立的，从概念上说都有着特定涵义，有着与古典时代的城市极其不同的新质或特质。一般地说，除了那些以城市为中心组成的城邦外，古典城市大多只就人文地理意义而言，指的是众多人口的聚居地。城市居民包括各色人等：有官员，也有土地所有者；有工商业者，也有农民。但他们之间没有共同利益，也不需要发出共同的声音，城市也不以一个整体或单位与外界交往。中世纪的西欧城市则不一样，它不但是一个人文地理概念，更是一个社会概念，它是一种社会共同体，城市市民有着共同的利益诉求。市民共同体是西欧中世纪城市最鲜明的本质特征，在其他时代或其他地区都难以寻觅。

不论取得自治与否，所有的中世纪城市都是一种社会共同体，或称公社。在城市共同体里，内部结构是典型的公社制度，有市政会、城市法庭等管理机构，有市长、大法官等选举产生的管理人员。城市共同体是一种地缘共同体，共同体成员即市民多系移民构成，一般无血缘关系可言，即使有也退居次要地位。把他们结合在一起的纽带是一纸契约：或是由封建主赐予的特许状，或是由大家共同遵守的城市章程。市民们共同享有在本城内经营工商业的权利，并且得到城市的保护，甚至拥有一定的垄断特权。

中世纪城市作为一种共同体，构成了西欧社会政治结构中的一种主体单位。这一单位是代表本城及市民利益的，并非上级政治权力如国王、诸侯或主教的代表，是对下（市民）负责而不对上（领主）负责。个别城市如意大利的威尼斯、热那亚、佛罗伦萨和米兰等已成了城市国家，是高度独立的政治主体，其上再没有能够驾驭它们的政治权力。

二、城市自治运动

作为共同体,城市必须以一个声音来同外界交往。这种外界,有领主、国王、教会、农村、其他城市,也有国际势力。其中,与领主的交往最为重要也最为复杂。因为不管城市以何种途径或方式产生,最初总是坐落在教俗领主的领地之内。城市一经产生,势必要与领主发生关系。在城市兴起初期,这种关系表现为统治与被统治、管理和被管理的关系。一般来说,一个城市只有一个领主,但也有城市领有权多元化的情况。领主们大多住在乡村的城堡里,通过代理人对城市进行统治和管理,也直接干涉城里的工商业活动。这种统治,尤其是经济上无止境的任意榨取,不利于城市工商业的发展繁荣。

因此城市从诞生之日起,就展开了争取自治权的斗争。市民们的最初动机只是一种求生存的需要,只是想从领主那里要来人身自由的权利,要来自由经营工商业的权利。他们来到城市,为的是自己能有新的生活,而不是重入另一个领主的枷锁。当他们的个人要求汇聚在一起时,就变成了一种集体指向,取得城市的自治权就成为市民们的共同目标,因为城市的自治是市民个人自由的前提。

中世纪城市争取自治权的斗争有多种方式,也受到多种因素制约,当然也有多种结果。

城市自治运动发端于意大利北部。这里的城市兴起较早,经济实力比较雄厚,而这里的领主势力又呈现复杂多元的态势,因而封建统治相对薄弱,所以城市很快就获得了自治权。1057年,伦巴第最大的城市米兰开始掀起了斗争。1068年卢卡出现了城市法庭,1080年出现了执政官。意大利城市市民中还有不少进城从事工商业的中小封建主,他们往往支持城市摆脱大封建领主的斗争。由于城市的强大力量,有的领主尚未等正面冲突发生,就让这些城市获取了自治权。这些城市自治后,还越过城市疆界,控制越来越宽的城郊地区和农村地区,发展成为独立的城市国家,如威尼斯、热那亚、佛罗伦萨、米兰等。

那些二等的城市也有相当雄厚的经济实力,它们中不少采取温和的方式,用金钱一次性赎买城市自治权。这类城市多是一些商业贸易城市,如法国的地中海港口城市马赛。

更多的城市是在与领主的激烈斗争甚至武装冲突中取得自治权的。11、12世纪之交,法国东北通过武装斗争获得自治权的城市有40多个,起誓结盟、发动起义是他们的主要方式。在德国,1073年沃尔姆掀起的反对主教领主的斗争迅速蔓延,迫使几乎所有的主教都逃离了。虽然这场斗争一直延续到15

世纪,但大多数莱茵河城市最终都获得了自治。

也有一些城市在与领主的较量中没有成功。结果,有的是双方达成了妥协,如佛兰德尔一些城市,领主一方面从市民中指派市政官员,另一方面又派出代理人实施监督。有的则一直受到封建主的直接统治或其代理人的管理,如法国国王就拒绝给予巴黎以自治权。他认为巴黎的市场是他建立的,工商业该由他管理,城市就是他的城市。

总之,在11—13世纪城市兴起阶段,西欧大部分工商业城市都取得了自治权。自治程度可能因城市而异:有的限于行政管理、治安和财政方面;有的具有法律地位;有的则完全独立。取得自治权的城市一般都由领主或国王颁发自由许可证,或称特许状。而那些最终没有取得自治权的城市,领主的统治也变得有弹性了。只要他想继续将城市当作奶牛来供养自己,只要他想依靠城市来壮大势力,他就不会对城市竭泽而渔。极尽搜刮的封建主确实也有,但结局一般是两种,要么城市忍无可忍,推翻领主统治;要么城市衰落下去。

三、城市的自由权利

不论自治权取得与否,也不论自治权在程度上有多大差异,所有的中世纪城市都有一些基本自由。

其一,城市工商业者在法律上一般都是自由人(freeman),"城市的空气使人自由"(德国俗语)。那些从庄园逃出来的农奴,只要在城市住满了一年零一天,就获得了自由,成为自由人。这种自由,也包括了在城市里经营工商业的自由。因此,新兴城市对农奴特别具有吸引力,故而马克思说,中世纪的城市是由逃亡农奴建立起来的。

其二,城市土地一般都成了自由地产。领主把城市土地以或租或卖的形式转给了城市市民,市民也就免去了许多与土地相联系的封建性义务,从而可以自由地处理自己的财产,特别是地产和房产。市民们拥有的这种自由租赁权,与庄园租地不一样,不但课租较低,也不连带有人身依附关系,而且还可由承租者自由转让。有的城市里,地产变成了市民个人绝对财产。如佛兰德尔地区,根特在11世纪下半叶停止征收地租,阿拉斯由城市买断了土地所有权。德国莱茵河城市多特蒙德和杜伊斯堡,庄园主干脆放弃了征收地租。①

其三,城市作为整体向领主交纳一笔固定的税款,称为包税。如12世纪,英国林肯等城市取得了直接为国王代征赋税的特权。随着13世纪城市赢得

---

① M. M. Postan, E. E. Rich and Edward Miller(ed.), *The Cambridge Economic History of Europe*, Vol.Ⅲ: *Economic Organization and Politics in the Middle Ages*, Cambridge, 1971, p.19.

了真正的自治,这种做法也逐渐增多。①虽然这种特权有一定的时效性,要保留它必须在到期时重新申请,封建主也会要求重新确定税额,但在包税特权生效期间,领主对城市的许多随意性特权也就免除或取消了,他对城市财政上的干预无疑也减少了。

总之,中世纪城市一旦形成,它就是自由的。这种自由,从个人方面讲,包括了市民的人身自由、经营工商业的自由、房地产权的自由等;从城市作为整体来说,城市有处理本城经济社会法律事务的自由,包括司法自由、行政自由以及对外关系上一定程度的自由,城市甚至还可自行配备治安人员,组织军队。即使没有获得自治权的城市,领主一般也不干涉城市内部事务,领主的统治权主要表现为对城市一定程度的控制权,领主派驻城市的代表大多只是象征而已,这种控制没有深入到领主与每个市民的关系。所以,讨论中世纪西欧城市时,用"自由城市"概念代替"自治城市"可能更具概括性。

第二节 城市市政机构与管理

一、市政机构的构成

城市自治表现为独立地对城市事务进行管理。这种管理通过各种制度让市民们共同遵守,通过各种机构来实施管理行为。城市在争取自治的同时,也创造了越来越多的市政机构和管理制度。不论城市最后是否取得自治权,也不论其自治权有多大,中世纪城市在管理机构和管理制度上是大体相似的。城市市政机构大致由四部分组成。

(1) 市长(mayor),城市的最高负责人。每年都要推选,一年一任。这一传统为各地所长期遵守。如1600—1699年的100年中,英国诺里奇共有104任市长。②约克城1399—1509年的111年里,共有85任市长。市长作为行政长官处理城市日常事务,并有协助其工作的一套行政机构。没有自治权的城市里,市长往往是领主的代表,由领主指定。

---

① 波斯坦、科尔曼、彼得·马赛厄斯主编:《剑桥欧洲经济史》(第3卷),经济科学出版社2002年,第24-25页。

② P. Corfield, "A provincial capital in the late Seventeenth century: the case of norwich," in P. Clark and P. Slack ed., *Crisis and Orders in England Towns 1500-1700*, *Essays in Urban History*, London, 1972, p.278.

在高度独立的意大利城市国家里,市长常被称为执政官。威尼斯的最高行政长官还叫"总督"。总督是终身制,11世纪后从城市显贵中选举产生,但其权力受到严格的限制和约束。城市政权实际控制在由城市显贵组成的元老院手里,以至于直到15世纪威尼斯还被人讥笑"总督只是贵族的傀儡"。[1]

(2) 大总管(chamberlain),掌管财政,通常由市民选举产生。按说他应属于市长领导下的市政管理机构,但由于是选举产生,因此可视为一个有较强独立性的市政官。

(3) 市政会(city council),城市最高权力机关。一般有两到三个层次。核心层:其成员习称长老,多由前市长、前大总管、前大法官组成,均为城市贵族阶层。外层:由工商各界代表组成。以英国约克城为例,其市政会有三个层次。核心层为12人,称长老,终身制,由市长指派。中间层24人,由前大法官组成。这两个层次加上市政现职官员组成市政会。最外层48人,来自工商各界,其作用十分有限,大多只是认可既成决议而已。[2]

威尼斯市政会的权力最为强大。该市政会有两个层次,核心层为元老院,人数最多时超过220人。14世纪,元老院设十人委员会,并很快演变为可干预一切事务的常设机构。元老院之外还有大议会,这是最高立法机关和监督机关,只有城市贵族才有资格当选为议员。

(4) 城市法庭(city court)。由大法官掌管,处理城内各种法律事务以及各种纠纷。从时间上看,城市法庭的起源可能还早于其他市政机构,即司法自治要早于行政自治。早期城市在审理经济案件时,领主不懂商业事务,故而要求一些专业人员参加,商人们风尘仆仆地赶来,脚上还带着泥土,故这种法庭在英国被戏称为"灰脚法庭"。[3] 早期大部分城市法庭的审判权主要只在民事方面,涉及刑事上的案子则多上交领主法庭、国王法庭审理。取得特许状、摆脱领主控制后,城市法庭也取得了刑事审判权。

不论城市的领主是谁,城市对城市事务的管理都是"自主"的,并主要是依靠市政机构来实施。这种管理不是随意性很强的"人治",而是依据城市共同体自我约定的章程,或领主赐予的各种特许状。在某种意义上,这些文件相当于各城市的"宪法""市民法"。

---

[1] D. S. Chambers, *The Imperial Ages of Venice*, 1380-1580, Sames and Harderson Publisher Ltd, 1970, p.87.

[2] J. L. Bolton, *The Medieval English Economy 1150-1500*, London, 1980, p.260.

[3] 亨利·皮朗:《中世纪欧洲经济社会史》,1987年。

二、市政机构的权力

城市市政机构的权限和责任,表现在行政、司法、经济、社会、外交等诸多方面。

行政和司法职能。处理城内一切日常行政事务,如税费和罚金的征收、财政支出、市政设施、市政管理、公共财产的支配和使用,移民的进入和市民的动迁,各种民事纠纷和经济纠纷;惩罚和打击各种犯罪,维持社会治安,处理城内的骚乱和治安事件;协调城内各组织间的关系等等。城市特别防止外来人员对本城及其居民的侵犯。

经济职能,主要体现为对城内工商业活动的调节和控制。如协调工商各行业在结构上的平衡和地域上的分布,市场地建设和市场的规范与管理,钱币的采用,度量衡制的规定,产品质量检测,工作时间的限定等。为保护本城和市民利益,城市也实行垄断和排外政策。

社会管理职能,主要体现为由市政当局组织和管理城内的各种社会活动。中世纪西欧城市大多有社会中心的功能,不但市民参加城内的社会活动,而且还能吸引周围村镇居民甚至外埠人员。市政当局还从事、管理或规约一些社会性事业或公益事业,如学校、教堂、济贫所、慈善院、养老院、孤儿院等。

市政机构的对外交往职能主要指代表城市进行的对外活动,处理城市与领主、国王、教会、其他城市、周围乡村等外部力量的各种关系。在城市市民的同意下,行使对外宣战、媾和、结盟、签约等重大权力,也执行某些事务性的对外交往职能。

总之,中世纪城市都有小而全的政府组织,而且独立性极强,除本城市民意志外,一般不受外力干涉。因此可以说,中世纪城市是西欧政治体系中独立的基本主权单位。

三、城市法的形成与意义[①]

中世纪的封建司法制度是与自然经济相适应的,不适应城市工商业经济发展;它又是统制性的制度,不适应已经取得或正在争取自治权的城市,更不适应已经取得或正在争取自由身份的城市市民。而且城市所在领地常分属于不同领主,因而造成管辖权和司法权混乱。中世纪审判的依据是非理性的神命裁判法;审判程序拖沓不决,一例案件的审判往往历时数年之久。这些状况都不利于城市和工商业的发展。

---

① 参见伯尔曼:《法律与革命》,中国大百科全书出版社 1996 年;泰格·利维:《法律与资本主义的兴起》,学林出版社 1996 年。

伴随城市兴起和工商业繁荣,在争得了自治权利的前提下,中世纪城市逐渐形成了较为系统的法律体系。它涉及城市组织结构和管理、居民法律地位、工商业事务、税赋收入等等方面,统称城市法(city law)。

城市法包含公法和私法两大部分。公法是针对整个城市和所有市民的,包括特许状、城市立法、城市习惯和判例。私法主要指行会组织的规章制度,只针对某一特定行业成员。

特许状是国王或领主承认城市的自治地位并授予其相应权利的法律文书,它确认城市的自治权和经商特权,明确市民的基本权利和义务。它是城市法的渊源,确定了城市法的轮廓和城市立法的原则。城市立法是指市政会颁布的法令、条例等。城市习惯和判例则来源于在长期社会生活中形成的各种习惯及城市法院的判例。行会章程是行会制定的对本行业商人或手工业者的规范。

城市法使各个城市成为相对独立的司法区域,使市民一定程度上摆脱了教会和领主的司法审判,而只接受城市法官的审判,从而大大促进了城市工商业的发展。城市法的意义更在于,它确立了法治观念和法律面前人人平等的观念,无论谁,包括国王,都不能违背城市法。它还使司法程序更加理性化,审判结果更加合理。以往那种错综复杂的形式主义司法程序,那种以宣誓保证、神意裁判、裁判决斗为标准,使偶然和欺诈常常决定案件判决的原始司法审判成了历史。

总之,中世纪城市市民政治的发展,促进了新的社会观念和政治法律精神的形成。中世纪的封建社会是一个绝对化的两极社会,领主和农奴、贵族和平民的界限如同鸿沟,不可逾越。而城市共同体成员在法理上的平等地位,市民政治运作过程中的民主程序,共同遵守法规章程的契约意识,冲击了封建社会的政治和社会法统,成为近代民主政治的制度源流。

第三节 城市同盟

一、城市同盟出现的背景

作为独立的政治单位或政治主体,中世纪城市有很大的自主权。然而它们并不能摆脱来自外部政治权力如领主、国王、教会,甚至外来入侵者的逼压,在这些外部政治势力面前常处于弱势。那些经济和政治势力强大的城市,如威尼斯、热那亚等，不会畏惧外部势力，能够独自抵挡来自外界的骚扰。而大多数城市从保护自己、求得生存的角度出发，不得不寻找盟友。它们的外部盟友可能有多种类型，甚至可能包括国王、贵族或教会，但城市间的结盟是极常见的。在城市兴起的早期，城市结盟多以政治为目的。

从城市求发展的角度看，城市结盟更是一种必要。在经济活动中，虽然各个城市各有自己固定的市场区域或经济"领地"，但相互间并非隔绝不相往来。工商业经济的市场本质，使它们必须具备开放性。为了维护原有的共同市场，开拓和共享新的市场，有共同诉求的城市便倾向于结成同盟，以共同对付其他竞争者。参加结盟的城市动机可能不一，有的是发起者，有的是被迫的，有的是随大流。为了经济利益，城市同盟还可能与其他城市或城市同盟形成对抗直至冲突。这种主要出于经济考虑，又以增强政治力量为手段的城市同盟，在城市的兴盛阶段比较盛行。城市能依据自身意志与其他城市结盟，这一行为本身就意味着城市自主权的完整性。

二、意大利的城市同盟

早期以反对封建统治者为目的的城市结盟，以米兰为首的伦巴第城市同盟最具代表性。12世纪里，为了掠夺意大利的财富、镇压意大利人的反抗，德国皇帝红胡子腓特烈先后六次入侵意大利，后面五次都是来镇压伦巴第城市同盟的反抗的。虽然米兰等城市曾被这个暴君夷为平地，但不屈不挠的伦巴第城市同盟在米兰领导下，于1174年与腓特烈展开大战，结果德军大败，腓特烈本人也受伤投降，伦巴第城市捍卫了自己的独立和自由。

在争夺市场和贸易控制权方面，早期意大利城市也有借同盟之力打击对手的情况。如在对地中海贸易的争夺中，热那亚就在11世纪一度和比萨联盟，击败了阿拉伯人。只不过热那亚马上翻脸，于12世纪与比萨展开争夺并取得胜利，最终在西地中海建立了贸易霸权。

三、德国汉萨同盟

有经济和政治双重目的的城市结盟，以德国的莱茵同盟、士瓦本同盟和汉萨同盟最为典型。德国长期分裂，政治混乱，皇帝有名无实，无力为城市提供强大保护；诸侯邦国林立，几乎每个封建主都有榨取城市的愿望和行为，因而莱茵河短短几百公里就设立了60多个收税关卡。城市要在这样一个极差的政治生态中求得生存和发展，通过相互结盟来形成强大的政治经济势力，无疑是最佳的选择之一。

莱茵同盟最早出现，初建于1226年，参加者主要是德国西部莱茵河地区的70多个工商业城市，美因兹、沃姆斯、科隆和法兰克福是最核心的成员。为了保护城市工商业发展，同盟建立了武装卫队，保护莱茵河上商船及陆路上的商队，并迫使诸侯取消了多项关税。

士瓦本同盟是德国南部多瑙河上游地区城市结成的同盟，1331年成立，参加者有奥格斯堡、纽伦堡、乌尔姆等城市。在对抗封建统治者的斗争中，莱茵同盟和士瓦本同盟曾于1381年合并，但最后还是在1388年被德国皇帝、诸侯和骑士的军队联合击败。

汉萨同盟是以德国北部城市为中心结成的同盟。"汉萨"原意为集团、会馆。这些城市主要从事北海波罗的海贸易，其商人在国外各商业据点都设立有"汉萨"。13世纪中叶，这些城市开始建立各种联盟，最后于80年代正式形成汉萨同盟。成员最多时达到200多个，除了卢卑克、汉堡、不来梅等核心城市外，还有与北海波罗的海贸易有联系的莱茵河、威悉河城市，以及波罗的海东部的但泽、里加、柯尼斯堡等城市。这是个实质性的政治主体，有公共的财政收支，建立了强大的海军舰队，拥有外交、宣战、媾和等重大权力。最初以垄断贸易、打击海盗为目的，到后来则公开与封建国家相对抗。13世纪曾与挪威交战，14世纪又向丹麦宣战，迫使丹麦国王签订和约，成为欧洲北部一支举足轻重的国际政治力量。汉萨同盟的鼎盛维持了一个多世纪，15世纪开始衰落，16世纪曾一度回光返照。

如同威尼斯、热那亚将单个主权城市的势力发展到顶点一样，汉萨同盟将城市同盟的势力和影响发展到中世纪状态下所能达到的最高点。

第四节　城市与国王的结盟

11世纪前后城市刚刚兴起时，西欧几个主要国家正处于分裂割据、王权弱小的阶段。在10世纪取代加罗林家族的法兰西加佩王朝，其王权弱小得只能与众公爵、伯爵论短长，国王的影响仅限于王室领地。法国国王的这种尴尬境地直到12世纪才有所改观。在德国，加罗林后裔的统治也在10世纪终结。962年建立的神圣罗马帝国，其皇帝只是徒有虚名而已。他没有都城，没有朝廷，没有财政，由诸侯选举产生。皇帝的权威度低，加剧了诸侯割据自重的局面，而他还颁布《黄金诏书》从法律上认可这种割据。在意大利，自德意志皇帝南下、加罗林后裔的意大利王国灭亡后，政治局面更加分散，北部兴起众多城市国家,中部是教皇国,南部长期为外族所统治。英国情况略有不同,11世纪以前长期分裂,并且外侮不断。1066年诺曼征服后,英国的王权颇为强大,但贵族的割据和分离状态一样存在,政令一统化也是其艰巨的任务。

在中世纪西欧,天主教会是一支巨大的政治力量。与王权的分散弱小相比,教会内部则是高度中央集权化。从教皇到枢机主教团,到各国大主教、主教、修道院长,教会上下可谓号令一致,思想一致。教皇和教廷还经常干涉世俗政治,因此中世纪欧洲不断出现教俗之争、教权和王权之争。在斗争中,世俗国王、皇帝总是处于下风,每每以失败而告终。

因此,为了能在政治上统一国家,消灭领主割据状态;也为了能在与教皇和教会的斗争中获得胜利;还为了能在对外征战中获得国内支持,国王们急需寻找同盟者,新兴的城市自然就成了他们最好的结盟对象。同时,城市也有寻找政治保护的需求。他们要反对封建领主的压榨,要发展工商业、开拓市场,就必须统一货币、统一度量衡,这些只有在相对安定的政治环境下才能实现,而国王是最有可能创造这种环境的政治力量。这样,出于共同反对割据势力和天主教会的需要,城市便和国王走到了一起。

城市很早就显示了自己的政治能量。1215年,英国社会各阶层迫使国王签署了《自由大宪章》。这一事件虽然是由贵族发难的,但城市的作用不可低估,城市也获得了利益:城市自治权利被确认,市民的通商自由得到保障,规定了全国统一的度量衡制度。1265年,英国孟德福伯爵也看到了城市的力量,他召开那次被视为英国第一次国会的全国性会议时,就要求每个城市派两名代表参加。后来的国王很欣赏国会这种政治形式,由此它便成了国王与城市结盟的基本方式。1295年,为了筹措对法作战的经费,国王召开了所谓的"模范国会",自治城市代表在其中占有相当数量,英国国会制度正式产生。14世纪,国会分成上下两院。下院作为平民院,由各郡骑士代表和各城市市民代表组成。初期的国会,是国王同各等级联合进行统治的形式。在这种等级议会君主制中,市民是国王最可依赖的力量。

法国三级会议也是国王与城市结盟的基本形式。法国的三个等级,原指第一等级教士,第二等级贵族,第三等级其他自由民众。随着城市自治运动的胜利和市民力量迅速壮大,第三等级逐渐演变成富有市民的代称。三个等级直接参与国家事务,起因是法国国王同罗马教廷的冲突。出于对英作战需要,国王拟征收一种教会财产税,结果遭到教皇强烈反对。为争取社会各阶层的支持,国王于1302年召开了法国第一次三级会议。与会者除教士和贵族外,还有城市的富裕市民,王室领地上主要城市各派两名代表参加。表决时,每个等级一票。三级会议召开,表明在法国等级君主制中,国王已正式与市民阶级携起手来。

  国王与城市结盟,表明城市已不再局限于自身政治,而是开始在国家政治体制内占有不可替代的地位。当然,这种结盟是双方出于各自利益需要的一种结合,根基并不牢固。一旦双方的利益发生冲突,昔日的盟友就演变成了斗争对手。

(刘景华)

第六章　中世纪城市的形态与结构

第一节　城市景观与空间结构

一、城市的景观形态

中世纪城市星罗棋布地散布在西欧大地上,不但其社会本质与农业社会截然不同,而且也与广大农村地区形成迥然相异的景观效应。中世纪城市的景观形态主要由城墙、街道和房屋建筑构成。

城墙。在中世纪西欧,即使最小的城市也有城墙。曾有一种观点认为,如果一个地方不被石头墙所环绕,那它就不能算作城市。[1]完备的城墙体系由城墙、城门和城楼组成。西欧和南欧的城墙多模仿罗马时代留下的样本,中欧和东欧的城墙则多是中世纪人的创造。城墙有诸多功用。其一,保护城市不受外来力量侵犯,保护市民,增加其安全感。对城市的侵犯,不但来自强大的封建国王、诸侯等政治势力,来自敌对的城市或领主,还来自偶尔出现的小股匪帮的骚扰。因此,几乎没有市民愿意生活在城墙之外。其二,城墙是将城市与四周农村分割开来的象征,强化了城市与乡村之间的对比,可以加强市民的认同感和归宿感,对市民共同体有一定凝聚作用,也可以加深外来者对城市的印象和认可。因此,城墙常关乎城市荣耀,其图案还被刻在城市图章里。其三,城墙的修建便于城市管理,还可限制城市无序地扩张。当然这一功能的另一面是导致城墙内街道和建筑过于挤密,不利于城市发展。因此,大城市在成长过程中总是不断地在更外面修建城墙,圈括更大的区域。

街道。城墙内的城区都有街道相通。在大中城市,城区里有多条街道或垂直交叉,或任意交叉;在中小城镇,一般都是两条主要街道成十字交叉,有的甚至只有一条长街。中世纪城市街道的道路水准较低。它们很少铺路,也有偶尔用砂石或灰石铺路的。街道通常还有点坡度,但不是向两边的水道倾斜,

---

[1]　Norman Pounds，*The Medieval City*，p.29.

而是街道的中间低。这样,积水就能远离街两边的房屋。大雨过后的街道中间,也就变成了小小的水道。两边很少有人行道。行人尽可能地避走街中间,还总要溅上牲畜或车辆经过所激起的水花。住房沿街道两旁排列,后面各有一块菜地。不少房屋的楼层还伸到街道上,使街道中间的天空变窄,光线变暗。居民们常将垃圾扔在街道,使得街道卫生状况较差。市政配有专门的垃圾收集人员,但处理方式只是将其倒进附近的河流而已。不少中小城镇的居民还放养猪,因此街道上遍地猪粪。

房屋建筑。中世纪西欧城市的住房大致有两种样式。一是"平向"房,即房子的纵深与街道平行,占有较长的街面。这种情况在土地宽裕的中小城镇较多,或者是富裕市民有财力占有较大地产,效仿乡下领主修建阔气的住宅。另一种是"排房",这是土地紧张、人口拥挤的大中城市最普遍的住房模式。这种住宅只有一间房子排列在街面上,房屋的纵深与街道线成垂直角度。面街的房子多用于工商业活动,一楼是前店铺后作坊或库房,其后是生活起居炊厨用房、杂屋及猪厩之类,再后面是花园或菜地等,人的排泄通常在屋子里,底楼挖有便池。二楼为房主即工商业者夫妇全家居住,上面的阁楼则由学徒帮工挤住。许多住宅还在底层建有地窖,从街道上修台阶而下,为避免行人掉下发生事故,台阶旁必须修栏杆。

随着城市发展人口增加,大多数城镇里的建筑变得越来越密集,于是房子便向空中发展,在已有的平房建筑上再加建二楼、三楼甚至更多楼层。由于加建楼层时没有事先考虑加固底楼,结果城市的住宅一般都不稳固。房子的墙不垂直,楼板不平整,部分原因是使用了未干透的木板,部分原因是太多的重量压在下层结构上。当城墙内再也没有空间时,市民们开始冒着受不到保护的危险在城郊建房。城市建筑多是木结构的,由于没有防腐涂料而极易腐烂,从而导致建筑物坍塌。取暖和炊厨时用明火,极易引发大范围火灾。由于人口密集、[①]住房拥挤,卫生条件差,疾病在城市里传播极快,城市的死亡率远大于乡村。1348—1350年欧洲黑死病期间,城市损失的人口比例比农村高得多。

城市还有相当多的教会建筑和公共建筑。教会建筑包括大教堂、堂区教

---

① 有的经济史家估计,中世纪城市内的人口密度平均约为每公顷120人(即每平方公里12 000人),最拥挤的城市约为每公顷200人(即每平方公里2万人,与现代大城市差不多)。J. Bradford De Long & Andrei Shleifer, "Princes and merchants: european city growth before the industrial revolution," *Journal of Law and Economics*, Vol.36, No.2(Oct., 1993), p.676.

堂、小礼拜堂等，它们往往是中世纪城市的标志性建筑，许多教堂、大教堂历经几百年，至今还是一些城市的地标。1200年前修建的教堂为罗马式风格，墙体厚重，门窗略小，上顶为半圆形，意大利比萨大教堂是其代表。1200年后，西欧建筑风格转向哥特式，教堂是主要代表。其特点是窗户宽大，采光充足，屋内空间大，门窗成尖顶拱形，屋顶尖塔指向天空，将人们的目光引向缥缈的"天堂"。法国巴黎圣母院、德国科隆大教堂和英国索尔兹伯里大教堂是著名代表。世俗公共建筑包括市政厅、市场等，一般都宏大、坚实、庄重，有的至今犹存。大部分城市都在中心广场附近或教堂建有钟楼建筑，这是城市的标志，更是城市自由和独立的象征。[1]

二、城区的多样化结构[2]

大部分城市街区集中，围绕一个中心四向伸展，特别是中小城镇，其进一步扩张的进程类似近现代城市的"摊大饼"模式。这种"单核形"模式是中世纪西欧最普遍的城区结构。

很多城市是"多核形"模式，它们的各个街区多围绕不同的中心衍生而来，城堡、大教堂、修道院和市场等都能构成中心，以它们为中心形成街区。如德国西北部的希尔德塞姆，就有四个以上的独立街区，每个都有自己独特的起源。最先是大教堂区多姆伯格，随后在半英里外出现了圣米歇尔修道院区，接着自发出现了中世纪城区，即"老城"阿尔斯塔德，最后是经过规划而建设的"新城"纽斯塔德。

"双核形"模式在中世纪也相当多。在那些曾是罗马城市的地方，旧城区一般成了地方行政中心和教会中心，往往在中心广场两边相对而立着大教堂和市政厅或会所。后来出现了修道院，但它们很少修建在人口稠密的老市区，那里既没有足够地盘，也不合乎修道需要私密空间的本性。随着时间的推移，修道院附近吸引了一批工商业者，有时其规模和重要性还超过了老市区。这样的例子如法国北部的阿拉斯，其西市区源于罗马时期老城区，圣阿瓦斯特修道院所在的城区也变成了兴旺的大型工商业区。在法国的里姆斯和特鲁瓦，以修道院为聚核的商业区在早期的行政和主教区旁边成长起来。英国的坎特伯雷使前罗马城区变成了商业中心区，东面的城郊建立了圣奥古斯汀修道院。伦敦从罗马时期的伦丁尼发展而来，成了英格兰的都城，也是主要的工商业区。11世纪初，一个本尼迪克修道院建立在西边2英里外的威斯敏斯特，这里

---

[1] Leopold Arnaud, *Medieval Towns*, p.32.
[2] Norman Pounds, *The Medieval City*, pp.31-37.

也成了英国王宫"威斯敏斯特宫"所在地。国王从原来的王宫、拥挤而不舒适的伦敦塔离开了。在相当长的时间里,伦敦市(包括圣保罗大教堂)与威斯敏斯特的修道院及政治中心是分隔开来的,中间是田野和草地,后来才建满了宫殿、民宅和店铺。

双核形模式中还有一种是河畔城市。原在渡口两岸分别发展,后架起了桥梁将两者连为一体,城市整体成双核或多核状。如伦敦在泰晤士河以南出现了南沃克手工业区。匈牙利的布达佩斯、波希米亚的布拉格,都在多瑙河两岸各有城区。

无论是哪种模式的街区结构,每个城市都是有功能区之分。一般来说,城市市民大多按行业划地块居住,因此几乎所有城市都有手工业区和商业区之分。在手工业区里,又因行业差异而形成不同功能的街道,如纺织街、铁匠街。在商业区,也有综合市场区及各种专门产品买卖区,如谷市、鱼市、羊毛市场等。与之相联系,很多城市还形成了富人区和穷人区。这种区分在今天的欧洲城市里还可以觅其踪迹。

第二节 城市社会结构

一、城市市民的来源构成

在中世纪城市的发展过程中,市民的来源有二:一是城市的原住民;二是来自于周围乡村或外地的移民。

所谓原住民,即指出生于城市的居民;所谓移民,当然是指出生于乡村或外地,后迁移进城的人口。两者在城市人口中各占多大比例,各城有各城的情况。但有一点是清楚的,即如果没有移民进城,城市的人口是不会增加的,因为在中世纪,城市人口的死亡率通常高于出生率,或者说,城市人口的自然增长率为负数。城市人口死亡率高有两个值得注意的原因。一是由于医疗卫生和保健条件差,婴儿的死亡率较高,通常每出生1 000人,大约有200余人死亡。[①]二是疾病和瘟疫因素。所以城市死亡率高于出生率,但总人口仍在增加,合理的解释是有外部移民不断涌入。移民在总人口占多大的比例因城市而异。在有些城市,大多数成年人是外来移民。

---

① 克拉克、斯莱克:《过渡期的英国城市》,武汉大学出版社1992年,第86页。

在城市兴起阶段,来到城市的移民多为所谓逃亡农奴。而在城市发展阶段所吸收的移民则有三种类型。第一种可称为"改善型"移民,他们希望在社会和经济方面得到进一步改善而迁居城市;第二类是"生计型"移民,多是农村贫困阶层为城市的就业或施舍机会所吸引,或是为能在城市中行为自由所诱惑,这些移民来到城市后,加剧了社会动荡,属于不安定因素;第三类是外国移民,他们兼有改善和谋生双重特点。如在 14 世纪,有不少来自佛兰德尔的工匠移居英国东部和南部的城市。外国移民的到来,既为城市带来了新的活力,也使城市的市民结构更加复杂化,并加剧了城市的社会矛盾。

在某些城市,移民对城市发展的贡献率还大于城市原籍居民,甚至在城市中居于主导地位,例如吸引了英国各地商人的伦敦。1480—1660 年间伦敦共有 172 任市长,其中只有 14 人是出生于伦敦的;403 个"大商人"中,出生伦敦的不到 10%;813 个号服公会商人中只有 75 人(9%)、389 个店主和零售商中不到 4%是伦敦原籍人。商人移民中相当多的人仍同原籍家族保持商业联系。[1]这种联系,有利于城市工商业的进一步发展。

二、城市市民的等级分层

中世纪城市虽然是共同体,市民虽然有共同的利益,城市虽然对外能以一个整体发出声音,但其内部并非铁板一块。换言之,城市内部也有极为复杂的社会结构和政治关系。

中世纪城市内的居民有多种成分,大致可分为市民和非市民两大类。所谓非市民,主要指那些住在城市里的各类封建人员,包括国王、诸侯、领主、骑士、主教和教堂神父等,以及他们的家人、仆役。这些人不属于城市共同体,但他们既然住在城内,势必要对城市社会、政治和经济生活产生影响,不能对此完全忽略。在那些较大城市或政治中心城市里,这类封建人员的比例相当大,其对城市生活的控制力和影响力也相对较大。

城市共同体的成员都是市民。除了极个别例外,早期城市里的所有市民都是工商业者,大致包括三类。其一是从事手工业品制造的人员;其二是从事服务业的人员;其三是从事批发和零售商业的人员。在经济功能不同的城市,三类人员的比重也会各有不同。

从法律意义上说,城市所有市民的身份是平等的,所有市民从事工商活动也是自由的。但由于进入城市有时间先后的差异,从事工作有高低贵贱的区

---

[1] G. D. Ramsay, *Tudor Economic Problems*, London, 1963, p.110.

别,因而城市所有人员也有地位上的差异。在手工业者的作坊里,除师傅外,还有帮工和学徒;在商人店铺里,有老板,也有伙计。因此实际生活中,那些帮工、学徒、伙计,虽然在法理上人身是自由的,但他们在城市政治生活中没有地位,是城市的下层,构成城市的贫民阶层。手工业者、服务行业的店主和普通零售商业的店主,构成城市市民的普通阶层,亦可称为城市平民阶层。富有的批发商人、外贸商人、高利贷者和房地产主则成为城市的上层阶级。所谓拥有政治权利的市民,作为城市社会基础的市民,指的是手工业者和店主等平民阶层以上的人员,城市下层贫民不包括在内。

按说城市本来就是逃亡农奴心中的圣地,本来就是自由人的天堂,所有想成为市民的人,就是冲着能够自由、能够平等而来的,因此,城市在本质上是应该没有社会等级的,是一个在西欧封建等级社会中出现的非等级社会。事实上,在中世纪城市存在的五六个世纪中,无论哪一个国家的哪一个城市,都没有公开张扬过要建立等级制度,都没有在法理上规定社会等级。但是,由于城市诞生于等级的封建社会母体之中,并且又同外部等级社会在政治、经济、文化各方面保持着密切联系,因此它"无论如何绕不开"封建母体中等级制度、等级观念的影响。因此,中世纪城市虽然不具有明确的等级制度特征,但等级意识、等级观念毫无疑问是存在着的。[①]这种等级观念与社会阶层的收入差距、贫富程度相结合,从而出现了城市中十分明确的等级分层。不过,这种以财富为基础的社会等级是开放式的、动态的,每个人的社会身份不是固定不变的,通过发家致富,人人都可以向城市社会的上层流动。

第三节　城市工商业组织

一、基尔特的起源

中世纪城市工商业者很早就建立了自己的组织。中世纪城市工商业组织的发展,多经历了三阶段,即商人基尔特(gild merchant)、手工业行会(craft gild)、公会(company)。[②]总体上说基本如此,当然各国情况各有特殊。三个阶段的发展以英国最为典型。

[①] 施治生、徐建新主编:《古代国家的等级制度》,中国社会科学出版社2003年,第481-508页。
[②] George Unwin, *The Industrial Organization in the Sixteenth and Seventeenth Centuries*, London, 1925.

基尔特(gild, gield)这个词在 5 世纪就有,指的是法兰克战士的一种祭奠仪式,加洛林时期则是指喝酒的俱乐部组织。在英国,10 世纪的伦敦及其附近都出现了和平的"gild"。行会最初作为一种集体组织,在农村和城市中都有,它可能有宗教团体、慈善机构、互助团体等性质。[1]在英国许多地方,"gield"这个词与收集钱的意思等同,;而"gild"这个词来源于盎格鲁-撒克逊时期,最初的意思是一笔支付,一笔贡献给共同基金的支付,[2]显然带有慈善性质。"gild"只是到后来才用作工商业组织的名称,而城乡仍有不少宗教性的"gild"。

二、商人基尔特

中世纪城市中最早的工商业者组织是商人基尔特(gild merchant)。

商人基尔特是大陆国家如法国和佛兰德尔早就有的经济组织。在英国,其历史开始于诺曼征服时期,很可能是从诺曼底引进的。那时候,许多法国人和诺曼人群集于英国城市和市场,使英国人立刻知道了这种商业组织的优越性。英国和诺曼底形成的密切联盟,促进了英国对外贸易的增长,也促进了国内工商业的发展。贸易的扩张使商业成分在城市生活中日趋重要,因此更感到有必要联合起来,形成商人基尔特之类的保护性联盟。那个时候,国王或贵族在给城市的特许状中总允许城市建立商人基尔特或商人同业公会(hanse),最有代表性的是 1200 年约翰王给伊普斯威治的特许状。但伦敦没有商人基尔特。[3]

一个城市通常只有一个商人基尔特,它有比较完整的管理机构和章程,有较为齐备的管理人员。12、13 世纪的商人并不是指专门的经商者,而是指有经商和买卖活动的人,因此每个手工业者都是商人,他既购买原料,也出售产品。所以,商人基尔特几乎囊括了城里所有的工商业者,手工业者还构成了基尔特成员的大多数。并非居住在城内就一定有入会资格。有的城市里,逃亡来的维兰(villein)不能参加这个基尔特。有的城市商人基尔特成员被划为两个阶层。一个拥有自由成员资格,是会员中的高级阶层。另一个则是"维兰",主要是小商人和工匠。会员资格可以转让,但接受者必须付费。会员资格终身享有,也就是说,不得继承。凡重罪者,则要逐出。[4]

商人基尔特的主要职能在于维持垄断,即只有基尔特成员才可以在城内

---

[1] 马克垚:《英国封建社会研究》,第 244 页。
[2] C. Gross, *The Gild Merchant*, p.58.
[3] C. Gross, *The Gild Merchant*, chapter 1, pp.1-22.
[4] C. Gross, *The Gild Merchant*, chapter 2, pp.23-33.

自由从事商业、买卖商品。成员还享有优先购买权(right of pre-emption),即成员可优先购买城市新进货物;成员有多余货物要处理时,必须按照原价首先由其他成员买去。成员之间以"兄弟"(brethren)相称。非基尔特成员者,不得在城内开店,不得零售当地的主要商品。在城内买商品也要受到限制,主要商品不能买后再倒卖,只允许买自己需用的。有些城市允许外人以批发形式在城内出售商品,但必须面向基尔特成员,而且须将商品放在指定地点打开包装出卖,以便随时接受检查。在城内停留时间不能超过 40 天,即使是 40 天内也要受到严密监督。非基尔特成员不能同基尔特成员合伙经营。享受了自由贸易特权的基尔特成员,其义务主要是分担城市的财政费用,统称为"scot and lot"。因此,为了减轻经济负担,城外显贵也经常被吸收加入商人基尔特,分享商业特权,但必须付出一定代价。[①]

中世纪城市也允许外来人员进城交易,但有条件:第一,必须缴纳通行税(tolls),这一点市民可以全免或部分免除;第二,外来人员之间不得进行买卖交易,市集开市期间除外;第三,外来人员不经特别许可,不得在城内零售商品。[②]

商人基尔特组织与市政机构不能等同,它只负责城内有关商业和买卖方面的事务。商人基尔特成员身份与市民身份也不能等同。其一,许多不住在城内的人也享受了基尔特权利,加入了基尔特不等于成为市民;其二,市民不一定都属商人基尔特,那些不从事工商业的市民,无必要或无资格参加商人基尔特;其三,城内还有些既不是市民,又不是商人基尔特成员的从业者。基尔特成员资格与市民资格的不同主要表现在,前者须有能力支付"scot and lot",后者则有能力完成城市职责,如检查与监督、担任公职、参加陪审团等。市民必须是城内不动产的拥有者,必须在城内住,基尔特成员则不受这些限制。[③]

三、手工业行会

商人基尔特只介入商业和经营活动,不过问生产事务。随着生产和分工进一步发展,按生产和行业分别组织的手工业行会和商业行会不断涌现。

手工业行会不是官方的市民组织,也不是城市行政的分支。它们的存在多以向领主付出年贡为代价,拥有对本行业的制造和买卖垄断权。随着手工业行会纷纷建立,商人基尔特的力量和影响遭到削弱。随着商人也建立行业

[①] C. Gross, *The Gild Merchant*, chapter 3 and 4, pp.36-58.
[②] Sir William Ashley, *An Introduction to English Economic History and Theory*, Book 2: *From the Fourteenth to the Sixteenth Century*, London, 1925, p.13.
[③] C. Gross, *The Gild Merchant*, chapter 5, pp.61-76.

组织,商人基尔特便被取代了。许多城市的手工业行会或商业行会,还撇开城市当局,直接从国王或领主手中取得工业和贸易特权。

在英国城市,手工业行会最早出现于12世纪,13、14世纪里得到广泛发展,重要城市一般都有几十个行会,几乎每个小行业都有自己的组织。如约克1415年曾有71个行会。该城最小的制蜡烛工行会,仅有6名成员。与铁制品相关的几个行会,平均拥有会员只有11人。①众多中小城镇里每个行业的从业者少,故行会数量较少。

行会是生产者为了保护自身利益,为了传授生产技术而团结起来的组织。在经济生活中,行会的作用主要体现在:其一,对成员的生产活动,从生产规模、生产手段、生产方法、生产工具、工作时间、帮工和学徒人数、产品规格与质量等方面,都做了严格的规定和限制,并有专门的监督机构。有些规定相当细致,譬如不准晚上工作,学徒不能超过几人,佣工数量不能超过几人等。②其二,控制城市手工业的发展,维持对手工业的垄断特权,对外来人员极力排斥。其措施包括严格规定加入行会的资格,严格禁止行会以外人员在城内从事本行业,包括甲行会人员不得从事乙行业,防止属于本行业的生产活动向外扩散,阻止附近乡村发展本行业生产等。其三,控制商业活动,也就是维护本行会既定的市场范围,不容许外来人员闯入。行会为此制订了许多规章。

行会成员都是独立的手工工匠。他们的生产单位就是家庭作坊。每个手工业作坊包括师傅、帮工和学徒三部分人。师傅是作坊主、高级技术掌握者和最后工序的完成者。学徒期限一般长达七年,其间除学习基本技术外,还要替师傅家做粗重家务活。帮工多是学徒出师后继续留在师傅家工作,属于雇工性质,是手工业者创业前的资金积累阶段,因此对工资颇为在意。中世纪后期,由于人口减少,劳动力资源减少,帮工便要求更多的权益,甚至还要求事先与作坊主签订劳动合同。③

四、公会的出现

手工业行会和商业行会从14世纪开始发生变化,一直持续到17世纪。以英国为例,变化的主要内容是向所谓公会(company)转变。伦敦是最先开

---

① L. C. Marshall, *Industrial Society*, Chicago, 1924, pp.81-82.
② D. M. Palliser, "The trade gilds of Tudor York," in Paul Slack, Peter Clark, *Crisis and Order in English Towns 1500-1700*, Routledge & Kegan Paul, 1972, p.98.
③ Gervase Rosser, "Crafts, guilds and the negotiation of work in the medieval town", *Past and Present*, No.154.(Feb., 1997), pp.3-31.

始由行会向公会转变的城市。14世纪末,伦敦出现了至少60个公会。[①]15世纪,伦敦的手工业行会和商业行会都相继过渡为公会。这种过渡有多种途径。

一是小行会合并为大的公会。如1498年钱包商行会与手套商行会合并。[②]

二是大的手工业行会吞并或控制小行会,从而上升为公会。伦敦刀剑业提供的例子最为典型。1408年,刀柄匠行会向市政当局申诉说,刀剑的制造分布在三个不同行业:刀片匠制造刀片,刀鞘匠提供刀鞘,刀柄匠安装刀柄,因为由刀柄匠出售最后产品,有关刀具质量的一切毁誉都落在他们头上。因此,刀柄匠取得了所有在英国制造和在伦敦出售的刀鞘的检查权利,后来又限制刀片匠不得提高刀片价格。这样,1415年,伦敦国王敕令刀柄匠行会为自治公会,实际取得对刀剑业的控制权,并吞并了刀鞘匠行会和刀片匠行会。[③]

三是大手工业行会转变为商业公会,并控制与经营商品相关的手工业行会,如伦敦呢绒修整匠行会获得特许状成立呢绒商公会,由生产者变成了商人,不但掌握了伦敦呢绒工业的支配权,在本城及郊区零售呢绒的独占权,又垄断了全国运往伦敦呢绒的贸易。[④]

四是商业行会上升为公会。16世纪伦敦十二大号服公会中,商人号服公会占多数。[⑤]这些公会还合并或吞并了许多与其经营商品相关的小行会。[⑥]

五是纯粹的外贸商人组成公司。[⑦]如英国羊毛出口公司(The Staplers)基本上垄断羊毛出口权。商人冒险家公司(Merchant Adventurers)垄断了呢绒出口权。16世纪出现了许多特许贸易公司,如黎凡特公司、东印度公司等,这些公司后来多成了股份公司。

穿着鲜亮齐整的号服,被当时人认为是成功商人的标志之一。在伦敦,一些较小的公会里上层穿号服,那些较有实力的公会,则是所有成员都穿号服。16世纪伦敦的十二大号服公会里,成衣商公会、金饰商公会和呢绒制造商公会是起源于手工业的。它们分化成商人和工人两部分后,商人们组织起公会,穿

---

① Sir William Ashley, *An Introduction to English Economic History and Theory*, Book 1, p.80.
② E. Lipson, *The Economic History of England*, vol.1, London, 1929, pp.375-377.
③ G. Unwin, *The Industrial Organization in the Sixteenth and Seventeenth Centuries*, pp.24-25.
④ G. Unwin, *The Industrial Organization in the Sixteenth and Seventeenth Centuries*, p.30.
⑤ 十二大号服公会分别是:丝绸商公会、呢绒商公会、食品杂货商公会、服饰商公会、盐商公会、酒商公会、鱼商公会、皮革商公会、小五金商公会、金饰商公会、成衣商公会、呢绒制造商公会。
⑥ G. Unwin, *The Industrial Organization in the Sixteenth and Seventeenth Centuries*, p.82.
⑦ 公司一词也是"company",由于翻译习惯,一般都把15、16世纪从事外贸的英国商人公会译为公司。

起了有别于下层的号服。伦敦呢绒商公会中,1493年共229个成员享有充分权利,其中114人可着号服。①十二大号服公会基本上控制了伦敦的统治权。16世纪,丝绸商号服公会有24人当过市长,呢绒商号服公会有17人当过市长,食品杂货商号服公会有14人,其余几个大号服公会,均有六七人当过市长。②

地方城市中行会向公会转变,开始于15世纪,多表现为行会合并。合并中商人乘机控制手工业,如布里斯托尔等城市,商人同各种金属行业合并为一个大公会,而且多是商人因素支配手工业因素。③地方城市还出现了跨行业的合并。如北安普顿全部行会合并为5家大公会。诺里奇全城贸易被组织在12家大公会内。④伊普斯威治4个公会控制了全市所有的工商业。圣阿尔班斯的所有行业最终整合在丝绸商公会和客栈老板公会里。⑤吉维斯所有行会被三个商人公会吞并。施鲁斯伯利的丝绸商公会合并了将近10个行业。⑥

第四节 城市政治机制的演变

一、行会民主政治

中世纪城市兴起后,城市内部的政治关系也不断变化。在早期阶段,城市政治的突出特征是行会政治。行会虽然以经济职能为主,但也兼具重要的政治和社会功能。

最先出现的商人基尔特,其政治和社会作用也不可低估。如英国林城的商人基尔特是城市的实际统治者,它被称为"大行会",全部由显贵组成。它的长老可以自动变成城市的代理市长。他可以挑选12人委员会中的4名成员,12人委员会的职责是每年选举市长和市政官员。按规定,城市官员必须出自这个"大行会"。⑦

---

① Sir William Ashley, *An Introduction to English Economic History and Theory*, Book 2: *From the Fourteenth to the Sixteenth Century*, p.131.
② 施托克马尔:《十六世纪英国简史》,上海人民出版社1958年,第66页。
③ G. Unwin, *The Industrial Organization in the Sixteenth and Seventeenth Centuries*, pp.83-84.
④ 里奇、威尔逊主编:《剑桥欧洲经济史》(第5卷),经济科学出版社2002年,第419页。
⑤ 同上,第159页。
⑥ 施托克马尔:《十六世纪英国简史》,第69页。
⑦ Susan Reynolds, *An Introduction to the History of the English Medieval Towns*, pp.175-176; B. A. Hanawalt, "Keeper of the lights: late nedieval english parish gilds," in *Journal of Medieval and Renaissance Studies*, Duke University Press, Vol.14, 1984, no.1.

随着行会成为城市中的核心组织，大部分城市都有行会政治时期。工商业者为保护自身利益而组织起来的行会，调节生产，调节市场和原料，成员间实行互助，这对于保护工商业、传授生产技术或经商技巧，团结工商业者，无疑起了积极作用。

行会的政治作用或政治角色，也有诸多表现。首先是行会对整个城市的政治领导权。如市政机构负责人多来自行会人员，或是行会信得过的人员；行会的规定和限制，往往成了市政当局制定政策的基石。势力大的行会还可从国王那里直接取得特权而凌驾于市政之上，或不服从市政管辖。由于行会基本上囊括了所有市民，因此行会政治时期也是中世纪城市的民主政治时期。市政当局官员均由行会选举或推举，均从行会人员中选出，就连城市的市政大厅，也因主要是行会代表开会场所而常被称为"行会厅"（guildhall）。当然，各个行会的地位因其规模和富裕程度而大有差异。典型者如意大利的佛罗伦萨，14 和 15 世纪有 7 个大行会（肥人）和 14 个小行会之分，城市政权基本上由大行会把持。

其次，行会的政治作用还体现在，它是城市中的基层组织，不但对本行会全体成员负责，也要对市政机构负责。要执行市政的命令，完成市政交给的任务，包括缴纳税收、维持治安、管理街区等。在城市需要对外作战时，一个行会往往就是一个成编制的战斗单位。

再次，行会也是基层社会组织。行会有自己的会徽、会旗，多以本行会的生产工具或产品为标志。它对成员有扶困济危的责任，成员间也有相互帮助的义务。行会会所作为本行会的活动中心、聚会场所，对成员有强烈的吸引力。行会还调解成员之间的矛盾，化解冲突，也负有伸张正义、剪除邪恶的责任。城市举行庆典活动时，以行会为单位参加。演出神秘剧时，行会要出节目；街头游行时，以行会为单位组成方队，一切开销由行会自行负责。

在行会政治时期，城市里的行业差别、市民们的贫富差别，都还不是很大。也许是经济平等决定了政治平等，因此行会时期城市还是很有民主气氛的。

二、寡头统治与行会革命

随着工商业发展，市民中的贫富分化日益加剧，拥有和支配财富的人便会要求政治上的主导权和统治权，于是寡头政治在中世纪城市里普遍流行起来。

寡头政治的社会基础是城市贵族（city patrician）。所谓城市贵族，实际上就是城市中的富有者，因富而生贵。它包括多种成分：(1) 移居城市转而经营工商业的封建贵族。他们既有高贵的门第出身，又在经营工商业中发迹，占有较多财富,因而在城市拥有极高地位。意大利尤其如此,封建主在城市贵族中所占地位,远超过阿尔卑斯山以北国家。①这里移居城市经营国际贸易的封建贵族特别多。如热那亚,11世纪和12世纪贸易发展时期的头面人物,大多是已有很高社会地位和影响的人,形成了一个个既有经济实力、又有社会政治势力的显赫家族。②(2)从事批发贸易、国际转运贸易的大商人,在商业城市中居多,意大利的威尼斯、热那亚最为突出。(3)高利贷者—银行家。这些人是以财富发家的。在早期的普通城市里,高利贷者的活动频繁;在中世纪晚期,那些大工商城市里如热那亚、佛罗伦萨、奥格斯堡,出现了许多大银行家。(4)房地产主。自城市土地变成自由地后,经营城市房地产的事业便随之而兴。房地产是城市特别是工商业兴旺的大城市里最易暴富的产业。(5)富有的手工工匠。行会虽然限制竞争,但总有一些灵活或幸运的工匠冲破各种规则和限制,把握机遇,事业日益兴旺,从而脱颖而出,进入城市最富有的阶层。

所谓寡头政治,其基本特征就是极少数富人构成一个封闭的政治团体,垄断城市领导权,甚至还实行家族世袭制。如佛兰德尔的根特城,政权由39个市政官把持,职位世袭。39人分成三组:13人为本年度执行市政官;前一年的13位执政官本年度转为顾问,协助执政;前年的13位执政官轮休,来年再转为执行市政官,如此周而复始。德国科隆的市政会是最高行政机构,15个成员虽然每年都更新,但实际上全在15户城市贵族家族中产生。③另如威尼斯,城市贵族约占人口的4%—5%,只有这个阶层的人才可参与城市管理。政府重要职务如总督、大议会成员、元老院成员、法院的大法官,无一不是被这些贵族所占据。④

英国城市市政官员的世袭制较为多见。如北安普敦的梅纳德家族、麦尼克家族、斯里克家族及莱昂家族维持统治地位的时间达一个世纪之久,伊普斯威治的多恩迪家族、斯帕罗家族和布洛伊家族统治该城的时间延续了将近两个世纪。⑤就连一些中小城镇也有寡头统治。英国亨利八世在位的38年间,上

---

① 波斯坦、科尔曼、彼得·马赛厄斯主编:《剑桥欧洲经济史》第3卷,第30页。
② A. B. Hibbert, "The origins of the medieval town patriciate," *Past and Present*, No. 56, 1971, p.18.
③ 马克垚:《西欧封建经济形态研究》,人民出版社2005年,第321-322页。
④ J. Martin and D. Romano, *Venice Reconsidered, The History and Civilization of An Italian City-state, 1297-1797*, John Hopkins University Press, 2000, p.16.
⑤ J. Thirsk ed., *The Agrarian History of England and Wales, 1500-1640*, Cambridge, 1967, p.489.

威库姆城的市长职务被 15 人所垄断,其中一个叫罗伯特的人,1489—1530 年间曾经 11 次出任市政要职。[1]博辛斯托克按照国王特许状建立的寡头政治机构,"非但是一个封闭的集团,而且随着时间推移,变成了一个家族党,它的所有成员都通过血缘和婚姻关系而相互依存"。[2]

商人家族统治最为突出的,是那些国际性大工商业城市。如意大利佛罗伦萨的美第奇家族、巴尔迪家族、佩鲁齐家族、阿齐乌里家族,热那亚的多利亚家族、森特里奥内家族、帕拉维西诺家族、斯皮诺拉家族、格里马尔迪家族,德国奥格斯堡的福格尔家族、雷林家族、赫西斯特家族、韦尔瑟家族,都长期控制着城市的政权。

商人寡头掌握了市政权力后,极力实施对手工业行会的控制。如英国诺里奇市政当局就规定:各手工业行会都要由市政府管理,城市司法长官和 24 名市政议员每年对各行会进行四次检查。各行会总管必须向市长宣誓效忠,否则市政有权另行任命。各行会条例须经市政当局批准。各行会不得拥有独立法庭。类似的规定在很多城市都有。[3]寡头政府还运用政治权力,在经济上榨取普通市民。如佛兰德尔的根特城,市政对市民的税收在总收入中占有相当大的比例,从而引起市民不满,[4]引发了城市内部的冲突。英国考文垂的寡头政治团体经常滥用手中权力,侵夺城市普通市民的利益,结果遭到市民们的抵抗。1480 年,该城的财政总管奋而反对这些有权势的人们,在他周围很快就集结了一批追随者。[5]

城市市民反对城市贵族的斗争,习称为"行会革命"。因为斗争主要是行会发动的,参加者也多是行会成员。佛兰德尔城市手工业行会与城市贵族之间的斗争异常激烈,而且封建领主也介入其中,矛盾复杂交织,演变成一种三角斗争,城市秩序大乱。14 世纪里,佛兰德尔城市爆发了三次大动乱。第一次是行会与伯爵联合起来反对商人寡头。第二次是行会与商人贵族联合反对伯爵。第三次是行会同商人贵族斗争时,被法国的军事力量所镇压。

行会反对寡头政治的另一个突出例子是佛罗伦萨。在反对家族统治的斗

---

[1] J. Cornwall, "English Country Towns in the Fifteenth Twenties," *Economic History Review*, second series, Vol.15, 1962, p.56.

[2] P. Clark and P. Slack edited, *Crisis and Order in English Towns 1500-1700*, *Essays in Urban History*, London, 1972, p.21.

[3] 吴于廑主编:《十五十六世纪东西方历史初学集》,武汉大学出版社 2005 年,第 154 页。

[4] 汤普逊:《中世纪晚期欧洲社会经济史》,商务印书馆 1996 年,第 551 页。

[5] D. C. Douglas edited, *English Historical Documents*, Vol.4, London, 1969, p.1190.

争中,佛罗伦萨市民一度取得重大胜利,推翻了城市当局,建立了自己的政权。

商人寡头面临的社会挑战是多方面的。行会革命是出于对寡头统治的反抗,而市民阶级或中产阶级的形成则意味着一种新生社会力量崛起,对商人寡头的统治构成挑战,并在最后取而代之。

(刘景华)

第七章　中世纪城市的经济社会功能

第一节　城乡的共生与互动

一、农村向城市供应资源

中世纪城市产生后,它是以农为本的封建经济的重要组成部分,是封建农本经济的补充。但由于城市工商业经济在本质上完全不同于乡村农业经济,城市取得自治权后又变成了不受领主统治的政治主体,因此城市和乡村似乎成了截然相反的两块,两者之间的关系也就演变成了对立型关系。在城乡关系史上,以马克思所概括的三阶段说最为经典:"古典时代的历史是城市的历史,但是那种建立于土地财产和农业之上的城市的历史。……中世纪(日耳曼时代)以土地为历史的起点,它的进一步发展导致了城市和乡村之间的对立。近代的特点是乡村城市化,而不是像古典时代那样的城市乡村化。"[1]马克思是从城乡关系的角度来透视西欧社会各阶段特征的,可见他对城乡关系的重视。他所说的"进一步发展",是指中世纪城市产生之后的西欧。这种城乡对立关系,表现在政治上,"到处都是农村榨取城市",这是因为封建领主驻在农村;在经济上,则是"城市通过它的独占价格,它的课税制度,它的行会制度,它的直接的商业骗术和它的高利贷剥削着农村"。[2]

虽然中世纪城乡关系以对立为主,但两者之间也存在着共生与互动的关系。从农村对城市生存和兴衰的意义上看,城市所需要的资源基本上来自农村,特别是周围农村。农村对城市的作用,主要表现在提供人力资源,提供生活必需的农产品,提供城市手工业所需的原材料,并提供城市产品和商品所需的消费市场。

向城市提供生活品的周围农村,处于一定的半径范围之内。普通的中小城镇,其辐射区域约为15公里左右,以一个农民一天内能从城市往返并完成

---

[1] Cited from R. H. Hilton, *The Transition from Feudalism to Capitalism*, London, 1976, p.176.
[2] 马克思:《资本论》(第3卷),人民出版社1975年,第902页。

交易为限。如英国兰开夏普雷斯顿的主要市场区域,半径约为 7—12 英里。[1]瑞士莱因菲尔登的市场辐射区域也在 15 公里左右。周围农村围绕着城市构成一个个同心圆。在紧靠城墙的四周,一般有一个土地肥沃的区域,向城市供应不易保存的食品如蔬菜和瓜果。例如,在法国的土伦,是"就近接受蔬菜和瓜果,果农和菜农牵着骡和驴,走上一两个小时的路程,每天前来赶集"。14 世纪末,法国罗纳河畔的塔拉斯孔,河堤与城墙之间的低洼地便是小块的菜园和果园。再往外,城市的食物供应区便是一连串由近至远的呈同心圆状的区域:牛奶产区、谷物产区、葡萄产区、畜牧区、森林区,以及远程贸易区。[2]

向城市提供人力资源,即向城市移民的区域,可能要更广一些,不限定在周围农村。如在伦敦,每年有 8 000 名移民进城才能维持人口增长水平和劳动力需求。[3]17 世纪中叶,伦敦的学徒达 2 万人,其中来自北方和密德兰地区的达 40%。来自农村的移民原籍,是随着时代发展由近而远的。最初,移民多来自周围农村。如爱汶河上的斯特拉特福(莎士比亚故乡)建城后的最初 50 年里,移民几乎全部来自半径 16 英里以内地区;西密德兰所有城市的绝大多数农村移民,也都来自 30—40 英里以内地区。[4]到 16 世纪以后,移民的原籍则遥远得多。1710—1731 年诺里奇的 1 601 份学徒契约中,除了 43%的学徒是本城居民的子弟外,余下的 57%里,只有 22%来自诺福克郡,[5]其余的 35%来自萨福克郡以及更远的地方。伦敦的农村移民最先来自最近的南部地区,继而又来自较近的密德兰和东盎格利亚地区,到 16、17 世纪,伦敦的移民来自不列颠全岛。[6]

二、城市为周围农村提供服务

由于城市,特别是中小城镇,是乡村地区社会经济发展的产物,因此城市存在的前提就是必须为乡村,尤其是周围农村,服务。因此,绝大多数城市的工商业职能主要是面向周围农村,或者说,以周围农村作为服务范围、辐射区域。

---

[1] T. S. Willan, *The Inland Trade*, *Studies in English Internal Trade in the Sixteenth and Seventeenth Centuries*, Manchester University Press, 1976, pp.69-70.
[2] 费尔南·布罗代尔:《法兰西的特征:空间和历史》,商务印书馆 1994 年,第 144 页。
[3] 克拉克、斯莱克:《过渡期的英国城市》,第 87-88 页。
[4] Susan Reynolds, *An Introduction to the History of English Medieval Towns*, p.70.
[5] P. Corfield, "A Provincial Capital in the Late Seventeenth Century: the Case of Norwich," in P. Clark and P.Slack(eds.), *Crisis and Order in English Towns 1500-1700*, *Essays in Urban History*, p.272.
[6] Susan Reynolds, *An Introduction to the History of English Medieval Towns*, p.70.

在商业方面,城市首先是周围农村剩余农产品进行相互交换、农产品与城镇手工业产品进行交换的场所。一般来说,每个城市至少有一个交易市场。市场上交易货物虽然比较广泛,但最大量的还是来自于周围农村的农产品。如1322年英国布尔福德城过桥税账目表,列举了经过该桥进入该城市场的各种货物,绝大多数是产于周围乡村的农牧产品。①法国奥弗涅高地的埃斯佩里昂城,有一个市场和集市,附近山地所产的畜牧产品在这里同该城西部河谷地带所产的谷物相交换。②其次,周围乡村的部分农产品也通过城市运往外地市场,城市里相当一部分人以向外地转运本地农牧产品为生。如英国西部的奇平康普顿城,就是以转运本地所产科茨沃兹优质羊毛而繁荣的,很多市民在羊毛贸易中发迹。城内一个羊毛商威廉·格雷维尔经商所及的地域范围,远至欧洲大陆市场。③图克斯伯里作为谷物贸易中心,14世纪80年代里,城内有13个谷物商专事将附近村庄粮食运至布里斯托尔市场。奥斯河上的圣内奥茨城,则是将附近贝德福德郡、剑桥郡和亨廷顿郡所产大麦集中起来的市场地。④再次,周围农村居民所需要的外地商品,也主要从城市市场上取得。那些必需品如盐铁自不必说,还有许多提高生活水准的较高档消费品也是如此。如瑞士莱因菲尔登城市场出售给本地农村居民的外来商品中,有来自阿尔萨斯的葡萄酒,来自萨尔茨堡和洛林的盐,来自上莱因的木材、下莱因的盐干鱼,还有香料、糖料、稻米、染料、棉花和奢侈品等。⑤

在手工业方面,初期的中世纪城市也基本上面向周围农村,因而行业门类众多,有特色的手工业部门较少。城市手工业大致包括两大方面,一是日用品制造业,二是劳务性行业。小至中小城镇,大到国际性城市,一般都是各种手工行业齐备。如英国小城塔姆沃斯不过1 000人口,行业就有30多种。温奇库姆小城里,有42%的纳税人从事成衣业和食品制作业,28%的人从事皮革、木器和建筑业,14%的人从事纺织业,余者是商人或从事运输业者。⑥瑞士莱因菲尔登的1 000多人口中,有将近2/3的人从事手工业,如金属品制造、硝皮、

---

① M. Beresford and J. St. Joseph, *Medieval England*: *An Aerial Survey*, Cambridge University Press,1979,p.187.

② N. J. G. Pounds, *An Economic History of Medieval Europe*, second edition, Longman Group Limited,1994.

③ M. Beresford and J. St. Joseph, *Medieval England*: *An Aerial Survey*, pp.187-188.

④ R. H. Hilton, *English Peasantry in the Later Middle Ages*, Oxford,1979,p.89.

⑤ N. J. G. Pounds, *An Economic History of Medieval Europe*, p.262.

⑥ R. H. Hilton, *English Peasantry in the Later Middle Ages*, pp.82-83.

织布、建筑、木工等，主要是为周围地区服务的日用品制造和服务性行业。[1]

作为中世纪城市体系中坚的地区性中心城市，多为本地区乡村经济发展到一定时候的必然产物，因此它们为本地区服务的功能尤为突出，当然它们所辐射的周围农村之半径，较之中小城镇也要大得多。如布里斯托尔是英格兰西部的中心城市，附近三四个郡构成了它的周围农村腹地，它则以这些地区为服务区域。诺里奇是英格兰东盎格利亚地区最大的手工业中心、最重要的商业服务业中心，城内行业众多，职业结构复杂，体现了为本地区服务的基本功能。约克是中世纪英国北方最大的城市。15世纪初，约克的84种工商行业大致可以概括为五类：一是毛纺行业，这是约克城的特色工业；二是日用品生产行业，约有30余种；三是日常服务性行业；四是高级消费品、奢侈品制造业，以及高档次服务业；五是各种商人。[2]从总体结构看，约克的工商行业服务周围地区的功能超过面向外地或全国的功能。

至于伦敦，可将其视为以整个英格兰为辐射区域的全国性经济中心。14世纪伦敦的档案上，记载有180个不同的行业。[3]在伦敦十二家著名的号服公会中，起源于手工业和商业的各占一半，可见手工业和商业在14、15世纪的伦敦是同等重要的。伦敦工商业的服务和辐射范围是三个同心圆，即本城及其周围地区、近畿各郡、全英格兰，不过15世纪前以第一、第二个圆为主，16世纪则覆盖了整个英格兰。

法国的地区性中心城市有鲁昂、里昂、南特、图卢兹、波尔多、马赛等。鲁昂是法国北部诺曼底地区的首府，将诺曼底乡村所产的亚麻布运往国外，是鲁昂商业的重要功能。南特是布列塔尼地区唯一的对外港口，它的辐射区域还包括都兰地区和安茹地区。将这些地区所产葡萄酒运往国外，使得南特的商业特别发达。里昂是中世纪勃艮第首府，是法国东南部的工商业中心，周围地区包括农村和中小城镇都在一定程度上成了它的腹地，它也在这种服务中成长为法国南方最大的工商业中心。波尔多是法国西南部加斯孔地区的首府和工商业中心。加斯孔的葡萄酒出口，以及该地区所需的外国货物进口，都由这个城市来进行。

德国等地的地区中心城市也是如此，基本经济功能就是为周围农村服务，以周围地区为自己的经济"领地"。如南部的奥格斯堡、沃尔姆和拉文斯堡分别是本地区麻纺业的生产中心和集散地。纽伦堡作为制铁业中心，吸收邻近

---

[1] N. J. G. Pounds, *An Economic History of Medieval Europe*. p.262.
[2] L. C. Marshall, *Industrial Society*, Chicago, 1963, pp.81-82.
[3] John Patten, *English Towns 1500-1700*, W. M. Dawson & Sons Ltd, 1978, p.182.

地区炼铁业的产品，生产铁制品供应国内外市场。莱因区的科隆和法兰克福等城市毛纺业发达，生产的廉价呢绒合乎大众需要，在附近的农村拥有广阔市场。比利时的布鲁塞尔、列日、乌特勒支等城市是布拉邦特乡村毛纺区的生产和集散中心。西班牙有巴塞罗那、巴伦西亚、科尔多瓦等主要面向本地区的中心城市。荷兰的莱登、海牙、哈勒姆、鹿特丹等也执行中心城市服务周围地区的功能。

第二节　城市对农村经济的冲击

一、商品货币关系渗透农村

城市产生后，在其工商业基础上形成的商品货币关系，以极强的渗透力，对封建农村经济形成了前所未有的侵蚀和瓦解，引起了封建农奴制和庄园制的解体和崩溃。小农生产和小农家庭经济成为中世纪晚期西欧农村的基本经济模式。

在商品货币关系的影响下，封建领主为了得到更多的可以直接购买商品的货币，纷纷将庄园原所实行的劳役地租普遍改变为货币地租或实物地租。同时，领主们还允许庄园农奴用金钱赎取人身自由，从而加速了农奴制的崩溃，封建庄园制经济也随之解体。大量的自由农民出现，并成为中世纪晚期农村劳动力的主体。更重要的是，农民获得人身自由是对生产力的极大解放，农民们可以为了自己而主动地发展农业生产，也可以从事其他职业，城乡之间的社会流动性和地理流动性大大增强。

当然，商品货币关系对农村的渗透及其产生效应，是渐进式的、推进式的过程。随着城市工商业经济的发展，越来越多的商品进入了市场。特别是随着城市所从事的国际贸易的发展，越来越多的东方商品进入了西欧市场，大大刺激了领主们的消费欲，领主需要大量货币。他们虽然可以出售剩余粮食获得货币，但出售活动是由管家等人员进行的，这些人往往借机中饱私囊。改变地租方式便成为领主取得货币的重要方式。于是，将劳役地租改变为货币地租的做法普遍流行起来。如英国从12世纪初开始了将劳役地租折算为货币地租的过程，13世纪后期广泛发展；法国的这一过程也开始于12世纪。[①]

---

① 吴于廑主编：《十五十六世纪东西方历史初学集》，武汉大学出版社2005年，第139-142页。

在这个过程中,领主得到了不少好处。首先是农奴的周劳役被折算成货币,也就是货币租,基本上等于农奴所要付出的地租总额。其次,领主不再管理或经营自领地,而是将它租出去,这样又可获得大笔租金。在英国,领主自领地在14世纪和15世纪里已经全部出租。①再次,农奴原来所负担的一些临时性义务如春种秋收的帮忙,领主这时也将其折算成货币要农奴缴纳。最后也是相当重要的,是领主向农奴索要赎身金。农奴用货币租代替劳役租后,本来行动自由了,但领主不甘心,认为农奴在人身上还应属于他,农奴若要完全自由,得向他缴纳一笔赎身金。有学者估计,农奴所缴的赎身金,不会低于地租折算额。如法国巴黎附近的奥利村,农民们一次缴纳达4 000利弗尔的巨额赎身金。②

另一方面,由于受到市场经济和商品货币关系的影响,不少农奴能够比较主动地进入市场,出售农副产品获得货币,使自己的经济情况有所改善,更进一步要求改善社会地位。他们用攒下的货币赎买自己的人身自由。因此,越是靠近城市的地方,农奴制就越先瓦解。因为城市人口多,市场能吸引大量农副产品,农奴越有经济能力。如巴黎一带早在14世纪初,农奴制就完全消失了。③

西欧各主要国家的农奴制都在13世纪至14世纪走向了最后瓦解。在意大利,13世纪时,农业基本掌握在自由农手中。在法国,"农奴逐个逐个地或至少是逐户逐户地,有时整个村庄地获得自由"。④"在英国,农奴制实际上在14世纪末已经不存在了"。⑤15世纪后,自由农民中的一部分开始演变为富裕农民,逐渐拥有较多的财富和土地。而收取了货币地租的领主们,则由于手中金钱增多而大肆铺张,不少人到头来反而债台高筑、穷困潦倒。尤其是领主换算的货币地租是固定租额,赎身金又是一次性的,而物价却在不断上涨,也就是货币不断贬值。领主的实际收入下降,促使其经济、社会和政治地位日益衰落。农村的封建关系因而越来越松懈,这又为城市经济要素向农村移动创造了较好的社会政治生态。

二、城市经济要素向农村转移

中世纪城市发展的初期,劳动力、资本和原材料等经济要素主要依靠农村

---

① Edward Cheney, *An Introduction to the History of Industry and Society*, New York, 1923, p.110.
② 奇波拉:《欧洲经济史》(第1卷,中世纪时期),商务印书馆1988年,第164页。
③ 马克·布洛赫:《法国农村史》,商务印书馆1997年,第129页。
④ 马克·布洛赫:《法国农村史》,第123-124页。
⑤ 马克思:《资本论》(第1卷下),人民出版社1975年,第784页。

供应。到中世纪城市发展的晚期,经济要素如劳动力和原材料从农村向城市的流动依然存在着,而且是城市继续发展的源泉之一。但与此相反,中世纪晚期城市实际上还存在着经济要素向农村转移的趋向。这一趋向表现为城市劳动力和城市资本向农村的转移。它源于城市内部的变化,但造成的结果却是对农村经济的一次冲击。

既然是城市要素向外运动,因此转移在本质上是城市内部矛盾运动的结果。这种矛盾,主要表现为城市新经济关系的发展与城市封建旧躯壳的不相容性。新经济关系的最高形态表现为资本主义萌芽。严格地说,新经济关系与城市作为封建经济补充的最初本性是格格不入的,因此城市又禁锢了新经济关系的成长。新经济关系要顺利成长,还须着眼于城市之外。因此,城市经济要素向农村的转移,便成了中世纪晚期西欧的一种普遍现象。

城市对新经济关系的禁锢主要表现为落后守旧的手工业行会制度对生产的束缚。一方面,行会极力扼杀成员们的进取精神,限制学徒和帮工的人数,限制生产工具数量,限定工作时间,规定产品的数量和质量,阻止成员扩大生产或进行生产革新。这种"有计划地阻止了行会师傅变成资本家"的做法,迫使那些企望上升的工匠不得不另寻发展场所。另一方面,行会实行限制帮工和满师学徒取得正式成员资格在城内开业的封闭性政策,使得大量手工业帮工和满师学徒在城内发展艰难,那些进城学艺、在城内没有社会背景的农村学徒满师后尤其如此,结果造成大量手工劳动力向农村流动。这些在城市得不到充分就业的人员向乡村转移,16世纪后在英国、瑞典、佛兰德尔、德国以及意大利的部分地区很为普遍。[1]

城市商人资本在向产业资本转化的过程中,也受到主要是来自手工业行会的阻力。马克思指出:"行会竭力阻止商人资本这种与它对立的、唯一自由的资本形式的任何侵入。"[2]而且,由于商人资本不熟悉生产过程,因此它在控制生产过程中也要遇到许多困难。行会制度走向解体、商人资本渗透手工业生产,也造成城市中的社会动荡,结果是普通手工业者在城市中更难以立足,于是选择农村作为生存之地。因这一原因而产生的这种转移在西欧各城市的织呢工和漂洗工中相当普遍。[3]

城市的封建性还表现在其他很多方面。如生产结构的僵化,城市行会手

---

[1] 奇波拉:《欧洲经济史》(第2卷,16和17世纪),商务印书馆1988年,第248页。
[2] 马克思:《资本论》(第1卷),人民出版社1975年,第397页。
[3] George Unwin, *Industrial Organization in the Sixteenth and Seventeenth Centuries*, pp.39-40.

工业总是固守原有产品,不去适应大众消费市场。城市还固守自己的经济活动范围,垄断自己固有的市场,几乎每个城市市场都不对外开放,工商业者就会将目光投向农村,将经济活动推向农村。

城市劳动力和城市资本向农村转移的最主要结果,就是促使乡村工业更广泛地、在更高的水平上发展起来,这就是一些经济史家所称道的"原工业化",被他们认为是欧洲工业化过程的第一阶段。[1]在英国和佛兰德尔,乡村工业发展最为突出。经济要素之所以向农村转移,也在于此时农村具备了一些有利因素。如农村封建关系已发生深刻变化,封建统治在农村已渐趋松弛,农村的环境和空气更为自由;解放了的农奴成为了自由劳动力,他们可以在农闲时节从事工副业;水力作为动力广泛使用,农村的水源更为丰富;农村人口多,大众消费市场正在发育;工业原材料更为丰富等。

第三节 城市与国内外贸易市场

一、城市与国内市场

几乎每个城市都和国内市场相联系。它们与或大或小的周围农村地区有着密切的市场联系,而国内市场就是由大大小小的地区构成的,虽然构建的程度有松散与紧密之分。另一方面,各个地区在资源、产品、市场需求等方面都有其特性,相互之间存在着程度不同的差异,因此需要互通有无,进行地区间交换,各地城市就充当着这种交换职能。例如,法国西南加斯孔地区生产葡萄,其红酒产品不可能只在本地销售,其中相当一部分要销往国内外市场,那么波尔多等城市就负责这一外销任务。英国东盎格利亚地区是粮食产地,大量剩余粮食通过沿海金斯林、大雅茅斯和伊普斯威治等港口城市运往伦敦等地。当15、16世纪英法等国逐渐形成统一的国内市场体系时,必须以城市体系作为骨架。某些原材料或产品若需要销往国际市场,必须首先通过国内市场体系输往出口地点,各地中小城市在这一运输体系中起传递作用。如英国西部所产宽幅呢绒、东盎格利亚所产"新呢绒"均需通过伦敦出口到国际市场

---

[1] Franklin F. Mendels, "Proto-industrialization: the first phase of the industrialization process," *Journal of Economic History*, no.32, March 1972, pp.241-261. P. Kriedte, H. Medick and J. Schlumbohm, *Industrialization before Industrialization*, *Rural Industry in the Genesis of Capitalism*, Cambridge, 1981.

时,前者主要由格罗斯特、赛伦塞斯特等城市,后者主要由伊普斯威治、诺里奇等城市收集呢绒产品,再由这些城市的或伦敦来的商人运往伦敦。

当国内市场体系形成时,国家的首都往往就成了这个体系的中心。以巴黎和伦敦最为典型。中世纪的巴黎虽然政治上是法国首都,但却只是法国北部的经济文化和社会中心,辐射区域约占法国总面积的四分之一。15 世纪后期法国作为民族国家兴起,民族经济和国内市场体系也逐步形成,巴黎便由北方市场体系中心演变为国内市场体系中心。伦敦作为国内市场体系中心的角色比巴黎要显耀得多。15 世纪后期开始,伦敦由工商并重的城市向商业占压倒性优势的城市转变,逐渐以一个国内市场中心和国际贸易中心的形象出现。1581—1711 年间,伦敦贸易大约占整个国家贸易的 80% 左右。[1]伦敦的这种商业职能体现在国内贸易和对外贸易、国际贸易三个方面。在国内贸易方面,伦敦是国内市场体系的核心,是国内最重要的物资集散中心,其功能包括:(1)伦敦人口约占全国的十分之一,是国内最大的消费市场,国内贸易体系中有大量的消费品涌向伦敦;(2)伦敦拥有出口特权,因此英国各地大量出口商品涌向伦敦;(3)伦敦是国内许多地区商品交换的中转地,如东部粮食须经过伦敦再运往西部;(4)从伦敦进口的国际贸易商品,又通过伦敦和伦敦商人分发到英国各地。伦敦市民中从事国内贸易的批发商人极多。如 17 世纪伦敦商人贾尔斯普利就是一个面向全国的呢绒批发商,他在全国各地雇有代理人。[2] 1600—1624 年的伦敦市政会长老中,几乎有一半人是在这种国内贸易和主要生活品的供应中发家的。[3]

二、城市与国际贸易

并不是所有的中世纪城市都与国际贸易相关,但不少大中城市是依靠国际贸易尤其是远程贸易兴起的,国际贸易是许多重要城市的支柱行业,尤其在南北两大航海贸易区,即南方的地中海贸易区和北方的北海—波罗的海贸易区。地中海贸易指西欧与东方[主要是地中海东部沿岸,习称黎凡特(Levant)]之间的贸易;北方贸易指西欧与东北欧(波罗的海南岸和东岸)之间的贸易。从某种意义上讲,这是西欧的两条生命线,城市在两大贸易中无疑是主角。

---

[1] L. W. Moffit, *England on the Eve of the Industrial Revolution*, New York, 1925, p.72.

[2] T. S. Willan, *The Inland Trade*, *Studies in English Internal Trade in the Sixteenth and Seventeenth Centuries*, Manchester, 1976, pp.126-133.

[3] R. Grassby, "English merchant capitalism in the late seventeenth century, the composition of business fortunes," *Past and Present*, No.46, 1970, p.46.

意大利半岛是地中海东西部之间的天然分界线。地中海贸易基本上由意大利城市威尼斯和热那亚所垄断，其他城市如比萨、马赛、巴塞罗那和拉哥萨等只是"小伙伴"而已。

威尼斯是地中海贸易的霸主，它大约从6世纪起就发展了航海贸易。亚得里亚海为其提供了地理之便，它狭长而曲折，海水的流向极利于船只航行：东地中海的深海潮水，沿着亚得里亚海东岸北上，到顶点后又折转向南，沿意大利东海岸下流，再注入地中海。威尼斯正好在这个顶点附近。9世纪时，威尼斯有较大发展，但真正在国际贸易活动中占有重要地位，是在十字军东征之后，其商业势力扩展到拜占庭帝国、埃及以及黎凡特。12、13世纪，威尼斯建立了庞大的海上商业舰队。除了东方贸易外，威尼斯商船队还在13、14世纪进入了大西洋，与北海两岸建立起直接的贸易联系。由于国际贸易发达，威尼斯政治经济实力十分强大，其居民最多时达20万人，其版图往内地扩展到波河流域，往海外占有克里特岛及南希腊一些地方。财政岁入达160多万杜卡特，远超过人口十倍于它的法国（岁入100万杜卡特）。[1]杜卡特是威尼斯货币，是当时欧洲的通用货币，其地位犹如今天的美元。

热那亚是地中海贸易的另一个霸主。热那亚的海上贸易从西地中海开始发展，12世纪取代了比萨，建立了与西班牙和北非的贸易关系。"十字军东征"时，热那亚提供了不少船只，因而又向地中海东部渗透了商业势力，主要商业据点遍布从塞浦路斯到黑海沿岸，还连接了通往中亚的陆上商道。14世纪与威尼斯展开争夺，几次战争都遭到失败，因而退守西地中海。15世纪，热那亚人又被奥斯曼土耳其人赶出了黑海和爱琴海，从此全力从事西地中海贸易，并通过直布罗陀海峡进入大西洋，与尼德兰、英国有较多贸易联系。

以马赛商人为代表的法国南部商人、以巴塞罗那商人为主的加泰罗尼亚商人，也在地中海贸易中占有一定份额，城市的发展也与国际贸易密切相关。

在北部贸易中，北海两岸的尼德兰和英格兰相互之间有较多的贸易关系。佛兰德尔城市毛纺业发达，但羊毛原料主要从英国进口。英国东部一些港口如桑德兰、大雅茅斯、金斯林、波士顿、赫尔等均因羊毛输出而繁荣。伦敦更在国际贸易中日显重要，到16世纪时，成为英国进出口贸易的主要口岸，也是国际转运贸易的中心，还是英国进出口贸易商人和海外贸易商人的大本营。不论是早期的羊毛出口商，还是16世纪垄断呢绒出口的"商人冒险家公司"成

---

[1] F. Braudal, *Civilization and Capitalism: 15-18th Century*, Vol.3, London, 1985, pp.119-127.

员,以及16世纪后期以来兴起的殖民贸易公司商人,他们大多是伦敦市民。拥有财富的伦敦居民主要是各种批发商、转运商和金融商。①

而在尼德兰,先是布鲁日成为西北欧洲最大的国际贸易城市,后随着佛兰德尔毛纺业衰落而衰落。16世纪初,安特卫普取布鲁日的地位而代之。安特卫普从14世纪逐渐成为外国商人尤其是英德两国商人进行交易的市场地。15世纪成为尼德兰第二大城市,16世纪突然崛起。在1566年之前,安特卫普成了西欧最大的国际贸易中心,商人们来自十几个国家,在这里交换的货物有几百种。在国际贸易活动的刺激下,安特卫普还成了西欧最大的国际金融中心,银行达数百家之多。尼德兰革命中,安特卫普贸易遭到打击,阿姆斯特丹取代了它。阿姆斯特丹是从15世纪开始有较大发展的。16世纪里发展明显加快。当1585年安特卫普陷于西班牙军队之手,其商业地位完全被阿姆斯特丹取代,后者从此成为西欧最大的国际贸易中心和金融中心,并维持这一地位达150年之久。

13—16世纪在波罗的海贸易中占统治地位的是德国汉萨同盟,其商业兴衰前文已有论述。中世纪德国的三大城市群都与国际贸易相关。除了北部汉萨城市外,西部的莱茵河地区城市与下游的尼德兰地区有较多贸易联系,这些城市有科隆、美因兹和法兰克福等。在南部,奥格斯堡、纽伦堡、乌尔姆、拉文斯堡、弗赖堡等也组成城市群,国际贸易在它们的经济中也占有重要位置。它们主要与意大利北部以及瑞士进行商业往来。

第四节 城市成长为文化与社会中心

一、城市成为文化教育中心

中世纪城市和城市工商业的发展,培育了全新的文化精神和价值观念。城市是现代大学教育的发源地,因为经济的发展需要工商业者努力提高自身素质。城市是文艺复兴运动的策源地和主要发生地,因为工商业活动加深了对人的能力和人的价值的认识,也加深了对世俗生活和今生幸福的理解。

中世纪早期,未受教化的日耳曼人似乎是已然衰退的罗马古典文化的清扫者,欧洲很快成了没有文化的欧洲。只有教会还因阅读和传播教义经典的

---

① John Patten, *English Towns 1500-1700*, p.86.

需要,成为传承古典文化的唯一载体和进行文化教育的唯一机构。但各类教会学校所传授的"七艺"课程,以神学经典和宗教信条为核心,几乎不涉及现实生活。而城市工商业作为世俗职业活动,需要各种实用的社会知识、地理知识,需要掌握读、写、算基本能力,需要进行行业技巧训练,还需要大量为工商业服务的管理者、律师、医生、教师等专业人员。这样,随着城市的兴起,大致从 12 世纪起,世俗教育也在城市中发展起来。进城市学校学习的人有的是为了谋求文字职业,有的是为了掌握经营所需的计算技能,有的贵族子弟则把识文断字作为其身份与地位的标志。13 世纪,更多的传授实用技能的学校发展起来。商人们为了赢得社会好感,提高社会地位,也将开办学校当作自己从事公益事业的一部分。

城市学校主要有两类,一是为工商业者上层市民子弟开办的学校,如拉丁学校、文法学校、公众学校等,其目的主要是提高人文素质,增强文化修养;二是为手工业者子弟设立的"基尔特"学校,即行会学校,是手工业行会创办并监督管理的职业技术学校。还有专门为下层市民设立的学校,由市政当局管理,学习一些读、写、算等基础知识和技能。城市学校的教育内容和方法虽然脱离不了宗教,但它们已成为有较大独立性的世俗教育机构。

在城市学校发展的基础上,兴起了近代意义上的大学。近代大学的兴起在人类教育史上具有划时代意义。正是城市的发展使新兴市民阶层的社会经济地位日益重要,他们要求在基础文化水平之上,有更高级的专门知识和专门人才。"十字军东征"使欧洲人了解和接触了东方世界的文学、数学、哲学、艺术、科学成就;近邻阿拉伯人的灿烂文化成就,更激起了欧洲人学习效仿的愿望;阿拉伯人对古典希腊文献的大量翻译,为欧洲人提供了学习材料。这些都是促使大学产生的重要因素。

拉丁文"大学"(universitas)的本意是"共同体"。最初的大学是教师与学生自发联合的自由学术团体,师生之间按照相互间订立的契约履行权利和义务。当人数增多后,学者们或学生们为维护自身利益组织起来,推举校长,共同管理,最终发展为规模化的教学管理机构。中世纪大学作为共同体,获得了一系列自治权。主要有司法审判权、内部自治和罢教权、学位授予权、迁移自由权、赋税和义务豁免权、参政权、教师资格审定权等,这种高度自治,培育了独立的大学精神。中世纪大学一般开设文学、神学、法学和医学四大学科,其中法、医、神三科是"高级"学科,文科则是准备阶段,13 世纪时,大学课程逐渐固定下来,知识传授也有讲授、辩论和练习等方法。

早期中世纪大学主要为两种类型。一种是以法国巴黎大学为代表的教师型大学，即以教师为主进行管理，从教师中推举校长，学生相当于商业领域的学徒。另一种是意大利博洛尼亚大学为代表的学生型大学，学生实行自治，制定章程，由学生担任校长，进行教学管理。在哈斯金斯看来，大学的形成是12世纪文艺复兴的一个组成部分。

大学的兴起促进了文化世俗化、高级化、专门化。大学学术的活跃，知识的发展，促进了世俗人们更高的精神文化追求。无论个人还是机构，都更加关注知识教育，提高精神生活质量和文化品位，理性思想便通过大学这样一个交流平台承继和传播。有的学者甚至认为，中世纪大学的不同特点还影响到各国科技发展的不同走向。中世纪科技的发展集中在意大利北部和德意志南部。意大利科技与艺术、建筑、机械相联系，后来长期在精密仪器机械方面享有盛誉，这可能与早期意大利大学的学术倾向有关，因为帕多瓦大学、博洛尼亚大学都偏重于实用。相对来说，法国和英国的科技要落后些，这可能是巴黎大学和牛津大学偏重哲学和神学因素的缘故。[1]

15世纪中期古腾堡印刷术传播后，加快了城市成为文化教育中心的步伐。古腾堡去世时，至少有六个城市建立了印刷工场，即美因兹、斯特拉斯堡（1460）、班伯格（1460）、科隆（1464）、巴塞尔（1467）、奥格斯堡（1468）。[2]15世纪70年代末，印刷术向北传到了斯托克汉姆（瑞典），往东到达了克拉科夫（波兰），往西传到了里斯本，往南达到了地中海边的那不勒斯、科森察。英国人卡克斯顿从布鲁日学到了这项技术，把它带回了英国，[3]1476年在威斯敏斯特建立了该国第一个印刷工场。古腾堡印刷术发明后的半个世纪里，欧洲各地城市建立的印刷工场达1 000多个，[4]出版的书籍至少有数百万册[5]。印刷业逐步集中于城市的大公司。如斯特拉斯堡的印刷商柯伯吉尔，15世纪90年代拥有24台印刷机器，雇用大约100个学徒，还在巴黎、里昂、图卢兹、米兰、威尼斯、律贝克、安特卫普等设有分支代理机构。有的城市成为书籍印刷中心。如

---

[1] D. Cardwell, *Technology, Science and History*, London: Heinemann Educational Books Ltd, 1972, pp.8-9.

[2] C. Allmand ed., *The New Cambridge Medieval History*, vol.7: c.1415-c.1500, Cambridge University Press, 1998, p.291.

[3] A. Feldman & P.Ford, *Scientists and Inventors*, London: Bloomsbury Books, 1989, pp.16-17.

[4] 维尔纳·施泰因：《人类文明编年纪事·科学和技术分册》，中国对外翻译出版公司1992年，第69页。

[5] David S. Landes, *The Wealth and Poverty of Nations, Why Some are so Rich and Some so Poor*, Abacus, England, 1999, p.52.

15世纪后期的安特卫普还未作为国际商业中心崛起,却在印刷业中占有重要地位。至1501年,安特卫普印刷的书籍有432种。①书籍是知识和思想传播的载体,书籍的大量出版,使欧洲很快就成了有知识、有思想的欧洲,城市自然成了知识的库房和思想的前沿阵地。

二、城市作为社会中心的兴起

所谓社会中心,即指社会活动中心、社会生活中心、社交中心,等等。在中世纪早期以及城市兴起之后的一段时期,社会上层如贵族领主、教士基本上不住在城内,他们有自己的城堡或修道院作为居所,那里同时也是社会活动中心。那时候,城市工商业者尚未富有,每天忙碌生计,既无时间也无财力更无兴趣进行社会交往。12世纪后,随着市民阶级的逐渐富有,也随着城市教育文化事业的发展,工商业者对社会生活的要求日益提高。城市作为社会活动中心的功能逐渐生成和扩大。城市提供了多种社会服务功能,如旅宿餐饮、休闲消遣、聚会狂欢、艺术欣赏、文化教育、法律服务、医疗卫生等,不但丰富了本城居民的社会生活,也吸引了住在乡村及外地的王公贵族、达官贵人等,还吸引着周围四乡正走向小康的富裕农民。在文艺复兴时期的意大利,城市丰富多样的文化娱乐活动,将市民们的社会生活热情激励到了最大程度。

随着社会中心功能的增强,中世纪晚期城市开始出现一类新的职业群体,如律师、公证人、医生、教师、学者、艺术家等自由职业者。这是一群正在成长为中产阶级的人,其财富和势力逐渐引人注目。如18世纪,布里斯托尔和利物浦的律师都在70人以上。设菲尔德一个叫班克斯的律师极为富有,1705—1727年间,他有4万英镑的财富投入土地。德比城一个叫伊拉兹马斯·达尔文的医生,每年纯收入都在1000英镑以上。即使是小如苏塞克斯郡的彼特沃斯镇(居民1000人),自由职业人员(律师、医生等)也达5%。②1704年,伦敦光是药剂师就有1000人。③1688年格里高利·金的统计表上,律师属于富有的社会阶层之列。学者、艺术家等,也能形成积聚一定社会财富的能力。④

英国约克城是个成长为社会中心的比较典型的例子。中世纪约克城是英格兰北部重要的社会中心。15世纪末以后,约克城内律师、办事员、内科医生、

---

① W. Waterschoot, "Antwerp: books, publishing and cultural production before 1585," in P. O'Brien, D. Keene, Marjolein't Hart, Herman van der Wee (ed.), *Urban Achievement in Early Modern Europe, Golden Ages in Antwerp, Amsterdam and London*, Cambridge University Press, 2001, p.233.

② Roy Porter, *English Society in the Eighteenth Century*, London, 1982, pp.90-91, 96-97.

③ 克拉克、斯莱克:《过渡期的英国城市》,第69页。

④ 亚·沃尔夫:《十六、十七世纪科学技术和哲学史》,商务印书馆1985年,第676-677页。

文书起草人、书商、音乐师和舞蹈师的数量不断增加。①乡下的乡绅和约曼等常来到城市咨询或委托律师。约克城的社会娱乐方式也越来越大众化和多样化。16世纪的城市记录频繁提到戏剧演出。1559—1603年,约克城的演出不少于40场。②运动和娱乐形式也更多了,如斗鸡、纵犬袭熊表演和斗牛表演,还有掷骰子游戏、卡片游戏、15子棋游戏、踢足球、赛马、保龄球等。17世纪,城市里还有啤酒店、烟草店和咖啡屋。斯图亚特王朝时期,它的社会中心功能开始处于支配地位。它能提供许多专业化服务,尤其是医学和法律服务。公众娱乐活动较多。城中有舞会、音乐演出和盛宴,还有野味晚餐,王室和公爵也偶尔光顾。③尤其是本郡乡绅兴起后,城中琳琅满目的商品和各种各样的服务对他们充满了诱惑,还刺激了他们在城内建房购房。④城里举行的季度会议和定期集市,也对绅士产生了吸引力。⑤于是它日益发展为迎合乡绅等需要的休闲和服务中心。⑥乡绅们住进城里甚至被认为是此时约克城市的重要支柱。⑦本郡许多家庭一年中有很长时间要住在城内。总之,约克城成了那些希望享受更舒适生活的约克郡人们的首选之地。约克城的例子,是其时大多数欧洲城市的缩影。

(刘景华)

---

① R. B. Dobson, "Admissions to the freedom of the city of York in the later middle ages," *The Economic History Review*, New Series, Vol.26, No.1.(1973), pp.1-22, p.14.

② P. M. Tillott, *A History of Yorkshire: The City of York*, Oxford University Press, 1961, p.158.

③ P. M. Tillott, *A History of Yorkshire: The City of York*, pp.198-199.

④ Phil Withington, "Views from the bridge: revolution and restoration in seventeenth-century York," *Past and Present*, No.170, p.127.

⑤ N. R. Goose, "In search of the urban variable: towns and the English economy, 1500-1650," *The Economic History Review*, New Series, Vol.39, No.2.(May, 1986), p.178.

⑥ P. Clark, *The Cambridge Urban History of Britain*, Vol 2, 1540-1840, Cambridge University Press, 2000, p.261.

⑦ P. M. Tillott, *A History of Yorkshire: The City of York*, p.245.

第八章　中世纪城市的历史作用与命运

第一节　中世纪城市对近代因素的孕育

一、新经济理念在城市形成

中世纪城市工商业活动与农业活动不一样,活动者的身份无关紧要,重要的是人们都有上升的机会,可以通过努力而致富,因此城市被认为是"希望之地"。[1]一无所有的人,可以因个人的才智与进取心,在短时间内进入富人行列。因此在西欧中世纪城市里,许多传统观念得以改变,许多新的经济理念得以形成。略举若干。

1. 商品货币意识

这是城市工商业活动带来的最基本的观念变化。在传统农业社会里,经济活动的主要目的是满足基本生活需要即温饱问题,是"谋食",[2]生产的物品只要满足需要即可,而不必衡量它的价值。而城市工商业的基础是物品的交换,是以货币为中介的物品交换,亦即商品交换。于是在社会中逐渐形成了新的认识,即各种有用物品都可用货币标准来衡量,都可以转换成货币,再用货币换取其他商品。因此,获取货币便成了获得更多有用物品的途径,也成了积累财富的主要手段。这种商品货币意识渗透的结果,是各种活动商业化,各种物品商品化。为了得到货币,贵族们甘愿放下自己的"尊贵"身价,从事商业活动或商品化产业活动。英国的中小贵族们因为从事工商业而成为"新贵族"。一向保守、商人逆变为贵族的法国,也有波尔多的地主贵族经营着商品化的葡萄园,图卢兹的贵族投资附近的商业化农业。[3]

2. 市场意识和进取精神

工商业者生产或经营的产品,不是用来自己消费的,而是拿来与人交换

---

[1] Norman Pounds, *The Medieval City*, p.55.
[2] 吴于廑:《世界历史上的农本与重商》,载《历史研究》1984年第1期。
[3] John Merriman, "European civilization, 1648-1945," *Lecture* 3, Yale University, 2008.

的，是要有市场的，这也就培养了市场意识，就是说，每进行一种新的产品生产或经营，应该看有没有销售市场；反过来，了解到市场需要什么，就可以去生产或经营什么；进一步，还可以引领市场需求，创造市场需求，刺激消费者购买欲望。于是，开拓市场也就成了工商业者生产经营的头等大事。开拓市场有纵深和横延两大方面。纵深是指不断提升已有市场的消费需求档次，横延则指不断扩大消费者体量，包括扩大本土消费人群，更包括将市场向海外扩张。这就需要进取冒险精神，敢于闯入陌生的世界。近代西欧的殖民扩张，终极目的就是将产品市场从欧洲扩至世界，而扩张的源头正是城市工商业对市场的需求。

3. 理性计值意识

商业以及商品经济的本质是牟利，是以同样的成本追求利润的最大化，因此在价格被行会控制的城市工商业活动中，怎样计算成本、扩大利润，是工商业者的一项基本素质，这就是理性计值。反映城市市民理性计值意识增强的最典型现象是借贷(收支)复式记账法的产生和流行。以谋食为特点的传统农本经济基本上是不记账的，最多只是将年成做有计划的支出而已。早期工商业活动中的账目只是流水账，在一本账上按时间顺序记录每天的收支，只察看最后余额。而在复式记账法里，每笔账目借贷两记，收支两条线非常清晰，这就极其便于成本核算，促进合理的生产或经营，最终达到单位产值成本最小化、利润最大化。以复式记账法为代表的理性计值，被马克斯·韦伯认为是最有代表性的近代资本主义精神。

4. 财富追逐意识

这是一种社会价值观的改变。在基督教价值观的影响下，财富只被看成维持"生存"的手段，而不是目的，生产不是为了追求利润，而是过上"适当"的生活；生活需要一定财产，但财产权容易导致自私心理。而工商业活动促使人们改变了对财富的态度。尤其是商人们致富后大量购买土地，提高了社会地位；他们向教会大量捐赠来证明收益的正当，得到了社会认同；他们热心公益和慈善事业，获得了社会赞誉。这一切行为都须以积聚财富为前提，因此追求财富不再为社会所鄙视。新的财富追求观念，是近代西方文明兴起的主要经济驱动力。

5. 新的商业观

积累财富的快捷途径是商业，财富观念的变化，驱使人们改变了对商业和商人的成见。随着城市商品货币经济的发展，商业的重要性和商人的作用日渐被认识，商人也为改善自我形象做出了各种努力。社会各阶层出于各种需要，不得不与商业发生联系，对商人存在一定程度的依赖，因此开始放弃以往的"轻商贱商"观念,对商业和商人重新审视和评价。于是,商业从经济边缘走到了中心,西欧从农业社会向商业社会转变,商人在社会经济运转中成为关键角色。

6. 新的消费观

中世纪占统治地位的基督教,是信仰来世而轻视现世的,对现世生活奉行苦行主义。这种传统观念遇到了城市市民的挑战。市民通过工商业活动致富后,不可能面对所获得的大量钱财不动心,不去用于对自己生活的改善。天国虽好,现世享受更不能错过。因此,苦行主义遭到了市民们怀疑。同时,他们大胆的消费实践,似乎并没有被上帝惩处。于是新的消费观念形成了。从某种意义上看,消费主义似乎较快地耗散了资源和财富,但它更刺激了生产,还创造对新消费品种的需求,这正是生产发展和创新的原动力。消费社会的形成,为扩大再生产创造了市场前提。

7. 新的时间观

在日出而作、日落而息的农耕社会里,不要求对时间有精确的掌握。随着中世纪城市发展和工商业活动进行,人们的劳动和生活节奏加快,社会活动增多,白昼和夜晚的界限逐渐被打破,人们对时间逐渐有了更精确的利用和把握。城市工商业活动也具备精确计算时间的条件。城市钟楼悬挂的时钟,有助于改变人们的时间观念。时钟的敲击声催人奋进,告知人们要珍惜时间,合理地安排和使用时间,并用时间来规约自己的行为与活动。对时间的精确把握是人类走向近代文明生活的重要特征。

为了达到合理牟利的目标,工商业者必须奉行一些基本行为准则,重要的有:[1]

(1) 平等原则。几乎所有的中世纪城市都是以市场为中心发展起来的,市场交换中的平等原则很自然地成为城市经济生活的圭臬。交换进行时,商品所有者的身份是平等的,竞争是公平的。不论农奴还是手工业者,不论世俗贵族还是教会人士,都只是作为商品的交易方出现。商品价格的高低与商品主人的出身不相干。领主在市场上无论是购买商品,还是出卖剩余农产品,都得承认对方的独立意志与平等身份。这与等级森严的西欧封建社会体制迥然相异。在商品经济中形成的借贷关系,更与等级观念相冲突,更体现交易双方的平等。出身低下的商人放贷时,决不因为领主身份高就降低利息或延迟还本。商品货币关系越发展,平等原则就越重要。市场中还慢慢形成了一套商

---

[1] 参见赵立行:《商人阶层的形成与西欧社会的转型》,中国社会科学出版社 2004 年。

法体系，平等交易原则进一步得到法律确认。

（2）信用原则。工商业活动中常常充满了欺诈和风险，不少人为了追求利润而不择手段，但更多有远见的生产经营者则感到诚实守信更能使自己的事业长久，长远的利益回报更为牢靠。不少勤勉的工商业者还认真记载与他人的往来账目，以此表明自身的诚实态度。

（3）风险意识。虽然中世纪城市为工商业者提供了良好的生产和经营场所，并将他们置于一定的保护之下，但事业的发展并非坦途。特别是中世纪商人多为行商，要带着货物奔赴各地市场，风险更大。沿途有封建领主的关卡林立，有流氓盗匪的抢劫偷盗，有道路崩塌结冰泥泞等自然险阻，从事航海贸易的还有海上风暴和海盗拦截等灾难。但风险越大，利润也就越大。为了降低风险、减少损失，还产生了早期的保险业。

二、新经济关系在城市诞生

所谓城市新经济关系的诞生，就是指资本主义生产关系在城市的萌芽。按照马克思的论述，资本主义关系的产生主要是两条道路。一条道路是"生产者变成商人"，即纯粹的手工业者通过积累资本，扩大生产规模，增加雇工人数，从而成为商人资本家。这条道路具有革命性意义，但却是一条非常缓慢的道路，因为手工业行会实施各种限制规定，制约了手工业者出身的资本家的成长。另一条道路是"商人直接控制生产"，变成了资本家，直接雇用手工业者，控制了与其经营产品相关的手工业部门。这条道路不是一条革命的道路，因为商人资本家不会对革新生产技术感兴趣，但却是西欧城市资本主义关系产生的主要道路。早期的城市资本主义一般是两种组织形式。一是"家内制"（domestic system）或"外放制"（putting-out system），即所谓分散工场手工业。在这种形式下，商人资本家将自己购买来的原材料外放给工人，工人们在自己家里用自己的工具进行生产，按期将生产好的产品交给商人，商人按照产品数量付给工人工资。各生产工序分散在工人家里进行。二是集中的手工工场。所有的手工生产工序都集中在一起，雇用工人做日工，付出计时工资。

地中海沿岸城市、佛兰德尔的毛纺业城市，甚至较为落后的英国城市，都已在14世纪和15世纪的手工业中出现了资本主义生产方式。

地中海沿岸的意大利是中世纪城市工商业最发达的国家，也是资本主义生产关系最早萌芽的地方。马克思的著名论断常为人们所引用："在14世纪和15世纪，在地中海沿岸的某些城市已经稀疏地出现了资本主义生产的最早萌芽。"[①]地

[①] 马克思：《资本论》（第1卷下），人民出版社1975年，第784页。

中海沿岸的某些城市,主要指意大利的威尼斯、热那亚、米兰等城市,尤其是佛罗伦萨。从生产领域看,意大利资本主义萌芽主要产生在毛纺业、丝织业等部门。意大利纺织业中的资本主义萌芽,两种生产组织形式都有。被称为资本主义生产之典型的佛罗伦萨各毛纺工场,实际上多是兼有这两种形式,并且以第一种为主。羊毛从国外运来后,由梳毛工人集中在作坊主工场内进行梳洗整理分类。其后,纺纱交给郊区或农村的家庭妇女们完成。在作坊主和纺纱女工之间,有专门捎客起中介作用。他们分发羊毛,收集毛纱,按件付给女工工资。毛纱又转交给织布工,由他们在自己的家里用自备的织机织成粗呢。尔后这些粗呢再交给漂洗工,他们的漂洗作坊一般都设在郊外溪流上。生产过程的最后几道工序,如染色、剪整、压光等,大部分由独立工匠在自己小作坊中完成。呢绒最后交回作坊主。如一个合伙性的毛纺工场,其账本上就记载了在各个生产工序中支付给承包者的工钱,包括羊毛梳理、纺纱、染色、漂洗、织布、修整等。①佛罗伦萨的毛纺工场共约 200 个。

英国也在 14 世纪中期出现了资本主义萌芽——小型的手工工场。布里斯托尔的布兰克特常被当作小工场主的代表。该市发布的一项法令,规定他以及其他一些人不得在家中安放织机,雇用织工工作。14 世纪末,英国某些工场已具有相当大的生产规模,有些呢绒制造者交验出口的呢绒达到 1 000 匹以上。②虽然后来英国资本主义关系主要在乡村工业和农业中成长,但就时间来看,城市资本主义应该更早萌芽。16 世纪后期的一首歌谣,唱颂该世纪初纽伯里城呢绒制造商约翰·温奇库姆的呢绒工场里,有 1 000 多人在工作,梳毛、纺纱、织呢、浆洗、修剪、染色、扦制等重要工序一应俱全。呢绒制造商托马斯·多尔曼、威廉·斯顿普,以及拉文翰的斯普林家族,也都是这类大型呢绒工场的老板,动辄雇用上千工人。③

佛兰德尔纺织城市的资本主义萌芽更早于英国。佛兰德尔毛纺业发达,但原料羊毛主要由商人从英国等地进口,因此商人较为容易介入毛纺业生产,从而导致了资本主义萌芽产生。这和意大利佛罗伦萨毛纺业情况相似。所以马克思说:"工场手工业的初次繁荣(先是在意大利,然后是在佛兰德尔)的历

---

① 布鲁克尔:《文艺复兴时期的佛罗伦萨》,三联书店 1995 年,第 74-76 页。
② E. Lipson, *The History of Woollen and Worsted Industries*, London, 1921, p.43.
③ 梅舍亮柯娃:《论 17 世纪英国资产阶级革命前夜英国工业的发展》,载《历史译丛》(吉林师范大学)第 1 集,1960 年,第 48 页。

史前提,乃是同外国各民族的交往。"①商人通过包买制度,供给行会手工业者原料,收购他们的产品,或将贫苦的手工业者集中到自己的工场里生产。如13世纪中期的杜埃有150个呢绒商,每人都雇用100人左右。②这个世纪后期,该城一个毛纺织业主约翰·包音布鲁克,其住宅就是一个手工工场,雇用了许多工人。有些工序是由他把原料交给外面独立的手工业者加工,付给计件工资,收回成品。③这些手工业者看起来是独立的,但实际上已成了商人资本家雇用的外放制工人,他们从商人资本家那里领取工资,同时也要支付自己作坊里帮工的工资。

法、德等国城市亦有资本主义的萌芽形态。至于资本主义萌芽能否在城市里顺利成长,则要依具体的历史条件而定。但新的资本主义关系最先诞生于城市,却是一个不争的历史事实。而且,由于城市中的商人阶层积累了大量财富,因此城市还为新生产关系的成长准备了主要的资本条件。

三、新社会力量在城市培育

市民阶级或中产阶级,是城市资产阶级的前身。它是在15、16世纪西欧进入经济社会全新阶段时逐渐形成的。城市中产阶级有很多成分,来源面广,大致包括:(1)处于上升阶段的独立手工工匠,即所谓手工业资本家;(2)渗透手工业生产部门的商人,即所谓商人资本家;(3)因从事国内国际贸易而新近发迹的商人;(4)城市里新出现并富有的律师、医生、公证人等事务性阶层;(5)从事文化、教育和艺术事业的精神劳动者。可以说,这个阶级就是那些从事资本主义经营的人,或与这种经营息息相关的新兴商人,以及为这种经营提供各类服务的人。市民阶级是城市市民富有阶层的总称,作为市民的主流,其所具有的经济和社会影响力已非旧时的商人寡头可比。如在17世纪后期,英国每年岁入增长总额超过10万英镑的社会阶层共11个,其中属于城市的社会阶层5个,即远洋巨商、远洋商贾、律师、店主和商人、工匠和手艺人;并有若干阶层含有城市市民成分,如绅士、地产主等。此外如人文科学家和艺术家这一城市阶层,也能形成积聚一定财富的能力。④

伦敦是中产阶级力量成长的很好例子。在这里,封建性的行会制度只存

---

① 《马克思恩格斯选集》(第1卷),人民出版社1975年,第61页。
② 奇波拉:《欧洲经济史》(第1卷,中世纪时期),商务印书馆1988年,第197页。
③ M. M. Postan, *The Cambridge Economic History of Europe*, Vol.2, Cambridge University Press, 1972, pp.381-382.
④ 亚·沃尔夫:《十六、十七世纪科学技术和哲学史》,商务印书馆1985年,第676-677页。

在了一个短暂的时期,大约在 14 世纪开始崩溃。寡头政治在伦敦几乎没有出现。15 世纪后,伦敦 12 家大公会的号服成员几乎全是富有商人或大工匠,较小的号服公会中也有不少富有的上层人物。富人之多,使伦敦不可能让少数人来控制政权。16 世纪里,虽然伦敦的政治权力主要由 12 家大号服公会掌握,但很少有人滞留在城市的高级官职上。这个世纪的一百年中,各大公会担任市长职务的都有六七人以上,最多如丝绸商公会达到 24 人。① 可见掌握市政领导权的人来源广泛。从籍贯看,1480—1660 年伦敦的 172 任市长中,只有 14 人出生于伦敦。② 由此可推断伦敦的统治集团并无封闭和世袭之嫌。因此可以说,16 世纪伦敦城的政治领导权已过渡到市民阶级或中产阶级手中,因而也就不难理解英国资产阶级革命被不少研究者认为是伦敦(the City)与国王(Crown)的斗争。

中小城市由于自身工商业发展的局限,中产阶级的成长速度相对要缓慢些。如英国的诺里奇,中世纪至近代早期是英国最重要的地方城市之一,但人口却只有 1 万多,只相当于大陆上的小城市。它在 17 世纪里逐渐显示出中产阶级接近城市领导权的趋势。从其市长职业可以看出这样的走向:(1)所任市长的职业广泛,大约代表 20 个行业以上;(2)商人出身的市长比例愈来愈小;(3)公证人、药剂师等事务性阶层开始进入领导层;(4)作为纺织城市,最大行业是织呢工,但在商人寡头政治尚有影响的 17 世纪前期,没有人当过市长;到 17 世纪后期,织呢工匠的领导地位日渐提高,并有将商人取而代之的势头。③

在欧洲大陆城市里,无疑也有中产阶级力量的成长。但各个国家均因各种原因而使这种力量发育不全,难见优势。意大利工商业城市发展得早,中产阶级很早就发出了声音,但到社会经济转型的 16、17 世纪时,意大利城市反而走上了衰落之路。佛兰德尔城市的衰落更早。因为这种衰落,也就丧失了孕育中产阶级强大力量的母体。德国城市在 16 世纪宗教改革和农民战争后,更多地被封建诸侯势力所控制,原本就孱弱的城市中产阶级终究没有发展成具有影响力的新社会力量。在法国,国家机器的强大使得城市资产阶级寻求蜷缩在国王卵翼之下,或寻求在国家政治资源中分得一杯剩羹,买官求职,富有

---

① 施托克马尔:《十六世纪英国简史》,上海人民出版社 1959 年,第 66 页。
② P. Ramsay, *Tudor Economic Problems*, London, 1963, p.110.
③ P. Corfield, "A Provincial capital in the late seventeenth century: the case of norwich," in P. Clark and P. Slack ed., *Crisis and Orders in England Towns 1500-1700*, *Essays in Urban History*, London, 1972, p.278.

的商人由此堕落为封建营垒中的成员。至于西班牙,原本就是个封建性极强的国家,正是这种封建性,使这个国家无法把握发现新大陆带来的前景,本来就缺乏工商业生活体验、不太具备新观念的城市市民,自然也就难成气候了。尽管有这种种坎坷,城市中产阶级作为西欧一支新社会力量崛起的态势,应该是无可否认的。

这支由城市工商业者逐渐集结而成的新社会力量,作为享有自由权利的经济活动者,逐渐演变成能在社会政治体系中发出一定声音的第三等级,最后成长为能与封建势力抗衡并最终推翻它的强大政治力量。市民阶级——资产阶级的发展和壮大虽然有一个漫长过程,但这个过程始终与中世纪城市相联系,或者说,城市是早期资产阶级成长的摇篮。

四、新政治形式在城市萌生

在中世纪城市里,无论早期的行会政治时期,还是后来的商人寡头政治阶段,其政治运行中孕育了作为近代政治精髓的民主机制与法治传统。城市市民的平等法律地位、市民们共同遵守法规章程的契约意识、城市政治运行中的民主程序,在冲击和破坏封建法统的同时,也促使了民主机制和法治传统的形成。这是中世纪城市对近代政治本质的培育。

即使近代政治形式也是在中世纪城市里萌生的,尤其是意大利城市。意大利城市在国家性质上的较早发展,使"意大利人成了近代欧洲的儿子中的长子"。[①]这种发展在威尼斯和佛罗伦萨最为突出。尤其是佛罗伦萨,可称得上世界上第一个近代国家。

近代政治形式的几条基本原则,在威尼斯和佛罗伦萨都具备了:

(1) 近代政治精神或政治意识。这就是,国家不再是哪一个人的国家,而是全体成员的国家,因此全体成员都对国家的命运表示关切,全体成员都介入国家事务。国家事务"是全体人民所勤奋研究的问题";而且人民还要求政治上不断出新,由此"不断地在改变着这个国家社会的和政治的面貌"。[②]

(2) 近代国家的政治手段,即国家内部治理和对外政策的精心结合。内部稳定团结是基础,外交政策是为国内政治服务的手段。在这里,国家"在内部构成上是一种策略的产物,是深思熟虑精心设计的结果"。[③]譬如,城市商业活动向一切人开放,最贫困者也能获得丰富报酬,使他们不至于去注意政治问

---

① 布克哈特:《意大利文艺复兴时期的文化》,商务印书馆 1996 年,第 125 页。
② 布克哈特:《意大利文艺复兴时期的文化》,第 72 页。
③ 布克哈特:《意大利文艺复兴时期的文化》,第 85 页。

题而变成社会危险分子。他们在外交问题上也有周密而冷静的思考,避免陷入外界的党派之争,避免卷入永久的联盟。对外界的蔑视和外人对他们的嫉妒,使得城市国家内部更加团结,从而使阴谋者找不到煽动对象。①

(3) 近代国家的政治机构及其相互制约。城市共和国里立法、行政等机构分立,各司其职,但又互相牵制。如威尼斯,元老院是最重要的国家机关。它决定国家大政方针,决定战争和平,判定条约,布置税收,管理财政,批准一切法令。元老院中的十人委员会是常设机构,它的决定具有法律意义,任何其他机构都不可更改。它甚至可以决定废黜总督、决定总督生死。元老院之外的大议会,是威尼斯的最高立法机关和监督机关,它可以选举元老院成员,十人委员会及元老院的决议也须有大议会的支持才能生效。大议会对总督也有很大监督权。②总督虽然行政权力极大,但须按"总督誓词"行事,并遵守种种限制和规定。

(4) 官吏政治。除了城市主要官员由选举产生外,各机构中还有许多常任公职人员,他们的就职有任命、推荐、考试选拔等多种方式。由常设和常任官吏来执行行政职能,是近代国家组织与中世纪相比一个极大的进步。中世纪封建国家的统治方式的演变明显呈阶段性。割据封建制君主时代,国王基本不设立机构,只有一些随员,王室是国家象征和权力中心。等级君主制时期,国会成为不常设政治机构;国王也增加了许多助手,逐渐形成以国王为中心的朝廷,这些助手主要是那些大小贵族,因此这一时期又可称为贵族政治时期。西欧国家从贵族政治转变为官吏政治,大约开始于 16 世纪,这是向近代国家迈进的重要一步;而迈出这一步的先驱,是意大利城市国家。

第二节 中世纪晚期的城市危机与转型

一、城市经济的结构性矛盾

13、14 世纪时,西欧中世纪城市的发展渐趋饱和状态,中世纪晚期很少有新的城市诞生。不但城市的发展进入了低谷期,而且现有的城市都出现了危机。虽然城市对西欧的社会和经济变革起到了巨大作用,但城市自身在中世

---

① 布克哈特:《意大利文艺复兴时期的文化》,第 68 页。
② David Chambers and Brian Pullan, *Venice, A Documentary History, 1450-1630*, Blackwell, pp.42, 55-56, 71.

纪晚期却普遍经受了危机,有的城市甚至一蹶不振。这一现象颇耐人寻味。

城市危机主要是城市自身所具有的封建性质的危机。中世纪城市虽然自一产生就具有许多新质,但它既然出现于封建主义的汪洋大海之中,也就会打下许多封建性烙印。一方面,它受领和扩散了乡村的许多封建因素,另一方面它还创造了如行会等具有封建性质的特定事物。这两方面相加,使城市具有一层封建性的外壳。当城市中新生事物成长时,必然要与这一层旧的封建外壳发生矛盾和冲突,由此必然导致中世纪晚期西欧城市的普遍危机。

城市中最具代表性的封建事物当属行会。行会制度渗透到了每一个手工业部门。虽然行会早期在保护手工业者利益、传授生产技术等方面起过进步作用,但越到晚期它的保守性就越明显。一方面,行会对内通过各种严格的规章制度,窒息甚至扼杀成员的进取精神,因此由手工工匠成长为资本家的情况微乎其微。另一方面,行会对外极力加强对本行业的垄断,排斥外来因素的渗透,尤其是抵制商人资本的侵入。这样一来,许多踌躇满志的手工工匠和商人只得走向城市之外,最终导致城市生产萎缩、经济萧条。

城市危机也是中世纪晚期西欧封建主义总危机的一个局部表现,是14世纪以来农业危机的连锁反应。当黑死病流行后人口减少,农业劳动力稀少而昂贵,农民经济状况逐渐变好时,经过黑死病横扫的城市的吸引力却大为减弱,由此城市发展所需的人力资源——农村移民便大为减少。尤其是当14、15世纪农业危机导致庄园制、农奴制最后崩溃,农村封建关系趋于松弛时,所产生的负面影响是封建主转而将注意力更多地放到了城市,对城市实行高压政策。如法国国王查理五世处处非难和限制城市,城市若对他有不忠,就会立即被强制变为王室领地;他还规定了每周三、五、日为王室市场日,颁布了大量干预商业的法令;并批准了好几个行会章程,扩大对行会的控制权,敦促行会尽封建性义务。①有的封建统治者如佛兰德尔伯爵还直接介入城市内部的政治斗争。当乡村工业兴起,并为封建领主带来一定财政收入时,他们往往牺牲城市的利益,限制城市工业而鼓励乡村工业发展。

城市危机还是城市旧有经济结构不能适应社会变化的结果。从某种意义上说,中世纪城市经济是一种放大了的自守经济,它采取保护和垄断政策,巩固自己已有的经济腹地,不容许外来人员渗入城市及城市的辐射区域,使得城市之间在经济上往往有相互隔绝闭塞的局面,有竞争关系的相邻城市之间更

---

① 汤普逊:《中世纪晚期欧洲社会经济史》,商务印书馆1997年,第156-161页。

是如此。当乡村工业兴起后,它们因具有离原料产地近、离消费市场近、劳动力廉价等优势,成为城市手工业的强劲对手,使城市手工业面临严峻的挑战和危机。而那些高档的城市手工业部门,虽然不曾有乡村工业作对手,但却由于原料、市场等因素作用,只能固守传统产品,不能或难以转向大众消费市场,结果终因销售市场过窄而引发生产危机。

二、中世纪晚期城市的普遍危机

城市危机出现最早的,当属佛兰德尔城市。佛兰德尔五大城市即布鲁日、根特、伊普雷、杜埃和阿拉斯,曾是西欧手工业城市发达的样板。布鲁日是11—14世纪西北欧最大的国际商业中心,根特、伊普雷、杜埃和阿拉斯的呢绒制造业举世闻名。但自14世纪起,佛兰德尔城市走向衰落。如伊普雷城,1260年毛纺业最繁荣的时候,城里约有2 000台织机和4万名居民,而到1511年时,该城只剩下约500台织机和1万余名居民。杜埃城13世纪中期有150个呢绒制造商,每人雇工达100人左右。[①]但15世纪后,毛纺业城市的行列里完全可以去掉杜埃的名字了。根特曾是佛兰德尔最大的手工业城市,到15世纪只是作为粮食市场才得以幸存下来。[②]至于布鲁日,其商业优势和金融中心地位自14世纪开始动摇,15世纪更然。在最兴旺的13世纪,布鲁日人口达到5万以上;14世纪上半叶,布鲁日的百万富翁就达243人。而14世纪中期后,布鲁日人口长期维持在3万人上下,16世纪初甚至只有2.5万人。绝大部分佛兰德尔城市人口在15世纪里只减不增。[③]

意大利是中世纪城市最发达的国家,然而其中世纪晚期开始的衰落历程也最为典型。经济停滞衰落的征兆始于佛罗伦萨。这个著名的毛纺业城市,13世纪进入鼎盛时期,14世纪初人口最多时达到10万,是欧洲最大的城市之一。[④]但城市发展高潮的背后,经济危机悄然来临。最先是城内专事加工进口佛兰德尔呢绒的行业衰落,这是因为14世纪佛兰德尔毛纺业衰落了,这一行业也随之衰落。接着,曾给英国国王大量贷款的佛罗伦萨巴尔迪银行和佩鲁齐银行,因为爱德华三世不还债而于1345年宣告破产。1348年黑死病使佛罗伦萨损失了将近一半人口。因此,14世纪中叶实际上成了佛罗伦萨经济由兴

---

① 奇波拉:《欧洲经济史》(第1卷,中世纪时代),第197页。
② 汤普逊:《中世纪晚期欧洲社会经济史》,第461页。
③ Leon Voet, *Antwerp: The Golden Ages*, Antwerp, 1973, p.63.
④ C. Cipolla, *Before the Industrial Revolution, European Society and Economy 1000-1750*, Routledge, 2005, p.281.

旺而衰微的转折点。其后，佛罗伦萨经济的两大支柱毛纺业和银行业仍然显现着颓势。如银行业，1338年该城有银行80家，到1460年减少为33家，1516年只剩下8家。①毛纺业长期停滞，城市人口徘徊在5—7万人之间，拥有的财富再也没有达到14世纪初的水平。热那亚人的地中海贸易从15世纪中开始受打击，被奥斯曼土耳其人从黑海和爱琴海赶了出来。至于威尼斯，15世纪后期与奥斯曼帝国交战，其优势逐渐失去，16世纪初因葡萄牙人开辟印度洋航路香料贸易而彻底失去了东方贸易中心的地位，其呢绒生产量1510年时减少到仅仅几百匹。②

16世纪初期，意大利的重要城市几乎全部经历了一次危机。如佛罗伦萨，呢绒工场从15世纪末的270个减至1537年的63个，呢绒产量从年产2万匹减至几百匹。布雷西亚从年产8 000匹减至1540年的100匹。1500—1550年间，布雷西亚人口从5万人减至4万人，佛罗伦萨从7.2万人减至6万人，米兰从10万人减至5万人，锡耶纳从1.5万人减至1万人，帕维亚从1500年的1.8万人减至1529年的7 000人。③虽然16世纪中叶意大利工商业曾再度崛起，甚至还出现过金融史上的所谓"热那亚时代"，但那只是回光返照而已，16世纪末起，意大利城市彻底走向衰落，沦为了欧洲的落后地区。

中世纪英国的城市工商业并不很发达。即使如此，从15世纪中期至16世纪中期，几乎所有的地方重要城市都经历过一次以上的危机。约克15世纪初有1.2万人口，16世纪中降为8 000人。1395年，约克呢绒出口3 200匹，15世纪70年代，年出口仅922匹。④考文垂，1440年人口逾万，1520年为7 500人，1550年左右，徘徊在4 000—5 000人之间。⑤莱斯特，1563年人口低于1377年。⑥林肯，中世纪英国名城之一，15世纪初走向衰落。从1377年至1563年，林肯人口减少了2/3。诺丁汉早在1376年就申诉城内许多房宅人丁

---

① 奇波拉：《欧洲经济史》（第2卷，16和17世纪），商务印书馆1988年版，第460页。
② Porter eds., *The New Cambridge Modern History*, Vol.4, Cambridge University Press, 1972, pp.94-95.
③ C. Cipolla, *Before the Industrial Revolution, European Society and Economy 1000-1750*, pp.236-238，281-282.
④ J.N Bartlett, "The expansion and decline of york in the later middle ages", *Economic History Review*, 2nd series, Vol.12, 1959-1960, No.1, pp.17-33.
⑤ C. Phythian-Adams, *Desolation of a City, Coventry and the Urban Crisis of the Late Middle Ages*, Cambridge University Press, 1963, pp.48-49.
⑥ W. G. Hoskins, *Provincial England, Essays in Social and Economic History*, London, 1963, p.89.

稀少。1444年该城被视为贫困城市而免去部分税收。沃里克也因同样原因而被免除税收。南安普敦因不能上交拖欠的包税款,几个头面人物于1460年被关禁在伦敦。布里斯托尔1500年后的贸易量最低时只有15世纪水平的一半。赫尔港,15世纪里贸易总额至少减少了3/4。波士顿1524年上交的税收只有1324年的一半。①

英国国王亨利八世在诏书中说:"王土上所有大小城市之许多或大多数地方,皆已衰微。"他1540年诏令所提到的已经衰败或正在衰败的城市,还有坎特伯雷、巴斯、奇切斯特、索尔兹伯里、赫里福德、科尔切斯特、罗切斯特、朴次茅斯、伍斯特、斯塔福德、埃克塞特、伊普斯威治、大雅茅斯、牛津、纽卡斯尔、贝德福德等。②而施鲁斯伯里、北安普顿、格罗斯特等城市衰败的程度,也不亚于上述城市。此外,像多切斯特、普利茅斯、汤恩顿、兰开斯特、普雷斯特以及东南五港城市,也都经受了不同程度的危机。③

在德国,14世纪盛极一时的汉萨同盟城市,15世纪起一直呈下落趋势。如汉堡,15、16世纪里居民减少了几千人。④卢卑克,1500年的经济收入比1470年减少了一半。⑤法国的城市危机虽然不是很剧烈,但城市发展普遍缓慢,并且也有倒退现象,以至于16世纪初斯特拉斯堡纺织业大为衰落、人口大为减少时,人们不由得"怀着懊丧的心情回顾四十年前那更为繁荣的时代"。⑥

三、城市经济转型的成与败

城市危机从某种意义上说,是一种对旧有秩序的"破坏",给城市带来了挑战,也带来了新的发展机遇。大多数城市是在危机中求生存、寻出路,"危"中寻"机",所以危机之后很快就恢复了生气,并且在一种新质的基础上达成了新的平衡,开始了从中世纪城市向近代城市转型的过程。这种转型在许多方面体现出来。

其一,在生产结构上,不少城市逐渐抛弃了过去那种自我窒息的保守性,增强了灵活性,以自身变化去适应市场变化。如荷兰的莱登,针对大众需求调

---

① J. L. Bolton, *The Medieval English Economy 1150-1500*, London, 1980, pp.249-250, 256; C.Phythian-Adams, *Desolation of a City*, p.284.

② D. C. Douglas, *English Historical Documents*, Vol.5, London, 1967, p.954.

③ W. Cunningham, *The Growth of English Industry and Commerce*, Vol.1, London, 1915, pp.507-508.

④ C. Cipolla, *Before the Industrial Revolution*, *European Society and Economy 1000-1750*, p.282.

⑤ 汤普逊:《中世纪晚期欧洲社会经济史》,第291页。

⑥ G. Unwin, *The Industrial Organization in the Sixteenth and Seventeenth Centuries*, p.87.

整毛纺业生产结构,以生产轻型的"新呢绒"为主,结果市场比以前要广阔得多,因此成为17世纪欧洲最大的毛纺业中心,年产呢绒约10万匹。①英国的诺里奇,16世纪后期开始发展新呢绒,结果促使该城及其周围地区再度出现繁盛景象。莱斯特,16世纪后工业变化最多最快,先后出现了毛纺业、皮革业、丝织业和钟表业等。约克,根据附近西莱丁毛纺区的需要发展商业职能,专从外地调入粮食供应西莱丁非农业人口,并依据西莱丁区毛纺产品和畜牧产品特点发展呢绒服装业和皮革服装业。②中欧的维也纳,改变过去只从事对匈牙利贸易的传统,开始与纽伦堡商人展开竞争,甚至为弥补手工业不足而大力引进国外的手工工匠。

其二,城市扩大了自己的经济活动范围,不再将服务区域仅局限于本城及周围地区。城市危机的发生,使得城市愈来愈感觉到相互之间的联系和勾连对自身经济发展兴旺的重要性。这样,有许多城市成对成群,结成经济贸易伙伴,最后所有的城市都向外地商人开放。城市工商业的自由开放,被认为是中世纪城市向近代城市转型的重要标志之一。

其三,在城市经济陷于困境的状况下,城市资本积极寻求进一步发展的天地,纷纷向农村转移,结果大大推动了乡村工业的发展。表面看起来乡村工业对城市工业构成了威胁,但实际上乡村工业的发展为城市带来了大大的好处。由于乡村工业主要受城市资本控制,因此其创造的财富大部分回流到了城市,这既加强了城市的经济地位,又壮大了城市市民阶级的经济政治力量。如英国伦敦的飞速发展就与伦敦资本深入英格兰各地、渗透和控制乡村工业有很大的关系。相似的情况还有荷兰的阿姆斯特丹。

其四,城市危机的发生,亦与中世纪城市地域狭小、空间狭窄、卫生条件差不无关系,因此危机后的城市比较注重对自身的改造,加快市政建设。17世纪起,西欧各国都开始了用砖石取代木料建房的过程。而且市政当局开始注意道路、街道、照明、给排水、消防等方面的基础建设。城市外观焕然一新,加强了城市的吸引力。

当然并不是所有城市都走上了成功的转型之路。佛兰德尔毛纺业城市、意大利工商业城市则是失败的典型,它们因各种条件和环境而不能应对危机,最后走向衰落,往昔的繁华昌盛被萧条冷落所代替。甚至还有做出逆反应的城市,如15世纪的法国,城市行会再次兴旺,比以前更为普及,行会的规章比

---

① 奇波拉:《欧洲经济史》(第2卷,16世纪和17世纪),第359页。
② P. Clark and P. Slack, *Crisis and Order in English Towns 1500-1700*, p.93.

以前更为严格和苛刻,致使16世纪以后法国的工商业经济愈来愈落后于大西洋沿岸其他国家。

四、民族国家兴起与城市自治权萎缩

1500年左右,欧洲大约有1 500个领土单位;1989年,只有30个,①即国家。近代早期那些领土单位里,不少是自治城市、城市国家,甚至威尼斯那样的"城市帝国",它们逐渐被整合进近代国家里。从15世纪起,西欧相继形成了一些近代民族国家,如英国、法国、西班牙、葡萄牙等。民族国家被认为是"领土国家",它一定包含着宽阔的版图。国家版图内,肯定存在许多已经拥有自治权的城市,这两种政治主体也肯定有一个冲突或相容的问题。其最终结果是,城市被逐步融合在新形成的民族国家中。国家机构形态也有一个与城市机构形态相磨合的问题。在荷兰共和国,国家机构形式与城市政府几乎没有差别,而波兰则几乎完全漠视了城市机构的存在。这两个极端例子之间,应该还有许多其他形式。②

这种融合自然有国家方面的巨大吸力。自15世纪后期起,英、法、西等国均已实现全国范围的版图统一,封建割据势力衰弱,大封建领主或被镇压,或归顺国王,全国上下逐渐号令一致,中央集权君主制的民族国家初现端倪。与政治统一相一致,各国逐渐形成统一的国内市场,工商业有了更好的发展机遇,城市以往为之奋斗的自由环境已然形成,故而城市为此而长期维持的自治权力渐成多余。更其然,英法等国政府开始实施重商政策,一系列的措施加快了工商业以及对外贸易的发展,其作用远比单个城市要大。因此城市开始不再单纯地依靠自己,而是更多地希望借国家之力,依靠国家的保护。总之,从发展前景看,由于民族国家的形成,城市已经失去维持自治权的前提。

同时,由于城市自身危机的发生,城市又弱化了维持自治权的能力。危机使大部分城市减弱了经济能力和社会竞争力,自然也就减弱了政治能量。

从城市发展的需要看,自治权下落反而有利。当市民阶级在城市的主导地位确定后,他们的兴趣是进一步清除旧的封建性限制和规定,扫除障碍,打开门户,为新兴生产关系成长创造宽松环境。商品经济和资本主义生产的开放性,决定了市民阶级不会将自己囿于一隅之地,他们需要拓展更大的活动空间,寻找更广阔的发展场所,而独立性过强、自治权过大反而会对此造成障碍。

---

① John Merriman, "European civilization, 1648-1945," *Lecture* 1, Sep.3, 2008, Yale University.
② Charles Tilly, "Cities and states in Europe, 1000-1800," *Theory and Society*, Vol.18, No.5, Special Issue on Cities and States in Europe, 1000-1800.(Sep., 1989), p.564.

因为,如果每个城市都拥有无度的自治权的话,那么一个个城市都会是一个个闭锁孤立的小王国,统一的国家又会在政治上被分割开来,商品经济和资本主义便难以在全国范围内顺畅地发展。因此,当市民阶级占据了主导权后,城市的自治权反而萎缩了,城市演变成了民族国家政治统一体中的有机部分。

(刘景华)

分 论

伊斯兰城市

第九章　伊斯兰城市

在《一千零一夜》中，伊斯兰城市被描绘为展现文明、权力的中心，各种信仰传播的竞争场所。城市作为一个实体不仅表现为物质形式的存在（如集市、城墙和广场），也表现为社区存在（在这些社区里有穆斯林和非穆斯林），并为人们展现道德和宗教观念提供场所。城市作为一个空间实体上演着某种宗教框架内人与人之间的激烈碰撞和交往，因此，城市是推行和捍卫伊斯兰教信仰的关键。

第一节　伊斯兰城市形成

公元 7 至 9 世纪，作为游牧世界对农耕世界第二次冲击的尾声，伊斯兰文明以惊人的活力从近东和北非扩展到了西班牙，戏剧性地结束了古代城市文明的古老传统。[1]伊斯兰教文明培育了更加成熟的城市文化，"在新宗教引进的三个世纪内，在伊斯兰土地上，城市化达到最高点"。[2]从 7 世纪阿拉伯人征服到 11 世纪城市发展与以下三个因素密切相关：伊斯兰教作为宗教的基本需要；阿拉伯军队征伐的需要和其定居政策的需要；哈里发建立首都和行政中心的渴望。[3]

伊斯兰城市由四种类型组成。

一、宗教城市

在伊斯兰城市起源与发展的三个要素中，最重要的是宗教。穆罕默德不希望他的人民重返回沙漠和囿于部落的价值体系，需要城市作为"人们在一起

---

[1] Michael Grant，*The Ancient Mediteranean*，Scribner's，1969，p.192.
[2] Nezar Alsayyad，*Cities and Caliphs*，*On the Genesis of Arab Muslim Urbanism*，New York University Press，1999，p.4.
[3] Nezar Alsayyad，*Cities and Caliphs*，p.3.

祈祷的地方"。①《古兰经》认为定居生活比游牧生活有许多优点,如伊斯兰教要求穆斯林参加的星期五祈祷,在永久居住地才能完成,因为它必须有40位合法责任人出席,于是城市生活是穆斯林应该为之奋斗之理想。②"清真寺像犹太会堂和大教堂一样,是城市必备的,伊斯兰教是城市的宗教。"③城市生活是伊斯兰教要求的尊贵生活所必需的。④同时,城市作为礼拜中心的重要性也来自强调地方的庄严,对犹太教、基督教和伊斯兰教皆如此。对虔诚的穆斯林而言,麦加、麦地那、耶路撒冷等是对其世界历史产生深远影响的城市。耶路撒冷是神圣的和圣洁的精神领地,麦加是真理的完美中心,麦地那是精神善于寻求能够看到真主一切的地方。⑤这些城市曾经是、现在仍然是重要的宗教、感情和政治中心。如先知穆罕默德正是在麦加的城市生活熏陶下,以其丰富的阅历和渊博的知识,在神秘的天启下创立了伊斯兰教,并首先在麦加传播,于麦地那扎根。如果说城市的建立是伊斯兰教作为宗教的基本需要,那么麦加就是最早满足这一需要的城市。又如公元635年穆斯林占领希伯伦,除希伯伦作为亚伯拉罕、雅各和约瑟的坟墓所在地的宗教意义之外,穆罕默德在其夜行至耶路撒冷期间也曾路过这座城市。倭马亚王朝和阿拔斯王朝在这座城市修建清真寺,希伯伦成为伊斯兰教第四大圣城。⑥

一些次要的宗教城市,如伊斯兰教圣徒下葬之处,也被认为是尊敬和朝拜的地方。如祖贝尔是先知的同伴,于公元658年的"骆驼之战"中被杀并埋葬在其倒下的地方。他的埋葬之地很快变成朝圣地。⑦纳贾夫是伊斯兰圣城之一,埋葬着伊斯兰教创始人先知穆罕默德的侄子伊玛目阿里,数世纪来,虔诚的信徒都希望埋葬在伊玛目阿里墓葬附近。因而这座城市的四周发展成为世界上最大的墓葬陵园。⑧卡尔巴拉(阿拉伯语为 karbala)围绕穆斯林殉道者侯

---

① Paul Wheatley, *The Places Where Men Pray Together: Cities in Islamic Lands, Seventh through the Tenth Centuries*, University of Chicago, 2001, p.41.
② G. H. Blake and R. I. Lawless, *The Changing Middle Eastern City*, Croom Helm, Barnes and Noble Books, 1980, pp.20-21.
③ Nezar Alsayyad, *Cities and Caliphs*, p.15.
④ Madanipour Ali, *Tehran: the Making of a Metropolis*, J. Wiley, Chichester, 1998, p.241.
⑤ R. A. Nicholson, trans. *Tarjuman al-Ashwaq*, Theosophical Society, 1972, pp.122-123.
⑥ Michael R. T. Dumper and Bruce E. Stanley, *Cities of The Middle East and North Africa*, ABC-CLIO, 2006, p.165.
⑦ Michael R. T. Dumper and Bruce E. Stanley, *Cities of The Middle East and North Africa*, p.398.
⑧ Michael R. T. Dumper and Bruce E. Stanley, *Cities of The Middle East and North Africa*, p.268.

赛因·伊本·阿里的陵墓发展起来。①这样自然也就诞生了许多城市,"伊斯兰是因,城市是果"。②信仰的首要地位明显地表现在伊斯兰城市的布局中。清真寺现在成为城市生活中心,取代了古典城市所重视的公共建筑和公共空间。③

二、阿姆撒尔（军事要塞城市）

633年,伯克尔命哈立德率500名老兵袭击波斯帝国辖区的伊拉克边境重镇希拉城并占领之,此举标志着阿拉伯人远征的开始。在不到两年时间内,他们打败了拜占庭、萨珊波斯的军队,征服了埃及、巴勒斯坦、叙利亚、伊拉克和波斯的大部分地区。征服过程中,帝国内建立了大量的军事要塞,诞生了伊斯兰城市的另一重要形式"边城"——阿姆撒尔（amsar）。④"阿拉伯人往往要营建新的中心,以符合本身战略上与帝国式的需要。这些地点后来就成为新的城市。"⑤军事要塞主要分两种。一种位于内地,如637年,欧特巴·加兹旺在伊拉克南部建立的巴士拉（巴士拉是阿拉伯伊斯兰军队从阿拉伯半岛出发后建立的第一座城市,同时也是伊斯兰帝国的第一座城市⑥）；638年,赛义德·阿比·瓦嘎斯在伊拉克中部建立的库法；642年,阿慕尔·本·阿斯在埃及建立的福斯塔特；670年,欧格白·纳非在阿特拉斯山脉的东端建立的凯鲁万。另一种位于边境,如叙利亚的查比叶、胡泽斯坦的阿斯凯尔·穆克赖木、法里斯的设拉子、北非的伯尔克和盖赖旺等等。这些军事要塞大都位于沙漠牧场与农耕区域之间,使阿拉伯人既可以随意发动进攻,而一旦需要又可撤回到沙漠中的安全地带。这些军事重镇满足了正在形成的阿拉伯帝国的需要。⑦随着征战的结束,个别军事要塞不复存在,但多数发展为颇具规模的城市。"边城"在政府以及各省最终被阿拉伯化这两件事上,有着核心的重要性。开国初期,阿拉伯人在自己缔造的帝国中,是小而孤单、却又重权在握的少数民族。而这些"边城",则是阿拉伯系的拓荒百姓与阿拉伯语的天下。各座"边城"的核心是军营,那些身兼战士与殖民者身份的阿拉伯人,依部落统属,居住其间。核

---

① Michael R. T. Dumper and Bruce E. Stanley, *Cities of The Middle East and North Africa*, p.213.
② Nezar Alsayyad, *Cities and Caliphs*, pp.3-4.
③ Stefano Bianca, *Urban Form in the Arab World: Past and Present*, Thames and Hudson, 2000, pp.25-36.
④ 阿姆撒尔是阿拉伯语"界限"一词的复数音译,其单数形式称"米绥尔"（Misr）,这个古闪语词汇,原先似乎用来指边界或疆界,所以这里为"边城"之意,实际上就是阿拉伯人在被征服地区建立的军事营地。
⑤ 伯纳斯·路易斯:《中东:激荡在辉煌的历史中》,郑之书译,中国友谊出版社2000年,第72页。
⑥ Michael R. T. Dumper and Bruce E. Stanley, *Cities of The Middle East and North Africa*, p.72.
⑦ 斯塔夫里阿诺斯:《全球通史》,董书慧等译,北京大学出版社2006年,第215页。

心周围兴建一座外城,工匠、店家和各色人等居住其中,他们是当地居民,为阿拉伯统治阶层、军士及其家庭成员服务。这些外城无论是在规模、财富以及重要性方面都在成长,逐渐地包括为数日增的本地公务员,他们为阿拉伯政权办事。这些民众因形势所需,学会了阿拉伯文,受到阿拉伯品位、态度与观念的影响。阿拉伯文化的影响正是从这些城镇辐射到了四周的乡村,有些是直接影响、直接传达,有些则是通过急遽增加的本地皈依者传达。这些皈依者很多是在军中服务的。①

三、原有城市的转变

经过转变的原有城市也是伊斯兰城市的另一重要组成部分。阿拉伯人征服固然对部分已有城市带来了巨大的破坏:"当我要毁灭一个市镇的时候,我命令其中过安乐生活者服从我,但他们放荡不检,所以应受刑罚的判决,于是我毁灭他们"(《古兰经》17:16)。但是穆斯林也设法把新获取的城市——大马士革、耶路撒冷和迦太基——融入了他们自认为在精神上超人一等的城市文明中。②一些古代城市再次展现出新的活力和繁荣,如安巴尔、泰西封、摩苏尔、阿勒颇、阿克、的黎波里、伊斯坦布尔、亚历山大、大马士革等等。如661年,哈里发放弃麦地那,迁都大马士革,将阿拉伯人的影响扩展到了其他文化中。大马士革是一个世界性的大都市,③作为穆斯林朝圣的必经之地,为朝圣者提供服务的同时,也具有巨大的商业潜力。它作为地区首都拥有数量庞大的人口,是连接地方城市和首都的纽带。

以君士坦丁堡为例。④苏丹马赫默德二世于1453年5月29日进入君士坦丁堡,随即着手将其改造为伊斯兰城市。他采取的第一步,是下令将圣索菲亚大教堂转化为帝国清真寺,称为圣索菲亚清真寺。城市转化的第二步是街道组织变化。起初次要街道开始变得拥挤、无规则,但是主要干线仍笔直、宽阔,并与广场连接。然而到15世纪后期,城市以自给自足区为单位发展起来,每个区都形成了自己的中心,广场和林荫大道的重要性下降并被不断占用。第三步是在第三座山建立了著名的巴扎——卡帕·卡斯巴扎(Covered Bazaar)。据1476年的调查,卡帕·卡斯巴扎有各类商店、仓库、工作间、商队旅馆等

---

① 伯纳斯·路易斯:《中东:激荡在辉煌的历史中》,第72-73页。
② 乔尔·科特金:《全球城市史》,王旭等译,社会科学文献出版社2006年,第72页。
③ Pirenne, *Mohammed and Charlemagne*, Meridian Books, 1957, pp.154-155.
④ 车效梅:《中东中世纪城市的产生、发展与嬗变》,中国社会科学出版社2004年,第58-59页。

3 000多个,有许多咖啡屋、茶馆等,共雇用2万多人。①城市中社团开始按照穆斯林的规定生活,穆斯林区围绕宗教建筑而发展。这样,在马赫默德二世时期,伊斯坦布尔共建造了190座清真寺(其中17座是改建的)、24所小学和宗教学校(Medrese)、32个浴池、12个巴扎。可见,在马赫默德二世统治早期,伊斯坦布尔已经具备了典型穆斯林城市的两个必需因素:聚礼清真寺和中心巴扎。在1546—1596年的50年中,伊斯坦布尔瓦克夫的数量从1 594个增加到3 180个,清楚地显示了首都转为伊斯兰城市的速度。②

四、统治者建立新首都和行政中心

哈里发和总督建立新首都以象征他们的政权或统治优势,象征他们有将秩序与文明带到所占领地域之能力。③762年,阿曼苏尔选择了一个足以控制两河流域的大部分贸易、农业生产、交通要道,"与中国贸易畅通无阻"的地方建立了新城巴格达。④该城以圆城而闻名。不久,从其他地区源源不断涌来的新居民定居在城墙外,使城郊延伸到了底格里斯河东岸。⑤900年,它可能是世界上最大城市;⑥836年,阿拔斯王朝建立新都萨马拉,绵延30公里;969年,法蒂玛王朝建立新都开罗等等,这些哈里发和总督建立的首都自然成为了伊斯兰城市不可或缺的组成部分。

第二节 伊斯兰城市发展与辉煌

阿拉伯人大规模的武力征服不仅是人类历史上一次重要的文明交往,而且引进了一种新的城市文明——伊斯兰城市;伊斯兰城市的建立不仅拓宽了阿拉伯人的生存空间,而且导致了阿拉伯人生活方式的深刻变革。随着征伐结束,伊斯兰城市文明走向辉煌。

---

① Johe Freely, *Istanbul the Imperial City*, Viking, 1996, pp.185, 356.
② Zeynep Celik, *The Remaking of Istanbul, Portrait of Ottoman City in the Nineteenth Century*, University of Washington Press, 1986, p.23.
③ Nezar Alsayyad, *Cities and Caliphs*, p.113.
④ Michael R. T. Dumper and Bruce E. Stanley, *Cities of The Middle East and North Africa*, p.55.
⑤ Yasser Elsheshtawy, *Planning Middle Eastern City, An Urban Kaleidoscope in a Globalizing World*, Routledge, 2004, p.61.
⑥ 乔尔·科特金:《全球城市史》,第75页。

一、伊斯兰城市的繁荣与辉煌

随着阿拉伯帝国征伐的结束,稳定的政局为城市繁荣提供了条件。1184年的麦加号称"全世界没有任何一种商品不来这里汇聚"。①希伯伦在马穆鲁克和土耳其统治期间成为内陆农业区和东南沙漠区两地产品的贸易中心,交易的商品包括葡萄、葡萄干、蔬菜、皂角、奶酪和牲畜等等。作为一座与麦加、麦地那同等重要的宗教中心,希伯伦被赋予了特殊的地位,与耶路撒冷共享"两圣城"(al-Haramayn)的称号。城内旅店、神学院、行善机构纷纷建立,在瓦克夫网络的运作下,不同渠道的捐助涌入城市。②1325年,伊本·白图泰游历大马士革,为它的富庶所震撼,感慨道:"如果乐园在大地上,无疑就是大马士革;如果乐园在天上,大马士革堪与它媲美。"③巴格达建立后的一个世纪内,人口达到近100万。世界上没有哪一座城市可以与它的财富相媲美。④富饶的两河流域为城市提供充裕的必需品,各行省提供丰富的金属资源,如兴都库什山脉的白银、努比亚和苏丹的黄金、伊斯法罕的铜以及波斯、中亚和西西里岛的铁。穆斯林商人同印度、锡兰、东南亚、中国和非洲通商。如此辽阔的贸易范围促进了银行业的高速发展,各主要城市都设有分行,在巴格达开出的支票可以在摩洛哥兑现。⑤巍峨的皇宫、雄伟的清真寺、繁华的市井、葱郁的林木、如梦的宴饮,巴格达的瑰丽因《一千零一夜》而享誉世界,成为东方城市史上的一颗璀璨明珠。以巴格达为中心的地区贸易网形成:巴格达—加兹温—撒马尔罕—中国;巴格达—大马士革—北非—西班牙;巴格达—高加索—俄罗斯—东欧;巴格达—摩苏尔—君士坦丁堡;巴格达—汉志—也门。该贸易网将伊斯兰文明拓展到了周边世界。

10世纪下半期的库法"人口众多,十分繁荣,到处都是棕榈树和公园"。⑥同期的"福斯塔特使巴格达黯然失色,它是伊斯兰世界辉煌的商业中心"。⑦1046—1049年,访问埃及的波斯旅行家纳赛·库斯特形容开罗:"我无法估计

---

① 布罗代尔:《15—18世纪的物质文明、经济与资本主义》(第2卷),顾良、施康强译,生活·读书·新知三联书店1993年,第117页。
② Michael R. T. Dumper and Bruce E. Stanley, *Cities of The Middle East and North Africa*, p.165.
③ 伊本·白图泰:《伊本·白图泰游记》,马金鹏译,宁夏人民出版社2000年,第79-80页。
④ Janet L. Abu-Lugbod, *Before European Hegemony*, *The World System*, A.D.1250-1350, Oxford University Press, 1989, p.191.
⑤ 斯塔夫里阿诺斯:《全球通史》,第218页。
⑥ Michael R. T. Dumper and Bruce E. Stanley, *Cities of The Middle East and North Africa*, p.227.
⑦ Andre Raymond, *Cairo*, Harvard University Press, 2000, pp.29-30.

它的财富,我从未在任何别的地方看到像这里这样繁荣。"①"城内有 2 万多个商店,从事各种商业活动。所有商店由哈里发拥有和出租。法蒂玛开罗的金迪纳尔造币厂铸造的货币成为该时代标准的通货。"②纳西尔穆罕默德统治时期(1294—1340 年),开罗的人口达到 50 万,是当时世界上最大城市之一,仅次于中国的杭州和泉州。③伊本·白图泰 1326 年形容开罗"真是人山人海,地幅虽大,而人群仍如激浪";赞扬开罗"地区辽阔、土地肥沃、房舍鳞次,景色美妙、交通便利、人杰咸集"。④据赵汝适《诸蕃志》记载:开罗"街阔五丈余,就中凿二丈深四尺,以备骆驼马牛驮负货物,左右铺青黑石板,尤为精致,以便往来,市肆喧哗,金银绫绵之类种种萃聚,工匠技术咸精其能"。⑤在马穆鲁克时期,开罗是国际贸易枢纽,在新大陆奴隶被引进之前,开罗是世界上最大的奴隶市场。⑥

奥斯曼帝国的统一,形成了一个巨大的市场,对城市,特别是位于国际贸易路线上的城市产生了重要影响。开罗"是一个通道,是一个流通的中心,其分支经红海进入阿拉伯和印度,经尼罗河进入阿比西亚和中非,经地中海到欧洲和土耳其帝国"。甚至 15 世纪欧洲人到达印度洋后也没有长时间地威胁到开罗的商业地位。从东南亚和远东到欧洲的长距离贸易,与红海、波斯湾、波斯和印度附近地区的贸易仍然控制在开罗和阿勒颇的手中。总之中东的阿拉伯大城市从奥斯曼所建立的环境中受益,没有遭到欧洲贸易的过度侵蚀。⑦旅行家勒·阿佛里科南斯(Leo Africanus)1517 年到开罗,仍提到"开罗是世界上最大的和最好的城市之一"。⑧16 世纪中叶,阿勒颇成为一座大的、国际性转口港,不仅吸引欧洲商人,也吸引了来自不同种族的国王。⑨

16 世纪的伊斯坦布尔为欧洲和小亚细亚地区最大的城市。其城市人口的总数已经超过 50 万。17 世纪中期,在伊斯坦布尔城内,每天要烤制 250 吨面包,每月要宰杀 1.8 万头牛和 70 万只羊。这些商品中的十分之一都被送往托

---

① John D. Fage and Roland Oliver, *Cambridge History of Africa*, Cambridge University Press, Vol.Ⅲ, 1988, p.16.
② Max Rodenbeck, *Cairo the City Victorious*, Picador, 1998, pp.96-97.
③ Janet L. Abu-Lugbod, *Before European Hegemony*, *The World System*, A.D.1250-1350, p.212.
④ 伊本·白图泰:《伊本·白图泰游记》,第 37 页。
⑤ 沈福伟:《中国与非洲——中非关系两千年》,中华书局 1990 年,第 250 页。
⑥ Max Rodenbeck, *Cairo the City Victorious*, p.105.
⑦ Andre Raymond, *Arab Cities in the Ottoman Period*, Ashgate, Ashgate Publishing, 2002, p.19.
⑧ Andre Raymond, *Cairo*, p.186.
⑨ Michael R. T. Dumper and Bruce E. Stanley, *Cities of The Middle East and North Africa*, p.175.

普卡帕宫(Topkapi)。①17世纪生活在伊斯坦布尔及其郊区的人口达到70万—80万,16世纪定居在金角湾北边的拖非恩(Tophane)和卡辛穆帕萨(kasimpasa)的人口也在增加,亚洲部分的优斯库德(Uskudar)的人口也在增加。1867年德黑兰第一次人口普查统计的人口是155 736人,自成为首都以来增长了10倍。大不里士人口从1500年的30万增加到了1673年的55万。②

二、城市的繁荣与区域交往范围的拓展

一座城市是相互联系的若干地域的中心:城市食物供应圈、货币及度量衡体系适应圈、手工业和新市民来源圈、信贷贸易圈、商品购销圈、消息传入城内和传出城外逐层推进圈。城市占据的经济地盘是由其地位、财产和长期经历所决定的。城市地位每时每刻由其四周的包围圈所决定。③伊斯兰城市的繁荣与其相互联系的若干地域中心密不可分。

1. 城市食物供应圈

亚当·斯密说:"乡村居民必须先维持自己,才以剩余产物维持都市的居民。""都市的增设决不能超过农村的耕作情况和改良情况所能支持的限度。"④城市是贸易的所在地,在生活所必需的粮食生产方面,城市无法自给自足。城市必须不断地输入粮食和其他商品,来满足居民的基本需求。前工业社会城市的生存与发展和农业经济密切相关。伊斯兰城市的发展是本土的,是由于当地发展的需要建立起来的。中东城市与旧大陆有贸易联系,但是它们的人口并不是依靠香料、珠宝或制造品生活,而是由内地的农业所支撑。城市真正的财富来自其内部或周围农民购买奢侈品和商品的能力。同时城市商人把乡村作为其市场。不仅富可敌国的大商人在农村有大量地产,许多中等收入的手工业者和商人也在农村拥有土地,种植橄榄树、养殖山羊等。19世纪中叶,开罗一半以上的人口仍从事农业。⑤在叙利亚,城市历来就是统治阶层政治活动的场所。由于城市具有政治管理权、司法权和完善的商业及社会服务体系,其与周围广大的农村腹地形成了相互依赖的关系,当然在这一层关系中农村是从属于城市的。游牧部落依靠城市为其提供商业贸易的市场,他们牧养的骆驼、山羊和绵羊所提供的肉类和乳制品是城市居民不可或缺的食物来源。

---

① Michael R. T. Dumper and Bruce E. Stanley, *Cities of The Middle East and North Africa*, p.183.
② Michael R. T. Dumper and Bruce E. Stanley, *Cities of The Middle East and North Africa*, p.340.
③ 布罗代尔:《15—18世纪的物质文明、经济与资本主义》(第2卷),顾良、施康强译,第185页。
④ 亚当·斯密:《国民财富的性质和原因的研究》(上),商务印书馆1972年,第346页。
⑤ V. F. Costello, *Urbanization in the Middle East*, Cambridge University Press, 1977, p.23.

而内地农村则依靠城市为其提供保护、经济上的便利和社会服务。通过控制这些服务,城市能够控制农村地区的生产方式,决定生产什么、生产多少,并聚集剩余产品,然后这些产品经由商人流向四面八方。

地区专门化和整个伊斯兰世界的交通便利,刺激了穆斯林城市一流产品的远程贸易,如纺织品、金属品、陶器和皮革。为服务大城市的庞大人口,长途食品贸易发展起来,10世纪末,波斯和美索不达米亚苦橙传到叙利亚、西西里和西班牙。①

2. 货币及度量衡体系适应圈

伊斯兰世界的一个重要经济特征是对中心地区——埃及、伊拉克——黄金和白银复本位制货币的依赖。7世纪末期,哈里发阿布德·阿尔·马立克改革促进了穆斯林地区的黄金流通,他使用金第纳尔代替仿照拜占庭的含稀有金属的早期货币。金第纳尔成为当时贸易界的通用货币。②

中东货币以金银重量为准,并有一些流通硬币。为避免持续重新定位金币"单调与耗时间"的工作,"钱被大量置于封印的箱子里,其实际价格标于箱子外"。这些"箱子"被封印,秘密转手,封印者的身份与可信度至关重要。一些箱子印有"知名钱币化验师——政府官员或半官方的交易者及其他商人名字,作为一个原则,业主的账户只标有钱的实际价值和重量"。箱子里的银币没有封印。有货币的地方,就必须有货币交易者。这些银行家不仅对货币进行评估和担保,而且也影响着当地和外地货币的汇率。在亚历山大和福斯塔特有专门的交易者商业区。③

3. 信贷贸易圈

早在公元前2000年,巴比伦的商人与银行家之间就使用票据和支票。伊斯兰国家的商人,不论是不是穆斯林,从10世纪起使用所有的信贷工具:汇票、记名期票、信用证、钞票、支票。如保存在开罗旧城区犹太会堂里的文件可以证明这一点(中国早在9世纪便已使用庄票)。④波斯萨珊王朝在此前已使用"银行""支票""汇票"。合伙制和康曼达契约⑤在8、9世纪伊拉克编订的集成

---

① 波斯坦、科尔曼彼得·马赛厄斯主编:《剑桥欧洲经济史》(第2卷),剑桥大学出版社1966年,第345页。
② 波斯坦、科尔曼彼得·马赛厄斯主编:《剑桥欧洲经济史》(第2卷),第346页。
③ Janet L. Abu-Lugbod, *Before European Hegemony*, *The World System*, A.D.1250-1350, pp.222-223.
④ 布罗代尔:《15—18世纪的物质文明、经济与资本主义》(第1卷),第560页。
⑤ 康曼达契约是指导意大利远距离贸易的重要制度。按照康曼达契约,合伙一方提供资金,另一方负责把货物运到国外。这种制度被广泛使用并且在伊斯兰世界的其他地区广为传播(伊历1世纪)。类似于康曼达契约的商业协议很早就在近东和地中海出现了,正是伊斯兰式的契约(qirad、muqarada、mudaraba)为早期的商业协议树立了典范,这些协议等同于经济和法律体制,后来在欧洲发展为康曼达契约。

典文献中已有出现。①

没有信用无法进行远距离的贸易。伊斯兰世界严禁高利贷行为。所以买卖信用延续很长时期,在后来形成的合伙制中,合伙双方依然遵循买卖信用。银行家也以保管形式存储货币,接受"允诺金","一家银行家只会对已付款或存款的人谈及允诺金。人们通常把部分资金交予银行家保存。"②在资金的异地转移中,银行家扮演着重要的角色。长距离(suftajas)"预付"(the hawala)与现代支票有惊人的相似之处。③支票首先在波斯形成,在埃及普遍使用,只有大商人利用这种正式形式。④

信贷贸易圈的形成使从内地来的伊斯兰商人在和拉丁商人们的贸易中获利很高,叙利亚的内陆城市,例如阿勒颇、哈玛(Hama)、赫米斯(Hims)的繁荣是建立在与拉丁贸易的基础之上的。马穆鲁克王朝苏丹和拉丁商人之间的贸易确保了每位商人在穿越他们领土时船只、金钱、商品和人身的安全。⑤

4. 手工业和新市民来源圈

城市纺织业依靠本地生产的棉花和亚麻,制糖业依靠本地生产的甘蔗。在这两种工业中,国家都发挥着重要作用。政府的存在随时随处都可感觉到,政府不仅是最大消费者,而且是农产品,尤其是亚麻销售者,"大量亚麻从政府代理商那儿直接买或通过其作为中介而来"。⑥在阿尤布王朝时期和马穆鲁克王朝早期,国家对生产的干涉加强,15世纪国家垄断形成。开罗手工业包括冶金厂(包括军事设备和装备的生产)、玻璃厂、陶瓷厂、皮革加工、造纸厂(包括羊皮纸)、书籍装订、建筑业、石料切割、家具生产、食物加工等很多工厂属于埃及苏丹和大埃米尔,这些工厂都雇用大量劳动力。⑦工业代理和合伙关系在8

---

① Janet L. Abu-Lugbod, *Before European Hegemony*, *The World System*, *A.D. 1250-1350*, p.218.

② Janet L. Abu-Lugbod, *Before European Hegemony*, *The World System*, *A.D. 1250-1350*, pp.219-223.

③ Goitein(1967:241)指出 French aval,在汇票上背书起源于阿拉伯时期的 hawala。

④ Janet L. Abu-Lugbod, *Before European Hegemony*, *The World System*, *A.D. 1250-1350*, p.178.

⑤ Janet L. Abu-Lugbod, *Before European Hegemony*, *The World System*, *A.D. 1250-1350*, p.188.

⑥ Janet L. Abu-Lugbod, *Before European Hegemony*, *The World System*, *A.D. 1250-1350*, p.226.

⑦ Janet L. Abu-Lugbod, *Before European Hegemony*, *The World System*, *A.D. 1250-1350*, pp.231-232.

世纪早期出现,格尼扎信函(Geniza papers)档案(主要是 11、12 世纪的福斯塔特)①提到了资本家与劳动者之间的工业协议,涉及很多行业:如金币铸造、编织、铅加工、裁缝、刺绣、玻璃制造等等。②

人口流动对城市技术产生了重要影响。8 世纪,叙利亚丝绸工人居住在西班牙南部,奠定了西班牙丝绸长盛不衰的基础;波斯纺织工人将技术带到了埃及和马格里布。一些城市因其工业发展而声名远扬,摩苏尔、福斯塔德因布料而闻名,大马士革和托莱多因武器而出名。8—11 世纪的伊斯兰世界的特征是,将原材料运往专业化手工业中心,而成品通过穆斯林地区运出。③

布罗代尔说:"城市被迫不间断地招募新的人员,这是生物学上的需要。19 世纪以前,城市的出生人数很少超过死亡人数。也就是说死亡率过高。如果城市人口要增长,它不能只靠自己,这也是社会的需要。城市把低贱的工作留给新来的人去干。"④在 19 世纪以前,由于生活水平低下,卫生条件落后,瘟疫频繁光顾,中东城市人口死亡率一般都大于城市人口出生率,城市人口发展在很大程度上是乡村人口不断迁入的结果。特别是在饥荒时期,农民迁入城市使得城市人口大增。如苏里曼一世在位期间,伊斯坦布尔发生过两次流行病,第一次是 1526 年,第二次是 1561 年,但由于大量农村移民迁入,人口不久又开始增加甚至超过了瘟疫以前的水平。⑤所以,农村仍为城市发展提供劳动力。

5. 商品购销圈与消息传入城内和传出城外逐层推进圈

城市的繁荣离不开贸易,贸易的发展与消息畅通密不可分。中东城市像世界上的绝大多数城市一样,向来是聚集信息与交流信息的主要场所。伊斯兰地区最活跃的交易会在埃及、阿拉伯和叙利亚的汇合处举行。尼罗河上的旅行者不必携带任何必需品,因为无论何时,他们想要上岸就可以上岸,就可以洗礼、祈祷、购买食物或做其他任何事情。从亚历山大到开罗有一连串的集市。13 世纪和 14 世纪早期,开罗生产的一部分糖果出口到其他阿拉伯国家、意大利、法国南部、加泰罗尼亚(西班牙东北部地区)、弗兰德、英格兰、德国等

---

① 虽然 Geniza 档案是在福斯塔特的一个犹太教堂旁边的储藏室发现的,该储藏室最初是属于来自马格里布地区的犹太人所有,但是该档案并不是只包含和犹太人有关的内容。正如 Goitein 说过的,犹太人与穆斯林在商业活动方面并没有太大的差异。

② Janet L. Abu-Lugbod, *Before European Hegemony*, *The World System*, A.D.1250-1350, p.221.

③ 波斯坦、科尔曼彼得·马赛厄斯主编:《剑桥欧洲经济史》(第 2 卷),第 344 页。

④ 布罗代尔:《15—18 世纪的物质文明、经济和资本主义》(第 1 卷),第 583 页。

⑤ Johe Freely, *Istanbul the Imperial City*, pp.202-203.

地区。①14 世纪,法兰克人进入埃及市场,他们的纺织品质量很高,在开罗建设有专门出售欧洲纺织品的巴扎。土耳其的毯子、印度的纺织品在开罗也有大量出售。埃及经济与世界经济的联系促使埃及出口大量的亚麻和原棉。②马斯喀特作为那些前往中国船只的停靠点,在海湾地区和东非地区的贸易中发挥着积极作用。印度产的柑橘通过阿曼港口首次出现在中东地区,最后通过贸易网到达地中海地区。马斯喀特是阿曼的二流城市,地位虽然没有苏哈尔、霍尔木兹重要,但是公元 9 至 10 世纪,一直作为贸易网中的重要港口为中东商贸网络服务。③

从 12 世纪开始,伊斯兰商业不再以波斯湾和巴格达为中心,开始朝着红海方向发展。发达的驮帮贸易为叙利亚的穆宰里卜交易会增辉生色,来自各地的驮帮在此会合。麦加朝圣是伊斯兰世界最大的交易会。亚历山大"法兰克人"市区、开罗"叙利亚人"市区曾是威尼斯"条顿商馆"效法的榜样。中心固定商业区在穆斯林城市中起着"常设交易会"的作用。④

马穆鲁克王朝时期,威尼斯商人的活动盛极一时。他们购买由亚历山大里亚的卡里米商人从亚洲经红海运到埃及的香料,出售金属、盔甲、毛织物和奴隶。奴隶们来自巴尔干和俄罗斯,其中男性奴隶们被编入马穆鲁克军队服役,女性奴隶们则作为土耳其人的女仆或妻妾。⑤土耳其人离不开也门咖啡;阿拉伯人、波斯人和土耳其人不能没有印度商品。结果他们必须用船把大宗款项通过红海运往临近曼德海峡的莫卡、波斯湾尽头的巴士拉、阿巴斯港和戈麦隆,再从这些地方运往印度。同样荷兰人、英国人和葡萄牙人在印度购买任何商品都用金、银交易,因为"人们只有支付现金才能从印度人那里得到自己想要运回欧洲的货物"。⑥

在几个世纪里,香料与其他许多商品(如中国的丝绸和印度的棉织品)一起,沿着南、北部的商人路线来回运送。北部路线是从远东穿过中亚抵达黑海沿岸和小亚细亚各港口;南部海路是从东印度群岛和印度沿着印度洋,再上溯

---

① Janet L. Abu-Lugbod, *Before European Hegemony, The World System, A.D.1250-1350*, p.232.
② Janet L. Abu-Lugbod, *Before European Hegemony, The World System, A.D.1250-1350*, p.235.
③ Michael R. T. Dumper and Bruce E. Stanley, *Cities of The Middle East and North Africa*, p.262.
④ 布罗代尔:《15—18 世纪的物质文明、经济与资本主义》(第 2 卷),第 116-117 页。
⑤ 麦迪森:《世界经济千年史》,伍晓鹰等译,北京大学出版社 2003 年,第 418 页。
⑥ 布罗代尔:《15—18 世纪的物质文明、经济与资本主义》(第 1 卷),第 533-534 页。

波斯湾或红海抵达叙利亚和埃及各港口。随着蒙古帝国的崩溃,1340年后北部商路关闭。此后大部分商品都汇集到穆斯林商人的南部海路。该贸易为伊斯兰世界的繁荣做出了巨大贡献。它不仅以关税的形式为政府提供税收,而且还为与贸易直接或间接相关的成千上万的商人、职员、水手、造船工人、赶骆驼者和码头工人提供了生活来源。如印度商品在被卖给亚历山大的意大利中间人时,其价格是成本的20倍以上,这一事实可以说明牟利程度。①

第三节 建立世界贸易圈的尝试与挫败

商人的地盘是某个特定时代的民族地域或国际地域中的一块。在经济高涨的时代,批发商活动的地盘有可能迅速扩大,尤其如果他同大宗贸易、汇兑、货币、贵金属、"俏货"(如香料、丝)相联系。②随着阿拉伯帝国的统一,中东伊斯兰世界商人的地盘急剧扩张。中东伊斯兰世界贸易由犹太人、帕西人、科普特人、希腊东正教徒、印度人以及穆斯林等共同承担,③其贸易范围波及亚非欧三大洲。

一、商路与城市

在中东区域内,沙漠商队有两大活动地区。一个以叙利亚或开罗为起点,经由各条大道通向麦加;另一个从阿勒颇到底格里斯河。④与中东区域之外的联系,从9世纪开始主要通过三条路线:北部的路线从君士坦丁堡跨过中亚;中心路线通过巴格达、巴士拉和波斯湾连接地中海与印度洋;南部路线从亚历山大到开罗再到红海连接着阿拉伯海和印度洋。⑤"随着蒙古帝国的崩溃,1340年以后,北部的商路实际上废弃,大部分产品汇集到南路运往各地。"⑥13世纪下半叶,由于巴格达通往巴士拉的路线衰落,导致海湾地区商业和中路贸易衰落。⑦

---

① 斯塔夫里阿诺斯:《全球通史》,第354页。
② 布罗代尔:《15—18世纪的物质文明、经济与资本主义》(第2卷),第184页。
③ 波斯坦、科尔曼彼得·马赛尼斯主编:《剑桥欧洲经济史》(第2卷),第341页。
④ 布罗代尔:《菲利普二世的地中海和地中海世界》(第1卷),唐家龙、曾培耿等译,商务印书馆1996年,第263页。
⑤ Janet L. Abu-Lugbod, *Before European Hegemony*, *The World System*, A.D.1250-1350, p.137.
⑥ 斯塔夫里阿诺斯:《全球通史》,第51-52页。
⑦ Janet L. Abu-Lugbod, *Before European Hegemony*, *The World System*, A.D.1250-1350, p.197.

贸易路线的变化导致了伊拉克经济的衰落和尼罗河谷作为伊斯兰世界贸易中心的崛起。经济繁荣中心从伊拉克转向埃及的过程与西方商人在地中海和黎凡特市场占据主导地位联系紧密。①亚丁湾成为"云集世界每一个角落的游客中心","一个大型的、繁荣的、人口众多的城市,防备严禁,舒适宜人"②的交易中心。14 世纪初期在波斯湾的霍尔木兹建立的一个自治国,成为印度商品运往塔布里兹的一个前哨据点。因此一些东方香料从亚丁和尼罗河分流,也从传统的波斯湾路线分流,即从启什岛向巴士拉、沃西特和巴格达这一路线分流。③

随着中东世界帝国的兴盛,其商人的地盘呈扩大之势。早在 758 年中国文献就第一次提到了阿拉伯人,他们那时已经到达广东。之后穆斯林商人和船只频繁访问该港口。④7 世纪,埃及生产的玻璃、陶器、珠宝及纺织品出口到了西方,亚历山大造船厂的木料来自黎巴嫩。阿拉伯香料,特别是熏香,由沙漠商队从阿拉伯半岛南端运到阿卡巴(Akaba)湾,再通过巴勒斯坦南部到达地中海或向北经过外约旦、大马士革、奥昂特斯山谷到达安提俄克。

远东贸易经由埃及和叙利亚到达地中海。例如,埃及商人运送远东的香料、胡椒、丁香和中国的生丝由马来西亚或锡兰穿过印度洋,由红海到达苏伊士海湾的克莱斯马(Clysma),再达亚历山大。与波斯的贸易,绝大部分由中国的生丝和制成丝组成,主要经过伊拉克到达安提俄克,而君士坦丁巴扎的丝绸,通过波斯北部和亚美尼亚(Armenia)到达位于黑海的特拉布宗。⑤十字军征服叙利亚和圣地促进了美索不达米亚某些城市的工业发展,摩苏尔和巴格达的优质布料被带到大马士革和阿勒颇,伊拉克的贸易方向发生了改变,巴格达商人往东通往伊朗的艾尔可汗宫廷,经陆路通过科瓦里兹到达中国。就这一方面而言,伊拉克商人是 13 世纪后期蒙古统治下的获益者。⑥

在中东繁荣的城市经济中,犹太商人和穆斯林卡里米商人(Karimi)⑦扮演

---

① 波斯坦、科尔曼彼得·马赛厄斯主编:《剑桥欧洲经济史》(第 2 卷),第 351-354 页。
② Janet L. Abu-Lugbod, *Before European Hegemony, The World System, A.D. 1250-1350*, p.241.
③ 波斯坦、科尔曼彼得·马赛厄斯主编:《剑桥欧洲经济史》(第 2 卷),第 386 页。
④ Janet L. Abu-Lugbod, *Before European Hegemony, The World System, A.D. 1250-1350*, p.199.
⑤ 波斯坦、科尔曼彼得·马赛厄斯主编:《剑桥欧洲经济史》(第 2 卷),第 115 页。
⑥ 波斯坦、科尔曼彼得·马赛厄斯主编:《剑桥欧洲经济史》(第 2 卷),第 385 页。
⑦ 卡里米商人最早出现于法蒂玛王朝时期,在巴哈里·马穆鲁克统治时期,卡里米商人几乎垄断了也门和埃及之间的香料贸易。卡里米商人在 14 世纪早期发展到顶峰。

着不可或缺的角色。犹太商人利用穆斯林征服打通了道路,自9世纪起其商业网遍布全世界。纳博讷的犹太人"经红海或波斯湾到达广州"。从伊弗利加、凯鲁万到埃及、埃塞俄比亚和印度半岛之间的商业联系,十之八九由犹太商人进行。10—12世纪,埃及以及伊拉克和伊朗的犹太富商经营远程贸易、银行业和税收,范围有时达到好几个省。①格尼扎(Geniza)②犹太人开辟了通过埃及的商道,从印度通过红海的进口贸易成了埃及穆斯林、卡里米商人集团的专利。③16世纪,犹太人作为批发商或报税商在土耳其的塞萨洛尼亚、布尔萨、伊斯坦布尔、安德里诺波尔等地发了大财。④

13世纪,穆斯林卡里米商人作为一种新生力量,垄断了东方贸易,并服务于到埃及的意大利人的需要;红海成为穆斯林的海。卡里米商人获得了广泛的政治优裕。⑤卡里米人从此在整个红海贸易中占有重要地位,其地位到15世纪才开始大幅度下降。整个卡里米时期,这些商人的主要利益是埃及的香料贸易、印度和东方的武器。在开罗、福斯塔德、亚丁、亚历山大、吉达、奎斯、扎比德和塔亚兹,即沿着红海和尼罗河路线,都有卡里米货栈。⑥格尼扎信函中展示了中东商人地区化贸易的状况。如有一份信件记载了一支由500只骆驼组成的商队装着东方香料及贵重物品从红海运至开罗的状况。另一条陆路贸易路线将埃及与的黎波里塔尼亚、突尼斯、摩洛哥联系在了一起。⑦

二、建立世界贸易圈的尝试与挫败

随着中东商人经济力量的增强,他们开始尝试建立自己的世界贸易圈。由于早在13世纪前,阿拉伯人就已经开始利用从中国传入的罗盘导航技术来航海,⑧到13世纪,埃及成为世界体系的门户。这一时期,红海、印度、马来亚和东印度之间的联系密切。马穆鲁克王朝时期,埃及与印度和东印度之间的联系进一步加强,埃及商人的贸易范围远达西班牙和马格里布西部。这样,埃及成为葡萄牙的先驱,拥有巨额财富的开罗人几乎渗透至1/3的世界。⑨

---

① 布罗代尔:《15—18世纪的物质文明、经济与资本主义》(第2卷),第1版,第151页。
② 埃及犹太人上层社会控制的一个档案馆。
③ 波斯坦、科尔曼彼得·马赛厄斯主编:《剑桥欧洲经济史》(第2卷),第362页。
④ 布罗代尔:《15—18世纪的物质文明、经济与资本主义》(第2卷),第152页。
⑤⑦ 波斯坦、科尔曼彼得·马赛厄斯主编:《剑桥欧洲经济史》(第2卷),第358页。
⑥ 波斯坦、科尔曼彼得·马赛厄斯主编:《剑桥欧洲经济史》(第2卷),第368页。
⑧ Janet L. Abu-Lugbod, *Before European Hegemony*, *The World System*, *A.D.1250-1350*, p.200.
⑨ Janet L. Abu-Lugbod, *Before European Hegemony*, *The World System*, *A.D.1250-1350*, pp.242-243.

在13世纪和14世纪,威尼斯和马穆鲁克都试图进行贸易垄断。威尼斯挫败了意大利其他城市的竞争,马穆鲁克通过限制与外国人的贸易打败了竞争对手卡里米商人,并最终垄断了那些经济效益颇高的产品(particularly profitable products)。①在1500年以前,阿拉伯和意大利商人就已在欧亚大陆的各个地区之间贩运商品,主要是奢侈品、香料、丝绸、宝石和香精。②与此同时,叙利亚在地中海世界推广"拼音字母、玻璃制造、紫红色染布以及腓尼基人时代早作制的秘密"。叙利亚依靠其大船曾经称雄腓尼基海,成为地中海历史上第一个,或者几乎是第一个霸主。③"只有通常由叙利亚和犹太商人贩卖的少量奢侈品能够在欧洲市场和贵族宫廷中看到。"④

伊斯兰世界盛极一时,极大地削弱了欧洲城市文明。穆斯林打通了地中海和通往东方的商路,切断了欧洲商业与其财富和知识重要来源的联系。⑤"中世纪后期,重要的香料贸易并没有受到什么影响。意大利商人继续在地中海东部诸国的各个港口与阿拉伯商人相会,收取欧洲公众所需要的种种商品。这种情况对牟取中间人厚利的意大利人和阿拉伯人来说,颇称心如意。但是,其他欧洲人则大为不满,他们热切地寻找能直接抵达东方的途径,以分享这笔厚利。"⑥可见,地理大发现的发生,主要不在于东西方商路的堵塞,而在于西方一些国家和地区的人不满意于意大利商人(特别是威尼斯人)对东西方贸易的垄断。⑦地理大发现的结果使埃及再没有能力控制这条关键的国际贸易路线。尽管埃及与其主要贸易合作伙伴威尼斯在整个15世纪试图联合垄断,但无济于事。达·伽马的环非洲航行证实了这两种尝试的失败。⑧

三、新航路开辟对中东城市的影响

1509年,葡萄牙在第乌附近海面打败了阿拉伯人联合舰队,并于1515年占领霍尔木兹。虽然16世纪葡萄牙人对东方贸易的垄断是有限的,但在东方

---

① Janet L. Abu-Lugbod, *Before European Hegemony*, *The World System*, A.D.1250-1350, p.215.
② 斯塔夫里阿诺斯:《全球通史》,第457页。
③ 费尔南·布罗代尔:《菲利普二世的地中海和地中海世界》(第1卷),第214页。
④ Richard Hodage, *Dark Age Economics*: *The Origins of Towns and Trade*, New York, 1982, pp.31, 181.
⑤ 乔尔·科特金:《全球城市史》,王旭等译,第68页。
⑥ 斯塔夫里阿诺斯:《全球通史》,第32-33页。
⑦ 王加丰:《扩张体制与世界市场的开辟,地理大发现新论》,北京大学出版社1999年,第62页。
⑧ Janet L. Abu-Lugbod, *Before European Hegemony*, *The World System*, A.D.1250-1350, p.243.

的活动仍是人类历史上的一件大事。①

第一,这打乱了亚洲传统的贸易体系,"葡萄牙人做了一件影响深远的事情,他们从根本上破坏了亚洲贸易体系组织"。达·伽马完成环海航行和美洲被发现后,面对更大的地域,一些类似的制度纷纷建立。欧洲资本主义虽然从中获益匪浅,但在当时没有取得惊人的突破。②我们切莫以为,新大陆得发现立即改变了世界主要交通路线。在哥伦布和达·伽马远航后的一百年,地中海仍是活跃的国际交往中心,衰退是后来的事。③在整个16世纪,地中海并没有因为哥伦布和达·伽马的航行取得成功而立刻被人抛弃,变得穷困起来。相反,地中海致力于大西洋的建设,并且根据自己的面貌创造和派生出一个伊比利亚人的新世界。④直到1600年,地中海仍然拥有兴旺发达、灵活多变和充满活力的经济。⑤16世纪初,葡萄牙人竭力垄断印度洋上的香料贸易,但他们"从来没能控制住马拉巴尔的所有胡椒",阿拉伯商人、印度商人不断设法从印度尼西亚获得香料。事实上,在被废止之后不久,老航线就重新赢回了其大部分失去的交易。阿拉伯人和威尼斯人也就得以在整个16世纪成功地与葡萄牙人进行竞争。直到17世纪印度洋上出现效率更高、经济上更强大的荷兰人和英国人时,老资格的意大利中间人和阿拉伯中间人才被排挤掉,传统的中东路线才让位于外洋航线。⑥

虽然16世纪传统的经由地中海与东方贸易的路线继续发挥着重要作用,但是,亚洲人失去了对贸易中心或交通要冲的控制。⑦在16世纪史无前例的经济剧变中,东方彻底失败了。正如著名英国经济学家约翰·梅纳德·凯恩斯曾将1550—1650年历史描述如下:"近代世界史上从未有过对商人、投机者和暴发户来说如此持久可贵的一个良机。在这段黄金般岁月里,近代资本主义诞生了。"⑧"这一剧变在奠定大西洋地位的同时,取消了东地中海地区在一个时期内作为'印度'财富的唯一保管者所拥有的古老特权。从此以后,技术和工业进步使西方发生翻天覆地的变化。而在生活费用低廉的黎凡特地区,来

---

① 王加丰:《扩张体制与世界市场的开辟,地理大发现新论》,第193页。
② 布罗代尔:《15—18世纪的物质文明、经济与资本主义》(第2卷),第482页。
③ 布罗代尔:《15—18世纪的物质文明、经济与资本主义》(第2卷),第495页。
④ 布罗代尔:《菲利普二世的地中海和地中海世界》(第1卷),第317页。
⑤ 布罗代尔:《菲利普二世的地中海和地中海世界》(第1卷),第323页。
⑥ 斯塔夫里阿诺斯:《全球通史》,第414页。
⑦ 王加丰:《扩张体制与世界市场的开辟,地理大发现新论》,第199页。
⑧ L. Huberman, *Man's Worldly Goods*, Harper & Row, 1936, p.103.

自西方的白银能够自动升值,并且获得更大的购买力。"因此,在东西两个世界之间,生活水平的差异日益扩大。①

第二,出现了依附性的、专门为满足西方人需求而设立的农副产品生产区域。克劳德·卡恩(Claude Cahen)指出,对剩余生产缺乏兴趣是中世纪伊斯兰世界商业观的一个重要特征,他们对以贸易和工业作为就业来源不感兴趣,甚至对把它们作为可与进口奢侈品或必需品来竞争的商品来源也不感兴趣。其经济之所以能正常运转,很大程度上是因为伊斯兰中部地区能够比较容易地获得黄金供应——在撒哈拉商路上获取黄金是非常便宜的;这个巨大财路销蚀了发展本地生产中心的兴趣。西方商人在一个从商业上讲更为贫穷的环境中形成,他们比穆斯林商人更具有冒险性和试验性。②

16、17世纪,在殖民据点控制或受其经济活动影响的地区,亚洲的香料生产急剧扩大。亚洲商人开始逐渐接受殖民主义者的摆布,实际上是逐渐依附于他们。"这些新来的欧洲商人对比他们更为巩固、更有经验的亚洲同行还有一个显著的优势:他们享有来自本国政府的支持。"③在欧洲的海外扩张中最重要的不是哥伦布、达·迦马和麦哲伦,而是那些携带着资本的企业家们,他们"负责建立了很多殖民地,维持了殖民地的供给,开辟了新的市场,找到了新的土地,让整个欧洲都发了财"。④

第三,新航路的开辟推翻了传统的贸易模式,使几个世纪以来的中东贸易开始朝欧洲方向转移。穆斯林商人商业技巧熟练,但在伊斯兰地区以外不具有冒险性。他们一直对自己所拥有的贸易路线感到满意,这并不奇怪;也没有一个野心勃勃的集团试图探索绕过伊斯兰领土,穿过撒哈拉,沿红海而下或穿过美索不达米亚,到达东方和南方的重要商路——基督教的西方除外;穆斯林往往满足于他们的成功。⑤伊斯兰世界很快故步自封,以世界中心自居,并且洋洋得意,不求进取;阿拉伯航海家曾怀疑黑非洲的两侧(大西洋沿岸一侧和印度洋沿岸一侧)由大洋连成一片,但他们对此并不关心。⑥

伊斯兰地区地方主义的缺乏使得城市没有商业上的侵略性。它难以与11

---

① 布罗代尔:《菲利普二世的地中海和地中海世界》(第1卷),第185页。
② 波斯坦、科尔曼彼得·马赛厄斯主编:《剑桥欧洲经济史》(第2卷),第339页。
③ 王加丰:《扩张体制与世界市场的开辟,地理大发现新论》,第201页。
④ T. K. Rabb, "The expansion of europe and the spirit of capitalism," in *The History Journal*, XVII, 1974, p.676.
⑤ 波斯坦、科尔曼彼得·马赛厄斯主编:《剑桥欧洲经济史》(第2卷),第340页。
⑥ 布罗代尔:《菲利普二世的地中海和地中海世界》(第1卷),第270页。

世纪比萨人的狂热圣战相比。地方主义缺乏的另一个表现形式是政府干预。马穆鲁克人对贸易感兴趣的原因是贸易收入是其国库税收的主要来源,但他们从来没有建设性地为他们的臣民考虑扩大贸易机会,相反,从长远角度来看,他们的政策破坏了埃及香料商人的商业力量。因此,伊斯兰地区显然缺乏自治的和武装良好的贸易城市,这一点反映在它们对贸易的态度比西欧更为被动。①所以当葡萄牙接收贸易时,埃及束手无策。它不是缺乏商业技能而是缺乏武力,这导致了它在世界体系中的落伍。②如开罗大商人的活动范围缩小,在17世纪和18世纪几乎不敢冒险超越红海,几乎没有印度洋的船出现在苏伊士。缺乏雄心和武力,使埃及商人的活动主要集中在装卸货物的港口,放弃了海上活动,从而无法像欧洲城市那样形成巨大的海外生产市场,这种市场在资本主义萌芽时期则是必不可少的。缺乏活力也从外国穆斯林在埃及的商业活动中所起的作用得到说明,在1660—1798年间的238名大商人中,122名即2/5是非埃及的穆斯林。在18世纪,埃及商人的活动很少超越他们的边境。与非洲的贸易在17世纪末和18世纪也在急剧下降,主要原因是贸易从中非向欧洲和大西洋的转移。西非的金粉贸易也开始逃避穆斯林陆上贸易,奴隶贸易从北非转移到了美洲。③

由新航路开辟引发的商业革命导致了世界贸易内涵变化。16世纪以前最重要的商品是由东方运往西方的香料和朝相反方向运送的金银。但此后新的海外产品,包括新的饮料(可可、茶和咖啡)、新的染料(靛蓝、胭脂红和巴西苏木)、新的香料(多香果和香子兰)和新的食物(珍珠鸡、火鸡、纽芬兰的鳝鱼)开始逐渐成为欧洲的主要消费品,其商业价值不断增长。商业革命最大的好处是能为每个人从一个阶级爬到另一个阶级不停地创造新的机会。国内市场继续扩大,提供了更多的新机会。学徒成了帅傅,成功的手艺人成为企业家,新面孔在商业和信贷领域获得成功,商人和银行家扩大了他们的事业。中产阶级在表面上永不衰竭的繁荣中变得越来越富有。④商业革命也促使贸易量不断增长:1715—1787年间法国从海外地区输入的商品增加了10倍,而其出口商品则增加了7至8倍;英国贸易也取得了几乎同样惊人的增长,在1698—1775

---

① 波斯坦、科尔曼彼得·马赛厄斯主编:《剑桥欧洲经济史》(第2卷),第338页。
② Janet L. Abu-Lugbod, *Before European Hegemony*, *The World System*, A.D. 1250-1350, p.208.
③ Andre Raymond, *Arab Cities in the Ottoman Period*, p.184.
④ 波斯坦、科尔曼彼得·马赛厄斯主编:《剑桥欧洲经济史》(第2卷),第282页。

年,其进口商品和出口商品都增长了4倍或5倍。①毋庸置疑,在过去的大约一个世纪中,近东社会的所有变化都是直接或间接地起因于西方社会的影响以及西方技术和思想的侵入。②

第四,中东城市——现代商业网的边缘③。地理大发现导致了第一次大规模的国际分工,全世界正在成为一个经济单位。南北美洲和东欧(加上西伯利亚)生产原料,非洲提供人力,亚洲提供各种奢侈品,而西欧则指挥这些全球性活动,并越来越全力进行工业生产。④此前伊斯兰世界一向是创造力的中心,它向四面八方扩展,伸入东南欧、撒哈拉以南的非洲、中亚和东南亚。现在,一个能辐射全球而不仅仅是欧亚大陆的新中心已经崛起。从这个新中心:先是伊比利亚半岛,而后是西北欧开始,一条条具有政治影响力的贸易路线向各方伸展,包围了整个世界,向西到南北美洲,向南囊括非洲,向东到印度,囊括东南亚。⑤

地理大发现使贸易中心发生了变化,与欧洲大西洋沿岸地区相比,地中海的重要性日益下降。以欧洲为中心的贸易规模形成之后,一种新兴的、有意义的贸易——所谓超欧洲贸易开始发展起来。这种贸易虽然不能大大增加消费品存量,却能扩大消费品范围。伴随着地理发现与殖民扩张,热带与亚热带地区的产品不断输入欧洲,其中包括糖、咖啡、茶叶、香料和其他杂货,染料木、棉花、木材与松脂等原料,印度棉等制成品,烟草之类的其他商品以及金、银等奢侈品。这些产品中有一些输入量不大,但是到1750年已有相当数量的糖、茶叶和印度棉输入欧洲。⑥

在现代商业网中,远程贸易是创造商业资本主义和商业资产阶级的一个主要工具。⑦远程贸易的优点是允许实行集中,从而使它成为推动资金流通和资本积累的无与伦比的动力;它能够使用全球贸易语言,即便国际贸易在数量上不占主导地位(香料贸易甚至就其价值而言也不如欧洲的小麦贸易),但它所代表的高效率和建设性的革新仍使它具有决定性的意义。它是任何迅速"积累"的源泉,它指挥旧制度下的整个世界,货币不离它的左右,随时为它效

---

① 斯塔夫里阿诺斯:《全球通史》,第485页。
② 斯塔夫里阿诺斯:《全球通史》,第557页。
③ 所谓的现代商业网,主要是指具有贸易中心的国际商业网和贸易的国际分工。这种网络是14、15世纪酝酿而成的。以大西洋为中心的商路一边伸向世界各地,一边伸向西欧各国。
④ 斯塔夫里阿诺斯:《全球通史》,第459页。
⑤ 斯塔夫里阿诺斯:《全球通史》,第463页。
⑥ 卡洛·奇波拉主编:《欧洲经济史16—17世纪》(第2卷),商务印书馆1988年,第77页。
⑦ 布罗代尔:《15—18世纪的物质文明、经济与资本主义》(第2卷),第437-438页。

力。国际贸易为各国经济指明了方向。①由于伊斯兰帝国的统治者对海外贸易极其漠视,因此当葡萄牙人开始夺取印度洋的战略位置时,他们未加制止。结果,欧洲人得以在不遭受穆斯林反对的情况下成为了世界贸易路线的主人,而以往欧亚之间的大部分贸易掌控在穆斯林手里。该事件影响深远,因为对世界贸易的控制不仅使欧洲人富裕,而且促使其经济、社会、政治发展,并形成这样一个循环:西欧因从事世界性贸易而生产发展、国家富足,愈发扩张;而一度令人生畏的穆斯林帝国则因很少参与新世界经济而处于静止状态,并日益落后。②

同时,也必须看到,中东城市经济虽然繁荣,但具有两个弊端,一是封建主用从生产者手中以实物租税征收来的原料,去交换外国的奢侈品。这种非等价贸易不仅使中东国家遭受巨大损失,而且也加深了农民所受的封建剥削。根据记载,埃及在欧洲国家购买的52.2%是纺织品,且绝大多数是为统治阶级使用的,14.1%是玻璃制品,6.1%是琥珀、珊瑚和香料等;与欧洲贸易占其贸易总额的15%,1/3左右是与东方贸易。18世纪初,埃及仍能保持贸易平衡,大约在1780年左右开始出现巨大的贸易赤字。18世纪后期,欧洲经济开始渗透到埃及经济中,欧洲贸易威胁到了穆斯林对内外贸易的垄断。③1737年,欧洲人在安的列斯群岛成功地种植了咖啡,并使之进入奥斯曼各省,与开罗享有盛名的摩卡咖啡竞争。大约在1789年,马赛商人从西印度公司售出41 949公担咖啡(法国出口20%)到埃及,这不仅破坏了摩卡咖啡的传统销路,而且也使埃及市场本身受到了威胁。再加上欧洲人的咖啡比摩卡咖啡便宜20%—25%,受到下层阶级的欢迎,对开罗的咖啡商形成了灾难性的冲击。1764年,帕夏颁布命令,禁止欧洲咖啡在埃及出售。1724—1798年埃及货币贬值4/5;1/86—1/89年马赛与埃及之间的贸易价值为4 200万镑,同时马赛与亚历山大和阿勒颇之间的贸易为5 600万镑。④

二是外国商人在中东贸易中起主要作用。正如恩格斯所说:"谁在土耳其进行贸易呢?无论如何不是土耳其人。当他们还处于原始的游牧状态时,他们进行贸易的方法只是抢劫商队,现在他们稍微文明一点的时候,是任意强征各种各样的捐税。居住在大海港的希腊人、阿尔明尼亚人、斯拉夫人和西欧人

---

① 布罗代尔:《15—18世纪的物质文明、经济与资本主义》(第1卷),第521页。
② 斯塔夫里阿诺斯:《全球通史》,第357页。
③ Andre Raymond, *Arab Cities in the Ottoman Period*, p.194.
④ Andre Raymond, *Arab Cities in the Ottoman Period*, pp.20-21.

掌握了全部贸易,而他们也没有任何理由应当感谢土耳其的贝伊和帕夏让他们有从事贸易的可能。如果把所有土耳其人赶出欧洲,贸易也绝不会碰到什么灾难。"①外商在中东大城市有自己的居住区,有代理和办事机构。亚美尼亚人、希腊人和一部分阿拉伯人充当欧洲商人的中介人或代理人,从事中间经济和过境贸易业务。可见中世纪伊斯兰城市一开始就处于现代商业网的边缘,并随着现代商业网的发展愈发边缘化。

最后,中东城市与欧洲贸易有半殖民特性。这种情况的出现与以下因素密不可分:第一,欧洲人具有相当高的经商素养,商业革命为欧洲纺织品、火器、金属器具、船舶以及包括制材、绳索、帆、锚、滑轮和航海仪器在内的船舶附件工业提供了许多巨大的、不断扩展的市场;为工业革命提供了建造工厂和制造机器所必需的大量资本。资本以利润的形式从世界各地源源流入欧洲。

第二,不平等的特惠条约为欧洲商人提供了有利条件。14世纪,奥斯曼帝国首先向意大利商人单方面提供了优惠条件,允许他们在帝国城市经商,保持他们的宗教信仰和财产,并按规定征税。1535年,苏里曼一世和弗朗西斯科一世签订了双边特惠条约,授予了法国商人一系列特权;1604年与英国人和威尼斯人也签署了类似条约。1625年,奥斯曼帝国的一位官员记载到:"现在,欧洲人已开始了解整个世界。他们向各地派遣船只,控制各重要港口。以前,印度、信德和中国的货物通常都是先运到苏伊士,再由穆斯林转运到世界各地。但现在,这些货物却被装上葡萄牙、荷兰和英国的船只,运到弗朗吉斯顿(西方基督教国家),再从那里转往世界各地。他们将自己不需要的东西运往伊斯坦布尔和其他伊斯兰国家,溢价五倍出售,从中牟取暴利。因此,伊斯兰教国家的黄金和白银变得越来越少。奥斯曼帝国必须控制也门沿岸地区和那里的过境贸易,否则不久以后欧洲人就将统治伊斯兰教各国。"②

这些条约从根本上破坏了民族资本的发展,将地方商界置于不平等地位。欧洲商人只付商品价值3%的关税,而当地商人却要付7%—10%的关税;外商商品只在进口时纳税,而地方商人在通过无数内部关卡时都要纳税。这样地方商人无力与享受特惠条约保护的欧洲商人竞争,而且在与欧洲贸易的道路上障碍重重:海上商船经常遭到海盗的袭击;陆路运输用驮运,商队常被盗匪抢劫;每个城市都有自己的习俗和贸易法规、关税、度量衡等。这些与封建

---

① 《马克思恩格斯全集》(第9卷),人民出版社1961年,第29页。
② B. Lewis, *The Emergence of Modern Turkey*, Oxford University, 1961, p.28.

掠夺相结合,不仅对商业和工业的发展造成了障碍,而且也阻碍了中东国家资本主义的发展。

第四节 伊斯兰城市的行政管理体系与阶级结构

传统的东方学派学者认为中东城市没有城市行政管理体系,没有改进自己政府服务的责任,没有任何积极贡献相伴随等等。其实,省督、法官、市场监督员和公共道德监督员、社团谢赫和少数民族社团谢赫、行会谢赫等组成了中东伊斯兰城市独特的行政体系。该体系在不同的方面经营着城市,使统治阶级不用建立一个管理网,同时过于严密的行政管理网络又会使城市失去自由发展的机会,成为制约城市率先瓦解封建制度的一个重要因素。

一、中东城市的行政管理体系[①]

负责伊斯兰城市管理和司法的是至高无上的哈里发或苏丹的代表,在哈里发或苏丹的代表之下存在着一整套城市行政管理体系:省督、法官、市场监督员和公共道德监督员、社团谢赫和少数民族社团谢赫、行会谢赫等。

省督作为地方长官,由帕夏任命,指挥卫戍部队和治安部队,在夜间亲自视察城墙和市区,监督违法者和阻止做坏事的人;护卫通过自己所辖的地区朝拜者、商队;管理有关犯罪的司法事务;征税,任免城市、地方其他官员。

卡迪(法官)由埃米尔任命,不受地方省督的管辖。卡迪是乌莱玛成员,是伊斯兰政治中起决定作用的成分,是穆斯林中受尊重的阶层。在城市,卡迪代表司法权威,在它的面前城市人民的许多问题得到公正的解决;他们积极干预城市事务。如果使用现代术语:"卡迪是市长,是法官和市政首脑。"卡迪的活动渗透到伊斯兰社会的不同领域,正是由于卡迪的工作,城市的维持和发展没有陷入无政府主义状态。[②]瓦克夫是伊斯兰城市的典型机构。瓦克夫为城市提供劳动力、资金,为清真寺、学校、医院等的维修提供费用,有时资助城市防御建筑、卫生等,提供法官和宗教人员的津贴等。[③]在城市发展时期,瓦克夫为城

[①] 车效梅:《中东中世纪伊斯兰城市行政体系》,载《学海》2006年第2期。
[②] Andre Raymond, *Cairo*, p.231.
[③] R. B. Serjeant, *The Islamic City*, UNESCO, Paris, 1980, p.29.

市运作提供了法律框架和必备基金。通过卡迪和瓦克夫系统,伊斯兰司法为城市管理和发展提供有效工具。[1]乌莱玛往往担任慈善基金组织的主管人员,现代国家在提供公众福利方面所承担的职能多由他们进行。

市场监督员和公共道德监督员(穆巴塔斯波,Muhtasib)是负责贸易和地方商业的官员,由卡迪任命,是古典伊斯兰城市中一种非常典型的人物。在城市发展的早期阶段,穆巴塔斯波在某种意义上讲是治安负责人。[2]其职能包括两个方面:一方面是负责道德准则和财政利益准则,"作为公共生活标准的保护者和鼓励者,他们有义务确保开业者像医生、药剂师和教师有适当的素质和不纵容不公平和不道德的行为";[3]另一方面是代表总督的一些司法权力,是城市管理的最重要工具,有权在现场惩罚违规者,但不处理伊斯兰教法定的刑法。

社团谢赫。伊斯兰城市居民被组织在不同社团,称为塔瓦非(Taifaf/TawaIf):有职业社团(行会)、居民区社团、民族社团、宗教社团(基督教和犹太教)和社会宗教社团(神秘主义的苏菲兄弟会)、圣族的后裔(先知的后代)。这些社团有时是并列的(在中心区的行会,居民区的社团),有时是双重的(民族的、宗教的社团)。[4]每个区在其谢赫领导下,形成一个行政社团。谢赫是政府与人民之间的中间人,也负责一定的财政任务,如征税,维持社区的法律和法令,解决内部争执和防止外部的袭击。

少数民族社团谢赫。按照沙里亚(Shari'ah)规则,犹太人和基督教在伊斯兰城市享有一定的自由,对他们的管理形成一种特殊类别。[5]由于他们忠于自己的首领和社团,个人根据自己所属社团法律而不是国家法律来行事(虽然刑法仍受国家保护),事实上这些区形成了"国中之国"(a state beyond the state)。[6]在开罗大约有 2.5 万少数民族人口,几乎是开罗人口的 1/5。开罗有七个科普特区,大部分位于城市西部。科普特社团享有一定的自由,服从他们的首领(ru'asa)。这样米勒特系统就变成了政府统治的工具。这些少数民族的米勒特在某种程度上与中东国家所属的机构和伊斯兰教宗教机构平行。正

---

[1] Andre Raymond, *The Great Arab Cities In The 16-18th Centuries, An Introduction*, New York University Press, New York, 1984, p.18.

[2] R. B. Serjeant, *The Islamic City*, p.48.

[3] R. B. Serjeant, *The Islamic City*, pp.48-49.

[4] Andre Raymond, *Arab Cities in the Ottoman Period*, p.57.

[5] R. B. Serjeant, *The Islamic City*, p.44.

[6] V. F. Costello, *Urbanization in the Middle East*, p.13.

是由于这些社团的存在,既有利于统治者"分教而制""分族而制",也使城市安全、道德建设、管理在不同程度上有效地进行。

　　行会谢赫不仅是行会之首脑,而且也是其生存的象征,他的权力超越巴扎,在其成员生活的居民区也保持中心权威的地位。①在行会谢赫领导下的行会职能如下:征集税收;控制产品的数量、质量和度量衡;制定价格和工资;提供服务和劳力;保证原材料供应与商品分配;司法功能与对争执的裁决;提供资金和相互帮助;垄断和限制生产;执行政府有关工业、商业和服务业的命令;保护行会社团的利益;管理城市人口,登记从业人员等等。中东伊斯兰城市行会是城市行政体系中重要的一环,对城市发展至关重要。在其成立的初期,保护了城市的手工业者和商人,同时完成了政府在该阶段无法完成的任务。但是由于自身特点,特别是行会成员之间没有严格的经济和社会分化,所以不同阶级成员之间的阶级斗争并没有导致行会瓦解。中东伊斯兰城市行会既没有被法律所限制,也没有被其内部分化所瓦解,更没有被现代工业社会的出现而取代,所以存在的时间很长。结果使中东工业也大大落后于欧洲先进国家。当欧洲已经实现了向工场手工业的过渡,以后又过渡到大机器生产时,建立在手工劳动基础上的行会工业仍在中东大行其道。

　　马克斯·韦伯认为任何欧洲的城市具有以下的特点:防御工事、市场、部分管理自治的法院、独特的城市联合形式和至少部分的自治。②中东伊斯兰城市有防御工事、市场和在一定程度上的社团制度,但缺乏韦伯阐明的城市共同体五个特征中的两个,即:缺乏城市自治和自治法。正因如此,中东伊斯兰城市的行政体系形成了自己的特点。

　　第一,不存在市政制度。根据伊斯兰法律,最主要的社会集团利益在家庭和区而不是在国家、省或城市。③中世纪伊斯兰城市的管理以伊斯兰教和其政治原理为基础,只认可信仰者个人和社团,认可家庭是个人和整个信仰者团体之间财富的控制者和传送者。伊斯兰教不认可自治机关,这是中东伊斯兰城市缺乏市政机关的理论与法律基础。结果市政服务并没有依据行政组织进行严格规定,真正的权力掌握在伊斯兰卡迪手中,他们监督所有法律事务,包括与地产有关的事务,因此许多市政职能,如决定街道宽度和建筑高度等,在法官的控制范围内。

---

① R. B. Serjeant, *The Islamic City*, p.122.
② Nezar Alsayyad, *Cities and Caliphs*, p.34.
③ Madanipour Ali, *Tehran: The Making of a Metropolis*, p.229.

第二，城市缺乏自治和自治的法律。欧洲自治城市虽然隶属于封建主，但是城市通过向封建主缴纳一定的赋税或武装斗争，能得到领主的许可而成为独立、自治的城市。城市有自己的社区组织，可以选举城市委员会，有自己法庭、有铸造货币、宣战、建立军队、缔结条约等权利，公民是自由民。城市法规定城市自治权及经商特权，明确市民的权利与义务；制定城市建设、城市管理、城市治安等法规；成立城市法庭；等等。中世纪西欧的城市法虽然是封建性的，"但当市民等级作为一支独立的政治力量登上历史舞台以后，以自由、平等为基础的法律彻底否定了封建身份法和特权法以后，城市法便逐渐地成为封建法的对立因素，并对封建法起着巨大的改造作用"。[①]西方中世纪城市的三要素是贸易、市民、市政府。[②]城市法作为各个城市自治的保障，在一定意义上证明城市具有"城市法人"的资格。[③]中东城市中，工商业者不是城市市民，也没有游离于政治权力之外的自己的组织，也就不会有独立地位，也不能够创建保护工商业者自己的法律。因此，中世纪的中东城市没有完全意义上的市民，工商业者阶层亦从未作为一支独立的力量登上历史舞台，因而在西方列强入侵之前也从未作为瓦解封建经济的因素而发展。

第三，中东城市行会与欧洲中世纪城市行会存在质的差异。西欧城市的行会是一个合法的法人，它可以在法庭起诉，拥有动产与不动产、地租、集会的场所，有时甚至还有商店和工业企业。如 13 世纪末 14 世纪初佛罗伦萨的经济由 21 个行会所控制。由于行会"不依赖于地产存在和发展"，是"以劳动和交换为基础的所有制"。[④]它随着中世纪末手工工场的兴起及行会的解体而"发展成为资本主义私有制"。[⑤]中东行会实际上是官方派出机构，在官方保护下发展。行会委员会、行会谢赫与政府之间有更密切的联系：即谢赫的选举得到政府批准，政府任命委员会和谢赫。由于中东城市社会缺乏地方与独立政府、行政部门之间的自由关系，这种状况延缓了它们的发展，并妨碍其现代化。与欧洲行会相比，中东行会更加脆弱，不同等级之间存在着没有严格规定的、更宽松的领域。从一个行列转到另一个行列不需要考试，不需要准备代表作。这个特征的社会后果之一是行会内部缺乏阶级划分，在行会阶层和行会行列中

[①] 万亿：《中世纪西欧的城市法》，载《厦门大学学报》1987 年第 2 期。
[②] 汤普逊：《中世纪经济社会史》（下），商务印书馆 1997 年，第 420 页。
[③] 亨利·皮雷纳：《中世纪的城市》，商务印书馆 1984 年，第 111 页。
[④] 《马克思恩格斯全集》（第 3 卷），人民出版社 1965 年，第 57 页。
[⑤] 刘文明：《中西封建城市经济结构差异之比较》，载《史学月刊》1997 年第 3 期。

没有阶级斗争,[1]同时也导致机器发明的匮乏。[2]同时,中东各国政府有力地支持传统的行会结构,妨碍了像欧洲那样专门的工人、工头、资本家合作组织的发展。由于每个行会所具有独占性是通过政府公认的垄断和限制实践而完成,因而垄断的存在使城市经济很难吸收农村移民。缺乏从乡村到城市的移民不仅使中东城市发展缓慢,而且也使中东农村与城市相对孤立。

二、中东城市的阶级构成与特点[3]

传统的中东社会统治阶级有两种人组成——拿笔的人和提剑的人。被统治阶级包括商人、手工业者和农民。在格尼扎的材料中,开罗仅有两个阶级,即上层商人或银行家和下层体力工人;政府公务员和宗教学者并没有形成明确的社会阶级。[4]在马穆鲁克时期,奴隶军人位于社会顶层,在其下有两个主要阶级,地方商人和宗教学者。普通人也被划分,一方面是劳动人民,如拥有一定社会名望的手工业者、店主,另一方面是受人轻视和从事不洁职业的穷人和流氓无产者。他们分别被组织在城市不同的街区。[5]在奥斯曼帝国时期,开罗的人口根据其起源和社会作用分为外国人(土耳其人等)和埃及平民,乌莱玛起到了中间的作用。"提剑的人"是外国人,控制政府和军队;拿笔的人掌握宗教和文化,参与管理;最后是平民,从事商业活动和确保这个系统的运作。[6]这样笼统的划分为上层和下层掩盖了许多不同的社会阶层,如还有一些靠头脑或文字技巧为生的人,如医师,他们有时是国王的医药顾问,有时因做出的成绩扬名万里;又如诗人,他们也是拿笔的人。

中东统治阶级和军人生活在城市并控制着城市,所有非逊尼派和非阿拉伯族的乌莱玛或商人都住在城市。在奥斯曼帝国时期,城市存在着这样的关系,首先是土耳其人的政治—军事集团对城市进行实质性的政治垄断,他们与被统治的阿拉伯人和波斯人保持一定距离;其次是商业资产阶级和乌莱玛之间保持密切联系,这两个集团常常通过婚姻联盟,在他们中产生了一些城市领导,但很少能对统治者的权力构成挑战。

乌莱玛是统治阶级不可缺少的助手,他们享有对宗教、司法和教师垄断

---

[1] Gabriel Baer, *Fellah and Townsmen in the Middle East*, Routledge, 1988, p.207.

[2] Charles Issawi, *An Economic History of the Middle East and North Africa*, Columbia University Press, 1982, p.172.

[3] 车效梅:《中东中世纪城市社会结构分析》,载《世界历史》2011年第1期。

[4] V. F. Costello, *Urbanization in the Middle East*, p.12.

[5] V. F. Costello, *Urbanization in the Middle East*, p.14.

[6] Andre Raymond, *Cairo*, p.212.

权。由于乌莱玛没有形成一个社会阶级,所以伊斯兰教没有祭祀阶级。

大地主多居住在城市,成为城市上层阶级的重要一员。综观中东的历史,统治农村的集团一般住在城市而不是农村的庄园,这就是在中东没有形成真正的土地贵族的主要原因。大商人、承包商也投资土地。商人和大地主联合成为中东城市贵族,这也是城市贵族和大地主没有形成尖锐对抗的一个主要原因,而这种对抗是近代欧洲国家形成时所必需的。

在中东城市存在着奴隶,奴隶被视为主人的财产,可由主人买卖、转让、继承和出租。在法律上,奴隶处于无权的地位,只需按价赔偿,而不必支付抚恤金。他们是工作人口的一部分。在法蒂玛时期的开罗,男奴大部分从事财政和商业。[1]女奴多从事家内服务。

中东伊斯兰城市还存在着数量不菲的非穆斯林臣民,10世纪中期,巴格达有4万—5万基督教徒,犹太人城居现象突出,在大马士革有3 000人,阿勒颇5 000人,摩苏尔7 000人,库法7 000人,巴士拉2 000人,巴格达1 000人,伊斯法罕1.5万人,设拉子10万人,等等。他们在伊斯兰城市经济中扮演着重要的角色,但除少数跻身统治阶级,如法蒂玛王朝时期基督教徒曼苏尔·萨顿和伊萨·纳斯图里斯高居维齐之职,绝大多数人是手工业者和商人。

城市不同集团的经济地位和职业的差别是明显的。[2]在开罗,社会阶梯的顶端是富裕的商人,人数4 000或5 000,拥有的财富从3万或4万Paras到1 000万Paras不等。最富裕的咖啡商和宫廷商主要从事对外贸易,人口大约为500或600人,在17世纪控制着国家的经济命脉,其中80个咖啡商(占全部17%)拥有的财产高达4 170万Paras,占全部财产6 470万Paras的64%。接下来的阶层是中小手工业者和商人,其人口大约为1.5万人。他们拥有的财富从1 000 Paras到3 000—40 000 Paras不等。在社会底层存在无产者,有6万人属于最贫苦者,每天的收入5—30 Paras。[3]社会是极端不平等的,贫富之间的差距为1∶60 000。最小的水果商拥有的财产为145个Paras,而最大的咖啡商人则拥有8 849 660 Paras。

第一,中东伊斯兰城市阶级划分不明显。因为伊斯兰法律强调所有信仰者是平等的,所以中世纪伊斯兰城市没有法定的基本公民权和宪章;又由于伊

---

[1] V. F. Costello, *Urbanization in the Middle East*, p.13.

[2] Grbriel Baer, *Population and Society in the Arab East*, Routledge and Kegan Paul Ltd, London, 1964, p.203.

[3] Andre Raymond, *Cairo*, pp.208-209.

斯兰教主张人人平等,所以伊斯兰世界既不存在印度的种姓制度,也没有欧洲的社会等级,没有奉为神圣的宗教人员,只有先知的后代例外,没有世袭贵族,它是一个易变的社会,不断地向上和向下移动。[1]同时地主、大商人甚至大企业家与知识阶层和官僚紧密地联系在一起,所以阶级之间的转换经常发生,不同阶级之间的文化差异是轻微的,没有发现存在于其他国家用来表达阶级的语言。[2]一个人的社会地位由其出身所决定,因为父亲的职业常常被儿子所继承,诚实、合理的商业行为、对公用事业慷慨的投资等等也能提高个人和家庭的社会地位。这样无论是平民还是学者都没有形成一个真正的同质集团,在中东城市阶级划分并不明显。但一些职业被轻视,如下水道清洁工和公共浴室的服务员等。

第二,没有形成完全意义上的市民。在伊斯兰国家很少有组织得很好的、稳固的、具有政治影响的商人王国,马穆鲁克政府为了支持开罗宫廷脆弱的财政,富裕商人的财富被定期充公。富有的商人又吃又喝,非常逍遥,因为明天又是另外一天,也许苏丹会抢走他们的货品,剥夺他们的生存权利。这意味着用来进行私人投资的资金不容易积蓄。[3]正如巴斯贝克所说,平民百姓中凡是稍微露富的,其财产就会成为被肆意充公的对象。因此商人们都藏匿自己的财产,而不是公开投资去扩大自己的买卖。[4]伊斯兰社会不等资本积累完成,便把资本家扼杀。[5]这些表明缺乏一个基础牢固的商人贵族阶层——他们能决定他们所居住的城市的利益,将财富和权力传给后代。在这个意义上,中世纪穆斯林商人没能留下持久的历史遗产。[6]结果在伊斯兰世界,没有任何人可与欧洲的城市贵族相比,后者在城市政府中享有发言权,与本地贵族有血缘关系,并且在贸易、工业、政治活动中都占有一席之地。尽管伊斯兰地区城市很富有,但那些在政府拥有重要地位的商人大部分是埃及马穆鲁克王朝晚期的官僚,意大利城市的大家族给它们经商的成员提供经济保护,而且提供了远远超出商界的广泛的行政职位,而这是伊斯兰城市的流动社会难以匹敌的。[7]

在西方,随着城市发展,市民逐渐成熟,他们成为中世纪城市的保护"神"。按贾恩弗兰科·波齐的观点:封建城市的兴起对封建统治制度造成了"毁灭性

---

[1] Charles Issawi, *An Economic History of the Middle East and North Africa*, p.173.
[2] Grbriel Baer, *Population and Society in the Arab East*, p.206.
[3] 波斯坦、科尔曼彼得·马赛厄斯主编:《剑桥欧洲经济史》(第2卷),第387-388页。
[4] 斯塔夫里阿诺斯:《全球通史》,第355页。
[5] 布罗代尔:《15—18世纪的物质文明、经济与资本主义》(第2卷),第528页。
[6] 波斯坦、科尔曼彼得·马赛厄斯主编:《剑桥欧洲经济史》(第2卷),第397页。
[7] 波斯坦、科尔曼彼得·马赛厄斯主编:《剑桥欧洲经济史》(第2卷),第338页。

的冲击"。①城市孕育出封建制度的否定因素——中产阶级的前身——"城关市民"。②城市法在走向封建制度的反面,而城市成为封建制度的"离心机"。而在中东城市的大商人拥有庞大资本,却不把它们转向生产,其原因在于他们与统治阶级有着千丝万缕的联系,他们得到了农业土地税款的提留权;最富裕的咖啡商和宫廷商控制着国家的经济命脉,他们享有的种种封建特权已经保证了他们优厚的商业利润,因而满足于传统的经营方式,自然也就不能成为完全意义上的市民。军队与贸易商关系密切,通过这种关系,商人得到保护,而军人得到军事资金和政治权力。这种趋势在17世纪中叶得到发展,正是这种联系在开罗催生出一个不同的社会阶层,在社会顶端形成了一个明显的特权阶级,他们是军队寡头政治的成员、大商人和学者。在底端是普通人民,这个阶级被军人严重渗透。这种阶级格局一直延续到18世纪末。可见中东城市社会构建完全适应封建政治经济关系的发展,进而成为封建国家政治结构中的一个重要环节,自然也就无法对封建制度形成毁灭性的冲击。

三、城市与资本主义

正是由于中东城市阶级存在的这些特点,使城市既没有形成明显的阶级对抗,也无法孕育出封建社会的对抗因素,自然也无力率先冲破封建制度的牢笼走向资本主义。

首先,这些城市缺乏瓦解封建制度的力量。这集中表现在两个方面:第一,伊斯兰城市不能有效容纳农业人口。在西方,中世纪的城市是由逃亡农奴建立的,正如马克思说:"这些在乡村里遭受自己主人迫害的农奴是只身逃入城市的。""行会城市是农民摆脱(压迫他们的贵族)的避难所。"③特别是西方中世纪的城市法明确规定"授予所有市民以自由民的法律身份,并且时常扩展到所有城市中居住一年又一天以上者"。④很显然,西方中世纪城市是封建生产关系的破坏者,创造了免于遭受具有封建制度特征的独特的司法环境,所以吸引了大量农村人口前往。在中东城市人中存在着对农村人的歧视,如中世纪穆斯林最著名的历史学家伊本·哈尔东(Ibn Khaldun)把田野中的农民和沙漠中的游牧人称为"外来人",认为城市人和农村妇女之间的婚姻是相当不可

---

① 贾恩弗兰科·波齐:《近代国家的发展——社会学导论》,商务印书馆1997年,第46页。
② 《马克思恩格斯全集》(第4卷),人民出版社1965年,第467页,"从中世纪的农奴中产生初期城市的自由居民;从这个市民等级中间,发展出最初的资产阶级分子"。《共产党宣言》单行本的译本中,把"最初的资产阶级"译为"城关市民"。
③ 《马克思恩格斯全集》(第3卷),人民出版社1965年,第58、63页。
④ 贾恩弗兰科·波齐:《近代国家的发展——社会学导论》,第44页。

行的。①其结果导致"所有行会系统从外引进劳动力是极端困难的。仅有的一种'城市化'是从农村到开罗来的学生,结果乌莱玛中的许多人来自农村"。②可见中世纪的伊斯兰城市不能容纳游离出来的农业领域人口。第二,西欧城市多为手工业商业中心,城市是相对独立的政治、经济单位。整个封建社会构成一种二元社会结构,即城市和封建庄园是两个平行中心。城市实际上由城市自治和市民选出的机构进行管理,城市经济独立发展,城市经济职能突出,西欧城市对封建社会起着离心作用。中东城市在中央集权政治控制下,完全纳入国家行政系统,城市是中央联结地方和广大农村的纽带,是中央控制地方和汲取资源的触角,城市的一切人员均在中央设置的官吏管辖之下,城市始终不能逾越封建生产关系的束缚。可见中东伊斯兰城市由于纳入一元化的中央集权政治,起着向心、维护和巩固封建制度的作用。因此,在中东封建社会的后期,虽然这些城市有资本主义萌芽的出现,但未能冲破封建经济与政治关系牢固结合的防线,资本主义萌芽长期萌而不发。只是到了资本主义列强以武力敲开了中东各国的大门后,封建经济与政治结合的结构才打开了缺口,才使中东逐渐地从封建经济关系中走出来,迈进世界经济发展的主流中。

其次,城市的消费性制约着生产发展。中东绝大多数政府喜欢在首都城市人口供应上花费它们的资源,因为政府不愿面对饥饿引起的暴乱。③政府关注城市供应,即使在灾荒年代,政府也要确保城市粮食供应充足,哪怕是农民饿死,也在所不惜。城市作为国家消费的中心,不仅是因为其巨大人口,更因为其人口的一部分是统治阶级、富有商人、大地主、职业阶层和乌莱玛等。"所有的大地主、马穆鲁克和那些合法的职业人员集中于此,获取他们的收入,而不需要对供养他们的乡村汇报任何事。"④这样,中东城市在经济关系上通过超经济强制获得乡村农民的生产成果。

再次,中东城市内部矛盾与欧洲存在着质的差异。中世纪西欧城市的内部矛盾是工商业者、自由民与封建主的矛盾,而中东城市内部矛盾表现为封建统治与被统治者之间的矛盾,在中东大城市中,官僚、地主、军人、乌莱玛以及伺候他们的奴仆占城市人口的相当比例,而西欧城市居民中,手工业者、商人数量大、比例高。城市的居民构成不同,反映了城市居民的经济利益不同,矛

---

① V. F. Costello, *Urbanization in the Middle East*, p.12.
② Gabriel Baer, *Fellah and Townsmen in the Middle East*, London, 1988, p.13.
③ Charles Issawi, *An Economic History of the Middle East and North Africa*, p.171.
④ Andre Raymond, *Arab Cities in the Ottoman Period*, p.180.

盾的表现与性质也就不同。西欧城市市民阶层伴随着自身经济实力的增强，不断反抗封建主的控制，寻求政治独立与自治，商人和手工业组成各种行会，保护自身的利益，并通过市民运动来摆脱封建主的统治，在斗争中不断取得胜利，最后获得政治自治权。西欧城市市民运动是城市居民向封建主进行政治斗争的主要方式，其实质是新兴的资产阶级力量反抗封建制度的斗争。中东大城市是中央集权统治的据点，城市内部资产阶级力量薄弱且发展缓慢，难以构成强大的政治势力，因此城市矛盾主要表现为封建社会内部统治者与被统治者之间的矛盾。军队、官僚怀疑和窒息生产者的过多规章，金融目标的追求是以牺牲经济的、私人财产的安全为代价，对城市消费者的补贴以牺牲农民利益为代价，等等，这些都严重制约着资本主义力量的产生与发展。

我们知道，造成资本主义萌芽的前提大体上有：商人的资本积累达到一定程度；城市手工业专业化发展以及拥有较广阔市场，特别是海外市场；可以从农村，至少是城郊农村找到自由劳动力；某种程度上的政治稳定和政府支持等等。现在逐一对此前提论述，以便清楚了解中东城市怎样与资本主义失之交臂。

首先，从商人资本积累的情况看，按马克思的分析，资本主义生产关系的产生，有商人变为资本家和小生产者变为商人两条路。从西欧的历史看，资本主义萌芽时期和资本主义发展早期，起主导作用的是前一条路，但从中东国家的历史看，这条路并不畅通。虽然中东城市的大商人拥有庞大资产，但是他们却不愿把部分商业资本转向生产。为什么呢？因为他们享有种种封建特权，与统治阶级有密切的联系，这已经保证其丰厚的商业利润，因而他们满足于传统的经营方式。又由于在中东社会，土地是身份与财富的象征，所以大量商业资本投入了土地。从经济学角度讲，决定商业资本流向最直接、最根本的因素是利润。一个资本家集团有时会放弃优越的商业地位，转而向工业投资，甚至向农业和畜牧业投资，这是因为它同商业生活的联系当时已不再是高利润领域。[①]而在封建社会，商业利润总是高于工业利润，如果这两种之间利润率的差距不缩小到一定程度，商业资本是不会流向生产的。而在中东城市，两者之间利润率的差距有时多达4—5倍之多，17世纪末和18世纪，两者差距更加显著。在人均购买力有限的情况下，只有市场，特别是海外市场扩大，才能使需求普遍增长，并产生相互关联的两个重要后果：一是大商业资本为获取较稳定的、规格统一的货源而插手生产；二是一定规模的生产能降低生产成本，从而

---

① 布罗代尔：《15—18世纪的物质文明、经济与资本主义》（第2卷），第468页。

从生产方面提高产业利润,缩小与商业利润的差距,但是随着中东城市海外市场的丧失,这也就无从谈起。同时,商人资本插足生产,使手工业生产(不是手工业生产者)的政治地位得到保障,因为大商人多与统治阶级关系密切。可见,中东资本主义所缺乏的条件主要是(在最直接意义上讲)缺乏商业资本转向生产的条件。

其次,从市场特别是海外市场情况看,资本主义时代的到来以世界市场初步出现为标志。由于城市是社会的工商业活动的主要承担者,开辟市场首先应该是城市的要求。重视开辟市场是西欧城市的基本特点。有人这样赞扬说:"城民们像把竞争者从旧市场赶走那样勤奋劳作去开辟新的市场,像与商业对手斗争那样艰苦地与地理障碍、道德顾忌、技术缺陷、组织欠佳等作斗争。"①需要垄断尽可能多的市场来维护自己的生存与发展,这是中世纪西欧城市与中东伊斯兰城市很不相同的地方。在 14、15 世纪寻找和控制新市场、交通线、航线成为西欧城市发展的总趋势。在该趋势下,各类城市不同程度地存在着争夺市场的斗争,这种斗争与其他因素结合,形成了西欧向外扩张的发展(与之相应的是包买制②的推行、农业专门化的发展,这是西欧资本主义过渡前夕经济领域里直接导向资本主义的两种最重要的现象)。而中东城市则恰恰相反,面对新航路开辟带来的机遇和挑战,迅速退却,开罗、伊斯坦布尔的大商人活动范围缩小,在 17 世纪和 18 世纪几乎不敢冒险超越红海,几乎没有印度洋的船只出现在苏伊士。缺乏雄心,使中东城市商人的活动主要集中在装卸货物的港口,放弃了海上的活动。从而也就失去资本主义萌芽时期必不可少的巨大的海外市场。

再次,资本主义的产生需要有其生产关系的一级——除自身劳动力以外一无所有的劳动者。在西欧国家,包买制的推行、农业专门化的发展,特别是像英国的圈地运动,加速了农民的分化,出现了大量"贫困化"的农民。他们为了生存纷纷逃到城市,从而为资本主义的发展提供了大量自由劳动者。在中东国家,直到 18 世纪,农业既没有走上专业化道路,农民也没有从土地上游离出来。农民仅在饥荒时期或为了出售自己的产品才到城市。即使农民侥幸从农村逃到城市也会受到行会排挤,难以立足。这样,城市本身没有给农村人口留下生存空间,也就没有给自己留下扩大生产所需要的劳动力。

最后,政治稳定和政府支持也是资本主义得以生存与发展的重要条件。

---

① 波斯坦主编:《剑桥欧洲经济史》(第 3 卷),第 169 页。
② 包买制是指农民采用城市的大商人技术与手艺制造手工业品,然后再把产品卖给这些大商人。

在14、15世纪,西欧一些民族国家或一些城市国家开始利用政治权力保护本国(城)的工商业和市场,具有某种保护关税、保护民族工业的特征。在意大利,"那里的幼稚工业在过去'不发达'城市中心发展起来,故极端需要培育保护,而旧的先进城市中心的工业,面对新的对手,要求支持。前者鼓励移入技术熟练的工匠,并限制原料输出;而后者,像卢卡的丝织工业遇到波洛尼亚、热那亚和其他地方的竞争那样,用进口关税或禁令来报复"。[1]与这些国家或城市不同,奥斯曼帝国不仅没有进行关税保护,而且通过一系列不平等的特惠条约为欧洲商人提供了有利条件。14世纪奥斯曼帝国向意大利商人单方面提供优惠条件,1535年苏里曼一世授予法国商人一系列特权,1604年与英国人和威尼斯人签署类似条约等等。这样本国的工商业不仅得不到政府应有保护,反而遭遇不平等对待。再加上16世纪后,对外战争接二连三的失败,政局动荡,对城市强化行政控制等等,最终使中东城市与同欧洲城市同步发展的机遇擦肩而过。

第五节 伊斯兰城市文明在世界城市文明中的地位

举世闻名的中东史大师伯纳德·路易斯说:"阿拉伯帝国真正傲视群伦之处,与其说是实际的军事征服本身,不如说是被征服地区的民众之阿拉伯化与伊斯兰化。"[2]其实他们建立的伊斯兰城市文明也应当是其傲视群伦的一部分。

一、伊斯兰城市文明的组成

城市是文明传承的载体,伊斯兰城市文明是对多个世纪的希腊、叙利亚和犹太专门技术的继承。

在宗教方面,通过彻底坚持中东固有的一神观念,伊斯兰教终止了基督教过分希腊化的倾向,而成功地将其从中东的大多数地区清除出去。[3]新月是伊斯兰教的象征,而中东人对新月的喜好有着悠久的历史。在沙漠中,夜晚的月亮给游牧民带来清凉,使牧草着露,树木滋润。苏美尔人尊奉月神南那,阿卡德人同样崇拜月神辛。麦加原本也是一个拜月中心,当地尊奉的月神名为胡伯勒,它的偶像在天房里就矗立在玄石旁。[4]虽然对月神的崇拜最终被废除,但

---

[1] 奇波拉:《欧洲经济史》,商务印书馆1988年,第491页。
[2] 伯纳德·路易斯:《中东:激荡在辉煌的历史中》,第73-74页。
[3] 阿诺德·汤因比:《历史研究》,刘北成、郭小凌译,上海人民出版社2005年,第369页。
[4] 唐钧:《贾希利叶时代阿拉伯人月神考述》,载《阿拉伯世界》2000年第3期。

阿拉伯人对新月的情感得以保留。

在语言方面，阿拉伯语中留存有少量前伊斯兰时代的语言痕迹，如来自叙利亚语、希伯来语、拉丁语和波斯语的词汇。阿拉伯语在波斯以西地区广为传播，阿拉伯化不断发展；在波斯和中亚，当地人保存自己的语言，但使用阿拉伯字母并吸收了一些阿拉伯词汇。

在政治制度方面，不仅在君主制度、行省划分、行政机构设立、税收制度、货币、行政语言等方面都受到萨珊帝国和拜占庭帝国的影响，而且在政府部门中，有大批波斯人和基督教徒，而犹太人在金融、税收领域占有重要地位。大批非阿拉伯人进入当地的阿拉伯城市，改宗伊斯兰教，阿拉伯人不再是职业军人，而是纷纷务农、做工、经商，与当地人融合。与此同时，中东原有的城乡结构、家族社会、流通体系等均保留了下来。正如皮杜斯所说："7世纪阿拉伯人的征服和随之而来的伊斯兰化保证了中东制度（institutions）的连续性。"[①]莫罗尼也指出，"约从公元300年到600年，西亚发生的变革使本地区的文化越来越具有'伊斯兰性'（Islamic）。"[②]随着阿拉伯人征服的完成，西亚北非的土地上逐步形成了个规模前所未有、特点鲜明、延续至今的阿拉伯—伊斯兰文明圈。

在城市建筑方面，在大马士革、阿勒颇和巴格达，传统的阿拉伯房屋式样仍然保持古巴比伦时代的风格和特点。在伊拉克南方沼泽中，阿拉伯船民使用的与苇编房屋结为一体的船只可以追溯到苏美尔时代。在土耳其，传统房屋和清真寺的风格与叙利亚、伊拉克迥然不同，前者起源于前伊斯兰时代。

在商业方面，伊斯兰世界继承了一笔丰厚的商业遗产。叙利亚、埃及及美索不达米亚有着漫长的商业繁荣历史。大马士革和亚历山大几个世纪以来一直得益于其处于黎凡特贸易路线交叉口的地理位置。但是阿拉伯人征服后产生的新城市在7世纪焕发出新的生命力。库法和福斯塔德成为远离家乡的手工业移民和定居的阿拉伯统治阶级的贝都因游牧民族的聚集点。伊朗、叙利亚、北非旧秩序的破坏改变了前希腊和撒克逊人土地上的种族成分，将生产中心从乡村转移到城市。

在人口构成方面：今天的埃及居民虽然融合了阿拉伯、希腊、罗马、突厥等许多征服民族的成分，但法老时代的埃及人仍然占到今天埃及居民的88%。因此阿拉伯人的定义不再根据血统，而是根据语言和文化，正是这一点使广阔的阿拉伯世界在漫漫的历史长河中得以确保其整体性。

---

① Ira M. Lapidus, *A History of Islamic Societies*, Cambridge University Press, 1988, p.9.
② M. G. Morony, *Iraq after Muslim's Conquest*, Princeton University Press, 1984, p.4.

二、伊斯兰城市文明的发展

伊斯兰城市生活国际化的特征促进了贸易、艺术和科学的发展。[1]新统治者以罗马时代以来未曾有的速度建起大型图书馆、大学和医院。[2]由于阿拉伯语是大多数伊斯兰地区的共同语言，城市内部生产扩张与共同语言的应用，刺激了遥远地区的商品交换。[3]一种融合了犹太文化、希腊—罗马文化和波斯—美索不达米亚文化传统的混合文明在随后的几个世纪中逐渐形成。伊斯兰教成为一种与众不同的新文明。[4]

阿拉伯语和伊斯兰教这两条基本纽带将哈里发统治下的各民族联结到了一起。阿拉伯语的传播比阿拉伯人的征服效果更为显著。到11世纪时，阿拉伯语已代替古希腊语、拉丁语、科普特语和阿拉米语在从摩洛哥到波斯的广大地区流行，并一直持续到今天。所有人共同使用阿拉伯语的现象说明，在阿拉伯帝国内，尽管有苏丹黑人以及占优势的闪米特人，有基督教黎巴嫩人、科普特埃及人以及占优势的穆斯林等不同民族，但他们之间却存在着一种彼此认同的情感。阿拉伯词汇在这些语言中，就如同希腊和拉丁语汇在英语中被普遍使用一样；其中有些语言（如乌尔都语、马来语、斯瓦希里语和第一次世界大战前的土耳其语）[5]都是用阿拉伯文字母拼写的。[6]伊斯兰教也是一条强有力的纽带，一条比基督教更有力的纽带，因为它不仅是一种信仰，而且是一种社会和政治制度以及具有普遍性指导意义的生活方式。如同语言为阿拉伯世界打下基础一样，宗教信仰也为伊斯兰教文明提供保障。

伊斯兰城市文明不是古代各种城市文明的简单拼凑，而是一种新兴而独具特色的城市文明。如随着城市的发展，伊斯兰城市布局形成。传统的伊斯兰城市空间组织和构造与伊斯兰教的要求是一致的，城市分为公共部分和私人部分，功能各异。聚礼清真寺是城市的中心，宗教学校、公共浴池和巴扎环绕在周围，它们是城市的公共部分。环绕在城市中心区周围的居民区是城市的私人部分。公共部分有规划的网络和较宽敞的街道，主要街道笔直宽阔，从市中心辐射而出，通往各个城门，这个街道网是阿拉伯人继承的罗马遗产，这

---

[1] Paul Wheatley, *The Places Where Men Pray Together: Cities in Islamic Lands, Seventh through the Tenth Centuries*, pp.35-38.
[2] 乔尔·科特金：《全球城市史》，第74页。
[3] 波斯坦、科尔曼彼得·马赛厄斯主编：《剑桥欧洲经济史》（第2卷），第343页。
[4] 斯塔夫里阿诺斯：《全球通史》，第217-218页。
[5] 斯塔夫里阿诺斯：《全球通史》，第221页。
[6] 斯塔夫里阿诺斯：《全球通史》，第222页。

些街道在大马士革、阿勒颇、开罗等中东城市都能看到。而私人部分，即各个居民区内无规则的街道网，通常被称为阿拉伯城市的特征。伊斯兰教义禁止（除了几个例外：麦加、麦加的外港吉达、开罗）高层建筑，认为这是可憎的骄傲心理的表现。建筑物不能向高空发展，只得侵占公共道路，何况伊斯兰法规对公共道路并没有大力保护。大街成了小巷，两头载货的驴同时通过便能堵塞交通。①阿拉伯人征服的地区已经存在几个成熟的早期城市文明，这有利于城市文明的交往与继承，再加上对这些城市的征服几乎没有遇到太多抵抗，不仅不需要摧毁古代城市或城市结构，反而可以利用它重塑自己的城市。所以在伊斯兰城市中接纳了许多上古时代城市的建筑，如出现在罗马时期的商队旅馆。

三、伊斯兰城市文明的局限

人类历史证明，文化进步取决于某个社会群体拥有向其邻近社会群体学习经验的机会。该社会群体的发现会传播给其他社会群体，且这种交往越多，学习机会就越大。文化最简单的部落基本上是那些较长时期与世隔绝、无法从其邻近部落文化成就中获益的部落。②

伊斯兰文明的衰微与穆斯林对西方世界的优越感密不可分，他们妄自以为自己不可战胜，根本就没有想到自己或许能从异教徒那里学到些什么。他们这种态度部分源于宗教偏见，部分则源于伊斯兰教在早先数世纪里的惊人成就——伊斯兰教已从一个默默无闻的小教派成长为世界上最大、发展最迅速的宗教。因此，凡是与基督教欧洲有关的东西，穆斯林官吏和学者都示以轻蔑和傲慢。1756年法奥同盟成立，它标志着欧洲外交史上一个转折点，奥斯曼帝国政府则表示"对一头猪与另一头猪的联合"③不感兴趣。这种态度在16世纪也许是可以理解的，但在18世纪那就是自取灭亡。这种唯我独尊态度最直接的后果是在伊斯兰世界和西方之间，特别是在日益重要的科学领域里，拉下了一道思想铁幕。实际上，穆斯林学者对于帕拉切尔苏斯在医学方面，维萨里和哈维在解剖学方面，哥白尼、开普勒和伽利略在天文学方面的划时代成就一无所知。他们不但不了解这些科学进步，而且那时他们自己什么也没做，也没有将来要做的任何动力。④

（车效梅）

---

① 布罗代尔：《15—18世纪的物质文明、经济与资本主义》（第1卷），第602页。
② Ruth Benedict, *Race Science and Policies*, The Viking Press, 1943, p.7.
③ William Eton, *A Survey of the Turkish Empire*, T. Cadell and W. Davies, London, 1809, p.10.
④ 斯塔夫里阿诺斯：《全球通史》，第355-356页。

英国城市史

　　现代城市是工业化的产物。工业化把英国传统的农业社会改变成现代的工业社会,把田园牧歌的乡村社会改变成繁华热闹的城市社会。从圈地运动开始的土地规模经营、乡村呢绒手工业的发展以及随后的工业革命、建立新型的工厂制度,为四处流浪的人群提供了更好的生存机会,从而催生了新型的人口中心——现代城市。

第十章 第一个城市社会

英国的现代城市,源于乡村经济的变动。英国农村的圈地虽然萌芽于12世纪,但直到15世纪晚期才成为比较常见的现象,到17世纪末才成为政府认可并加以推动的土地变动方式。这种在农村表现出来的对土地的圈围和重新经营、对土地价值的新的看法以及对牧业的日益重视,构成了英国现代城市的隐约可见的前奏曲。据估计,在18世纪早期只有约20%—25%的人集中在城镇,到1801年,也只有33%的城镇人口。[1]但是1851年的人口普查结果显示,已经有一半以上的人居住在城镇里,英国成为了世界上第一个城市国家。

第一节 工业革命

乡村原工业的发展,为英国从乡村向城市社会的变动,其根本的动力在于工业革命。工业革命改变了人们的生产方式和生活方式,直接造就了现代城市社会,一个区域发展更为均衡的社会。

一、原工业化与人口流动

15—18世纪,英国经历了从传统农耕世界向近代工业世界转变的"原(始)工业化",即"工业化前的工业化——乡村工业化",经历了技术进步和工业增长阶段。[2]

罗杰斯的《六个世纪的工作与工资》中列出了13世纪中叶各类制造业的特色城市,如制造布匹的林肯、贝弗利,生产剃刀的莱斯特,生产的铁器格洛斯特,产肥皂的考文垂,出产皮与毛皮的切斯特和什列斯伯里,产锡的康沃尔。[3]

---

[1] P. J. Waller, Town, City, Nation: England 1850-1914, Oxford University Press, 1983, p.1.
[2] P. Kriedte et al., Industrialization before Industrialization, Cambridge University Press, 1981, introduction.
[3] 伟·桑巴特:《现代资本主义》(第1卷),李季译,商务印书馆1958年,第160-161页。

到14世纪乡村纺织业在英格兰西部、东盎格利亚、约克郡西部和肯特郡的威尔特地区繁荣起来。① 到16—18世纪,英国的原工业更是特色鲜明,丹尼尔·笛福对颇具特色的地方工业还颇为感慨。②

17世纪国际市场的扩大,使呢绒工业迅速发展,产量增加了2—3倍,而西雷丁的家庭工业的呢绒产量增加了8倍,为英国提供了20%的出口商品。③到17和18世纪,随着粗斜纹布、亚麻布及棉布等新产品的出现,兰开夏郡的乡村纺织业迅速发展。各种各样的五金生产集中到米德兰地区。到工业革命前夕,英国形成了特色鲜明的原工业地区,如东盎格利亚、英格兰西部、西南地区和约克郡的西雷丁地区的毛纺织业;兰开夏郡的亚麻布和粗斜纹布生产区;特伦特河谷包括诺丁汉郡、德比郡和莱斯特郡的部分地区的针织区;西米德兰地区的小五金制造区。④

原始工业化缓和了人口增长和土地资源有限的矛盾。一方面,土地不再是人们唯一的谋生之路,另一方面,乡村工业释放了大批附着于土地的农民,使他们从事原工业化生产,由此解决了人口增长与土地数量有限之间的矛盾,劳动力资源由传统农业部门向工商业部门转移。到16世纪,雇工人口相当于乡村全体人口的1/4—1/3;到17世纪末,已经达到了47%。⑤ 最后,将农业中多余的劳动转移到工商业,又为工农业产品创造出更为广阔的国内市场。

自托马斯·莫尔在《乌托邦》里揭露圈地运动的"羊吃人"的本性以来,圈地运动的残酷性广为人知。由于圈地极大地破坏了传统的生产方式,打破了英国农村相对稳定的生活方式,引起了朝野上下,尤其是底层百姓的同声抱怨,英国统治阶级在相当长的时间里一再颁布圈地禁令。然而牧羊业异常有利可图,规模经营是历史的必然。这样到17世纪革命后,圈地终于从非法变成为合法的事业,圈地运动进入了"议会圈地"时期,在全国范围内以更大的规模进行。1760—1801年,议会通过的圈地法令达1 300个,1802—1820年通过

---

① Michael Zell, *Industry in the Countryside: Wealden Society in the Sixteenth Century*, Cambridge University Press, 1994, p.228.

② D. Defoe, *A Tour through England and Wales*, London, 1928.

③ R. G. Wilson, *The Supremacy of the Yorkshire Cloth Industry in Eighteenth Century*, Oxford University Press, 1973, p.613.

④ D. C. Coleman. "Proto-industrialization: a concept too many," *Economic History Review*, 1983, Vol.36, p.441.

⑤ J. F. C. Harrison, *The Common People: A History from the Norman Conquest to the Present*, Flamingo, 1985, p.129.

的圈地法令接近 1 000 个。①农业的规模经营,使英国的农业生产得到了巨大的发展。

大生产取代了传统的小农生产,把传统农村社会改变成为一个新型的农业社会。土地的大规模圈围,尤其是圈围农民的耕地,改变着国家的传统面貌,使大片的树林和荒地消失,树篱、石墙、栅栏和道路构建了新的英国乡村景观。不仅如此,它还根本改变了传统的农业生产方式,造就了大批的农场主,更造成了大量的无业游民,再加上人口自然增长率的提高,更加剧了农村劳动力的"过剩"。统治阶级颁布了一系列旨在限制人口流动的"血腥立法",严禁流浪,目的在于限制人口的大范围流动,防止流浪和失业危及政权稳定,维护现存的社会秩序。

农业技术的改进也在一定程度上释放了乡村劳动力。16 世纪下半叶,英国各地普遍推行的"轮换耕作法"大大减少了对劳动力的需求。土壤改良、沼泽排涝、草场灌溉等新技术;马拉的双轮犁、荷兰犁、双垄犁、无轮犁、播种机等新型农具,都在一定程度上减少了对劳动力的需求。据阿瑟·扬统计,1770 年,8—25 英亩的农场就不需全家的劳动力;36 英亩的农场只需要一个男劳力,即使 50 英亩的农场,一个男劳力就满足了 53％的总劳动力需求。②

工业革命开始后,对劳动力的需求增多,原有的限制居民迁移的法令成为制约经济发展的桎梏,变革与松动势在必行。1795 年的《贫民迁移法》对定居法做了重大修改,进一步放宽了限制,新法禁止接收贫民的教区在他们实际成为负担以前就把他们遣返原籍;还要求遣返贫民的教区必须负担遣返费用,而不是由原教区负担。1846 年的《贫民迁移法(修正案)》规定,在一个教区居住五年以上而未领救济金的人,不许再被遣返原籍。③从此,限制人口流动实际上就不大可能了。

工业革命的到来,彻底打破了地区间的樊篱,人口流动的涓涓细流汇成波涛汹涌的移民浪潮,人口流动成为历史的必然。这也就意味着以前务农为主的人口,将转移到以工业为主的职业领域。

二、工业革命与城市磁场

发生在棉纺织领域的"纺"与"织"的创造发明竞赛、瓦特蒸汽机的推广应

---

① 阿萨·勃里格斯:《英国社会史》,中国人民大学出版社 1991 年,第 211 页。
② 亚瑟·扬:《农场主的工人雇佣和农场管理指南》,转引自杨杰:《英国农业革命与家庭农场的崛起》,载《世界历史》1993 年第 5 期。
③ 王章辉、黄柯可:《欧美农村劳动力转移与城市化》,社会科学文献出版社 1999 年,第 17 页。

用,以及其他一连串的连锁反应,使英国工业革命迅速展开。棉纺织业逐渐摆脱了对自然力——风力和水力等——的依赖,厂主们得以在理想的地址建立起他们的棉纺织厂,进行大规模的生产经营,在棉纺织领域诞生了区别于传统手工工场的近代工厂。1771年阿克莱特建立的第一个纺纱厂,还是利用的自然力——水力,建在德文特河畔;但蒸汽机出现后,工厂便可迁往城市。一些自然地理条件优越的小城镇发展起来,许多工厂在此集中,小城镇变成了大城市。

英国的工厂制度从18世纪80年代开始发展起来,由棉纺织业建立工厂而引起的各行业工厂化,不仅用劳动集体化来增加产量、提高效率,而且彻底改造了工业结构。[1]工厂制度是一种全新的生产组织方式,是工业领域的规模经营,它打破了手工工场的小规模生产的性质,实行大规模的生产劳动,在新的条件下实现进一步的分工与合作。工厂制度把一部分人力彻底从农村分离出来,把工业从农业彻底分离开来,形成了全新的职业队伍和全新的职业领域,乃至于全新的社会组织模式。

工业革命的展开,工厂制度的普及,使城市成为吸引流动人口的磁场所在。以此为契机,出现了史无前例的人口的大规模流动,乡村居民涌向中小城镇,小镇居民迁往大城市,许多移民来到伦敦。城镇成为吸引人口的磁铁,城镇越大,对流动人口的吸引力就越大,城镇人口越多,就会有更多的人口流向该处,形成所谓"城市磁场"。

当工厂向城市汇聚,形成一个较大的工业中心、一个劳动力的需求中心,那么附近的小城镇和农村就成为了为其提供劳动力的市场,农民和工匠就会向这个工业中心汇集,从而形成从四周向中心移动的向心型移民,而他们留下的空间则会由更远地区来的移民填补。这样,从边远地区到小城镇再到大城市,形成了一波又一波的移民浪潮,逐级推进,从而形成了梯级向心移动模式。以兰开夏的棉纺织城镇普雷斯顿(Preston)为例,在1851年,只有48%的人出生在本城,在20岁以上的成年人中,仅有40%的人出生在本城。同时,70%的移民来源于方圆30英里的范围之内。[2]可见,快速成长的工业城镇,大多吸引了短距离的移民。城市越大,吸引移民的辐射面也越大,比如伦敦就吸引了全英各地的移民,乃至欧洲移民,在东欧反犹太人的流潮中,有约10万—15万犹

---

[1] 钱乘旦:《第一个工业化社会》,四川人民出版社1988年,第53-55页。
[2] R. J. Morris & Richard Rodger, *The Victorian City: A Reader in British Urban History, 1820-1914*, Longman, 1993, p.4.

太人定居伦敦。快速成长的工业中心利兹、曼彻斯特、利物浦也是许多犹太人的最后定居之所；利物浦和曼彻斯特还有大量的爱尔兰移民。

由于经济条件和交通设施的制约，一直到铁路时代，大部分人依然倾向于作短距离的迁移。这样就近的磁场——大城市就成为了人口迁移的最终目的地。因此，英国南部的移民总以伦敦为最后的归宿，柴郡乡村向兰开夏城镇迁移，从斯坦福郡的外围或伍斯特郡向伯明翰迁移，从多峰山区向设菲尔德迁移，从威尔士的各地向南部城镇迁移。① 这样圈地和农业变动产生的巨大推力和城市磁场的吸引一起，使英国的城市人口在短期内便急剧地增长。据统计，1776—1851年，除1806—1811年和1836—1841年，城市人口自然增长率高于外来移民人口增长率外，其他年份的外来移民增长率都高于或等于城市人口自然增长率，其中1781—1786年和1801—1806年的外来移民数量占到城市人口的88%以上。② 由此可见城市大磁场的吸引力之大。

工业革命带来了社会经济结构的大变动，人们的生产和生活方式都发生了巨大的变革。以乡村为中心的社会让位给以城市为中心的社会。城市这个生产和消费新的中心以其巨大的魅力吸引着人们。大量农村人口及手工业人口向城市的集中扩大了生产规模，发展起大工厂制度，使城镇成为最大最有效的生产中心；而人口消费结构的变化，反过来又极大地扩大了工农业产品的销售市场，城镇居民对日用消费品的需求促进了农业的发展，也增加了对工业制成品的消费。

第二节　现代城市的崛起

工业革命开始后，英国的城市/镇本着地区特色，按照自身的地理和历史优势竞相发展起来，形成了制造业城市、交通枢纽城市、旅游休闲城市和综合性大都市等特色城市，其中制造业城市有纺织业中心曼彻底斯特、五金工业中心伯明翰、陶瓷工业中心"黑乡"斯坦福；还有矿业城镇达灵顿、玛森等；铁路城镇克鲁、谢尔顿、斯温顿；港口城镇利物浦、纽卡斯尔、布里斯托尔。19世纪后期更有休闲旅游城市的异军突起。

---

① T. S. Ashton, *The Industrial Revolution 1760-1830*, Oxford University Press, 1948, p.99.
② Jeffrey Williamson, "Coping with city growth," in R.Floud & D.McCloskey, *The Economic History of Britain Since 1700*, 2nd, Vol.1, Cambridge University Press, 1994, p.238.

一、工矿业城市

蒸汽机解决机器动力问题后,工厂企业从偏僻的乡村山丘转移到了城镇。在煤铁矿资源密集区和工业发达的地区,崛起了一大批崭新的工业城市/镇。在首先实现机械化和工厂化的棉纺织工业区兴起了曼彻斯特、索尔福德、斯托克波特、博尔顿、奥尔德姆、伯里、普雷斯顿等纺织工业城市。诺丁汉、德比和莱斯特因织袜和花边工业的兴起而迅速发展。随着毛纺织工业的机械化,利兹、哈德斯菲尔德和布赖福德等城市和约克郡西区成为新兴毛纺织工业中心。伴随着金属加工业的发展,伯明翰及其附近的伍尔弗汉普顿、沃尔索尔和威尼兹伯里等城市人口急剧增长。煤炭工业中心和炼铁中心也出现了大批城镇。在煤铁工业发达的威尔士南部,卡迪夫、斯旺西、纽波特、玛森迅速崛起。

工业革命改变着英国的乡村面貌,工业城镇在原先农业资源相对贫乏的西北部快速发展起来,曼彻斯特、伯明翰、利物浦、格拉斯哥等城市的兴起改变着英国的经济地理。

曼彻斯特的名字是与棉花密切相连的。凯伊的"飞梭"和各种纺纱机造就了新型棉纺织城市曼彻斯特。纺织机械的不断革新和发明,使棉纺织业的产量成百倍地提高。曼彻斯特还是全世界的棉布工厂,早在1785年,英国就已每年向世界出口价值100万镑以上的棉纺织品,到1816年达到1 600万镑,1851年更达到了31万镑之巨![1]工业的飞速发展、曼彻斯特的繁荣,使之成为吸引人口聚集的大磁场。18世纪20年代,它只有1.2万人口,1841年就猛增至40万,[2]跻身英国的大城市之列。工业革命初期棉纺织业生产的各道工序,脱籽、漂洗、烘干、纺纱、织布、漂白、染色和印花等大多集中在一个工厂里完成。从19世纪起,每个工序几乎都发展成为独立的专业生产工厂。后来,更催生了附近的纺织专业城镇,如纺纱集中到兰开夏南部和柴郡北部,纺纱和棉被业集中到博尔顿,奥尔德姆、布莱克本(Blackburn)、勃雷和普雷斯顿则精于织布[3]。曼彻斯特的市中心便成为专门的商品交易和金融业中心。

如果说曼彻斯特是大型轻纺织业生产的典型的话,那么,伯明翰、设菲尔德、沃尔弗汉普顿和沃尔索尔等则是五金工业的天下。位于米德兰腹地的伯

---

[1] Gary S. Messinger, *Manchester in the Victorian Age: the Half-Known City*, Manchester University Press, 1986, p.21.

[2] H. C. Darby(ed.), *A New Historical Geography of England after 1600*, Cambridge University Press, 1976, p.83.

[3] Gary S. Messinger, *Manchester in the Victorian Age*, p.118.

明翰,就在产业革命中扩大了其传统五金作坊的规模,大批新的小工厂也纷纷建立起来,生产从枪炮、黄铜到各式扣件、纽扣、鞋扣再到各色珠宝、小装饰品等各类商品,以满足社会对日用消费品的需求。到19世纪中叶细分出32种专门职业。黄铜工业是其另一个重要的金属工业,1800年时,它已是全英国最大的黄铜贸易基地。1840年,伯明翰位居世界黄铜制造业之首。[1]经过工业革命,伯明翰的人口有了巨大的增长,1750年时,它的人口数估计在23 688人左右,1801年猛增至73 670人,1851年为23.3万人,[2]其人口每50年翻三番。伯明翰重要的煤铁矿和木材优势,在铁路时代到来后得以充分发挥。1838年,第一条远距离铁路线伦敦—伯明翰铁路通车,恰好为金属制品进军更广阔的市场创造了条件,伯明翰迅速跃入大城市行列。

以矿产资源为特色的矿业城镇也发展了起来,如陶瓷工业、盐业、金属矿业和煤铁矿业等。在1851年时,英国的制造业城镇有53座,矿业城镇有26座,[3]其中沃尔弗汉普顿(人口12万)、沃塞尔(人口2.6万)、威伦豪尔、温斯勃里、达德利(人口3.8万),以及闻名遐迩的"黑乡"斯坦福都是有名的矿业城镇。丰富的煤铁矿藏、充足的耐火泥土,孕育了发达的炼铁业和制陶业,到19世纪下半叶,又发展出全新的轻型机械业,时至今日,人们仍然能听到这样的夸口之言:"没有什么用金属做的东西不能在黑乡制造出来。"[4]威尔士的玛森是在工业革命中崭露头角的纯粹的煤铁矿业城镇。1750年时,它几乎还是不毛之地,但煤铁矿的开发使其在1821年一跃而成为威尔士最大的城镇,有17 404人赖以为生。熊熊燃烧的炼铁熔炉、飞速运转着的工厂构成了南威尔士的新景观。[5]它在威尔士的地位相当于曼彻斯特之于兰开夏[6]。还有陶器工业中心斯托克(1851年有人口8.4万)。矿业城镇的发展构成了英国工业革命时期城镇发展的新的风景线。

这些城市大多属于自然资源型城市。19世纪初的英国城市中,75%集中

---

[1] Eric Hopkins, *Birmingham: The First Manufacturing Town in the World 1760-1840*, Weidenfeld & Nicolson, 1989, p.47.

[2] Richard Dennis, *English Industrial Cities of the Nineteenth Century: A Social Geography*, Cambridge University Press, 1984, p.37.

[3] Richard Dennis, *English Industrial Cities of the Nineteenth Century*, p.22.

[4] Victor Skipp, *The Centre of England*, Eyre Methuen, 1979, p.203.

[5] F. M. L. Thompson(ed.), *The Cambridge Social History of Britain 1750-1950*, Vol.1, Cambridge Universsity Press, 1990, p.29.

[6] Harold Carter & C. Roy Lewis, *An Urban Geography of England and Wales in the Nineteenth Century*, Edward Arnold, 1990, p.55.

在自然资源丰富的西米德兰、西北部和约克郡。其中14座为煤炭和纺织业城镇,7座是煤炭和铁矿基地,6座从事煤炭、陶瓷和玻璃制造业。①这些城市利用当地的煤铁资源,或附近港口输入的原料,就地进行特色生产。兰开夏、约克夏和西米德兰就分别依靠棉花、羊毛、制铁原料进行专业生产;曼彻斯特利用利物浦进口的北美、埃及和印度的棉花发展成棉业都市;约克夏利用丰富的畜牧业资源发展传统的羊毛业;在米德兰中部平原上,丰富的煤铁矿孕育了"黑乡"工业区和伯明翰这个世界性的冶金业和金属器具制造业中心;斯坦福郡珍贵的泥土催生了瓷器区;②南威尔士的玛森既是威尔士第一大城市,也是一个制铁业和煤矿城市。19世纪下半叶,南威尔士地区、英格兰东北部、苏格兰西部地区的克立德班克、杰罗、米德尔伯勒、卡迪夫和灰烬山也是很典型的资源型城市。中小城市也依靠自然资源得以发展。兰开夏的圣·海伦斯的煤矿业闻名遐迩;巴罗、米德尔伯勒、斯肯索普因丰富的煤铁资源发展成为钢铁业中心;默西河西岸的伯肯海德成为造船业基地;卡迪夫靠出口玛森的煤炭成为港口城市;考文垂成为轻工业中心。③

工业城镇和矿业城镇互相促进,共同发展。工业革命开始后,为适应冶铁工业的发展,煤炭成为主要的燃料,于是煤炭工业出现了新的飞跃。从18世纪80年代开始,采煤业中的技术改造加快;19世纪冶炼和铁路运输业的进一步发展,更刺激了采煤业的发展。1800年,英国的煤产量为1 100万吨,1830年为2 240万吨,1845年则达到了4 590万吨。④工业革命和采煤业的大发展促使大批矿业城镇崛起,矿业本身的繁荣又促进了工业城镇的发展。尤其是工业革命的第二阶段,当重工业发展起来以后,矿业的发展显得尤其重要。"黑乡"之繁荣发展,伯明翰、设菲尔德的兴起,无不得益于矿业城镇和工矿业城镇之间的互相促进,共同发展。

二、交通枢纽城市

工矿业的发展带动了交通枢纽城市的发展。英国的工业产品不仅用于满足国内的需要,而且也大批地向国外倾销,这就促进了交通枢纽城镇和港口城市的发展。从运河的开凿到公路、铁路的修建,英国铺设了稠密的交通运输网

---

① Peter Clark(ed.), *The Cambridge Urban History of Britain*, Vol.2, Cambridge University Press, 2000, p.466.
② Victor Skipp, *The Center of England*, pp.198-199, 202.
③ P. J. Waller, *Town, City and Nation: England 1850-1914*, pp.3-4.
④ 蒋孟引:《英国史》,中国社会科学出版社1988年,第474页。

络,造就了全新的交通枢纽城市,引发了新的城市化浪潮。各交通要道、港口要津,新城市纷纷涌现,这其中又有运河城市、铁路城市和海港城市三类。19世纪上半叶的运河时代,据查尔斯·哈特菲尔德的统计,英国的70个一流城镇,几乎全是运河城镇(卢顿是唯一的例外)。铁路的修筑创造了全新的铁路城市,如巴罗和米德尔伯勒几乎拔地而起,谢尔顿、克鲁、斯威顿、沃尔弗顿便是铁路枢纽城市。沃尔弗顿原先是个典型的英国庄园,在铁路狂潮期间,这里开办了机车制造厂,以满足铁路系统对机车的大量需求。几乎在刹那间,一座有10条街道的整齐的城市便拔地而起了。

海外贸易造就了港口城市的繁荣。伦敦、布里斯托尔、利物浦、纽卡斯尔是18—19世纪英国著名的四大港口,而赫尔、桑德兰、约茅斯、朴次茅斯、普利茅斯等相当一批市镇,也是重要的海港城市。[①]

工业革命期间,利物浦给兰开夏的织机进口了大量北美原棉,并向外倾销棉纺织品,棉业进出口贸易使利物浦在19世纪初一跃成为英国仅次于伦敦的第二大城市。利物浦在不列颠的西海岸,面向大西洋,港阔水深,适于大型货轮进出,宽阔的莫西河是良港发展的天然所在;再加上新航路的通航,近代运河、公路、铁路等交通运输基础建设的完善,使利物浦不仅与内地的工业区紧密相依,更有商船队出没于世界各地,陆海交通具备,成了仅次于伦敦的大港。

18世纪中叶起,利物浦这个名字便与奴隶贸易须臾不可分了。奴隶贸易的利润最高达500%!工业革命时代,利物浦充当兰开夏工业腹地的进出口基地。从进口情况来看,19世纪40—50年代,大约75%—90%的兰开夏的原棉由利物浦输入,从1810—1850年,由利物浦进口的原棉从4万吨增加到近36万吨,由美洲进口的小麦从8 000吨增加到近7.5万吨,面粉从900吨增到10万吨,蔗糖从4.6万吨增到72.6万吨。从出口情况看,到1852年,由利物浦输出的煤为25万吨,铁锭、铁块等32.5万吨,亚麻2.5万吨,其他工业品8 000吨,陶器5.4万吨,工业用铜5 600吨。1857年利物浦的出口总量达到了5 500万吨。[②]

利物浦人口在18、19世纪的急剧膨胀,除了人口的自然增殖外,更多的是其繁荣吸引了大批外来移民。这些移民既有短距离的英格兰移民,也有大批远距离的爱尔兰移民。马铃薯歉收造成的饥馑以及谷物法的废除、爱尔兰地

[①] F. M. L. Thompson(ed.), *The Cambridge Social History of Britain*, 1750-1950, Vol.1, p.24.
[②] Francis Ehyde, *Liverpool and the Mersey: An Economic History of a Port 1700-1970*, David & Charles; New Albot, 1971, p.41.

主改耕地为牧场的历程,将无以计数的爱尔兰人逼上了移民之路。由于利物浦与爱尔兰有着历史悠久的贸易往来,因而成为爱尔兰移英移民的首选落脚点。据估计,到19世纪50年代爱尔兰移民潮达到顶点时,爱尔兰人占了利物浦人口的1/3。①

三、休闲城市

正当工业经济势如破竹,遍地开花,创造出大批工矿业城镇和交通枢纽城镇之时,另一类型的城镇——海滨休闲城镇已在悄然崛起。

英国独特的海岛地理特征,为海滨休闲城镇的发展提供天然保障;物质财富的相对丰富,为19世纪海滨休闲城镇的崛起奠定了坚定的物质基础,法定假日的颁行,熟练工人收入的提高、廉价的火车假日特旅;城镇大众逃避工业城镇的丑陋与污染的内在需要,成为海滨休闲城镇发展的主要动力;模仿上流社会消费行为,为休闲城市的发展创造了充分的条件。

18世纪是海滨休闲的萌芽时期,这时的休闲群体主要是王室和贵族,还有少量的大商人。上流社会的"社交季节"集中到内陆矿泉城市,形成以南方的巴思和北方的斯卡伯勒以及首都伦敦为中心的三大休闲中心。19世纪,大批海滨休闲城市崛起,在英格兰和威尔士,人口超过万人的海滨休闲城镇就有9座,到1881年达到23座(其中布莱顿已达10万人),1911年更达到39座。②可见,当英国成为"世界工场",其工业品向世界各地倾销之时,其内部的城市结构已在悄然地酝酿着变革。

海滨休闲城市的发展速度甚至超过了工业城市。1851年人口普查表明,布莱顿、拉姆斯盖特、马盖特、沃尔辛、威茅斯、斯卡伯勒、拉尔德、康沃斯、厄尔弗拉克、多佛、塔克威这11个海滨休闲城镇的人口增长率达314%③,远远超过了其他类型城镇,把伦敦的146%、制造业城镇的224%、海港城镇的195%远远抛在了后面。④正是在1851年,布莱顿的人口达到6.5万,最终超过巴思,

---

① John B. Sharpless, "The economic structure of port cities in the mid-nineteenth century: Boston and Liverpool, 1840-1860," *Journal of History Geography*, 1976, Vol.22, p.134. 另一说在1851年时爱尔兰的人口占22%。见John B. Sharpless, p.134。另据Richard Dennis, *English Industrial Cities of the 19th Century*, p.36, Table, 1851年,Liverpool的爱尔兰人口为22.3%。

② John K. Walton, *The English Seaside Resort: A Social History 1750-1914*, Leicester University Press, 1983, pp.53, 60, 65.

③ John K. Walton, *The English Seaside Resort: A Social History 1750-1914*, p.52.

④ Edmund W. Gilbert, *Brighton: Old Ocean's Bauble*, Flare Books, 1975, pp.2-3.

成为休闲业中的翘楚。①

许多无足轻重的小渔村、日趋衰落的小港口转变成为欣欣向荣的度假胜地,如布莱顿、斯卡伯勒、惠特比、威茅斯、黑斯廷斯、马盖特等。布莱顿和马盖特因其交通便利的地理优势,在铁路到来之前就已很繁荣。布莱顿距伦敦——英国最大的人口中心仅50英里,马盖特因泰晤士河的水运便利而得风气之先。1802年马盖特便有2万多游客,不久之后汽船的运行把大批游客带到了泰晤士河口的海滨胜地,1830年时,汽船更是把超过10万名游客带到了这里,所以有人说,马盖特是英国第一个现代意义上"大众的"海滨胜地,比火车把大批游客带到布莱顿还早。

工业化和城市化还创造了全新的海滨休闲城镇。有些海滨休闲城镇,如伯恩茅斯、布兰克浦、索斯波特和南角等几乎是拔地起城郭,这些海滨休闲城镇崛起的过程,恰好与内地工业城镇的发展壮大遥相呼应。伯恩茅斯在1811年时仍是不毛之地,1812年才建起第一间房屋,1841年时房子仍不足30幢,但到1861年就有近2 000名居民,1911年时人口超过巴思,从此开始飞跃发展时期,到1951年时,发展成一个人口14.4万的城市。②布兰克浦在1700年时还几乎不存在,它只不过是一条沿海的狭长地带,是一个有几间农舍和民宅的小村子;而南角,正如其名称"Southend"一样,只不过是Prittlewell村的南部边缘,在18世纪,两者才渐渐发展成洗浴中心,1811年时,人口也不过4 000人。

铁路的到来把海滨胜地与最近的大工业中心兰开夏和伦敦联系在了一起,使它们在19世纪中叶获得了发展的强大动力。中产阶级,尤其是中产阶级下层,如小店主、管理阶层及专业技术人员都加入了休闲队伍。布莱顿在1837年全年实现了5万人次的马车运送,但火车到来后的1850年,火车在一周内就运送了7.3万人;布兰克浦在19世纪50年代有1.2万人前来度周末,到1861年达到了13.5万人。③中产阶级的大量光顾,迫使海滨休闲城镇迅速扩展。1851年,人口超过万人的海滨休闲城镇就有9座,它们分别是:布莱顿、大耶马斯、多佛、黑斯廷斯、格雷夫森德、拉姆斯盖特、塔克威、斯卡伯勒和马盖特。到1881年,布莱顿的人口超过了10万人,并有一大批城镇加入到万人城镇中去,如索斯波特、东伯恩、福克斯通、伯恩茅斯、惠特比、威茅斯、布兰克浦和沃尔辛等。仅仅在1861—1871年间,英国48个海滨城镇的人口就增长了

---

① John K. Walton, *The English Seaside Resort: A Social History 1750-1914*, p.52.
② Edmund W. Gilbert, *Brighton: Old Ocean's Bauble*, pp.21-22.
③ John K. Walton, *The English Seaside Resort: A Social History 1750-1914*, p.23.

10万人。①

各大工业中心都有了相应的休闲城市。首都伦敦使肯特、苏塞克斯海滨的多佛、黑斯廷斯、马盖特都经历了发展中的黄金时代,富裕者甚至远赴北方的斯卡伯勒和威尔士的阿勃列斯特韦斯;利物浦的大船主和大商人则促进了克劳斯比、滑铁卢和新布赖顿的崛起;布里斯托尔促成了威斯顿—西优迪—梅尔、克利夫顿和波提设得的海滨休闲城镇的兴起;托尼茅斯则成了纽卡斯尔人的"布莱顿"。

海滨休闲城镇的崛起,改变了以内陆为中心的经济地理结构。在19世纪下半叶,新增的海滨休闲城镇人口中的一半集中在英格兰东南部的苏塞克斯、肯特和汉普郡,直到1911年,尽管布兰克浦已成全国最大的海滨休闲城市,但全国40%的海滨休闲城镇的人口依然集中在东南部。②这与工业革命以来人口重心的北移正好相反,从而使国家的人口地理得以平衡。

四、大都会伦敦

首都伦敦是英国的政治、经济和文化中心,同时又是交通枢纽,西接大西洋,东靠欧洲大陆,是全英最大的港口。它的人口增长之快令人瞠目,远非其他欧洲国家首都可比。作为大英帝国的心脏,伦敦汇集着豪华的宫殿、宏伟的政府办公楼、巍峨的大教堂、实力雄厚的金融机构和众多的博物馆、俱乐部、艺术馆。1851年,首届世界博览会在伦敦海德公园的水晶宫举办,向世界宣布英国是世界第一工业强国。

17世纪初,伦敦只有巴黎的一半人口,而到该世纪末,其一跃而为全欧最大的城市。1664—1665年的大瘟疫袭击了伦敦,使7万多人丧命。1666年的伦敦大火又将伦敦大部分老街巷烧成了灰烬,近13 000所房屋、89座教堂被毁。现代伦敦就在废墟上重建,向西伸展到了肯辛顿和切尔西地区。在随后的几年中,新兴的伦敦西区又修建了许多大型广场,如格罗夫广场、伯克利广场、汉诺威广场,重建了圣保罗大教堂,铺设了下水道,改进了供水系统,铺砌了街道,新建了威斯敏斯特新城区,开辟了苏荷区,在苏荷广场周围修建了呈直角网格状的街道,伦敦犹如凤凰般浴火重生。从1666年到1821年,伦敦的人口从50万增长到120万。到1901年,增长到了600万。在工业化进程中,伦敦远远越出了旧城区的范围,城市沿着公路、河流、铁路向郊外伸展,包容了邻近的威斯敏斯

① John Urry, *The Tourist Gaze: Leisure and Travel in Contemporary Societies*, Sage Publications, 1990, p.18.
② John K. Walton, *The English Seaside Resort: A Social History 1750-1914*, p.67.

特、格林尼治等,从而形成了一个庞大无比的都市区——大伦敦市。

如果说工业化使曼彻斯特、伯明翰等迅速崛起成为大城市的话,那么伦敦则从大城市变成了现代大都市。丹尼尔·笛福(Daniel Defoe,1659—1731)就称伦敦为一个巨型怪物,威廉·科贝特(William Cobbett,1763—1835)称伦敦是一个肿瘤。那时每 10 个英国人中就有 1 个是伦敦人;19 世纪,伦敦人口几乎以每 10 年 20% 的速度飙升。到 1901 年,伦敦的人口等于英国紧随其后的 18 个大城市人口的总和,几乎等于欧洲 4 个最大城市巴黎、柏林、维也纳和圣彼得堡人口的总和,这意味着每 5 个英国人中就有 1 个是伦敦人。难怪有人说整个英格兰不过是伦敦的郊区而已! 如果拿伦敦与第二大城市相比,那么 1801 年是其 10 倍,1851 年为 6 倍,1901 年为 5 倍,1951 年为 4.8 倍。①

1836 年,伦敦建成了第一条铁路——从伦敦桥到格林尼治,随后建成连接英国各地的火车终端——如著名的优斯顿站(1837 年)、帕丁顿站(1838 年)、滑铁卢站(1848 年)、国王十字路站(1950 年)。1851 年举办第一届世界博览会的水晶宫占地 6.5 公顷,是当时世界上最大的建筑物。1863 年,伦敦开始建造世界上第一条地铁网。1848—1865 年期间加固了伦敦城与威斯敏斯特之间的泰晤士河岸。1894 年,伦敦塔桥建成。

1851 年人口普查时,"伦敦"这一概念已经不仅仅局限于伦敦城。1870—1918 年是伦敦的转折期。首先是尽管城区面积扩大,但中心区域人口减少。直到 1901 年,大伦敦的人口增速高于英国整体;直到 1881 年,首都公共事务委员会辖区的人口增长也超过英国总体水平;1881—1901 年间,伦敦郡的人口增长高于全国水平。但 1901 年,伦敦郡开始失去人口,以至于大伦敦的总体人口增长不能跟上全国总体水平,1901 年居住在伦敦的人口比例达到顶峰的 21.4%。当然伦敦城作为居住区早已处于长期的衰落中,1861 年有 11.2 万人,60 年后只有 1.4 万人。②

19 世纪以来,原在伦敦西郊的海德公园逐渐成为市中心区域,成为游人喜爱的一个地方。海德公园西接肯辛顿公园,东连绿色公园,形成了寸土寸金的伦敦城里的一片奢侈的绿地。肯辛顿公园旁有一个蛇形湖泊。海德公园的东北角有一个大理石凯旋门,东南角有威灵顿拱门,还有著名的演讲者之角。公园里有著名的皇家驿道,有森林、河流、草原,绿野千顷,静谧悠闲。

---

① Martin Daunton(ed.), *The Cambridge Urban History of Britain*,1840-1950,Vol.3,Cambridge University Press,2000,p.81.

② Martin Daunton(ed.), *The Cambridge Urban History of Britain*,1840-1850,Vol.3,p.98.

伦敦是个综合性大都市，全国的政治、金融、文化中心，还是第一大港口，又是一个历史文化名城，所以从很早起就是全国最大的城市。这样，在它的周围就不可能形成另一个大规模的城市，而只能形成一系列的卫星城市。再远处是一批为伦敦人提供服务的城市，特别是为伦敦人提供健康和休闲服务的海滨休闲城市(镇)，有为中上层人士服务的布莱顿，有为工人服务的马盖特，还有专门为退休者服务的养老型海滨城市。

如果说伦敦是"19世纪的首都"，那么它也是世界的政治、道德、物质、智力、艺术、文学、商业和社交中心。从1884年起，伦敦也是世界时间的中心——世界围绕着格林尼治时间运转。伦敦是世界金融中心，除了英格兰银行，还有大量外国银行，包括香港(1808年)、澳大利亚(1835年)、新西兰(1862年)、加拿大(1867年)、欧洲(19世纪60年代)、美国(1887年)和日本(1898年)的银行。伦敦导览手册记载了1861年的86家银行，1901年的224家银行，其中有85家列为"外国的和殖民地的"。尽管私人银行日益减少，但以伦敦为基地的清算银行扩展到全国范围，外省银行纷纷把总部迁到伦敦。伦敦的保险业也成长起来，1849—1913年间，劳埃德保险公司的承保人数量从189家增长到621家，到1948年更是增加到了2 422家。人们估计，世界海洋保险的2/3由伦敦城处理。股票交易所的成员从1850年的864家增到1905年的5 567家。[1]1851年，海底电缆连贯了伦敦和巴黎，15年后联结了纽约。1871年，两城间每年有4.2万条电报。1901年，东京和墨尔本与伦敦电报系统联通。1901年无线电报的到来，把更多的金融中心联结了起来。1937年，伦敦和纽约开通了电话。

第三节　第一个城市社会

英国裹挟着工业化的巨浪，陷入了城市化的大浪之中，把一个传统的乡村社会转变成了一个工业城市社会，把土地贵族控制的乡村英国，变成了一个资本家唱主角的全新时代。工业革命带动了英国工矿业城市、交通枢纽城市和休闲城市的发展，使英国具有了城市国家的外貌。而且城市化的浪潮席卷全英，把整个英国全部纳入了城市化的体系之中，英国人口城市化，而且英国人的生产和生活逐渐城市化，人们的行为、思维方式也逐渐地城市化了。英国城

---

[1] Martin Daunton(ed.), *The Cambridge Urban History of Britain*, 1840-1850, Vol.3, p.128.

市化的足音由弱变强,由远而近,由点到面,从而汇成了城市化的强音,成为世界农业文明汪洋中的城市文明之星,也由此确立起了对农本社会的优势,坚船利炮伴随着西装、文明棍和圆顶礼帽对全世界形成了强大的冲击波。

一、城市化

在城市化浪潮中,英国的城市从数量到规模都空前发展。如果说工业革命开始时英国的城市寥若晨星,那么到19世纪末,城市已经如夏夜的繁星般布满英伦大地了。1801年,英国有1 036个大小城市/镇,1911年达到1 541个(有的城市后来被吸收进大城市,故城市数不是简单相加)。[①]1841年,新增城市/镇的人口数占到全国城市人口的9.3%。在新兴城市/镇密集区,这个数字更高,如西米德兰达到19.1%,西北部为14%,约克郡为13.9%,近畿诸郡(Home counties)为13.3%,北威尔士则高达40.5%。[②]到1851年,数据显示英格兰和威尔士5 000人以上的城镇有563个,苏格兰万人以上城镇有36个。到1900年,大多数英国人是城里人,3/4以上居住在城里,到1950年,80%的人居住在城市里,余下的20%里也有许多其实也是通勤到城里。英国事实上已经是一个城市国家,由城市掌握一切大权。[③]

城乡人口比例出现急剧逆转,城镇人口快速增长,城镇人口比例不断提高。1801年英国第一次全面人口普查时,英格兰和威尔士的城乡人口比例是3∶7,1821年为4∶6,1851年城镇人口达52.2%,基本实现城市化。[④]接着向高度城市化社会迈进。1891年,英格兰和威尔士2 000人以上的城镇人口达72.05%,[⑤]到1911年达到了78.1%,英国进入高度城市化社会。从1801—1911年的长时段来看,当总人口增长4倍多时,城镇人口却增长了近9.5倍。[⑥]也就是说,英格兰和威尔士新增的2 700万人口中,有94%被城市吸收。[⑦]

---

① Peter Clark(ed.), *The Cambridge Urban History of Britain* Vol.2, pp.466, 468.
② Peter Clark(ed.), *The Cambridge Urban History of Britain*, Vol.2, p.468.
③ Martin Daunton(ed.), *The Cambridge Urban History of Britain*, 1840-1850, Vol.3, pp.67-68.
④ R. A. Dodgshon and R. A. Bultlin(eds.), *An Historical Geography of England and Wales*, London 1978, p.326; Census of England and Wales 1911, London 1917, p.35.
⑤ A. F. Weber, *The Growth of Cities in the Nineteenth Century: A Study in Statistics*, Cornell University Press, 1969, p.144.
⑥ C. W. Law, *The Growth of Urban Population in England and Wales*, 1801-1911, in Transactions of the British Institute of Geographers(1967), Vol XLI, p.132.
⑦ John Saville, *Rural Depopulation in England and Wales: 1851-1951*, London: Routledge & Kegan, 1967, p.66.

1851年英国实现城市化的时候，典型的英国城里人居住在小城镇里，半数的城镇人口不到5 000人，极少数超过10万人。那时，英格兰和威尔士23%的人口、苏格兰26%的人口居住在不到5万人的城镇里，当然，伦敦以260万之众高居榜首，但利物浦、格拉斯哥、曼彻斯特、伯明翰成为了大城市。到1900年，这几个城市的人口超过了50万，10万人以上的大城市也比比皆是。到1950年，只有极少数英国人居住在不到1万人的城镇里，几乎有40%的人移居到了50万人以上的大都市里。①

城市里外来移民，特别是青年占到了很大比例。1851年，伦敦和其他61个英国城镇中，居住20年以上的333.6万居民中，只有133.7万人是在他们所居住的城镇里出生的，也就是说有近60%的城镇人口（居住20年以上）可能是从农村迁入的。②曼彻斯特、布雷德福德、格拉斯哥20岁及以上人口中的3/4以上是外来移民，伯明翰一半以上人口是移民。

新兴工业城市的发展远远超过老城镇。1801—1851年间，英国纺织业城市人口增长率居首位，为229%，其他如港口城市为214%，制造业城市为186%。③增长最快的是伦敦和近畿诸郡、工业化的西北、约克郡的西部、西米德兰的东北和东部。曼彻斯特在1811—1821年间增长了40.4%，利物浦在1821—1831年间增长了43.6%，利兹增长了47.2%。④伯明翰在1841—1851年增长了22.3%，设菲尔德增长了22.4%，沃尔汉普顿增长了21.8%。⑤

老城市也因移民而获得了新的增长空间。伦敦是最具吸引力的城市。1801—1861年，其占全国人口的比例从9.7%增长到14%。在伦敦工业区内，1861年伦敦总人口中伦敦出生者占69.71%，也就是说30.29%是外来移民，1881年这个数字为73.04%，外来移民为26.96%。在伦敦的其他区域，1861年伦敦出生者为59.28%，外来移民为41.72%，1881年则相应分别为59.89%

---

① Martin Daunton(ed.), *The Cambridge Urban History of Britain*, 1840-1850, Vol. 3, pp.68-69.
② Richard Lawton. *An Age of Great Cities*. in Michael Pacione(eds). *The City: Critical Concepts in the Social Sciences*, Routledge, 2001, p.20; P. J. Waller, *Town, City, and Nation: England 1850-1914*, p.8;（美）刘易斯·芒福德:《城市发展史——起源、演变和前景》，宋俊岭、倪文彦译，中国建筑工业出版社2005年，第480页。
③ Jame Welvin, *English Urban Life*, 1776-1851, London, 1984, p.154.
④ John Burnett, *A Social History of Housing 1815-1985*, p.9.
⑤ S. G. Checkland, *The Rise of Industrial Society in England*, 1815-1885, Longman, 1964, p.239.

和 41.11%。①18 世纪初,利物浦的人口刚过 5 000 人,1750 年为 2.2 万人,为全英第六大城市,1792 年达 6 万,1831 年增至 16.5 万。由此可见,在 18 世纪末 19 世纪初的 30 年中,利物浦人口增长了近 3 倍。②

城市化不仅使城市代替乡村成为不列颠经济生活的主体,而且彻底改变了英国原有的经济地理。英国传统的经济重心在以伦敦为中心的东西部地区,现在,新兴的西北部涌现出大批工业城市,英国的经济重心和人口向北移动。往日繁华的东南部(除伦敦外)发展迟缓,黯然失色,手工毛纺织业曾经比较发达的东南部和西南部地区逐渐衰落,如一度是英国第三大城市的诺里奇在工业革命中停滞不前。1801—1841 年间,东南部和米德兰地区只有 32 个休闲城镇增长了 4.85%,③成为英国东南部(伦敦除外)增长最快的地区。有些地方虽然也有所发展,如从 1801—1851 年,牛津的人口翻了一番,从 1.2 万增加到 2.87 万……约克则从 1.7 万增加到 3.6 万。④但是,在其他城市竞相飞跃之际,这些城市增长的相对迟缓实际上就等于衰落。

如果比较 1750 年和 1850 年的英国前 151 名城市的话,那么巨大的差异会立即显示出来。老的郡城如切斯特、考文垂、埃克斯特失去了其相对重要的地位,而新兴的制造业城镇设菲尔德、布雷德福德、邓迪成为大城市,曼彻斯特、利物浦、格拉斯哥、伯明翰成为大都市。19 世纪中叶,英国的城市等级由首都、大港口和制造业中心支配。不仅前五名大城市稳如泰山,而且在随后的一个世纪里,只有三个城市诺丁汉、斯托克和莱斯特位置不变,朴次茅斯和索尔福德进入前列,随后才又后移。这些大工业区中心坐落在北方和米德兰。1900 年后,除伦敦外,英国东南部发展出一批中等规模的城镇。⑤

英国城市化地区的发展速度是不平衡的。19 世纪 90 年代,在当时的 1 012 个城市中,伦敦的 75 442 英亩地上生活着 423 万人;而 64 个都市的 347 889 英亩上则有 759 万人;238 个市镇在 667 529 英亩上只有 336 万人;另外的 709 个城市里,在广袤的 2 181 995 英亩上只栖息着 571 万人。根据当时的人口统计资料,当时城市里平均每平方英亩有 4 068 人,而农村地区为 154 人。当然,实际情况要复杂得多,大约有 360 个城市居民过万人,但也有 194 个城镇人数不足 3 000 人。⑥

---

① P. J. Waller, *Town, City and Nation: England 1850-1914*, pp.27-28.
② Ramsay Muir, *A History of Liverpool*, London, 1907, p.243.
③ Peter Clark(ed.), *The Cambridge Urban History of Britain*, Vol.2, p.479.
④ 阿萨·勃里格斯:《英国社会史》,第 236 页。
⑤ Martin Daunton(ed.), *The Cambridge Urban History of Britain, 1840-1850*, Vol.3, p.71.
⑥ P. J. Waller, *Town, City and Nation: England 1850-1914*, p.4.

二、城市群

城市化促使城与乡人口比例发生了变化,城市规模扩大、大城市日益增多,最终出现了城市群。

1801年时,大城市还屈指可数,伦敦人口还是第二大城市曼彻斯特的14.5倍(见表10-1)。那些早期工业中心曼彻斯特、伯明翰、格拉斯哥的人口还不到10万人。然而到1861年,英国有13个大城市的人口达到了几十万,如曼彻斯特50.1万人、利物浦47.2万人、格拉斯哥44.3万人、伯明翰35.1万人。1901年时,上述几个城市人口分别增长到103.5万人、88.4万人、100万人和84万人,几乎都翻了一番。[1]

1801年只有11%的居民生活在10万人以上的城市里,1851年增长到24.8%,1911年达到了43.8%。[2]特大城市数目自然也在不断增长中,1851年,有10个10万人以上的大城市,1861年时有16个,1911年则有42个。[3]到1900年,万人以上的城市达437个,利物浦、格拉斯哥、曼彻斯特、伯明翰的居民超过了50万,伦敦则超过了600万。到19世纪末,英国不仅成为高度城市化的国家,而且是大城市居民占优势的国家之一。到1950年,极少的英国城里人还生活在万人以下的小城镇里,几乎有40%的人已经迁移到超50万的都市或大都市里了。[4]

1951年,英国1/3的地表(大多数是草地山丘)为2%的人口占有,但高达40%的人口集中在六大城市群里。[5]这个过程其实早在19世纪下半叶就开始了。

表10-1 19世纪英国主要大城市的人口增长表(单位:万人)[6]

城 市	1801年	1851年	1901年
伦敦	108.8	249.1	456.3
伯明翰	7.1	23.3	52.2
布里斯托尔	6.1	13.7	32.9
爱丁堡	8.3	19.4	39.4
格拉斯哥	7.7	34.5	76.2

---

[1] W. D. Rubinstein, *Britain's Century: A Political and Social History 1815-1905*, Arnold, 1998. p.273.由于统计口径不一,如大伦敦与伦敦的差别,因此各城市人口数与列表有出入。

[2] John Burnett, *A Social History of Housing 1815-1985*, p.141.

[3] R. J. Morris & Richard Rodger, *The Victorian City*, p.7.

[4] Martin Daunton (ed.), *The Cambridge Urban History of Britain*, 1840-1850, Vol. 3, pp.68-69.

[5] Francois Bedarida, *A Social History of England 1851-1990*, Routledge, 1991, p.231.

[6] B. R. Mitchell, P. Deane, *Abstract of British History Statistics*, Cambridge University Press, 1962, pp.20-27.

(续表)

城 市	1801 年	1851 年	1901 年
利兹	5.3	17.2	42.9
利物浦	8.2	37.6	68.5
曼彻斯特	7.5	30.3	54.4
设菲尔德	4.6	13.5	38.1

表 10-2 1851—1951 年英格兰和威尔士城市人口分布①

年份	城镇人口占总人口的百分比(%)							
	全部	城镇	全部	<1万	1—5万	5—10万	10—50万	50万以上	伦敦
1851	17.9	9.7	54	9.9	13.4	5.8	11.0		13.9
1871	22.7	14.8	65.2	10.8	16.2	5.6	13.3	5.0	14.3
1891	29.0	21.6	74.5	10.2	16.2	8.6	20.0	4.8	14.7
1911	36.1	28.5	78.9	8.8	18.3	8.0	24.2	7.0	12.6
1951	43.8	35.6	81.2	3.9	14.5	10.1	13.1	20.9	18.7

城市化浪潮还催生出一大批城市群或城市带。19 世纪英国城市人口急剧增加,大城市周围出现了许多中小城市,大城市不断吞并中小城市,形成了当时举世罕见的城市群,成为英国城市发展的显著特征,伦敦发展成一个庞大无比的都市区——大伦敦市。1841 年大伦敦市人口为 223.9 万,占城市总人口的 29%,1851 年人口为 268.5 万,占城市总人口的 27.1%,1861 年人口达 322.7 万,占城市总人口的 27.3%。②(表 10-3)据吉德斯估计,1891 年英格兰城市群落的人口分布为:大伦敦 563.8 万人、兰开夏 189.4 万人、西米德兰 126.9 万人、西约克郡 141 万人、默西塞德郡 90.8 万人、泰恩塞德 55 万人。③

表 10-3 1871—1971 年英国城市群的人口(单位:万)④

	1871 年	1881 年	1901 年	1911 年	1931 年	1951 年	1971 年
大伦敦市	389	477	658.6	725.6	821.6	834.8	737.9
兰开夏东南部城市群	138.6	168.5	211.7	232.8	242.7	242.3	238.9

---

① Martin Daunton(ed.), *The Cambridge Urban History of Britain*, 1840-1850, Vol.3, p.70.
② P. E. Cegden, *Migration and Geographical Change*, Oxford University Press, 1984, p.54.
③ Martin Daunton(ed.), *The Cambridge Urban History of Britain* 1840-1850, Vol.3, p.72.
④ B. R. Mitchell, P. Deane, *Abstract of British History Statistics*, p.19; R.Lawton, "Population and society 1730-1900," in R. Dodgson and R. Butlin(eds.), *An Historical Geography of England and Wales*, London: Academic, 1978, p.32; Martin Daunton(ed.), *The Cambridge Urban History of Britain*, 1840-1850, Vol.3, p.72.

(续表)

	1871年	1881年	1901年	1911年	1931年	1951年	1971年
西米德兰城市群	96.9	113.4	148.3	163.5	193.3	2 237	236.9
西约克城市群	106.4	129.6	152.4	159.0	165.5	169.2	172.6
莫西地带城市群	69	82.4	103	115.7	134.8	138.2	126.3
泰因地带城市群	34.6	42.6	67.8	76.2	82.7	83.6	80.4
六大城市群总人口	834.5	1 010.8	1 341.8	1 472.6	1 640.5	1 691.8	1 592.8
全国城市总人口	1 480	1 820	2 540				
六大城市群占城市总人口的比例(%)	56.4	55.5	52.8				

从表10-3可看出,19世纪晚期,英格兰和威尔士城市人口中,半数以上居住在六大城市群里。威尔士和苏格兰的城市群落也毫不逊色,在苏格兰以格拉斯哥为中心,加上周围的大小城市构成的城市群,其吸纳力甚至比伦敦地区还要大。1801年,核心城市格拉斯哥占苏格兰人口的5.1%,1831年时为8.6%,1851年时为11.5%,1891年时为19.4%。①

20世纪上半叶,随着邮政、电话等服务的增加,逐渐形成了几个大的区域中心,一系列的城市涌现出来成为区域首都,如伯明翰、曼彻斯特、利兹、布里斯托尔、纽卡斯尔、诺丁汉、爱丁堡、卡迪夫,它们直接与伦敦相连。还有些城市如利物浦、格拉斯哥、莱斯特、设菲尔德也有着一定的区域重要地位。这些区域中心又在经济文化上联结了更小的城市。

三、"城市病"与城镇改造

"这一时期的英国城镇看来好像是疲惫得不堪举步的一个时代的产物,却实在是一个充满精力而不顾秩序、空间和设计的时代的产物。"②城市只"是一个个安上不同绰号的焦炭镇(Coketown,狄更斯语)而已","伦敦什么样,曼彻斯特、伯明翰和利兹就是什么样,所有大城市就是什么样"。③这时的英国根本没有城市规划的观念,所以城市街道普遍狭窄拥塞,建筑杂乱无章,管理严重滞后,陷入富裕和贫困、繁荣与悲惨并存的悖论,深深地患上了"城市病"。

城市的迅速扩大、人口的急剧膨胀,给城市住房带来很大的压力,迫使人们追求单位面积土地的最大利用价值,以期在狭小的空间里建造尽可能多的住宅,由此出现了大批联排式房屋、大杂院式房屋、"背靠背"式房屋——这些

---

① Asa Briggs, *Victorian Cities*, p.59.
② 哈孟德夫妇:《近代工业的兴起》,韦国栋译,商务印书馆1959年,第203页。
③ 恩格斯:《英国工人阶级状况》,见《马克思恩格斯全集》(第2卷),人民出版社1957年,第325页。

房屋都是隔10—15英尺面面相对,并且背靠着同样的一些房子。住房空前拥挤,有时三至五个家庭一起挤到一间12平方英尺乃至更小的房间里。① 有些城市低矮潮湿、密不透风的地下室也住满了人,伦敦的贫民窟、利物浦与曼彻斯特的地窖、瓷器区的贫民窟就是明证。街道、房屋的布局任意而杂乱。

公共设施在19世纪初的工业城市里几乎等于零。且不用说公园、绿地、博物馆、艺术馆之类,连最基本的生活设施都谈不上,曼彻斯特的发展和其他城市的相应变革,曾经使方圆几英里的地区内空气不洁、水流不清、草木不长。城里人畜共居,垃圾遍地,臭水塘触目。40年代,首都伦敦依然随处可见污水池,工人的工作场所"一般是不卫生的,工厂的建筑师对于卫生和美观同样是不关心的,天花板很低,以期尽可能少占空间,窗户狭小,并且经常关闭着"。②

公共卫生设施的缺失直接威胁着人们的健康和生命财产的安全。恶劣的生活、工作环境极大地影响了居民的健康,城市居民的寿命很短;瘟疫猖獗,疾病横行,死亡率高,仅1831年的一场霍乱就肆虐了431个城市,夺走了3万多条生命;③ 在普雷斯顿,19世纪40年代1岁以下婴儿的死亡率分别为:卫生状况良好的区域是15%,卫生状况一般的区域是21%,卫生状况差的区域为30%,而卫生条件极端恶劣的区域则高达44%!④

空气污浊造成了雾都伦敦的特殊时代景观。在伦敦,"250万人的肺和25万个火炉集中在三四平方英里的地面上,消耗着大量的氧气"。⑤ 空气不再清新,天空不再蔚蓝,大西洋上的水汽与工业生活烟尘糅合成了著名的伦敦烟雾(smog),与大本钟和威斯敏斯特大教堂一样,成为伦敦"景观"的有机组成部分。在米德兰中部的伯明翰平原,人们以传统的方法进行小规模的开采与冶炼,浓烟充斥着这片繁忙的土地,于是黑色的煤炭、黑色的金属,还有林立的烟囱、滚滚的黑烟,使这块土地有了特有的名称——黑乡。⑥ 曼彻斯特周围一些工业城市"到处都弥漫着煤烟"。⑦ 约翰·拉斯金预测20世纪英国的前景将是"烟囱会像利物浦码头上的桅杆那样密布","没有草地……没有树木,没有花园"。⑧

---

① 阿萨·勃里格斯:《英国社会史》,第296页。
② 保尔·芒图:《18世纪产业革命》,商务印书馆1991年,第337页。
③ James Walwin, *English Urban Life*, 1776-1851, p.129.
④ Harold Carter & C Roy Lewis, *An Urban Geography of England and Wales in the Nineteenth Century*, Edward Arnold, 1990, p.202.
⑤ 恩格斯:《英国工人阶级状况》,见《马克思恩格斯全集》(第2卷),第381页。
⑥ Victor Skipp, *The Center of England*, pp.198-199, 202.
⑦ 恩格斯:《英国工人阶级状况》,见《马克思恩格斯全集》(第2卷),第323页。
⑧ 阿萨·勃里格斯:《英国社会史》,第233页。

为了医治城市病,英国各城市先后展开城市环境改造,先由自治市、改善委员会和教区委员会在市中心和通衢大道从事路政、照明、沟渠等专项改造。20、30年代,英国大多数城市的主要街道已开始铺砌起来,夜间得到照明,街道的清洁工作也已起步。像曼彻斯特的干道每周清扫一次,陋街小巷也大约每月清扫一次。40年代起,中央颁布各种条例,责成地方当局担负起更多的职责,处理城市的自来水、下水道、垃圾和建筑问题,以改善城市的卫生状况和提高人民的健康水平。利物浦是第一个关注城市环境改造的大城市,其任务是美化市容,改造现存的居民住宅,规范并确保新建筑的标准。1841年,利物浦大约有1/3的人居住在大杂院里。从40年代起,利物浦着手处理居民住宅问题,规定凡大杂院式建筑,院子的宽度不得少于15英尺,入口不得少于5英尺;底楼的房子高度不得低于8英尺;院中必须要有卫生设施,从而对大杂院式建筑的大小、高低、生活空间和卫生设施做了初步的规定。1846年《卫生条例》又作出两项新规定:禁止宽15英尺院落的房子超过8所;如果超过8所,那么每增加一所房子,院子必须相应地加宽1英尺,院子的入口必须与院子本身一样宽。1864年的《修正条例》规定:除非院子至少有25英尺宽,否则不准建造封闭式院子;换言之,新建的院子必须两头都是开放的。利物浦消灭大杂院式建筑的最后一项措施是《1889年地方条例》,它规定大杂院建筑的最低标准是院宽30英尺,长不超过100英尺。显然这些条例使得建造封闭院子意义不大了,因为院子的宽度几乎等于街道的宽度了,而且,院子两头的开放也事实上使院子成了任由行人通行的街道。1864年《修正条例》还解决了"背靠背"住宅问题:每所房子的屋后必须要有一个10英尺进深、面积约150平方英尺的后院,大体上解决了"背靠背"的问题。由此诞生了典型的工人排房:沿着30英尺宽的街道两旁,造着一排排房屋,屋后一个至少150平方英尺的后院,以及院外一条至少宽9英尺的小巷。利物浦从市中心开始,最后转向普通居民住宅,形成了由通衢大道和小巷组成的街巷体系,合乎卫生健康标准的居民住宅,消灭了大杂院建筑及"背靠背"现象。

格拉斯哥则运用立法机关的力量大刀阔斧地进行城区改造工程。1866年,市政会通过改善法案,拆除市中心约88英亩的建筑物,进行重新规划,计划建39条新街,改造12条旧街,筹建公园绿地。[①]到19世纪末,格拉斯哥基本上完成了市中心的重建。爱丁堡也在1850—1875年期间修建了钱伯街

---

① Harold Carter & C Roy Lewis, *An Urban Geography of England and Wales in the Nineteenth Century*, p.119.

(Chamber),从而连接了两条南北向主街,避开了繁华的商业街,把原先拥挤不堪的场所改造成了文化街,街两旁有大学、苏格兰教会学校、瓦特研究院、科学艺术博物馆等文化学术机构。

在城市卫生建设方面,1848年颁布的第一个《公共卫生条例》,把公共卫生置于国家的监督之下,开创了中央干预地方事务,解决城市病的先河。从1848—1854年,全国共成立了182个地方卫生委员会,负责城市的排污、供水和清洁等工作。

卫生保健也日渐引起人民的重视。1847年,利物浦任命了第一个保健医官,次年,约翰·西蒙被任命为伦敦城区的保健医官。1872年颁布的《公共卫生条例》,规定在城市必须任命保健医官。《1875年公共卫生条例》是卫生建设事业上的又一个里程碑,它不仅授权城市卫生当局制定地方法规,确保住宅的最低标准,而且授权在地方政府部指导下采取卫生方面的措施。在相当程度上,正是由于卫生条件的改善,城市卫生面貌大有起色,60年代后,城市居民的死亡率显著下降了。

与城市规划和与公共卫生运动密切相关的公用事业的市营问题。从1846—1865年,一共有51个市府新建或购买了私人供水公司。①从1866—1895年,又有176个城市实现了自来水市营。②经过19世纪中下叶的供水市营后,英国大体上解决了城市的用水问题。50—60年代煤气市营成了热点。1867年,格拉斯哥市政府一致同意购买两家私营煤气公司,1870年利兹以763 243英镑的代价购买了两家私营煤气公司,1871年和1872年,布雷德福德(Bradford)和博尔顿(Bolton)分别购买了私营煤气公司,到1875年,全英已有76个市政府拥有了自己的煤气公司。③到19世纪末,随着水、煤气市营,浴室、医院、公园、供电、有轨电车等设施也逐渐转归市营。

19世纪中下叶各城镇市政厅给了市民强烈的市民自豪感。如同教堂是中世纪城市的标志性建筑一样,市政厅被当作体现时代特色和城市的标志性建筑,而且还体现了城镇民众的市民自豪感。其宽敞的厅堂、巨大的规模、成组的风琴,表明了市政厅的公众性质,不纯粹是上流社会的官府衙门,音乐也不

---

① Asa Briggs, *Victorian Cities*, p.59.
② Harold Carter & C. Roy Lewis, *An Urban Geography of England and Wales in the Nineteenth Century*, pp.208-209.
③ Harold Carter & C. Roy Lewis, *An Urban Geography of England and Wales in the Nineteenth Century*, p.209.

再体现上流社会身份地位,而是群众提升其自身境界的工具。市政厅的竣工揭幕往往成为充分表达市民自豪感的典型场合,王室成员的光临、盛大的集会、隆重的庆典,成为一般的场景。

应对城市病的举措,极大地改变了英国工业城市丑陋的外观,现代都市整洁卫生舒适的物质环境初露端倪,工人的工作、居住和生活条件大为改观。城市居民的住宅有了改善,地下室大多被禁止居住,贫民窟得到清理,住房拥挤状况得到缓解。宽阔的街道、标准的住宅,使城市环境得以改善,疫疾得到控制,城市人口的死亡率明显下降,伦敦在1851—1853年和1881—1883年间人口死亡率下降了3‰。[①]市区的供水、排污、照明、垃圾处理等逐步走上轨道。市政厅、公园、动植物园、博物馆、艺术馆、音乐厅、医院等公共设施开始在城市普及开来。百年多的努力,使英国的城市处于全欧,乃至全世界的最卫生城市之列,城市病的治理初见成效。

(陆伟芳)

[①] 克拉潘:《现代英国经济史》(中卷),姚曾廙译,商务印书馆2014年,第560页。

第十一章 现代城市的发展

20世纪中叶,英国城市走到了历史的转折点。200多年来的城市发展势头受到挑战,城市的长时段发展宣告结束,人口地理和贸易圈的变迁冲击着英国大城市,传统制造业遭遇挑战,格拉斯哥、沃尔夫汉普顿、布莱德福、设菲尔德相对衰落。早在20世纪30年代,利物浦和威根就以巨大的失业率著称。[①]到20世纪50—60年代,北方出口工业的萎缩,直接侵蚀了工业革命腹地的城市繁荣。60年代开始的大城市中心的再发展,改变着英国城市的物质形态,美式郊区大型购物中心的侵入、文化娱乐设施的郊区化,更是影响了城市原有的空间结构。

经济活动开始离开城市,文化休闲生活也向城市边缘迁移。面对城市衰退,人们通过城市更新到再生和复兴,使城市再度繁荣。20世纪30年代,汽车工业、电力、化学、纺织等继续发展,使米德兰的莱斯特、考文垂等城市经历了空前的繁荣和兴盛,在1933—1937年期间,英国每年平均建房达34.5万所。[②]甚至在二战后直到60年代,英国城市体系的许多传统功能和关系生存下来了。21世纪以来,无论是伦敦码头区的崛起为新的国际金融中心的有机组成部分,还是格拉斯哥的全新活力,或曼彻斯特、纽卡斯尔作为区域中心,或者像巴思和约克以丰富的历史遗产著称的旅游城镇的成功,或者像莱斯特那样多种族城市的社会和谐和文化活力,英国城市展示出强大的适应力。

第一节 向郊区扩展

如果说19世纪上半叶英国城市的发展模式是向心的,那么从19世纪下半叶开始,英国城市趋向分散,人口从城市中心区迁移到市郊的郊区化成为城

---

① Martin Daunton(ed.), *The Cambridge Urban History of Britain*,1840-1950,Vol.3,p.63.
② 肯尼思·摩根主编:《牛津英国通史》,商务印书馆1993年,第568页。

市化的基本趋势。郊区发展是城市化过程中的一个发展阶段,标志着城市由向心集聚式发展向外延扩散式发展的转变,是为了解脱城市化进程带来的消极作用所做的一种自发或人为的努力。

一、郊区住宅

20 世纪,英国人口增幅不大,保持缓慢增长的态势。全国人口约 4 000 万,100 年后接近 6 000 万,但人口开始从城市、都市区向郊区、乡村迁移,形成"倒流",出现了进一步的郊区化趋势。

英国郊区发展是经济和社会发展的自然结果。便利廉价的铁路、富有的中产阶级队伍的壮大,使郊区化得以发展。快速发展的铁路运输业在客观上推动了郊区化趋势的发展。住在郊区的中产阶级可以乘坐便利的火车往返于家庭与工作单位之间,交通革命在很大程度上决定了郊区增长的步伐和方向。

城市的扩展,使人们对居住地的地理空间观念产生了变化,从传统城镇社会穷人在城郊、富人在市中心居住的地理形态,向"富人的郊区"居住形式转变。这种居住向郊区扩展的趋势,成为城市由向心型向扩散型发展的原始动力,最终促进城市郊区的不断开发。

随着工作与家庭的日益分离,大多数中产阶级家庭搬到郊区居住。1851 年,在布雷德福德,只有 7% 的中产阶级家庭住在城镇,大多数都住在半郊区的地区。每个郊区都自给自足,有商店、学校、教堂和其他各种服务设施。[1]新兴的实业家和专业人员的郊区别墅和城镇广场类住宅,以土地贵族的乡间城堡和城镇豪宅为模式,而为职员和技师等中产阶级下层所建立的农舍和联排式住宅则也是同类住宅的具体而微的模仿。[2]早在 1844 年,在曼彻斯特市中心已见不到资产阶级居民了,在伯明翰向郊区的迁移中,牧师、律师和商人一马当先,医生、企业家和零售商紧随其后区。商人和企业主在乡间拥有独立式住宅,掩映在花园中。[3]到世纪中叶,拥有郊区住宅成了中产阶级家庭生活的常态。

到 19 世纪中叶,郊区中产阶级的独立和半独立式住宅日益普及。到世纪

---

[1] Yaffa Claire Draznin, *Victorian London's Middle-Class Housewife: What She Did All Day*, Greenwood Press, 2001, p.21.

[2] Ellen Jordan, *The Women's Movement and Women's Employment in Nineteenth Century Britain*, Routledge, 1999, p.32.

[3] Harold Perkin, *The Origins of Modern English Society*, Routledge & Kegan Paul, 1976, p.173.

末,则演变成完全私人享有的小花园,从炊具、缝纫机到洗衣机等等,使中产阶级主妇们得以摆脱雇用仆人的麻烦,从繁重的家务劳役中解脱出来。

每个城市都形成了自己的中产阶级住宅区,但每个郊区都有自己独特的个性,由拥有一定社会地位的特定的职业群体构成。以伦敦为例,中产阶级下层的牧师集中在戴尔斯顿、勃力克斯顿、纽克劳斯、福立斯特山和托顿翰;大批的生意人集中在肯宁顿、斯托克维尔和坎不威尔;皮姆里和帕丁顿则是成功的中产阶级士绅的天下。19世纪晚期,伦敦西区收入较高的职员住在海默史密斯的半独立式住宅里;肯辛顿住着大批的专业人员、高级职员和高级公务员;医生、律师和艺术家则住到汉帕斯特和圣约翰林地,后三者虽非贵族宅地,却明显高于一般中产阶级郊区。[①]如同伦敦东区和西区的分离一样,在郊区也凸显出社会阶级和阶层的居住分离现象。到30年代,郊区在很大程度上成为产权住宅、一种投资和自豪感的表达。廉价充裕的抵押住宅的出现、农业衰落导致的土地价格的下跌、工资水平的提高,带来了住宅的繁荣和新的大型开发商和建筑商的崛起。[②]

郊区化是中产阶级居住方式的重要特征。搬到郊区不仅仅是为了远离烟雾和疾病,也不仅仅是为了追求隐私与隔离,而是中产阶级创造的不同生活方式。郊区中产阶级的文化中心是在家里和周围的住宅区内,所以他们对周围环境十分关注。他们企图在中产阶级住宅区内寻求社会认同感。

中产阶级向城市郊区迁移对城镇的社会、经济和地理都产生了巨大的影响。房屋的地理位置从市中心向郊区发展,使传统的步行城向更大面积的"车轮上"的城市发展,不仅中产阶级日益向远郊发展,工人队伍也尾随而来,开创了持续至今的郊区化进程。而且它还把工作区与居住区分开来,有利于城镇按专业功能进行分区,形成相应的商业区、工业区和居住区,有利于城镇体系的专业分工及其向现代城市发展。从人们的生活来说,从早先的工作与家庭的结合体的商住房,转向办公区域、商业区域、工业区域和家庭日常生活的完全分离,家庭与工作在地理上的分离,催生出了以中产阶级为主的郊区,如伯明翰的埃格伯斯顿、利物浦的塞夫顿公园一带、诺丁汉的帕克、莱斯特的斯通盖特。白天喧闹异常的伦敦城,到了夜间便杳无人迹。城市区域的扩大,从城镇到城市、大都市,再到都市区(又称集合城市),英国社会的城市化程度越来

---

① Yaffa Claire Draznin, *Victorian London's Middle-Class Housewife: What She Did All Day*, p.22.

② Martin Daunton(ed.), *The Cambridge Urban History of Britain*, 1840-1850, Vol.3, p.30.

越高。

20世纪30年代,地铁延伸到伦敦远郊,向北到哈德福郡边缘的科克福斯特斯,向西到白金汉郡边缘的阿斯布里奇,在亨登、哈罗、金斯伯雷等市郊,到处是时髦商店网、新电影院和足球场,半独立式住宅从大马路延伸到郊区农村。①

二、郊区化

郊区化是城市化的继续,是城市化的一个新阶段,大城市人口从城市中心地区向城市边缘迁移,使高密度的集中型城市向低密度的郊区化城市演变。大城市的人口和各项职能活动,包括具有向心倾向的商业、服务业,纷纷向郊区迁移,使郊区迅速成为一个具有多项市区功能的地域综合体。阿萨·布里格斯说:"维多利亚时期的城市内部出现了巨大的变化,尤其当城市规模不断扩大到郊区时,随之出现的是城市中心地区的人口减少和城郊地域范围的不断扩大。"②

19世纪的郊区主要是高密度的联排住宅,还有些独立半独立式住宅。然而,第一次世界大战后,郊区获得了不同的特性,住宅变小,只有两层,而且没有地下室,但前院的花园变大,屋前变宽,主要的类型是半独立式住宅,30年代后有了车库。两次世界大战间,尽管伦敦的人口只增加了10%多一点,但建成区增加了一倍。19世纪的郊区住宅是租住,但两次大战间的住宅是为产权拥有设计的。建筑业因为充裕的资金、低建筑成本、交通发达、东南部的富裕而繁荣昌盛,促进了郊区的蔓延。

公共交通的发展,为远郊的蔓延准备了条件。某些新"地铁"线路(到郊外往往是地面上)是为失业者提供的公共项目,如1924年到埃德韦尔、1932年到斯坦莫尔和1933年到科克福斯特;泰晤士河南面,铁路和电力化也日益扩展,1925年到达道金,1933年到达布莱顿,1937年到朴次茅斯。③

英国的大城市郊区化表现最为突出,特别是伦敦商业中心区及其毗邻地区。19世纪上半叶,伦敦商业中心区不仅人口密度很大,平均每英亩人口超过1000人,有些地区达到将近2000人,而且人口数量非常稳定,一直保持在13万人左右。但是,到19世纪后半叶,由于火车站、工厂、办公大楼在城市其他地区建成,伦敦商业中心区走向衰落。1881年人口不足5.1万人,1901年仅剩

---

① 肯尼思·摩根主编:《牛津英国通史》,第568页。
② Asa Briggs, *Victorian Cities*, p.27.
③ Martin Daunton(ed.), *The Cambridge Urban History of Britain, 1840-1850*, Vol.3, p.110.

2.7万人。①在大城市中心地区人口不断减少的同时,市郊地区的人口在不断增加。1861年伦敦"外围"市郊人口为41.4万人,1891年为140.5万人,1901年达204.5万人。②在1914—1951年期间,有100万人离开伦敦城,搬到了城郊;1951年后,伦敦人以每年3万的速度离开,迁居到伦敦远郊,甚至超出了伦敦的范围。③

这并非特例,英格兰和威尔士北部8个大城市的人口在1901—1911年间减少了9万人,北部22个纺织城市的人口在1891—1901年间减少了4.1万人,北部14个工业城市的人口在1871—1901年间减少了14.6万人,南部11个工业城市的人口在1841—1891年间减少了4.8万人。④由此可见,各大城市都开始了人口向郊区迁移的进程。

郊区人口呈现快速增长的态势,而且郊区的范围不断扩大,不断地创造着郊区的新边界。郊区成为英国城市扩展的边界和先锋队。这种发展形成了一种城市化新类型——城镇区域,这样,英国从小城镇变成大城市,从大城市到城市群(agglomeration),从城市群发展到卫星环绕的大都市(conurbation),最终成为巨型都市/都市人口密集地带(megalopolis)。这是郊区的巨大增长,并为市中心的离散化所增强。

英国的郊区化虽然从19世纪下半叶就开始了,19世纪晚期开始加速,不过,直到第一次世界大战后,"城镇蔓延"的疾病才迅速泛滥成灾。比如伦敦郊区在1919—1939年扩大了三倍。郊区的繁荣和发展成为两次大战间的生活方式——城市带发展出一排排两层小楼的砖瓦房,凸肚窗,种着玫瑰花草的小花园,平整的草坪,千篇一律。⑤

战后,小汽车的普及为这种郊区化提供了新的动力。小汽车的日益普及,使城市犹如吹气球般胀了起来——从城市(urban)到郊区(suburban),再从郊区到了大都市(conurban),再到城市远郊(exurban)。人,离市区越来越远了。1980—2000年,英国人口增长并不明显,但建设面积却增加了两倍以上。伦敦这个头号国际都市和主要国际金融中心的郊区化趋势自然最为突出。二战后,伦敦周围不仅向中产阶级提供住宅,甚至向工人阶级提供住所。伦敦向郊

---

① Francois Bedarida, *A Social History of England 1851-1990*, p.23.
② M. W. Flinn, *An Economic and Social History of Britain Since 1700*, Macmillan, 1978, p.153.
③④ Francois Bedarida, *A Social History of England 1851-1990*, p.232.
⑤ M. S. Teitelbaum, *The British Fertility Decline: Demographic Transition in the Crucible of the Industrial Revolution*, Princeton, N.J.: Princeton University Press, 1984, p.31.

区迁移的速度极快,伦敦外城 60％ 以上的居民拥有住房产权。

郊区化改变了区域人口地理,使工作方式多样化,一些生活水准高的居民宁愿逃离喧嚣污染,移居郊区、中小城市或静谧的乡间,城乡居民迁移出现"倒流"。1960 年以后,大都市中心人口普遍开始流失,而城市周边人口增长十分明显。从各个大城市来看,基本体现了向非都市的迁移人数超过向都市迁移人数的特征(表 11-1、表 11-2)。伯明翰在 1990/1991 年都市净丧失人口为 3.89‰,1999/2000 年为 2.88‰。①

表 11-1　1990/1991 年度都市区中心城市和都市区的人口迁移活动

	向非都市迁移	来自非都市区迁移	净　增
纽卡斯尔	5 398	5 118	－280
利物浦	6 023	5 291	－732
曼彻斯特	6 967	7 296	329
设菲尔德	8 133	8 035	－98
利　兹	10 371	10 547	176
伯明翰	16 587	12 688	－3 899
中心城市总数	53 479	48 975	－4 504

表 11-2　1999/2000 年度都市区中心城市和都市区的人口迁移活动

	向非都市迁移	来自非都市区迁移	净　增
纽卡斯尔	7 383	7 076	－307
利物浦	7 156	6 743	－413
曼彻斯特	9 954	10 322	368
设菲尔德	10 932	11 018	86
利　兹	14 059	13 735	－324
伯明翰	20 624	17 790	－2 834
中心城市总数	70 108	66 684	－3 424

可见,英国的郊区化始于人口从市中心向郊区的迁移,随后发展到向远郊卧城的迁移,到 20 世纪晚期,则出现了人口从都市区域向非都市区域的迁移活动。都市普遍经历了人口丧失现象。这就不仅仅是郊区化了,甚至有非都市化的倾向。从表 11-3 可以看出,20 世纪最后 10 年中,人口向都市区和非都市区的迁移几乎持平,城市发展走到了又一个十字路口。

---

① http://www.allbusiness.com/professional-scientific/architectural-engineering-related/214284-1.html♯ixzz1ao4IDvLK。

表 11-3　1990/1991 年度到 1999/2000 年度间迁移增长人数(%)

	向非都市区的迁移	向都市的人口迁移
纽卡斯尔	37	38
利物浦	19	27
曼彻斯特	43	41
设菲尔德	34	37
利兹	36	30
伯明翰	24	40
中心城市总数	31	36

第二节　新城运动

随着郊区的无限扩展，许多负面因素开始显示出来。原来郊区所拥有的新鲜的空气、绿色的原野、享受城市便利服务的益处，随着郊区本身的发展逐渐失去。远距离的通勤不仅浪费金钱、时间，而且令人身心交瘁。郊区的宁静也走到反面，使人们孤独。于是，从世纪之交的田园城市构想，到田园城市试验，再到 20 世纪的新城镇规划，人们不断探索城市发展的新路，探索城市与乡村协调共处的问题。

一、"田园城市"

城市贫困和城市畸形扩展相伴相随，促使许多思想家和实践家探索改进之路，提出了理想城市的设想，或者进行理想城市的实验，出现了欧文的"协和新村"和霍华德的"田园城市"试验。

欧文在格拉斯哥试验的成功，成为其日后进行城市规划的思想来源，他的"协和新村"实际上是扩大了和理想化了的新拉纳克纺纱厂。从规模上看，他的"协和新村"人数在 1 000—2 000 人左右，其规划的城市单元，他称之为"方形村"，占地区 1 000—1 500 英亩左右。在方形村里：

有许多公共建筑物，把村子分成一些平行四边形。

中央建筑物包括一个公共厨房、若干食堂，以及经济而舒适的烹调和进餐所必需的一切其他房屋。

右边另有一座建筑物，一楼将用作幼儿园。二楼则用作讲堂和礼拜堂。

左边的建筑物将用作年龄较大的儿童的学校，一楼设有委员会办公室,二楼有一个图书馆和成人室。

方形村里的空地将辟作若干运动场和游泳池。这些划定的场地应种植树木。

每一个方形村的三边打算设置住所。

村的第四边打算设置宿舍……

在外边和方形村四周房屋后面,有许多周围铺设道路的菜园。

紧接在这一切设施的外面,一边是机器厂房和制作厂房、屠宰场、牲口棚等和村子分开,中间隔着一片田园。

在另一边,则是浆洗房和漂白室等等。离村子更远的地方有几间农业作坊,其中有培植麦芽、酿酒和磨谷等设备;周围是田园和牧场等,围篱用果树栽成……①

欧文的城市模式是从中央到外围,即由"公共设施—住宅—菜园区—工厂区—农村"构成的环带状格局。1825年,他赴美国的印第安纳州购地实验其新村计划,建设"新和谐村","他从技术上规定了各种细节,附上了平面图、正面图和鸟瞰图,而这一切都做得非常内行,以致他的改造方法一旦被采纳,则各种细节的安排甚至从专家的眼光看来也很少有什么可以反对的"。②

霍华德的"田园城市"构想是更加具体的理想,摆脱了城市病和郊区化的缺陷。"田园城市"用宽阔的农田林地环抱美丽的人居环境,把积极的城市生活的一切优点同乡村的美丽和一切福利结合在一起。"田园城市"规模不大,霍华德称之为单元城市(unit town),人口约在3—6万左右。首先,这种设计的要旨在于便捷地与自然景观接触。其二,城市控制在一定的规模内,当人口过多时,就另建一座单元城市,几个这样的单元城市围绕一个中心城市,形成城市组群"社会城市"。其三,设计合理的居住、工作的基础设施布局,并用绿带和敞地将相对独立的居住区隔开。最后,各功能区之间建设良好的快速交通系统。"霍华德的最大贡献不在于重新塑造城市的物质形式,而在于发展这种形式下内在的有机概念……城市与乡村在范围更大的生物环境中取得平衡,城市内部各种各样功能的平衡"。③

他用城市—乡村磁铁的"三磁铁"图形象地说明他的城乡关系,用"土地改革、市政改革、教育、关心儿童"等方法,以科学与宗教为杠杆,以"自由结合、土

---

① 《欧文选集》(第1卷),商务印书馆1997年,第184-185页。
② 《马克思恩格斯选集》(第3卷),人民出版社1972年,第415页。
③ 刘易斯·芒福德:《城市发展史》,宋俊岭、倪文彦等译,中国建筑工业出版社1989年,第380页。

地公有、社会之爱、自然之爱"为"新土地上的新城市"的开启榫头。①可以说,这把"万能钥匙"是其"田园城市"的精髓,体现了他通过城市改造社会的理想。

欧文的"协和新村"还未褪尽农业社会的痕迹,而霍华德的"田园城市"却是用田园概念来包融城市,工商业为主,农业为辅。"田园城市"理想在英国生根开花,并结出了硕果。1899年,霍华德在英国组建"田园城市协会"。1903年,"田园城市协会"组织"田园城市有限公司",筹措资金,在距伦敦56公里的地方购置土地,建立了第一座"田园城市"——莱奇沃思。1920年又在距伦敦西北约36公里的韦林开始建设第二座"田园城市"。虽然这两座城市并不完全符合"田园城市"理想,但"田园城市"的理想观念却留下了令人愉快的空间特征,填补了由于工业化所造成的城市环境的"巨大真空",并为以后世纪的卫星城、花园城、新城建设提供了思想素材。

二、新城运动

在莱奇沃思、韦林试验之后,英国的许多城市建设都融入了"田园城市"的理念,建设兼具城乡优点的新型城市。城市发展不再是自发的,而是有规划的,城市规划诞生了。最早对城镇进行规划的是1909年的城镇规划法。20世纪20年代,英国建筑师R.温也提出把伦敦的人口和就业岗位分散到附近的卫星城镇去,30年代前后,伦敦郡议会又用过"准卫星城"来指伦敦郊区仅具有"卧城"性质(即只作为生活居住之用)的居住区。编制的大伦敦规划中,为疏散人口,计划在伦敦外围建设8个城镇,最初也称为卫星城镇。

第二次世界大战中,德国对英国城市,特别是伦敦、考文垂、伯明翰、布里斯托尔、普利茅斯进行的轰炸严重破坏了城市,急需重建。1943年,英国政府创立"郡城规划部"。1944年,在P.艾伯克龙比主持下做了一个大伦敦规划,在大伦敦的外圈规划设置8个卫星城(以后通称为"新城"),并扩建原有的20多座城市。1946年8月,英国议会通过了新城开发建设的指导纲领《新城法》,决定建设一系列新城,以疏散伦敦等大城市过分集中的工业和人口。新城不仅仅有居住功能,还有完整的工作及社区功能。英国总共规划了29个新城,其中英格兰和威尔士23个、苏格兰6个、北爱尔兰4个。到1981年,英国按规划建成了34座新城,在英格兰的有爱克里夫、贝雪尔顿、哈洛、哈特菲尔德、米尔顿·凯恩斯、雷迪奇、伦康、斯蒂文乃奇等23座;在苏格兰的有坎伯诺尔德、利文斯顿等5座;在威尔士的有昆布兰等2座;在北爱尔兰的有安特里姆、

---

① 埃比尼泽·霍华德:《明日的田园城市》,金经元译,"译序",第5页。

巴利米纳等4座。

英国的30多年新城建设历经三代。1946年《新城法》确定建设的新城称为第一代新城,其中8座在伦敦附近,贯彻了1944年制定的大伦敦规划疏散人口的意图;1955—1966年间确定建设的称为第二代新城,当时通过在一些地区的战略地点建设新城,以促进区域经济的平衡发展;1967年以来确定建设的称为第三代新城,更明确地把新城既作为大城市过剩人口的疏散点,又作为区域的经济发展中心。其中有些新城实际上是原有城镇的扩建。①

第一代新城规划的特点比较接近"田园城市"的理念。1946年,英国国土规划委员会决定重建伦敦,把伦敦分成三个功能角色各不相同的部分:伦敦城区部分,包括伦敦城建成区及其边缘地区,面积5.5万公顷,居住约500万人,该区人口密度太大,计划减少40万人口;郊区部分,总面积5.8万公顷,居住约300万人。人口密度可接受,应稳定保持;远郊区部分主要是绿带及城市远郊区,距离市中心60—80公里,供城市进一步发展、小城镇人口增长迁入和建设新城镇使用。②战后首批14个新城镇,其中8个在伦敦远郊,6个在英国其他地区。

伦敦远郊新城镇建设:

1946年,斯蒂夫尼奇6万人;

1947年,赫默尔亨普期特德6.5万人;克劳利6.2万人;哈洛6万人;

1948年,哈特菲尔德2.6万人;韦林4.2万人;

1949年,巴西尔登8.6万人;布拉克内尔2.5万人。

其他地区的6个新镇建设稍晚于伦敦:

1947年,牛顿艾克利夫1.5万人;东基尔布赖德5万人;

1948年,格伦罗西斯3.2万人;彼得利2.5万人;

1949年,昆布兰4.5万人;还有1950年的科比5.5万人。③

战后的城镇规划基本上本着两大原则:一是创造"邻里单元"。城市社区划分成若干邻里单元,各邻里单元的商业中心彼此联系,工业集中布置在工业区,和居住区隔离,居住区或邻里单元之间用绿带或小公园隔开。居住

---

① 应该说明的是,对英国新城建造期的划分不很统一,也有划为两代或四代的。
② 贝纳沃罗:《世界城市史》,薛钟灵等译,科学出版社2000年,第978页。
③ 贝纳沃罗:《世界城市史》,第981页。

区人口密度较低,平均约为每公顷 75 人。二是创立"均衡社区",城市规模不大,没有高层建筑,寻求公共与私人空间的协调。不仅有居住功能,还有工作、娱乐等完整的城镇生活,关注公园绿带等公共设施的建设,反对丑陋拥挤。从 1947—1970 年期间,第一代新城镇吸引了 70 万居民。①第一代新城由于人口规模较小(2.5 万—6 万人)、密度过低,工作岗位不足,一般认为缺乏城市气氛。

第二批新城镇在 1955—1966 年期间完成,包括 1956 年规划为 7 万人的坎伯诺尔德、1964 年规划为 10 万人的朗科恩,以及 1970 年规划为 25 万人的米尔顿·凯恩斯。②坎伯诺尔德是第二代的代表,是战后 10 年规划建设的第一个新城,旨在疏散格拉斯哥的人口。它在规划上不用邻里单位的布局形式,城市整体上很紧凑,只有一个中心,从城市的所有部分都可以步行到达这个中心。实行人车分离,有机动车道与人行道两个完全分开的道路系统,机动车道直通市中心,所有交叉口都是立体交叉。居住密度加大,住宅采用 2 层、4—5 层乃至 8—12 层等多种类型,以容纳较多的人口。工厂在郊区。第二代新城的特点主要是规模较大、密度较高、功能分区比较灵活、更注意城市景观设计,并把新城作为地区性的经济发展点。

1967 年起建设更富吸引力和更高标准的第三代新城。米尔顿·凯恩斯是第三代新城的代表。该城位于伦敦和伯明翰之间,交通便利。规划上采取分散布置工业和工作岗位的方法以求得便捷和经济的效果。预计城市人口规模 25 万人,面积 89 平方公里,用 25 年建成。规划了 8 个次中心来分散市中心的交通量,在靠近市中心的地区建造密度较高的居住区。交通工具以公共汽车为主,行人过街采取立体交叉方式。在居住区的布局结构上,大专院校、医疗中心等公共设施布置在各区的边缘,并与公共汽车站、地下人行横道结合在一起。全市共有 164 个活动中心,按各地段的社会需求布置各有特点的内容。城镇的景观设计力求具有田园城市特色。

英国的新城建设,在一定程度上缓解了第二次世界大战结束后伦敦和其他大城市住房短缺的压力,处理了郊区的负面效应,为居民提供了较好的生活和工作环境,创造了由具有充分自主权的开发公司对新城统一进行规划、设计、建设和管理的经验。

---

①② Francois Bedarida, *A Social History of England 1851-1990*, p.233.

第三节　城市更新与城市复兴

　　田园城市给城市发展提出了一种思路，新城建设在一定程度上缓解了大城市拥挤，疏散了大城市人口，但也导致了市中心的衰退。1929年开始的大萧条，及随后的第二次世界大战，极大地破坏了英国经济及城市，虽然经过战后的重建或恢复，但是20世纪60年代的普遍经济衰退，又对城市发展、特别是对老城区的发展提出了新的挑战。像伦敦、格拉斯哥、曼彻斯特、伯明翰、利物浦、设菲尔德、卡迪夫等，或多或少面临着产业转型带来的挑战，这些城市面对各种困难，历经多次改造，从城市更新，城市再生，21世纪又普遍进行城市复兴，不断寻找着恢复英国城市往日辉煌的道路。

一、"城市更新"到"城市再生"

　　"城市更新"（urban renewal）和"城市再生"（urban regeneration，又称城市重建）是城市后工业化的产物。

　　英国作为最早实现城市化的国家，城市化的程度高，如今城市化率已达92%。二战后，英国历经十多年的繁荣后开始衰退，城市发展面临巨大的挑战。城市经济结构重组使城市由制造业中心转变为第三产业的基地和消费场所，严重打击了老工业城市的发展。1960—1981年，伦敦失去了51%的制造业工作，而伯明翰、曼彻斯特、格拉斯哥等则平均失去了43%。1961—1975年，伦敦的450万从业人员中有50万人失业。

　　其次，过度郊区化负面后果出现，使得城市的许多功能从市中心或内城向郊区或城市群转移。城市向郊区扩展，人口和工业向郊区迁移是一种城市发展的自然结果，新城运动又有计划地疏散大城市人口，导致郊区化逐渐失控，过度郊区化，城市人口大幅度下降，不能充分利用已有的各项服务设施，城市税收大减，对城市发展带来了深刻的不利影响。

　　最后，产业布局由城市向乡村转移，也在一定程度上加剧了城市的衰退。城市高额的租金、生产成本的上升、老城区存在的问题，农村租金的价格优势、巨大的扩展潜力使乡村工业区位优势出现，工业投资离开城市转移到乡村地域，产业布局从城市转移到乡村，无疑极大地加剧了城市本身的衰落。1960—1981年农村制造业工作岗位上升了24%。到20世纪末，从都市向非都市区的移民数量明显超过从非都市向都市移民的数量，都市始终处于丧失人口的状态。

表 11-4　1991—2000 年在都市与非都市间迁移人数(单位:千人)

年　份	从都市向非都市	非都市向都市	都市净丧失人口
1991	301	239	62
1992	338	260	78
1993	33S	259	76
1994	343	257	86
1995	356	271	86
1996	366	282	84
1997	377	280	97
1998	385	284	101
1999	375	289	85
2000	388	285	103

Source: NHSCR records of patient registrations and deregistrations by Family Health Service area (FHSA), 1991—2000.

这一切,导致了 20 世纪英国城市辉煌不再。城市从经济、人口到基础设施都面临巨大的挑战,许多城市中大量建筑和土地被闲置,环境品质下降,失业者增加,各种城市问题纷至沓来。这种衰退在那些传统工业城市和区域表现得尤其明显,特别是那些传统上以化工、纺织、钢铁制造、造船、铁路运输为支柱产业的地区。20 世纪 40—70 年代出现了旧城改造或城市更新浪潮。二战后规模浩大的城市重建工作在全国范围内展开,新建住宅区、改造老城区、开发郊区以及城市绿化和景观建设。这一阶段的城市更新运动,采用"推倒式重建"的粗暴方法,对城市的衰败地区进行重新规划,通过保护、修缮、拆迁或重建来改变城市中产业和人口的地域分布,并使城市的物质环境现代化。1978 年颁布的《内城法案》,将其城市发展计划从支持新城开发转向内城振兴。城市更新从大量贫民窟清理,转向综合整治社区邻里环境,恢复振兴社区邻里活力;从急剧的外科手术式推倒重建,转到小规模、分阶段和适时地谨慎渐进式改善。到 20 世纪 80—90 年代,英国从特定地区城市社会问题的"更新"改良转变为综合的城市再生计划。

撒切尔夫人的保守党政府上台后,推崇市场经济,用建立企业区、城市开发公司和规划审批特区解决内城衰退问题。"企业区"就是在内城区内建立一些开发区,培育小公司,发展地方经济,解决就业。从 1981 年到 1993 年,在英国共成立了 13 个城市开发公司,利物浦的默西塞德开发公司和伦敦码头区开发公司(LDDC,1981 年 11 月)成为第一批城市开发公司。1991 年 5 月发起的城市挑战政策,成为当时最大的城市政策预算项目。它鼓励地方权力机构与公共部门、私人部门和自愿团体建立伙伴关系联合投标。城市竞标政策仍强调地产开发，但地产开发已开始与地方社区合作及为弱势群体提供就业紧密联系起来，同时它也试图从长远计划、整合不同发展计划和相关机构。1993年11月，国家环境部提出专项再生预算，标志着英国城市政策的重大调整。

20世纪中下叶的城市更新到城市再生政策试验，试图解决城市内部衰退问题，从单纯的物质环境的改善发展到较为全面的社会改造，取得了一定成绩。

二、"城市复兴"

虽然20世纪下半叶的城市更新和再生政策解决了某些城市问题，但是，面临衰退的这部分城市仍然承受着复杂的经济、社会、环境压力，市中心地段交通拥堵，污染严重，缺少足够的公共和绿化空间，城市生活质量下降。英国最富有的首都伦敦拥有英格兰22个最贫困地区中的14个。为了全面解决城市发展问题，早在20世纪70年代中期的《英国大都市计划》中就提出了"城市复兴"（urban renaissance）的概念。1999年，"城市工作专题组"完成的《迈向城市的文艺复兴》的研究报告，将城市复兴首次提高到同文艺复兴相同的历史高度。

"城市复兴"就是全面解决城市问题，寻求经济、社会及自然环境条件上的持续改善，重新汇聚人气，让生活在城市中的人满意。最早的成功典范是伦敦东部码头区（Dockland，又译道克兰）试验。码头区是伦敦最古老的地区之一，19世纪世界上最繁忙的一个港口区。20世纪中叶，产业转型导致码头区加速衰落，70年代末到80年代初，码头区失去了25%的工作岗位。虽然它靠近伦敦中心，但疏离于伦敦交通网。1981年，伦敦码头区开发公司成立，致力于该地区的重建，建筑设计不受限制。1998年，码头区增加了一条贯穿半城的轻轨，增加了更多四通八达的交通路线；经济上获得了近百亿投资，新建2700家商贸单位和2万多幢房屋，大量风格各异的现代建筑、伦敦市的最高建筑，彻底改变了码头区外貌，就业人口增长一倍，码头区成为了最繁华、现代的商业区之一。

伯明翰曾是五金工业基地，有着全英最复杂的运河系统。伯明翰用"混合使用改造"把人重新带回到城市中心。一是把道路人性化改造，"拉平"道路，把地下通道拉回地面，拆除部分高架桥，把车行道还给行人。二是在高级公寓周围兴建大量配套设施，把公寓、写字楼、美术馆、餐馆和酒吧等结合在一起。三是改建运河周边地区，鼓励人们把水道变成健身房、图书馆、咖啡厅或者约会场所,等等。牛灵市场则全部推倒重建,建成类似宇宙飞船的标志性建筑,与古老的圣马丁教堂相映成趣。

利物浦借"欧洲文化之都"为城市复兴的催化剂。利物浦曾经是英国第二大港,重工业的衰落和产业结构的调整使其面临严峻挑战。2008年,利物浦击败了伯明翰、卡迪夫、纽卡斯尔、牛津和布里斯托等对手,当选为"欧洲文化之都"。利物浦借此机会大兴土木,发展城市的文化和旅游基础设施,用贝壳型的利物浦回声体育馆、新BT大型会议中心、巨型购物中心"利物浦一号"、甲壳虫乐队主题的"艰难岁月宾馆"打造全新的利物浦。

爱丁堡拥有大山、湖泊、城区、巷道、古堡,王子街把中世纪古城和18世纪新城分成南北两部分。复兴运动中,爱丁堡在山底城郊建设了外观古怪的苏格兰新国会大厦,门窗蔓延着交错的木桩,科技中心犹如到处支楞着长长桅杆的大帐篷,与远处的古堡遥遥相对。

格拉斯哥拥有完好的维多利亚建筑群,与最时髦的专卖店和酒吧错落有致地镶嵌在一起。该市"重新使用"(reinvented)古旧建筑及穿城而过的克莱德河,使格拉斯哥焕然一新。从20世纪50年代到70年代,拆除和重建改变了工业城市的外观,1976年改用高质量的设计保护城市原貌,如旧银行、老医院成了范思哲、拉尔夫·劳伦品牌专卖店;水果市场改造成时装秀或派对场所。还利用英国重要交通枢纽之一的区位优势,建起英国最大的公共交通网络,并依此大力发展自己的商业,把格拉斯哥建成了全新的、现代的金融区、商贸区和住宅区。最后,充分利用文化资源优势,在河岸地区兴建格拉斯哥科学中心和会议中心,崭新的帆船形会议中心与两座奇特的圆形赌场相呼应,1999年获得了"英国建筑和设计之城"的美誉。

威尔士的卡迪夫以海湾和滨水地区发展项目实现了从传统制造业城市、港口城市向新的消费娱乐现代城市的转型,创造出一个成功和自信的现代卡迪夫。

英国城市复兴享有共同的理念,即适应产业转型,重新汇聚市中心人气,创造再度辉煌,而又各具特色。一些城市通过运用博物馆、画廊、会议中心以及其他文化发展项目,综合提升了它们的文化、经济和城市形象。伯明翰的国际会议中心吸引了著名的交响乐团、歌剧团和芭蕾舞团纷至沓来;设菲尔德市的文化产业区,以及1991年的世界大学生运动会更成为城市复兴的催化剂,给城市留下了高水准的体育、休闲综合设施;利物浦不仅成功改造了一个包括画廊、海洋博物馆以及电视新闻中心在内的规模宏大的艺术、休闲和零售商业为一体的综合设施,而且甲壳虫乐队的丰富文化遗产和英国肥皂剧《小溪边》(Brookside)的成功,进一步改善了城市形象。这些城市通过不同途径,重新积聚了人气,更人性化。城市复兴的结果,从英格兰到苏格兰,从威尔士到首都伦敦,英国工业城市的景观发生了翻天覆地的变化:大型工厂被拆除、整改或者迁移,原来滞留在市中心的厂房、旧建筑都被重新改造并赋予新的价值,不少城市经历了再次辉煌。

当然,城市复兴也不全是华彩篇章,也出现过许多不和谐的东西。如格拉斯哥的现代化,在一定程度上丢失了个性和祖辈的岁月印记。伦敦码头区过分强调商业开发价值,忽视社会价值和当地居民的需求等等。

三、绿色伦敦

作为世界上第一个工业化和城市化国家,伦敦不仅是英国和帝国的心脏,更是世界的金融中心、世界时间的控制者。

第一次世界大战后,伦敦郡的人口继续下降,但伦敦外围的人口增长神速,20世纪20年代,大伦敦再次超过了英格兰和威尔士人口增长水平。在1841—1911年期间,英国一半数以上的新工作在服务业,其中有1/5在伦敦和米德尔塞克斯。1932年大萧条期间,当英国的平均失业率为22.1%时,伦敦仅为13.5%。1870—1935年期间,伦敦的实际工资翻了一番。[1]

然而伦敦也有着雾都的称号。19世纪末,伦敦雾日达3个月之久,20世纪50年代,雾日还有50天左右。伦敦的空气污染到达了一个临界点,并获得了一个新词"smog"。严重的水污染使1858年的伦敦留下了"奇臭年"的记载。当时的泰晤士河简直成了巨大的臭河。为此,20世纪中叶以来,伦敦采用种种措施,改变伦敦的雾与臭。

先是立法改善空气质量。调整工业布局,在源头上减少煤烟污染。1956年,英国政府首次颁布了《清洁空气法案》,把发电厂和重工业等煤烟污染大户迁往郊区,城区禁止使用产生烟雾的燃料。1974年的《空气污染控制法案》规定了工业燃料里的含硫上限,改变居民取暖方式,用气或电取暖。1995年的国家空气质量战略,规定各个城市都要进行空气质量的评价与回顾工作。采取措施降低尾气污染。20世纪80年代开始,持续增多的汽车取代煤成为城市大气污染源,有害物质在阳光中的紫外线作用下发生复杂的光化学反应,产生以臭氧为主的"光化学烟雾"。从1993年1月开始,所有在英国出售的新车都必

---

[1] Martin Daunton(ed.),*The Cambridge Urban History of Britain,1840-1850*,Vol.3,p.122.

须加装催化器以减少氮氧化物污染。不过，直到2005年，伦敦大气中的可吸入颗粒物和氮氧化物含量仍高于欧盟空气质量目标限定的最高含量。2009年10月，伦敦市长的《空气质量策略草案》，仍然在努力改善伦敦空气质量，降低交通运输、家庭、办公室等的污染排放，提高公众的空气质量意识，鼓励可持续的旅行行为。

发动市民参与绿色交通。鼓励市民减少使用私家车，乘坐公交车或骑自行车上下班；乘坐公共交通工具旅行，使用更清洁的能源。一方面继续大力扶持公共交通事业，征收"交通拥堵费"，限制私家车。目前伦敦有85%的人在上下班时使用公共交通。伦敦还将鼓励居民购买排气量小的汽车，推广高效率、清洁的发动机技术以及使用天然气、电力或燃料电池的低污染汽车。另一方面倡导绿色出行，从源头上改变交通观念。21世纪以来，以自行车为标志的"绿色交通"异军突起，越来越多的伦敦市民选择自行车作为代步工具。2007年，伦敦推出自行车出租服务。目前，伦敦已有350多条、1 000英里长的自行车专用线路，全英有8 000公里的自行车专用道。世纪之交，伦敦还新建了一座穿越泰晤士河的步行千禧桥。

通过城市绿带和城市绿地营造绿色环境。1947年的《城乡规划法》指定了伦敦周围的绿带。到20世纪80年代，伦敦绿带面积已达4 434平方公里，与城市面积（1 580平方公里）之比达到2.82∶1。城市里的绿地面积也不断扩大，伦敦的绿地覆盖率达40%，人均绿地面积达到30平方米。内伦敦绿地以规模较小的公园和开放空间为主，分布密集。如位于内伦敦西北部的卡姆顿只有22平方公里，却有58处公园和开放空间。外伦敦绿地规模较大，有大面积的公园和开放空间，还有不少自然保护区。

这些举措逐渐有效地改善了伦敦的大气。1975年，伦敦的雾日由每年几十天减少到了15天，1980年起降到5天，伦敦基本摘掉了"雾都"的帽子。不过，从雾都伦敦到绿色伦敦毕竟还有漫长的路要走。随着现代科技的发展，新的污染源会不断地出现，考验人类的治理能力。

绿色伦敦还需要解决水体污染问题。20世纪中叶，伦敦的河水与伦敦杀人雾一样臭名昭著，于是从1955年起，伦敦建设了多座污水处理厂。1975年后，继续改造污水处理设施，把4个废弃的水库改造成了占地105英亩的伦敦湿地中心，并建立起一套完整的污染监测系统，严格控制各污染源的排放。1994年建成了泰晤士河水环形主管道工程——自地铁建成之后伦敦最大的隧道工程。泰晤士河已经成为国际上治理效果最显著的河流，也是世界上最干净的河系之一，达到饮用水水源水质标准。

绿色伦敦离不开绿色家居。20世纪初，伦敦居住过度拥挤仍然达到16%。第二次世界大战后，英国开始推行公共廉租房（council house）政策，政府负责向无家可归者及其家庭和特别低收入家庭或个人提供公共廉租房。在1945—1976年期间，英国共建造了400多万套廉租房。撒切尔夫人上台后的私有化浪潮中，大量廉租房以相当优惠的价格向居住者出售，布朗政府再次启动廉租房建设。2009年初，布朗提出了50年来规模最庞大的政府廉租房建设计划，为低收入群体提供起码的居住地。可以说，伦敦基本解决了居住的拥挤问题。

可见，20世纪以来，市区的供水、排污、照明、垃圾处理、交通等逐步走上正轨，伦敦再也找不到狄更斯描写的垃圾山了，自行车与健步如飞一起成为伦敦新景观。伦敦真正成为清洁、环境优美的城市。

（陆伟芳）

第十二章　城市管理与城市生活

随着城市的发展,英国传统的乡村社会结构、管理模式面临着巨大的挑战。城镇的迅速兴起、人口向城镇的迁移,使英国社会面临着前所未有的新问题。城镇的布局、街区的规划、住房的建设、基础设施、人口、生活等问题重重。为此,英国在城镇管理方面进行了许多探索,城镇管理经历了从无到有、从自由放任到多方干预、从"迷信"完全私有到实行公用事业市营的过程,为城市治理提供了许多有益的经验和教训。而城市社会生活的丰富多彩,宗教生活从虔信到世俗、从国教到多元,反映了时代的变迁。

第一节　城市政府的改革

城市的急剧扩大、城市人口的迅速增加、城市功能的发展变化,使新兴的城镇面临日益严重的社会、经济、治安等管理方面的问题。工商业资产阶级的经济力量急剧增长,但在城市政治生活中没有发言权。北方一些工业城市,如伯明翰、曼彻斯特等,本身是非国教徒的天下,其兴盛繁荣全赖非国教徒,但因《宣誓法》和《市政社团法》的制约,非国教徒被剥夺了政治权利,没有参与地方管理的权利。工商业资产阶级的强大经济实力与政治上的无权状态极不相称。

一、《1835年城市自治机关法》

英吉利民族崇尚传统,尊重地方自治。18世纪以来,亚当·斯密宣扬的"自由放任"几乎成了英国的金科玉律,人们深信市场这只"看不见的手",视国家干预为对自由和市场经济的粗暴干涉。因此直到19世纪,城市政府大多是历史遗留下来的模式,分为自治城市和没有取得自治权的城镇。

没有取得自治权的城镇与周围的乡村一样,依然处于郡守和治安法官的统治之下,缴纳郡区税(county rate)。[①]自治城市历史悠久,有王室"特许状",

---

① Derek Fraser, *Power and Authority in the Victorian City*, Basil Blackwell, 1979, p.2.

有权选举自己的市政官员,由市政官主持管理城市内部事务,还有权选举自己的市长和市议会。自治城市的市政官往往为城市豪门所控制,只为城市有产者利益着想,不关心城市大众的福祉,低效无能。

面对日益复杂的城市问题,这两类城镇大多以提请议会通过地方法案的方式,建立"改善委员会"解决专门问题。伯明翰和曼彻斯特的改善委员会工作较为成功。早在18世纪下半叶,伯明翰的改善委员会就曾成功地清除了街边有碍交通的障碍物,并铺设人行道、安装了街道照明设施。19世纪初,委员会获得了新的权力,征收新税和举借贷款。随着经济实力的增强,其工作更有成效。曼彻斯特的第一个改善委员会是1765年成立的警务委员会,到19世纪40年代,它已涉足铺路、照明、拆迁、消防、供水、清洁和煤气供应等领域,进行专项治理。

英国城市政府的改革,以1835年的《城市自治机关法》为开端。该法规定,在178个城市里,用选举产生的城市政府取代旧的市政官,为全国统一了市政选举的资格标准。城市政府由市议会、市参事会和市长构成,市议会成员由该城所有缴纳地方税、并有3年居住资格的人投票选举产生,市议会再选举市长、市参事会;市议员任期3年,每年改选其中的1/3,参事员任期6年,每3年改选1/2,市长任期1年,可连选连任。定期审计地方政府开支;市政收入必须用于当地居民;地方政府可以制定必要的法规;市议会的讨论公开,允许公众旁听,市政官员对选民而非上级负责。自由、公开、民主的城镇政府,取代了封闭的旧式城镇寡头的统治,打破了城镇寡头对城镇的行政垄断。

1835年的市政改革法,使那些经济强人在市镇领域取得了与之相应的领导地位,尤其是在新兴工业城镇中,工商业资产阶级很快掌握了政权。以曼彻斯特周围的工业城镇为例,罗契代尔和索尔福德的市议会中,从1856—1890年,工商业资产阶级的比例从52.5%上升到80.35%,在布莱克本和博尔顿的市长中,有60%以上是工商业资产阶级出身。[①]

英国地方政府改革以1835年改革为起点,在民主的基础上建立起新的市政府,以适应日益变动的城市社会,逐步发展成现代城市政府。由于它从一开始就建立在权利(选票)与义务(纳税)相统一的基础上,重在其职责——为城镇大众服务,而不在其官位和个人得失,因此这种新的市政官员已不再是旧式的城市寡头,而是现代"公务员"了。

---

① 转引自李宏图:《英国工业资产阶级与社会政治现代化模式》,载《世界历史》1992年第2期。

1835—1870年为分散式自治模式,即在中央没有相关部委管理城市政府。城镇当局针对城镇事务的繁杂和地方事务的专门性,创设了许多专门机构,如早在1834年就成立了济贫法委员会、1835年的公路局、1848年的卫生局、1870年的教育局,到19世纪70年代,各式的地方性局、委有700多个。①期间中央通过了许多法令、条文,但大多是"任意非强制性的",因此"未能通过中央控制作用来改变自治市大小不等、区域划分和地方管理多样化的局面。所以当时的多数地方政府仍然存在腐败和低效问题"。②

1871年起为集中领导模式。1871年在中央成立了地方政府部,统一规划指导地方政府工作,冲击了地方自治传统。1872年设立内政部,③加强中央对地方的指导和监督,并逐步充实中央政府的管理机构,开始了中央政府部门对地方政府的统一协调过程,建立起现代的政府机构。由此出现了19世纪晚期典型的中央控制的混合形态:高度精细的立法规范,轻描淡写的实施动作。多如牛毛的立法、地方差异的迥然,使得地方政府部的实际工作成效仍然有限,大量精力被消耗在细节里。到20世纪20年代,其真正的价值仍然模糊,甚至其更有意义的权力如审查地方当局账款、批准地方法规、批准地方借款仍然属于应付性的而非指导性的。④

二、郡级自治市

世纪之交是中央——地方关系的关键时期,这些年里地方当局经历了强烈的财政危机,又处于日益增长的提高绩效的公众压力之下。⑤地方当局数量庞大,管理难度大。《1888年地方政府法》在英格兰和威尔士设立了62个郡,61个人口在5万人以上的郡级自治市(County borough)和伦敦郡,首倡郡级自治市建制。郡和郡级自治市官员均由选民直接选举产生。各城市当局不断努力,寻求改善自己的地位,那些不是郡级自治市的城镇寻求郡自治市地位,而郡级自治市则寻求扩展其边界,吸引边界外的郊区。1889—1922年,创立了23个新的郡级自治市,182个已有的郡级自治市提出了扩展边界的要求。郡级自治市认为其郊区已经成为"免费乘客",使用其服务而无需支付自治市税

---

① Derek Fraser, *Power and Authority in the Victorian City*, p.153.
② 阎照祥:《英国政治制度史》,人民出版社1999年,第365页。
③ 内政部(Home Office),负责国内事务的部门,处理法律、治安、移民、社区和种族关系、广播和政治选举等事宜。
④ Martin Daunton (ed.), *The Cambridge Urban History of Britain, 1840-1850*, Vol. 3, pp.268-269.
⑤ Ibid., Vol.3, p.273.

收;那些在1888年尚未获得郡级自治市地位的迅速发展的城镇痛恨其作为所在郡"肥牛"的境地,郡议会则拒绝放弃最有钱的可纳税财产。例如1913年,卢顿、贝德福、剑桥申请获得郡自治市地位,这将会使贝德福郡和剑桥郡黯然失色。① 自治市不仅关注它们税收基础的扎实,而且关注地方政府和地方经济间更广泛的关系。在拥挤的西雷丁,1919年设菲尔德建议"并吞"罗瑟姆,增加10.7万公顷土地,导致利兹担心这个邻居会成为"西雷丁的大都市/首府"。《1894年地方政府法》进一步简化了地方机构,在62个郡议会辖区内建立了535个市区议会、472个乡村区议会和270个5万人以下的非郡级自治市议会。

1926年立法规定,设立新的郡级自治市只能通过地方法程序进行,费时费力,因此直到二战期间,只有邓卡斯特获得了郡自治市地位。自治市的扩展也没有停顿,1926年后从郡变成自治市的区域比以前都要大。②

这样的地方政府无法应付20世纪的政府发展,国家和公众对地方的缺陷不再那么容忍,强制权力的负担日重,强化了各城乡机构间的不同,高税率郡市寻求吸收其边界外的郊区,而邻近郡当局则同样热衷于保有它们。小自治市抵制与大自治市合并。③

20世纪中叶,对地方政府改革进行过多次调研,提出了不少建议方案,但因种种原因都无疾而终。直到1972年的《地方政府令》撤销郡级自治市,原郡级自治市大多并入附近的郡。在英格兰和威尔士设53个郡,分为47个郡、6个城市郡、1个大伦敦市,分别辖333个郡区、36个市区、36个伦敦自治市和伦敦城。

这次地方政府改革撤销了郡级自治市,但根据城市发展的现状,设立了6个城市郡,下辖36个市。新设立的城市郡往往以一两个大城市为中心,包括若干小城镇和郊区,体现了城市发展的区域性特色和都市区发展的现状。这6个城市郡分别为:利物浦、曼彻斯特、伯明翰、利兹—布雷德福德、设菲尔德、纽卡斯尔—桑德兰。改革后城市郡下辖的市区要比以前的城区大得多,而且拥有更多的权力和实力。

三、伦敦城市政府的变迁

1835年的地方政府改革绕过了伦敦。伦敦的边界范围始终在发展变化。1851年的人口普查,称伦敦是大于伦敦城1平方英里的区域,即伦敦不等同于

---

① Martin Daunton(ed.), *The Cambridge Urban History of Britain*, 1840-1850, Vol.3, p.276.
② Ibid., Vol.3, p.277.
③ Ibid., Vol.3, p.284.

伦敦城。这个定义为 1855 年的大都会公共事务委员会(MBW)和 1888 年的伦敦郡提供了治理的大致范围。另一方面,19 世纪 70 年代的统计表上出现了另一个单位——大伦敦,它相当于伦敦警务区的管辖范围,即以查灵十字路口为中心伸展 24 公里的区域。①所以不同的时期伦敦代表的地域范围并不完全相同。随着时间的推移,伦敦从只有 1 平方英里的伦敦城,扩展到包括伦敦城外的区域,再到大伦敦这样的历史演变。②

尽管伦敦人口在增长、地域在扩展、内涵在改变,但是其管理却相对滞后。1835 年的《市镇自治机关法》用民选的市政府代替了城市寡头的统治,但是伦敦置身事外。伦敦传统机构比较著名的是伦敦城的伦敦法团,大致包括伦敦市首长、伦敦市市府参事法庭和普通议会法庭。伦敦法团只负责古老的伦敦市中心处 1 平方英里大的伦敦城,也就是伦敦的主要金融区。伦敦的地方基层组织是教区,规模较大的由选举产生教区委员会管理,规模小的则由几个教区组成区议会管理。③后来又逐渐设立了许多名目繁杂的专门机构,像卫生委员会、教育委员会、警务委员会等,各司其职。在 19 世纪中叶,整个伦敦大约有着 300 多个区委员会,受大约 250 个地方法指导,1 万多人从事伦敦的各项管理工作。④仅铺路就有 84 个互不相属的委员会。⑤伦敦处于多头多层管理状态。

1855 年大都会公共事务委员会的创立是伦敦管理史上的第一个重大举措,创造了一套表面上的两级体制。"上级"是大都市公共事务委员会,它从划分的选区(与议会选区地域范围相同)、即从教区委员会(每个有一两个代表)、区委员会和伦敦城中产生的 46 个成员组成。这个伦敦范围的机构负责伦敦的基础设施建设,如控制排水、改善城区、管理街道与桥梁、管理消防队。在基

---

① Martin Daunton(ed.), *The Cambridge Urban History of Britain*, 1840-1850, Vol.3, p.96.

② 今天的伦敦的行政区划分为伦敦城和 32 个市区,伦敦城外的 12 个市区称为内伦敦,其他 20 个市区称为外伦敦。伦敦城、内伦敦、外伦敦构成大伦敦市。大伦敦市又可分为伦敦城、西伦敦、东伦敦、南区和港口。伦敦城是金融资本和贸易中心,西伦敦是英国王宫、首相官邸、议会和政府各部所在地,东伦敦是工业区和工人住宅区,南区是工商业和住宅混合区,港口指伦敦塔桥至泰晤士河河口之间的地区。

③ William Blake Odgees, *Local Government*, London: Macmillan, 1913, p.223. http://www.archive.org/stream/localgovernment00odgerich/localgovernment00odgerich_djvu.txt.

④ J. Renwick Seager, *The Government of London: under the London Government Act*, 1899. London: P. S. King & Son., 1899. Introduction, xi. http://www.archive.org/stream/governmentoflond00seag/governmentoflond00seag_djvu.txt.

⑤ H. Jephson, *The Sanitary Evolution of London*, London: T. F. Unwin, 1907, p.12. http://www.archive.org/details/sanitaryevolutio00jephuoft.

层,它保留了23个最大的教区,把55个较小的教区组织到15个区,从而挽救了教区制度并使之长期存在。①

《1888年地方政府法》奠定了伦敦地方政府的基本轮廓,创立了一个事实上的两级制政府,这种形式一直持续到1986年废除大伦敦议会为止。除了基层原有的教区委员会和区议会外,在上层废除了没有实权的大都市公共事务委员会,设立了由居民直接选举产生的伦敦郡议会(LCC),伦敦有了一个集中的市政当局。②伦敦郡议会包括了118名议员、19名参事和1名主席。其中议员由选举产生,伦敦城产生4名议员,其他57个议会选区各选出2名。3年后全部改选。参事员由郡议员选举产生,每3年改选其中的9—10人。每周二为郡议会开会日,由26个常设委员会负责日常工作。③伦敦郡议会扫荡了铺路、照明委员会百年来积聚起来的错综复杂的机构,掌管伦敦城市管理的几乎所有权力。

伦敦城市政府创新的第三个重大步骤——《1899年伦敦政府法》。《1899年伦敦政府法》仍然实行两级体制,在伦敦郡内重组了28个都市自治市,加上一个伦敦城,④由选举产生的市长、参事和议员管理。参事员为议员人员的1/6,市长也由自治市议员选举产生。自治市议会接管了教区、区及各种专门委员会的所有权力,但保留了权力在中央和地方间的分配,为随后65年的伦敦政府架起了框架。都市自治市成为都市基层地方政府的基本单元。这种伦敦郡议会的权力与都市自治市当局制衡,试图平衡地方与中央权力的做法,从1899年一直延续到20世纪60年代。进入20世纪后,伦敦郡议会又面临着快速城市化发展,整个大都市地区仍然属于众多互不隶属的行政区管辖。

据《1963年伦敦政府法》,伦敦郡改组扩大为大伦敦,次年将原有的85个自治市重组为32个伦敦自治市,1965年创立"大伦敦地方议会"取代伦敦郡议

---

① Stephen Inwood, *A History of London*, Macmillan, 1998, p.433.
② Martin Daunton(ed.), *The Cambridge Urban History of Britain*, 1840-1850, Vol.3, p.102.
③ William Blake Odgees, *Local Government*, p.224.
④ 阎照祥:《英国政治制度史》,人民出版社1999年,第367页。这28个伦敦自治市为:巴特西柏孟塞(Battersea)、贝尔纳尔格林(Bermondsey)、贝思纳尔·格林(Bethnal Green)、坎伯威尔(Camberwell)、切尔西(Chelsea)、德特福德(Deptford)、芬斯伯里(Finsbury)、富勒姆(Fulham)、格林尼治(Greenwich)、哈克尼(Hackney)、哈默史密斯(Hammersmith)、汉普斯特德(Hampstead)、霍尔本(Holborn)、伊斯灵顿(Islington)、肯辛顿(Kensington)、兰贝思(Lambeth)、刘易舍姆(Lewisham)、帕丁顿(Paddington)、波普拉(Poplar)、圣·马里波恩(St. Marylebone)、圣·潘克拉斯(St. Pancras)、肖迪奇(Shoreditch)、南沃克(Southwark)、斯特普尼(Stepney)、斯托克·纽温顿(Stoke Newington)、旺兹沃思(Wandsworth)、威斯敏斯特(Westminster)、伍尔维奇(Woolwich)。

会,专门负责整个大伦敦地区的协调管理。1965—1986年间,伦敦一直保持着"大伦敦地方议会—各自治市议会"的双层制管理体制。

20世纪80年代撒切尔夫人政府推崇城市自治,通过《1985年地方政府令》,废除了大伦敦地方议会,建立起多头分散管理模式,大伦敦被分成32个较小的自治市和伦敦城,实行分散管理。伦敦市长同时被取消,伦敦成为一个没有市长的城市。地方协调管理的战略层次被上交中央,由中央政府的环境部承担地方的发展战略规划协调,由伦敦规划咨询委员会作为大伦敦发展的研究咨询机构。1994年又在9大区域设立"伦敦政府办公室"——中央政府在伦敦下派的办事机构,专事伦敦地方层次的战略规划和协调发展。在大伦敦议会被废除的十多年时间里,伦敦的总体发展缺乏战略性思路,城市发展零散不协调,地区不平衡,中央指令无法贯彻,各自治市恶性竞争,管理主体多元分散、分工不明、关系不清、利益纠缠不清等一直困扰着伦敦,抑制了伦敦的综合实力。

1997年5月,工党在大选中获胜,布莱尔政府进行了地方分权的改革。1998年5月,全民公决同意建立"大伦敦政府"。1999年的《大伦敦市政府法》,对大伦敦市政府的组织机构构成、运作方式、大伦敦市政府与各自治市的权力分配等做了明确的法律规定,大伦敦市政府和各自治市之间是合作和协调关系。2000年3月,新的大伦敦都市区市政府(GLA)成立,包括独立的32个自治市和1个伦敦城。大伦敦市政府由伦敦市长、①伦敦地方议会组成。伦敦市长由选民直接选举产生,伦敦地方议会由25名成员组成,与市长同时选举产生。改革后的大伦敦市实行市长和议会分权的管理模式。前者是伦敦对外形象的代表,负责政策制定,后者承担咨询职能,行使立法与行政权。大伦

表 12-1 伦敦政府管理体制的变迁

年 份	法 案	事 件
1855	地方政府法	大都会公共事务委员会创立
1888	地方政府法	伦敦郡议会成立
1899	伦敦政府法	28个大都市自治市议会成立、伦敦城不变
1963	伦敦政府法	建立大伦敦地方议会(1965),32个伦敦自治市,伦敦城不变
1985	地方政府法	1986年撤大伦敦地方议会,1900年撤内伦敦教育局
1999	大伦敦市政府法	2000年大伦敦都市区政府成立

---

① 大伦敦市长称"Mayor of London",伦敦城的市长称"Lord Mayor of London",为荣誉性职务。

敦市政府下设大伦敦警署、伦敦消防和紧急救济局、伦敦发展局、伦敦文化协会和伦敦交通局等机构。新的大伦敦政府模式,走出了自20世纪60年代开始出现的管理困境,取得了相当的成就,得到了公众的支持。

从19世纪30年代开始,伦敦多次试图建立有效的城市政府,从1855年设立大都市公共事务委员会的尝试开始,到1888年建立伦敦郡,似乎强化了中央化的趋势,但1899年改革似乎又强化了伦敦郡内的自治市的权力;1965年创立大伦敦地方议会,加强大伦敦政府权力,但1986年废除大伦敦地方议会,实行多头分散管理体制,强调自治市的权力;最后在2000年由工党建立大伦敦政府,最终确立起两级管理体制。伦敦政府的构建可谓一波几折,始终在权力的分散与集中之间摇摆不定。

第二节 城镇世俗生活

城市化不仅改变了自然面貌,用城市代替乡村成为生活的主体,而且也改变了人们的主观世界和精神生活。人们享受着丰富的物质财富,又享受着丰富的精神生活。与城市发展同步进行的,还有精神世界的丰富、日常生活的改观,更有娱乐休闲从贵族走向大众的历程。无论在衣食住行,还是娱购休闲方面,都有了新的元素、新的色彩。

一、城镇日常生活

近现代英国物质生活逐步改善,从早期的温饱状态,提高到后期富裕的物质生活水平。

英国的服饰经历了巨大变迁,从初期重装饰分阶级的衣着,演变成21世纪初的简洁大众化衣着。男装从华美趋于庄重简洁,引领世界男装潮流。服饰简单划一,变化在于外套的剪裁、衣领、肥瘦变化等;直线长裤,没假发,戴高帽。1840年以后,英国城市男子的衣着均以灰暗色调为主。办公人员或专业人士通常穿白色衬衫、黑色外套和长裤。19世纪末期,男装专业分化,各式专用运动服装、旅行鞋子、外套开始出现。20世纪牛仔服大行其道。不过,直到二战后,多数英国人,特别是男子的服饰仍然比较庄重。无产者一般穿样式朴素的厚重衣服,如剪裁短小的夹克衫、工装裤。

女装则从繁复到时尚。近代初期,有着各种专门功能的服装,华美而多样化,如晨服、散步服、拜访服、待客服、旅行服、打猎服、高尔夫服、戏剧服、晚礼服等。女服束身勒腰，用鲸箍撑起硕大的裙子，装饰大量蕾丝、细纱、荷叶边、缎带、蝴蝶结、折皱、抽褶。到 19 世纪晚期出现了更轻便的女装，少数女性开始改穿长裤。下层社会的女装以宽大便利为主，适合工作需要。

20 世纪，尤其是两次大战后，服装的阶级差异日益消失，时尚与流行主宰了一切。几何形、非对称型、军服式、性感化、女装男性化和男装女性化。造型和样式花样翻新，明星和模特的新潮时装引导时装潮流。女性服饰由传统走向开放，服装趋向简洁明快，内衣变成时装精品。随着 60 年代的妇女解放运动的推动，束缚女性身体的东西逐渐失宠，但暴露女性身体、衣料越来越少的时装开始大行其道。在服装种类上，工装裤、牛仔裤、夹克衫、T 恤衫、遮阳帽、旅游鞋逐渐模糊了人们在衣装上的阶级差别。虽然说直到 20 世纪中期还有"白领阶层"和"蓝领阶层"着装的明显差异，可是到 20 世纪后期，下层人穿白衬衫或上层人穿工装服者也不乏其人，很难从服装上判断他人地位的高低。女装的另一变化是一战后裙摆变短，露出小腿，拖地长裙只在特殊场合出现，到二战后彻底变成历史，超短裙成为新宠，喇叭裙进入大众视野。超短裙是由英国普通女设计师玛丽·奎特首倡，先在美国受到追捧，然后才被英国人接受。现在超短裙甚至成了时髦少女的标志。

帽子是英国文化的一种象征符号，不仅反映时尚潮流的走向，也是身份的象征。19 世纪，男子都戴高筒礼帽，女性戴女帽，还有睡帽。直到 20 世纪上半叶，社会上几乎所有的中上层成年男子，在公开场合都要戴款式相近的呢质礼帽，而中下层男子则习惯于戴鸭舌帽和工装帽。从 20 世纪中叶起，帽子逐渐消失，不再是服饰的组成部分。

到 20 世纪晚期，英国人在着装方面相当宽容和随意，再新潮的服装都见怪不怪。超短裙、比基尼展示青春的风采，甚至天体主义也已稀松平常。

饮食方面，有产者起初大享口腹之欲。在当时，吃肉是地位的象征，鱼或家禽通常也被作为肉食的一部分，很少吃蔬菜。到 19 世纪 90 年代，即使富裕的中产阶级家庭，也几乎把收入的 1/4 花在食物和饮料上。[①]晚餐成为正餐，更丰盛、正式，时间通常比较晚。"面包加油沥"是贫民家庭常见的膳食组合。面包是他们获取营养的主要来源，还有面粉、土豆、蔬菜等。到 19 世纪晚期，英国工人的饮食状况才有所改善。英国还形成了喝下午茶的风俗习惯。华丽的客厅、精美的茶具、上等茶品、纯英式点心，衬以悠扬的古典音乐，构成维多利

[①] 约翰·巴克勒、贝内特·希尔、约翰·麦凯：《西方社会史》，霍文利等译，广西师范大学出版社 2005 年，第 58 页。

亚式下午茶浓郁的文化氛围。

今天,英国人的饮食以简易单调和缺乏特色出名。英式特色食品三明治、炸鱼薯条(fish & chips)即是典型的简单化食品,备受各阶层青睐。现在,早餐食用牛奶泡麦片,中餐是简单的三明治,晚餐相对正式,三餐间有茶和糕点,周末正餐后有自制的蛋糕作饭后甜点。科技的进步、生活节奏的加快和快餐似乎又加重了他们的这一特色。20世纪70年代,超级市场和连锁食品店陆续出现,冰箱冷柜进入各家各户,使人们的饮食更加简单便捷。舶来食品、冷冻食品、罐头食品、暖房培植食品、化学合成和高产食品、机械化速成食品和新式饮料的大批量生产,使人们逐渐拉开了与传统饮食方式的距离。作为对自己平时单调化的一种补充,人们也越来越经常地前往中式、法式、意大利式餐馆和日本料理店,品尝多样饮食,变换口味。①

有产者竭力改善住房条件,增加设备,使住房布局更趋合理,家庭生活更加舒适。壁炉是英国居住必不可少的设施。到维多利亚时代中期,富人阶层已可以享用到便利的浴室设备,英国人逐渐养成了洗澡的习惯。相对于有产者居住模式中公共领域与私人领域的分离而言,工人居住得还很拥挤,大多是背靠背的住宅,有上下分布的两个房间,简单的家具,简单的厨具。19世纪中期以后,工人的居住状况得到改善。工人阶级住房都单独排列,前后门俱全。后门通向一个砖墙围起的小院,可以种些植物、晾晒衣服、堆放杂物。房间数量也有增加。一楼通常是厨房和客厅,二楼则是父母与子女分开的卧室。清洁方面,工人家庭一般定期到公共浴室洗澡,也有的在厨房的锡制浴盆中擦洗身体。

20世纪的住房建设受到政府重视,从40年代后期开始,英国两党在大约20年里实行"建房竞赛"。造型比较简易的"红砖公寓房"在英国各地大量出现,许多下层人依靠政府的补贴搬入了社区廉租公房,在撒切尔夫人的私有化浪潮中,这批公房又廉价出售给个人,使普通英国人都拥有了自己的住房。通过贷款和分期付款购买商品私房的人越来越多。

在出行方面,在工业革命前,步行是基本的出行方式,上流社会自然拥有马车。到19世纪,从公共马车、有轨电车,到地铁,大大扩展了人们的出行半径。20世纪,地铁、公交、私人轿车成为许多人必需的交通工具。1930年,英国拥有的私人小汽车达100万辆以上,特别是奥斯汀牌小汽车最受人欢迎。拥有汽车的家庭增多,汽车出行成为主流,另外,火车、飞机使远距离出行成为

---

① 阎照祥:《英国史》,人民出版社2004年,第418-419页。

普通人的追求。

其他城市生活设施也先后建立和发展起来,到 20 世纪中叶,英国城市日常生活设备更齐全。如商店、水厂、澡堂、洗衣房、酒馆、图书馆、阅览室、职工学校等等,各种群众性团体也纷纷出现,包括工会和各类文学艺术团体。

二、城镇娱乐与休闲

清教反对游手好闲,也反对娱乐消闲。19 世纪初,休闲仍被认为是绅士的标志。所以,在近代早期,英国城镇的娱乐与休闲有着鲜明的阶级特色,闲暇是身份和地位的象征,是区别有产者与无产者的重要标志。到 19 世纪晚期,随着物质财富的增长,这种观念开始改变,休闲逐渐被当作释放压力、交往、沟通乃至创造财富的一种方式。闲暇与理性娱乐逐渐从上层社会的专利变成大众的享受,于是,越来越多的劳动人口开始享受闲暇。

英国城镇人口的休闲生活,从以前的以宗教庆典和各种节日庆祝活动为主,逐渐发展出餐饮娱乐休闲、文化休闲、演艺观赏休闲、体育休闲和旅游度假观光等多种休闲娱乐方式。①

到 20 世纪,物质财富的丰富、工作时间的缩短、各种省时省力的家用电器的普及,使人们拥有了更多闲暇时间与享受闲暇的物质基础。同时,闲暇的技术发明,电影院、收音机、电视,还有火车、汽车、飞机,再加上煤气、电灯、电力、吸尘器、冰箱、洗衣机走入百姓家,节省了家务时间,英国人有金钱、有时间、有更多的选择。从 17 世纪的节庆休闲到 20 世纪的大众休闲,休闲成了产业,休闲商业化了。公共假日的到来,使离家休闲成为时尚,休闲越来越成为全民的活动,成为英国人生活方式的组成部分。1937 年,约 300 万工人享受某种带薪休假,到 1948 年,有 3/4 的顶级社会阶层、一半下层民众享受年度假期。1951 年,有 2 500 万英国人在国内度假,有 200 万人出国度假,20 年后,分别达到了 3 400 万和 700 万。1971 年,英国只有 1/3 成年人曾经到国外度假,但 1996 年,只有不到 1/3 的人未曾享受出国度假。20 世纪晚期,享受假日的人数上升了 43%。②1994 年 5 月,英法海底隧道竣工,更加方便了英国人到欧洲大陆度假。夏天去西班牙、法国、意大利,工人也享受集体乘飞机到阳光明媚的地中

---

① 例如,新型酒吧——"杜松子酒广场"的出现;再如,音乐会数量的增多等。伦敦音乐会的数量从 1826—1827 年的 125 场增加到 1845—1846 年的 381 场。除在音乐厅举行音乐会之外,各种娱乐场所,如酒吧、啤酒馆都有音乐节目上演。1850 年曼彻斯特建了 475 个酒吧和 1 143 个啤酒馆。有 49 个酒吧和 41 个啤酒馆常常举行音乐节目。参见:Edward Royle, *Modern Britain: A Social History 1750-1997*, 2nd, Arnold, 1997, pp.254, 253。

② Edward Royle, *Modern Britain: A Social History 1750-1997*, p.270。

海度假。资产阶级还"发明"了周末的概念,参与公园板球、火车和河滨郊游、铜管乐器比赛、志愿游行、婚礼活动。60年代初利物浦的甲壳虫乐队引领了音乐和生活时尚。

劳动人民的休闲娱乐也有变化。原来参加节日庆祝活动,在民间集会上观看的各种表演(斗鸡、杂技、说唱、驯兽等)、各种斗兽等暴力、血腥和混乱的休闲运动逐步被禁止。1835年宣布斗牛和斗熊为非法,1849年禁止斗鸡,这就大体上杜绝了不人道的动物游戏。① 19世纪末,工人阶级的休闲娱乐方式逐渐向中产阶级接近。足球、拳击格斗等运动有了比较完善的比赛规则,休闲体育——商业性的观赏体育出现。人们购买门票到专业体育场馆观看各种比赛,如赛马、足球比赛、板球比赛等。除了酒吧,还可以阅读廉价读物,或去音乐厅、剧院,去图书馆、博物馆,到海滨、矿泉疗养,探险旅行也逐渐成了民众的常规休闲方式,许多只有贵族才能享受的休闲生活,如观看戏剧、温泉疗养、海滨度假等逐渐走进了普通民众的生活。城镇的休闲生活向文明、理性方向发展。

起初,由于城市里没有足够的公共空间,从19世纪30年代开始,英国有些城市政府就开始为民众提供"合理娱乐"设施,如公园、图书馆、博物馆、画廊,以提高人们追求健康、欣赏自然景色的能力,提高对文学、科学、艺术等"高雅"文化的鉴赏力。城市公园提高了市民自豪感。1888年格拉斯哥国际展览会在凯文格拉夫公园开幕,使之成为格拉斯哥市的象征,就像1851年水晶宫世界博览会使海德公园成了伦敦的象征与骄傲一样。公园和植物园大多建设了"林荫道",供人们"散步"。

19世纪50年代起,全国范围的大众体育运动成为这个时代的显著特征之一,虽然上流社会热衷于高尔夫、网球等运动,但19世纪晚期许多体育活动普及开来,从板球、足球、游泳和骑自行车,到保龄球、网球、溜冰。骑自行车在19世纪末成为时尚;男人的钓鱼俱乐部也很风行。当然,足球是一种人民的运动。1880年,伯明翰就拥有344个足球俱乐部,1885年利物浦有112个。② 1950年,足球主宰了体育观众:4 000万人观看了92个足球同盟俱乐部所属的比赛,2 500万人观看了非同盟足球比赛,1 500万人观看了苏格兰足球同盟球赛。800万人看拉格比,500万人看板球。5 000万人参加快艇赛。③

20世纪还使英国人的文化娱乐和信息获取方式发生了很大变化。1936

---

① 马嬛:《十九世纪英国大众闲暇活动浅析》,载《南京大学学报》1990年第2期。
② Edward Royle, *Modern Britain: A Social History 1750-1997*, p.263.
③ Martin Daunton(ed.), *The Cambridge Urban History of Britain*, 1840-1850, Vol.3, p.776.

年,收音机迅速普及之时,电视节目开播,电影院生意红火,大约25％的人每周看两次电影,40％的人每周一次。青少年酷爱美国的"西部片",多情女子则把风流倜傥的男演员视为"梦中情人"。50年代,黑白电视在英国普及,十多年后又出现了彩电热,各种电器进入千家万户。现在互联网已成为人们日常生活的重要组成部分。

城镇休闲中,赌博始终存在,赌赛马和赌足球盛行全国,20世纪60年代又出现了面向家庭主妇的"宾果"(Bingo),1996年开始的全民彩票成为英国大众的日常休闲内容。

城市创造了新的风俗习惯。人们的生活与休闲从传统的节庆发展到季节性休闲,再到大众休闲,休闲群体也从上层变为全民,休闲从业余变成产业,休闲的方式也从野蛮走向文明。

第三节 城镇宗教生活

马克思说:"宗教是被压迫生灵的叹息,是无情世界的感情,正像它是没有精神的制度的精神一样。"[1]苦难的生活使疲惫的人们更渴望有力的精神关怀,安慰他们的心灵,抚平他们的创伤。企业家们在剧烈的市场竞争中殚精竭虑,在忙碌中稍有喘息,也渴望寻觅一道精神港湾,赋予其忙忙碌碌的生活以形而上的意义,支撑他们投入新的竞争生活。虽然近现代英国仍是基督教世界,许多人生大事、日常生活还离不开宗教元素,但已经不是中世纪的盲信,而是从宗教蒙昧中解放出来,从单一宗教的普世信仰向精神生活的多元化、世俗化逐渐演变。

一、宗教多元化

近代英国仍然是一个虔信的国度。有组织的宗教是社会中心力量,是最为重要的志愿组织。人们的日常生活,从生老病死到职业选择,无不浸淫在宗教氛围中。18—19世纪的英国大众,其宗教观念和宗教需求仍然很强,人生的每个重要阶段,从出生受洗、婚嫁,到丧葬都与宗教息息相关。据1851年3月30日的宗教普查显示,约87.4％的人参与了形式不一的礼拜活动,显示了广大民众强烈的宗教感情。直到19世纪70年代,大多数人仍然相信,如果他们虔诚祈祷的话,会改变世界;还相信末日审判,人生的一切行为都记载在末日审

---

[1] 《马克思恩格斯选集》(第1卷),人民出版社1972年,第2页。

判书上,有待末日审判那一天的来临。

近代英国城镇生活仍然与宗教密切相关,宗教在人们的日常生活中无孔不入。大多数人相信,全能的上帝无所不知,星期天礼拜活动则是体现这种信仰的基本形式,去礼拜仍然是大多数英国人的选择。星期天去教堂,仍是英国参与人数最多的一项活动,是大多数人日常生活中的一件大事。

人生的全程大事都掌握在宗教手中。英国国教继续享有对洗礼、婚礼和葬礼这人生三件大事的实际独占权。19世纪的人一生中几乎不可能不参加宗教仪式和宗教活动。婚礼最能代表英国人的宗教感和虔信程度,因为在人生三件大事中,洗礼大多是父母掌握,葬礼则由后人操办,只有婚礼是自己安排的重大庆典。1844年,在英格兰和威尔士举行的132 249次婚礼中,有120 009次在国教教堂进行,占到90.7%;有8 795次发生在非国教教堂,占6.7%;只有3 446个世俗婚礼,占2.6%。半个多世纪后的1901年,国教婚礼仍占多数,有66.6%,而世俗婚礼占15.8%。英国约99%的葬礼在本质上是宗教的。[1]洗礼自然就更不用说了。可见,19世纪宗教还基本上主宰着英国人的日常生活。

大多数重要的政治典礼带有强烈的宗教本质。君主的加冕礼由坎特伯雷大主教进行,国教的祈祷和仪式是每一项公共活动的重要部分。议会直接浸透了圣公会仪式,26个圣公会主教和大主教是上院的当然成员;19世纪的政治生活中,非国教的内阁大臣闻所未闻。几乎每一个国家事务或历史事件的纪念仪式都有圣公会牧师和祈祷者的参与。[2]

英国仍然是虔信的国家,不过,也在从宗教同一向宗教多元过渡。国教会仍然主宰着社会生活的各个层面,直到20世纪,从形式上看,英国仍被公认为基督教国家,国教领袖也仍受人尊敬,他们和王室以及有领地的贵族还有牢不可破的关系,星期天火车停开,铺子关门,戏院停演,甚至在苏格兰和威尔士酒店停业。[3]但非国教得到了迅速的发展,天主教得到了合法的政治地位,各种少数民族宗教也得到了扩展。1988年,英国拥有90万伊斯兰教徒、35万犹太教徒、30万印度教徒。

"城市的空气使人自由",城镇本身即为人们提供了多样性的选择,工业化和城市化造成了人口的流动性,扩大了人们生活选择的自由度,物质财富的丰富又支持着人们物质消费的自由选择,经济基础和社会生活的这种变化为精

---

[1] W. D. Rubinstein, *Britain's Century: A Political and Social History 1815-1905*, pp.298-299.
[2] Ibid., p.301.
[3] 肯尼思·摩根:《牛津英国通史》,第559页。

神生活的多元发展奠定了基础。同时,几个世纪的宗教改革运动的余波和后果,[①]为人们主观上自主和自由选择宗教信仰及各种精神关怀提供了支持。当福音主义和卫斯理宗从高高的神学殿堂走向民众的时候,也就实质上宣告了精神关怀从神学、从纯信仰追求转向更大众化、更世俗的方向,那么就可以隐约听见一个精神关怀世俗化、多元化的时代足音了。

二、世俗化

在城市化浪潮中,在各教派的竞争中,地位独尊的国教逐渐演变成一个普通教派,被迫从主宰地位降到普通教派地位,不再受到王权与国家的特殊眷顾,由此也开始了靠自身努力生存和发展的历程。国教与非国教的冲突逐渐解决,各派平等共处,开创了宗教信仰形式的多样化,这也就为最终走向世俗化开启了大门。

英国城市化不仅带来了自由迁移、自由选择工作、自由选择居住地的机会,也为人们提供了多元化的礼拜形式和场所;既为人们提供日渐丰富的物质财富,又为人们展示了追求身心享受的休闲活动的前景和可能性。随着时间的推移,工人大众的独立自主意识逐步增强,生活水平日益提高,更多的世俗休闲方式出现,廉价假日专列开通,海滨度假胜地吸引和占据了人们的注意力。上流社会的示范、广告宣传、带薪休假,促使人们从仅有的宗教休闲转到更世俗、更大众化的追求中去。尽管曼彻斯特在1840—1876年间花费150万镑进行教区建设,但附近的布兰克浦还是成了曼彻斯特工人的休闲天堂。时代在发展,城镇大众的精神养料不再只能从宗教中汲取,而有了更广阔的来源。有趣的是,即使是足球运动也反映出了城镇宗教的多元化,在格拉斯哥就有信奉天主教的凯尔特人和信奉新教的流浪者队,在默西赛德则有天主教的埃弗顿队和新教利物浦队。

宗教的世俗化,表现在做礼拜的人越来越少。到19世纪后半叶,仅以到教堂做礼拜而言,宗教对城镇绝大多数工人的生活很少起直接的影响。宗教仪式的吸引力越来越小,参加宗教活动的人日渐减少。到20世纪中叶,常去

---

① 这个后果就是宗教宽容和国教会善于顺应时代的传统。正如恩格斯在《路德维希·费尔巴哈和德国古典哲学的终结》中对城市化前国教会的描述:"加尔文的宗教改革⋯⋯为英国发生的资产阶级革命的第二幕提供了意识形态的外衣。在这里,加尔文教是当时资产阶级利益的真正的宗教外衣,因此,在1689年革命由于一部分贵族同资产阶级间的妥协而结束以后,它也没有得到完全的承认。英国的国教会恢复了,但不是恢复到它以前的形式,即由国王充任教皇的天主教,而是强烈地加尔文教化了。旧的国教会庆祝欢乐的天主教礼拜日,反对枯燥的加尔文派礼拜日。新的资产阶级化的国教会,则采用后一种礼拜日,这种礼拜日至今还在装饰着英国"。见《马克思恩格斯选集》(第4卷),人民出版社1972年,第252页。

教堂做礼拜的人越来越少。

表 12-2　约克市教堂星期天做礼拜人数[1]

	1901 年	1935 年	1948 年
国教教堂	7 453	5 395	3 384
各非国教教堂	6 447	3 883	3 514
罗马天主教教堂	2 369	2 989	3 073
救世军	800	503	249

从表 12-2 可以清楚地看到,在约克这个古城,1901—1948 年做礼拜者的人数比从 35.5% 下降到 13%。

宗教生活的世俗化还可以从婚礼举行场所的变化中考察。从表 12-3 估算,宗教婚礼从世纪初占绝对优势的 84%,到 1974 年下降到几乎只占半壁江山,为 53.5%。

表 12-3　每 1 000 个婚礼中宗教婚礼与世俗婚礼的比重[2]

年　份	1901	1911	1919	1934	1952	1962	1967	1974
宗教婚礼	842	791	769	716	694	704	659	535
世俗婚礼	158	209	231	284	306	296	341	465

日常生活的世俗化不言而喻,然而,这并不表示否定基督教信仰。直到 1982 年,仍然有 73% 的人相信上帝的存在,仍有许多人相信上帝创造了人、创造了世界。

宗教的世俗化还在于教会越来越多地参与世俗事务。虽然举办慈善活动是教会的传统,但各教会普遍积极参与或赞助各种团体的活动,而且是与宗教毫无关联的活动,比如在 1899—1900 年期间,伦敦兰贝斯的国教和非国教会至少赞助了 58 个节俭、义务和友好协会,36 个年轻人文学或辩论协会,25 个板球、网球或其他运动俱乐部,13 个男子俱乐部,10 个体育馆。把自己与时髦的城市社团联系起来,恰是宗教世俗化的明显表征。

(陆伟芳)

---

[1]　John Stevenson, *British Society 1914-1945*, Penguin, 1990, p.361.
[2]　David Butler & Anne Sloman, *British Political Facts 1900-1979*, St. Martin's Press, 1980, p.474.

法国城市史

第十三章　法国近代早期的城市发展,1500—1800年

众所周知,法国在近代早期是一个农业占主导地位的国度,农业经济和农村人口的绝对优势,这在法国城市生活中打上了深刻的烙印。但在近代早期数百年时间里,从中世纪晚期危机中重新兴起的法国城市,扮演着与其人口数量不相称的重要角色。这里有着更加活跃的经济活动,较为丰富的文化教育机构和多样的生活娱乐方式,掌控着民众世俗生活与灵魂世界的行政司法和教会机构驻扎其间,全国大部分财富在这里消费和展示。换言之,城市实际上是乡村世界的统领者,在法国近代历史发展进程发挥着举足轻重的作用。因此,年鉴派史学大师布罗代尔把城市视为织造法兰西空间和经济社会特性的重要元素,在他眼里,"城市的第一要义,在于统治","城市在法兰西王国里的扩张与统治,不独体现在经济方面,也体现于政治、行政管理、宗教和文化等各个方面"。[1]在其他诸多关涉此一时段法国的各种通史性著作中,城市发展状况也都得到了不同程度的重视。[2]

然而,在这些著作里,城市仅因为是"现实所有层面的汇聚之所",且档案材料存留丰富,而被社会史家们当作"适恰的环境"和"特殊的观察台",用来透视和分析总体的社会经济史,并没有"获得真正的独立性"。[3]直到20世纪80年代,随着乔治·杜比主编的五卷本《法国城市史》陆续面世,局面才得以改观。[4]但

---

[1] Fernand Braudel, *L'Identité de la France*: *Espace et histoire*, Paris, 1986, pp.159, 161.

[2] 乔治·杜比主编:《法国史》(三卷),上卷,吕一民、沈坚、黄艳红等译,商务印书馆2010年版,第14、15章;Fernand Braudel et Ernest Labrousse(dir.), *Histoire économique et sociale de la France*: *De 1450 à 1660*, T.1, Vol.1: *L'Etat et la ville*, Paris, 1977; Jacques Dupâquier(dir.), *Histoire de la population française*, T.2: *De la Renaisssance à 1789*, Paris, 1988, pp.81-93.

[3] Bernard Lepetit, «La ville: cadre, objet, sujet, Vingt ans de recherches françaises en histoire urbaine», *Enquête*(http://enquete.revues.org/663), No.4(1996), pp.6-7.

[4] G. Duby(dir.), *Histoire de la France urbaine*, 5Tomes, Paris, 1980-1985.这里需要说明的是,法国的新城市史研究,始于1970年代中期,按照G.勒佩蒂在上引文里的说法,标志着法国新城市史研究兴起的转折点是J.-C.佩罗1975年出版的著作《一座现代城市的起源:18世纪的卡昂》(Jean-Claude Perrot, *Genèse d'une ville moderne*: *Caen au XVIIIe siècle*, Paris, 1975)。

注重经济社会史因素的"年鉴"传统在这部著作中依然有迹可循：人口、经济与社会要素不仅是它主要的描述对象（即所谓"以城市为背景"的经济社会史），同时也被认为是城市化的动力之源，忽略了宗教战争之后绝对主义国家逐步建立在近代早期法国城市化进程中的作用。本章试图结合近代早期法国社会历史的宏观变迁过程，对 1500—1800 年间法国城市化进程的基本概况、时间特征和空间特征，以及城市的经济社会生活状况，进行简略的考察。

第一节　1700 年之前的法国城市

一、"几乎静止不动的城市网"

近代早期，随着法国经济的恢复和发展，城市人口开始增长，地位日益重要，"城市对乡村的影响在经济、人口、社会和文化等各个方面不断加强",[①] 初步形成了遍布全国的城市网。1538 年，法国王室按照王国境内各城市的经济能力，要求它们承担武装步兵的费用。根据这份历史文献透露的信息判断，法国境内的城市呈现出金字塔形的层级结构：巴黎高高在上，约有 25 万人口；接下来是四个重要的外省城市鲁昂、里昂、图鲁兹和奥尔良，人口在 4 万—7 万之间；再接下来是为数众多的中等城市，其中包括 20 余个居民人数在 1 万—3 万之间的城市，如波尔多、特鲁瓦、普瓦提埃、格勒诺布尔、雷恩、南特、第戎等，以及 40 个左右居民人数在 5 000 至 1 万的城市；最后是大量仅有几千居民的小城镇。[②]

据布罗代尔估算，近代初期的 1500 年，法国城市人口约占总人口的 10%，[③] 也就是说，当时法国 10 个人中有 9 个生活在乡村，农业财富在国民经济中占据着主导地位。但并不能因此贬低城市在这个时期法国社会经济中的作用，恰恰相反，随着 16 世纪价格革命促动下的城市经济活动的发展，城市很快确立起对周围乡村的统治地位，在这个国家扮演着与其人口比例不相称的作用。统治着民众日常生活的教会和行政机构大多数设在城市，乡村的生产经常围绕着城市需求进行，农业财富往往在城市里消费，城市的建筑、文化和生活方式吸引着大量的乡村人。即便从城市人口比例来说，10% 也并不代表

[①] Georges Duby(dir.), *Histoire de la France urbaine* (5tomes), T.3, Paris, 1981, p.23.

[②] Philip Benedict (ed.), *Cities and Social Change in Early Modern France*, London, 1989, pp.8-9.

[③] Braudel, *L'Identité de la France：Les homes et les choses* (2tomes), T.2, Paris, 1986, p.212.

法国在近代早期城市化程度低下,世界上许多国家达到这样的城市人口比例要比法国晚得多。欧洲范围内除商品经济发达的意大利和低地国家,以及从海外拓殖中攫取了巨额财富的西班牙外,其他地区的城市人口比率都不及法国。①

然而,有一点必须指出的是,无论城市扮演着怎样重要的角色,它们在这个时期的法国的总体面貌变化并不大,鲜有规模比较大的新城市在城市网中出现。不仅创建新城的速度放慢,而且最后发展起来的城市更是绝无仅有。②尽管17世纪在绝对主义君主制确立和巩固的过程中,为政治和军事目的兴建了大量的纪念性城市和要塞城市——它们的数量占到所有城市的2%,但这些"人为"创造的城市毫无发展生机,③唯有勒阿夫尔(Le Harvre)和凡尔赛属于例外。即便1535年创设的港口勒阿夫尔,从一个小村庄真正变成一个政治中心也是很晚之后的事;凡尔赛飞跃性的发展纯粹是强大王权意志的结果。因此,从弗朗索瓦一世到路易十四去世时,除因领土兼并而加入法国的城市外,如斯特拉斯堡、里尔等,近代早期法国城市网的面貌并无多大的变化。后文将要述及,这种情形在贝纳尔·勒佩蒂研究的1740—1840年间法国城市体系中同样真实,④并且几乎一直延续下来,所以布罗代尔在《法兰西的特性》里说道:

> 法国各城市仍然存在于往昔它们最初创建的地方,即在高卢—罗马时代(几乎全部是最大的城市),也即在间隙性的新城市组织勃兴的十一二世纪,这个新城市组织是(旧有城市)重新焕发生机而非新建。它们维系在原地毫不令人惊奇:对它们来说,建城地址是不可能摆脱的联系点,因为一座城市,一旦其居民达至千人甚至不到此数,那么它就必须对外部开放方能生存。⑤

但需要说明的是,农业人口的绝对多数、城市布局的相对稳定,并不代表近代早期法国城市处于萧条停滞状态,"城市网的稳定并不必然带来城市影响力的越趄不前"。⑥相反,该时期法国城市充满着复杂多样的变化和发展,"法兰西王国的城镇完全不是静止不动的历史,国家的经济、政府架构和文化的变革,所有这一切改变了城市面貌,以及它们在法国社会中的角色。反过来,业已变化的城市面貌又对法国的变革发挥着影响。"⑦

---

① Jan de Vries, *European Urbanization*, *1500-1800*, Harvard Univercity Press, 1984, p.39.
② Georges Duby(dir.), *Histoire de la France urbaine*, T.3, p.25.
③ Braudel, *L'Identité de la France: Les homes et les choses*, T.2.
④ Bernard Lepetit, *Les villes dans la France moderne*, *1740-1840*, Paris, 1988.
⑤ Braudel, *L'Identité de la France: Les homes et les choses*, T.2, p.195.
⑥ Georges Duby(dir.), *Histoire de la France urbaine*, T.3, p.29.
⑦ Philip Benedict(ed.), *Cities and Social Change in Early Modern France*, p.22.

二、近代早期城市人口增长和移民

我们首先厘清各个城市人口的变化情况,因为居住人口的增减,不仅标识着某个特定城市的兴衰,而且界定着近代早期法国城市化的进展状况和程度,同时,它也是理解法国城市其他变化的基本背景,因为人口数量是撑起城市活动的基本要素。

然而,近代早期城市人口学资料的匮乏以及人口流动的频繁,使得研究城市定居人口数并非易事。[1]后世的历史学家们只是根据不同的资料来源和城市定义,大略地推断此一时期法国的城市人口数,有时候彼此间差距较大。如按照布罗代尔的看法,在1450—1500年间,法国城市人口仅占总人口的10%,这个数字到1789年提升到16%。而研究近代早期欧洲城市化的美国史学家维利斯给出的数字则要低得多,他认为,1500年法国城市人口占总人口的比率仅4.2%,到旧制度结束时也没有达到10%的水平线。[2]

尽管有关16、17世纪法国城市人口状况的数据较为缺乏,史学家们推断出的数字也大相径庭,但他们一致的地方是,近代早期法国城市化是处于向前推进的过程中,1700年法国的城市化率显著地高于1500年。这种情形,我们从单个城市的人口增长趋势里可以得到一定程度的佐证。从1500—1520年到路易十四统治末期,法国各城市的人口大体呈普遍增长的态势。图鲁兹居民从2万发展到4万;里昂人口在1515—1700年间从3万—3.5万人增加到9万—10万人,翻了三倍;1473年至1710年,格勒诺布尔从2 000居民的小城一跃成为2万人的城市;17世纪饱经战火洗劫的南锡,仍然从数千人增加到1730年的2万人左右;至于布雷斯特,在路易十二统治时期(1498—1515年)还是简陋的小村镇,到路易十四驾崩时已有15 000居民。巴黎的人口增长更是惊人,它从16世纪初的20万—25万人猛增到路易十四晚年的48万人。[3]

---

[1] 具体原由可参:Jacques Dupâquier(dir.), *Histoire de la population française*, Tome 2: *De la Renaissance à 1789*, Paris, 1988, pp.84-85; Jan de Vries, *European Urbanization, 1500-1800*, Harvard University Press, 1984, pp.175-179.

[2] Fernand Braudel, *L'Identité de la France: Les hommes et les choses* (2tomes), T.2, Paris, 1986, pp.187. 212; Jan de Vries, *European Urbanization, 1500-1800*, p.39.究其缘由,盖因两位史学家对城市的定义不同,布罗代尔采用的是法国1846年人口普查时对城市的定义——2000居民以上的聚居点即为城市;维利斯认为城市化不仅要考虑人口因素,还要考虑经济活动和职业类型,因此他把1万人以上的聚居点才视为城市。

[3] Duby(dir.), *Histoire de la France urbaine*, T.3, pp.30-31.亦可参Philip Benedict(ed.), *Cities and Social Change in Early Modern France*, Table 1.2: "Urban Population Trends, 1500-1790," London, 1989, pp.22-23.

在这个时期,很少有城市像鲁昂那样,人口数量停滞不前。

需要指出的是,在近代早期法国城市人口增长过程中,存在着一个较为显见的特征:城市人口死亡率高企,根据对教区记录簿的统计,城市里的葬礼数往往高于洗礼数,婴儿死亡率更是高得惊人,①用布罗代尔的话来说就是,"直至18世纪且包括18世纪,所有城市,无论大城市抑或中等城市,都是死亡集中营",②因而,这个时期城市的成长不是一帆风顺的,而是经常面对着短期但异常剧烈的人口危机。

那么,死亡率高于出生率的城市,何以在此200年间又呈现较为普遍的人口增长趋势?答案是移民。"为了填补死亡率造成的人口亏空和为了得到或多或少的发展,城市必须不断吸收商人和资产者精英,还要吸纳合格的工匠和非熟练工的无产者等劳动力队伍"。③17世纪初,工匠和小工商业者可能占到南锡城资产者的2/3;在卡昂,资产者移民是由40的雇佣劳动者和43%的工商业企业主构成。总的说来,移民要占到城市人口的1/3甚至更多。在正处于发展中的城市,他们甚至可能超过半数,如1520—1563年的里昂是60%,1669—1710年的布雷斯特是53%。④里昂的主宫医院病人入院登记也表明,出生在该城市之外的"外来者"比例总是占到总人口的一半以上,有时候甚至超过3/5。⑤

近代早期城市移民有着一些可以察知的特征。其一,他们主要以年轻人为主,移居城市的年龄大多在10—25岁之间,且男性居多,因为城市需要年富力强的劳动力。如果缺乏这些新鲜血液,城市将难以为继。根据巴尔代的估算,在年死亡率为44‰、出生率为35.2‰的鲁昂,若无移民补充,城市人口将迅速下降,7万居民在50年里下降到45 000人,在100年里就会减少至28 000人,千年之后仅剩10人。⑥其二,从移民来源方面说,他们中许多主要来自于周边的农村地区,其数量占总移民数的2/3。但是,一些扩张中的城市和大都市,其移民的来源范围很广,布雷斯特的新来人口中,53.2%由莱昂地区和科诺埃

---

① Duby(dir.), *Histoire de la France urbaine*, T.3, pp.51-53.
② Braudel, *L'Identité de la France : Espace et Histoire*, p.162.
③ Braudel, *L'Identité de la France : Les hommes et les choses*, T.2, p.201.
④ Duby(dir.), *Histoire de la France urbaine*, T.3, p.53.
⑤ Fernand Braudel et Ernest Labrousse(dir), *Histoire économique et sociale de la France : De 1450 à 1660*, T.1, Vol.1 ; *L'Etat et la ville*, Paris, 1977, p.398.
⑥ Jean-Pierre Bardet, Esquisse d'un bilan urbain: L'exemple de Rouen》, *Bulletin de la Société d'Histoire Moderne*, 6ère série, no.11(80ᵉ année), p.27.

尔地区(Cornouaille),来自布列坦尼其他地区的有19.8%,普罗旺斯3.5%,诺曼底3.1%,巴黎地区2.8%,另外外国人计有1.6%。①南特的情形同样如此,它在16世纪保持人口增长,首先依靠附近的乡村和布列坦尼,还有普瓦图、诺曼底和直至奥尔良地区的卢瓦河流域,南特城里还居住着一些马赛人、葡萄牙人、意大利人和人数可观的西班牙人。②其三,从生活和职业上来说,近代早期的城市移民与中国当代城市农民工有着某种程度的相似之处,也就是同乡麇集在一起。如图鲁兹和佩里格的挖土工几乎全部来自布列坦尼,罗讷河沿岸城市的船夫大多数来自罗讷河上游地区,面包师傅和屠宰匠,多数分别是布雷齐人和奥弗涅人。这些来自同一乡土且从事同一行业的移民,多半共同聚居在相同的街区里。这种现象既是出于营生活动互助的实际需要,也有乡土联系和语言文化相通的因素在其中起作用。最后,近代早期法国城市移民的流动性是非常大的,"人口流动有从乡村到城市,也有从城市到另外一个城市"。③以鲁昂为例,士绅阶层的外迁率是33%,远高于工匠的15%和非熟练工人的19%,且在艰难的17世纪比相对繁荣和平的18世纪要常见得多;按照出生地衡量,以出生在其他地方的男人为户主的家庭,外迁率是鲁昂本地男人为户主的家庭的两倍。④这表明那些先前离开自己出生地的人,为寻求机会进一步迁移的可能性更高。

三、近代早期法国城市化的节律与动力

从时间节奏上加以考察,1500—1700年法国的城市化进程,不是持续而稳定的过程。在短时段层面,饥荒、瘟疫、战争以及政治等因素等的介入,这个时期城市人口经常出现短暂的周期性波动,如1521年、1524年、1556年、1585—1586年、1628—1636年、1661年、1693—1694年、1709年瘟疫的流行,对法国城市大多数人来说都是真正灾难性的。⑤而从长时段来看,我们则可以从中辨识出两个面貌特征不同的发展阶段:一是约从1480年到1560年的所谓"美好

---

① Duby(dir.), *Histoire de la France urbaine*, T.3, p.54.
② Alain Croix, *Nantes et le pays nantais au XVIe siècle : étude démographique*, J. Touzot, 1974, pp.163-199.
③ Fernand Braudel et Ernest Labrousse(dir), *Histoire économique et sociale de la France : De 1450 à 1660*, T.1, Vol.1, p.399.
④ Jean-Pierre Bardet, *Rouen aux XVIIe et XVIIIe siècles : Les mutations d'un espace social*, T.1, Paris, 1983, pp.214-217.
⑤ Duby(dir.), *Histoire de la France urbaine*, T.3, p.39.更具体详尽的分析见:Fernand Braudel et Ernest Labrousse(dir), *Histoire économique et sociale de la France : De 1450 à 1660*, T.1, Vol.1, pp.439-458.

的16世纪";二是约从1600年到路易十四时代结束的17世纪。

在"美好的16世纪",法国各城市的人口经历了"爆炸性"增长。增长从15世纪中期开始,1470—1540年间加速,直至宗教战争爆发前十年臻于顶峰。"15世纪下半期,到处都显露出引人注目的复兴迹象,在接下来的十年里,这种复兴呈现出飞速发展的态势",里昂人口谷底出现在1446年,克雷皮-昂-瓦卢瓦1450年;图尔人口1450年开始回升,1470—1490年间加速增长;迪耶普纳税户头从1452年的624户增加到1491年的1 175户,飙升速度极快。①城市这波人口扩张持续百年,许多情况较好的城市,人口在此期间增加了2—3倍。16世纪中期,巴黎人口已超过40万;里昂人口从15世纪中的2万增长到16世纪初的4万,1550年则高达7万—8万人;鲁昂、波尔多和图鲁兹在15世纪末到16世纪中都有显著的增长。中等城市也经历了堪与相匹配的迅猛发展。16世纪初至世纪末之间,南特居民从13 000—15 000人增长到22 000—25 000人,雷恩从12 000人增长到22 000人,圣马洛从3 000人增长到9 000人。小城市的人口曲线也大同小异,波尔-昂-布雷齐(Bourg-en-Bresse)1491年有670户,1525年变成1 069户。②

但在16世纪的繁荣末期,危机就已露出端倪,人口的急剧膨胀显然让法国再次陷入马尔萨斯陷阱。拉杜里对16世纪朗格多克的研究证明了这一点,为了开拓可耕地,"到1555—1558年左右,地中海沿岸朗格多克贫瘠林地的毁灭已是既成事实"。③1560年代之后,随着残酷的宗教战争(1562—1598年)爆发,真正的危机来临了。内战期间,王国的人口从1560年的1 620万减少到1600年的1 370万。城市的情况同样如此,如曾经欣欣向荣的里昂,在内战前数年已出现严重的困难,接连出现商号和银号破产。宗教战争使形势更加险恶,城市商路遭到破坏,金融动荡,这种情况严重地妨碍了城市的商业活动,大量商业活动关门歇业。④1550年里昂人口是58 000人,1600年下降到32 500人。17世纪初,法国城市经济重新恢复。在此后的一个世纪里,法国除经受瘟

---

① Jacques Dupâquier(dir.), *Histoire de la population française*, Tome1: *Des origines à la Renaissance*, Paris, 1988, pp.385-389.

② Fernand Braudel et Ernest Labrousse(dir), *Histoire économique et sociale de la France*: *De 1450 à 1660*, T.1, Vol.1, p.397;亦可参Jacques Dupâquier(dir.), *Histoire de la population française*, Tome 1, p.394.

③ Emmanuel Le Roy Ladurie, *Les paysans de Languedoc* (2ère édition), Paris, 1969, p.64.

④ Fernand Braudel et Ernest Labrousse(dir), *Histoire économique et sociale de la France*: *De 1450 à 1660*, T.1, Vol.1, pp.326-327.

疫和饥荒的周期性侵袭外,还多次遭遇国内危机和国际战争,大多数城市人口涨幅微小,不少小城市的人口甚至有所减少。①但值得注意的是,法国人口的城市化率仍在提高。已有的欧洲城市化研究表明,"这个'危机时代'也是近代早期法国城市化最快速的净增长时代,城市发展尤其集中在行政首府、港口、新城镇和专门从事奢侈品生产的工业城市"。②

那么,1500—1700年间,法国城市化何以呈现出两个不同的发展阶段?尤其是危机不断的17世纪,城市化为什么没有停滞或衰退,而是仍在进一步发展?欲解答这些问题,需要更进一步,探究城市化背后的动力所在。简言之,在这两个世纪时间里,法国社会一以贯之地存在着推动城市化发展的动力,只是"美好的16世纪"与17世纪之间动力机制各自不同,所以导致这两个时段中城市化的运动轨迹相异。

在"美好世纪"里,法兰西经济的复兴和人口的繁衍,为城市化发展提供了的强大推力。人口方面,"在'16世纪',更确切地说在1450—1560年间,法国人口的飞速增长不言自明",20世纪后半期经济社会史和人口史通过对财政文献的研究表明,约从1450年左右开始,法兰西各地的纳税户数皆呈大幅增长的态势,③法兰西总人口在经历中世纪晚期漫长的危机后,呈现出爆发式的恢复,原先荒芜的土地和荒废的村庄重新被急剧增长的人口填满,乃至勒华·拉杜里用词语"犹如农庄里的老鼠",描绘朗格多克地区16世纪的人口爆炸。④

在经济方面,一是农业的复兴,在战争和瘟疫时代荒芜的土地以及林地和沼泽被重新垦殖,从前被遗弃的村落再次迎来居民。"由于有了卢瓦河谷和勃艮第的苗木,巴黎地区的葡萄园又焕发了生机;阿基坦的菘蓝种植业日益发展;小麦大量出现在博斯平原上,整个西部都在种植大麻。人们努力进行有效生产、获得更多赢利。出于农产品商品化的考虑,人们有时还试图根据土壤性质种植合适的作物,如葡萄、菘蓝、大麻、亚麻、小麦。"⑤二是手工业,纺织业居于首位,鲁昂、诺曼底、布列坦尼、普瓦图和香槟等各地的纺织业不仅满足本地

---

① Benedict(ed.), *Cities and Social Change in Early Modern France*, Table 1.2: "Urban Population Trends, 1500-1790", pp.22-23.

② Philip Benedict(ed.), *Cities and Social Change in Early Modern France*, p.26;具体数据可参 Jacques Dupâquier(dir.), *Histoire de la population française*, Tome2, Tableau3: Evolution de la population urbaine, 1600-1750, p.87.

③ Fernand Braudel et Ernest Labrousse(dir), *Histoire économique et sociale de la France*: De 1450 à 1660, T.1, Vol.2., pp.555-561.

④ Emmanuel Le Roy Ladurie, *Les paysans de Languedoc* (2ère édition), p.59.

⑤ 乔治·杜比主编:《法国史》,上卷,第568页。

市场需求,而且多余的产品还用来出口;图鲁兹的丝织业发达,巴黎的金银制品、朗格勒的剪刀业、图鲁兹的皮革鞣制业和制针业都在发展;随着出版的发展,特鲁瓦和奥弗涅的造纸业从中受益。另外,花纸行业生产的神像和纸牌行销于巴黎、鲁昂和图鲁兹。三是商业和道路交通也得到了较大发展。15世纪末到16世纪初,里昂成为商业和金融中心,它是国外商品进口和法国商品出口的集散地,也是法国国内南北商品的中转地。①1481年,随着普罗旺斯并入王国,为法国带来了面向地中海的优良港口马赛,从而扩大了海洋贸易之门。从港口税来看,马赛港与地中海东岸和北非的贸易不断增长,城市人口与贸易增长保持着相匹配的节奏。②

递及17世纪,法国的情况有所变化:一是王国总人口增长幅度很小,1600—1700年间仅从大约1900万增加到2150万;③二是17世纪的法国在经济发展方面,"17世纪的艰难是毫无疑问,在所有研究这个时代的历史学家眼里,长期萧条的17世纪经历了多个发展迟缓的时段和如火如荼的危机"。④但众所周知,这个时期是法国现代国家建立、发展和成型的关键时段。在美国历史学家菲利浦·本尼迪克特看来,法兰西在政治国家和社会经济领域新机制的建构,为城市化提供了新的动力之源:首先,在政治国家领域,随着绝对主义君主制逐步确立,司法和行政官僚的数量大幅增长,军队规模显著扩大。官员主要驻于城市自不待言,军队在不卷入军事行动时,大部分时间同样驻扎在城市。主要以国家税收供养的官僚与军队人数的增加,其产生的消费需求,一方面吸引为他们提供商品和服务的人员涌往城市,同时也驱动财富朝向城市流动,因为旧制度法国的税源主要来自于农业和农村。其次,在社会经济领域,居住在城市的贵族和资产阶级利用资本对农村土地日益增多的控制、新的社会身份观念和消费观念、城市丰富的社交和文化实践模式,都是拉动法国人口从农村迁往城市的要素。⑤

四、城市化与国家的文明化进程

诚然,在1500—1700年的两个世纪时间里,法国城市人口比例在上升,城

---

① Fernand Braudel et Ernest Labrousse(dir), *Histoire économique et sociale de la France*: *De 1450 à 1660*, T.1, Vol.1, p.239.

② Fernand Braudel et Ernest Labrousse(dir), *Histoire économique et sociale de la France*: *De 1450 à 1660*, T.1, Vol.1, p.241.

③ Jacques Dupâquier, *La population française au XVIIe et XVIIIe siècles*, Paris, 1979, pp.11, 34.

④ Robert Mandrou, *La France au XVIIe et XVIIIe siècle*, Paris, 1974, p.126.

⑤ Philip Benedict, "More Than Market and Manufactory: The Cities of Early Modern France", *French Historical Studies*, Vol.20, No.3(1997).

市规划和空间格局也在改变，巴黎、里昂等大城市的人口增长和空间面貌变化都远超许多中小城市。但总体而言，近代早期法国的城市化是一个相对缓慢的过程，并且存在着时间上的断续性和地区间的差异性；在城市化程度上，法国也比不上荷兰、比利时、英国、葡萄牙、西班牙和意大利。[1]然而，在法国近代早期历史进程中，城市具有与其所占人口比例不相称的地位和影响力，这主要表现在，它们是这个农业国度的政治统治和经济发展的中心，并在文明化进程中扮演着先导性的角色。

首先在政治方面，城市变成了国家统治的中心。16世纪以降，随着法国绝对主义君主制国家的建构，中央权力逐渐渗透到市政事务当中，这通常表现为王国政府专横地改变城市章程，控制市政官员的遴选。例如宗教战争甫平之后，在里昂，1595年的"肖尼法令"(l'édit de Chauny)，把市政行政官的数量从12名削减至4名，并安排一名市长作他们的头领，市长是由国王直接任命，或从三人名单中指定一个。亚眠的情况与此类似，1597年王室法令把市政官从24人减为9人，设立4名市政参事，由国王或王室高级官员指定人选。福隆德运动之后，又一次为王权强化渗透和控制提供了机会。在昂热，1657年叛乱平息后，国务委员会发布政令，决定自今而后市长和市政官员由国王来任命。中央政府在其他许多城市采用类似的手段，加强王权的控制。[2]尤其是监察官制度正式确立后，君主的行政官僚系统对整个王国城市的控制力更是取得了飞跃性的发展。[3]尽管旧制度王权从未系统地重构城市的管理机构，其行政体系依然保留了许多传统的特征，但城市在封建领主体制下所拥有的独立和自治无疑极大地缩减了。城市更多地变成了王国政府——一个自上而下的统一的权力体系——施行政治统治的中枢，中央辖制下的行政司法机构和军队麇集其中。

至17世纪末，在法国各个城市，设有12个高等法院，[4]11个审计法庭，12个间接税法庭，上百个初等法庭，30个监察官辖区，[5]它们共同构织成一张层级和职能较为分明、网络架构较为完善的行政司法权力网络。与此同时，军队规模大幅扩张，在和平时期，1600—1615年法国的军队人数仅有万人，1698—

---

[1] Jan de Vries, *European Urbanization, 1500-1800*, p.39.
[2] Duby(dir.), *Histoire de la France urbaine*, T.3, pp.164-168.
[3] Benedict(ed.), *Cities and Social Change in Early Modern France*, p.31.
[4] 除在15世纪就设有高等法院的巴黎、图鲁兹、格勒诺布尔、波尔多、第戎之外，还有埃克斯(1501)、鲁昂(1515)、雷恩(1554)、波城(1620)、梅兹(1633)、贝桑松(1676)、杜埃(1686)。
[5] Duby(dir.), *Histoire de la France urbaine*, T.3, pp.101-104.

1700年剧增到14万—14.5万人。军队在没有军事行动时大部分时间都驻扎在城市。[1]因此,行政司法和军事人员构成了许多城市的基干人口,如高等法院驻地之一的第戎,17世纪下半期,1/3的人口都是以公务或军事职能为营生。[2]贝桑松也是如此,正是在路易十四吞并弗朗施—孔泰之后,把它设为首府,创建一系列行政司法机构并派驻强大军队,大量官吏和军人随之涌入,使这座地理位置不佳、长期举步维艰的城市命运骤然改变。[3]

第二,在社会结构变迁方面,精英阶层流向城市。1500—1700年间,除商人和官员之外,乡村的缙绅贵族也开始向城市聚集,法国城市在此期间完成了对精英阶层的吸纳。16世纪,以"乡居贵族"(gentilhomme campagnarde)为主体的精英阶层仍以乡村世界为根据地,如诺曼底贵族古贝维尔老爷(Sire de Gouberville),[4]他参与乡村世界的各种习俗和信仰活动,主持乡村会议,投身当地的节庆活动,需要时才去城里处理事务和游玩购物。"乡村对他们来说还不是简单的别致风景和纯粹的收入来源;在他们眼里,乡村依旧是活生生的现实。"[5]但乡居贵族们并未隔绝在乡村文明当中,他们与城市文化也有密切的接触。从古贝维尔老爷的流水账日志中我们可以看到,他偶尔离开自己的庄园城堡,在鲁昂、卡昂、巴约等周边城市/镇逗留较长时间,除处理经济和法律事务外,还参与到城市丰富的社交或娱乐活动中,购买剑、斗篷、手套或书籍等各种精美物品。[6]即便那些在巴黎已建有自己府邸的大贵族,也并不常住于此。但17世纪上半叶是一个显见的分界点,越来越多的贵族家庭从乡村移居到城市。坐落在卢浮宫周围和圣日耳曼郊区的豪华府邸如今变成大贵族们的主要居所,一些外省城镇也成为贵族居住和娱乐的中心。1695年,埃克斯住有400家佩剑贵族和193家穿袍贵族。即便布列坦尼小城奥莱,也有12个贵族家庭常住于此。[7]

---

[1] Philip Benedict, "More Than Market and Manufactory: The Cities of Early Modern France", pp.517-518.

[2] Braudel et Labrousse(dir), *Histoire économique et sociale de la France: De 1450 à 1660*, T.1, Vol.1, p.404.

[3] Braudel, *L'Identité de la France: Espace et Histoire*, pp.176-177.

[4] 其名字叫吉尔·皮科(Gilles Picot),诺曼底地区一位世系古老的小贵族。他留下的流水账日志(1549—1563),是16世纪科登坦(Cotentin)地区乡居贵族生活的见证。

[5] Duby(dir.), *Histoire de la France urbaine*, T.3, p.92.

[6] "Le Journal du Sire de Gouberville", *Mémoires de la Société des antiquaires de Normandie*, T.32, Vol.1 et Vol.2(1892).

[7] Benedict(ed.), *Cities and Social Change in Early Modern France*, p.28.

第三,在经济权力上,城市主导着财富的生产和消费。众所周知,16、17世纪,法国还经历着较为剧烈的经济变动,如价格革命、商业革命和乡村工业的发展。更大范围社会里的这些经济变动,与城市本身的社会演变——精英阶层的聚集——结合起来,促进了城市化的发展,提升了城市在国家经济方面的主导地位。在农业领域,城市掌控的土地数量不断增长。上述贵族阶层从乡村向城市流动是一个原因,而另外一个重要的原因,显然与这两个世纪法国社会总体的发展变动密切相关:商品经济发展、物价上涨和国家税赋加重,使部分农民濒临破产,被迫出售部分土地偿债,其购买者主要是来自城市的富裕的食利资产者。根据勒华·拉杜里的研究,早在 1547 年,蒙彼利埃乡村的 6 块大地产,其中 5 块由蒙彼利埃人所有(2 名贵族、2 名法官、1 名资产者),仅有 1 块属于农民。1677 年,这种趋势进一步加强,11 块大地产全部为蒙彼利埃人所有。[①]土地控制数量的增长和精英阶层的流入,不可避免地导致农业收入分配向城市倾斜。[②]

在工商业领域,城市是 16、17 世纪商业革命和工业发展的中心点,而工商业的发展则为城市实力的增强注入了动力。譬如大城市里昂,欧洲南北远程贸易路线上的重要中转站,担当着国内外商品集散地的角色,法国 1/3 甚至一半的商品进口通过这里中转。即便宗教战争时期该城兴旺的商业和金融业遭到沉重打击,但 17 世纪初它很快重新复兴,且非简单地复原,且是在新基础上的更生。先前几个世纪里,里昂一直是法国进口国外丝织品的门户,但在 17 世纪头二十年里,这座城市的丝织业取得飞速发展,丝织品质量极大提升,国内外市场不断扩大。[③]此后直至 20 世纪初,丝织品制造和销售一直是这个城市的立市之基,使之在法国的城市等级中能够长期保持着仅次于巴黎的地位。一些规模较小的城市,尽管缺乏里昂这种广泛的外部联系和大范围辐射力,但同样扮演着地区商品流转枢纽的角色。如法国北部的博韦就是这样的城市,它的纺织业非常发达,亚麻和呢绒纺织业尤为突出,乡村工业的地位举足轻重。但城市是这些经济活动背后有力的控制者,它不仅通过资本组织和控制生产活动,更通过市场把产品西销至佛兰德尔、荷兰、英国,东销至康布雷和圣

---

① E. Le Roy Ladurie, Sur Montpellier et sa campagne aux XVIe et XVIIe siècle, *Annales*:*E.S.C.*, 12e Année, No.2(Avril-Juin, 1957), pp.225-226.

② Duby(dir.), *Histoire de la France urbaine*, T.3, pp.72-77.城市对农业收入的抽取主要来自以下四方面:贵族、资产者、教会和国家(用于支付官员薪俸和军事开支),这里不拟详述。

③ Braudel et Labrousse(dir), *Histoire économique et sociale de la France*:*De 1450 à 1660*, T.1, Vol.1, p.330.

昆坦,盘活了整个经济活动。①正是16、17世纪商业的这种总体性飞跃,城市得以进一步强化其在经济领域的控制力。

第四,在文化方面,城市是近代法国走向文明开化的重要源流。16世纪法国的宏观历史进程——宗教改革、人文主义勃兴和国家建构,对社会文化的变革和发展施加了重大影响。如在教育领域,从16世纪上半期开始,初级教育、中等教育和大学均呈现出欣欣向荣的局面。②而城市则是教育发展和变革的先驱和重镇。不单新建的大学和新兴的中等教育机构(称作 collège)主要设立在城市,并由来自城市的权力机构——教会或市政当局控制着;哪怕初级教育机构,城市所拥有的数量也远多于农村地区,教会小学"在城市里是按照教区区划分布的。在乡村地区,尽管那里有学校存在,且它们都处于相同的体制下,但我们发现并非所有教区都有学校"。③正是城市教育的相对发达和谋生需要,使城市人口的识字率比农村人高。对蒙彼利埃地区公证文书的研究表明,1574—1576年间,63%的手工业者能够签自己的名字,而同一个公证人的农民顾主那里,高达72%的人都是文盲。再往西部的贝齐耶和纳尔榜,这种落差则显得更加明显:没有能力签名的手工业者是34%,但在农业劳动者中,仅有10.4%的农民和2.9%的雇工能写自己的名字。④城乡识字率的差异一直延续了下来,20世纪70年代孚雷等人对教区婚姻登记簿的计量研究表明,17世纪末情况依然如此。⑤

城市不仅是教育发达之地,也是印刷业的中心。自1470年巴黎印行法国第一部活字印刷书,1500年法国拥有一家以上印刷厂的城市已达31个,巴黎和里昂的印刷业尤为发达。200年后,拥有一家或数家印刷厂的城市数量大幅增加到132个。位于印刷业层级顶端的是书籍。⑥印刷书的诞生,不仅深刻地

---

① Pierre Goubert, *Beauvais et le Beauvaisis de 1600 à 1730*, Paris, 2013(1ère éditon, 1960), pp.123-137.

② 关于教育的发展情况,以及它与宗教、人文主义和国家建构之间的关系,可参:François Lebrun, Marc Venard et Jean Quéniart, *Histoire générale de l'enseignement et de l'éducation en France*, Tome 2: *De Gutenberg aux Lumières*(1480-1789), pp.169-374.对城市中小学教育发展变革较为详细的叙述,亦可参:Duby(dir.), *Histoire de la France urbaine*, T.3, pp.243-265.

③ Lebrun, Venard et Quéniart, *Histoire générale de l'enseignement et de l'éducation en France*, Tome 2, p.243.

④ Lebrun, Venard et Quéniart, *Histoire générale de l'enseignement et de l'éducation en France*, Tome 2, p.304.

⑤ François Furet et Jacque Ozouf(dir.), *Lire et écrire, L'alphabétisation des français de Calvin à Jules Ferry*, Paris, 1977.

⑥ Duby(dir.), *Histoire de la France urbaine*, T.3, p.273.

影响了城市自身的文化和社会生活,更在西方近代早期思想文化变革中充当了"酵母"(ferment)的角色。①

第二节 18世纪法国的城市发展

一、18世纪法国的城市化进程

如前所述,法国的城市网是相对稳定的,尤其在前现代时期。"即便某个城市被重新分类,总体的模式也不会有太大的变化,因为它反映了久已存在的平衡性,以及各城市与静止不变的乡村世界间的关系。"②那么,18世纪法国的城市化发展状况如何? 关于这个问题,在学术界主要存在着两种不同的看法:其一是勒华·拉杜里、雅克·杜帕基耶和贝纳尔·勒佩蒂等法国学者,认为近代早期法国的城市化进程持续发展,一直到18世纪(截至大革命前夕);其二是菲利普·本尼迪克特等外国学者,认为近代早期法国城市化发展主要集中在16世纪晚期至1700年。③产生这种观点分歧的主要原因,与近代早期法国城市史研究存在着一系列模糊之处有关,如"城市"的界定问题、人口数据的缺乏、法国领土范围的变动问题,也与学者们利用的资料来源和计量方法有关。但在这些原因之后还有双方观点的分歧,具有深厚社会经济史传统的法国学者,把经济的发展视为城市化的动力之源,而美国学者本尼迪克特等更注重政治和文化实践的作用。这样的认知差别,也可能影响到他们方法路径的选择。

实际上,两种观点都有合理之处。因为推动历史前进的因素是多样的,此时是这种因素起主导作用,随着时势的变化彼时又是另外一种因素起主导作用。在前工业化时代,法国城市化的动力是变化着的。17世纪,经济虽在进步,但经常受频繁的战争损害和被周期性的瘟疫和动荡所打断,而此一时段正值绝对君主制国家大力建设,行政官僚体系不断发展之时,大量的官员、贵族、

---

① Lucien Febvre & Henri-Jean Martin, *L'Apparition du livre*, chapitre VIII, Paris, 1971.

② Daniel Roche, *France in the Enlightenment*, trans. By Arthur Goldhammer, Harvard University Press, 1998, p.180.

③ Emmanuel Le Roy Ladurie, "Baroque et Lumières," in Georges Duby(dir.), *Histoire de la France urbaine*, T.3, *La ville classique: De la Renaissance aux Révolutions*, Paris, 1981. Jacques Dupâquier et al., *Histoire de la population française*, Paris, 1988, T.2, pp.81-94. Philip Benedict (ed.), *Cities and Social Change in Early Modern France*, London, 1989. Jan de Vries, *European Urbanization, 1500-1800*, Cambridge, 1984.

士兵伴随着这一过程涌入城市,围绕着他们产生的需求又引来从事相关生产和服务的人员。及至18世纪,法国君主政权的架构基本稳定下来,但这个世纪对法国人来说是个相对幸福的时光,战争较少,困扰欧洲数个世纪的瘟疫终于停息,人口和经济不断成长。因此,18世纪法国的城市地理格局依旧稳定,城市化进程也一如既往地在发展。

首先看城市人口的发展情况。以拥有2 000以上居民作为城市的标准,1725年,法国城市人口约占总人口的16%,当时法国人口约为2 345万,那么城市人口就是375万左右。1806年,城市人口占总人口的18.8%,即至少2 950万法国人中有554.6万城市居民。鉴于革命动荡给经济和人口带来的损失,1789—1806年间法国城市人口处于停止甚或衰退状态,按照法国国家人口研究所最保守的估算,1789年法国2 000居民以上的城镇的人口占总人口的19%左右,也就是2 800万法国人里有53.2万城里人。因此,在18世纪——从路易十四去世到大革命前,法国的城市化发展是非常引人瞩目的。从1725—1789年的64年时间里,城市人口增长了41.8%。而同时期的农村人口数,从1 969.8万增加到2 268万,增长率仅为15.1%。也就是说,城市人口的增长率是农村人口增长率的2.8倍。①

根据勒佩蒂的研究,南特—里昂一线以北地区城市发展较为迅速,而南部和西南部除港口城市外整体相对滞后。巴黎发展傲视群雄,人口在18世纪增加了近一半,从路易十四统治末期的四五十万增加到七八十万。鲁昂、马赛、波尔多等30多个地区大城市飞跃发展,2 000—1万人的中等城市十分活跃,而外省首府的状况显得萧条,这种情况显然与上述原因不谋而合,即法国城市化的动力从17世纪的国家整合驱动转向18世纪的工商业发展驱动。②

其次是城市建设开始扩展。按照布罗代尔的说法,启蒙时代的城市建设几乎遍地开花,而且建设规模扩大,许多情形下,当时的市政建设不是修修补补,而是彻底推倒重建。首都巴黎布满工地,其显著的标识是,用于提吊建筑材料的高高的绞盘升降机无处不在,以及粉刷工人返回工作地点时鞋底在大街上留下的白色印迹。③为了满足扩张需要,许多城市拆除了原先的城墙,城市向郊区蔓延。如贸易发展迅速的圣埃蒂安纳(Saint—Etienne),在查理七世时期(1422—1461年在位)还是个小村镇,到18世纪面积扩展到原先的10倍,

---

① Georges Duby(dir.), *Histoire de la France urbaine*, T.3, pp.295-296.
② B. Lepetit, *Les villes dans la France moderne, 1740-1840*, Paris, 1988.
③ Braudel, *L'Identité de la France: Les homes et les choses*, T.2, p.207.

1444年修建的城墙早已踪迹全无。①在纺织业发达的尼姆,郊区快速地向四周扩展,17世纪曾一起生活在中心城区的新教徒纺织商和天主教徒丝织工,到18世纪末完成了分离,雇主居住在城里,工人则居住在日益变成城市一部分的郊区。②

但值得指出的是,由于财力、技术和观念等因素的制约,18世纪的城市景象依然处于古代和现代的过渡地带:并非所有城市都拆除了封闭的围墙,如雷恩直至1774—1782年才推倒了城墙,而且在城墙消失后,为了征收入市税人们又树起了栅栏;每个城市都保留着狭窄弯曲的街巷,街道上垃圾遍地,污水横流。③但无论如何,18世纪法国城市的新发展改变了城市意象。人们不再那么重视城墙,视城墙为城市不可或缺的标志。1634年,尼姆市政委员会反对引水渠工程师的规划方案,因为方案威胁到了城墙:"毫无疑问,城墙会倒塌,因而让各色人等任意进入本城,从而使僧侣、行政官员、商人和其他居民难以再住在其中。"1776年,观念已截然不同,市政当局以效率证明推倒城墙的必要性:"本城被城墙和城门圈禁起来,它们不仅缺乏实际用途,而且阻碍了城内局面和郊外居民的交流,郊区如今已比中心城区大得多……长期以来,城里和郊区的市民都同样祈望夜间如同白天一样,能够随时自由地交流,这不仅对他们的个人便利,而且对他们的生产都有诸多好处。"④

最后还需注意到的是,在18世纪法国的城市发展过程中,与此前一样也存在着分化现象:其一是地区间的分化,东部、北部、沿海等发达地区城市发展较快;其二是城市间的分化,发展欣欣向荣的城市与停滞不前的城市并存。博韦、昂热、夏特莱、瓦朗谢纳发展迟缓甚或倒退,而大大小小的港口城市,如勒阿夫尔、马赛、南特、布雷斯特、洛里昂(Lorient)和赛特,工业城市如圣埃蒂安和尼姆,以及如里昂等大型的地区首府人口增长显著,其中里昂的人口超过15万。⑤

二、18世纪法国的城市经济

18世纪是一段相对美好的时光:外部战争减少,国内秩序良好,1740年后人口和经济都呈显著增长态势。经济尤其工商业经济的进步是城市发展背后强大的动力。首先是外贸飞跃式的增长,1716—1720年至1787—1789年间,法国贸易总额的增长高达400%—500%,其中"欧洲贸易增长412%,殖民贸

---

① ④ B. Lepetit, *Les villes dans la France moderne*, 1740-1840, p.61.
② Georges Duby(dir.), *Histoire de la France urbaine*, T.3, p.440.
③ Braudel, *L'Identité de la France: Les homes et les choses*, T.2, p.209.
⑤ Daniel Roche, *France in the Enlightenment*, p.179.

易1310％。也就是说,从路易十四统治末年到大革命期间,法国的贸易总额翻了5倍,欧洲贸易增加了4倍,殖民商贸则翻了10倍。除战争岁月外,法国的对外出口额总是超出国内进口额约50％。这种令人瞩目的增长,如果没有快速进步的国内市场的支持是不可想象的。所有一切表明,国内市场的整体增长看上去是无可争辩的事实"。① 其次在工业方面,结构变化尽管缓慢,但不同行业间的结构正在发生巨大变化,酝酿着未来决定性增长的动能。传统工业,如呢绒业、棉麻布业趑趄不前。18世纪初至1789年,毛织业在全国范围内增长不超过61％,朗格多克地区增长幅度远超全国平均水平,达143％,在西北部中心、亚眠和博韦,处于半停滞状态,而在利穆赞、博戈涅以及布列坦尼和普罗旺斯诸城市,则呈负增长状态。纺织业里一些"新兴"产业生机勃勃,丝织业虽然在都兰加速衰败,但在东南部一些城市发展强劲,如从1730年至大革命起,在尼姆中心地区,织机以每年3.7％的速度增长,不过在里昂的增长不超过1.6％;棉织业和印花布业的表现则更为引人注目,如里昂的印花布企业数量,在1763—1785年间增长达到惊人的1800％,博尔贝克(Bolbec)800％。18世纪,其他工业,如采煤业、冶金业也开始兴起。总的说来,法国工业整体的增长率约在1.5％—1.9％之间。②

城市无疑是工商业经济的中心。不过需要注意的是,因所处的"结构",如区域位置、地区经济或交通条件等方面的不同,18世纪法国城市的生存和发展形态也迥然有异。

一是商业发达而工业发展迟滞的港口城市。如地处西南部的大西洋港口城市波尔多,在度过西班牙王位战争的艰难岁月后,一切都从新的起点开始发展,与荷兰及汉萨同盟的贸易冉度恢复,海外殖民贸易和转口贸易突飞猛进,与英吉利海峡的葡萄酒贸易重新开始。1717—1789年,波尔多的商贸总值增加了5倍,与美洲的贸易以每年4％的速度增长。1771年是创纪录的一年,波尔多占了法国对外贸易的40％。重要的地中海港口城市马赛的经济起飞也不遑多让。③但正如布罗代尔在《法兰西的特性》里所描述的,近代早期法国城市大体上分为保守怠惰和积极进取两种类型,而且前一种是占多数的。诚然,像

---

① Fernand Braudel et Ernest Labrousse(dir),*Histoire économique et sociale de la France*:*De 1460 à 1789*,T.2,Paris,1970,pp.503-511.

② Fernand Braudel et Ernest Labrousse(dir),*Histoire économique et sociale de la France*:*De 1460 à 1789*,T.2,pp.517-521.

③ Georges Duby(dir.),*Histoire de la France urbaine*,T.3,pp.366-367.

波尔多和马赛这样的港口城市,凭借其得天独厚的地理位置,凭借进出口和转口贸易享受商业繁荣,但并没有带动本地工业化的发展。让-皮埃尔·普索在描绘18世纪波尔多生机勃勃的发展和给法国旅行家亚瑟·杨留下极其深刻印象的"富有繁华"之时,也诧异于波尔多对法国西南部经济、社会和人口微不足道的影响。它分野为以葡萄种植业为主的乡村世界和大西洋强劲洋流带来的商业世界,忘记了自己是地区首府。①

位于卢瓦河下游、面向大西洋的港口城市南特是另一个重要的商业城市。18世纪,这个城市的人口翻了一番,从4万人增长到8万人,船舶吨位增加了3倍,国际贸易倍增。大宗贸易商从1725年的230人增至1790年的400人,形成了新的精英阶层,他们的流通资本增加了4倍。②与波尔多和马赛没有工业化的商业发展模式不同,南特的大商业带动了工业的发展,出现了涉及多个行业的生产企业,如炼糖厂、缆绳制造厂、印花布厂、棉纺织厂、船舶制造厂,以及甜烧酒厂、陶器厂、化学漂白粉厂和制钉厂等。但无论如何,南特同样没有带动广袤的后方乡村发展,它与波尔多、马赛一样,仅凭天然的条件成为繁荣的孤岛。

二是发展工业的城市。这种类型的城市主要分布在圣马洛—日内瓦一线以北和南部沿海地区,它们知道利用环境,投入到行动当中,但鉴于它们所处的"结构"不同,抓住时机也非易事。诺曼底地区的鲁昂是工商业的中心,充满生机,兴建了大大小小各种企业,印花布、丝绸、呢帽、陶瓷、造纸、炼糖、玻璃器皿、鞣革等各种行业蓬勃发展,而且从英国偷偷进口纺纱机,棉纺织业蒸蒸日上,采用新工艺用氯漂白布料,轧制铅和铜,制造硫磺和硫酸,鲁昂人对一切都得心应手,尤其是在采用英国第一次工业革命的新工艺方面。③鲁昂工业的发展促进了城市化,东北部的里尔同样如此。这里除各种各样占统治地位的纺织业外,还有陶瓷、玻璃制造、压榨菜籽油、制盐炼糖和烧制砖瓦等各行各业的生产活动。城市服从于一系列劳动分工,这种劳动分工既不遵从城市的界限,也不遵从领地的界限。④

工业的发展促成了原工业化趋势的发展,也就是城市工业向乡村延伸,利用乡村劳动力和占领乡村市场。尽管在布罗代尔谈及的里尔案例中,乡村工业发展有其独立性,因特权和利益关系,城市工业与乡村工业处于相互对立、

---

① Braudel, *L'Identité de la France*: *Les homes et les choses*, T.2, p.218.
② Georges Duby(dir.), *Histoire de la France urbaine*, T.3, pp.359-360.
③ Braudel, *L'Identité de la France*: *Les homes et les choses*, T.2, pp.216-217.
④ Braudel, *L'Identité de la France*: *Les homes et les choses*, T.2, p.220.

难以并存的状况,但起源于城市的工业萌芽,或多或少地处于城市的控制下,甚至完全为其所支配。因为乡村和城市的新关系处于资本主义的结构体系中,城市掌握着商业资本,城市商人向农村的来料加工工人提供原材料,让他们在家中生产,然后来收取加工完成的成品。①这种由城市中心商人们组织起来的乡村作坊,在拉瓦尔(Laval)、勒芒(Le Mans)、圣埃蒂安、瓦龙(Voiron)、格勒诺布尔(Grenoble)、特鲁瓦和罗代夫(Lodève)周边地区大量出现。②

三是深陷在自身所处"结构"中停滞不前的城市。18世纪,下利穆赞山区小城于塞尔(Ussel)仍然是身处传统社会汪洋大海中的一叶扁舟,在城市实体形态、经济生活、社会结构和思维观念方面,皆恪守着传统的模式。该城有漂亮的教堂和两座修道院,城里到处是一到两层的房子、狭窄的街道、商店、货栈、小客栈和小酒店。周围农业经济是这座小城赖以存在的支柱,于塞尔既没有工业也没有大商业,城市控制着司法区30%的耕地,商人仅仅承担着农产品分配者的角色,他们出售谷物、禽畜、酒、蜡烛、羊毛和各种进口商品,满足城市居民的生活需求。正如D.罗什所言:"于塞尔是'旧制度城市'的典型。"行政管理是它的主要功能,城里主要有担任地方法官的贵族、僧侣、富裕的资产阶级穿袍贵族,以及一小群为他们服务的医生和公证人等自由职业者,土地财富和年金是他们生活的富源。生活在社会底层的是无房无地的佃户、没有任何进身之路的短工和仆人。总而言之,这是一座沉寂得如同死水的城镇,并且在整个18世纪都寂然不动。③中等城市昂热的情形大体类似,这座城市位于卢瓦尔河与曼恩河交汇地带,有着便利的交通条件,周边土地肥沃,农业繁盛。但它并没有能利用好自己天然的优势,这座贵族、教士、军人和有产者占主导地位的城市,陷在农业社会的心态中不能自拔。"胆怯的资产所有者们,宁愿投资不动产,收益微薄但稳当可靠,而不愿选择工业活动的风险。"④图尔地区财政总监对昂热的集体心态留下了一段犀利的描述:"昂热居民更习于懒散怠惰,他们在这种状态中长大,缺少干大事情和大胆投机所必需的勤勉和努力。缺乏活力的这一代人,像前一代人一样过着单调呆板的生活,接下来的一代将依然如故。"⑤像昂热这样处于沉睡状态中的中等城市,可以轻而易举地列出许多

---

① Georges Duby(dir.), *Histoire de la France urbaine*, T.3, p.377.
② Braudel, *L'Identité de la France：Les homes et les choses*, T.2, pp.215-216.
③ Daniel Roche, *France in the Enlightenment*, pp.189-190.
④ Braudel, *L'Identité de la France：Les homes et les choses*, T.2, p.215.
⑤ Daniel Roche, *France in the Enlightenment*, p.191.

例子。这种情形,是时代的原因,毕竟根本性的技术变革和工业化距离尚远,这个时代的城市依然延续着中世纪的基本脉络;同时也与法国特定的社会政治现实有关,小农社会和强大的君主体制,造就了趋于保守的民族心理,人们更多的是追逐主流价值观衡量社会地位和威望的各种因素,如官职、地产、年金,以及与这些东西相伴的生活方式。

18世纪法国城市的发展尽管呈上述诸种不同的样态,但法国城市史家们对该时期法国城市总体情形的一致看法是:巴黎压倒性的重量、外省首府或多或少的萧条以及中等规模城市的欣欣向荣。

第三节 启蒙时代的巴黎

一、巴黎的城市扩张和日常生活

巴黎在18世纪的法国占有压倒性的地位,它的重要性不仅在于其人口和城市规模,更体现在它的权力文化地位。正如托克维尔所说,早在宗教战争时期,巴黎的人口就能与1789年相媲美,但却不能决定任何事情。投石党时期巴黎仍只是法国最大的城市,但到1789年,"它已是法国本身"。①

18世纪巴黎的人口远远地超过任何其他城市,旧制度末期达到80万人,远远超出第二位的里昂(约15万人),在整个欧洲是仅次于伦敦的超级大城市。城市建筑也不可遏止地蔓延。18世纪前30年里,巴黎的城市空间——连带郊区其面积尚不到1 000公顷——密度不断增加,规模不断扩大。1760—1790年间,巴黎变成了一个巨大的建筑工地,面积骤增至3 400公顷。旧城墙早已被推倒,成为树木成排的宽阔林荫大道,在原先的城门处矗立着罗马式的凯旋门。新建筑沿着主轴线延伸开来,条条街道伸展到乡村边缘。②路易十四驾崩之后,随着权力中心从凡尔赛迁移到巴黎,在塞纳河右岸的黎塞留大街、维维耶纳大街、格拉蒙大街、罗亚尔大街以及圣奥诺莱大街旁边,大量的王公府邸纷纷建立起来或正在修建;左岸的圣日耳曼区,上层贵族阶级购买大片的土地,在这里修建规模恢弘的住宅。城里的空地很快被占据一空,老街区不断扩展,新街区纷纷开辟。对于这股难以控制的城市扩张热潮,当时的王国政府

---

① Alexis de Tocqueville, *Oeuvre complètes de Alexis de Tocqueville*, T.4, Paris, 1866, p.108.
② Daniel Roche, *Le peuple de Paris: Essai sur la culture populaire au XVIIIe siècle*, Paris, 1981, p.23.

管理者担心巴黎会像古代的大城市一样，因不堪自身负荷而垮塌。18世纪20年代，王国政府曾颁布法令，试图阻止巴黎无限制扩张的势头，但徒劳无功。在经历了40、50年代的短暂停息之后，巴黎再次走上快速扩展之路。18世纪80年代，启蒙文人塞巴斯蒂安估计巴黎城区在最近25年时间里扩大了1/3，"这股建筑热潮赋予了巴黎恢弘庄重的面貌"。①

为了让城市布局更精确、更有序，巴黎的城市规划者和地理学家们在这期间着手准备绘制巴黎的地图。从17世纪末到1789年大革命，有一百多张地图问世，远远多于预期，但是地图绘制者缜密的策划和坚定的决心却没有起多大作用，由于测绘技术和城市变化太快等原因，地图总是不够精确。直至1785—1790年间，工程师埃德迈·维尼凯（Edmé Verniquet）第一个真正画出了精确的巴黎地图。他总是在深夜工作，测量和绘制街道的地图，从不忽略任何一个细节。②这些地图为城市史研究留下了宝贵的材料，也对城市未来的规划发展起到了标杆作用。但真正的城市生活是不能用科学来测量的。18世纪的巴黎城市生活，世俗与高雅、秩序与反抗并存。

城市是"厚密生活"（vie épaisse）和"脆弱生活"（vie fragile）的空间。所谓"厚密生活"，是菲利普·阿利埃斯所言，意指人口分布和人们行为的密度，由各种各样喧闹声、叫喊声、街道、来往人群、问候声和实际事务组织而成的一种城市结构。③而"脆弱生活"，是另一位法国史学家阿莱特·法尔热研究巴黎普通民众生活著作的书名。这位深受后现代主义观念影响的女历史学家，试图通过研究警察和司法档案，挖掘普通民众的生活与情感。他们的言语行为，是易变混杂、转瞬即逝的历史，是曾经被埋没在历史地质层累深处的历史。④也就是说，无论是"厚密生活"还是"脆弱生活"，展现的都是巴黎人民大众的日常生活世界。

法尔热在《18世纪巴黎街头的生活》里开宗明义地说道："街头是巴黎人生活的基本环境。"⑤不过在今天看来，18世纪巴黎的街头环境并不美妙，街道上的马粪、狗屎和人的便溺随处可见。污水到处流淌，即便晴天也是如此，这既

---

① Louis Sebastien Mercier, *Le tableau de Paris*, T.1, Amsterdam, 1782, p.195.
② Andrew Hussey, *Paris：The Secret History*, Bloomsbury, 2006, p.166.
③ Jean-Pierre Rioux et Jean-François Sirinelli(dir.), *Histoire culturelle de la France*, T.3, Paris, 1998, p.115.
④ Arlette Farge, *La vie fragile：Violence，pouvoirs et solidalité à Paris au XVIIIe siècle*, Paris, 1986. English edition available as *Fragile Lives：Violence, Power and Sodalirity in Eighteenth-Century Paris*, trans. By Carol Shelton, Harvard University Press, 1993.
⑤ Arlette Farge, *Vivre dans la rue à Paris au XVIIIe siècle*, Paris, 1992, p.16.

是因为当时尚没有完善的排水系统,生活用水随地泼洒,也是因为每天送水车上不严实的木桶的滴漏。空气里充溢着各种各样的味道。在巴黎中央集市周围,有果蔬、谷物、奶酪和面包散发出来的混合味道,草料市场和鱼市的腐臭味缠绕着数条街道。尤其是圣婴公墓,上面仅铺着一层石灰的尸坑,终年发出令人作呕的恶臭,尤其到夏天,附近房子里的居民几乎无人敢打开窗户。

随着人口的激增,18世纪的巴黎住房日益紧张,房租水涨船高。当时社会各阶层的居住区尚未分化,除少数显赫的王公巨富之外,大多数资产者、政府官僚和军官与穷人住在同一幢楼里。一般来说,居住的楼层越高,社会地位越低,顶层阁楼上居住的一般是学徒、仆人或流浪文人。这些人的存在,形成了城市的文化氛围。

在描绘巴黎形形色色的街头文化方面,当时代人梅西耶留下了杰出的著作。1781—1788年间,他出版了12卷的《巴黎图景》,事无巨细地记录了巴黎的城市街道、各色人等、生活状态、宗教信仰和政治生活等。[1]从这位启蒙文人的著作中,人们可以了解到去哪里能买到最好最便宜的服装、偷听到最精妙的对话、怎么处理尸体、到哪学习扒窃的艺术(以及为什么巴黎的扒手比伦敦的同行更老道、技术更高超)、巴黎的空气为什么臭气熏天、圣马塞尔郊区为什么这么穷。书中还谈到了卖水的人、暗探、监狱、盗尸者以及背后匿名资助他们的人、骗子们、散步的最佳去处、烟火、妓女、警察(残忍的、懒惰的、吓人的、腐败的)、烟草、乞丐、医院、剧院中的情色生活以及种蘑菇的最佳时间和最佳地点,等等。梅西耶笔下对于巴黎日常生活的描写提供了看清巴黎错综复杂本质的独到视角。他把巴黎称为"疾速呼啸的旋风",每天随着马车夫、园丁和店主的开张拉开序幕。上午9点,街上就水泄不通了,马车载着律师和公务员去上班、载着女士们访友,到处弥漫着做生意的商业气息。到下午3点,这样的势头开始减弱,因为有钱阶级坐下来吃饭了。5点是去新建的风景秀美的公园散步的最佳时段。黄昏的巴黎开始慢慢沉寂下来,梅西耶认为这是最危险的时候,因为小偷和行路贼在黑暗的街道上开始寻找目标下手。这个时候,所有安分的巴黎人都已上床睡觉,只有那些有钱有时间的人,才寻欢作乐到深夜。巴黎在旧制度末期约有4万名妓女。在法兰西喜剧院附近的街道上,被称为"会走路的阴道"的妓女随处可见,她们有时恳求有时辱骂地追逐任何可能的顾客。梅西耶提及,强奸事件在巴黎已经很少发生,他认为这可能与廉价的性

---

[1] Louis Sebastien Mercier, *Le tableau de Paris*, 12 tomes, Amsterdam, 1781-1788.

交易有关。梅西耶支持穷人和被社会抛弃的群体，当然包括妓女。他也强调了城市生活朴实的一面，用钦佩的笔调刻画了起早摸黑的农民，他们从遥远的地方给饥饿的巴黎人带来了水果、面包、蔬菜和肉。他惊异于他们努力工作的程度、他们的克勤克俭和对城市繁华的无动于衷。在巴黎人中，梅西耶赞扬普通工人和他们的家人，还有那些通过辛苦工作和坚定决心为城市作贡献的人。

街头不仅是生活的场所，也是流言蜚语盛行的地方，各种各样的新闻、谣言和宫廷逸事在这里传播。本来，这些街头民众的言论是无关紧要的，在绝对主义政治中没有任何地位，但绝对主义政府追求秩序的本能冲动，赋予了它政治意义。自路易十四时代起，巴黎警察刺探街头民众言论，为国王判断政治风向提供信息的行为，将街头的民间生活与国家政治联系到了一起，并赋予了民众话语存在的形式和意义，"政府权力的追踪，使它获得了形式和存在，并进入到这个既否认其存在又时时虑及之的体制的核心当中，因此从某种程度上来说，是政府权力创造了它"。①法尔热把18世纪这种与王家政治发生了联系的街头言论称为公众舆论。18世纪巴黎是否存在着这种平民公众舆论？答案是肯定的。18世纪的巴黎人识字率很高，能够接触到各种各样的读物，不仅是书籍报刊，还有街头海报、招贴、图片等。街头招贴广告的内容各式各样，面包价格、宫廷内幕、男盗女娼、阴谋诡计，无所不包。有时候导致群情激奋，把民众推向骚动的边缘。这也就是政府密切关注街头民众言论动向的缘由所在。

在警察和其他当权者看来，更具威胁性和邪恶的事情，是巴黎秘密的和半公开的社会群体不断扩大。1700—1750年间，至少有12个热衷附属于共济会的宗派在城市中心扎根。这些宗派往往会吸收一些手艺人或是中产阶级下层的一些人员，他们相信他们可以圣化所有未知的奥秘，比如说能预言洪水。秘术和异教在巴黎已经不算什么新鲜事了，事实上，他们的延续一直是城市历史的重要分支，但是这些活动具有很大的威胁性，因为他们的实践——也就是平等的社交，是对绝对主义政治现实下的等级社会和团体主义的一种威胁。

二、启蒙运动之都

在谈到18世纪巴黎的时候，启蒙运动是不能回避的主题。巴黎是法国的权力中枢所在，重要的文化机构麇集在这里，它们不仅提供有社会威望和报酬丰厚的职位，而且执掌着国家的文化权威。有雄心的文人只有在巴黎的大舞台上崭露头角，得到承认，才能成就名利。狄德罗、卢梭是他们中的佼佼者和

---

① Arlette Farge, *Dire et mal dire : L'opinion publique au XVIIIe siècle*, Paris, 1992, p.17.

幸运儿,还有美国历史学家罗伯特·达恩顿笔下数以千计的外省年轻人,在这座城市飘荡多年而一无所获,最终沦为充满怒火与怨恨的"贫贱的卢梭"。

早在路易十四时代,法国君主政权就创立了一系列国家性的文化机构,①早在1634年,黎塞留就资助成立了法兰西学院,负责厘清法语的"精确意义",使之能用于研究科学和艺术。1661年路易十四亲政后,掀起了建立法国国家文化机构的高潮。1661年,创设了皇家舞蹈学院(Académie Royale de Danse),该机构的宗旨是促进宫廷社交及舞蹈艺术的精致化,但它不是纯粹的文化研究机构,而是一个官方的文化职能机构,代表王权监管社会的舞蹈事务领域:巴黎的舞蹈演员都要在该学院登记自己的名字和住址;任何新舞蹈作品都须通过学院成员的审查方能演出。1663年2月,王国重臣科尔贝为绘画和雕刻学院拟定了基本架构,将这个1648年成立的艺术家团体正式纳入国家的羽翼之下,其90位成员负责皇家的艺术事务,路易十四宠信的画家勒布朗(Le Brun)担任该院终身院长。同年,科尔贝还从法兰西学院中遴选4名文人组成了"小学院"(petite académie),这个小团体受托研究"画像和挂毯中寓意的作用",为歌颂国王的纪念章撰写铭文,因此到1716年它被更名为铭文院。1665年创办《学者报》(Journal des savants)。这是欧洲第一份文学期刊,在科尔贝的资助下,传播有关文学界的消息,如介绍新出版或再版的书籍以及它们的思想内容,报道科学方面的新发现。②同时,该报也宣传国王的资助活动,对政治性的、代表官方声音的《法兰西公报》(Gazette de France)形成有益的补充。根据1669年6月颁布的特许状,又建立了皇家音乐学院,这是第一家法国歌剧院。1671年又组建了建筑学院,作为负责所有建筑事务的专家委员会。

在国家提供的经济和声望诱惑面前,一代又一代的法国文人争相跻身这些"金色的笼子"。启蒙时代的文人也概莫能外,为竞选法兰西学院院士的激烈争夺,在启蒙文化史著作或启蒙文人传记里时常可见。封特内尔、达朗贝、马蒙泰尔等开明文人的当选,把启蒙之风带进了这个刻板的权威文化机构里,把它从官方文化控制机构变成了新社交文化的先锋。

书籍出版也牢牢地掌握在半官方的出版业行会手里。巴黎36家出版业行会享有官方赋予的垄断地位,它们合法地垄断着巴黎所有出版物的生产和销售。享受着特权的图书出版商是巴黎书籍业的主宰,他们使作者服膺于他们的规则,指使印刷师傅按照他们既定的方式展开工作。梅西耶在谈到"书

---

① 可参洪庆明:《路易十四时代的文化控制策略》,载《史林》2011年第6期。
② Eugène Hatin, *Histoire politique et littéraire de la presse en France*, T.2, Paris, 1859, p.154.

商"时说:"书商自以为是重要人物,因为他人的思想精华放在他们的店铺里,他们有时候居然想评决他们印刷的东西。"① 但有些图书出版商表现了卓越的商业才华且促进了新文化的传播,如勒·布雷东(Le Breton),对狄德罗和百科全书事业都是不可或缺的。这个人既不是文学艺术的资助人,也不是雷霆万钧的战士,他只是一个以利润为目的的商人,想要通过自己的书赚钱——百科全书也确实让他狠赚了一笔。为了不太过剧烈地冒犯皇家书报检查,他自作主张地把狄德罗的整个篇目删得支离破碎,但他仍然不失为一个极大地促进了启蒙文化传播的企业家。②

当然,巴黎人获得书籍的来源,除这些特权体系中的国内出版商之外,还有大量在国外出版然后偷运到法国销售的非法书籍。自16世纪以降,法国边境上甚或其他地方的国外出版商就出版禁书,并秘密将它们输入法国市场,尤其是荷兰和瑞士,"这两个庇护着政治和宗教自由的小新教共和国,成为哲学和淫秽书籍生产的活跃家园"。③据法国国家文献学院的J.阿尔蒂埃后来的统计,1764年出版并存留至今的1548种法文著作,只有22%得到官方的特许,另外还有18%默许出版,也就是说,还有60%的书籍没有被包括在孚雷的研究范围内。④到18世纪后半期,两本法文书中有一本甚至更多在王国之外出版。⑤根据达恩顿后来的研究,这些为逃避旧制度官方的审查制度在境外出版的书籍,被巴黎的书籍警察称为"坏书"(mauvais livres),印刷商的行业切口称之为marron,而出版商和售书商则用一个比较褒扬的词——"哲学书籍"。⑥它们既包括伏尔泰、卢梭、梅西耶等启蒙哲学家的严肃著作,也包括黄色小册子、政治流言和桃色故事。这些哲学书籍通过嘲笑宫廷的繁文缛节消解国王的神圣面纱,并让读者感到自己是一个专制腐朽国家的受害者,从而在意识形态上对旧制度更具侵蚀作用。

在这个"书籍的时代",巴黎人拥有的图书数量增多了。18世纪初,家庭仆人死后的财产清单只有30%提到书籍,熟练工人是13%,1780年这个数字分

---

① Louis Sebastien Mercier, *Le tableau de Paris*, T.1, p.253.
② Jean-Pierre Rioux et Jean-François Sirinelli(dir.), *Histoire culturelle de la France*, T.3, p.44.
③ J.-P. Belin, *La Commerce des livres prohibés à Paris de 1750 à 1789*, p.38.
④ Roger Chartier, *The Cultural Origins of the French Revolution*, Duke University Press, 1991, p.72.
⑤ Chartier, "Frenchness in the History of the Book: From the History of Publishing to the History of Reading", *Proceedings of American Antiquarian Society*, Vol.97(1988), p.305.
⑥ Robert Darnton, *The Forbidden Best-Sellers of Pre-Revolutionary France*, 1769-1789, New York, 1996, p.7.

别增长到40％和35％。①更重要的是，读者所获书籍的内容发生了变化：宗教书籍从17世纪末占特许出版书籍总量的1/2降至1780年代的1/10，填补它空出来份额的是代表世俗文化的艺术和科学类书籍；默许出版的书籍也呈现类似的趋势，神学和法律书籍几近消失，纯文学、艺术和科学方面的题材占绝对的优势，其中科学和艺术增长尤为显著。②法兰西科学院终身秘书迈朗的藏书佐证了这一点，在这位18世纪贵族化资产阶级知识分子的藏书中，科学和艺术类藏书比例高达65％，而神学著作仅占5％。③

值得注意的是，18世纪法国读者获得读物的途径极大地扩展了，"所读之书并不总是拥有该书，绝非如此。1660—1780年间，王国内有利于促进书籍阅读的机构和实践方式纷纷涌现"。④这些公共机构不仅包括各个层次的（国王的、城市的、教区的或修道院的）公共图书馆网络，还有读书会（sociétés littéraires）、阅览室（chambre de lecture）和租书店等民间网络。根据丹尼埃尔·罗什的研究，身处文化中心的巴黎人，还能读到其他各种各样的印刷品，如小册子、街头招贴和图画等。

书籍和阅读的普及流行，充实了人们的头脑，为社会大众"公开地运用理性"提供了条件，对旧制度权威构成了话语批判。与此同时，18世纪巴黎新社交机制，即哈贝马斯所谓的公共领域的勃兴，如沙龙、咖啡馆、共济会等，又对旧制度构成了实践批判。这些公共交往机构践行的是平等参与、自由交流的方式和原则，这从无声处对旧制度等级体系和团体主义形成了否定性的批判。20世纪80年代，随着文化史研究的兴起，这些文化交往机制成为众多史学家关注的对象，产生了许多杰出的成果。⑤

（洪庆明）

---

① Roger Chartier, *The Cultural Origins of the French Revolution*, p.69.

② François Furet, La Libraire du royaume de France au XVIIIe siècle, Geneviève Bollème et al., *Livre et société dans la France du XVIIIe siècle*, Tome1, Paris, 1965, pp.20-22.

③ D. Roche,《Un savant et sa bibliothèque au XVIIIe siècle: les livres de Jean-Jaques Dortous de Mairan, secrétaire perpetual de l'Académie des sciences》, *Dix-huitième siècle*, no.1(1969), pp.47-88. 该文后收录在作者的文化社会史研究论集 *Les républicains des lettres: Gens de culture et Lumière au XVIIIe siècle*(Paris, 1988, pp.47-83)里。

④ H. J. Martin et R.Chartier, *Histoire de l'Édition Française*, tome 2, Paris, 1990(1ère éd., 1984), p.533.

⑤ 有关启蒙时代巴黎社交机制的研究状况，参洪庆明：《理解革命发生学的新视阈和新路径：18世纪法国的政治、文化和公众舆论》，载《史学理论研究》2011年第3期。

第十四章　现代法国的城市发展轨迹，1800—1911年

19世纪是法国经历各种剧烈变革的时代，政治与经济社会面貌在这一个多世纪间发生了极大的变化。从这个时期的法国的经济社会史发展进程来看，可以辨识出三个较为明显的阶段：第一阶段从大革命到七月王朝时期，其主要特征是缓慢的变化，基本上仍是18世纪下半期的延续；第二阶段是1840年左右到第二帝国，其主要特征是工业化的启动和加速、交通革命和快速的城市化以及乡村人口较大规模地向城市转移；第三阶段是1870年至第一次世界大战，其特征是经济进一步现代化，农村人口更大规模地向城市转移。伴随着城市化进程，伴随着城市化进程，依旧保持着中世纪形貌的城镇转变为现代都市中心。这是一种复合型的发展，其特征和增长规模既取决于各地差异极大的既存社会经济结构，同时也取决于区域经济变革的性质。在强调城市化的重要性之时，同样值得提出的是，由于小农经济传统的强固性及工业化模式的差异，与西欧其他部分相比法国城市化显得相对缓慢。

但值得指出的是，巴黎作为活力四射的社会空间，其发展在整个西欧也属最为醒目的行列。1851年，法国3%的人口居住在首都及其郊区；到1911年，这个比例飙涨至10%。[1]在第二帝国期间，这座城市从面貌上得到了根本性的改变，奥斯曼主导下的重建工作打造了一个整洁卫生的城市中心，拥有剧院、商店和咖啡馆以及宽阔的大街，街道的拓宽使交通较为便捷，在必要的情况下可以相对容易地调动军队。自1870年代开始，郊区铁路、有轨电车和后来的公共汽车纷纷出现，以及地铁自1900年开通，大众交通设施的发展让居住在离工作地较远的地方变得日益可行。本章除呈现大革命时期普遍政治化时代法国城市的社会政治生活图景之外，着重缕述19世纪工业化时期法国的城市化进程及其特点。

---

[1] Roger Price, *A Concise History of France*, Cambridge University Press, 2014, p.178.

第一节 革命冲击与"城市剧场"

一、大革命对城市人口的影响

大革命是法国历史进程的标识点,它标志着法国现代社会的开端。在既往的历史解释中,大革命被视为"使资产阶级成为世界主宰的这一长期社会、经济演变过程完成的标志",[①]它确立了资产阶级的统治权力和法权体系,为法国资本主义社会的发展开辟了道路。但20世纪60年代以来革命史领域的大量研究表明,法国大革命在促进资本主义发展方面的作用微乎其微,甚至起到了相反的作用。大革命留给后世的遗产,更多的是以实现民族"再生"为核心的话语、符号、观念模式和行为方式。大革命对法国城市发展所产生的影响也大体如此,它引起了城市内部的制度机制、社会结构和行为方式的巨大变化,但同时也打断了18世纪法国城市发展的进程,"一位历史学家写道,除它诞生的环境之外,大革命改变了一切。诚然,直至19世纪中期,法国城市的面貌一直变化甚微"。[②]

从1789年到第一帝国时,许多城市发展停滞甚至有所衰退。南锡城在18世纪蓬勃发展,1733—1790年,其居民从不到2万人增加到3万多人,共和八年减少到2.8万多人。图鲁兹是一座人口约6万的大城市,但在大革命期间的剧烈动荡中,1790—1793年,它的居民骤减了9 000人,其后虽快速恢复,但战争又接踵而来,到1801年,其人口数量比1789年减少了5 000人。1789年有2.3万居民的格勒诺布尔,到执政府统治时期仅有2万人,直到第一帝国后方恢复到1789年的水平。[③]

导致法国城市人口变动的直接原因,无疑与大革命期间的战争、恐怖、饥荒、疾病和移民等各种事件有关。首先,革命期间的人口流动情况。一种情况是大批遭到革命威胁的人群流亡国外,"流亡是一个不容低估的因素,到1794年的头几个月,流亡人数达到其最高值,约6万人。考虑到总体外流情况,即

[①] 阿尔贝·索布尔:《法国大革命史》,马胜利、高毅、王庭荣译,中国社会科学出版社1989年,第1页。
[②] Georges Duby(dir.), *Histoire de la France urbaine*, T.3, p.539.
[③] Georges Duby(dir.), *Histoire de la France urbaine*, T.3, p.541.

第十四章　现代法国的城市发展轨迹，1800—1911 年　/　315

返回和新的外逃，流亡者总数当低于 10 万"。①另一种情况是城市人口逃往农村，但总的说来，城乡之间的双向流动是平衡的，有些城市还因为大批背井离乡的农村人口涌入而出现人口膨胀情况。②然而，我们需要考虑的是，流亡国外的人员中，许多是居住在城市的贵族、僧侣和有产阶层。农村流往城市的人群，出于生计原因——农村是他们生存的物质基础，加之城市在革命动荡中谋生机会的稀少，往往在危机平息后还会重新回去。

其次是战争和恐怖。在 1792—1815 年连绵不断的对外战争中，法国共有 125 万人牺牲，而其间内战带来的伤亡人数，尽管没有精确数字，但数量也相当大。③战争死亡带来的后果远不止于死亡数字本身，大量青壮年出征和伤亡，势必对出生率产生重大影响。大恐怖造成 2 万—4 万人死亡，受革命恐怖波及严重的地区主要是巴黎（16%）、西部旺代地区（52%）和叛乱的东南部（19%）。位于内战惨烈地区的城市，占了被处决总人数的 71%，譬如南特的嗜血狂热造成了数千的死难者。从死亡者的社会阶层来看，"工人和手工业劳动者占 31%，农民为 28%，特权者只占遇难者的少数，但从这个阶层的人口总数来看，这个比例要高得多"。④不过，隆隆运转的断头台，更多的是在战争和物价飞涨的非常时期，对人们形成心理上的震慑和制造出巨大的紧张，"对城市人口变化来说，大恐怖不是决定性的事件"。⑤

再次，革命期间发生的饥馑也带来了死亡。1794 年严酷的冬季，纳尔榜（Narbonne）的死亡人数达到最大值，南锡的死亡率则骤升到 62.8‰，比 18 世纪平均死亡率 33‰上升了近一倍。⑥

导致法国城市人口发展长期迟滞的深层次原因，在于大革命对法国人口模式的影响，即出生率的相对降低和死亡率升高。由于战争征兵，许多年轻人为了逃避兵役而结婚，因而大革命时代是高结婚率的时代。1794 年，南锡的结婚登记数达到创纪录的 472 对，而革命前的 1788 年仅 230 对。斯特拉斯堡的结婚率 1790 年是 8‰，1798 年是 13.1‰。不过"结婚热潮"并未带来相应的出生率上升，1790—1796 年南锡的出生率是 35.8‰，而 1789 年是 42.6‰。⑦人口出生率的降低，很大程度上是由于革命动荡期间的饥荒、战争和疾病造成的剧

---

① 乔治・杜比主编：《法国史》（中卷），第 838-839 页。
② 乔治・杜比主编：《法国史》（中卷），第 838 页。
③ Georges Duby(dir.), *Histoire de la France urbaine*, T.3, p.541.
④ 乔治・杜比主编：《法国史》（中卷），第 838 页。
⑤ Georges Duby(dir.), *Histoire de la France urbaine*, T.3, p.543.
⑥⑦　Georges Duby(dir.), *Histoire de la France urbaine*, T.3, p.544.

烈死亡,改变了城市人口的生育态度,迫使人们采取避孕措施,减少生育。因此,19世纪广为流行的人为避孕行为,是大革命催生和发展出来的。

二、革命节庆与城市空间

革命是场戏剧,法国大革命这种集彻底改造社会、习俗使命于一身的革命表现得尤为明显。它欲"更生"社会的终极目标,不可避免地牵涉到对社会大众态度、价值和信仰的改造,旨在创造一种全新的社会公民,作为构筑以全体一致为主要特征的理想社会的基本元素。"新人"的理想由此成为革命者信念的中心内容之一。然而,诚如莫娜·奥佐夫所说,围绕着"新人"必须作出千百次实践、创办千百个机构、举办各种节庆活动、开拓各场所的新空间、重新安排日历、重新命名各地点场所。[①]因此,城市成为革命者进行意识形态渗透和宣教民众的重要空间。革命者通过破坏既存的旧建筑,消除旧建筑物上的象征符号和铭文,或建设新建筑,并赋予新的雕刻或铭文等蕴涵革命意识形态的象征符号,向社会大众传递决裂与新生的表象。甚至建筑物本身的风格、规模和位置,都在表述着新的政治、意识形态和思想文化。这里以革命的中心巴黎为聚焦点(因为像旧制度时代一样,巴黎仍然是法国权威的来源,外省城市的行为举动往往唯巴黎马首是瞻),透视在城市舞台上展开的革命戏剧。

自18世纪中期开始,在频繁发生的社会政治争论和新兴的公众舆论侵蚀下,以团体主义和等级制为基础的法国王权绝对主义逐渐消解,民族共同体和民族主权开始取代君主主权渗透到法国人的观念世界当中。[②]1789年,旧制度危机背景下的三级会议的召开并迅速转变为国民会议,旧制度末年"民族"(nation)观念的兴起是一个至关重要的因素。但与此同时,该事件也标识着新的开端,它让法国人感觉,他们此刻站在了新旧断裂的起点,从过去的压制和奴役走向当下的自由。当时许多雕版画表现决裂的主题,大量的报刊和小册子使用"再生"(régénération)的词汇,证明了这种观念的流行。

在这种急剧变化的事态面前,无论从政治方面还是社会方面来说,都需要一套新的象征体系,以进一步毁灭旧制度的余威,同时起到传播新的目标和塑造大众精神的作用。革命教士格雷古瓦对更新象征符号发出了热情的呼唤:"对我们来说,暴君专用的荒谬的图形文字已是历史的文物。但当统治者重新建立一个新政府时,如果他对语言符号认识不足,那么就不能胜任自己的任

[①] Mona Ozouf, La fête Revolutionaire, 1789-1799, Paris, 1976, p.9.

[②] Keith Baker, *Inventing the French Revolution: Essays on French Political Culture in the Eighteenth Century*, Cambridge, 1990.

务。他应该利用一切机会抓住人的感官,唤醒新的观念。经常反复出现的东西就会渗透到民众的心灵里。这些具体事物的组合,这些原则、事实和标志的联合,不断地在公民眼前具体形象地说明他们的权利和义务,从而形成一个自由人应有的姿态和国民性模式。"[1]

在这样的要求面前,建筑学家们为革命效力的机会很快到来。1789年秋到1790年夏,席卷全国的联盟运动(Fédération)需要提供给民众集会的空间、举行仪式的祭台或祭坛,以及装点所用的一系列象征符号。作为政治和革命中心的巴黎,为了迎接象征着国家团结和统一的联盟节,制宪会议成立了专门的委员会,规划建造能够容纳成千上万民众的会场。规划委员会成员在考虑各个不同的可能地点后,最后选定了离城稍近且带有法兰克人祖先传奇色彩的玛尔斯校场。建筑学家和筹备委员们拟定了一个庞大的计划:在塞纳河上架一座浮桥连通左右两岸;在玛尔斯校场上搭一座凯旋门;中间建一座规模宏大的祭坛;场地后部也就是军事学校前面则是看台,供国王和国民制宪议会的议员观看仪式。如此规模庞大的建筑,都是用木材、塑料和帆布制成的临时性框架结构搭建而成的,上面皆描成石头状。

正如涂尔干分析的,革命如同宗教一样使人亢奋,因此"革命是人民群众的节日"。建设联盟节欢庆场所本身就是一个节日,勒诺特尔在《法国历史轶闻》中对当时的场景进行了生动的描述,现场热情冲天的群众表现了高昂的亢奋、乐观的情绪和无私的精神。[2]

民族联盟节的建筑充满着象征意义。横跨塞纳河的木桥,将左右两岸连接到玛尔斯校场,代表着全体法国人新的团结统一。带有三个一模一样孔洞的凯旋门,饰以浮雕和铭文,纪念自由、宪政和人权对暴政的胜利。祭坛后面是一位高举着法律和法兰西盾徽的女性形象;右边是擎着自由之盾的赫耳墨斯神,带领着一群激情昂扬的男女。这些古典人物形象的运用,将这个事件与古罗马的辉煌时代联系到了一起,赋予了此项工作一种普世的性质。祭坛四周宽大的台阶,表示每个人都可以来这里;外形设计上均衡对称的特征,则表明它面对的是法国乃至世界四方所有的人。祭台四周表面上铭刻的文字宣称,道德是平等的;不是出身,而是德行本身区分着高下,每个人在道德面前都是平等的。此外,祭坛上没有搭建顶棚,意示最高存在与其教士之间没有任何的阻隔。

---

[1] Jean-Pierre Rioux et Jean-François Sirinelli(dir.), *Histoire Culturelle de la France*, T.3: *Lumières et liberté: Les dix-huitième et dix-neuvième siècles*, Pairs, 1998, p.150.

[2] 勒诺特尔:《法国历史轶闻》(第2卷),北京出版社1985年,第17-20页。

1790年7月14日,攻陷巴士底狱一周年,玛尔斯校场上人山人海,彩旗飘扬,国王与国民议会主席并排而坐。拉法耶特带领军队宣誓"永远效忠民族、法律和国王"。国王亦誓言信守宪法。这些象征符号和仪式,隐喻着国民与民族之间契约的订立和新时间的开始,法国乃至人类文明从此截然不同,自由取代了枷锁,平等取代了等级的分立,法兰西民族统一而不可分割!新的意识形态的教育在这种嘉年华的节庆氛围中完成了,每个法国人都能从那些符号中辨识出新价值,寻找到自己的存在位置和情感认同。

玛尔斯校场的仪式只是这场盛大纪念活动的一部分。在此期间,整个巴黎城都成为了欢乐的海洋,充斥着宴会、舞会和竞技比赛。香榭丽舍大街两边树上装点的灯笼,在夜间形成长长的灯河,极目难尽。市政厅也装饰得华丽多彩,其门厅上方是一个巨大的太阳,彩色的小灯笼组成四射的光芒,太阳的中心雕刻着新的三位一体:民族、法律、国王。太阳下面一块正方形的匾额上写着:所有公民皆兄弟,所有公民皆士兵。在旁观者看来,这里是一片圣地,因为正是在此处,选举人们第一次表达了民族的希望。[1]巴士底同样是庆祝的重要场所,新型的装饰宣示着专制的毁灭和理性光辉的照耀。入口处的铭文是"人们在这里跳吧唱吧",这不仅与先前的专横和奴役形成鲜明对比,而且还表示将旧制度踩入地下,用人们的歌声和感恩驱除专制暴政的余毒。

毫无疑问,1790年的联盟节是一个具有里程碑意义的事件,它成为了此后革命节日的样板。一个接一个的革命政府,利用大量的象征性作品、图像和标志物,激发或阻遏群众激情,公共空间也因此成为了社会控制的重要工具。在"新人"的梦想下,革命者利用它,或作为毁灭对手的合法性的武器,或将民众凝聚到自己的社会理想周围,以巩固刚刚夺得的权力。

此外,在革命的早期阶段,除这种大规模的仪式外,革命者还通过将广场名和街道名系统地改变为含有革命意义的名字,譬如路易十五广场更名为"革命广场"(后来又改为协和广场)。国民议会甚至授权法国各个城市、市镇、村庄和教区废弃领主赐予的家族姓名,回复他们先前的名姓。

为了让这场激荡人心的革命永垂不朽,建筑师们还纷纷设计出各种方案,欲用花岗石、大理石或青铜等坚硬经久的材料,建造纪念碑、自由柱、雕塑、方尖碑以及与革命光辉相称的宏大民族神殿。只是由于当时法国经济的困厄和政局的动荡,这些方案绝大多数都只能停留在纸面上。

---

[1] *Le Moniteur universel*,no.198,14 juillet 1790.

从上述的诸种例证来看,在大革命爆发的早期阶段,巴黎公共空间所表述的政治文化,既表现了革命者沉浸在更生世界的集体亢奋之中,但同时也体现了以自由、平等为基本内容的新型革命意识形态与国王共存的现实,在革命所宣介的新的三位一体中,国王依然拥有一个席位。

三、城市雕塑的象征意义:破旧立新

革命早期阶段百合花与革命的新象征符号,国王与自由女神的共存很快分崩离析了。其原因来自两方面。就国王来说,作为旧制度时代至高无上的既得利益者,以及天主教作为国教的久远传统和强大影响,这些都让路易十六对旧秩序的怀念和对改革教会的敌意变得越来越明显,先前就很脆弱的平衡开始动摇;而就革命者而言,流亡国外的贵族接连不断的刺激,引起了阴谋心理原本就很浓厚的法国国内民众持续的焦虑感,更加激进的要求和行动随时都有可能触发。

1791年6月20日夜间王室家庭逃跑事件成为这种平衡崩塌的导火索。翌日清晨,消息传开,巴黎民众冲进王宫,市内路易十六的半身雕像被砸掉或遮盖起来,建筑物上"国王"或"王后"的字样被除去。巴黎激进的新闻报刊连篇累牍地发表文章,鼓动废除君主,建立共和;哥德利埃俱乐部给制宪议会起草请愿书,声言:"1789年时我们是奴隶,1790年我们自以为是自由人,1791年6月底我们已是自由人了……自由而没有国王。王权,特别是世袭王权,与自由是不相容的。……我们以祖国的名义请求你们,或者立即宣布法国不再是君主国,而是共和国。"

从7月14日联盟节开始,民众在玛尔斯校场接连集会,要求废除路易十六。17日,国民自卫队驱散了示威者,致50余人死亡。这一事件使局势更加恶化。新闻报道中对君主权力的象征敌意日增。《爱国和文学年鉴》7月18日刊载文章,详细描述了自国王逃跑以来巴黎大街上和剧院里的骚动情形,人们要求推倒三位暴君——路易十三、路易十四和路易十六——的雕像,代之以杰出公民的雕像。记者赞赏民众这种想法是"伟大的和漂亮的",并以激烈的言辞指责说:"在革命当中,三个戴着王冠的强盗依然保留在公共纪念碑上,由奴役和宫廷腐败养大成三个专横而卑劣的暴君,他们仍然通过画像,从埋藏其累累罪行的坟墓深处公然蔑视着我们,这种现象作为一种事实存在是非常令人奇怪的。"[①]

---

① *Annals patriotiques et littéraires*,No.653,18 July,1791.

1792年4月,对奥地利战争的爆发,给摇摇欲坠的君主立宪体制带来了更大的压力。巴黎民众怀疑宫廷与外国勾结,合谋清洗革命者。同年8月10日的起义最终推翻了君主制,成立了共和国,革命改头换面朝着激进化的方向发展。在此情形下,对新的更激进的象征体系提出了需求。

当然,像现代所有的意识形态革命一样,在政治变动的最初阶段,首先是破除旧的象征符号。罗亚尔广场、胜利广场、路易大帝广场、路易十五广场以及市政厅等地的雕像成为起义民众发泄怒火的对象。为了顺应当时的形势和舆论氛围,立法议会颁布政令,要求紧急撤除公共广场上的雕像,以庆祝自由的纪念碑取而代之。①在这股革命怒火下,连新桥附近法国人心目中的平民国王亨利四世的雕像亦未能幸免。一名群众代言人赶到立法议会报告此事时说,尽管这位国王的德行一度让他们踌躇不前,但当他们想起他不是根据人民的同意施行统治时,便不再犹豫。当天,立法议会通过了一项更详细的法令,下令从公共场所挪走一切雕像、浮雕、铭文或铜质及其他材料制成的纪念物。②

几天内,公共场所引人注目的国王雕像一扫而空,但公共空间中的百合花、盾徽和铭文等标志太多,消除它们花费了更多的时间,共和当局雇用了多名艺术家从事这项工作,山岳派当政后还数次重申了彻底清除视觉方面的君主制残余。但即便刮去浮雕和铭文,它们留下的痕迹仍然存在,为了解决这个问题,公民们提出了多种方案,其中一种为相关当局接纳的是,用融化的铜填充原来的雕刻,然后在上面刻上新的浮雕和铭文。

其次,在疾风骤雨式的破旧之后,构建新的象征符号再次成为必要。推翻君主制,强化了许多法国人的革命信仰,也再次提升了他们新的开始感。国民公会9月21日宣布共和国成立,就包含着重要的象征意义。这一天秋分时节,昼夜平分,表明自然亦支持平等;同一天,太阳从一个半球移动到另一半球,意谓革命光辉将照耀世界。这样的象征意义导致了革命历的诞生,共和纪年取代了基督纪年。

新日历包含着巨大的心理动能,它不仅表示自然和理性的胜利,也暗含着人们改造过去不完善的地方,建立一个完美共同体的心理期求。因此,诸如此类的象征符号,所起的是激励精神的作用,传达的是革命崇拜的信息。法国大革命在这种心理机制下进一步激进化:从九月大屠杀到清洗吉伦特派再到1793年秋季大恐怖宣告来临。在激进的革命者看来,他们采取的行动是净化

---

① *Collection générale des décrets rendus par l'Assemblée nationale*,Vol.5,du 10 août au premier septembre 1792,Paris,Imprimeur de la Convention Nationale,No.1325,pp.37-38.

② *Collection générale des décrets rendus par l'Assemblée nationale*,No.1403,pp.89-90.

和再生的需要，追求的是一种趋向终极完美的正义目标，因而是合理的。伴随着共和国的来临及其政治的激进化过程，象征符号大规模急速更新：度量衡变得规整了，一天 10 小时，一小时 100 分钟，一分钟 100 秒。[1]服饰改变了，语言净化了，设计出一套更加平等的礼仪，一切可能与旧制度有关的东西都被更新，甚至国际象棋和扑克上的形象都共和化了。当时经过当局登记的扑克作坊有 20 多家，生产的革命扑克牌达 40 余种。其中共和 2 年的一副扑克牌，老 K 上的国王变成了启蒙思想家，4 张 Q 牌则分别画着代表正义、力量、节欲和审慎的四位德行女神。J 牌上是一些共和形象，其中三个是穿军服的士兵，一个是英姿飒爽的战斗着的无套裤汉。[2]

四、街道与建筑名字的革命寓意

这场带有宗教特征的政治革命，需要祈拜和宣化教义的场所，因此，整个巴黎的公共空间几乎都成为了这场雄心勃勃的革命的神殿。

首先是大规模的城市改名运动，那些带有君主制和宗教色彩的街道、码头、桥梁和广场，一夜之间被赋予了爱国的或革命的名称。共和 3 年出版的《巴黎街道指南》(Almanach indicative des rues de Paris)显示名称变更的街道是如此之多。各个街区都加上了体现革命理想名字，如共和、社会契约、人权、博爱、祖国之友；或纪念民族英雄的名字，如布鲁图、勒佩勒蒂埃、马拉；还有用革命的象征物如小红帽作为街区名称。街道、广场、花园、桥梁和码头发生了类似的情况。有些地方的名字随着革命的发展数次变更。

体现革命狂热的改名运动与革命狂热情绪本身互为呼应。许多公民——不仅仅是艺术家，也包括文人甚至普通市民——纷纷提出净化和改变城市的方案。名叫维雷尔(Verhelst)的幻想家给公安委员会送去一个计划，要将巴黎变成一个巨大的传递意识形态信息的寓言式花园。按照这个计划，在革命广场竖立一座自由雕塑，下面四个大厅，里面展示专制君主制的罪恶。从广场八条大道延展开去，每条道路都阐释着某些社会美德，如真理、忠诚、博爱、人道、婚姻之爱和为祖国奉献，大道两旁则饰以雕塑、浮雕和铭文，激励人们践行这些美德。各条大道最终都通向最高存在庙。[3]

---

[1] Serge Bianchi, La Révolution culturelle de l'an II: Élites et people (1789-1799), Paris, 1982, pp.198-203.

[2] 高毅：《法兰西风格：大革命的政治文化》，浙江人民出版社 1992 年，第 217 页。

[3] James A. Leith, Space and Revolution: Projects for Monuments, Squares, and Public Buildings in France, 1789-1799, McGill-Queen's University Press, p.121.

其次是修建举办革命仪式的临时性建筑。君主制倒台后不久，就在胜利广场路易十五雕像的底座上，建造了一个方尖碑，上面铭刻着人权宣言。①在杜伊勒里花园，建立了一座临时性的金字塔，用于为推翻君主制过程中牺牲的人们举办葬礼，宽厚的底部表示坚实的大地，尖尖的顶部则表示超脱的尘世之外。上面写着"1792 年 8 月 26 日国民花园里为纪念 10 日死难烈士的葬礼台"。金字塔的四周都有浮雕和铭文，东面的铭文内容是向死难者的母亲表示，她们的儿子把爱国主义传给了那些活下来的人们，他们将永垂不朽。人们用牛车从市政厅拉来自由和法律雕塑装点现场。自由如同君王一般高踞在基座上，右手拿着小红帽，左手边靠着一根击棍，表示她是通过暴力取得了胜利。据报道，当时有 35 万人参加了纪念仪式，并对此留下了永久的记忆。②

根据《导报》发布的巴黎市府公告，③1792 年 10 月 9 日，巴黎市府召集所有各区在市政厅再次举行大规模仪式，庆祝新生共和国的重大胜利——萨伏依（Savoy）要求作为第 84 个省加入共和国。与此同时，集会还对 8 月 10 日的牺牲者进行了纪念，各区将本区死难者的名字写在白色的旗帜上，代表各区的市政官员大声诵读这些名字，然后游行队伍高举旗帜前往革命广场。

最重要的临时建筑是 1793 年 8 月为庆祝"统一不可分割节"而设立的庆典空间，该节日旨在将公民聚集到共和国的成就之下，加强新夺取权力的山岳派的合法性，这次盛大的游行经过巴黎各条街道，共历 5 站，终点是玛尔斯校场的祖国祭坛，各站是游行队伍举行仪式和发表演说之所。每站都有雕塑或建筑，装点着各式各样的革命象征符号，向公民们传递着自由和新生的信息。游行队伍黎明时分从巴士底广场出发，黎明象征新的开始，广场上树立着一尊巨大的自然雕塑。自然被描绘为司繁殖和丰饶的埃及女神伊希斯的样子，两侧是雄赳赳的狮子。底座上刻着："我们所有人都是她的孩子。"她双手按着的丰硕乳房上，水潺潺流入一个巨大的盆子里，这个再生泉象征着自然的生生不息。国民公会主席埃劳·德·塞舌尔对雕像致辞说："正是从您的乳房里，从您神圣的源泉里，人民恢复了权利，获得了新生。"④第二站位于市场区附近，临时搭建的巨大凯旋门庄严耸立。1789 年，正是从这里，妇女们前往凡尔赛，迫使国王和王室移居巴黎。这起具有重大意义的事件是法国革命激进化的重要

---

① *Le Moniteur universel*，No.229，16 août 1792.
② *Le Moniteur universel*，No.244，31 août 1792.
③ *Le Moniteur universel*，No.283，9 octobre 1792.
④ *Le Moniteur universel*，No.224，12 août 1793.

步骤，因此凯旋门上的浮雕和铭文提醒人们不要忘记妇女的英雄行为。国民公会主席再次发表演说，鼓励妇女将她们的勇气和胜利传给她们的孩子。[1]第三站是革命广场，广场中央基座上的路易十五雕像被自由女神取代，象征着自由在法国登基了。自由女神周围环绕着"人民树"，树枝上点缀着小红帽、三色带、赞美诗和革命事件的图片，这些都是人民握有权力的象征符号。而在自由神像前面，则是一堆象征着旧制度的遗物，准备付之一炬。第四站是荣军院前面的空地，这里一座巨大假山的山顶上，站立着刻画成赫耳墨斯模样的人民雕塑，标志着如今当权的山岳派与人民联手。在接下来的大恐怖岁月里，山岳的符号不断地出现在雕版画中，被用于装饰以前的教堂和节日场地，尽管它不过是巴黎激进革命党人偶然得到的绰号——他们坐在议会里位置比较高的凳子上。

规模庞大的游行队伍从荣军院向西，即到达玛尔斯校场。入口已经建好，门前是两尊雕像，分别象征着自由和平等。两者之间横拉着一条三色带，带子中央吊着一个木工水平尺——运用日益广泛的平等的象征物。游行的男女皆从这个带子下经过，但新宪法刚刚拒绝了妇女的政治平等权，这揭示了雅各宾意识形态中内在的模糊性和矛盾性。

这场仪式代表了法国革命不断激进的演进，游行中的每一站都超越了前一站。这意味着，位于第三站的自由女神落已经落在了第四站人民的后面。象征符号有意无意地体现了法国革命发展到这个时段，以人民名义行使的专横权力已经压倒了相对温和的自由。[2]

最后，除为举办仪式建造的临时建筑外，革命者翻新现存的建筑用于新的目的。最重要的就是将杜伊勒里宫变成国民公会。共和国成立不久的1792年10月，国民公会批准了杜伊勒里宫的改造方案，[3]工程进行了整个冬季。第二年4月，国民公会将之重新命名为民族宫，并决定5月10日迁入。象征意义是显而易见的，即共和国代表取代了王国的位置。新修葺的宫殿里随处可见革命的象征符号，其北翼称自由楼，中心部分名之为统一楼，南翼则称平等楼，三色旗在各个楼上高高飘扬。另外一个重要的改变是把卢浮宫变为艺术博物馆，为所有的艺术和科学提供空间，其中包括一座图书馆和教学设施。

其他的王室建筑和教会场所，也同样被转变为共和国服务。教堂、女修道

---

[1] *Le Moniteur universel*，No.224，12 août 1793.

[2] Lynn Hunt，"Hercules and the Radical Image in the French Revolution"，*Representations* Vol.I，No.2(1983)，pp.95-117.

[3] *Le Moniteur universel*，No.301，27 octobre 1792.

院和男修道院变成了各区的议会或开会地点。主要是将教堂变为革命庙宇，最著名的就是1793年11月巴黎圣母院变成理性庙，这是革命当局非基督化运动，变上帝崇拜为革命崇拜中重大的一步。同时，许多庙宇被改建为宣传革命理想、公民美德或举办其他各种活动的场所。除教堂外的其他公共建筑经过改建和变更名称为革命服务的，最引人注目的是法兰西剧院成为人民剧院，为普通民众演出曲目。

总之，到1794年春，巴黎的街道和广场大多数都经历了革命的洗礼。临时性的建筑建起来了，旧的建筑得到了更新，革命的象征符号无所不在。这些行为，使这场革命呈现出文化革命的典型特征，目的在于实现民族再生，缔造一个全新的，也即符合革命新道德的人，并且将光辉的革命理想从这里推向世界。

第二节 19世纪法国城市化的历程

一、19世纪上半叶法国城市人口的增长

从1806年到1931年的"长19世纪"里，饱经政治动荡和周期性经济不景气困扰的法国，终于从一个农村人口占绝大多数的国家变成了一个城市化国家，城市居民首次在数量上占据了多数。整个世纪，法国总人口增加了39%，其城市人口却增加了300%。法国城市人口增长的节奏一波三折。帝国时期至七月王朝是第一阶段，这个时期法国城市化进程非常迟缓，城市居民人数增长甚微。七月王朝后期至1870年代是第二阶段，随着工业化的启动，城市人口增长率显著提高，历史学家根据当时人口普查的数据研究表明，法国城市人口的快速增长主要是在1846—1876年间，这个时期见证了法国前所未有的城市化进程。[①]此后法国城市人口增长处于周期性波动状态，既有20世纪前后十余年的萎靡不振，也有1910年后适中的增长。

疾风骤雨式的革命暂时中断了法国正常的社会进程，城市发展亦概莫能外。从革命到帝国到复辟乃至七月王朝前期，法国几乎处于"静止不动"的状态。"拿破仑终结了大革命，同时也巩固和背叛了大革命，法兰西的面貌停滞不变。1800年、1820年、1835年，几十年间，她犹如平静的海洋，几无任何变

---

① William B.Cohen, *Urban Government and the Rise of the French City: Five Municipalities in the Nineteenth Century*, New York, 1998, p.1.

化,其结构好像石化了一般。"①首先,大革命时代的高结婚率和低出生率延续了下来。"1770—1784年,1万居民中有85桩婚姻;1806—1810年为157桩;1811—1815年为171桩。而另一方面,旧制度末年,1万居民中新生儿为390,但在帝国时代这个数字只有320。"②尤其在复辟王朝时期,出生率下降很快,但死亡率却没有下降。这种局面,显然是节育措施流布开来的结果,"这些节育做法在城镇社区里早已知晓,特别是小市政,在某些农村中也已知道,尤其是在小土地所有者中间"。③不仅富裕的资产阶级采取节育措施,城市普通阶层同样如此。进一步追究节育措施流行的原因,无疑许多与大革命导致的后果有关。如离婚的合法化,宗教对民众控制的松弛以及频繁战争带来的征兵等。

按照夏尔·波塔斯对363个行政区首府市镇居民人数的统计研究,1801—1830年间,其中从1801年到1821年,法国城市人口的增长率为12.4%,接下来的十年仅有6.8%,而同时期法国总人口的增长率差不多与此类似。④所谓城市化,指的是城市人口相对于农村人口比例的增加,但这个时期法国城市人口与总人口保持着相同的增长比率,城乡人口比率并未改变,因此可以说,从帝国到七月王朝时期,法国城市化进程处于停滞状态或进展微小。这种情形,从城市建设上亦可窥一斑。1807年,拿破仑颁布法律,要求各市政机构采取全面的城市规划,拓宽城市主干道。然而,很少有城市能够执行这项法律,如波尔多直至1810年,工程师仍然没有设计出全城性的改造计划。马赛和图鲁兹的规划方案一拖再拖,直到1825年方才完成。法国的工业城市圣埃蒂安纳市政委员会讨论了1807年法案,但未能通过要求的规划方案。要言之,"法国各市政当局皆缺乏拿破仑1807年法令所要求的综合性总体市政规划方案"。⑤因为即使设计出来,各城市当局也无力施行,频繁的战争和经济财政状况,使他们承担不起大规模的市政工程。

当然,不可否认的是,在这段时期,法国各城市尚有一些零星的新建或改建活动,如波尔多市政委员会拓宽了200条街道,修建了"五角广场"(Place Quinconce),为消除刺鼻的恶臭把屠宰场从市中心迁到郊区,在加龙河上修造了长索吊桥,把波尔多与市郊拉巴斯蒂德联系起来,成立了圣安德烈医院。图鲁兹建造了壮观的昂古勒姆广场,五条放射性大道连通各处。圣埃蒂安纳修

---

① Georges Duby(dir.), *Histoire de la France urbaine*, T.3, p.561.
② 乔治·杜比主编:《法国史》(中卷),第873页。
③ 弗朗索瓦·卡龙:《现代法国经济史》,吴良健、方廷钰译,商务印书馆1991年,第7页。
④ Georges Duby(dir.), *Histoire de la France urbaine*, T.3, p.566.
⑤ William B.Cohen, *Urban Government and the Rise of the French City: Five Municipalities in the Nineteenth Century*, New York, 1998, p.213.

筑了交易市场和市政厅大楼,拓宽城市主干道,还修建了新教堂、人工喷泉和一座新屠宰场。①但无论如何,与后来翻天覆地的大规模城市化相比,19世纪初法国的城市规划是微不足道的。

从城市和大城市数量也可以看出,在19世纪前几十年里,法国城市发展的迟缓。1801年,法国仅有巴黎、里昂、马赛三座人口在10万以上的城市。这种情况直至1846年才发生改变,波尔多成为其中新成员(参表14-1)。以拥有3 000居民为标准,法国达到该标准的城市数量1811年是422个,城市总人口为420万;1841年是503个,城市总人口为528.2万,也就是增长了108万(参表14-2)。不过,从这几十年法国大城市次序的升降中,我们也能看出几个特点:一是巴黎仍然像以前一样,在人口规模上占据着压倒性的地位,是法国首个人口超百万的大都市;二是马赛、里昂等工商业城市雄立在前几位的次序不变;三是一些名不见经传的小城市异军突起,如圣埃蒂安纳和港口城市土伦,发展尤为迅速,这是19世纪经济力量的一个表征。圣埃蒂安纳被誉为法国的曼彻斯特,1801年人口仅为1.6万,在法国前25大城市里榜上无名。但在一代人时间里,它已变成为一座大城市。

不过圣埃蒂安纳对法国来说是非典型的例证,它是一座工业城市,丝织业、冶金业和武器制造业的中心。比简陋旧城大得多的新城,不再像旧城那样建筑丑陋,组织混乱,一条长达6英里的大道延伸开来,作为城市的中轴线。数以万计的丝织工人、冶金工人、矿工和建筑工充斥着城市。但值得一提的是,与相邻的英国不同,至少在19世纪上半期,与相邻的英国相比,法国工业并不发达,虽然不乏零星的发展变革,但工艺技术落后,工业化的中心也不是在城市,而是在劳动力充裕的乡村,像圣埃蒂纳这样以工业起家的城市化并不多见。法国城市的类型多样,有商业的、行政的、工业的、农业的和军事的多种。譬如港口城市波尔多就不是工业型的而是商业行政型的城市。这座城市里2.5万名工人中,有1万人从事建筑行业,大多数工业企业雇员数量很少,只有5%不到的企业雇佣工人超过100人。第二帝国期间,贸易和公共工程给城市带来了繁荣。直至19世纪末,波尔多有7.8万人依靠工业为生,且大多数属于手工业艺人,而商业贸易、交通运输以及与之相关行业的从业人数则达8.9万人。②

---

① William B. Cohen, *Urban Government and the Rise of the French City: Five Municipalities in the Nineteenth Century*, pp.213-214.

② William B. Cohen, *Urban Government and the Rise of the French City: Five Municipalities in the Nineteenth Century*, pp.4-9.

表 14-1　1800—1846 年法国前 25 个大城市人口变化情况　单位：人

1801 年		1831 年		1846 年	
巴　黎	547 756	巴　黎	774 338	巴　黎	1 053 897
马　赛	111 130	马　赛	145 115	马　赛	183 181
里　昂	109 500	里　昂	133 715	里　昂	177 976
波尔多	90 992	波尔多	99 062	波尔多	121 520
鲁　昂	87 000	鲁　昂	88 086	鲁　昂	99 295
南　特	73 879	南　特	77 992	图鲁兹	94 236
里　尔	54 756	里　尔	67 073	南　特	94 194
图鲁兹	50 171	图鲁兹	59 630	里　尔	75 430
斯特拉斯堡	49 056	斯特拉斯堡	49 712	斯特拉斯堡	71 992
亚　眠	40 289	亚　眠	45 001	土　伦	62 832
尼　姆	38 800	梅　兹	44 416	布雷斯特	62 792
奥尔良	36 165	尼　姆	41 226	梅　兹	55 112
蒙彼利埃	33 913	奥尔良	40 161	尼　姆	53 497
昂　热	33 000	卡　昂	39 140	圣埃蒂安纳	49 612
梅　兹	32 099	兰　斯	35 971	亚　眠	49 591
卡　昂	30 900	蒙比利埃	35 285	奥尔良	46 258
贝桑松	30 000	圣埃蒂安纳	33 064	蒙彼利埃	45 794
南　锡	29 740	昂　热	32 743	昂　热	44 781
布雷斯特	27 000	阿维尼翁	29 889	卡　昂	44 047
雷　恩	25 904	布雷斯特	29 860	兰　斯	44 015
凡尔赛	25 000	南　锡	29 783	南　锡	42 765
克莱蒙	24 478	雷　恩	29 680	贝桑松	39 949
特鲁瓦	23 880	贝桑松	29 167	雷　恩	39 218
埃克斯	23 686	凡尔赛	28 477	利摩日	38 119
格勒诺布尔	23 500	土　伦	28 419	阿维尼翁	35 169

数据来源：Duby(dir.)，*Histoire de la France urbaine*，T.3，p.569.

表 14-2　19 世纪前几十年法国城市和城市人口

年	城市数目（个）	城市总人口（人）
1811	422	4 201 186
1821	455	4 593 345
1831	507	5 098 920
1841	503	5 281 968

数据来源：Georges Dupeux, "La croissance urbaine en France au XIXe siècle", *Revue d'histoire économique et sociale*, No.52.(1974)

二、19世纪法国城市化进程及特点

从总体上来说,至七月王朝末期,法国的城市发展仍然是有限的。但激起19世纪下半期城市快速发展的各种因素已初显端倪。至1846年,法国5万居民以上的大城市上升到15个。直到第二帝国的头十年,法国城市人口迎来了第一个增长高峰,1851—1861年间年均增长率达2%。这种高增长率到帝国后期有所减缓,普法战争和巴黎公社使城市人口曲线降到最低。在政局稳定之后,上升势头又重新开始,一直持续到19世纪80年代。此后,大体上经过1/4世纪的艰难时期,法国城市人口从1910—1930年又重拾增长势头。但此时,法国城市人口增长面临着双重挑战,一方面是人口出生率低,另一方面是战争和危机,所以年均增长率仅为0.75%,19世纪,乡村风貌仍然是法国的主流。直至1931年,法国城市人口比例才首次超过农村人口。法国在"漫长的19世纪"的城市化进程中,表现出一些可以辨识的特点。

首先,从城市化的动力来说,如前文所说,法国的工业化并非依赖于城市的发展。这个世纪的大部分时间里,乡村工业依然是法国重要的特色。即便城市工业在组织方式和技术条件上也在很大程度上保持着乡村特色,"直至1860—1865年左右,手工业工人的产出仍占全部工业收入的近60%,无论手工业还是工业本身,其中相当多的工作都是在家庭中进行的。许多工业仍然按照'家庭体系'来组织"。这个时期,法国的蒸汽动力机械虽然有局部突破和零星应用,"但大多数其他生产活动仍主要依靠水力、畜力和人力"。①

即便城市/镇工业的发展也没有大规模地改变移民的工作地点,法国劳动力的集中过程非常缓慢。相反,由于乡村工业的兴盛,许多人选择聚集到家乡附近工作,一些地方逐步形成了小市镇,出现了所谓"原城市化"的现象。②也就是说,工业化只是在一定程度上促进了19世纪法国城市化的发展,但不是如我们想象的那样按照英国模式,即工业化迅猛发展推动城市不断成长扩大。推动法国城市化的动力很大程度上来自农村的推力和城市拉力。

19世纪上半期,法国农村人口增长了30%,一些地区到世纪中叶已人满为患,许多低收入农民和短工发现依靠土地谋生日益艰难。而且,尽管乡村工业机械化进度缓慢,但也在一定程度上减少了劳动力需求;城市里的工厂效率高得多,农村手工业者和棉纺工人很难与之竞争,很多人被迫离开土地,到城市谋求新的出路。19世纪初,只有近1/3的少部分人留在城市,后来上升到

---

① 弗朗索瓦·卡龙:《现代法国经济史》,第120-121页。
② John M. Merriman(ed.), *French Cities in the Nineteenth Century*, New York, 1981, p.23.

1/2甚至2/3。前往城市的净移民数，40年代是3万人/年，1851—1881年7.1万人/年，1881—1911年8.2万人/年。①

与此同时，城市文明能提供更多农村没有的东西，这里有学校、医院和慈善机构，有各种休闲娱乐活动。第二帝国时代，农村广泛流传着农民进城致富的故事。确实，即使在缺乏工业化的城市，它对各种商品和服务的需求，也能提供众多的就业机会，吸引着农村劳动力移居城市。19世纪40年代，许多城市启动了公共工程计划，改直和拓宽街道、扩大和挖深港口、修建铁路，对劳动力产生了巨大需求。法国许多城市的人口，如鲁昂、南特、昂热、蒙彼利埃、奥尔良、亚眠、尼姆和图鲁兹，都是在没有工业化的情况下实现了增长。②

其次，从城市化的基本趋势来说，大城市的增长比小城市要快，城市越大，增长的比例也越大，这种情况存在于整个19世纪。"1850—1880年间，如果说城镇居民总数量增长了44%，那么居住在大城市的居民数量则增长得更快"，波尔多增长了76%、里昂99%、马赛92%、圣埃蒂安纳138%、图鲁兹52%。③1806年，包括巴黎在内的前40大城市占城市人口总数的49%，这一数字到1911年上升到61.35%。1806—1851年间除巴黎之外的十大城市群，如果按人口多寡排序，各城市的地位在1851—1911年间变化甚微，只能在彼此接近的城市群间能看出位置的升降，如土伦和布雷斯特相对落后了，掉出前十名之外，奥尔良掉出前二十名之外，阿维尼翁排到了三四十名之间，卡昂同样如此。而像圣埃蒂安纳则上升到前十名之列。圣康坦（Saint-Quentin）、加莱（Calais）、贝齐埃（Béziers）三座城市跻身前40名，取代了埃克斯、阿拉斯和敦刻尔克的位置。④至少埃克斯和阿拉斯是因为继续保持作为地区首府的传统角色，未能跟上周边地区工业发展的步伐而衰落了。

在法国近代城市发展中，一个最显著的特色是巴黎的统治地位，19世纪依然如此。经过整个19世纪的不断增长，巴黎的人口数量是法国其他任何大城市都无法相比的。早在1851年，它的居民数量就已超过紧随其后的十个大城市的总和（参表14-3）；1911年，其居民数占全国城市人口的28.1%，大量人口涌入巴黎市区和郊区。19世纪巴黎对移民的吸引力，既是因为这里是国家政

---

①② William B. Cohen, *Urban Government and the Rise of the French City: Five Municipalities in the Nineteenth Century*, p.3.

③ William B. Cohen, *Urban Government and the Rise of the French City: Five Municipalities in the Nineteenth Century*, p.1.

④ Georges Duby(dir.), *Histoire de la France urbaine*, T.4, pp.53-55.

治决策机构的聚集地,是法国政治、经济、文化权威的源地和利益分配的中枢,机会密集之所,也是因为工业和金融资本的发展、城市服务的要求以及拥有众多慈善福利机构。对于19世纪最后25年的巴黎,有人曾写道:"巴黎牢牢地掌控着无所不在的至高无上地位,聚拢着每一种权力,拒绝分派哪怕是最微小的部分。在这座'启蒙之城'周围,聚集着官僚机构、商业企业和知识界,外省在它的影响下显得枯燥呆板。市民们最大的雄心壮志,就是看到自己最有天资的孩子前往首都,并因此跻身高等阶层行列。"[1]对于人口的剧增,像17、18世纪一样,当时代的一些巴黎人颇为担心,他们唯恐大量人口到来,导致犯罪率的升高和社会骚乱,要求遏制农村人向城市迁移的步伐。

表14-3　1806—1911年间巴黎与40个大城市或城市群的人口

单位:千人

年份 城市	1806		1851		1911	
巴　　黎	580	14	1 274	18.90	4 275	28.10
1—10大城市	713	17.20	1 173	17.30	2 806	18.40
11—20大城市	305	7.30	464	7.10	1 054	6.90
21—30大城市	230.6	5.60	351	5.40	705	4.60
31—40大城市	197.6	4.80	278	4.20	510	3.35
总　　计	2 026.2	49	3543	54.40	9 350	61.35

数据来源:Duby(dir.),*Histoire de la France urbaine*,T.4,p.56.

三、19世纪中期之后法国城市的空间生产

巴黎至高无上的地位,还直接体现在城市建设方面,它构成了法国城市追随仿效的模板。19世纪巴黎建设改造的标志性事件,是巴黎市长乔治—欧仁·奥斯曼的大规模改造活动。市内道路网的规划建设是奥斯曼改造计划的核心内容。因为老城区街道逼仄,环境恶劣,经常疾疫丛生,在启蒙时代城市卫生观念——认为城市空气不流通是健康之大害——的影响下,以及在公众、资本的参与下,奥斯曼上任后,首先着手改造计划。他打通了拥挤凌乱的老城区,修建了纵贯南北东西的塞巴斯托波尔大街和里沃利大街,构筑了"大十字"(Grande Croisée)的中轴线。新的中轴线在夏特莱广场交汇,这里变成了巴黎的中心,后来又与市政厅和中央集市直接联系起来,集市政中心和商业中心于

---

[1] Merriman(ed.),*French Cities in the Nineteenth Century*,1981,p.26.

一起。①圣米歇尔大道和圣安托万大道是两条主干道的延长线。

奥斯曼修建街道的终极目的就是打通城区的闭塞，形成四通八达的开放式城市布局。从勒阿夫尔街开始，后面接着一系列街道——斯特拉斯堡林荫道、雷恩大街、鲁昂大街，目的是把火车站与市中心连接起来；军事学校大街最初意在连通索邦和法兰西学院；歌剧院大道连接法兰西剧院和歌剧院；博凯大道联系军事学校和阿尔玛桥。②在左岸，奥斯曼也制定了雄心勃勃的建设计划，以圣日耳曼大道为轴心，形成一个四通八达的道路网。伴随这些街道修建的是建造纪念碑，奥斯曼继承了以纪念碑作为城市雕塑的传统，这种做法一直延续到20世纪。

适应法国君权制造荣耀的要求和专制主义文化逻辑，奥斯曼对巴黎的改造奉行新古典主义原则，追求宏大、对称、统一的威严风格。沿着里沃利大街两边的房屋建筑不能随意为之，1854年修建的维多利亚大道两边主要是特定的官方建筑和公共管理部门，包括入市税征收处、市政档案馆和公共救助机构，其附近是洛包兵营和拿破仑兵营。③

为了实施这个宏大的改造工程，奥斯曼在立法和财政上采取了一系列的措施。首先是1850年立法议会通过《阿尔芒·德梅朗法》，责成市政委员会研究必要措施，清理整顿业主自住和用于出租的不卫生房屋，要求业主做必要的清洁卫生工作，对迟误者要处以适当比例的罚款。这条法令为政府干预市容市貌提供了法律依据。1852年，参政院通过另外一项法令，规定在城市规划者判定建设所必需的情况下，允许市政当局征购即将开工道路外侧的土地，修建舒适卫生的房屋。由于旁边地块不属于公共道路的一部分，所以在补偿了业主和租客之后，市政当局有权将之再出售用以谋利。④这条法令为地产投资或投机敞开了大门，导致土地价格急剧上涨，补偿费用也随之水涨船高。

为了应付市政建设的庞大开支，奥斯曼大规模地举债。1855年修建的第一个道路网——塞巴斯托波尔大街、里沃利大街延长线，以3％的利率借了6 000万法郎。1858年第二个道路网，主要是改造水堡广场及其放射状道路、歌剧院广场、阿尔玛广场、马尔泽尔布大道、奥斯曼大道和塞巴斯托波尔大街延长线等，工程需耗资1.8亿法郎。由于这些项目对外省议员来说并非国家性

---

① Pierre Lavedan, *Histoire de l'urbanisme à Paris*, Paris, 1975, p.432.
② Pierre Pinon, *Paris: Biographie d'une capitale*, Paris, 1999, pp.261-217.
③ Lavedan, *Histoire de l'urbanisme à Paris*, p.432.
④ Lavedan, *Histoire de l'urbanisme à Paris*, pp.422-423.

的,因此国家只能负担投资总额的 1/3,奥斯曼以同样的利率又借了 1.2 亿法郎。1868 年第三个道路网主要是兼并郊区市镇带来的各种各样工程,这次他借了 3 亿法郎,利率是 4%。①

奥斯曼式的城市再造运动,以推倒和重建同时展开的模式运作着,这种城市改造模式被称为"奥斯曼化"(haussmannisation)。它集公众参与、地产开发和资本联合于一体,不仅在当时引起法国众多城市的仿效,而且对第二帝国之后直到 20 世纪法国的城市化改造运动产生了深远的影响。首先,奥斯曼化向全国传播,大小城市不同程度地接受了打通和重建的城市空间改造模式。"巴黎之外,最为壮观的转变主要涉及里昂、马赛、里尔或波尔多。"在各地热火朝天的帝国街道、火车站大道或大型广场工地上,人们不难发现奥斯曼化蕴涵的强大动能,这股动能一直延续到 19 世纪 80 年代甚至世纪之交。奥斯曼化运动还波及了诸如容扎克(Jonzac)和科尔梅西(Commercy)等小城市,更不用说奥尔良、阿维尼翁、蒙彼利埃了。②其次,奥斯曼化并没有人走政息,1870 年奥斯曼去职后,他主导的城市化模式仍在继续。19 世纪 70 年代到 1911 年,巴黎陆续兴建了独特而又没有典型特征的建筑和纪念碑,如圣心大教堂、埃菲尔铁塔、红磨房和大展览馆等。

四、城市发展与社会生活

19 世纪,法国城市建设虽然在进步,新的健康观念逐渐在城市改造中得到体现,但城市的总体状况仍然比较糟糕,拥挤的居住环境和卫生设施、污浊的空气以及大多数人恶劣的工作环境和低下的生活水准,导致霍乱、肺结核等传染性疾病流行,死亡率长期居高不下。法国各个阶层的毛死亡率,第二帝国期间仍维持在 22‰—24‰,直到 19 世纪末 20 世纪初的"美好时代"(Belle Epoque)才略微降低至 22‰。一些矿业城市的死亡率超过了全国平均水平,瓦齐耶(Waziers)和昂赞的死亡率在 23‰—26‰,不过与死亡率高达 30‰的卡尔茂(Carmaux)相比,它们还算低的。而且,卡尔茂的高死亡率持续到 1890 年方见真正的消退。在蓬勃发展的大城市,无论是工业的、商业的和行政的,死亡率更高。从七月王朝到世纪末,图鲁兹的死亡率几乎平稳地保持在 28‰,卡昂 27‰—30‰,鲁昂则高达 35‰。美好时代来临前夕,勒阿夫尔和里尔的死亡率仍分别维持在 30‰和 32‰。婴幼儿死亡率是法国城市高死亡率的重要因素。在整个 19 世纪期间,鲁昂简直是婴幼儿的城市坟墓,勒阿夫尔尽管情况依然

---

① Lavedan, *Histoire de l'urbanisme à Paris*, p.424.
② Georges Duby(dir.), *Histoire de la France urbaine*, T.4, p.77.

好得多,但 1/3 的婴儿在他们 1 岁之内就夭折了,这个数字在南锡是 1/4,在雷恩是 1/5。①

对人口密集的城市构成最大威胁的,是经常爆发的各种传染性疾病,如天花、麻疹、肺结核、白喉、猩红热、百日咳等,特别是霍乱,为害尤烈。1832—1835 年霍乱流行,造成波尔多 400 人死亡、里尔 700 人、南特 800 人、土伦 1 500 人、巴黎 1.7 万人。1854 年的大爆发,夺去了 14.5 万法国人的生命。②大城市是瘟疫肆虐的对象,小城市也不能幸免。周期性流行的霍乱,不仅是 19 世纪法国人面对的现实,也深深地印入了法国人的心灵,对这种恶魔般的瘟疫形成了巨大的恐惧。直到 19 世纪末 20 世纪初,随着医疗保健技术的进步,各种预防机构陆续建立、医院数量大幅提高、国家投入不断增多,这些缠绕法国人的梦魇才逐步消退。

随着 19 世纪法国城市发展而发展的是财富。从七月王朝到第一次世界大战,里昂、波尔多和鲁昂的中产阶层增加了四五倍,里尔则增加了十倍之多。从七月王朝到第二帝国期间,一些大城市里遗产数量的增加十分惊人,1822—1869 年间,里昂的遗产数目增加了 526%。但这种增长势头在第二帝国之后开始消退。③然而,财富在社会中的增长是不平衡的,少数人占有了大部分财富,而大多数人仍然处于贫困状态。

城市文明的发展和财富关系的变化,对城市生活形态也产生了影响。过去,城市工人和资产者混杂而居,尽管工人阶级住在顶楼。自七月王朝开始,城市街区的居住功能发生了变化,资产阶级居住区与工人阶级居住区开始分离开来。贫穷的工人阶级被赶到郊外小区,与此同时,在爱丽舍田园大街和后来的奥斯曼大街两旁,建立了一座又一座豪华公馆。④资产阶级和无产阶级分野的出现,导致了一系列社会区分制度体系的建立和社会生活形态的变革,如教育制度、报刊出版、消费生产乃至衣着礼仪。资产者的衣着"是礼服、燕尾服和大礼帽。而大褂和鸭舌帽则是平民百姓的装束",⑤"大褂是 1830 年才变为工人服装的,是地位低下的标志,这种情况一直持续到 1914 年"。

在当时的报纸和著作中,许多对城市无产者的描绘是阴暗负面的。一些

---

① Georges Duby(dir.), *Histoire de la France urbaine*, T.4, pp.276-277.
② Georges Duby(dir.), *Histoire de la France urbaine*, T.4, p.278.
③ Georges Duby(dir.), *Histoire de la France urbaine*, T.4, p.274.
④ 雷吉娜·佩尔努:《法国资产阶级史》(下册),上海译文出版社 1991 年,第 452 页。
⑤ 雷吉娜·佩尔努:《法国资产阶级史》(下册),第 459 页。

精英文人认为这个阶层大多数愚昧无知、放荡淫乱、好吃懒做。在形象上是一双黑手、衣衫褴褛,女人未老先衰,儿童目光呆滞,在行为举止上粗俗不堪,经常发出夹杂着嘶喊的令人厌恶的污言秽语。社会主义者主办的《环球报》对城市无产者的描绘也是如此,在谈到里昂工人时写道:"他们是法国最悲惨的人,很少受过教育,几乎每个人都发育不良,瘦弱多病,居住在散发着恶臭的陋室。一群在智力方面缺乏教养的芸芸众生想必在道德上也不会高尚。他们的一生始终伴随着贫困,一旦由于这种贫困而受到真正的、假设的或意想的损害,就会失去理智,勃然大怒,这正是落后的人类发泄不满的方式。"[1]历史学家路易·舍瓦利埃根据当时人的描述,尤其是社会改革家和小说家的记录,对19世纪上半期巴黎的劳动阶层做出了消极的定论,称这些劳动者是城市里的"危险阶级"。[2]

但这些贫穷的人并不像当时印刷媒介描述得那样无知而怯懦。城市化进程中的阶级分野,对19世纪乃至20世纪的法国政治发挥着深远的影响。他们积极参与社会抗争和革命,大众政治开始显露。早在七月王朝时期,里昂的纺织工人就曾发起大罢工,抗议贫困和不公。在19世纪法国连绵不断的革命事件里——1830年革命、1848年革命、巴黎公社,劳动阶层都扮演了十分重要的角色。

(洪庆明)

---

[1] 雷吉娜·佩尔努:《法国资产阶级史》(下册),第477-478页。
[2] Louis Chevalier, *Classes laborieuses et classes dangereuses à Paris pendant la première moitié du XIXe siècle*, Paris, 1973.

美国城市史

第十五章 从农村到城市——传统城市化时期

第一节 19世纪上半期区域城市化

一、早期城市的发展情况

北美殖民地时期,经济发展很快,但城市数量还比较少,规模也不大,主要分布在大西洋沿岸,整体发展水平较低。1790年美国进行建国后第一次人口统计时,城市人口占全国总人口的比例仅为5%。主要城市有波士顿、纽约、费城、查尔斯顿等,其影响扩展到广阔的腹地,在某种意义上,北美13个殖民地可看成以这四大城市为中心的地区。

这些城市尽管是适应宗主国对殖民地掠夺和管理的需要而建立的,但其经济功能却随着时间的推移而不断强化。它们既非流行于中南美洲的军事控制中心或传教据点,亦非欧洲式的政治中心或宗教中心,而是以经济活动为主的商业性城市。它们与英国已有数百年历史的城市不同,它们是全新的,与整个美国一样,一开始就建立在资本主义市场经济基础之上,发展起点较高,有后发之优势。这种得天独厚的条件对后来的发展有深远的影响。

美国建国后,城市开始自东向西依次推进,由大西洋沿岸向内陆地区扩展。美国城市和区域经济开发关系非常密切,具有明显的阶段性开发特征。

工业革命起源于、并在早期集中在新英格兰地区,特点是工作机不断得到改进与完善,而动力机则发展滞后。这是因为该地区水力资源丰沛,对动力机的要求并不迫切。相应的,早期所出现的工厂也多靠近水源,而非设置于城市。即使19世纪40年代后蒸汽机大量投入使用,工厂制成为城市的特定现象,纯工业性城市的规模依然很小,且数量有限,更多的还是工商业混杂的城市。从这个意义上看,工业化与城市化的直接关系表现得并不突出。但是,工业化的持续发展,提高了整体经济实力,带动了中西部的开发,间接地促进了大西洋沿岸城市的繁荣。

相比之下,交通运输网的完善对区域经济和城市化的影响更为直接、强烈。这一时期的交通运输网主要由运河及汽船等水上运输系统和陆地铁路系统组成。1815—1854年间是修建运河的高潮期,史称"运河时代"。至1840年,已开凿运河3 000英里,不仅连接了大西洋沿岸城市,而且也深入内陆,包括中西部的城镇。1807年富尔顿发明的汽船,经过一系列改善之后很快投入商业化生产。汽船的广泛使用,又形成了所谓的"汽船时代"。这样,汽船与运河互补,提高了运输效率,减低了运费,货运方面最低可减少90%以上。其中,纽约州的伊利运河最为成功。从伊利运河西部的布法罗到东部的纽约市平均吨英里货运价格由1817年的19美分降至几年后的2美分,甚至一度低至1美分。19世纪30年代后,铁路铺设速度也日益加快,出现了"铁路时代"。铁路除了连接大西洋沿岸城市外,还呈放射状伸向内陆,在中西部形成交通支线,并与运河结为一体,基本上完善了东北部的交通运输网。到1854年,人们从纽约到中西部的芝加哥乃至圣路易斯均可全程乘坐火车。全天候的铁路交通,又在很大程度上弥补了河运的不足。交通网的形成,不仅加快了城市化的步伐,而且彻底改变了美国国内的贸易走向,变南北流向为东西流向。这样,奠定了大西洋沿岸城市的领先地位,加强了全国经济以东北部为轴心的地域分布格局。

二、区域城市化与城市空间结构的变化

19世纪初至内战前的城市化可以1840年为界分为两个阶段:前期为交通运输剧烈变革时期,并且工业革命速度渐趋加快,小型工厂出现,但城市化整体速度不快;后期蒸汽机大量投入使用,采用煤炭炼铁,工厂不再依赖水源,小型工厂开始具有现代工厂的特点。

在第一个阶段,城市在数量略有增长的同时,彼此联系增强,城市布局从沿海向内陆地区展开。在第二个阶段,城市人口的增长开始远远超过全国总人口的增长。1840年时,万人以上的城市有12个,10万人口以上的仅有2个,到1860年,万人以上的达101个,10万人以上的8个,纽约则跃过了百万人口大关。城市人口占全国总人口的比例,1800年为6.1%,1840年为10.8%,1860年达19.8%。[1]1840—1860年间城市化比例上升的速度明显加快,超过英国相同时期,其中1860年时人口达10万大关的8个美国城市的发展速度远远超过英国城市布局中心地带的城市。[2]

---

[1] David Ward, *Cities and Immigrants: A Geography of Change in Nineteenth Century America*, Oxford University Press, 1971, p.7.

[2] Blake McKelvey, *American Urbanization: A Comparative History*, Glenview, IL, 1973, p.37.

交通运输网的完善,极大地便利了城市间及城乡间的经济往来,使孤立独处的城市结为有机联系的城市体系。东北部城市的工商业基础已经奠定,区域经济实力大增,成为全国第一个核心区(core area)。中西部也产生了一批规模较大的城市。东北部城市不仅继续发挥着沟通美国与欧洲的进出口中心的作用,而且也成为带动区域经济发展的工商业中心,大宗农产品的批发贸易和某些制造业产品都受这些中心的市场汇率和价格左右。在这些城市之下,还有数十个人口在 2.5 万到 25 万之间的城市,与上述大城市共同构成有机联系的城市体系。城市性质的这种变化是和城市的经济结构的变化密切相关的,据 1860 年的统计,在 15 个人口最密集的城市区域中,在制造业就业的人口的比重已达 20% 以上,表明城市增长的主要动力已不再是商业,这是由"商业城市化"向"工业城市化"过渡的明显标志。

城市地域面积也有所扩展,城市居民的流动性提高。在部分规模较大的城市之中,批发与零售商店、剧院、新闻媒体、银行与保险公司、饭店、教堂及政府建筑等开始在市中心区集中,出现了功能分区,形成了功能多样的中心商业区(CBD)的雏形。通勤和居住区分离的局面也开始出现:形成了以住宅为主的郊区,其居民为富有者和专业人士,每天通勤上下班,这种现象在东部尤为突出。1848 年,大约有 20% 的波士顿人乘火车通勤上下班,208 列火车中有 118 列出入于该城的 7 个终点站,这些线路呈放射状由市中心区向外伸展,服务于波士顿 15 英里方圆的地区。另据一项统计,1860 年,费城 1/4 的制造业工人住在市中心区,这 3 万工人中有相当大一部分每天都从市内一个区通勤到另一个区。当然,大多数中小城市仍是土地混合使用。居住和工业设施也还是混在店铺、银行、办公楼之间,几乎没有明确的分区,甚至滨水区也是多种设施混杂,功能各异。

居住模式也开始发生变化。如波士顿就是富有者集中在市中心区,中间一圈是中产阶级的独户和多家住宅,夹杂着街头店铺、沙龙、教堂及新产生的第二层商业区,在边缘地带,则是穷人,掺杂着肉类加工厂、肥皂厂、酿酒厂、制革厂、小杂货店等,穷人们往往居住在仓库或废弃的厂房里。不过很多城市的人口流动性仍很强,所以居住区分离现象并未固定下来,还在不断变化。穷人与富人、移民与当地人、黑人与白人的距离都很近。工厂主经常把他们的居住区建在工厂附近。工人和富人住在一条街上。在查尔斯顿和新奥尔良等南部城市,黑奴就住在主人的房后。

三、纽约成为全国首位性城市

纽约市的地理位置大致居大西洋沿岸城市之中间点,从地理区位理论上讲,有利于形成经济中心。在欧洲与美洲的联系上,它又类似一个桥头堡,有助于利用欧洲的先进生产力,这种格局使纽约拥有一个较高的起点。同时,它有一天然良港,港阔水深,终年不冻,海岸线也长达近 600 英里。有利的地理条件便利了外贸往来。纽约市及时地开凿运河和铺设铁路,向西扩展"势力范围",迎接这一挑战。其中最有影响的是开凿伊利运河。1825 年,经 7 年时间施工,伊利运河开通,贯通整个纽约州并与俄亥俄州相连。1851 年,与伊利运河水陆互补的伊利铁路也全线通车,同年,纽约中央—哈得逊铁路又向西延伸到奥尔巴尼,使纽约同时拥有两条通向西部的铁路。这样,纽约与广阔的内陆腹地连为一体,从根本上改变了贸易流向。到 1860 年,全国进口贸易的 2/3、出口贸易的 1/3 均经由纽约完成。

在以上两个因素的作用下,工业、商业、金融业、银行业与证券交易活动空前活跃,增强了纽约的整体实力,使其成为美国经济机会最多的城市,这自然对移民有较强吸引力,使其成为一个名副其实的移民中心。纽约作为移民的第一站,吸引了大量移民。移民们到达纽约后,部分继续西迁,大部分则停留在纽约,成为那里的永久居民。1850 年,纽约 52 万人口中,有 60% 是移民,这些移民多半很年轻,又有专门技术,如木匠、铁匠、鞋匠、裁缝等。到 1860 年,在纽约总人口已大量增长的情况下,外国移民的比例仍陡增到 50%。移民的增加,从整体而言是美国经济兴盛、与欧洲对比形成相对优势的结果,纽约是这一现象的集中反映。

除了上述原因,更重要的是,根据经济地理学界首肯的"中心地学说",区域经济发展到一定程度,势必产生规模不等的城市,其中必然有居首要地位的城市,即首位性城市;并且由于经济规律的作用,这些城市将成比例发展,均匀分布。纽约的兴起符合这一论断。也可以说,占尽天时地利人和的纽约必然成为北美经济发展的中心、全国的首位性城市。到 19 世纪 70 年代,由于纽约的兴起,东北部城市的规模与布局趋于合理,改变了 18 世纪大西洋沿岸城市"群雄并立"的局面。

作为全国的首位性城市,纽约的经济功能更像伦敦,而不是英国中部那些专业化的工业城市。当然,此时的纽约,尽管发展速度很快,但在国际贸易和金融、人口数量和工业产量方面与伦敦相比还稍逊一筹。但是,作为一个正在蓬勃向上的大国的首位性城市,纽约已奠定了雄厚的基础。纽约除了拓宽和确立了它在国际联系、金融业、进出口贸易等方面的领导地位外,也培植了深入内陆的城市网,保证了它持续增长的后劲。纽约与大西洋沿岸城市的联系也相应增强,辐射范围呈扇形向美国大陆全面展开。到 19 世纪中叶,以纽约为中心,在美国东北部形成了一个经济核心区。

以纽约为主干的东北部经济核心区的形成,为中西部的兴起和其他地区的开发准备了条件,对于现代美国区域经济结构的形成,起到了某种催化作用,这也是 19 世纪后期美国经济得以高速发展的原因之一。这一核心区形成后,曾有部分调整,但无大的波动,一直持续至今。

第二节 19 世纪下半期工业化与城市化

一、"美国由农村搬入城市"

内战后,伴随美国工业化的迅速发展,城市化也进入了一个鼎盛时期。1860—1900 年间,城市人口占全国总人口的比例由 19.8% 上升到 39.6%,这一速度在美国历史上是空前的。城市的数量也有显著增长,其中 1—2.5 万人的城市由 58 个增加到 280 个,10 万人以上的城市由 9 个增加到 38 个。[①]至 19 世纪末,一个以大中小各类城市构成的城市网已在全国范围初步形成。这种现象当然令人瞩目,因此有的美国学者形象地说:"美国诞生于农村,后来搬入城市,这个过程是 19 世纪后期完成的。"

这个城市化的鼎盛时期的另一突出现象是以大机器工业为基础的近代工业城市渐居主导地位。到 1900 年,全国 15 个大型城市中,除新奥尔良外,均成为全国最重要的工业城市。这些城市,按其性质和作用的不同,可大致分为几种类型:第一,包括多种产业的综合性全国中心城市,如纽约、芝加哥;第二,以某种产业为主的专业化地方中心城市,如巴尔的摩、费城、辛辛那提、圣路易斯、明尼阿波利斯等;第三,单一产业的专业化小城市,如伊丽莎白、托利多、大瀑布城等;第四,卫星城,一种是"工厂城",围绕某大城市所建,实即该城某大企业的分支,以匹兹堡周围大批小型钢铁冶炼城镇最为典型,另一种是"卧城",或称住宅区,隶属于某一大城市,以疏散该城过分密集的人口,如芝加哥的福莱斯特、波士顿的布鲁克莱恩。上述四种城市主要分布在东北部和中西部工业化程度较高的地区。除此之外,还有大量沿袭旧格局的商业城市、商业与农副产品加工业混合的城市、采矿冶炼中心,多分布在西部及南部。

---

① David Ward, *Cities and Immigrants: A Geography of Change in Nineteenth Century America*, p.22.

这些不同规模、各种类型的城市,在市场机制作用下,分布日趋均衡,进而在东北部和中西部形成了以综合性城市与专业性城市相结合、大中小城市相结合,相互依存、同步发展的城市体系。东北部城市体系,由全国性中心城市纽约和地方性中心城市费城、波士顿等及大批中小型城市构成;中西部城市体系由全国性中心城市芝加哥和地方性中心城市米尔沃基、圣路易斯、底特律等和众多中小型城市构成。这两个城市体系集中了众多的工业企业,构成了美国工业布局的心脏地区。

城市的大规模兴起,造就了空前广泛的就业机会,吸引了大批移民和农村人口。向城市流动迅速取代了向西部农村流动,成为人口流向的主要趋势。这一方面反映在农村人口大量涌入城市,另一方面表现在外来移民的绝大部分也涌入城市。1860—1890年间城市所增加的人口中,有54%以上是外来移民。东北部和中西部城市,由于就业机会多、容纳力强,外来移民一般占城市人口总数的70%以上。[1]其中尤其引人注目的是纽约市。"纽约—布鲁克林是世界最大的移民中心。它所拥有的意大利裔居民相当于那不勒斯人口的一半,它的德裔居民和汉堡的人数相当,它的爱尔兰裔居民与都柏林的人数相当,它的犹太人是华沙人口的两倍半。"[2]大致算来,纽约市每5个居民中有4个是外来移民或其后裔。如果说美国是个民族大熔炉,那么其融合过程主要是在城市中完成的。1898年,纽约与周边的布鲁克林、昆斯、斯塔藤岛、布朗克斯等4个区合并之后,人口将近300万,地域面积从44平方英里扩展到299平方英里,是当时世界上第二大城市,仅次于伦敦。

二、中西部城市后来居上

在这个工业化、城市化的鼎盛时期,美国经济发展的热点地区转向中西部。工业化向中西部的推进,既是东北部工业化的延续,又伴随着以钢铁、电力技术为标志的第二次技术革命高潮。这一时期出现了美国历史上空前的"科技发明热",新技术、新发明、新工艺层出不穷。因此,中西部城市化建立于更高的生产力水平的基础上,起点较高。中西部所拥有的各种优越条件与更高水平的工业化一拍即合,由此进入一个大机器工业兴隆发展的时期。在它发展的高峰期,即1880—1890年,其城市人口占其总人口的比率上升了10.4%,这

---

[1] Hurbert G. Gutman, *Work, Culture and Society in Industrializing America*, New York, 1976, p.40.

[2] Harold G. Vatter, *The Drive to Industrial Maturity: The U.S. Economy, 1860-1914*, Connecticut, 1975, p.97.

使得东北部也相形见绌,在美国历史上更属空前。这样,仅用三四十年时间,中西部就已由若干分散孤立的中小城市一跃而为美国一个主要的城市化地区,芝加哥、圣路易斯、克利夫兰、底特律更是后来居上,跻身全国十大城市之列。

中西部城市的大规模兴起,是美国工业化向纵深发展的最直接反映。中西部的工业企业90%以上都集中在城市,反映了城市化与工业化的同步发展,互为因果。而且,二者结合得如此紧密,以致很难区分工业化和城市化的不同作用和影响,工业化水平就这样决定了城市化的水平,并赋予中西部城市以典型的工业城市特征。一般来说,工业企业集中于城市,有利于大机器工业的分工协作和专业化生产,便于分散的生产过程汇合成为彼此不可分割的社会化生产过程。因而,很多工业企业都把厂址设在东北部或中西部城市中。即使不在那里直接建厂的厂商,也多半将总部设在那里,或派驻代理商。"在1900年人口普查所确定的185个工业联合体中,有70个总部设在纽约,18个在芝加哥,16个在匹兹堡,6个在克利夫兰,费城和旧金山各有5个,其他城市均未超过4个。"[1]显然,东北部和中西部两个城市体系已构成全国经济发展的中心。

随着中西部城市的崛起和新的工业中心的形成,曾经偏于东北一隅的经济重心逐步西移。这最突出地反映在制造业的地理变化上。无论制造业雇佣人数还是产值,中西部在全国所占比重均持续上升,东北部则相对下降,进而造成了美国制造业重心的西移。根据美国第12届国情调查局的报告,1850—1890年间,美国制造业重心向西移动了225英里。中西部工业经济的长足发展,为密西西比河以西地区的农业开发提供了物质条件和技术条件,使西部开发的成果得到了巩固。1870年密西西比河以西地区的农业产值大约只占全国农业总产值的16%,到1890年上升到33%,成为全国著名的农业产区。制造业与农业的发展,又带动了全国人口重心西移。

三、典型大工业城市芝加哥

如东北部的纽约一样,在中西部,芝加哥是最有代表性的城市。19世纪初,芝加哥还是人迹罕到之处。30年代后移民大军西进,芝加哥日见兴隆。1837年正式组建为市。芝加哥商人们积极鼓励建造道路、运河与铁路。40年代后期,在商界的积极鼓动下,州政府出资开凿了伊利诺伊—密执安运河,从

---

[1] Gleen Porter, *Encyclopedia of American Economic History: Studies of the Principal Movements and Ideas*, Charles Scribner's Sons, 1980, p.1052.

芝加哥到珀鲁,将大湖区与密西西比河这两大水系连接起来。50年代后,铁路的铺设又给芝加哥带来了福音,使之成为中西部重镇。但是,1871年芝加哥遭受特大火灾,全市 2/3 化为灰烬,10 万余人无家可归,因而受到重创。但这却构成了芝加哥历史上一个的重要转折点。余烬未尽,在东部资本的帮助下,重建即已开始。1880 年,该市人口再度恢复到 50 万,1890 年跨过 100 万大关,1900 年又跨 200 万大关,每 10 年翻一番,一跃而成为美国第二大城市,在当时世界各大城市中也雄居第 5 位。这在世界历史上是没有先例的。①《芝加哥日报》对其商业活动鼎盛状况有如下描述:

> 我们的街道展现了一幅生机勃勃的景象。车马云集,人来人往,熙熙攘攘。到处是车轮的咔嗒声、蒸汽的咻咻声、机器的叮当声,商品华丽地展现在遮阳棚下和商店门口。成包、成箱或成捆的商品堆满码头。仓库像人心脏的心室一样,从一边接受谷物,跳动一下,再从另一边倒入停泊的商船或大型蒸汽船上,通过总循环系统运走。②

芝加哥经济结构最鲜明的特点之一是企业规模大。这是由于工业资本的高度集中,导致生产资料和劳动力的高度集中。与同一时期的纽约相比,这一点反映得尤为鲜明。纽约的工业结构形成于工业化初期,以独资经营或少量合资经营的小型企业为主。这些小企业向大中型企业的过渡,既受现有资产、设备更新、技术转移、市场需求等因素制约,又需要较长时间。而芝加哥的大多数企业创办较晚,创建伊始规模就很大,尤其是新兴部门更是如此。如 1870 年时芝加哥钢铁业平均雇用工人数量相当于纽约同类行业的 6 倍,大规模肉类加工业相当于后者的 23 倍。即使在很多传统工业部门,芝加哥也比纽约略胜一筹。更值得我们注意的是,这种差别随时间的推移不断扩大。在所有企业平均雇用人数中,1870 年时纽约为 20 人,芝加哥为 25 人,到 1919 年,纽约上升到 25 人,而芝加哥则骤增至 48 人,几乎相当于纽约的两倍。③

随着农业商品化的发展,农业机械的应用越来越广泛,这又为芝加哥的农机制造业带来了巨额利润。19 世纪后期,宾夕法尼亚、俄亥俄和伊利诺伊煤田的大量开采,苏必利尔湖西南岸和密歇根湖西岸铁矿等的普遍开发,直接刺激

---

① Constance M. Green, *American Cities in the Growth of the Nation*, New York, 1957, p.100.
② Wyatt W. Belcher, "Economic rivalry between St. Louis and Chicago, 1850-1880", *Columbia University Studies in Social Sciences*, June 1968, p.35.
③ Sam Bass Warner, *The Urban Wildness: A History of the American City*, Harper & Row, 1972, p.93, Table 2.

了芝加哥钢铁业的发展,使其成为钢铁冶炼中心。除此之外,芝加哥还发展成为机械加工、石油精炼等综合多样的制造业中心。屠宰与肉类加工业也一直是芝加哥的主要工业之一。屠宰与肉类加工业的发展带动了中西部农牧业的开发。因为羊、猪、牛等的饲料主要是草和玉米,因此中西部的玉米产量直线上升。到19世纪末,美国的玉米带和小麦带均移到了密西西比河以西地区。

在商业方面,芝加哥的"引力场"作用也不断加强。20世纪初中西部城市体系形成的同时,其商业金融体系也逐渐成熟。1872年,芝加哥已有21家联邦银行和8家州银行,资本总额为1 457万美元。到1910年,芝加哥已超过波士顿和费城,成为仅次于纽约的第二大金融中心。八九十年代,芝加哥的空间结构就已初步形成了今日的轮廓。高架铁路环绕的卢普(Loop)成为市中心商业区,这个区具体而形象地展现了芝加哥的辉煌成就。由于一些著名的零售商、办公设施、金融设施等高度集中在这个区,导致地价不断上涨,解决办法之一是向立体发展。80年代一个房地产公司和两个著名建筑师合作,建成两座摩天大楼:蒙托克群楼和莫纳德诺克大厦。虽然这两个大楼仅为10—16层,但他们攻克了在基础条件较差(沙质土)的芝加哥建造巨型建筑物的主要难题。1887年,芝加哥另一家房地产公司建成了真正现代意义上的摩天大楼——家庭保险大厦。该楼采用钢架结构,不用承重墙。这种钢架结构的摩天大楼很快风行起来。

四、公共交通的改善和城市空间的扩展

直到19世纪中叶,几乎所有美国城市都带有布局紧凑的特点。它们多半位于港口或河流交叉口,其活动也集中在滨水区。当时,纽约、费城和波士顿等较大城市的活动半径不过是从城市中心向外2英里范围,这个距离普通人半个小时就可步行抵达,所以学术界把这一时期的城市称为步行城市(the walking city)。步行城市在很大程度上是当时市内公共交通条件所限定的。市内公共交通的最原始形式是两匹马拉的公共马车。19世纪30年代后相继出现了有轨马车、蒸汽火车、高架铁路、缆车等。但城市交通的一个巨大飞跃是1888年有轨电车的应用。到1902年,有轨电车占市内铁轨交通的比例高达97%,[①]几乎完全取代了有轨马车和缆车成为市内主要交通工具。

有轨电车的大量使用,改变了城市居民的生活方式,城市的空间结构发生了非常明显的变化,居住区开始与商业区分离。曾经的步行城市,现在变成了

[①] Charles Glaab and A. Theodore Browm, *A History of Urban America*, New York, 1983, p.160.

工作区,挤满了办公楼、店铺,富人与穷人居住地点置换,原有的独立住房变成了公寓或联体公寓,其人口密度也增长了两三倍。以经济和文化高度集中为特点的中心商业区完全成型,如芝加哥的卢普(Loop)和纽约的曼哈顿岛下半部。1910年时,在芝加哥不到1平方英里的卢普范围内,分布着铁路枢纽站、商业办公楼、大型零售商店、批发店和零售店、财政中心、大公司总部、医院、诊所、法律事务部门、市或县政府、邮局、法院、俱乐部、戏院、饭店、艺术设施、图书馆、劳工总部。①

有轨电车结束了步行城市时代,经济活动开始分散化,郊区化进程成为规律性现象,这种影响在进入20世纪后日益突出,城市边界开始向外围全方位拓展。一方面,大多数重要的城市经济活动使老核心区保持了中心化优势,通勤者乘有轨电车或高架铁路每天涌入核心区工作或购物,市中心商业区成了人们向往的地方;另一方面,有轨电车也把人们带到城市的边缘地带,扩大了人们的活动半径,把很多经济活动带到了郊区,使新的住宅区和工厂离开了拥挤的市中心,建在城市边缘的空旷土地上,这样就产生了很多新的兴盛的城镇。如芝加哥的西塞罗、埃尔金,波士顿的坎布里奇、萨默维尔。交通运输的扩展使一些公司和人口远离老的步行城市,同时又把新的区域纳入城市轨道。郊区化在这种意义上,成了有轨电车的副产品。1850年时,波士顿在是典型的步行城市,城市市区面积为3英里方圆,到1900年已成为方圆达10英里的大城市了。正如半个世纪前铁路把人们吸引到沿线一样,现在有轨电车也成了城市扩展的得力工具。巧合的是,原中央太平洋铁路公司董事长科利斯·亨廷顿的侄儿亨利·亨廷顿在洛杉矶经营起了"有轨电车帝国"。1900年,他的公司开始向外铺设有轨电车线路。到1913年,其有轨电车线路已延伸到洛杉矶35英里以外的地域,连接40多个已建制的人口中心。在洛杉矶东南方向17英里外的雷东多比奇,他的有轨电车线路修通并营业的前2个月,就靠出售地皮收回了铺设该线路的全部投资。到1920年,亨廷顿通过其庞大的"有轨电车帝国"使十余个郊区城镇归并到了洛杉矶的辐射范围内,成为其卫星城。

1897年,波士顿建成了美国第一条地铁,是市内交通方面的新尝试。1904年,纽约地铁也开始运营。八九十年代后,市政建设在照明、通讯、建筑以及桥梁架设等方面也有不同程度的改进,电报和电话也进入了人们的生活和工作领域,极大地便利了城市内部以及各城市间的信息传递。钻井技术的改善,使

---

① Ann Durkin Keating, eds., *Chicago Neighborhoods and Suburbs: A Historical Guide*, the University of Chicago Press, 2008, p.3.

独户住宅的供水问题得到缓解,不再受供水管线的束缚。爱迪生实验室发明了交流电,使电流传送距离从原来的一二英里范围扩展到很远的距离,且造价大大下降。到 20 世纪初年,输送电力的技术进入实用阶段,为郊区住宅建造解决了一大难题。在建筑方面,集中供热系统和钢架结构建筑法先后于七八十年代试行,标志着建筑水平进入了一个更高的阶段,先是在芝加哥,随后在纽约等大城市,高层建筑风靡一时,城市开始向竖向发展,成为城市集中性发展的主要标志。城市间的频繁往来也刺激了桥梁的架设,这些又一定程度上便利了城市的向外扩展。

总的来看,此阶段城市在竖向、横向上全方位扩展,奠定了美国大中城市的基本格局,但主要是在城市建成区范围的集中型发展。到 20 世纪初,传统意义上的城市已基本定型。1920 年,50 万以上人口的城市达 15 个,其中百万以上 5 个。此后数量仅有缓慢增长,1970 年达到峰值 26 个,一个世纪后的今天,也不过 23 个,其中百万以上 8 个。其人口在城市总人口的比例在 1950 年到达 17.6% 的历史最高水平,其后逐步下降到 2000 年的 12%。[1] 郊区有所发展,但依附于城市,并未构成相对独立的社区,也未产生离心作用,相反却不断被城市通过兼并方式蚕食和吸纳,很多后来都成为了城市的一部分,是"郊区城市化",而不是"城市郊区化"。在郊区出现的卫星城,尽管从当时看距离城市较远,但经济不独立,对中心城市依赖性很强,因此还是城市集中化的伴生现象。

至此,美国的传统城市化告一段落。所谓的传统城市化,在我国人文地理学界一般归纳为:"城市化(城镇化,urbanization)通常是指人口从城市地区集中和农村地区转变为城市地区(或指农业人口变为非农业人口)的过程。这一过程使城市数目增多、各个城市人口和用地规模扩大,从而不断提高城市人口在总人口中的比重。因此,城市人口比重增大是城市化的一个重要标志,城市化也包括居民生活方式的变化。"[2] 这一概念,中心思想是强调人口集中和城市的聚集效应。19 世纪美国城市的发展完全符合这一理论概括。但进入 20 世纪,尤其是美国实现城市化后的城市发展,就无法使用这个概念来解释了。

(王 旭)

---

[1] U.S. Bureau of the Census, *Historical Statistics of the United States: Colonial times to 1970*, Washington, DC: U.S. Government Printing Office, 1975, p.11.

[2] 《中国大百科全书》,"城市化"辞条。

第十六章　从城市到大都市区——新型城市化时期

第一节　美国成为一个大都市区化国家

一、大都市区化的一般情况

1920年,美国城市人口超过农村人口,初步实现了城市化,此后,人口和经济活动开始向郊区扩展。在郊区化的带动下,美国城市发展突破传统模式,由单核中心型向多中心型过渡,由局限于城市地区到向外围地区周而复始地扩展,进而形成了以大都市区发展为主的局面。到1940年,大都市区人口占全国总人口的比例将近一半,美国开始成为一个大都市区国家;到1990年,百万人口以上的大型大都市区有40个,其人口占全国总人口的比例超过一半,美国又成为一个以大型大都市区为主的国家。大都市区化发展到了一个更高的水平。

截至2000年,大都市区人口占美国总人口的比例已高达80%以上,其余人口也多半居住在大都市区25英里范围之内,[1]就是说,每5个美国人中有4个居住在大都市区里。美国的50个州里,大都市区遍布除阿拉斯加、佛蒙特和怀俄明之外的47个州,其中加利福尼亚、康涅狄格、纽约、马萨诸塞、新泽西、罗德艾兰、佛罗里达、马里兰等8个州90%人口居住在大都市区。[2]全国百万人口以上的大型大都市区数量达47个,占美国总人口的比例达58%;居住在500万人口的大型大都市区内的人口几乎占全国人口的1/3,其中,仅纽约、洛杉矶、芝加哥、旧金山、费城五大都市区就拥有全国1/5的人口;大都市区的地域面积也由此不断扩大。全国318个大都市区,一半以上拥有1个县,15个占5个县以上;有的甚至跨越州的界限,其中31个跨越2个州,4个跨越3个

---

[1] U.S. Census Bureau, *Census 2000*, *Population and Housing Unit Counts*, *United States*. http://www.census.com.

[2] Frank Hobbs and Nicole Stoops, *Demographic Trends in the 20th Century*, *United States Census 2000*, November 2002, http://www.census.gov/prod/2002pubs/censr-4.pdf.

州。此外，同大都市区，尤其是大型大都市区的发展相联系，还在东北部、中西部和太平洋沿岸形成了三个大都市连绵带，其人口几乎相当于全国总人口的一半。在美国南部的墨西哥湾地区，休斯敦—达拉斯大都市连绵带也在形成之中。很多美国学者据此认定，大都市连绵带是未来美国乃至世界城市化的发展方向。州和地方行政区划与经济增长的关系已越来越淡漠了，这是城市与区域一体化发展的一个具有历史意义的转折。

表 16-1　1920—2000 年城市和大都市区人口增长比较

年　代	城市人口比例(%)	大都市区人口比例(%)	大都市区数量
1920	51.2	33.9	58
1930	56.2	44.4	96
1940	56.5	47.8	140
1950	64.0	56.1	168
1960	69.9	62.9	212
1970	73.6	68.6	243
1980	73.7	74.8	318
1990	75.2	79.5	324
2000	无数据	80.2	317

数据来源：根据美国人口统计总署 1920 年以来历史统计计算得出。

说明：

1. 到 2000 年，美国人口统计总署已不再使用城市概念，因此没有相关统计数据。
2. 2000 年大都市区概念有调整，因此数量与前期有所不同。

从美国建国算起，从乡村到城市的发展历程经过了 130 年，而从人口统计总署 1910 年首次提出大都市区概念到超过 50% 的人口居住在大都市区中，用了 40 年的时间，从 1920 年进入城市化国家到完成上述过程仅仅用了 30 年。如果按传统城市化的发展水平衡量，城市化的发展速度在 20 世纪已越来越慢。居住在十大城市的人口占总人口的比例 1930 年达最高峰，为 15.5%，但随后逐年下降，到 2000 年仅为 8.5%。[1]当然，即使其数量有所增长，也不具有统计学上的意义，因为增加的多半是西部和南部这两个后开发地区，那里传统城市化发展模式尚未全部完成。可以看出，大型大都市区的增长和大城市人口比重的下降形成了强烈对比，从 1920 年到 2000 年的 80 年时间，城市化增长了 25 个百分点，1990 年城市化水平仅微超 75%。而同时期大都市区的相应比例由 33.9% 上升到 82%，升幅高达近 50 个百分点。这并不是城市发展水

---

[1] Frank Hobbs and Nicole Stoops, "Demographic trends in the 20th century," *United States Census 2000*, November 2002, http://www.census.gov/prod/2002pubs/censr-4.pdf.

平下降，而是新的形式彻底取代了传统城市化，就是说城市发展主导趋势有变化，变为以大都市区发展为主。

这样，从1920年美国成为一个城市化国家到1940年成为一个大都市区化国家，再到1990年成为大型大都市区为主的国家，是大都市区在美国长足发展并居主导地位的时期，即"大都市区化"阶段。其空间表现形式为：从单核到多中心，从城市到大都市区，从城市体系到大都市连绵带，从城市与郊区的此消彼长博弈关系到共生共荣的依存关系。一个总的特征就是：城市化地域范围不断扩大，区域一体化色彩浓厚。

二、大都市区概念的完善

1910年，为适应人口统计的需要，美国预算总署（后改为美国管理与预算局，OMB）出台了大都市区（Metropolitan District）概念。其标准为：人口在10万及10万以上的城市及其周围10英里范围内的郊区人口，或与中心城市连绵不断、人口密度达150人/平方英里的地区，均可合计为大都市区人口。具体统计以县为单位，标准的大都市区，起码拥有一个县。少量规模较大的大都市区，可以跨越几个县，在这种情况下，中心城市所在的县被称为中心县。对外围县所规定的通勤人口要求越低，则人口密度要求越高。例如，如果往中心县去工作的通勤比例为15%—25%，那么人口密度要求达到50人/平方英里；如果往中心县的通勤比例为50%，那么人口密度要求降低到25人/平方英里。在没有县的设置的新英格兰地区，大都市区必须有7.5万的城镇人口。此后，为了准确反映大都市区的发展状况并保持概念的连续性，美国预算总署先后对大都市区的定义进行了多次修改。[①]

1930年全国市政同盟的一份报告这样写道：当人们每天从城市到郊区，或是从郊区到城市，他们很难区分哪里是起点，哪里是终端，持续不断展现在他们面前的是这个区域整体上构成了一个实质性的社区。[②]美国学者已使用了很多概念来界定这一新的复杂现象，如"边缘城市""无中心城市""都市村""多节点大都市区""城市国家""零碎的大都市区"。而有的欧洲学者曾这样评论：

很明显，城市已经发生了非常深远的变化。也有的学者用名目繁多的术语来形容这种变化，如"破碎的城市""再造的城市""崛起中的城市"，等等。有些学者索性直截了当地宣称城市（the city）已经寿终正寝，被都

[①] 参见王旭：《美国城市发展模式》，清华大学出版社2006年，第304-306页。

[②] Brian P. Janiskee, "The structure of American local government," *Perspectives on Political Science*, Spring 2004, Vol.33, No.2.

市(the urban)取代。我们同意后一种判断：在当代社会，再来谈论城市和城市化已无大意义。这种质变是如此的剧烈，以至于我们必须改变传统概念，按都市和都市化来思考问题。①

在人们的实际生活中，城市，抑或大都市区，已经不仅仅是概念问题，而已成为某种思维定式。例如，当我们谈及旧金山，多半是指"湾区"(Bay Area)大都市区，而不仅仅是旧金山市。在旧金山湾区，另外两个中心城市圣何塞、奥克兰与旧金山三足鼎立，再加上六七十年代"硅谷热"期间所出现的几十个次中心城市，整个湾区形成了一个颇具规模的旧金山—奥克兰—圣何塞大都市区，人口700多万，在美国排名第五，而旧金山市，不过是旧金山半岛上70万人口左右的中等城市而已。波士顿和大波士顿也有颇大差异。波士顿市，人口54万，而大波士顿即波士顿大都市区人口则多达545万，囊括美国著名高科技区128公路环绕的大部分地区，其中包括世界级著名高校哈佛大学和MIT以及一些高级研究机构，大波士顿由此而声名远播。同样，当我们谈及洛杉矶，也要先申明是洛杉矶市(Los Angeles City)还是洛杉矶大都市区(LA)，即大洛杉矶(Greater Los Angeles)。洛杉矶市，307万人，但洛杉矶大都市区，人口达1 640万之众，人口规模直追全美首位大都市区纽约，被称为"内陆帝国"。不过，纽约大都市区的优势地位还是不易撼动的。它地处美国东北部城市密集区，已不仅仅是独立发展，而是与相邻的几个大都市区连成一片，形成了横跨4个州、囊括27个县、729个市和镇区、人口逾2 000万的联合大都市统计区，其全称为：纽约—北泽西—长岛大都市区。居住在该大都市区的新泽西州北部居民可能首先认同自己是大纽约人，其次才是新泽西人；康涅狄格州和宾夕法尼亚州在大纽约所属县份的居民也多半持类似的定位，甚至纽约州的居民，如果住在大纽约附近，肯定也把个人的第一身份认定为大纽约人，其次才是纽约州人。在这里，城市和区域，实际上已无清楚界限——城市区域化了，其地位大幅提升，行政区划则明显淡化。

三、大都市区的经济地位与内在运行机制

大都市区具有明显的综合性和整体性优势，与传统的城市体系相比，它的经济活动在地理上更集中，一体化更强，形成了独特的经济环境，这就有利于促成新兴工业的产生、加速信息的传播、推动科技发明、增加产业门类和产品数量。而在大型大都市区和大都市连绵区，则有利于产业群的发展。与非大

---

① Michel Bassand and Deniel Kubler, "Introduction: metropolization and metropolitan governance," Debate: Metropolitan Governance Today, *Swiss Politiacan Science Review*, No.7, 2001.

都市区相比,大都市区有商品和服务的更大市场,包括住房市场、更专业化的劳动力、更全面而复杂的交通和电讯网。大都市区市场的多样化,也使公司可以针对特定企业生产专业化产品。与此同时,大都市区还构成了一个非常庞大的消费市场。由于大都市区居民平均收入高于非大都市区居民,人口密集,因此购买力强。这些竞争优势使大都市区成为推动美国经济增长和提高其在全球竞争力的主导力量。

据美国市长会议的统计报告,如果把大都市区作为国家计算,全世界前100个经济体中有47个是美国大都市区。其中纽约的国内生产总值超过澳大利亚。10个最大的美国大都市区的国内生产总值合计可在世界构成地位不可小觑的第三强国![1]该报告的结论提出,新材料证明公共政策和经济规划必须集中在这些大都市区的需要上,而不是人为的政治界限或行政区划。正如美国统计部门已用大都市区概念取代传统的城市概念一样,美国学术界和政府有关部门现在已更多地使用大都市区生产总值(Gross Metropolitan Product,简称GMP)的概念,而不仅仅是国内生产总值,来反映经济增长的实际。如此说来,21世纪国际间竞争的基本单位既不是企业,也不是国家,而是大都市区。

大都市区在经济结构上的变化不是偶然的,其意义也绝不仅限于人口分布格局的变化,更重要的是它反映了城市空间结构的深层次转型,这就是:分散化、多中心格局和大规模郊区化。所谓分散化,是指人口和经济活动在整个大都市区范围相对分散的发展过程,有别于工业化时代的集中化发展;所谓多中心格局,是指除原有的中心城市外,又出现数个或数十个次中心性城市,部分是在交通网络节点上发展起来的新兴边缘城市,部分由原有的城镇逐渐扩展而成;所谓大规模郊区化,则是指人口和就业大量地、有规律性地向郊区迁移现象。这是有别于传统城市化的主要特点。

在传统城市化时期,中心城市居主导地位,郊区则是城市功能外延的产物,是依赖于城市而存在的,以单核城市为主。但现在,情况有了变化,郊区基础设施日益完善,对城市的依赖性减低,开始具备甚至部分取代城市的功能。出现了一些居住区与就业区相混合的模式,而不仅仅是居住区。这种混合性郊区独立性很强,是形成次中心的基础。次中心数量达到一定程度,自然构成多中心格局。这些次中心与原有的中心城市形成互补关系,这就有助于缓解

---

[1] US Conference of Mayors,*If the U.S. City/County Metro Economies Were Nations*,http://www.usmayors.org/70thAnnualMeeting/metroecon2002/MetroNations.pdf.

中心城市在人口、交通、环境、就业、住房等方面的压力，同时充分发挥各个次中心的相对优势，从而在整体上提高大都市区的经济运行效率。另一方面，郊区的次中心大大减少了对中心城市的依赖，彼此之间的社会经济联系日益增强。大都市区内通勤情况就是最有说服力的证明。据布鲁金斯研究院大都市研究中心主任布鲁斯·凯茨的研究，在美国，到2000年，全国100个最大的城市里，从两个相邻大都市区的中心城市到中心城市通勤的比例为31%；从中心城市到郊区的为8%；从郊区到中心城市的为17%；从大都市区到大都市区以外通勤的为7%；从郊区到郊区的通勤竟高达36%。[1]郊区之间的通勤说明，郊区与郊区之间的联系在就业方面已相当密切了；从中心城市到郊区的逆向通勤更说明郊区反客为主，成为吸引就业的节点。

传统城市化过于强调人口的集中和城市的集聚效应，事实上，这种认识在特定时期，尤其是工业化时期是对的，但到一定程度后，便不合时宜。实际上，城市发展并非一味地集中，建高楼大厦。其次，传统城市化理论忽略了城市与郊区的关系，忽略了城市的空间结构变化，即使谈到城市空间结构的变化，也是从城市边界的变更即城市行政范围扩大的角度论及，而没有看到其本质方面。事实证明，仅仅利用扩大城市行政区域的方式发展城市不利于城市长远发展，同时也不利于改变农村地区的落后局面，是机械思维模式，以此理论为依据所制定的城市政策在实践中难以实施，因为城市和区域势必向高度一体化方向发展。在这种情况下，如果还是按照传统城市发展思路、以城市这个带有"封闭性"的地域单位来应对目前已经高度一体化的区域问题是行不通的。

四、新城市化在世界范围内的普遍意义

这种大城市空间结构发展的趋同现象不仅限于美国，在世界各地发达国家均已普遍出现，是一带有规律性的现象，或是说，是城市化达到一定程度的必然现象。

英国城市化起步早，因而较早地进入了郊区化阶段，大城市地域随之拓展，乃是势之必然；在20世纪后半期的欧洲大陆，尽管城市规划者偏爱中心城市，但也无法阻挡郊区化势头。1994年，一位美国《弗吉尼亚向导报》专栏作家这样描述了他所看到的欧洲大都市区日趋美国化的现象：

今年夏天，我去欧洲寻找理想中的城市。它应该是人们从家步行到菜市场、酒吧或朋友家的地方，应该是前门朝向人行道而不是车道的地

---

[1] Bruce Katz, "American Metropolis: Divided We Sprawl," September 29, 2004. http://www.brookings.edu/~/media/Files/rc/speeches/2004/0330metropolitanpolicy_katz/20040330_Yale.pdf.

方,它应该是生活的节奏沿着人们相沿成习的道路——街道上回荡的地方。

我发现了什么呢？我发现了购物商城,附有便利店的汽车加油站,有很多左转车道的高速路,隐藏在一个小区入口里的居民住房……

这个景象并不仅仅是在里昂外围的郊区,在哥本哈根、布鲁塞尔、科隆,几乎所有欧洲的城市外围都能看到。中产阶级搬到了郊区,搬到了有购物商城、花园公寓和蜿蜒伸展的高速公路的郊区。这就是"欧洲蔓延"(Eurosprawl)。[1]

在亚洲和拉美,这种趋势也日益明朗。20世纪80年代以来,世界大城市普遍向外围地区扩展,迁出人口都超过了迁入人口,周边地区人口急剧膨胀。在拉美和加勒比海地区的国家,20世纪初,还没有一个城市人口到达百万,但到了2000年,此类城市就多达49个,其中有4个位居世界十大城市之列,还有数十个10万到100万人口的城市。与此同时,城市空间结构发生了有意义的转变,人口、制造业、服务业等从城市中心迁移到了边缘地带,由此产生了新的经济和社会活动中心,当然,同时也产生了低密度城市化地域。尤其是近20年来,大城市人口在下降、而大城市周边的中小城市人口增长的趋势更明朗。

所以,在世界范围,兼城市与郊区为一体的大都市区的优先发展,确实成为了普遍现象,城市发展模式趋同。到2000年,纽约、巴黎、伦敦和洛杉矶的人口密度几乎相差无几,每平方英里为1万人左右,这标志着世界大城市空间结构的发展已出现了具有标志性意义的重大变化。

如果说,20世纪早期大都市区化还只是个别现象的话,那么,到20世纪下半期,人口和社会经济活动向大都市区集中已成为发达国家城市化的主导趋势,成为世界范围内带有规律性的普遍现象,或是说,是城市化达到一定程度的必然现象。

一些城市化水平较高的国家和地区,也从不同角度对城市化的区域进行定义和划分。尽管标准各不相同,但对大都市区空间结构的认识是统一的,都是包括核心区和边缘区两部分,或称中心城市和郊区县域;具体指标包括三个方面:经济中心(人口规模)、经济腹地(就业)以及中心与腹地之间的经济联系(通勤率)。而且,都是以城市的实际影响范围即功能区域为依据,不受行政

---

[1] "欧洲经典城市的郊区化正在经历剧烈的转变,其传统世界的格调和吸引力大减。这种变化意味着郊区不再是美国文化的恶果,也已成为当代世界和科技发展的必然结果",见:*Virginia Pilot*, December 4, 1994.

区划的限制,差别主要反映在指标范围的选取上。

第二节 大都市区的横向蔓延与郊区化

一、交通技术的进步与大都市区的蔓延

从技术层面看,交通技术的进步一直是推动城市空间结构演变,当然包括郊区化的决定性力量,在诸多因素中,汽车的普遍使用与高速公路系统的建设影响最为强烈。

自1908年福特汽车公司采用流水线大批量生产T型汽车后,质量提高、成本降低,汽车进入普及阶段。不到20年时间,全国就已有2 300万辆汽车和卡车投入使用。到1930年,每5个美国人就拥有一辆汽车,汽车开始成为人们生活中不可缺少的组成部分,美国成为"车轮上的国家",产生了车轮上的城市文明。

与传统的交通工具汽船、火车及有轨电车相比,汽车的优越性是显而易见的。自汽车普遍投入使用后,城市的地域范围得以不断扩大。有了汽车,美国人开始向郊区迁移,买房而不是租房成为时尚。1920—1921年,美国劳工部发起了一场"拥有你自己的住房"(Own Your Home)运动,在20年代共出售了350万套新住房。很多独户住房都设有车库,并有电线入户,家用电器开始大量使用。美国家电产品产值由1915年的2 300万增长到1929年的1.8亿美元。1922年在丹佛举办的新式家居展示会上展出了全电气化的住房,令人耳目一新。20年代末,2/3的美国住房都通了电,也有一些家庭使用天然气作燃料。大多数住房在距离市中心2—6英里范围内。同时,在市区以外的近郊和远郊,又形成了很多散在分布的居民点,自此,郊区化开始成为一个有规律性的现象。

二战后,高速公路大量铺设,更使汽车的发展如虎添翼。1956年,美国国会通过了联邦资助州际高速公路法,计划在12年内拨款250亿美元建造州际高速公路,打造贯通全国的高速公路系统。各州铺设高速公路的积极性也空前高涨,相继拨款建造配套工程,竞相发行了为数甚巨的公路债券。到70年代中期,美国的全封闭式高速公路总里程已达5万英里,连接所有主要城市,并使它们的内部交通格局有所调整。

汽车的崛起,成为铁路运输强有力的竞争对手,铁路客货运输量日见减

少,收入下降。汽车的大量使用,也使市内公共交通系统发展先天不足,如洛杉矶就是个典型例证,那里很多人开私家车上下班,公共交通系统建设几起几落,最终让位于私人汽车。在美国城市与交通史方面研究精深的山姆·沃纳认为,"其实高速公路布局可以促成城市的集中化,也可以导致分散化。很不幸,美国是后一种结局"。①

二、中心城市和郊区经济功能的置换

曾经是制造业大本营的中心城市,到二三十年代,开始出现制造业外迁现象,即所谓制造业"空心化",到二战后这一趋势更明显。其次,零售业也向郊区大规模迁移,这种迁移虽略晚于制造业,但发展势头很猛。在转移过程中,销售形式也发生了变化,购物城成为郊区的重要地理界标之一。零售业和制造业是反映城市功能的重要指标,中心城市已丧失了这两方面的优势,郊区则反客为主,说明两者的经济区位功能发生了根本性的变化。郊区的就业机会随之增加,到1990年,郊区占整个大都市区就业的62%。②在此过程中,中心城市的经济结构悄然发生了变化,其制造业中心的特征开始弱化,金融和管理中心特征日益明显。

七八十年代以后,中心城市甚至在服务业方面的作用也在弱化。随着通信技术的成熟,一些公司后勤办公室发挥作用提供了更多的位置选择,不再需要同客户或者合伙人进行频繁的个人接触,许多公司将这些部门分散到成本较低的郊区或是其他地区的城市。1994年,世界500强公司中有47%将其公司总部设在郊区,相比之下,1969年该比例只有11%,1978年是34%。相反,1994年曼哈顿有29个世界500强公司的总部,而1968年时曾多达138个,1980年时还有73个。许多公司离开了纽约曼哈顿,迁到了纽约郊区,1994年纽约郊区世界500强公司总部剧增到52个。随着公司总部迁入郊区,为公司提供包括高度专业化的法律、金融、银行业、数据处理、会计、管理和其他专业服务的公司也随之迁入郊区。③

提供专业服务的公司向郊区迁移的现象,也同样发生在其他大城市中。另外,美国运通公司把后勤办公室的工作从纽约搬到了盐湖城、劳德代尔堡或

---

① Sam Bass Warner, *The Urban Wildness: History of American City*, Harper & Row, 1972, p.43.
② Richard Forstall, "Going to town," *American Demographics*, May 1993.
③ Peter O. Muller, "The suburban transformation of the globalizing american city," *The Annals of the American Academy of Political and Social Science*, May 1977, pp.52-53.

菲尼克斯；花旗银行将后勤办公室的工作搬到了坦帕和苏福尔斯城；有些以纽约为基地的人寿保险公司，在爱尔兰建立了数据处理中心。芝加哥第一国民银行信用卡支付的数据处理的工作是在郊区进行的。甚至许多联邦政府机构也将表格处理的工作从市中心的办公楼拿到郊区去做。郊区从单纯的居住区变成了居住与就业综合的区域。

三、历史文化传统与大都市区横向蔓延

美国人习惯于居住在有传统田园风光的地方，亲近自然，享受独立安宁，洁身自好，远离问题成堆的中心城市。从殖民地时期起，就形成了崇尚自治和个人主义的观念，政府越小越好，离选民越近越好，几乎成为人们的共识。因此，杰斐逊提出的只有小社区才能做到的直接民主和个人参与思想，与美国人的切身体验如出一辙，所以，他们容易接受地方自治，而怀疑一个远离他们的政府是否有用。城市地区的居民在视自己与大城市为一体之前，首先认同的是他们的社区，他们的安逸标准限定在小的社区范围内，大而嘈杂的城市是令人厌恶的。人们搬出城市不只是为了寻找一个更好的环境养家，还为了他们自己寻求更好的地点。[①]所以，典型的美国城市发展模式使住房不断更新，被更新的原有住房依次向下一个收入水平的居民转移。因而在美国城市与郊区，总是有推土机在工作，这些能量巨大的变革机器似乎注定要把每一个农场都变为购物中心、新市区，或是高速公路。因而，就周而复始地向郊区迁移。当最初的靠近城市的郊区逐渐染上城市病时，再向更远的郊区迁移，有的甚至是一次就迁到很远的地方，被称为"蛙跳式"（Frog Leap）迁移。

房地产开发商看准了这个趋势，几乎是一股脑地到郊区开发房地产，直接推动了郊区化的进展。在城市建成区土地开发告一段落后，他们就将开发重心移到郊区。城市周边的农田比城市中心要便宜，而当这些农田被开发成房地产项目后，就会身价倍增。而且，因其主要购买者都是白人中产阶级住户，很多社区都可开发成中高档住房，价格可观。1905年，特拉华州威尔明顿市的一则房地产广告这样写道：

> 把你们的孩子送到郊区来吧……城市正在杀戮儿童。滚烫的人行道，尘土飞扬，人声嘈杂，轻则有害，重则致命。成功人士的历史几乎总是和乡村孩童的历史相连。[②]

---

① Philip Kasinitz(ed.), *Metropolis: Center and Symbol of Our Times*, New York: New York University Press, 1995, pp.163-167.

② 转引自 Kenneth Jackson, *Crabgrass Frontier*, p.139。

这听起来似乎有些耸人听闻,但在当时确实迎合了人们的心理,使人们萌生了迁居郊区的想法,郊区城镇一度受到人们青睐。美国郊区化的进程在大萧条和二战期间有所中断,但二战一结束就出现了一个的新高潮。1946—1960年间,美国建造了1 400万套独户住房,而在同一时期所建造的用于出租的公寓式住房仅为200万套。拥有住房的城市居民的比例从1944年的44%上升到1960年的62%。数以千计的西部牧场式平房、一层半或两层的别墅式住房取代了长岛上的马铃薯地、印第安纳波利斯的农场、圣菲尔南多谷地的葡萄园。①

六七十年代,由于二战后婴儿潮时期出生的孩子进入学龄期,带有未成年子女的已婚家庭户大量出现,增加了对大房子、良好学校、健康生活环境的需求,郊区被视为养育孩子的理想之地,顺理成章地促进了郊区化的迅速发展。

四、渐行渐远的郊区与"两个世界"局面的形成

郊区居民日渐疏远城市,在郊区经营安乐窝。郊区成了那些受过高等教育、从事专门职业、中上层收入者的天地,其居民社会地位普遍高于中心城市,这些现象成为郊区社区同质性的重要标志。本来,在美国早期历史中,城市居民的收入曾高于郊区居民,直至1960年,城市居民平均收入还高于郊区居民5个百分点。但到1973年,这一比例倒了过来,城市居民收入低于郊区4个百分点,1980年,这一差距又扩大到11个百分点,1989年再达到17.5个百分点。是年,中心城市人均收入为14 069美元,郊区为17 051美元。②

贫困率与收入的变化互为因果。1990年,大都市区贫困人口中有60%住在中心城市,40%在郊区。中心城市的贫困率为18%,而郊区仅为8%。中心城市居民的平均收入远低于郊区,但失业率却是后者的70%以上。③不同种族和民族的差异就更大了,其中黑人在大都市区的贫困率高达28%。一位美国学者曾作过计算,美国城市居民的平均收入由市中心区向外每移动1英里就增长8%,到10英里以外就加倍,即每英里增加16%。④而在其他国家,往往是富人住在市中心区,穷人在外围边缘地带。这样,人口空间分布,就形成了以

---

① Carl Abbott, *Urban America in the Modern Age*, *1920 to the Present*, Arlington Heights, IL, 1987, p.64.

② Scott Thomas, *The United States of Suburbia*: *How the Suburbs Took Control of America and What They Plan To Do with It*, New York, 1998, p.93.

③ Alan Altshuler et al(eds.), *Governance and Opportunity in Metropolitan America*, National Academy Press, 1999, p.4.

④ Leo Schnore, "Measuring city-suburban status difference," *Urban Quarterly*, III, September 1967.

城市和郊区划分阶级、种族和民族的现象。

1913年,一位学者这样描述黑人与白人社会分离的状况:

> 邻里是分离的,就业是分离的,教堂是分离的,住房是分离的,几乎生活中每一样事情都是分离的。久而久之,在美国城市中日益清晰地出现一个黑人的世界,与城市共同生活的脉动脱节。白人世界对此更是不知晓,也不明白。①

白人中产阶级的郊区化起步早,人数多,经济政治实力强,在郊区政治经济生活中居绝对统治地位,甚至使那里几乎成为白人中产阶级的一统天下,黑人和少数民族,包括少量白人中下层蜗居在中心城市,中心城市与郊区由此形成了两个截然不同的、以种族和阶级为分野的等级社会。对此,美国前总统吉米·卡特非常形象地指出,美国出现了"两个纽约、两个华盛顿、两个亚特兰大、两个洛杉矶"。②

郊区人与城市居民的联系越来越淡漠了。到20世纪七八十年代,新一代郊区人成长起来,他们没有像他们父母那样与中心城市有紧密联系或经历。他们的父辈刚搬出中心城市时,还会因为工作、走亲访友、特殊用品采购、娱乐等原因回中心城市。到他们这一代,生在郊区,长在郊区,与城市居民的情感联系不多,与城市居民的所思所想自然相去甚远。郊区在就业、购物和娱乐等方面设施均已完备,他们已不再需要定期去中心城市,除非参加文化或体育活动。即使在这些活动上,城市也在丧失其优势。许多专业的体育队伍迁到郊区,郊区的电影院、音乐会和艺术展览设施的数量也在增加。除了郊区有人们所需的一切这个原因之外,许多郊区人还因为城市的高犯罪率而避开城市,对他们来说没有什么强制性的理由需要他们去又拥挤又不熟悉的城市地区。相比之下,他们熟悉郊区,轻车熟路,不用担心犯罪和交通的过度拥挤。

中心城市与郊区在政治上也走向了两极。中心城市居民大部是民主党人的拥趸,郊区则是共和党人的天下。1992年美国总统大选,郊区选民首次占了多数,这对美国未来的政治走向将产生很大影响,是一个具有划时代意义的变化。

郊区化也影响了大都市区的人口分布格局,中心城市的主导地位受到了

---

① Howard Chudacoff(ed.), *Major Problems in American Urban History*, Lexington, Massachusetts, 1994, p.158.

② G. Scott Thomas, *The United States of Suburbia: How the Suburbs Took Control of America and What They Plan to Do with It*, New York, 1998, pp.101, 241-242.

郊区的挑战。1950年,美国大都市区人口的59%在中心城市,41%在郊区,到1990年,这个比例正好反了过来,60%在郊区,40%在中心城市。①其中1970年是一个标志性年份,是年,美国郊区人口首次超过了中心城市人口,成为一个以郊区人口为主的国家。当然,地区间还是有差异的。在东北部和中西部,大都市区发展已接近饱和,郊区人口增长远远超过中心城市,但在南部和西部大都市区,由于中心城市仍在发展中,这种反差就小一些。

五、洛杉矶——未来城市发展模式

洛杉矶大都市区,正式名称为洛杉矶—长滩主要大都市统计区(PMSA),一般被称为"LA"。它北起塔哈扎比山,南至长滩,东起波莫那,西抵圣莫尼卡,由70多个建制市区和大量未建制的地域组成。其中,洛杉矶和长滩并列为中心城市,其他城市,10万人口以上的有十多个,5—10万人口之间的有二十余个。如果按联合大都市统计区计算,洛杉矶大都市区还包括里沃塞德—圣波纳迪诺、文图拉等3个PMSA,在人口统计总署的正式名称为洛杉矶—里沃塞德—奥兰治CMSA,其人口多达1 637万,在全美国居第二位,仅次于纽约—北新泽西—长岛联合大都市统计区(人口为2 119万)。

二战期间联邦政府在西海岸投资军火工业为洛杉矶提供了难得的契机,到50年代,洛杉矶确立了它的西海岸制造业中心的地位。1950年,洛杉矶在制造业产值方面超过旧金山,同时也超过东部的底特律、克利夫兰、匹兹堡、费城,成为仅次于纽约和芝加哥的全国第三大制造业城市。此后发展速度更快,1950—1960年间,其制造业就业人数增长速度超过全国平均速度10倍。洛杉矶制造业的特点是在某些新型工业方面在全国居领先地位,如合成塑料和轻质塑料。它是美国最大的玩具制造商马特工业公司的所在地,并且是美国新潮运动装中心。1960年,其成衣业雇用5万工人,年总产值为7亿美元。到1970年,洛杉矶已成为美国第二个最重要的零售商业区。

洛杉矶大都市区在其早期发展过程中,先有散在分布的众多小城镇,后有大都市区,而不是像其他大都市区那样由一核心城市向外扩展,不断合并周围地区,很多地区尚未建制为市便被合并了,这就使得洛杉矶这个中心城市先天不足。到20世纪五六十年代,洛杉矶市中心区甚至成为了贫民的栖身之处,几近荒废。市政当局曾试图改善中心城市,使其"名副其实"。70年代以来大兴土木,使其彻底改观。摩天大楼鳞次栉比,均在20—40层之间。除设有联

---

① Alan Altshuler et al(eds.), *Governance and Opportunity in Metropolitan America*, p.24.

邦、州、县、市各级政府办公处所外,这里还兴建了一系列文化设施以及博物馆、艺术馆等。尽管如此,其规模仅与其他中等城市的市中心区相仿,在偌大的洛杉矶大都市区中,比例不协调。结果,在洛杉矶大都市区,由于城市众多,呈多中心格局,类似一个没有"心脏"的城市。而且,这些城市之间,在城市建筑、人口构成、城市布局、文化类型等方面基本无大差异。就是说,在洛杉矶大都市区内部,分散化、多中心横向发展,共性特征远远多于个性特征。这个大都市区里没有通常意义的市中心,也没有传统意义的郊区。郊区在这里是城市,城市在这里也是郊区,都是相对于其他中心而言的。学术界苦于找不到合适的字眼来形容它,索性称它为"零碎的大都市"或"没有中心的城市"。

  洛杉矶将保留鲜花、果园、草地以及从太平洋上吹来的丝丝凉风和明媚的阳光,还有宽敞的空间。这些空间曾使其在过去与众不同,而今通过大量的水资源供给得到了永久保留。它不会像老城市那样拥挤,因为未雨绸缪建设的交通路线,使人们可以走得很远,在果园与田地里建设家园。[①]

《洛杉矶快报》上的这段话反映了洛杉矶诗情画意般的城市环境,兼有城市与乡村优势。这正是很多城市规划师们所憧憬的。到20世纪末,以洛杉矶为原型,学术界衍生出推崇多核式发展的洛杉矶学派。这一学派认为,洛杉矶与传统的城市化模式大相径庭,城市化的未来将追随洛杉矶模式。城市中心区不再能支配腹地。该学派直言不讳地宣称,洛杉矶非常典型地代表了全世界正在发生的趋势,预测其他城市将像洛杉矶一样产生变革和转型。传统的以单核城市为中心、土地使用强度与人口密度依据离商业区的距离而逐渐递减的"金字塔"式空间结构发展模式,即"芝加哥模式",将被取代。

(王　旭)

[①] 转引自 Joel Kotkin, *The New Geography: How the Digital Revolution Is Reshaping the American Landscape*, New York, 2000, pp.34-35。

第十七章 城市的社会经济生活与城市管理

第一节 城市问题的恶化与社会改革

一、城市问题非止一端

尽管各城市一再以重金和优厚的条件促进市政建设,但对这方面投资的企业主却醉心于攫取高额利润,往往施工中敷衍塞责,工程质量低劣,市政建设进展不大。杂乱无章的市政管理加剧了城市建设的无政府状态。城市的公用事业、服务性行业等远远跟不上城市发展的需要,即使有所发展,也是参差不齐,毫无计划和秩序。各城市的污染问题也相当严重。当时有人对匹兹堡作了如下的描述:"好的时候,它是一个烟雾弥漫、阴沉沉的城市;糟糕的时候,几乎想象不出还有什么地方比它更肮脏、更混乱、更令人沮丧。"[①]只有在假日,大多数工厂歇工时,那里的空气才会显得清朗些。

水、电、煤气、道路、交通等大宗的市政服务项目,多以特许方式由市政府交与私人公司建设。由于城市老板把持市政,营私舞弊,这些公共服务费钱耗时、价格昂贵,普及率不高。以关系到市民基本生活和健康的给排水为例。到19世纪末期,很多城市仍然没有完备的给排水系统。1915年,位于库克县的芝加哥郊区,只有45%拥有公共供水系统;在费城和圣路易斯,排水系统总长度仅相当于这两个城市街道总长度的一半多一点,而巴尔的摩、新奥尔良等城市的大部分地方依旧靠露天排水沟排泄污水。而且,污水并没有从城市排出,而是蓄积在一个个巨大的城市污水坑中。即使有的地方把污水从城中排出,那也不过是将污染转移到另一个地方。污水污染了饮用水和环境,导致城市疾病流行。尽管波士顿的排水系统在18世纪已经建设得比较好,仍不能适应19世纪城市人口的快速增长。由于波士顿居民长年向海中倾注废水,波士顿港变成了一个大污水池;19世纪80年代,因为马萨诸塞州梅里麦克河上游城

---

① Charles Glaab and A. Theodore Browm, *A History of Urban America*, New York, 1983, p.236.

市向河中排污,致使下游居民伤寒病流行;直到20世纪20年代,波士顿市仍然到处都是户外厕所,水源被马粪污染,垃圾废水直接倒进了街道边的明沟。只有从远离城市的水源地用水管供水,才能避免饮用水被污染。

二、那一半人怎样生活?

在大量新移民和工人家庭居住的贫民窟,情况更糟。在贫民窟内,人口过度拥挤,房屋建设简陋,公用设施奇缺。诸如室内照明、通风、取暖、卫生设施等条件都极差。很多贫民窟集中区既缺少排水系统,又无污物处理设施,巷口和露天阴沟常遍布垃圾和污水,空气中也弥漫着腐败的气味。当时一位美国《太阳报》的年轻记者雅各布·里斯(Jacob Riss)深入纽约市贫民窟进行实地考察,收集了大量第一手资料,写出《那一半人怎样生活?》一书,真实地披露了贫民窟居民的悲惨处境,在社会上引起了强烈的反响。他在书中写道:

> 这些楼层的全部新鲜空气都是从那扇永远乒乓作响的过道门和那些黑洞洞的卧室窗户透过来的……过道里到处都是污水坑,所有的住户都由此出入,因而在炎夏之际也都要忍受这些臭气熏天的污水坑的毒害……几堵阴暗的砖墙之间的间隙是(所谓的)院子,那上边有一狭长的烟尘弥漫的天空才是这里居民所能望到的苍天。[1]

贫民窟极端恶劣的环境不仅威胁着贫民窟居民的日常生活,而且也在很大程度上妨碍了大企业的正常生产,成为整个社会的突出问题,这就迫使一些城市不得不采取一些改善措施。1879年,纽约市首次通过"贫民窟法案",倡导兴建"哑铃式"住宅。这种建筑在楼房之间有一定空间,与原有的挤得水泄不通的贫民窟相比,可谓一种改善。但是,按此标准兴建的住房未过多久也变得拥挤不堪。其他城市的住房情况也曾有不同程度的改善,持续的时间同样有限。"直到1908年,纽约市还未对经济公寓式的住房采取行之有效的管理方法,其他城市在制定有效措施方面更是一拖再拖。"[2]

三、黑人聚居区的形成

内战后,由于黑人社会地位的部分改善和南部经济结构的变更,首次出现了大批黑人移居南部城市的浪潮,19世纪70年代后,这一浪潮转向东北部和中西部城市。随着大批黑人移居城市,对黑人的种族歧视也由乡村到城市、由

---

[1] Jacob A. Riis, *How the Other Half Lives*, New York, 1961, pp.43-44.
[2] Thomas C. Cochran, *The Age of Enterprise: A Social History of Industrial America*, Harper & Row, Publishers, 1961, p.334.

南部向北部蔓延开来。在城市中,为防范种族主义者的暴力骚扰并彼此照应,黑人倾向于聚居,再加上富有的白人不断外迁,市中心区逐渐成为黑人聚居的地方。在这些聚居区里,黑人不仅住处拥挤,而且受到种种盘剥和歧视。

第一次世界大战一度打断了国外移民浪潮,但很快被国内移民潮所取代。这些国内移民除少数来自阿巴拉契亚山以东的白人外,更多的是来自南部农村的黑人,这样,从1916年到经济大危机前,出现了美国历史上著名的黑人大迁徙运动,史称"第一次黑人大迁徙"。据统计,1910—1940年间,共有200多万黑人从美国南部移居北部以及西部部分城市,尤其是纽约、芝加哥、洛杉矶、底特律等大城市。

大量黑人的突然涌入,对现有的社会经济秩序造成了极大的冲击,主要的问题发生在住房和就业上。在就业方面,他们与普通白人产生竞争,自然受到白人的防范与排挤。以白人工人为主的工会也有意排斥黑人,很少接受黑人会员,这样就使黑人处于孤立无援的境地,在与雇主的斗争中处于不利的地位。甚至当时以城市贫民窟改革为主旨的社区改良会所也回避黑人问题,将黑人拒之门外。黑人就业范围仅局限于做清洁工、铁路搬运工、侍者、仆人、非熟练工人等。黑人所面临的更严重的问题是在住房上。随着一战前后黑人移民的增多,整体上的居住区隔离现象逐步显现。白人把一些黑人居多数的居民区视为黑人区,相继迁出,而黑人在此类区以外找住房日益困难,很快就在黑人和白人之间形成了一条明显的界限。这类界限在芝加哥于1915年前后渐趋明朗,到20年代便成固定模式,并被社会所认可。这个现象随黑人的增多而加剧。到20年代末,主要城市都因种族而分化成不同社区,"隔离而且不平等"。

对黑人的歧视不仅有多重社会原因,房地产投机商也从中作祟。他们很少到黑人多的地方建造住房,而且,他们的售房对象也是有选择的,对黑人购买者百般刁难,难以成交,或有意抬高房价。即使是租房,黑人也往往要比白人住户多付50%。[①]政府的政策也助纣为虐,在南部城市更是如此。尽管美国最高法院1917年就裁决城市不得使用其土地规划权力造成隔离现象,但南部城市均设法规避这一裁决。1922年,亚特兰大市政府通过区域规划条例,把居住区划分成R1(白人)区、R2(黑人)区和R3(未定)区。这种分类的出发点是为城市规划提供参照,但无形中也便利了种族隔离现象的扩散,很多房地产商

---

① Carl Abbott, *Urban America in the Modern Age*, *1920 to the Present*, Arlington Heights, IL, 1987, p.36.

以此为依据有选择地进行住房开发，R2 区自然不在他们考虑之内。1937 年，圣路易斯大都市区政府将市区根据治安情况分为 A、B、C、D 四级，并暗示前两种基本上是适宜白人居住的地区，后两种当然就是白人住户要尽量避免的住宅区。

与居住区隔离并行出现的是种族骚乱日见频繁。1919 年发生在芝加哥的种族骚乱，持续 4 天，死亡人数达 38 人。起因是在密执安湖边，几个黑人儿童在白人住房附近玩木筏，不巧木筏被海浪冲到了该白人住户私有的沙滩，白人竟投掷石块，打死了一名黑人孩子，从而激怒了黑人，引发了骚乱。后来，在长达一年的时间里，很多黑人的住处附近都不断发生恐吓事件，有时还被放置炸弹，散居的黑人不得不迁往黑人聚居区。底特律市、俄克拉荷马州的塔尔萨市都多次发生种族冲突。

二三十年代的一系列种族骚乱，使黑人聚居区状况每况愈下。此类种族骚乱几乎都发生在黑人区的边缘地带，等于对黑人区形成了包围圈。市政官员们对黑人区的问题视而不见，只要妓女、赌徒等不出黑人区，他们便不予干预。芝加哥警方甚至有意把犯罪嫌疑人等引向南部的黑人区，以免打扰白人住户的安宁。居住区分离现象有增无已，导致就业隔离，就业隔离的连锁反应是教育隔离，进而造成恶性循环。市政官员却振振有词地声称，之所以有学校隔离、公园隔离现象，就是因为居住区不在一起，表面听似乎有道理，实即狡辩。根据卡尔·艾博特(Carl Abbott)的研究，由正常的居民区(neighborhood)发展成黑人聚居区(ghetto)，再蜕变成贫民窟区(slum)的过程，只需 10 年时间。[①]

四、新移民与城市社会问题

19 世纪末，美国出现了新的移民高潮，并在 20 世纪初达到高峰。1890—1914 年间移民人数为 1 700 万，一战后的 1919—1924 年间又有 290 万。其中 1901—1910 年的 10 年间为 880 万，在美国移民史上数量空前。由于这些移民主要来自东南欧，不同于早年的西北欧移民，因之被称为"新移民"。

移民的来源按数量多少依次为：俄罗斯、意大利、德国、波兰、爱尔兰、斯堪的纳维亚半岛国家。这些新移民，既为美国工业发展带来了急需的劳力，同时也造成了很多新的问题。他们多半来自农村，几乎有 1/3 是文盲，属非熟练工人。他们到美国后，绝大多数涌入大城市，对那里形成了很大压力。20 世纪初年，美国国会几度试图通过限制移民的法律，最终在 1917 年通过"文化测验

---

① Carl Abbott, *Urban America in the Modern Age, 1920 to the Present*, Arlington Heights, IL, 1987, p.223.

法",在1921年通过"移民限额法"。"文化测验法"减少了文化程度不高的移民进入美国的可能性;"移民限额法"则把接纳某国移民的数额限制在该国1890年时在美侨民总数的2%,这样,根据该法律获准进入美国的大多数移民将来自西北欧,从而遏制东南欧的移民浪潮,因为1890年时在美国的移民大部分来自西北欧。

在这些外来移民中,一支新的分支是墨西哥人。一战期间劳动力短缺成为墨西哥移民大量涌入美国的契机,20年代的经济繁荣更强化了这一趋势,10年间墨西哥移民数量达25万。墨西哥移民主要集中在加州。这样,加州的墨西哥移民从20世纪初的区区8 000人飙升至1929年大萧条前夕的36.8万(全国其他地区仅有1万余人)。[1]这些移民几乎无一例外地从事体力劳动,做季节性农业工人,随收获季节流动,往返于加州南部和北部,收获季节结束后,他们纷纷进入洛杉矶或其他城市过冬。不出几年,洛杉矶就成了墨西哥城以外最大的墨西哥人社区。

这些墨西哥人并未像其他移民那样较快地融入美国主流社会。其中不仅有语言障碍,文化差异也是一主要原因。加州毗邻他们的母国,而且加州本身就有很多西班牙文化遗迹,在这种意义上,加州并非纯粹的异国他乡,很自然地他们坚持自己的传统文化和生活方式。可是,美国人一般不愿意接受两种文化并存的局面,当然很难把墨西哥的乡俗文化和美国文化一样尊重。墨西哥移民索性孤立独处,久而久之,墨西哥移民聚居区成为了一个自我封闭的社区。由于他们生存技能单一,经济条件较差,因而产生了很多问题。1925年时,他们占洛杉矶总人口的比例不到7%,却占洛杉矶救济人口的27%,占洛杉矶医院就诊率的54%。[2]到20年代末,加州人对"墨西哥移民现象"已颇有微词。

五、毁誉参半的城市更新运动

为解决迫在眉睫的住房问题,改造贫民窟,联邦国会于1949年通过了塔夫脱参议员提议的"住房法案"(Housing Act of 1949),开始了中心城市再开发运动,这可视为"城市更新运动"(Urban Renewal)的开始。该法言之凿凿地提出了联邦政府住房政策的基本原则:

---

[1] Earl Pomeroy, *The Pacific Slope*: *A History of California, Oregon, Washington, Idaho, Utah, and Nevada*, University of Nebraska Press, 1965, p.281.

[2] Gerald Nash, *The American West in Twentieth Century*: *A Short History of An Urban Oasis*, Englewood Cliffs, 1973, p.18.

国家的繁荣与稳定、人民的健康和生活水平的不断提高都需要住房建设及相关的社区开发来解决严重的住房紧缺问题,需要通过清理贫民窟和衰败地区以及其他切实的方法,为每一个美国家庭提供体面而舒适的居住环境。[1]

该法针对衰败的中心城市,试图解决迫切的经济和社会问题,重点是联邦资助低收入住房的修建。这一法案授予地方城市政府征用土地的权力,"定点清除"萧条的住宅区和衰败的工厂区;决定于1950—1954年的5年时间里提供5亿美元联邦资金用于这类开发;每一个城市都成立独立的地方开发机构具体负责实施。它们利用联邦政府的资金以市场价格购买贫民窟地产等,清理出来,再将其价格降至与郊区空闲土地相同的价格出售,出卖给私人开发商或住房建设部门用于住房建设,以帮助那些无力在私立住房市场得到住房的低收入家庭;该法计划每年建造公共住房13.5万个住房单元,4年内建造50万套低租金住房。依据该法设立了城市更新署,接受各城市更新项目申请并进行统一管理。

城市更新运动从1949年开始到70年代中期结束,历经20多年时间。早期有些集中的项目,但到后期由于民权运动、反战运动等繁多的社会运动和政治动荡,冲淡了人们对城市更新的注意力,而且后期它又和"向贫苦开战"等项目结合在一起,并不是一个完整的社会改革运动。

城市更新运动早期目标过于庞大,试图一劳永逸地解决城市住房问题,当然不能如愿。首先经费就是大问题,而且朝鲜战争的爆发又使税款大部被国防部占用,经费更显拮据。1949年住房法通过后的5年时间里,联邦政府原计划拨付的5亿美元实际到位仅1亿,每年建造13.5万个公共住房单元的目标也难以实现。于是,1954年住房法将每年计划完成的建筑减为5万套。但在实际运作中,仍有很多困难。50年代,全国共有250万套旧住房被拆除,可是更新建造的仅有一小部分。因为建造公共住房的决定权在地方住房管理部门手中。有关部门对拆除旧房以便腾出土地的热情远高于建造新的住房的热情,所拆毁的住房远远多于建造的公共住房,腾出的土地往往挪作他用,或建造私人住房。在有限的可用来建新房的地皮上,开发商为了节省单位成本,所建造的住宅楼多为10—12层。芝加哥的赫伯特·泰勒住宅区甚至高达16层,2英里高。这实际上是把穷人一股脑地都塞到了竖向发展的仓库式住房

---

[1] Howard P. Chudacoff ed., *Major Problems in American Urban History*, D. C. Heath, 1993, p.26.

里,被隔离在空中,孤立起来,不久就成为新的竖向发展的黑人聚居区。穷苦住户只是搬家而已,居住状况并无大的改变。黑人由拆迁的住房搬到新的住房,居住密度往往翻了两三番。新的黑人聚居区被罩在由玻璃和钢筋水泥构筑的巨型办公大楼的阴影之下,形成了今日的城市景观。城市更新的初衷被扭曲了。可以说,不论初衷如何高尚,城市更新的结果无法令人乐观。大多数城市的经历证明,城市更新和清理贫民窟的主要结果之一是"黑人问题搬家"。第二批黑人聚居区由此产生。

与此形成鲜明反差的是,在城市边缘地带扩展的居住小区,虽不属于公共住房工程,但他们却通过联邦政府提供的住房贷款抵押保证、优惠的税收政策、建造高速公路等渠道所营造的良好的外部环境,得到了实惠,郊区私人住房由此大行其道,这就更便利了郊区的发展。

1954年联邦国会通过一个住房法修正案,对城市更新的目标做了部分调整,将拨款额提高到2年内4亿美元;把清理贫民窟和中心城市的全面再开发结合起来,允许联邦住房拨款的10%用于非住房建设,1959年通过的修正案又将此比例进一步提高到20%,并撤销了必须拆除低标准建筑的规定,1965年修正案再提高至35%。城市更新成了商界支配的市政部门更新其市中心商业区的机会,最好的地块被上述商业设施占据了,其次才是大学校园、医院、市政中心、会议中心等。在未找到合适的开发商之前,更新主管部门就把清理出来的地块空置,或暂用于停车,待价而沽。由1954年住房法修正案实施起,市中心区改造速度明显加快。这并非城市更新运动的主要目的,但却成了城市更新运动的主要成就,为中心城市的长远发展打下了较好的基础。

到1965年,国会又组建了内阁级的住房与城市发展部,以便更好地协调联邦住房和城市更新项目。翌年,又通过"示范城市计划",集中治理一些城市的某些社区作为示范,进而加以推广,以便全面整治衰退的城市。事实上,这个计划目标含混,难以落实,因此效果不显。而且,资助力度有限,每年的预算拨款3.9亿美元,仅占住房与城市发展部经费的15%,占联邦政府资助城市的所有款项的1%。[1]这些资金如果用于改善教育、儿童护理、健康保护和其他社会服务类还可勉强应付,但对于陷于多重危机无力自拔的社区乃至整个城市来讲就远远不够了。再者,其他联邦政府的机构如经济机会办公室、劳工与交通部并无兴趣给予合作。没有这些合作,"示范城市计划"孤掌难鸣,很难取得

---

[1] Carl Abbott, *Urban America in the Modern Age, 1920 to the Present*, Arlington Heights, IL, 1987, p.124.

实质性进展。到 1971 年 2 月,尼克松总统正式宣布结束"示范城市计划"。①

州际高速公路系统的建造与城市更新运动一样也产生了矛盾的后果。市中心区的许多空间让位于道路占地和停车用地,同时,为了给高速公路让路,黑人社区往往被连根拔起,置换到其他地区。另一个始料不及的后果是,高速公路完善后,通勤工作更加便利,使得郊区化如虎添翼,离心化进一步加强。可是,高速公路在加速了大都市区分散化的同时,却没有改善市中心区的环境,而且也占用了本来可用于改造市中心区的联邦基金。总之,高速公路铺设给市中心区黑人住宅区带来的后果是灾难性的,甚至可以说是一把双刃剑,其影响极其深远,黑人与美国社会隔离的局面由此更加得到了强化。

20 世纪 50 年代末,美国出现了空前规模的黑人民权运动,并于 60 年代演化成前所未有的种族大骚乱,这等于发出了一个十分明确的信号:城市更新运动并未解决黑人的主要问题。对城市更新的不满和批评逐渐占了上风。城市更新作为全国性的政策,必须获得政界绝大多数人的支持。可是在政界最有影响力的白人中产阶级已大部迁往郊区,美国已成为一个以郊区居民为主的社会,他们对改造市中心区,尤其是改善黑人居民的境况兴趣日减。

第二节 城市生活的场景

一、城市经济的成熟

20 世纪 20 年代,美国城市形成了大的地区性分工:西部和南部提供粮食、棉花、木材、矿藏及百余种工业原料;北部城市则将这些原料转变为制成品。这个大的地区性分工之所以成为可能,前提是美国铁路线已从 1870 年的 6 万英里增长到 1916 年的 25.4 万英里,达美国铁路里程最高峰。②国内市场联系渠道畅达,因此企业的专业化程度更强,很多城市的厂家可面向全国生产。最典型者莫过于底特律。它的劳动力有一半是在汽车生产厂家或相关部门工作,20 世纪 20 年代早期全国 2/3 的汽车出自那里,是个名副其实的汽车城。20 世纪初的 20 年间,汽车工业兴隆一时,就业率持续上扬,共 150 万移民涌入底特律。在鲁日河边占地 2 000 英亩的福特汽车公司的巨型工厂成为底特律

---

① Edward Banfield, *The Unheavenly City Revisited*, Little, Brown, 1974, p.1.
② Carl Abbott, *Urban America in the Modern Age*, *1920 to the Present*, Halan Davidson, 1987, p.11.

汽车业中的龙头老大。其他专业化较强的城市有：中西部阿克伦成为全国最大的橡胶轮胎生产中心；西南部的塔尔萨、俄克拉荷马城、休斯敦等成为石油城；东南部迈阿密成为娱乐中心、退休者的天堂；西部加州的洛杉矶凭借其宜人的气候和迷人的景观几乎垄断了电影制造业，其石油业也展示出诱人的前景。

在这个工业布局心脏地带的所有城市中，纽约是无可争议的首府。它是一个充满活力的城市，规模在当时世界大城市中仅次于伦敦。在它所属的布鲁克林和新泽西的巨大码头上吞吐着来自世界上任一大陆的产品。纽约大都市区（又称大纽约）也是石油精炼等工业所在地，新泽西州、宾夕法尼亚州及中西部的石油经管道或铁路线运到这里加工。纽约的成衣业在全国首屈一指，第34街和第7大道成为时装业的风向标。然而，最重要的是，纽约是全国经济的"神经中枢"，这里有主要的股票交易所、最大的银行、收费最高的律师事务所、数量最多的出版社、最受欢迎的广告公司。曼哈顿的景观明显昭示出该城作为全国商业中心的显赫地位。华尔街于一二十年代改造，就已兴起了一些高层建筑。后来，1930年建成的克莱斯勒大厦，是当时汽车业巨头克莱斯勒公司的象征。在它高达77层的尖塔形建筑的顶部还有6层的不锈钢塔尖。一年后落成的帝国大厦建造速度可谓神奇，其钢架结构每天完成一层，直至102层。至今还享有盛誉的洛克菲勒中心建成于20世纪30年代，占地17英亩。

芝加哥紧随其后，从1830年时微不足道的小聚落到百年之后的330万人口的大都市，地域面积也扩展到100平方英里以上，于20世纪20年代跻身世界十大城市之列。其商业中心有30万雇员，每24小时有2万辆有轨电车出入。一位史学家统计，在1930年美国有377座20层以上的摩天大楼，绝大多数位于曼哈顿岛和芝加哥的州立大街和兰道夫街之间2英里范围之内。布法罗和洛杉矶也建造了高耸的市政厅，匹兹堡的慧识大教堂高40英尺（约12.2米），俄亥俄州哥伦布市的美国保险联盟塔高46层，从城市建筑角度讲，这是一个摩天大楼时代。芝加哥还花费数十亿美元改造湖滨区，将密执安湖边20英里长地带变成了公园和海滩式风景点，从湖滨东侧远眺芝加哥中心区，气势非凡，是全国最引人注目的城市景观之一。

在美国西半部，最引人瞩目的是洛杉矶的兴盛。该城倡导人宣称那里是"全天候俱乐部"，旅游退休者的理想选择，此言不虚。其实它的优势还远不止于此，它的农业、石油生产以及新兴的飞机制造和电影业等都已崭露头角。经过 20 年代的繁荣期，洛杉矶取代旧金山—奥克兰成为了西海岸最大的制造业中心和港口，人口在 10 年内由 12 万剧增到 23 万。如果考虑到这一点，那么它的房地产价格扶摇直上就不足为奇了。

二、城市生活日益丰富

20 世纪 20 年代被称为"柯立芝繁荣"，人们的收入和财富达到了历史上前所未有的水平。社会条件的改善直接促使了生活方式的变化，人们开始追求富裕和闲暇舒适的生活，现代生活新体验。纽约是引领新潮的时尚之都，也是城市文化最发达的城市，城市美国的很多特征都在这里得到了充分而完美的体现。

汽车、冰箱、广播、电影成为消费符号。在大萧条后，1938 年，旅游业升温，成美国第三大产业，仅次于钢铁和汽车，每年有 400 多万美国人出游，其中 4/5 驾车。到 20 世纪 30 年代，现代厨房成为时代的主旋律。这 10 年电器销售量剧增，而冰箱最受欢迎，1937 年，销售量已接近 230 万台。线条圆润的冰箱和流线型小汽车一道，塑造了 20 世纪 30 年代的现代文明。1939 年，当亚欧大陆硝烟四起时，以"明日世界"为主题的纽约世博会在"新大陆"拉开了帷幕。这场跨越了两个年头的博览会共有 64 个国家参展，其规模与成就，可以说达到了世界博览会历史上的又一个高峰。这届博览会上，展出了各式各样的最新发明和技术，磁带录音机、电视机、电视摄像机、尼龙、塑料制品等崭露头角。纽约人将举办世博会看成了一个进行长期城市规划的机会。今日纽约昆斯区的可乐娜公园脱胎换骨，成了纽约市仅次于中央公园的第二大公园，并创下了世博会占地面积最大的纪录，达 500 公顷。

另一种基本上由城市居民主导的消费是休闲活动。运动、电影、音乐几乎在每一个城市都占据了一个显要的位置。对运动的热衷始于 20 世纪初年，到 20 年代几乎达到了狂热的地步。1923 年，观赏纽约扬基队对纽约巨人队的 6 场世界循环赛的球迷多达 30 万，1926 年在费城举办的登普西对腾尼的重量级拳击比赛吸引了 13 万观众，创下了纪录。每周都有数百万的运动迷活跃在棒球场、垒球场、网球场、高尔夫球场和海滩。

表演业与运动业也随着城市的兴起走向成熟。精明的商人把街头杂耍变成了大买卖，以魔术和动物表演的形式演出，并伴以喜剧、特技和歌舞，演出往往持续几个小时。音乐厅、夜总会等把演员和观众结合得更紧密。在非正式的场合则有拉格泰姆音乐和爵士乐。

电影也吸引了 20 世纪 20 年代的大量观众。1927—1929 年间，每周电影上座达 1.1 亿人次,当时全国人口刚刚 1.2 亿,每周到教堂做礼拜的也不过 6 000 万而已。电影观众有农村居民,但更多的是城市居民。他们排队购买有 6 000 个座位的纽约罗克西影院的票或芝加哥华丽的巴拉班—卡茨电影中心的票。无声电影对于语言各异的城市观众来说有其独特的吸引力,各个层次和各个民族的观众都可欣赏,当然有其各自的理解。1927 年有声电影问世,更增添了电影的魅力。在芝加哥这样的城市里,还有专门面向普通工人的邻里小型影剧院,那里的电影既有业余演员的作品,又有好莱坞的大片。在一些大城市,也有专为黑人开的影院。电影有助于使城市文化成为全国的主导文化,有助于强化对地方社区的认同,当然是在城市商业文化的包装之下。

商业娱乐吸引了多样化的文化。郊区白人跋涉到哈莱姆区夜总会观赏最热门的黑人爵士乐演出。很多流行音乐在这种文化交融的过程中得到普及。例如,最早吸引大众注意蓝调音乐的《孟菲斯蓝调》就是黑人 W.C.汉迪为孟菲斯一政治家竞选所谱的歌曲。在南部城市,白人、黑人的南部文化传统和当地意大利人、波兰人、拉丁裔传统结合产生了爵士、蓝调和山地音乐。收音机为 20 世纪 20 年代的城市开辟了新的娱乐和广告天地。到 1930 年,收音机已成为 1 200 万(约 40%)美国家庭的必需品,收音机生产成为一个亿元产业。上百个城市都有自己的电台。

但是所有这些新产品和新服务以及新娱乐与汽车相比都会黯然失色。汽车是这个时代的经济和社会奇迹。最初汽车是富人的奢侈品,不久,到了 20 世纪初年开始大规模生产,情况就不一样了。从 1920 年到 1930 年,全国汽车注册数量翻了三番。有研究显示,1929 年时有将近 50% 的非农业家庭拥有汽车。专业人士和工薪阶层比产业工人拥有汽车的比例高,加州比其他州汽车比例高,农场主和小城镇的人比大城市里的人拥有汽车的比例高。在汽车拥有量的基础上还有汽车种类的区别。20 世纪 20 年代中期,有些奢侈豪华车可能价值几千美元,但福特公司的 T 型车卖价不到 300 美元,雪佛莱 700 美元,二手车大约只有 60 美元(5 美元首付,其他每月 5 美元)。

三、城市消费文化成时尚

20 世纪 20 年代美国经济的繁荣,带动了消费文化的兴盛,以至成为美国时代的典型标志,而这恰恰是首发于城市的特定现象。中产阶级消费观念成为整个社会的主导生活方式或主流。超前消费成为时尚。

如前所述,城市居民此时在数量上已占据绝对优势,构成一个巨大的消费群体。1920—1929 年,农场主在全国收入所占的比例从 16% 下降到 9%,而城市熟练工人和白领工人的收入大大提高。城市居民的家居条件的改善也带动了消费市场,例如,20年代城市居民住宅通电的比例从10%上升到50%,而农场主住宅通电的比例微不足道,直到30年代时仍很少见。所以,大多数家居用品主要面向城市和郊区家庭。广告业开始进入人们的日常生活,各种新闻媒体如报纸、杂志、收音机、电影和广告牌都成为广告业青睐的载体。其广告战略从简单的开发特定产品的名牌忠诚转向把这些产品与人们的福祉联系起来,并使人有不可或缺的感觉。美国各大厂家各显神通,把目标瞄准城市消费者,特别是中产阶级,因为他们有钱购买新产品,或至少能够支付首期款。通过分期付款这种时髦的消费方式,他们又使得普通城市居民购买汽车、收音机、洗衣机、洗尘器、冰箱和留声机等奢侈性的耐用品成为可能,使家庭主妇从没完没了的家务苦差事中解放出来。如烤面包机就"解放"了46.5万个家庭。这当然也许有些夸张,但这些新的发明确实减轻了家庭主妇的负担,或使家务劳动更容易控制和调理。

汽车和新的商品与服务以及夜生活为20世纪20年代的城市注入了新的元素。人们开始热衷于购物、消费和娱乐,追求浮华和奢靡的城市生活成为时尚,努力工作、节俭、忘我等传统美德有所淡化。超前消费预支了很多家庭的购买力,尤其是住房分期付款超出了很多家庭的支付能力,股市投机泡沫也积重难返。到20年代末期,这些因素与经济运行的内在问题交织在一起,终于引发了美国历史上的经济大危机。

四、购物城独领风骚

购物城(Shopping Mall)一般也称为购物中心或商城。在美国有一个流行的说法:典型的美国人除了家和工作地点外,消磨时间最多的地方就是购物城。

它的发展和兴盛与汽车的普及是分不开的。随着消费者越来越依赖,甚至是须臾不可离开他们的汽车,交通拥挤和停车问题就成为了城市CBD商业扩展的难题。在远离闹市区的高速公路交叉口或最繁忙的路段建造购物城成为一种选择,而且是理想的选择。一般在开车半小时路程半径内,即可建造一定规模的购物城。购物城区别于CBD的一个最大的特点就是为驾车者服务。全封闭、恒温、户内式,再加上精心设计的人工瀑布、雕塑、喷泉、风景画、镜面墙、霓虹灯,都是其诱人之处,也是中心城市CBD难以满足的。在购物城,消费和休闲不可分割地连在了一起:购物城成了全国的文化中心、非正式社交的场所、老人们消磨时间的去处、孩子们的游乐中心。《纽约时报》曾这样形容其壮观场面:"日落之后这里仍如同白昼一样充满活力,到处熠熠生辉,恰似一座城市。"①因此,零售业重心迅速向郊区转移,1972年《财富》杂志的一篇报道形象地说:"CBD'飞'向了郊区。"

20世纪20年代,曾出现以郊区开车顾客为服务对象的大型购物城,大萧条和二战一度打断其进程,但二战结束就开始了新一轮兴建购物城的风潮。较有名气的有:1956年在明尼阿波利斯郊区伊代纳创办的南谷购物城、芝加哥外的伍德菲尔德购物城、曼哈顿外的金广场、孟菲斯的拉里购物城、亚特兰大市北部郊区的伦诺克斯广场和坎伯兰购物城。70年代,又出现了规模更大的超级购物城,典型的是华盛顿的泰森角购物城。1983年它的营业额达1.65亿,就业人数达1.4万人。所谓"超级",名副其实,不亚于一个有相当规模的城市。到1984年,全美2万家购物城的零售额占全国零售总额的2/3。②

美国零售商们对建造购物城情有独钟,而且规模越来越大。1992年,美利坚购物城开业,堪称美国购物城之最。它的面积比莫斯科红场还大,相当于88个美式足球场,共有1.3万个停车位,使用的钢材可建造两个埃菲尔铁塔,有400家零售店,一个室内娱乐园,服务对象可囊括双城(明尼亚波利斯和圣保罗)消费者的一半以上。其倡导人雄心勃勃,断言它将是美国第三大旅游点,仅次于迪士尼世界和密苏里州的布兰森市——乡村音乐之都。在它开业的1992年,美国已有38 966家购物城,其中有1 835个是地区性的超级购物城。③而且,购物城还有向其他国家蔓延的趋势。

第三节　城市管理与城市改革

一、进步运动与市政体制改革

到19世纪末,面对各类城市问题的冲击,新闻界的"黑幕揭发"运动、宗教界的"社会福音"运动、知识界的"社区改良"运动和市政改革运动一起,汇集成影响深远的进步运动。城市管理体制的改革,在整个进步运动中占据了核心

---

① Newark, "Paramus booms as a store center," *New York Times*, February 5, 1962.

② John C. Van Nostrand, "The Queen Elizabeth way: public utility versus public space," *Urban History Review*, XII, October 1983.

③ Howard Gillette, Jr., "The evolution of the planned shopping center in suburb and city," *Journal of the American Planning Association*, 51, Autumn 1985.

地位。

城市体制改革提出了鲜明的改革纲领：第一，主张城市自治，以排除州立法机构对市政的干预。据此，很多州都制定了城市自治章程。第二，加增城市行政部门，尤其是市长的权限，以遏制城市老板通过市议会干预市政。这一点，后来在"强市长"制中有充分体现。第三，实行短票选举和超党派普选、直接初选，并与州的选举分别进行，以杜绝城市老板通过党派操纵选举和以分赃制、恩赐官职等手段安插其党羽，尽量减少城市政府的政治色彩。第四，起用专门人才治理城市，按企业管理模式进行市政管理，并实行考绩制。这一点在后来的城市经理制政府中得到了淋漓尽致的体现。

20世纪初期，许多城市结合市政改革运动，积极争取更多的地方自治权，纷纷向州议会申请，对原有的城市章程进行修改。通过改革，市长暨议会制开始向规范化方向发展，体制性缺陷有了明显的改观。与此同时，两种全新的市政体制——城市委员会制和城市经理制也应运而生，出现了三大市政体制并立的格局。

二、城市经理制

1908年，弗吉尼亚州斯汤顿市在市政府设立了一个"总经理"职位，负责行政管理部门的工作，效果甚佳。1912年，南卡罗来纳州萨姆特市正式实行了城市经理制。

一般也称市议会暨经理制（City/Council-Manager Plan）与大企业管理体制——董事会经理制类似。它是先由市民在无党派前提下普选或按选区选举产生一个小型市议会，通常为五、七或九人，负责制定城市有关政策和法令，批准年度预算等事宜。再由该议会聘用一位受过专门训练并有丰富经验与才干的专家担任市经理，全权负责城市行政管理事务。他负责起草市政年度预算，有权任命与奖惩市政各行政部门职员，对市议会负责，任期不限，由市议会视其政绩而定。城市经理由市议会根据其教育背景、从业经历、管理能力等素质聘任，对市议会负责。作为行政管理专家的城市经理相当于企业的总经理，其名称也假企业总经理的称谓，被形象地称为城市经理（city manager）。有些城市经理制政府也设有市长，从议会成员中选出或由民选产生，多半为城市的礼仪代表。有的部分参与市议会工作，但没有超出其他议员的权力，也无权否决议会法案。

在城市经理制中，企业化管理原则得到了较充分的体现。其一，在这种体制中，立法权与行政管理权被严格区分开来。市议会主管立法与评聘城市经理,不得随便干预行政事务,以便行政部门独立行使职权。城市经理成为行政部门首脑,他们把"市民的税金视同托拉斯的股金,处处为市民的利益精心筹划和使用"。①其二,城市经理由市议会聘任,而不是民选。这固然在一定程度上有悖于民主程序,但另一方面却也能保证城市经理的质量,有利于起用专门人才管理城市,同时不至于被卷入政治纠纷之中、受分散的社区中不同利益集团的掣肘。此外,这种体制也体现了进步运动中一再重申的两种主张:一种主张认为,城市问题千头万绪,唯有高度集中的行政权力、统一的计划、简洁的行政部门,方能实施行之有效的管理。城市经理制将行政权集中在一位受过专门训练的专家之手,将这种主张具体化。另一种主张认为,市政问题错综复杂,涉及不同的阶层和社区方方面面的利益,市政的决策应尽量反映"分散性"的原则,即造成更广泛的民主参与。城市经理制用普选或分区选议员的方法,在议员中较均匀地分配了市政决策权力,使市民通过选票箱间接地参与了市政决策。这两种似乎是很矛盾的"集中统一"和"分散民主"的思想,在城市经理制中得到了较和谐的统一。

城市经理制的实施,使城市得到了有效的治理。戴顿市实施城市经理制后,市政建设许多方面都取得了巨大的成就。1915 年,纽约州富尔顿市在采纳城市经理制之前,曾用函询方式对已实施这种体制的城市进行调查,均收到相当肯定和赞誉性的答复。密歇根曼尼斯市经理在回信中真诚地推荐道:"城市政府采用企业经理制的形式实在是一明智之举。"②《达拉斯消息报》曾为采用城市经理制而展开一场颇有声势的舆论宣传。该报撰文称:

> 为什么不让实业家们以企业管理方法、遵循企业管理程序来管理达拉斯呢?城市经理制说到底是一种企业管理体制,城市经理是董事会下企业的行政长官。达拉斯是家大公司,事情就这样简单,投他一票吧。③

城市经理制由于其出色的效率赢得了社会,尤其是学术界的广泛赞誉,有位著名的教授甚至出任俄亥俄州辛辛那提市经理。1915 年,全国市政同盟在城市章程范本中正式列入城市经理制,更使这种体制名噪一时,翌年即有 50 个城市采用这种体制。此后,城市章程范本几经修订,但城市经理制一直是它

---

① Richard Childs, "The theory of the new controlled executive plan," *National Municipal Review*, No.1, 1913.

② James Weinstein, "Organized business and the city commission and manage movement," *Western History Quarterly*, no.2, 1962.

③ Harold Stone, *City Manager Government in the United States*, Chicago, 1940, p.23.

的核心部分之一。

采纳城市经理制的城市,从规模看,以中小城市为主,从地区分布看,主要是西部和南部的新兴城市,其中包括著名的圣迭戈、达拉斯、圣安东尼奥等城市。[1]城市经理制的出现,是与时代的需要相吻合的。而且,这种体制的适应性比较强,因此得以稳步发展。即使在非常时期,城市经理制也显示出一定的应变能力。如1929年震惊世界的经济大危机中,许多城市经理制政府依然能有效地运转。第二次世界大战后,城市人口郊区化逐步成为美国城市发展的主流,对市政管理提出了新的更高的要求,在这种新的形势下,城市经理制依然呈现生机勃勃的发展势头。二战后的30年间,采用城市经理制的城市数量由600个猛增到2200个。[2]其中以西部和南部的新兴城市居多,如圣迭戈、达拉斯、圣安东尼奥等。也有很多城市放弃市长暨议会制或城市委员会制,转而采用城市经理制。

目前,美国城市根据各自特点采用不同的市政体制。一般说来,50万人口以上的大城市多采用市长暨议会制;50万以下的中小城市以城市经理制为主;委员会制主要在少数小城市和县政府。就绝对数量而言,采用城市经理制的城市居第一位,在加利福尼亚州,城市经理制更为普及,约98%的城市采用这种制度,其次是市长暨议会制,最后是委员会制。

三、城市管理的专业化走向

在管理人员的专业化方面,最突出的是城市经理人,它已逐渐成为地方政府专业管理的一个熠熠闪光的全新专业,非常引人瞩目。

城市经理制政府第一次聘任全职的专业人士作为市政府的行政首脑,使原来分散在形形色色的市政官员和市政机构的行政管理权集中到城市经理手中,为有效管理市政提供了前所未有的机遇和条件。城市经理被授权管理大部分市政部门和官员,他不但全职工作,而且拥有行政全权,具备了必要而且充分的行政权力。另外,城市经理的薪酬也高于以前所有的行政官员,有助于吸引更多的人才投入这一行业。但在城市经理制确立之初,地方政府管理专业还没有清晰的定位,投身于这一领域并不需要特定的学位、标准化的培训和专业化的考试,几乎没有人计划通过教育或培训去从事这一行业。大量经理人都是本地人,其中只有少数人把地方政府管理看作一种事业。1924年美国国际城市/县经理协会(ICMA)制定了明确的职业规章,对地方政府的专业界

---

[1] 参见李壮松:《美国城市经理制:从历史到现实的综合考察》,厦门大学博士学位论文2003年。
[2] Richard Stillmen, *The Rise of the City Manager*, Albuquerque, 1975, p.1.

定才开始出现。

行政次长(CAO)也是以地方政府管理为职业的经理人。CAO职位的设立和不断发展,满足了城市政府对市政管理专业化的客观需要,同时也表明专业化行政管理在城市政府中得到越来越多的重视。一些城市的市长开始摆脱以往的"政客"形象,在CAO的协助下,将专业化的价值观念和方法融入政治领导之中。在第二次世界大战以后,地方政府专业管理人员的特点和本质发生了很大的变化。行政官员数量剧增,成为一个可观的专业群体,并一度出现各类称谓,如市行政官、城镇主管、执行主管、县执行官等。这恰好是城市经理制发展的第二个高峰期,实施城市经理制的城市和镇民会议的城市大量聘用行政官主持行政事务。到1969年,国际城市经理协会正式承认行政官与城市经理是类似的职业,把行政官列为地方政府专业管理人员的一部分,并制定了管理职位的通行认定标准。

总的看来,在地方政府管理领域,专业化程度越来越高。地方政府经理人的平均任职年限和工作经历都在增长。教育水平在不断提高,教育背景从最初的以工程专业为主向多样化发展的同时,更集中在专业化的教育和在职教育。目前,地方政府经理人大多具有公共管理方面的教育背景。

城市经理制的专业化管理特色对其他政府体制产生了重要的普遍性影响。在县、市、区等各级地方政府都普遍设立了专业化行政管理的职位,行政管理专业化已经成为地方政府管理领域的主流。城市经理的专业组织已从最初的城市经理自治组织逐步发展成为地方政府管理的专业研究团体。此外,女性和少数民族越来越多地加入了这一行业,从另一侧面显示了这一职业逐渐走向成熟。城市经理制以其专业化、企业化管理特色还得到了世界上许多国家城市的青睐,加拿大、德国、印度等国家的城市也采纳了城市经理制,所以该协会的会员也遍布世界各地。可以说,专业化和企业化管理已成为地方政府发展的共性特征和一般发展规律。

(王　旭)

理论与方法

第十八章　城市研究的多重视野

都市文化层面多,涉及许多学科,可以从许多方面进行研究,这就需要对都市文化研究的方法和视野进行清理,找到都市文化研究的基本视域和知识谱系。对"都市文化"的研究首先应当是对"文化"的研究,"都市文化"是一种局部性的文化形态。

都市文化是"文化"的一个部分,这就需要从文化的整体结构中为"都市文化"定位,问题是,文化的结构是如何划分的呢?

最通行的划分模式是三层次论,比如庞朴先生的划分:

> 文化,从最广泛的意义上说,可以包括人的一切生活方式和为满足这些方式所创造的事事物物,以及其于这些方式所形成的心理和行为。它包含着物的部分、心物结合的部分和心的部分。如果把文化的整体视为立体的系统,那时它的外层便是物质的部分——不是未经人力作用的自然物,而是"第二自然"(马克思语),或是对象化了的劳动。文化的中层,则是包含隐藏在外层物质里人的思想、感情和意志,如机器的原理、雕塑的意蕴之类;和不曾或不需体现为外层物质的人的精神新产品,如科学猜想、数学构造、社会理论、宗教神话之类;以及,人类精神新产品之物质形式的对象化,如教育制度、政治组织之类。文化的里层或深层,主要是文化心理状态,包括价值观念、思维方式、审美趣味、道德情操、宗教情绪、民族性格等等。[①]

这种划分所依赖的标准是社会存在从物质到观念再到精神的过程,这个过程对于我们研究都市文化是有启发性的。把都市文化作为一个物质实体来研究,这势必要从客观现实的角度出发研究文化存在的物质根基和这一根基对文化形态的影响。这种研究具有科学性质。

如果把都市文化理解为一种精神现象,也就是上面所提到的中层和深层,那么对都市文化的研究就是对人的研究,这在本质上是一种人文研究。

[①] 庞朴:《文化结构与近代中国》,见《稂莠集——中国文化与哲学论文论集》,上海人民出版社1988年。

这就构成了都市文化研究在对象和方法上的二重性,一重是对构成城市生活的物质基础和物质文明进行研究,这种研究要达到对对象的规律性的认识,是一种科学性的研究;第二重是对都市人的生活方式与生存状态的研究,这种研究具有人文性质与批判性质。所以,都市文化研究的根扎在两个基础之上,一是以城市这一实体为对象的科学研究,另一个是以都市人的生存方式与精神状态为对象的人文研究。这就形成了都市文化研究的两个知识谱系:社会科学谱系和人文学科谱系。

人文研究和科学研究是两种并行的研究方法,但是在都市文化研究中这两种方法和两个对象并不是截然对立的,而是在这两个知识谱系中分别吸取营养,在这两块基石之上建立起自己的学科大厦。我们分别看看这两个知识谱系的研究方法、研究对象,再分析它们对都市文化研究提供了哪些理论资源以及它们自身的理论局限性。

第一节 社会科学视野

在这个学科视野内首先是城市学研究以及这个研究中的诸多子学科,主要集中在城市地理学、城市史、城市社会学、都市人类学四个方面。由于这些学科都是围绕着城市展开的,而且都体现出浓厚的科学性,所以我们可以把这种研究视野概括到"城市学"这个名目之下。

城市学在某种意义上可以说是城市问题的学问,是一门非常年轻的新兴学科,由日本的社会学家矶村英一在1975年正式提出,到现为已经成为一个学科群,包括城市规划学、城市地理学、城市生态学、城市经济学、城市未来学。实际上与城市相关和引起的一切人类现象都可以进入这门学科的研究领域。

最早的城市研究是从建筑学中分化出来的城市规划学,随着城市规模、结构和功能的变化,城市之中的问题越来越多,人们认识到城市本质上是人的实践活动与相互关系的集合,于是在20世纪初社会学家们介入城市研究,产生了城市社会学。同时人们还认识到,城市的产生与发展及其兴衰与环境、地理有深刻的联系,于是从地理学中分化出了城市地理学。二战以后,城市人口的膨胀引发的城市、人口、环境、资源、经济、社会协调等问题日益突出,把城市作为一个生态系统的城市生态学应运而生。随着城市生态系统的演替系列:村落—集镇—小城镇—小城市—中等城市—大城市—特大城市—城市群—城市带—国际大都市—世界城市,这一城市发展的过程及其规律,城市的发展趋势成为人们关注的焦点,这就有了城市未来学。

下面我们分别介绍一下其中为都市文化研究提供了较多理论资源的城市地理学、城市社会学、都市人类学以及城市史学。

一、城市地理学视野

在城市学的理论视野中,与都市文化研究联系最紧密的是城市地理学。城市是一个实体,是地理的、经济的、社会的、文化的区域实体,是各种人文要素和自然要素的综合体,而城市地理学就是对这一实体进行的空间地域性、系统综合性的和以人为中心的人地关系的研究,它在学科上属于人文地理学。

概括地说,城市地理学就是研究城市空间组织的规律性的学科,按它研究的空间尺度又可分为两个方向,一是把城市看作区域中的一个点,研究这个点在区域中的分布、点与点之间的关系,研究城市的区位、功能和地域影响,也就是研究区域中的城市空间组织。第二种是把城市看作一个独立空间,研究这个空间内部的各种地理特征,研究这个空间各部分的分布、组合与相互作用以及由此带来的土地利用、人口移动、城市交通以及中心商务区的发展与变化、城区与郊区的关系等。

城市地理学已经不单单是一个地理学问题,它本身是人文地理学的分支,因此具有强烈的人文性质。城市空间结构和由此引发的社会问题一直是西方城市地理学家关注的热点。20 世纪 20 年代的芝加哥学派便已开始关注城市内部结构问题并最终集中于三个主题:不平等、社会经济重构引发的城市社会空间重构、社会组织与个人行为。具体内容涉及住房问题,如住房与阶层、住房与家庭、住房政策、住房产权、住房消费行为及迁居等;特殊群体问题,如老人、儿童、妇女、残疾人、少数民族、同性恋等;邻里和社区问题,如居住隔离、绅士化、空间极化、内城问题、城市更新等;公共服务设施问题,如公共空间、社会福利、教育等;城市政治经济问题,如社会冲突与社会运动、城市政策与利益冲突、城市管理、城市政体等;此外还有贫困及犯罪问题等。这实际上已经是城市社会学的领域了。

以城市地理因素为起点进行的都市文化研究体现了这种研究的基本范式,比如坚尼·布鲁克尔的名著《意大利文艺复兴时期佛罗伦萨的文化》和汉学家施坚雅所编的名著《中华帝国晚期的城市》。在前一本著作中,探索佛罗伦萨的文化是从佛罗伦萨的诸多地理因素为起点,研究在这种地理条件上生长出了什么样的城市文化；而后一本书则是反过来，寻找城市文化形态的地理原因。

施坚雅的著作奠定了城市研究的经济地理学基础，他提出了城市布局的区域体系理论与基本模式，提炼出了城市区域结构的规律性，指出：首先，大区域经济形成于与流域盆地联系的主要的自身地理区域之中；其次，关键性的资源如可耕地、人口和资本投资等集中于一些经济体系的位于近河低地的中心，愈近边缘，此类资源愈稀；第三，交通运输的便利性由经济区域的中心地到远离中心的边缘地而急剧下降；第四，农业生产的强度在城市化程度高的核心区最高，在最边缘区最低；第五，随着一经济区域的空间由核心而向边缘推移，农业的商品化和家庭对市场的领队呈现由强而弱的变化；最后，在一特定的经济区域中，镇和市形成级层制度，其最高点是此区域的一个（有时是两个）大都市，城市化程度则由核心至边缘而递减。以这样一种级层理论为出发点，进行城市的空间研究、城市社会结构研究和城市的兴衰变化研究。城区的城市化，使得城市自身的特征和发展轨迹获得了一种地理背景上的支撑，夯实了城市研究的基础。

坚尼·布鲁克尔的《文艺复兴时期的佛罗伦萨》是研究佛罗伦萨的名著，也是城市研究的典范。在这部著作中，布鲁克尔首先从城市的经济地理位置入手，描述城市空间及其变化，描述在这一变化中的人民的情况，然后从经济、显贵家族、政治、教会与信仰、文化诸方面展开对城市的研究。但布鲁克尔关于城市研究的最重要的方法论启示还是在材料的选择与应用上。布鲁克尔所依据的主要是佛罗伦萨的国家档案，那是一个无所不包的历史原料库：私人日记、往来账簿、法庭记录、寺院档案、民间书信，无一不成为其研究城市文化的资源，他很自如地把这些原料应用到了我们在上面所提出的各个方面上，堪称人文地理研究与城市文化研究的典范。

另外，爱德华·苏贾的《后现代地理学》对洛杉矶的研究也具有方法论上的启示意义。苏贾根据福柯关于空间的思想，以马克思主义的批判理论为基础建立了关于城市空间的研究。福柯认为，我们生活于其中的空间将我们从自身中抽出，在这种空间中，我们的生命、我们的时间和我们的历史被腐蚀，我们并不是生活在一个虚无的空间中，而是一整套关系中，各种个体与事物在这套关系中构成了我们生活的现实空间。空间是任何形式的公共生活极为重要的部分，也是在其中运作的任何权力的重要部分。空间成为权力关系的反映形式，这样，马克思主义与空间结合起来，形成了社会空间概念。按这种思路，苏贾以洛杉矶为例研究了城市空间问题,该城市的城市区域划分及其历史性的演变,以及这一演变背后的生产力和生产关系根本性的变化,构成了研究的主题。苏贾将其集中于空间重组、工业化、去工业化和重新工业化决定的洛杉矶的城市空间,空间体现出了中心化与去中心化和重新中心化的过程。这一过程带来了城市人口布局的深刻变化,带来了城市区域功能的变迁,也带来了城市文化形态的变化。这对研究都市文化,从空间角度研究都市文化,具有深刻的启发意义。

都市文化研究的最终目的,是为改造城市现实、推动城市发展、提高城市人的生活水平提供方向,既是反思,也是规划。从这个目的来说,都市文化研究最终要落实在城市实体之上,也是最终要落实到城市地理问题上,它也是都市文化研究的终点。

二、城市社会学的视野

当社会学把自己关注的对象集中到城市这一人类居住的特殊空间时,就产生了城市社会学。城市社会学是用社会学的理念、理论、方法和观点来分析、研究城市和城市社会的社会学分支学科。它的起源可以追溯到19世纪末20世纪初,是社会学中最早产生的学科之一。随着城市的发展,城市社会学的研究形成了诸多学派。我们简单介绍一下一些基础性的观点,以此来看城市社会学研究城市的视野和方法。

首先是对城市性质与意义的分析。19世纪欧洲城市发展的大浪潮,带来了许多社会问题,大量农村人口涌入城市,食物、住房、卫生设施供不应求,恶劣的工作条件和就业的不稳定导致城市里疾病流行,犯罪率上升,街道混乱不堪。这些引起了许多社会学家的关注,欧洲的传统城市社会学就在这样的背景下产生了。1887年,德国人腾尼斯在《礼俗社会与法理社会》一文中,将人类生活划分为两种相对的类型:"礼俗社会"和"法理社会"。礼俗社会以小乡村为代表,法理社会以大城市为代表。腾尼斯认为,乡村中存在实质上一致的目标,人们为了共同利益而共同劳动,把人们联系起来的纽带是具有共同利益和共同目标的家庭和邻居。礼俗社会的生活是"亲密无间的、与世隔绝的、排外的共同生活"。而城市生活则是个人主义和自私自利的,甚至相互敌对的,因而法理社会是理智的,工于心计的。而同时代的法国人涂尔干(E. Durkheim)也创立了一种相互对立的生活模式:机械团结和有机团结。机械团结是指在共同信仰和习惯、共同仪式和标志基础上建立起来的社会联系。介入这种团结的人几乎是同质的,他们无意识地联系在一起,所以是机械的。而有机团结是以人与人之间的差别为基础的社会秩序,它是现代城市的特征,它依赖复杂的劳动分工,使居民有获得更多自由、更多选择的可能性,因而是有机的。虽然城市会产生许多问题,但有机团结还是优于机械团结的。这两种相对立的理论实际上是在研究城市对于人类社会的意义与价值,无论是腾尼斯的理论,还是涂尔干的城市观,对孕育中的城市社会学都具有重大影响。

德国人齐美尔(G. Simmel)则侧重于研究城市的精神生活。齐美尔从考察城市生活的社会心理出发研究城市,在他的著名论文《都市与精神生活》中提出"个人应学会使自己适应社会"的重要观点。城市的特征在于城市生活充满理智,工于心计。城市是一个竞争体,城市中错综复杂的空间组织、城市经济方面发达的劳动分工、货币在城市生活中的重要性,都揭示了城市对于人的精神生活的铸造作用。城市人必须学会适应城市生活,从而更加聪明、理智和老于世故。德国城市社会学家马克斯·韦伯考察了欧洲和中东历史上的城市,并将它们与他所知的印度和中国的历史城市加以比较。韦伯在《城市》一文中提出了"完全城市社区"的定义:一个聚居地要成为完全城市社区,它必须在贸易——商业关系中占有相对优势。这个聚居地作为整体需要具备下列特征:(1)防卫力量;(2)市场;(3)有自己的法院;(4)相关的社团;(5)至少享有部分的政治自由。韦伯认为只有中世纪的城市才是完全城市社区。同时,他强调政治、经济因素对城市发展的作用,政治、经济的互动不同,产生的城市也就不同。

腾尼斯、涂尔干、齐美尔和韦伯的思想尽管简单,但可以说是城市社会学的启蒙思想,他们的思想构成了传统城市社会学的核心和主要研究领域。[①]

城市社会学派正式产生于 20 世纪 20 年代。19 世纪末 20 世纪初,美国进入迅速工业化和城市高速发展时期,移民大量涌入。随着城市的发展,同样出现了严重的城市问题,美国城市社会学应运而生,其中最具代表性的是芝加哥人类生态学派。这一派的代表性人物是帕克(R. Park)、伯吉斯(E. Burgess)和麦肯齐(R. Mckenzie)。1925 年三人联合发表了《城市》一书,标志该学派的诞生。

芝加哥学派以芝加哥城为主要研究对象,对城市现象展开了全面系统研究。他们走出书斋,深入到城市的各个角落开展实地调查,突破了主要从理论上研究城市的欧洲社会学传统。1916 年帕克发表了《对都市环境中人类行为

---

① 观点的提取和所引文献见康少邦、张宁等人译《城市社会学》,浙江人民出版社 1986 年。

进行考察的建议》，从城市社会学的角度对都市的人口、机构、商业布局等规划发展提出了建设性意见。同时，他们深入到不同的市民当中，对产业工人、无业游民、流浪艺人、娼妓和舞厅职员等进行研究，对城市的劳动分工、组织结构、传播媒介等作了仔细考察。1925年帕克和伯吉斯出版了《城市》一书，1926年伯吉斯又编纂了《城市社区》一书，这两部书被美国社会学会确定为城市社会学研究的经典。1938年沃思在最具权威的《美国社会学评论》上发表了他的代表作《作为生活方式的城市化》，他通过探讨城市的主要社会特征，提出了研究城市居民生活方式的理论框架。他认为，城市的本质是异质性，城市是由城市异质性的个人组成的、较大规模的、较高密度的永久性的聚落，人口异质性的增大、人口规模的扩大和人口密度的提高三者的综合作用决定了城市生活。至此，城市社会学的研究对象基本上被清晰显现出来。即按照《中国大百科全书·社会学卷》的定义，城市社会学是以城市的区位、社会结构、社会组织、生活方式、社会心理、社会问题和社会发展规律为主要研究对象的一门学科。

芝加哥学派把城市看作一个社会有机体，将生态学原理（竞争、淘汰、演替和优势）引入城市研究，从人口与地域空间的互动关系入手研究城市发展。他们认为，城市的区位布局、空间组织是通过竞争谋求适应和生存的结果。竞争和适应是城市空间组织的基本过程，自然的经济力量把个人和组织合理地分配在城市的特定区位上，最终形成最佳的劳动分工和区域分化，使整个城市系统达到动态平衡。所以城市堪称秩序与和谐的典范。[1]在市场机制的作用下，个人为争夺城市中的有利地段而展开激烈的竞争，同时经济状况或支付地租的能力又决定了个人或社会集团在此过程中的竞争能力。在两者的共同作用下，城市地理空间上产生了居住隔离，强者占据城市中的有利区位并形成独特的社区，弱者占据较差的区位，也形成社区。同时每个社区又在竞争中不断调整自身成员的数量和质量，谋求与其他社区或集团的平衡，因而城市的发展还是有序、和谐的。此外，芝加哥学派还注意到了社会价值观等文化因素对城市空间组织的作用。他们认为，经济竞争从根本上决定了城市空间的形成和变化，而文化因素或价值观影响着城市空间的微观结构。

芝加哥学派对芝加哥的研究对于城市文化研究来说，具有方法论上的基础地位，这个学派的建立完全是立足于对芝加哥这个城市的研究之上的，他们研究城市的方法与角度对于都市文化研究来说具有示范作用。

---

[1] 在此可以进行深度阅读的文献是帕克、伯吉斯、麦肯齐：《城市社会学》，宋俊岭等译，华夏出版社1987年。

自19世纪下半叶开始,在内战之后,美国国内的资本主义获得了一日千里的发展。随着快速的工业化和移民的聚集,在美国的东部和北部出现了纽约、芝加哥和费城等一系列大城市,芝加哥的发展尤为突出。除了人口的快速增长外,还有一系列因素使得这个城市成为孕育美国社会学和芝加哥大学的温床:它是一座工业城市、商业中心和交易所,资本主义在那里获得了近乎野蛮的发展;它的人口十分混杂,1900年时,其人口的一半以上是由外国移民构成的,这赋予了芝加哥鲜明的文化多样性;受新教的影响,它还是一座文化与艺术之城,极为推崇教育。同时,它也是一座现代城市,经历了1871年的大火之后,芝加哥耸立起了美国最初一批钢筋与混凝土建筑。当然,决定社会学在美国最初发展的骰子之所以最后掷向了芝加哥,还因为那里的贫困、人口拥挤和犯罪逐渐变得和伦敦、曼彻斯特一样显著。这个状态决定了芝加哥是美国社会学的天然实验场。

芝加哥是美国中西部交通、商业及金融中心,在开发西部的进军中,它是美国文明的前哨。1840年,芝加哥是个仅有4 000多人的小镇;1890年,它的人口达到100多万。人口暴涨使芝加哥在美国城市的排列中从第23位跃居第2位,成为仅次于纽约的大都市。但城市人口激增还不能全面反映这种社会变动。移民的大量流入才是美国这场社会变革最显著的特点。1900年,芝加哥市170万人口中有1/2在美国之外出生。"新芝加哥人"中,有从中西部大批涌来的农民,但更多的人来自德国、斯堪的纳维亚、爱尔兰、意大利、波兰和捷克斯洛伐克等地。移民的涌入,多种文化的混合,使由于城市人口激增所造成的社会失控陷入几乎无法扭转的危局。整座城市动荡不安。芝加哥学派从创立之初,就把自身的命运与这座"邪恶之城"联系在一起了。当时的芝加哥大学社会学系主任斯莫尔作为学派创始人曾提出:社会学应当为芝加哥的社会改革作出贡献。这个学派的其他重要成员也对芝加哥的前途充满关注和热情。他们把城市当作"社会实验室",进行广泛深入的社会调查;研究重点涉及城市社会问题、移民及其同化及社区亚文化等。这种社会研究所包含的前提是:揭露社会问题可以促进城市正常秩序的建立。

帕克是芝加哥学派的核心人物,在他的指导下,一批研究城市社会问题的论文涌现出来;如:《芝加哥的黑人》(约翰逊,1922)、《黄金海岸和贫民窟》(佐尔博,1929)等。这些论文后来都成为了城市社会学和城市社会问题研究的经典著作。芝加哥学派开创了美国社会学的一个新时代。它所倡导的实地研究,从根本上扭转了美国社会学以理论研究为重点的发展方向。这个学派对城市化及由之产生的各种社会问题的深切关注以及所运用的研究方法——社区调查、参与性观察、定性分析等，在 30 年内统治着整个美国社会学。20 世纪40 年代初，移民浪潮趋于平缓，城市秩序走向正常化。美国农村社会向城市社会转化这一历史时期基本结束，芝加哥学派也逐渐衰落。

　　城市社会学的产生，一方面源于社会学家对社会结构和社会分化的不断分析和提炼，形成了关于城市演进和发展的思想和理论，为城市社会学的建立奠定了基础；另一方面社会学家对于城市问题的敏锐关注和大胆剖析，也为这一学科的不断深入确定了生长点。城市社会学的研究范围非常广泛，但最能体现学科特点，成为社会学家长期关注，并成为传统城市社会学研究主题的，无外乎三个方面：城市化研究、城市社区研究、城市人研究。这三个主题构成了城市社会学研究的不同层次，体现了城市社会学研究的出发点和落脚点。首先是城市化研究。所谓城市化，是指城市社区取代农村社区的社会过程。城市化是各个国家现代化发展中必然出现的趋势。各个国家选择怎样的城市发展道路，以什么方式，怎样实现，如何抑制和消除由于城市化带来的某些负面影响等，构成了城市化研究的内容。在城市社会学的研究传统中，城市化是一个核心概念，它揭示了传统社会向现代社会的转变过程。

　　其次是城市社区研究。就是使社区与城市社会内部结构联系起来的研究。这个主题研究的范围很广，它包括城市结构、城市功能、城市管理、城市组织形态、城市发展动力等一系列研究。在这一领域，曾产生过一些重要学派，如芝加哥学派通过对芝加哥城的研究，提出了著名的空间结构理论；美国的人文区位学派代表邓肯，提出了以人文区位学来研究人口及职业分布的观点等。

　　最后是城市人研究。从城市社会学的兴起与发展来看，城市人研究是贯穿这一学科始终的重要内容，对于城市社会的任何研究，其实都是围绕着"人"来做文章。城市人研究主要集中在这样几个方面，即城市人口的社会来源及构成、城市人的生活状况和生活方式、城市生活的本质与差异、城市人的阶层化、城市社会问题等等。

　　城市社会学具有强烈的人文性质，与其说是一门实证性的科学，不如说是一门借助于实证手段而展开的反思性的人文学科，它所研究的对象和都市文化研究是交叠在一起的，城市社会学的成果是都市文化研究的基础，只有对社会现象进行深刻认识与理解，才可能展开文化反思。而且，二者关注的焦点都是都市人的生活状态与生活方式，二者的人文性质是相通的，它们是一张纸的两面，文化现象必有其社会原因，而社会现象必有其文化根源。同时，从城市社会学的方法论意义来看。城市社会学是都市文化最基本的视野与理论资源,其论证方法、数据分析、社会调查等方法对都市文化研究来说具有重要的论据意义与方法论意义。

三、都市人类学视野

都市人类学是一门人类学的新兴学科,人类学的发展经历了三次革命,第一次革命是对原始民族的研究,第二次革命是对农民社会的研究,第三次革命是对都市社会的研究。大约从20世纪70年代开始,人类学对都市的研究成为一门独立的学科,人类学的研究对象不再是原始部落,不再是农村居民,而是以都市人为研究对象。

都市人类学关注的问题主要集中在以下几个方面:

第一,城市移民问题。都市人类学的大多数研究都在探讨移居城市的乡民的适应问题,只不过各项研究的角度有所不同,要么研究外来移民,比如美国的人类学家研究华人社区、德国的人类学家研究土耳其移民。都市的诱惑是世界性的,在经济全球化的时代,国际移民及其对新都市生活的适应性、适应过程、对新文化环境的适应都值得深入思考。在第三世界国家中,都市的兴起和发展多受外国文化,特别是西方文化的影响。农民移往都市工作,追求高薪工作和享受现代都市生活,这相当于到一个完全陌生的环境中谋生。这个问题在中国社会相当值得关注,这会给都市带来一系列的文化问题与文化冲击,也造成了都市文化的多元性。第二,对都市社团的研究。社团是人的群体关系的表达,在都市的政治、经济、文化条件下,人的社群关系也发生了相应的变化,都市人类学就是对这种新型的社群关系及其变化进行研究,当然,都市人类学的研究更多的是关注志愿社团研究,从而和政治与经济问题保持了距离。第三,都市内少数民族聚居区研究。通常是指由一个民族聚居而成的地区,比如美国的华人社区、中国北方城市的回族社区、意大利的犹太人社区等由不同族群或不同宗教信仰者聚居而成的居住区。第四,贫穷文化研究。近年来,有一种很普遍的看法,以为不论哪个国家,其贫穷现象都是相同的,可以当成一种特殊的文化来看待,比如贫穷的特征、根源、贫穷者的生活状态等。

社会科学在调查研究中常用的方法包括:生活研究法、参与观察法、深度访谈法、问卷调查法、群组座谈会、数据统计法、文献研究法等。定量方法旨在站在局外人的立场用客观眼光分析调查对象的处境和行为;而定性方法则致力于用一种局内人的角度理解被研究者的价值观、信仰、观念和行为等。而人类学经常提到的传统调查方法主要是参与观察法、深度访谈法这两种定量的调查方法。都市人类学作为一门新兴的人类学的分支学科,其研究领域逐渐在拓宽,各种理论逐渐在建立。总的来看,近几十年都市人类学的研究在以下几个方面取得了令人瞩目,也是值得都市文化研究吸收的成果:(1)对移民都市的乡民,也就是都市里的农民进行了不懈的研究;(2)对都市街坊生活的民族志式的记录;(3)对城市中志愿团体的结构和适应功能的深入剖析;(4)对人们在城市中维持伸延的亲属关系的研究;(5)探讨人们在城市中的角色分化结构和社会网络;(6)城市中民族关系的研究,等等。

都市人类学关注的是都市当中人的生活状态与生存方式,只不过这种研究是一种考察式的研究,以描述与剖析为目的,不做过多的政治与道德评价,作为一门社会科学,它为都市文化的研究提供了基本材料,都市文化研究作为对都市人的研究,必须站立在都市人类学所奠定基础之上。

四、城市史的视野

城市史是第二次世界大战以后在西方涌现出的一个历史学的分支,发展于20世纪60年代,至今方兴未艾。西方历史学界对城市的研究最早出现在19世纪末期,是对当时社会状态的应答。随着工业化的展开与深化,西方的城市人口急剧增长,社会的城市化进程以空前的速度发展,出现了许多与城市相关的社会问题,诸如市政组织、市政建设与规划、交通、卫生设施、道德问题、城市内的贫富分化、治安与犯罪问题,这些问题引起了政界与知识界的广泛关注,由此引发了19世纪后20年和20世纪前20年的西方城市改革运动,涉及市政机构重组、公共健康环境(给排水、免疫、食品卫生、城市环境)、道德(酒吧、妓院、赌场、剧场等产业的管制)、社会福利机构、市政基本建设等。作为对这一改革的应答,城市史学应运而生。1933年,美国史学家老施莱格尔发表《城市史的兴起》一书,叙述了19世纪下半期美国城市的形成与发展,1940年他又发表了《美国历史上的城市》,这两本著作开城市研究之先河。同时出现的著作还有美国麦凯尔维的四卷本《曼彻斯特史》、皮尔斯的三卷本《芝加哥史》、英国吉尔等的《伯明翰史》等。这种研究是出于实用目的而对城市进行的方志式的研究,是对城市政治、经济、社会状况、文化、市容等方面的综合研究。

20世纪60年代城市史研究成为一门显学,随着系统论、信息论、控制论等科学研究新方法与新理论的出现,知识综合和学科间的渗透结合极大地改变了各学科的面貌,这一点在西方城市史学中有鲜明的体现,它成为一门综合性的跨学科的新历史学分支,而且,它的重心也由对城市的方志式的研究转变为对"城市化"的原因、动力与过程的研究,这就使得城市史成为了人类研究自身发展过程的研究。

从城市史的视野观点研究都市文化,这无疑是最有效、最可以与国际学术界相切合的途径,如果我们从广义上看待"文化"这个词的话,我们只需要把他们研究对象中的属于"都市"的那一部分截取下来,就可以看作都市文化研究。在国际学术界城市史学的研究中与中国的关系最密切的有两本著作,一本是施坚雅编著的《中华帝国晚期的城市》,另一本是林达·约翰逊的《帝国晚期的江南城市》,这两本著作可以成为对都市文化进行历史研究的有力参照。

第二节 人文学科的研究视野

人文研究的核心是审美研究与价值研究,如果说对都市的科学研究是对都市这一实体及其内在规律的客观性研究,那么关于都市的人文研究就是对都市人的生存状态、情感状态、生活方式的研究,是一种审美性、批判性的研究,"美"和"善"是这一研究高悬的尺度。这种研究与都市文化研究有直接联系,它主要有以下几个方面:对城市的审美研究、大众文化研究、对都市的文化批判等方面。

一、都市审美文化视野

对都市进行审美研究即以情感体验的方式对城市中人的生活方式、城市格局、城市建筑、城市管理、城市环境、城市情调等方面,进行审美品评。这种品评具有超越性,它以城市给人的情感体验为中心,可以涵盖城市生活的各个方面,它捕捉城市的诗性、城市的美,也可以反映城市生活所带来的情感上的负面。它可以落实在对都市人的生存境遇的同情,也可以落实在因都市生活而带来的人的情感际遇。以情感判断为起点和终点,并且以情感为对城市进行价值判断的尺度是这种研究的方法论特色。对城市的审美研究的另一个主题是对都市流行文化与通俗文化的研究,对城市中产生的诸多文化现象的研究,这是一种广义上的审美文化研究,是审美研究与文化研究的交集。

这种研究视野最初的源头是城市发展与建设过程中对城市进行美化的要求。这个要求本质上是把城市作为审美对象来看待,进而把城市作为一个有待完成的作品,这就产生了与审美紧密结合的城市规划。

当然,城市规划是以城市地理学与城市社会学为基础,审美并不是它的最终目的,但是,审美在这个学科中也具有显著的影响。城市规划决定着城市的形态,本质上是把某种观念借城市形态呈现出来,因此,城市规划与哲学、与时代精神、与时代的审美风格具有深刻的联系。城市规划的使命就是美化城市,美化社区环境。因此,对都市的审美最终会落实到对都市形态的审美评价,一个都市的精神气质,必定会通过它的外在形态显现出来,而这种形态本身也是体现着文化特质的。

都市文化研究的审美视野还包括对城市展开的文化遗产研究,把城市作为一个包含各种艺术品与工艺品的博物馆,把它的每一部分当成玩赏对象。这是一种博物学研究,侧重于挖掘城市内所蕴含的文化遗产,这种遗产既可以是物质性的,也是可以是非物质遗产。挖掘的目的一是为了展示,更主要的是为了保护,这种研究在对具有历史传统的古城,和对具有文化特色的名城的研究中最有代表性。这种研究的成果及其受重视程度,直接决定着城市的发展方向与规划,这种研究既是现实的考古学,也是一个社会学、人类学与文化学、民俗学的问题,同时也是一个博物学的问题。它和历史研究的区别在于,它并不引向还原,而是在原野调查与现场采样中,对某个建筑、某种生活方式、某种民俗、某种技艺进行保存与保护。

审美研究视野中最重要的是把城市作为一个意象,通过对城市意象的研究,揭示城市生活的本真状态。用一种形象化的方法来说,城市在这种研究中是一弯明月,而研究者的目的是在各种月亮的倒影中,在每一个被月光照亮的地方,寻求月亮的美。这种研究最典型的题目是:文学中的城市。比如王安忆或张爱玲笔下的上海、巴尔扎克笔下的巴黎或狄更斯笔下的伦敦、古典小说中的双城意象,这被称作"城市书写"。法国学者马尔塞尔在题为《城市形象与文学作品》[①]的文章中写道:

> 从18世纪末至20世纪初,文学作品对城市的定位、鉴别,描述和批判作出了不可磨灭的贡献。在《巴黎圣母院》中,雨果缔造了一种建筑形式,里面不仅仅住着生命,而且闪烁着思想,是这些生命造就了这一建筑又使它破烂不堪。一谈到巴黎圣母院的建筑,就使人了解人类在两个不同时期之间的界限,以及迷信和幻觉如何把人逼成疯子。雨果在《海上劳工》和《悲惨世界》中,描述了政治服从如何让位于个人及后代子孙,描述了他们为摆脱束缚而进行的斗争和艰辛。
>
> 以同样的方法,巴尔扎克和左拉利用戏剧题材从侧面描绘并剖析了

---

① 奥迪尔·马尔塞尔:《城市形象与文学作品》,戴达民译,载《城市问题》1995年第6期。

他们生长的社会。通过地形学和地理学的构造原则,《人间喜剧》曾一度范围广泛地活跃在巴黎舞台、地方舞台、大的城堡和乡村。随后,自然主义的左拉,在他生活的时代,对奥斯曼时期的巴黎建筑结构也作出了杰出贡献。

实现着黑格尔曾在美学中许诺的新的内涵和在文化多样性及历史的自由时刻,考虑艺术的连续形式,《金钱》《名利场》《欧仁卢贡阁下》《覆灭》和在此之前的《悲惨世界》《数字十三的故事》等都描述了社会历史的悲剧以及为它们提供的舞台。城市及建筑的形式,扶手椅、地毯、墙饰的描述不仅只是剧情展开中的一种无生气的、简单随意的形象。在19世纪的小说中,文学作品中描述的使人生厌的奢华不能说只是为了描述,为了让人高兴或不高兴,就好像电影中描述的开幕式多少都要讲几句话一样。这些描述最主要的是可以用空间形象给社会结构定性,并使其具体化。反之,在文学作品中,社会结构也由描绘出人类社会特性的精神、社会、经济范畴给予鉴定,并总结出历史最有代表性时刻的建筑类型,为将来建筑学的发展提供目标以及关键的建议。19世纪的文学作品懂得作为社会力量表现的建筑艺术和技术。

波德莱尔、阿波里耐,还有莱奥·马莱和天才的托马斯和文学作品一起,不仅在鉴赏方面,而且在让市民住进一个似有生息的城池中,作出了贡献。此后,米拉堡桥、让维尔区都被成功地寓意其中。在文学作品中,有关建筑形象的知识沿着批判鉴别的线索可朝社会现实性方向寻得;文学作品中有创造性的隐喻、诗歌及在形象中可能包括的研究与开发。城市风光企盼着它的参观者;公园和街道企盼它的居民;在小说和诗歌想象的空间中,平凡粗俗的地方突然成了仙境,无人居住的场所找到了它家庭的守护神,在文学作品的渲染下,一旦需要,空间也变成合格的居住场所。文学作品浪漫的渲染引起的实际的心理活动给客观事物提供了一种使用方式,文学作品可从中再现粗暴与赤裸的现实。

在这种研究方法中,比较有代表性的还有本雅明的名著《巴黎,十九世纪的首都》,结合着对波德莱尔的研究,把波德莱尔的创作与巴黎的城市文化结合起来,让彼此相互印证,研究巴黎的城市空间如何进入波德莱尔的诗歌,以及巴黎的文化状态如何成为波德莱尔的主题。同时,李欧梵的《上海摩登》在学界影响较大,又是以上海为题目,比较明显地体现了这里的"都市审美文化"的研究,他以本雅明的方法为指引,深入研究了上海的文化并通过文艺来反观这种文化,他的三篇名文《重绘上海文化地图》《上海的世界主义》《双城记》,结合着上海自身的文化特征,通过对文化因素的细腻描述,把这种文化与诞生于上海的文艺作品、活动在上海的文学艺术家进行结合式的研究,展示了上海的文化如何进入并成就了一批文学艺术家,也展示了上海的文化如何成为文艺的主题。

二、大众文化研究

大众文化研究既是一门新兴学科。大众文化研究所分析的大众文化是一个特定的范畴,它主要是指与当代大工业生产密切相关(因此往往必然地与当代资本主义密切相关),并且以工业方式大批量生产、复制消费性文化商品的文化形式。

大众文化研究所关注的实际上是以市场为主体的商品经济条件下人的生产与生活方式,是广义上的"文化形式",这种文化形式除了必然地与大工业结成一体之外,还包括创造和开辟文化市场,以尽快获取最大利润为目的的经济行为。因此,在资本主义生产模式下人的文化消费的一切方面都具有一种全新的特征,并集中体现在如畅销小说、商业电影、电视剧、各种形式的广告、通俗歌曲、休闲报刊、卡通音像制品、MTV、营利性体育比赛以及时装模特表演等等方面,它们不仅构成大众文化的主要成分,而且成为只有在买和卖的关系中才能实现自己文化价值的普通商品。大众文化在本质上是现代工业和市场经济充分发达后的产物,它从根本上改造了文化和社会、文化和经济的关系。与传统的文化形式相比,大众文化具有一种赤裸裸的商品性。这种文化形态现在已成为全球化的主流文化形态,从而引起了学界的广泛关注。

大众文化研究作为一门学科,基本上发端于上个世纪60年代初叶成立的伯明翰大学当代文化研究中心。他们将文化理解为整个生活方式,将文化的概念与"艺术"分离开来,给大众文化的崛起开辟了理论空间,电视、报刊、体育、娱乐等等与日常生活密切相关的活动,由此进入了学院理论的视野。70年代斯图亚·霍尔继任主任后,伯明翰中心更是成为了举世瞩目的大众文化研究中心。庞大而源远流长的法兰克福学派,福科、拉康、威廉姆斯、德里达、鲍德里亚、麦克卢汉等人的学说则构成了这个领域的理论基础。

大众文化研究粗略地说又可以分为以下几个方面:

首先是审美文化批判,它的理论渊源——法兰克福学派的学说——构成了当代大众文化研究最主要的理论基础。本雅明对机械复制时代的文明的阐释,霍克海默、阿多尔诺对资本主义扩张时期的"文化工业"的批判,都成为了大众文化研究方面的经典文本。法兰克福学派实际是承袭了马克思主义经典作家对资本主义原始积累时期文化生产批判的理论立场,并从这个立场出发对发达资本主义时代的文化生产进行批判。马克思认为:"资本主义生产就同某些精神生产部门如艺术和诗歌相敌对。"以这种观点为基点,霍克海默和阿多尔诺对普及性的大众文化持激烈批判态度。同时,他们也对资本主义文化的霸权以及这一霸权背后的资本主义意识形态进行深入批判。对资本主义文化控制的批判,构成了法兰克福学派几代学者的思想倾向。在相当长的一段时期内,法兰克福学派的批判理论成为大众文化研究的理论出发点,他们的理论是学院知识分子对资本主义文化生产展开猛烈抨击的利器。

其次是日常生活领域研究。法兰克福学派出于意识形态批判立场,把批判指向定位于资本主义文化生产对大众意识的控制方面,忽略了大众对文化的积极反应。由于英国文化研究的崛起,文化研究理论开始关注大众文化生产中隐含的能动力量。英国伯明翰当代文化研究中心(CCCS)就是在广泛吸取结构主义和后结构主义理论的基础上,把文化研究推向了日常生活领域与媒介研究。其代表人物是斯图亚特·霍尔和威廉姆斯。他们把阿尔都塞的意识形态理论和葛兰西的霸权理论相结合并加以进一步的发挥,关注到意识形态编码与大众的解码策略的相互作用,揭示出当代媒体意识形态生产的复杂实践。

大众文化还研究媒介问题和现代性问题。在媒介方面最具有开拓性与代表性的人物是加拿大思想家马歇尔·麦克卢汉(Marshall McLuhan)。20世纪60年代,麦克卢汉对媒介的开拓性研究影响深远。从文化研究的角度来说,他不把文化内涵作为他的首要观点,而是把重点放在文化传播的技术性意义上。麦氏理解媒体(media)最重要的特征不在于它的文化内涵,而是把它看作社会交往的技术媒介(medium)。并通过媒介来思考文化的性质与文化形态的变迁,研究媒介对于文化的决定性影响。他的研究是从人文学科的最根基处着眼的,他研究最为基础的问题:感性生活的变化以及这种变化对我们的感知能力、认知模式的影响。这是麦克卢汉思想的全部出发点,他的核心概念——媒介,正是从感性生活的角度提出的。麦克卢汉认为媒介就是人的延伸,而他所谓的"延伸"我们完全可以理解为"人的本质力量的对象化",他所谓的媒介实际上就是"本质力量"的"物化",这表现在麦克卢汉将一切机械媒介视作人体个别器官的延伸,将电子媒介视作人的神经系统的伸延。麦克卢汉的这一思想在上个世纪中是令人欣慰和振奋的,因为他似乎并不打算对这种

"延伸"做出否定性的评判,他并没有把这种延伸和"异化"联系在一起,相反,他把这种延伸视作一种积极的力量,从而把延伸的结果——媒介视为推动人类和社会进步的力量,视为"使事物所以然的动因"。在麦克卢汉看来"媒介"作为一种认知能力塑造了一切文化现象,因为"技术使人的一种感官延伸时,随着新技术的内化,文化的新型转换也就迅速发生"在此,文化和媒介之间就画上了等号,因而麦克卢汉得出结论:"媒介就是人的感性生活的总和。"麦克卢汉的主要工作是具体地分析了拼音文字、印刷术、电子媒介这三种他认为的主要媒介对人类感性认识能力的影响,以及三者的政治经济文化意义。通过这种分析,麦克卢汉认为他为人类社会的进步找到了一种真正本源性的力量,他尽其所能地大声颂扬着媒介,"媒介是社会的先锋","新媒介对我们感知生活的影响和新诗的差不多。他们不是改变我们的思维而是改变我们世界的结构"。[1]通过分析拼音文字、印刷术和电子媒介这三种媒介对人类社会革命性的影响以及它们产生作用的机制,麦克卢汉甚至认为媒体间的杂交能量就是社会变革的原动力——"两种媒介杂交或交汇的时刻,是发现真理和给人启示的时刻,由此而产生新的媒介形式。因为两种媒介的相似性,使我们停留在两种媒介的边界上。这使我们从自恋和麻木状态中惊醒过来。媒介交汇的时刻,是我们从平常的恍惚和麻木状态中获得自由解放的时刻,这种恍惚麻木状态是感知强加在我们身上的。"[2]

麦克卢汉的思想把文化的形态与媒介,与信息的传播方式统一起来,无疑开创了一条定义文化与研究文化的新路。

当下大众文化研究的主流之一是关于"现代性"的研究,这实际上是对现代文化的基本形态的反思、分析与规划,其代表性的理论家有吉登斯、哈贝马斯、霍尔等人。理论家德兰蒂斯对这一研究的主旨概括得很准确,他认为:

> 自80年代早期以来,现代性的观念已经成为范围广阔的社会科学家和政治学家所关注的核心问题之一,它构成了一个有关社会、文化和政治理论探索的框架。当然,这并不新鲜,因为现代性是自启蒙运动以来在社会和政治思想中最重要的问题之一。换言之,现代性的观念总是为许多思想家反思他们时代的文化特性和社会变化方向,提供了一个思想上的或历史性的参照系。这也许表明,现代性的动机既包含了一个文化观念——亦即启蒙的规划,又包含了一个特定的文明复杂结构,是欧洲/西

---

[1] 麦克卢汉:《麦克卢汉精粹》,何道宽译,南京大学出版社2000年,第410页。
[2] 麦克卢汉:《理解媒介》,何道宽译,商务印书馆2000年,第91页。

方社会现代化的过程。更具体地看,我们可以说现代性导致了一个文化规划和社会规划。①

文化研究因具有强大的现实感而迅速成为欧美大学的显学,它不是什么统一的流派,也不是一个明确的学科,它不过是正在形成的跨门类的课题,表现了当代人文学科和社会学科趋于综合的时代潮流。文化研究实际上汇聚了哲学、社会学、人类学、精神分析学以及文学批评诸多门类的知识。就文化研究普遍注重文本分析方法而言,它更像是传统文学批评学科的变种。传统文学批评被无限制放大的同时,也被抹去了它的学科界线。在文化研究的视域内,任何事物现象都被看成文学文本(或者说可以当成文学文本细读),同样,文学文本也被当作文化文本加以象征性地阐释。文化研究是一门具有后现代性质的学科,它打破了原来的学科界限,进行开放式研究,取得了异常丰富的成果,拓展了人文学科的视野与思路,它构成了都市文化研究的基础与灵魂。

第三节　都市文化研究的方法论体系

以上我们从社会科学与人文学科的角度介绍了对都市文化进行研究的知识谱系,也就是基本视野与方法。这两个角度各有其侧重点,社会科学研究由于其明确的研究对象、成熟的量化研究方法和深刻社会系统考察而具有强烈的现实性与说服力,它揭示出了都市文化的现实根源、物质基础,找到了文化现象的政治、经济、历史等方面的原因,对城市这一空间实体,对城市人的生存进行结构式的和系统性的研究,它的结论构成了都市文化研究的基础与出发点。而都市文化研究侧重的是城市这一空间领域内发生与承载的文化现象,是对都市人的生存与生活的人文关怀。与之相比,对都市的社会科学研究虽然也具有人文性,但并不直接表达这种人文关怀,特别是文化与人的心理、审美、内在需要等方面的,与人自身的精神再生产关系比较隔膜。然而,对都市的人文学科的研究虽然体现出强烈的人文关怀,并把人的生存与生活状态作为自己的对象,给予审美的与道德的评判与研究,但这种研究不着眼于把握文化现象背后的深层原因,不刻意于寻求文化背后的政治与经济的以及城市内在运作的原理,以现象描述与现象评判为主,这种研究方式对都市文化,对都

---

① 转引自周宪:《审美现代性批判》,商务印书馆2005年,第4页。

市人的解释与描述失之于浪漫与抽象。

因此,这两种方法对于都市文化研究来说,都是不完善的。目前与都市文化相关的研究在国内主要有两大话语谱系:一是以经济学、社会学为核心的社会科学研究。这是由于受到西方大都市群理论影响而在社会科学研究中开辟出的新方向。它好的一面是使都市研究的重要性进入了中国社会科学的学术视野,但其问题则在于主要集中在经济社会发展方面,对都市文化结构及其人文精神层面基本上没有触及,而缺乏对其更深层的文化价值的研究。二是以大众文化、审美文化、文化批评为主流的人文学科研究。与前者相反,这些研究的主要精力集中在影视、广告、网络、流行文化与时尚等都市的"审美外观"或"文化幻象"上,由于缺乏必要的、切入"都市社会现实"的社会学与政治经济学的理论与方法,而不能完成"解释都市现实"乃至"批判都市存在"的理论与思想任务。

成熟的都市文化学科应当达到科学性与人文性的统一、实证性与反思性的统一、价值评判与审美判断的统一。关键是在以人文地理学、经济学、社会学为核心的社会科学研究与以大众文化、审美文化、文化批评为主流的人文学科研究间找到一座桥梁,以打通社会科学与人文学科在分类框架与学术传统上早已存在的各种障碍。都市文化研究就是这样一座桥梁。这座桥梁使对都市的社会科学研究与人文研究融通在一起。

这种融通是能够实现的,这是因为这两种对都市的研究视野根本上是相通相融的,二者的结合点不仅仅在于它们的研究对象都可以落实到"都市"上,而且还因为,无论是社会科学研究还是人文学科研究,在落实到都市研究时,都具有浓厚的人文性,只不过前者间接些,而后者直接一些,前者为后者提供材料,后者对前者进行阐发;前者研究都市的直接现实,后者研究这一现实带来的精神性的与情感性的后果。所以,都市文化研究必须把二者综合起来,应用一种综合性的、独立的人文—社会科学方法,借助于二者所能够达到的深度与广度,求得对都市文化的整体性与系统性的研究,吸收社会学的方法走向实证,吸收大众文化的结论进行批判,吸收审美研究的方法把握时尚与都市人的情感与精神世界,吸收城市地理学与城市规划学的结果而为都市的可持续发展进行文化规划。

这就构成了都市文化研究在视野上的双重性,一方面它是一门人文学科,要承担反思与批判的任务;另一方面这种反思必须建立在对对象的客观认识的基础之上,必须借助城市学的知识性与社会学的实证性。所以,都市文化研究展开为人文学科,而根却扎在城市研究与社会研究这些社会科学的基础之上。都市文化研究的学科视野所具有的双重性构成了都市文化研究在研究视野上的开放性、综合性和历史性。

都市文化研究除了体现出双重研究视野之外,还体现出一种普遍性与特殊性的交融。普遍性是在全球化的意义上讲,在国际范围内,都市文化研究都体现出一种学科上的开放形态,我们以一个英语世界的都市文化研究读本[①]为例来看看国际世界对都市文化进行的研究。这个读本以三级目录的方式选编论文,在一级目录下全部文章分为三个部分,这三个部分分别是:第一部分,都市文化的塑造(shaping urban culture),在这个目录下,又分为四个方面:(1)城市的形式和空间;(2)文化与都市政治与都市经济;(3)文化产业;(4)文化与技术。第二部分,活的城市文化(living urban culture),在这个名目下有四个方面:(1)日常生活;(2)记忆、影像和特性(identity);(3)城市的表现(representation of the city);(4)文化与生态。第三部分,探讨都市文化(negotiating urban culture):(1)社会公正;(2)文化的保持与侵越(transgression);(3)乌托邦和地狱(dystopia);(4)可能的未来。这部选本中的文章选自各式各样的著作中与城市有关的片断,从它的选目与讨论的主题,以及具体所选文章的出处来看,它的都市文化研究主要集中在城市社会学与城市地理学中最具有人文性质的部分,也就是关注都市人的生存状态的部分,还包括城市形象学和大众文化批判。

都市文化研究在方法论上的特殊性是对中国的都市文化研究而言的,中西都市文化研究的学科渊源不同:西方主要隶属于城市社会学、都市人类学、城市地理学等,中国都市文化研究的学术渊源与中国文学学科关系密切。"都市文化"学科的发生语境具有鲜明的当代性、后现代性与全球性,但是不同的国家与民族在文化形态上,在政治与经济生活的模式上是不同的,都市文化在中国的发生,与西方都市文化的发生不同,从而使得中国的都市化和都市文化与西方世界的有所不同。在始于20世纪70年代末以改革开放为主题的现代化运动中,中国文学研究的"文化学转向"及其成果构成了中国都市文化研究的原始发生形态;而晚近十年开始的以"建设国际化大都市"为社会发展目标的中国城市化进程,则为中国文学研究从"文化研究"转向"都市文化研究"提供了物质条件与学理契机。但由于中国学术研究与学科建设的特殊性,从一开始它就与中国文学,特别是其中的文学批评、文艺学、美学等结下了不解之

---

① Malcolm Miles, Tim Hall and Iain Borden(ed.), *The City Cultures Reader*, Routledge, 2003.

缘。从研究方法与研究对象来说,它走了一条从文学研究到文化研究再到都市文化研究的学术转型之路,其现实原因正如恩格斯所说:"社会一旦有技术上的需要,则这种需要就会比十所大学更能把科学推向前进。"

由于都市文化研究在方法与理论视野上的普遍性与特殊性,我们在进行都市文化研究时,既要从它的普遍性出发,也要以具体的研究对象为标的,在方法上进行灵活选择。同时,都市文化研究也是一门开放式的学科,它的方法论体系保证了研究者可以根据他所关注的问题自由地从不同角度进行研究,也可以在各个角度进行比较研究,既立足于社会科学已取得的成果,也保持自己的独立性,进行人文反思性,把社会科学研究与人文研究结合起来,从而对都市文化进行多角度、多层次的深入研究。

(刘旭光)

西方城市史学的理论和方法

　　城市史学是二战后在西方发展起来的史学分支学科，或者说新的史学研究领域。与许多新的学科一样，在研究方法上，这一学科也有跨学科的特点，也就是说，随着时代的发展以及其他学科研究理论和方法的更新，这些新的概念和方法可以在这里得到借鉴和应用。

　　这里，将从新城市史的诞生、城市化研究、城市史研究的都市—地区理论、城市的郊区化研究、后现代主义和全球化理论对城市史学的挑战几个方面，来勾画西方城市史学发展的大致线索。最后，还将对城市史学科定义的界定发表一些个人意见。

　　需要声明的是，虽然本编为"西方城市史学的理论和方法"，但是，其内容主要是基于美国和加拿大城市史学的路径来进行分析的，尽管对19世纪欧洲城市社会学的内容有所涉及。

第十九章　从对城市的最初研究到新城市史

第一节　欧洲对城市社会的最初研究

在19世纪末的欧洲,最早对城市进行研究的主要是一些社会学家,如德国学者费迪南·滕尼斯(Ferdinand Toennies,1855—1936)、法国社会学家涂尔干(Émile Durkheim,1858—1917)和德国社会学家齐美尔(Georg Simmel,1858—1918)。他们都是最早用社会学的方法来说明发生在19世纪末和20世纪初欧洲城市中巨大变化的人。

一、费迪南·滕尼斯的研究

德国的费迪南·滕尼斯是西方最早对城市进行理论探讨的人。在《礼俗社会与法理社会》(*Gemeinschaft und Gesellschaft*)一书中,他认为城市化会导致一种单一的生活方式出现,这种生活方式既体现在社团的类型,也反映在人们行为举止的相互影响,还反映在国家机构的性质上。他通过观察欧洲从农业社会的乡村向工业社会的城市转变,分析了人的道德和价值观念的变化,建立了一套礼俗社会和法理社会的分析概念。

滕尼斯认为,在农业社会,自然意志形成了礼俗生活的基础;在工业社会,理性意志形成了法理社会的基础。礼俗社会是人们自然的联合,它包含基于血缘、居住的共同区域的潜在一致性和相互理解等,这是一种有机的组织,友谊是长久的。法理社会是一种机械的联合,它是人为的产物,这种聚合产生的社团建立在契约和经过竞争之后达成的商品交换的基础上,契约使商品和服务的交换合法化和稳固化,由此形成的友谊是暂时和表面的。滕尼斯认为,法理社会最纯粹的形式就是工业化城市的社区,那里,资本主义统治着一切,农业的、自然的、传统的东西在消失,被法律和契约所代替,也就是说,随着工业化和城市化的进行,法理社会代替礼俗社会是不可避免的。[①]

---

① Peter McGahan, *Urban Sociology in Canada*, 1991, Butterworths Toronto, pp.12-14.

总的来说，滕尼斯的贡献在于最先研究了城市社会组织的理论模式，而后来的研究不过是试图扩展、深化、应用或者是批评他的理论模式。

二、涂尔干的研究

涂尔干有关城市的研究集中在他的两本著作中，一本是《劳动分工》(*Division of Labor*)，另一本是《职业的道德规范和公民的道德》(*Professional Ethics and Civic Morals*)。他试图研究工业化以后城市在社会组织上的变化。他认为，存在着两种聚合，一种是"机械的聚合"，指个人直接从属于某一社会组织，并完全倾注于它，除此没有任何其他选择。这一类聚合是在压制性的法则控制下所形成的联盟，如个人从属于部落或其他类似的集合体。另一种是"器官的聚合"，所谓器官，是指社会各种特殊的集团，正是由各种社会集团的相互依赖构成了类似生物体一样的和谐社会。这种相互依赖是以个人的差异、职业的不同以及一般性社会规范对整个社会的适应性降低为条件的。不同社会器官之间商品、服务和义务的相互交换是以契约和法则的形式规定的，而且，契约和法则在社会上变得越来越重要。涂尔干视这种变化为社会的重新组织，而不是社会的瓦解。他认为，在规定的形式中，劳动分工是与聚合相适应的形式，它给社会造成的后果是一股强劲的集体道德力量。而不同器官的存在是社会秩序的表现，规范是建立和谐社会的保证。这是涂尔干分析人类社会的方法，也是他心目中的理想社会。

但是，他同时也看到，法国社会的实际情况是与这一理想分离的。这是由于在现代经济结构中，规范的控制还不强大、不充分。他设想，随着劳动分工的发展，不仅集体意识会变得越来越理性和普遍，而且，形成社团基础的传统权威也会失去力量。不断向城市的移民就促成了这种倾向，破坏了血缘关系，使传统的社会控制衰落。他认为，工业的城市社区之所以没能产生出一套合适的有规则的控制系统，来形成一种凝聚力，就是因为缺乏一种像中世纪行会那样的可以相互牵制的有规则的职业社团组织。在法国大革命中，城市行会的体制被打破，雅各宾主义的盛行使法国形成了国家集权与个体之间的两级化社会。以后的历史证明，正是这种两级化的社会，造成了法国整整一个世纪的强烈政治动荡。因此，在19世纪，呼唤中间体的舆论在法国从来没有停止过，其中就包括对行会的记忆和留恋，也包括呼吁建立各种协会的诉求。[①]涂尔干的主张就属于这一思潮，他强调城市中的这种组织是个人和国家之间的中

[①] 皮埃尔·罗桑瓦龙：《法兰西政治模式——1789年至今公民社会与雅各宾主义的对立》，高振华译，沈菲、梁爽校，生活·读书·新知三联书店2012年，引言，第38页。

介,应该由它来协调劳动分工所造成的各种社会行为。

总之,涂尔干根据法国的经验,说明了中间体是工业城市社会聚合的基础,他比滕尼斯更深刻地解释了在新的劳动分工的情况下,如何通过中间体来组织社会并产生凝聚力。[①]

三、齐美尔的研究

齐美尔对上述两位社会学家的理论进行了补充。他在题为《都市和精神生活》(The Metropolis and Mental Life)的论文中,对城市社区居民的社会心理进行了探讨,讨论了城市生活的内在意义以及"城市社会方式"(urbanism)一词的含义。他关心城市中的个人如何在城市共同体的范围内、稠密的人口中以及统一的限制下,保持个人的自主性和独立性。他认为,城市生活的特点是神经紧张、刺激,这样,城里人首要的心智要求就是免受这种精神刺激的攻击,为此,个人感觉的迟钝和无知觉在一定程度上发展起来。城里人的生活原则是金钱至上,人与人的关系是契约和商品交换关系,完全不顾人的情绪感受,这是滕尼斯概括的在法理社会做人、行事和价值判断的标准。他认为,由于城市存在着统一的价值观念和行事原则,也就产生了统一的生活方式。这是一种全新的精神体验,它是非个人的和持续不断的,也是一种潜在的排斥更多的人口聚集在城市的自我保护心理。他还给城里人画了像:即准时、算计、办事精确和毫无道理地排斥他人。从好的方面来说,由于城市人口来自不同地区,甚至不同国家,而且城市的发展与国家和国际事务紧密相联,所以,城里人比乡下人有更开阔的眼界,更关注国家和世界。[②]

总的来说,欧洲19世纪的这几位社会学家都把城市看成是整个社会,试图建立一种城市专有的类型结构,通过城市自身的发展来探讨城市社会的本质。他们研究了城市社会的劳动分工以及社会组织的分类,也研究了城市人的特点,从而说明工业化和城市化给社会和个人带来的变化。尽管他们的论述往往带有怀恋农业社会和批判工业社会的保守倾向,但是,他们抓住了城市社会的一些本质事物,并对这些事物进行了一些初步的分析,特别是他们在分析中所建立的理论研究类型和观察事物的视角,对后人,特别是对美国的芝加哥学派产生了重要影响。

---

① Peter McGahan, *Urban Sociology in Canada*, pp.13-14.
② Ibid., p.15.

第二节 芝加哥学派

一、芝加哥学派概况

芝加哥学派是20世纪20—30年代产生在美国的一个社会学的学派。这一学派是芝加哥大学的一批社会学家,以罗伯特·帕克(Robert Park,1864—1944)、欧内斯特·伯吉斯(Ernest W.Burgess,1886—1966)、罗德里克·麦肯齐(Roderic McKenzie,1885—1940)和路易·沃斯(Louis Wirth,1897—1952)等人为首。他们的初衷是把芝加哥作为社会学的实验室,试图通过研究发生在他们周围的城市的变化来理解社会的发展。

他们认为,人类社会也与生物界一样,是一种生物链的相互关联的关系,城市社会人们的举止和行为是由城市物质环境所决定的,由环境决定的行为模式构成了相互关联的一个整体。他们调查了美国的情况,把城市及其周围的环境作为一个生态复合体来进行研究,从而创立了生态学的发展理论。芝加哥学派的理论和方法在以后成为美国城市社会学的基础理论框架。

芝加哥学派诞生在20世纪20—30年代,但直到60年代,他们中的一些人还在发表著作,因此,这一派对美国城市史学产生了久远的影响。如1928年,帕克发表了《人的迁徙和处于边缘文化中的人》,[1]1952年发表了《人文社区》;[2]罗德里克·麦肯齐在1933年发表了《都市社区》[3]等。到1961年,帕克发表了《人文生态学》,[4]1967年发表了《城市:对城市环境中人的行为调查的建议》,[5]1970年又与伯吉斯共同发表《社会学科学导论》。[6]麦肯齐在60年代发表的著作就更多了,集中收集在阿摩司·霍雷编辑的《罗德里克·麦肯齐论人文生态学》[7]一书中。这些著作包括《人文社区研究的生态学方法》《人文

---

[1] Robert E. Park, "Human migration and the marginal man," *American Journal of Sociology*, 33, 1928.

[2] Robert E. Park, *Human Community*, New York, 1952.

[3] Roderick Mckenzie, *The Metropolitan Community*, New York, 1933.

[4] Robert E. Park, "Human ecology," in George A. Theodorson(ed.), *Studies of Human Ecology*, New York 1961.

[5] Robert E. Park, "The city: suggestions for the investigation of human behavior in the urban environment," in Robert Park and Ernest W. Burgess(eds.), *The City*, Chicago, 1967.

[6] Robert E. Park and Ernest Burgess, *Introduction to the Science of Sociology*, Chicago, 1970.

[7] Amos Hawley(ed.), *Roderick McKenzie on Human Ecology*, Chicago, 1968.

生态学的视角》《人口学、人文地理学和人文生态学》《都市社区的兴起》和《街道：对俄亥俄州哥伦布市地方生活的研究》，①等等。

二、帕克的研究

帕克是芝加哥学派的创始人。在一定程度上，帕克继承了欧洲社会学家的理论，主张进一步对工业社会的城市进行研究，来验证欧洲社会学家的理论。他致力于创立人文生态学的研究范畴，并对其主要概念以及它与社会学的关系进行界定，是第一个把生态理论模式运用于分析社会的社会学家。

他的贡献首先在于提倡一种经验主义的研究方法，把社区作为前工业城市向现代文明转变的基本研究单位，强调不带任何偏见地去客观地调查城市生活的各个方面。他指导这一学派对 20 世纪前期的芝加哥城市社会进行了广泛和深入的调查。他所提倡的方法奠定了这一学派的工作方向。

与滕尼斯和涂尔干一样，帕克也认同城市共同体是理解现代文明转变的基本单位，是"集体行为的实验室"。他认为，城市共同体反映了以高度专门化分工为基础的各因素之间的相互依赖，以及由此形成的新型凝聚。这种凝聚不是基于传统的情感和习惯，而是基于利益。他注意到，使城市发展的条件有时也会成为分解的力量，如运输和交通，能把个人发动起来，使人们增加接触和结社的机会；同时，也会使人们的接触和结社成为短时间和不稳定的。他还看到，随着城市化的推进，除了家庭作为重要的社会单位在衰弱之外，街区也在日益失去其社会单位的重要性。城市中犯罪和恶行的上升反映了传统控制手段的瓦解。城市中群众活动的加强是挣脱原有组织的结果。总之，他认为，如果能对城市的各方面普遍进行调查，将会发现城市组织的所有典型意义。

帕克有关人文生态学的概念来自他对社会组织的理解。从文化的角度考虑，社会是作为一种默契而存在的。这就是说，它是由作为某一特定社会标志的集体行为的基础，即共同的信念、价值观念、习惯和态度所组成。这种社会的默契，或者说社会的遗产，只有通过交往和社会的相互作用才能实现。帕克认为，社会接触有三种基本形式，即斗争、包容和同化。通过这三种基本形式的运作，文化秩序就能够建立起来。

帕克认为，从生态学的角度考虑，人类社会的文化秩序也可以设想成生物

---

① Roderick McKenzie, "The ecological approach to the study of the human community," "The scope of human ecology," "Demography, human geography, and human ecology," "The rise of metropolitan community," "The neighborhood: a study of local life in the city of Columbus, Ohio," in Amos Hawley(ed.), *Roderick McKenzie on Human Ecology*.

界的秩序。它是以人类社会的次社会面貌出现，所以，可以把它简化为生态组织，或是某一地区不同单位之间相互依存的功能系统，而这一功能系统是次社会经过竞争过程发展的结果。这样，社会学中有关社会文化秩序的研究，就可以归结为人文生态学对生物界次结构的研究。

与赫克尔（Ernst Haeckel，1834—1919）和达尔文一样，帕克看到了在植物界和动物界不同物种之间的竞争与平衡。这就是说，在一个特定场所，在不同类型的物种之间经常发生竞争和合作的过程，使这些物种能保存下来。物种保存是妥协的结果，而妥协的原因是存在着劳动的原始分工，在妥协后出现了新的平衡。正是这种变化着的平衡规定着生物界的物种数量的增长。新物种的突然侵入会打乱这种平衡，为夺取不充足资源所发生的不断竞争也会导致新的劳动分工和新的平衡出现。

帕克认为，这种竞争和合作的过程不仅发生在动物界和植物界，也发生在人类社会，应该从这个意义上对人类社会进行系统的研究。他看到，在人类的任何社会形态中，竞争普遍存在，它决定了人口中的领土和职业的分配；同时，人类任何社会形态也都存在着各种专门的组织和劳动的内在分工。这正是相互对立或存在差异的共同体之间的调整模式，这是在生物界发现的那种相互包容现象在人类社会的表现。

但是，帕克也不认为人类社会与生物界完全一样，而是存在着重要的不同之处。首先，人不会像生物那样直接依赖于它所生存的场所，而是可以流动的。由于人处于一种更广泛意义上的劳动分工，他可以在一定程度上超脱他直接依赖的物质环境的局限。这种更广泛意义上的劳动分工可以理解为文化秩序，它控制着人类社会"生物"的层次划分和所在位置。使社会稳定的那些默契因素——信念、价值观念和态度——限制着竞争，构成共同体结构的那些特殊模式和共生关系反映着这些因素的影响。因此，尽管人文生态学可以使用生物界的许多概念和理论模式，但必须看到人类社会与生物界的不同。

帕克认为，有四种因素构成了人文共同体内部相互依赖的系统。这就是人口、技术、习惯信念和自然资源。这其中任何一种因素的变化都会打乱生物界的平衡，使它转入一种新的生态秩序。这是人文生态学的基本概念。他认为，用这一概念分析城市化的后果是把城市看成独立于行政和立法实体的自然实体。它是自然力的产物，特别是竞争的产物，正是由于竞争才导致了职业的专门化和土地的分配。这基本与植物界和动物界一样，是一种非计划竞争的结果。

在此基础上,帕克提出了"自然区域理论"。他认为,在迅速发展的城市中,最明显的生态特征是区分为几个自然区域,也就是说,如果把一个城市作为大的共同体,那么,它又可以划分为几个小共同体。这些小共同体的形成,或者人口分布是按照语言、种族和阶级来划分的。每一个美国城市有中心商业区、专门的居民区、郊区、重工业区、卫星城以及劳动力市场,每一个城市也有它的贫民窟、种族聚集区和移民聚集地。这些就是所谓的城市"自然区域"。

区域的划分是特定机构和人口相互竞争的结果。在某一区域内,特定机构或人口吸引值钱位置的能力决定着土地利用类型的分配。服务业和零售业功能比居住功能更有能力,所以,它们能够占有城市中地价最高的中心区域。同样,穷人也拥挤地集中居住在离市中心不远的城区,那是由于容易找到工作,通勤的费用也少。人数少的种族受到歧视,他们因此希望与同族居住在一起,这就形成了种族聚集区。帕克发现,每一个自然区域都有一个特殊的种族,这也是文化的区分,它们有着各自独特的习惯和传统,同时,也发展了一套规范的秩序对其居民进行管理。这样,作为信念和价值观念共同载体的"社会"就在"共同体"的生态结构中出现了。[①]

帕克的"自然区域理论"构成了芝加哥学派整个理论的基础。以后,这一理论的影响极为深远,这一学派的其他人接受了他的思想并对它有所发展,也有不少人按照这一模式开展了对其他一些城市的调查。

三、罗德里克·麦肯齐的研究

继帕克之后,试图对城市生态现象进行描述的是他的学生罗德里克·麦肯齐。他认为,除了要对生态秩序和文化秩序进行区分以外,还要全面地定义什么是城市生态学。也就是说,这一学科特别关注的问题是什么?它的中心概念应该怎样界定?

麦肯齐认为,生态学的研究对象是人们与他们所选择、分布和适应的环境支配力之间的特殊和暂时的关系,是试图说明人的生计与其环境之间的连接结构。与帕克一样,他认为职务和动物生态学的观点和概念对于推动人文社会的研究是有参考价值的,只是要注意二者之间的区别。除了帕克所说的人类可以不拘泥于某一特定区域之外,人类社会与自然界的不同之处还在于,在适应环境的过程中人类能够采取高水平的适应行为;在限定的条件下,人类可以建立自己的生活习惯。即人文社会的共生关系表现为对生物地理环境和人

[①] Peter McGahan, *Urban Sociology in Canada*, pp.16-27.

文环境的不断调整和改造。

麦肯齐的主要贡献是"生态分布理论",即一个共同体和地区所有居民的活动和机构的分布组合。这种组合构成了一种容易确认的形式,即"生态星座"。他认为,这种分布组合并不是静止的,而是持续不断地改变,变化的功能来源于技术的进步。他提出共同体的动力系统来自两个方面:一个是"流动"(mobility);另一个是"流状"(fluidity)。前者是指居住的变化、职业的变化或任何社会地位的变化;后者是指共同体中的人被设计或指派的运动,即人在工作场所和住所之间日常形式的移动。移动的程度由生态距离或旅行的时间或花费来衡量,而不是物理距离来衡量。因此,流状是社会现存的交通运输工具的功能状况。这样,共同体的整个结构就是一种生态距离模式,这些交通工具的改进会极大影响城市的发展和城市向外的扩展。

麦肯齐认为有四种相互关联的生态因素影响着社会的组织形式发生变化。第一是地理因素,包括气候、地形和自然资源;第二是经济因素,包括各种经济活动,如地方工业的性质和组织、职业分布和人口生活标准;第三是技术和文化,其中包括影响人口和服务分布的道德观念和禁忌;第四是政治和行政措施,包括关税、税收、移民法和公共事业的管理规则。

他还认为,随着时间的推移,人文社会的生态分布会变化,"生态星座"的性质是由五种正在发生的生态进程决定的。它们是:(1)集中,这是某一地区定居的人口不断增长的趋势,集中的水平反映了这一地区所能提供的便利条件以及在与其他地区竞争中所拥有的优势。人口集中是大规模城市化的先决条件,此外,这种进程的伴随物是由于现存交通运输手段改进所造成的疆域的扩展。(2)集中化,这里指社区组织的形成过程。组织的集中一般发生在地区一级,它是人们为了满足共同利益需求集中到一起,这些组织的单位包括村庄、城镇、城市和都市。集中也为形成集体意识和实行社会控制提供了疆域基础。交通运输设施的水平对于这种集中化是重要的,它决定了从中心到边缘的距离。(3)分解,在麦肯齐看来,城市化一方面是人口和组织的集中;另一方面,在共同体内部,却是一个不断分化和分解的过程。分解是指各种人口类型的分解趋势和土地习惯地集中到某一部分人的手里,遵照一定的经济和文化标准,一种潜在的选择过程会在居民中进行分类和替换。(4)入侵,社会发展是一个连续性的过程,由于分解所造成的自然区域不是固定不变的,随着时间的推移,一种人口和土地利用方式会被另一种所代替。这种新事物的入侵过程揭示了生态结构的动力特征。如,地价的变化、新的交通系统、新的工业类型等,都是对旧形态的入侵方式。(5)连续性,即生态状况发展变化的连续,入侵的消失是新的自然区域的出现和相对稳定,是旧的形态被新的形态所取代。①

总之,麦肯齐不但用"生态星座"来描述城市的布局,还分析了城市作为"生态进程"发展的各个阶段以及这些阶段的表现。此外,他还看到城市发展中与集中倾向相反的运动、这些运动将造成的越来越集中的趋势以及占地越来越大的现代都市将要出现。他的这些预见都被以后都市的发展所证实。麦肯齐的思想对于后人理解大都市的结构和运转也产生了积极的影响。

四、伯吉斯的研究

伯吉斯的主要贡献在于提出了"同心圆"的生态分布理论。1967年,他发表了《城市的发展:对研究报告的说明》一文,这是对芝加哥大学的师生对芝加哥所做的调查报告的说明。他对芝加哥的不同区域进行了描述,认为城市从中心向周围的扩张就像石头扔进水里形成的涟漪一样,是一组同心圆。他提出,大城市的区域分布就像由五个圆形组成的一组同心圆。在这个同心圆中,商业区居于圆心位置;围绕商业区的第一个圆环是一个过渡区域,这里既有商业,也有轻工业的工厂;再往外,即第二个圆环,是工人住宅区,因为在市中心就业相对容易,工人也希望节省通勤费用而住在离工作场所较近的地方;再往外是富人住宅区,这里既有高级公寓,也有独立住宅;最外面的圆环是郊区或卫星城,从这里要乘30或60分钟的公共交通工具才能到达中心商业区。他认为,这种大致的划分反映了20世纪60年代美国许多城市的情况。当然,他也考虑到,如果各城市有什么特殊的历史、文化和技术方面的差异,区域分布图也会不同。

伯吉斯描述说,随着城市的扩展,每一个具有特殊功能的区域都会向外发散,移民是刺激这种发散的重要因素。如第二个区域,既有中心商业向外扩展的痕迹,也会有不少贫民窟,这是第一代移民的居住区。在第三个区域,即工人住宅区,居住着第二代移民。与第一代移民相比,他们的状况有所好转,在文化认同上也与当地人更加融合,他们的发展趋势是继续向外迁移。②

概括说,伯吉斯的区域理论拥有更加多维的视角,其中既有区域功能的维度,又有社会阶层分析的维度。由于他所构造的现代都市区域分布图形在某种程度上说明了现代都市区域分布的实际情况,所以有着一定的应用价值,成

---

① Peter McGahan, *Urban Sociology in Canada*, pp.28-31.
② Ernest W. Burgess, "The growth of the city: an introduction to a research report," in Robert Park and Ernest Burgess(eds.), *The City*, Chicago, 1967, pp.47-62.

为之后许多学者分析城市结构的思路,或是规划设计人员构思城市发展蓝图的出发点和参照系。然而,正像其他许多事物一样,真理的存在只是暂时的、有条件的和相对的,一旦把它推向极致,以某种完美的形式固定下来,甚至还到处滥用和推广,也就使之不再发展,必然会陷入荒谬境地。以后的实践证明,伯吉斯这一理论的命运正是如此。

以上是芝加哥学派的主要代表人物和他们的主要理论。尽管他们的理论具有开创意义,对以后的城市史学产生了影响,但是,应该注意的是,他们以及我们在前面所说的19世纪末欧洲滕尼斯等人都是社会学家,所以,他们的研究并没有开创城市史学。他们的理论充其量只是城市史学诞生的前奏。

第三节 以城市史为视角解释历史

一、阿瑟·施莱辛格的首倡

1938年,美国历史学家阿瑟·施莱辛格(Arthur M. Schlesinger, 1888—1965)在美国历史学会的年会上宣读了《美国历史上的城市》一文,叙述了19世纪下半期美国城市的形成和发展。一反当时盛行的以特纳的"边疆理论"作为解释美国历史的主线的做法,他呼吁人们以城市为主线来解释美国形成的历史。特纳的解释反映了美国建国初期以农业为基础向西部的开拓过程;施莱辛格的解释是以工业为基础,强调在19世纪后半期美国的工业化过程中,城市所发挥的推动作用。从而把城市摆在史学研究中的首要位置。

二、斯蒂尔特以城市视角解释加拿大历史

在施莱辛格之后,西方各国都有以城市史为视角来研究国家形成历史的著作出现。加拿大圭尔夫(Guelph)大学教授吉尔伯特·斯蒂尔特(Gilbert A. Stelter 1933—   )曾经写过一篇长文:《加拿大城市的形成过程》。在这篇文章中,他研究了加拿大城市网络形成的过程。他以加拿大建国以来,也就是从17世纪到20世纪的经济发展为基础,探讨了不同阶段的经济增长是如何促进了加拿大全国范围内城市网络的形成的,从而勾画了加拿大国家的形成过程。

斯蒂尔特认为,加拿大的经济发展大致可以分为四个阶段。第一阶段,从17世纪到19世纪初,可以称为商业(mercantile)阶段。这一时期的经济是外向型的,主要是原材料向欧洲的出口,当时魁北克和蒙特利尔都是商业城市,

是殖民地物产的货栈和英国、法国工业产品的集散中心。这一时期,城市机构的设置和城市发展都受欧洲宗主国的控制。此外,城市在这一阶段具有军事职能,城市的地点也都在大西洋沿岸和圣劳伦斯河流域。第二阶段从19世纪初到19世纪70年代,他称为商品化(commercial)时期,这是从商业阶段向工业阶段的过渡时期。此时,不但加拿大的经济发展已经超出了原料出口的水平,开始手工生产一些原料的粗加工产品,而且加拿大内部地区之间的贸易也已经展开。第三阶段从19世纪70年代到20世纪20年代,这是新工业主义时期。他认为,严格地说,加拿大的工业化从这一时期才真正开始,工业化促进了城市的发展,不但使原有的城市扩展,也使一些新的城市出现。到了20世纪20年代,全国范围的城市交通网络已经建立起来,横贯加拿大的太平洋铁路也已经建成,各方面的权利越来越集中到少数几个中心城市。第四阶段是从1920年以后至今,加拿大进入现代阶段。技术发展水平的标致是汽车在城市之间广泛使用;城市经济的发展方向也逐渐离开工业向服务业转移;人口在向城市集中过后开始向郊区分散。①

以上,是斯蒂尔特勾画的加拿大城市发展的过程,我们看到,他的研究是以经济发展为动力,以城市发展为线索,勾画了加拿大民族国家版图的形成过程。

(姜 芃)

---

① Gilbert A. Stelter, "The city building process in Canada," in Gilbert A. Stelter and Alan F. J. Artibise(eds.), *Shaping the Urban Landscape*, Carleton, 1982.

第二十章 城市化理论

第一节 城市化理论的提出

一、埃里克·兰帕德和《美国历史学家和城市化研究》

西方城市史作为一个独立学科的出现是在 20 世纪 60 年代,它是伴随着新史学而产生的。1961 年,美国著名经济史学家埃里克·兰帕德(Eric E. Lampard)发表了《美国历史学家和城市化研究》[①]一文,他在文章中明确地把城市史作为一个学科来进行界定。他认为目前对城市的研究更多的是研究所谓城市中的"问题",实际上这些问题正是反映了城市化的进程。城市化是一个人口集中的过程,这种过程的发展,最终会造成一个城市人口超过总人口半数以上的城市化的社会,所以,应该把城市化作为城市史学家研究的主要任务。他批评了过去对城市研究的方志式的、孤立的和静止的做法,认为,这样的研究无助于把握城市的发展进程。为了如实地解释美国城市发展历史的全貌,他呼吁历史学家要进行城市化研究,希望城市史的研究也能像经济史和文化史的研究一样,成为一个专门的学科。

二、从城市到城市化

为了实现这一目标,兰帕德认为首先要对城市史研究的领域加以界定。研究城市化,就是研究从乡村向城市转变的过程,也要研究从小城市扩展到大都市的过程。这就要首先区分什么是城市,什么是乡村。他认为,城市和乡村虽然有着本质区别,但是,它们之间的界限并非不可逾越的,这是一个从量变到质变的过程,乡村和城市分别处于一个连续统一体的两端,随着人口的集中和经济的发展,社会在不断地进行着城市化的过程。

在分清了"城市"和"乡村"的概念之后,就要分清"city"和"urban"这两个不同词汇的含义。这两个英文词翻译成中文都是"城市",但是,在含义上有所

[①] Eric E. Lampard, "American historians and the study of urbanization," in *American Historical Review*, No.67, Oct. 1961.

区别。他认为"city"主要是地理和区域概念;"urban"则是社会的概念,包括政治、经济和文化的内容。基于区域概念写出的历史是方志;基于经济、文化和社会概念写出的历史才是城市史(所以,城市化的英文词是"urbanization")。他认为城市化研究包括对人口集中过程的研究、经济发展和技术的研究,也包括城市居民对城市发展方向的动机以及城市与周边地区关系的研究。

为此,兰帕德特别推崇人文生态学派的成就,认为他们已经在生态复合体的概念下建立了一个有用的研究模式,研究城市化问题是可以用这一派的理论来进行分析的。他还进一步指出,这一理论不仅适用于分析个别城市,而且可以推广到对某一地区或某一国家城市网络的研究上。

由于兰帕德的这篇文章把对城市的研究提升到一个学科,他探讨了城市史学科研究的对象、范围和方法,特别是提出了研究城市化问题,这就使从社会学方面对城市某一历史时期的调查,变成了对城市的形成和发展历史的综合性研究,从而使城市史获得了诸如经济史和文化史那样的学科意义。因此,以后,人们约定俗成,普遍认为城市史产生于20世纪60年代初,并把兰帕德的这篇文章作为新城市史诞生的标志。

第二节 人口城市化

对城市化过程的研究是城市史致力的主要目标。经过了三十多年以后,在20世纪90年代初,加拿大城市史专家吉尔伯特·斯蒂尔特把西方对城市化的研究系统地归纳为三方面的内容,并从理论上进行了总结。这就是人口城市化、结构城市化和行为城市化。

一、城市化是人类文明发展的主线

在西方,有人把城市化的过程一直回溯到古代,认为自古希腊、罗马地中海地区的城市出现,到罗马化时期向西欧的扩张,出现了高卢的城市;再到近代向北美和拉丁美洲的殖民,在新大陆建立殖民地城市;接着,随着美国的西进运动,城市不断向整个北美大陆扩展,所有这些进程都是城市化。这种说法强调,城市化是人类文明发展的一条主线,西方文明的发展史就是一个不断建立中心城市再向外围扩张建立新城市的历史。针对这种非常宽泛的城市化概念,有人把工业化以后的城市化过程称为"真正的城市化",来与这种宽泛的概念相区别。

城市化的过程,就是人口不断集中的过程。1800年,世界人口的3%住在人口5 000人以上的城镇;到1900年,这个百分比已经上升到13.6%。人口的这种集中化过程首先广泛地发生在尼德兰地区。尼德兰紧靠北海和波罗的海,这一海域与地中海一样,在近代早期,曾经是欧洲经济的一个中心。按照布罗代尔"经济世界"的理论,欧洲资本主义的第一个中心是地中海,这里由于特殊的地理环境和古代城市的遗产,是资本主义最早的发源地,威尼斯和热那亚先后是这一"经济世界"的中心城市。到了16世纪和17世纪,由于大西洋海域的开辟,经济中心转向了北方,也就是尼德兰地区。这一地区包括北海和波罗的海地区,城市群有尼德兰地区(荷兰、比利时)的城市,也有德国北部的城市(吕贝克是当时汉萨同盟的所在地)。尼德兰地区的水系非常丰富,运河四通八达,从这里可以把从波罗的海或是东方运来的货物通过莱茵河和多瑙河运往欧洲各地。由于在航海上的便利,在资本主义发展的早期,安特卫普和阿姆斯特丹曾经先后作为欧洲"经济世界"的中心。那时候,荷兰的造船业非常发达(俄罗斯的彼得大帝曾经化装成平民到荷兰学造船),其航海和海外贸易在世界占领先地位,被誉为"海上的马车夫"。在阿姆斯特丹等港口周围修建了有巨大仓储能力的仓库,作为世界商业的中心,荷兰人除了从事航运以外,还有许多人专门囤积商品,从事转口贸易。这种情况使荷兰早在1519年,城市人口就达到了51%。

在荷兰之后,1588年,英国海军战胜了西班牙的无敌舰队,尼德兰作为西班牙的属地,不久就衰落了,欧洲经济的中心从荷兰转向了英国。与荷兰的经济结构不同,英国的经济不仅是世界范围的商业,还有制造业作后盾。随着工业革命的推进,开启了英国人口的城市化进程。1700年,英国的城市人口还只占13%,到1921年,城市人口就高达80%。历史证明,这个百分比已经到了城市人口集中的顶峰,从此,人口集中的过程结束,开始向乡村分散。① 在欧洲之后,世界经济的中心向美国转移,20世纪20、30年代,北美的城市人口达到50%以上,到了70年代,城市人口已经超过75%,成为名副其实的城市国家。

二、二战后世界范围的人口城市化

从世界整体来说,第二次世界大战以前,农业人口低于20%的国家只有英国和比利时,到20世纪80年代,西方大多数国家农业人口都低于10%。在发展中国家,农业人口的锐减也是惊人的,经过了二战后25年经济发展的所谓

---

① Gilbert A. Stelter, *Cities and Urbanization*, Introduction, Toronto, 1991.

"黄金年代",到70年代,除了中美洲一带的小国和海地外,拉丁美洲的农业人口都成了少数。伊斯兰世界的情况也大致如此。就世界总体而言,已经有42%的人口居住在城市。[1]到90年代初,世界上只有三个地区农业人口仍占优势,这就是撒哈拉沙漠以南的非洲、南亚(包括印度)和中国。改革开放以来,中国的城市化进程也加速了,但是,由于我们国家太大,以前的基础太低,所以,在2003年,城市人口只占32%。这就是世界人口城市化的一个大致情形。

第三节 结构城市化

结构城市化是指等级制的城市网络系统,这里既包括城市与其周围的小城市、城镇和乡村的关系,也包括城市与国家级大都市以及世界级大都市的关系。在这方面,有人对中世纪后期意大利的城市网络进行了研究;有人对中国、日本和俄罗斯的城市网络进行研究。加拿大多伦多大学历史系教授凯尔莱斯(J.M.S.Careless,1919—2009)对商业和工业时期的加拿大进行了研究。他的理论可称为都市—地区理论,他用这一理论描述了加拿大国家形成的过程,宏观地勾画了加拿大城市网络形成的历史。应该特别指出的是,尽管类似的理论框架在西方其他一些国家的城市史研究中也曾被其他人应用,但是,凯尔莱斯的研究气魄在整个西方是突出的,他影响了加拿大两代历史学家,而且赢得美国学者的高度赞誉。

凯尔莱斯对加拿大城市网络的研究是一种结构主义的研究。20世纪70年代,结构主义的方法在西方很盛行。凯尔莱斯把加拿大的城市按照功能分为阶梯状的三个级别:在城市阶梯顶端的是国家级城市蒙特利尔和多伦多;其次是地区一级的城市,如哈里法克斯、魁北克、温尼伯、埃德蒙顿、温哥华;再往下是地方的城市和城镇。在这一整个国家的城市网络结构之上是世界级的都市——伦敦和纽约,它们是世界级别的经济中心,特别是金融中心,因此,也是世界城市网络的中心。[2]根据这种理论,全世界所有的城市按照经济功能,特别是金融方面的地位,被区分为四个等级:世界级—国家级—地区级—地方级,形成了一种阶梯状的世界城市网络结构,这就是"世界城市理论",也就是城市化的结构主义研究。

---

[1] 霍布斯鲍姆:《极端的年代》,江苏人民出版社1998年,第444页。
[2] J. M. S. Careless, "Metropolis and region: the interplay between city and region in Canada history before 1914," in *Urban History Review*, No.3, 1979.

这样一种研究是很有可行性的。世界上许多做城市史研究的人把这一研究模式应用到不同时代、不同国家和地区的城市化进程中。如在法国,有人探讨王权扩展时期城市群的形成,认为由奢侈品的生产和商业推动,形成城市化过程。这一研究被冠以"皇家城市化",以此与工业城市化相区别。总之,不同国家和不同时期的城市化研究都可以用结构主义的方法来进行。

第四节　行为城市化、城市化的阶段划分

所谓行为城市化是指城市化对居住在城市中的人、人的行为和价值观念的影响。在不同时期,城市居民的行为是不同的,价值观念也在不断发生变化。斯蒂尔特认为,对美国工业时期的城市行为作最好描述的,要属路易·沃斯(Louis Wirth,他属于芝加哥学派)。沃斯对城市行为和价值观念的研究,至今仍具有典型意义。

1938年,沃斯在《美国社会学》杂志上发表了《生活方式的城市化》[①]一文。试图对城市生活给个人的心理和行为所带来的影响进行分析,从而填补了城市社会学研究的另一个空白。

首先,沃斯认为,那种认为共同体仅仅是物质实体的说法不准确,更不能仅仅以人口密度来划分城市与乡村,而应该在这些范畴之外,从社会生活和精神的层次上给城市下定义。他认为,真正准确的方法应该把城市看成是几种因素的复合体,或者说它是城市生活诸多特性的载体。这样,城市的定义就应该是:一个相当大、有一定密度、社会上不同种类的个人永久性的定居场所。他强调不同种类,是由于美国的城市包括各式各样不同的移民,他们以自己不同的生活方式刺激了城市的发展。沃斯认为,社会学家的任务是指出他们定居城市的生活特点和文化特征。

接着,他从地域范围、人口密度和城市人口的不同种类来说明城市社会关系类型以及由这些类型所决定的行为模式。他指出,城市的广大人口使他们中的类别和差异众多,语言、种族和阶级的差别使他们结成不同的团体和帮派。城市的区划、人口的密度影响着居民间的非个人的、团体的和表面的关系,使小村庄的传统不再适用,而必须建立正式的社会控制机制,才能使之稳

[①] Louis Wirth, "Urbanism as a way of life," in *American Journal of Sociology*, 44, 1938.

定。这种机制是一种防范机制,目的是抑制过于大量的人口强行进入城市。由于存在各种不同的团体和帮派,人们的观念也不再是单一的,而是多元和包容的,甚至是世界主义的。集团间相互的利用、社会差异的各种形态、非个人化倾向以及群众的上诉等都是城市居民被深入发动的结果,由此,社会的不稳定也就不可避免。但这正是一个地域广泛、人口稠密和具有不同类型的人组成的社会的固有特点和活力。他认为,这三个方面正是研究社会生活的基本方面。一个城市在这三个方面表现得越特殊,城市社会的特性就会表现得越充分。

沃斯对城市生活的经典概括是:城市居民共处于一个社会环境中,被迫在一些有关的团体、政府部门和非个人的集体交往中与其他人发生联系。城市中最重要的社会关系是非个人的、表面的和掠夺性的,城市生活是不可名状的、孤独的和复杂的。[①]

以上是沃斯对美国20世纪30年代行为城市化的描述。当然,这一描述并非一劳永逸、到处适用。在那以后,城市行为随着城市的扩展和时代的进步一直在改变:不同城市不一样,这取决于城市所居住的居民种类不同;即使同一个城市的同一群体,人们的价值观念也在与时俱进;此外,即使处于同一时代,其居民的观念和行为也会不同,这取决于不同的社会阶层。总之,这些都是行为城市化研究的内容。

斯蒂尔特还认为有必要把从古代到当代的世界城市化进程划分阶段。这就出现了一个新的问题,到底根据什么标准来划分? 有人主张根据技术的变化,即在历史发展的不同阶段,城市都使用什么能源和建筑材料;有人主张根据西方历史发展的阶段,即古代、中世纪、近代早期和现代来划分;从事美国和加拿大城市研究的学者强调城市功能的变化,主张按照商业(北美作为欧洲大陆的单纯原材料基地)、商品化(为欧洲进行原料粗加工)和工业阶段来划分。斯蒂尔特认为,所有这些主张都是可以考虑的。

第五节 "皇家城市化"

一、城市化理论的扩展

按照习惯说法,城市化是随着工业化而来,是现代的产物。而封建社会的

---

① Louis Wirth, "Urbanism as a way of life," in *American Journal of Sociology*, 1938, pp.1-24.

城市是政治中心，与后来的城市是不同的。但是，城市化作为一种理论，一经提出，就变成了一种研究视角，或一种方法。人们可以用这一视角来观察历史上不同地区、不同时期的城市发展过程，毕竟，城市的扩展始终与人类文明的发展相伴。因此，有人把工业化以后的城市化称为"真正的城市化"，来与前资本主义的城市化相区别。

1998年，美国加利福尼亚大学圣迭哥分校的大卫·林格罗斯（David R. Ringrose）发表了《欧洲近代早期的首都城市：城市化和现代化》一文，[1]对欧洲近代早期的城市进行了研究。他认为，在欧洲近代早期，政治因素曾经作为城市和城市网络形成的动力而发挥重要作用。

林格罗斯对16—18世纪欧洲的历史进行了考察，特别是对绝对主义王权（absolutism，absolute monarchy）的出现在城市化所造成的强大推动进行了研究。他认为，这是一种非经济、非市场的权力结构系统，这一系统是逐步形成的。在16世纪，欧洲的城市还没有形成遍及整个大陆的权利结构网络，只形成了基于几个地区的分散的城市网络。这一时期，推动城市网络形成的动力不是经济和市场，而是政治因素，是16世纪民族国家的形成和首都城市的出现。

他注意到，当时，首都城市是最发达的，比单纯的商业和制造业中心兴旺和发达得多。17世纪是欧洲整体的城市网络系统的形成时期，城市化进程发展得相当快，各国首都的地域范围差不多都扩大了2—3倍。但是，这一时期的特点并不是经济的迅速发展和市场的巨大作用，而是国家政体在一些国家的迅速膨胀，是绝对王权的迅速发展，如税收系统的建立、司法系统的完善，这都与王权有直接关系。即使牵涉到经济，也是权力起主导作用。如法国的税收和公债，不是平等的市场交换，而是借助王权，由包税人包揽一个地区的税收。只有到18世纪后期，经济发展和市场规则才起主导作用，整个欧洲范围的阶梯状城市网络才建立起来。林格罗斯把16—17世纪基于王权的城市化称为"皇家城市化"。

二、王权是皇家城市化的推动力

"皇家城市化"是以王权为主要动力，推动欧洲城市网络的形成。这种推动作用表现在政府实行了一系列的改革，如行政改革、司法改革、军事改革和税收改革等。这方面最好的例子是法国的王权，在路易十四时代，绝对主义王

---

[1] David R. Ringrose, "Capital cities, urbanization and modernization in early modern Europe," in *Journal of Urban History*, Vol.24, No.2, January 1998, pp.155-183.

权达到顶峰。在路易十四执政以前，有些地区，如布列塔尼和普罗旺斯是由领主进行统治，这里的版图在名义上还没有归并到法王名下。还有一些地区，属于"等级省份"，由三级会议（贵族、僧侣、第三等级）管理，这些地区有纳瓦尔王国、布列塔尼、普罗旺斯、郎格多克、多菲内、诺曼底和勃艮第。还有一些"财政区"，主要是城市，那里从中世纪开始就实行自治，国王没有征税权。在路易十四执政以后，他没有任用首相，宣布"朕即国家"，亲自挑选亲信来治理国家。他任用柯尔伯为财政大臣，设立了一些新的税种，使一般平民也要缴财产税；他实行重商主义政策，建立了一些手工工场，并向这些手工工场征税，增加了国家间接税的收入。路易十四还建立了监察官制度，亲自对各省派出监察官，他把省长的任期缩短为三年，命令他们必须住在巴黎和凡尔赛，这样，就通过监察官扩大了国王的权力。但是，直至旧制度末期，法国的行政官僚体制并没有建立起来。

除了税收体系，1665年，路易十四借口外省混乱，向各省派出了"特别法庭"，在法国建立了中央集权的司法体系（法官即"穿袍贵族"）。对外，政府还建立了东印度公司、西印度公司、北方公司（波罗的海）和中东公司，积极开拓海外贸易。路易十四建立了有276艘战舰的海军，也扩充和加强了陆军的力量，他对西班牙、荷兰等国开战，迫使它们签订和约，割让领土。在路易十四执政期间，法国的版图有很大的扩展，布列塔尼和普罗旺斯开始尊他为王，其他地区，由于有了监察和司法体系，统治权也逐渐控制在国王手中。他在巴黎和凡尔赛大兴土木，修建了卢浮宫和凡尔赛宫，把分散在各地的贵族集中到首都，设立新的官职，发给这些贵族俸禄。由于中央权力的加强，大大提升了首都的地位。总之，随着中央集权的加强，在统一的政治体系基础上，法国开始出现以巴黎为中心的全国范围的城市网络。

"皇家城市化"以军事和政治权力为基础，维护全国范围的司法和税收体系，还以节日庆典等方式，从首都扩展某种文化上的认同。正是通过这些渠道，欧洲各国的首都剥削也引领着外省城市，把大量的财富集中，从而维持首都的显赫和繁荣。

（姜　芃）

第二十一章　都市—地区理论

第一节　都市主义理论提出的学术背景

为了说明都市—地区理论的提出与加拿大史学的关系,我们有必要对加拿大历史学中曾经产生重要影响的思潮进行简要回顾。

与美国相比,加拿大国家的形成有其特点。加拿大首先是法国的殖民地,自17世纪初,法国殖民者跨越大西洋,沿圣·劳伦斯河建立起新法兰西;到18世纪中叶,法国在与英国争夺北美殖民地的战争中失败,加拿大又转为英国的殖民地;直至1867年建立加拿大自治领。美国革命以后,反对革命的对英国的"效忠派"逃到加拿大,这一派长期在加拿大国家政治生活中占统治地位,为加拿大以后的政治思想打上了和平、保守和渐进的烙印。这一政治思潮也深深地影响了加拿大的历史学。

一、不列颠学派

在加拿大历史学中发挥过重要影响的第一个学派是不列颠学派(Britannic)或称血浓于水派(blood is thicker than water)。这一学派的作者通常对19世纪末和20世纪初的英帝国抱信任态度,在感情和背景上与大英帝国有亲密关系。他们往往把所描绘的主题,如一个英裔的社区,置于帝国的背景之下,或作为帝国组织机构的一部分,而社区的人们享受着他们先辈所享有的英国的制度。一般说来,这一学派忽视北美本地的各种力量和因素,关注大西洋对岸对加拿大社会生活的影响,除非当英裔加拿大受到美国威胁的时候,才会关注北美事务。这一学派的贡献在于,他们提出了这样一种思想,即加拿大是在北美洲建立的不同于美利坚合众国的另外一种类型的国家,其特点是与英帝国保持长期不断的联系,并以此来对抗美国的危险。但在19世纪初,当加拿大真正面临美国的威胁时,英国并没有给予切实保护,于是,在此基础上,出现了一个新的学派,即政治国家学派(School of Political Nationhood)。

二、政治国家学派

政治国家学派的历史学家有很强的政治倾向,往往从政治和宪法的角度去发表意见。他们的著作注重国家机构的状况,充满了帝国的会议记录和条约,把加拿大的历史描写成英国殖民机构安排的历史。他们认为加拿大的发展是和平地、渐进地向独立国家迈进的过程。在初期,这一学派认为,无论是责任政府的成立还是联邦所取得的成就,在相当程度上都是英国帮助和遵循英国法律制度的结果。从这点来看,政治国家学派与不列颠学派没有尖锐分歧。但随着加拿大自治领的形成,这一学派的民族主义增强,大部分作者都把自己看成是加拿大人,把自治政府所取得的成就归因于客观条件,开始对英国的影响抱敌视态度。除了民族主义之外,他们往往带有强烈的自由主义意识,把加拿大的历史写成是自由派贯彻自由主义主张的产物。在展示民族主义的主题时,他们要求被承认并拥有处理自己事务的权力,认为加拿大的本质区别于英国社会。但是,这一派对加拿大社会、经济及知识界的各种力量如何形成一种加拿大意识缺乏有效的研究和分析。[①]

三、环境主义学派

为弥补这一缺陷,20 世纪 20 年代后期出现了一个新的学派,即环境主义学派(Environmentalist School)。这一派的成员与国家主义学派的作者有着亲密关系,他们是另外一种国家主义,试图寻找一种理解加拿大历史的较为宏大的理论框架,证明加拿大所向往的国家是根植于北美自然环境中的。他们认为加拿大的制度和观点不是简单的重复英国,而应像美国那样,有它自己的方式,是自身环境的产物。正是这一学派把特纳的边疆理论移植到了加拿大。他们认为,由于美国和加拿大在新大陆不断扩张,环境的影响,特别是以边疆为开端,使美、加形成了与旧世界不同的北美天然特色。环境主义学派的主要观点是:由于不断接受环境的影响,尽管加拿大在外表上继承了英国和法国的政治文化遗产,但是,一种具有美洲特色的新事物已经在加拿大稳步生长起来。

在初期,环境主义史学家完全照搬美国的边疆主义,他们完全忽视美、加之间的边界所造成的差异,认为加拿大从东向西的扩张不过是整个北美边疆主义运动的一个组成部分。有人从东、西部政党的差异,宗教和教堂的形式及分布以及为什么新法兰西不是旧世界封建法国的翻版等方面,来分析边疆主义所发挥的作用。后来,出现了对边疆主义理论的批评和修正。这种批评认

[①] J. M. S. Careless, "Frontierism, metropolitanism, and Canadian history," in *Canadian Historical Review*, Vol.35, 1954, pp.3-5.

为,加拿大民主的根源并不像美国那样产生在树林里,未开发土地对每一个人的机会平等也不会必然产生政治民主。在加拿大,是开拓者平等的生活条件与从大西洋对岸带来的传统在互动。由于加拿大边疆扩张的经历有限、与旧世界强有力的联系以及英帝国势力在加拿大政府中长期占统治地位,致使加拿大的民主比美国要来得晚。20世纪40年代,和美国一样,加拿大也有人强调东部对加拿大形成所起的作用,如东部都市中心的经济力量对周边地区发展的影响、城市对整个地区的影响。这对边疆主义是一种批判。

四、劳伦斯学派

继环境主义理论之后是劳伦斯学派(Laurentian School)。这一学派的创始人是克雷顿(D. G. Creighton, 1902—1979)。1938年,他出版了《圣劳伦斯的商业帝国》[1]一书,1944年又出版了《北方的自治领》。[2]在这两本书中,他建立了劳伦斯学派的基本史学方法。

劳伦斯学派的一个基本思想是:长长的圣·劳伦斯河及与之有联系的地区形成了一个广阔的商业体系,这正是加拿大赖以形成的地缘基础。劳伦斯学派的史学家们研究了早年的皮毛贸易如何把湖泊和河谷所开拓的商业地区连接起来,从东到西,从海洋到海洋最后连成了加拿大。凯尔莱斯认为,这也是一种环境主义,或者可称作水路学派(Waterways School)。因为这一派不仅研究了劳伦斯河的商业体系,而且通过出海口,跨越大西洋,还研究了紧密与之联系的英国的横贯半个地球的东西贸易网络。这是一种以水路体系来解释加拿大历史的方法。

劳伦斯学派不仅再次强调北美的物质环境,而且也强调欧洲的影响。他们揭示了这个巨大的交通、运输系统如何把移民和思想观念从英国运来并深深地投向北美腹地。19世纪早期,安大略省无论从贸易还是思想观念来说,与欧洲的联系都要比与美国多。劳伦斯学派重视研究东部对西部的影响,特别关注商人和城市中保守的政治势力在国家扩张中的作用,认为这些人比经营农业的人更有远见。由于重视商业、交通和政治,研究的重点自然而然转向了城市。如安尼斯(H. A. Innis, 1894—1952)对北美广大地区土产贸易组织以及大城市复杂的交通运输系统的研究,在一定程度上都是对城市的研究,而且强调了都市对地区和国家发展的作用。1947年,马斯特(D. C. Masters, 1908—2001)出版了《多伦多的崛起,1850—1890》[3]一书。在书中,他运用经济都市主

---

[1] D. G. Creighton, *Commercial Empire of the St. Lawrence*, Ryerson Press, 1937.
[2] D. G. Creighton, *Dominion of the North*, 1944.
[3] D. C. Masters, *The Rise of Toronto, 1850-1890*, Toronto, 1947.

义统治的概念,分析了多伦多对于安大略省经济发展的领导作用以及多伦多和蒙特利尔在加拿大东部广大地区商业利益的竞争,指出,这种竞争实际上就是对都市统领作用的竞争。

以上种种研究,是相关的学术背景,为凯尔莱斯提出都市主义的研究方法奠定了基础。

第二节 凯尔莱斯的都市主义理论

一、边疆主义还是都市主义

1954年,凯尔莱斯在《加拿大历史评论》第35期上发表了《边疆主义、都市主义与加拿大历史》[①]一文,他在回顾加拿大史学思想发展历程的基础上,明确提出应该用都市主义的理论来研究加拿大历史。他认为加拿大与美国不同,美国开发西部是以农业为先导,在农村发展的基础上扩张了领土,逐渐形成了现代美国的版图,这也就是美国历史学家特纳的"边疆理论"。凯尔莱斯认为,加拿大从来也没有像美国那样以农业为推动力向西部发展的过程。加拿大是一个资源丰富的国家,从新法兰西时期(17世纪初至1763年),到英属北美时期(1763—1867年),加拿大的经济始终是外向型的,是依靠向欧洲出售毛皮、木材和矿产资源而发展。在东部大西洋沿岸和圣劳伦斯河的殖民点和城镇建立以后,加拿大向西部的扩展主要依靠商业,所以,加拿大西部的发展首先是建立贸易货栈,由这些货栈发展为后来的城镇和城市。在城市发展的过程中,通过商业,这些西部城市与加拿大东部的大城市建立联系,加拿大东部的城市又与欧洲的伦敦、巴黎以及美国东部的大城市相联系。在这种研究的基础上,凯尔莱斯总结出都市主义理论:即一个超出一般城市规模的都市不仅对它周围的农村,而且对其周围的城市进行统治,通过控制这一地区的交通、商业和金融,使之形成一个统治中心。通过这个中心,大都市还与比它层次更高的世界级城市有贸易和其他方面的联系。

二、以都市主义勾画加拿大历史

在都市主义理论的基础上,凯尔莱斯又继续发表了一些文章,包括《大西

---

① J. M. S. Careless, "Frontierism, metropolitanism, and Canadian history," in *Canadian Historical Review*, Vol.35, 1954.

洋都市主义面面观》(1969年)、①《19世纪安大略的城市化》(1972年)②和《都市和地区：1914年以前加拿大城市和地区的相互作用》等，把他提出的都市主义理论具体运用于对加拿大历史的分析，向人们展示了加拿大是怎样通过城市网络一步一步地进行扩展，并最终形成了现在加拿大国家的版图。

他把加拿大的建国过程分为四个阶段：第一阶段是从16世纪到18世纪，在加拿大东部大西洋沿岸和圣劳伦斯河流域，出现了最早的殖民点和城市：圣约翰斯（纽芬兰岛）、哈利法克斯（大西洋沿岸，最初是英国的军事基地）、魁北克城和蒙特利尔。由于加拿大先是法国的殖民地，后来又是英国的殖民地，所以这些殖民前哨和城市在商业、政治和军事上从属于大西洋彼岸的巴黎和伦敦。第二阶段是19世纪初期，这一时期加拿大中部的城市群出现了，这就是以蒙特利尔和多伦多为首，包括许多小城市的城市网络。1867年，加拿大自治领成立以后，为了在法裔加拿大人和英裔加拿大人之间采取一种平衡姿态，自治领选择了位于魁北克省和安大略省交界之处的渥太华作为加拿大自治领的首都。渥太华面积不大，是加拿大的政治中心。有了这个政治中心以后，加拿大就走出了脱离欧洲取得政治独立的第一步，特别是为了对抗美国向西部的扩张，渥太华作为国家的政治中心发挥了重要作用。第三阶段是19世纪后期，这一阶段是向西部地区，特别是太平洋沿岸的扩展，这一扩展是以维多利亚和温哥华为代表的太平洋沿岸城市的兴起。19世纪后期，在太平洋沿岸的一些地区发现了金矿，造成了向这里移民的热潮，造就了不列颠哥伦比亚省的省会维多利亚；1885年，横贯加拿大的太平洋铁路建成，又造就了铁路终端城市温哥华。在太平洋铁路建成之后，才开始了加拿大第四阶段的城市化，这就是20世纪初草原地区的发展。这一地区以温尼伯为中心，太平洋铁路的建成使东部一些居民向草原地区移民，也吸引了东欧，特别是乌克兰人向这里移民，随后，周围几个城市，埃德蒙顿、卡尔加里等城市发展起来。草原地区是农业地区，后来发现了石油，这些物产通过铁路运往东部并向国外出口。通过这四个阶段的扩展，加拿大现在的国家版图才得以最终形成。

---

① J. M. S. Careless, "Aspects of metropolitanism in Atlantic Canada," in Mason Wade(ed.), *Regionalism in the Canadian Community*, *1867-1967*, Toronto 1969, pp.117-129.

② J. M. S. Careless, "Some aspects of urbanization in nineteenth century Ontario," in F. H. Armstrong, H. A. Stevenson and J. D. Wilson(eds.), *Aspects of Nineteenth Century Ontario: Essays Presented to J. J. Talman*, Toronto, 1974, pp.65-79.

第三节　斯蒂尔特的城市—腹地理论

一、城市—腹地理论是对都市主义理论的深化

1982年,加拿大城市史学家吉尔伯特·斯蒂尔特发表了《城市史的地区结构》[①]一文。他是在新的历史条件和新的学术背景下,作为凯尔莱斯下一代城市史学家所进行的研究。他所提出的理论称为城市—腹地理论,这一理论在充分肯定都市—地区理论的基础上,对其进行了有效补充。

从字面上说,无论是都市—地区,还是城市—腹地,说的都是一个"点"与"面"的关系,但是,二者强调的重点是不同的。如果说都市—地区理论是用结构主义方法宏观地勾画了加拿大城市群的等级制关系的话,那么,城市—腹地理论的强调则在于微观探讨某一个等级内部点与面之间的关系。斯蒂尔特详细地阐述了这一理论,并对加拿大、美国、拉丁美洲和澳洲的城市史研究所采取的理论做了普遍考察,肯定了这一理论在城市史研究中的普遍价值。

首先,他充分肯定凯尔莱斯的理论以及这一理论在加拿大的地位和影响,认为这一理论的提出有助于城市研究的深入。斯蒂尔特承认凯尔莱斯是对他最有影响的史学家,认为他1954年发表的《边疆主义、都市主义与加拿大历史》一文是首次有意识地把都市主义概念运用于整个加拿大的发展史。他甚至赞誉凯尔莱斯对加拿大史学的影响可与特纳对美国史学的影响相媲美。他说像特纳一样,凯尔莱斯并不仅仅是针对这一题目写了一篇专门论文,而是通过他的众多文章、他与外界的接触以及他所带出的研究生使他的影响广泛流传。事实上,他的都市解释方法无论在加拿大史学界还是地理学界都取得了正统地位。也正是从这个意义上讲,这一理论是加拿大本土原生的理论。[②]

斯蒂尔特认为,人们习惯于把城市作为一个实体,具体地描述和分析城市的方方面面,而不太习惯把城市作为一种复杂关系的一部分进行考察。而地区背景下的城市研究是在一种大的关系体系内进行的系统研究。他说,当我们把城市作为系统的一部分进行研究时,我们会发现地区方法在几个方面有

---

① Gilbert A. Stelter, "A regional framework for urban history," in *Urban History Review*, Vol. Ⅷ, No.3, Feb. 1985.

② *A Conversation with Gilbert A.Stelter: Urban History in Canada*, in *Journal of Urban History*, Vol.6, No.2, Feb. 1980.

助于我们处理一些关系：第一，什么是城市(urban)？他认为，这种地区架构应该把城市看成是一个社会整体，把村庄和城镇看成其组成部分，只有这样，我们才会搞清一个特定地区的城区(city)、城镇和乡村相应的地域范围，理解城市这个词的真正意义。第二，用地区方法有可能更细致地评估城区和城镇在社会中的作用——无论积极地建立这个大社会，还是消极地反映这个大社会。这就是说，城市造就文化，并影响周围的生活。这一理论把城市和城区进行区分，把城区看成是独立变化的地方，把城市看成是依赖变化而改变的地方，从而突出了谁是主动变化，谁是被动变化。第三，地区方法有可能从一个特殊方面去检验社会中的权力问题。这就是在地图上的一个地区、一个国家或甚至一组国家内运用核心—周边或都市权力等概念去分析权力的来源和运作。第四，用这种方法可以区分在城市发展中什么是普遍性，什么是特殊社会背景的产物。当然，这需要在地区之间、国家之间，甚至文明之间进行比较。由于进入了大的关系体系，就可以把在地方环境中本来看作类似大山的事物变成小丘。[①]

二、用城市—腹地理论勾画加拿大历史

斯蒂尔特认为，用城市—腹地模式分析加拿大历史特别有效，因为加拿大是一个地区差异很强的国家，每一个地区都各自形成一个城市—腹地类型。他认为，造成这种地区差异的原因有两个：一是种族造成的文化差异；二是资源类型造成的经济和政治差异。

人们通常把1867年建立的加拿大联邦解释为各自具有同一性的几个地区走到一起，这种情况与制宪以前美国的几个州联盟的情况有点相似，它不是人民享有主权，而是人民处于类似君主统治下的特殊社会。但是，加拿大与美国还是有差异的，这种差异部分地由于加拿大是一个英裔和法裔的二元社会；此外，另外几个讲英语的地区也显示出不同特色。加拿大与美国在意识形态上的不同还在于美国人强调自己是个人和公民，加拿大人却更看中集团和共同体的利益，这反映了种族因素在地区凝聚中的作用。

在经济发展中，自然资源的种类起关键作用。一个地区有什么样的物产，就决定了它的经济类型。腹地具有资源，由资源来组织这一地区的经济活动，城区和城镇直接介入资源的加工和出口。安大略省是以小麦生产为开端，而后发展成广阔的城镇系统。这一系统先是由蒙特利尔控制，以后其地位由多伦多取代。安大略由农产品资源奠定了消费品生产的基础，到19世纪后期成

[①] A. Stelter, "Regional framework for urban history," in *Journal of Urban History*, Vol.Ⅷ, No.3, Feb.1985, p.201.

为国家工业的心脏地区。魁北克省城市系统的发展基于魁北克市和蒙特利尔,没有中等城市。从17世纪开始,魁北克就形成了这种向心式的城市系统,具有高度集中的行政、宗教和军事设施,并有一到两种特产资源出口。自从被英国征服后,法、英裔的二元主义与城、乡二元主义并存,直到蒙特利尔成为国家级都市。大西洋地区的城市直到19世纪中期始终以特产出口和横跨大西洋的运输为主要经济类型。以后,由于交通结构的改变、地区资源管理的不善,特别是加拿大中部的兴起,使这一地区衰落了。大西洋地区的种族认同很强,这是因为20世纪的移民很少来这里,使它保持了老不列颠的特色。加拿大西部的发展是基于铁路的修建和资源生产。温尼伯和温哥华是处于领导地位的城市。这一地区的建筑风格和生活方式受到美国加州的影响,具有太平洋沿岸特色。

三、城市—腹地理论模式具有普遍性

通过研究美国、拉丁美洲和澳大利亚的城市系统,斯蒂尔特发现,地区理论有着普遍的应用价值,并不像人们所说是加拿大独有的理论。于是,他考察了加拿大以外这些国家和地区的城市史学家的相关研究。

城市—腹地关系的理论适用于美国。罗伯塔·米勒(Roberta Miller)指出,美国城市与地区的关系产生于18世纪末到19世纪东部沿海经济向西部扩张的过程中,地区的发展伴随着地区间的联系。她发现:第一,地区城市的发展是国家、次国家和地方三级因素相互作用的产物。第二,地区间的交通改善对于以后地区经济的形成有重要作用。第三,城市(urban)的发展并不是对城区(city)和腹地的所有部分同样有利。[1]雅各布斯(Jacobs)则关注了中心城市可以不断繁衍下属城市的功能。她用"城市(city)地区"这个词来说明乡村人口稠密的腹地和某些城区周围的工业和商业工作区域。在她看来,中心城市有使城市再生的功能,而这一功能的存在是基于能不断地变换多种重要职能。她举波士顿为例,说它造就了覆盖马萨诸塞州东部绝大部分地区的城市群,而这一城市群又向新汉普夏南部和罗德岛全州扩展。乔赛亚·罗伊斯(Josiah Royce)根据1880年加利福尼亚州的情况,对地区做出这样的定义:地区是国家以下的一个部分,在地理和社会内涵上充分一致——具有统一意识和认同,这些意识能够与国家其他部分相区别。大卫·戈德菲尔德(David Goldfield)运用这一概念分析了美国南方的城市。他认为很难从地理和统计

---

[1] Roberta M. Miller, *City and Hinterland*, *A Case Study of Urban Growth and Regional Development*, Westport, 1979. quote from G.Stelter op.cit.

的角度把美国南方看作一个统一体。但是,由于它独特的文化,它成为一个地区。这就是乡村主义、种族主义和殖民主义。所以,斯蒂尔特认为,美国的城市研究也是采用了城市—腹地理论,但是,与加拿大不同的是,美国的探讨是多方面的,有一些新的不同视角,他们对地区划分所根据的标准也是因地而异,不能一概而论。

在巴西,经济学家马丁·凯兹曼(Martin Katzmam)认为,现代巴西的形成是城市化推动的结果。在分析城市化的进程中,他既运用城市—腹地理论,也运用特纳的边疆论,并使这两种理论很好地结合,在一定条件下,他把"边疆"和"腹地"这两个概念互换。他说,繁荣的中南部地区是咖啡边疆,并成为工业城市圣保罗农产品的供应地,正是咖啡使圣保罗的加工业发展。1940年以后,圣保罗工业人口的急剧上升,为腹地各种农产品建立了广泛的新市场,这就刺激了周围的农业,使之扩展、多样化和现代化。按照他的观点,圣保罗是整个巴西中南部腹地发展的引擎。自从1930年以来,这个边疆(腹地)转移到中西部地区,这是由于联邦政府以重要城市戈亚尼亚(Goiania)和巴西利亚为交通枢纽,鼓励人们在这一地区定居。至于东北部,尽管制订了地区发展规划,但依然是最萧条的地区。

詹姆斯·斯科比(James Scobie)在对阿根廷的研究中,采用的也是城市—腹地模式。他把阿根廷分为沿海、东北部低地、西北部山地、大草原和巴塔哥尼亚高原五个地区。同时,他认为也可以划分为两个地区,这就是最大的占全国人口1/3的大布宜诺斯艾利斯(包括一部分沿海地区)和内地。他特别突出布宜诺斯艾利斯作为中心城市的作用,认为其他城市都不能与之相比,甚至全国第二大城市罗萨里奥(Rosaria)也仅有布宜诺斯艾利斯1/10的功能。

在澳大利亚,尽管历史学家们还没有像北美和拉丁美洲那样普遍采用地区方法来研究全国性的地区结构,但斯蒂尔特认为,澳大利亚或许是最应该运用这一方法的典型之一,因为它实际上就是分成几个大的功能地区,而每一个地区都以一个沿海的重要城市为中心。赫斯特(J. B. Hirst)对澳大利亚城市及其农业腹地的关系进行了研究。他从主宰农业的人口方面来揭示城市与乡村的关系。他说,澳大利亚的人口和经济力量都在城市,主要城市占了殖民地人口的1/3到1/2,矿产、牧场和农业的所有者住在城市,进出口商也居住在城市;投资通常是双向关系:城里的商人和专业人员投资于采矿和畜牧业;乡村的牧羊人和牧场主则投资于银行业和城市房地产。他还研究了城市—腹地的政治联系,认为从1870—1917年,遵照殖民地代议制的法律,权力的实际重心是在城市和乡村来回摆动。但从另一种意义上,城市始终控制着乡村,因为基于城市行政机构的官僚统治始终控制着教育、决策、救济和公共医疗。新西兰的情况也与澳大利亚大致相同。在那里 19 世纪中期建立起来的沿海城镇,逐渐发展成英国式的基于种植业的地区经济中心。

总之,斯蒂尔特对城市—腹地关系的研究,特别是他对世界上广泛地区相应研究的理论考察,证实了城市—腹地理论对于研究现代国家形成的普遍适用性。不仅如此,他对美国、拉丁美洲和澳洲相关研究的介绍还说明,在分析一个国家形成的过程中,可以同时采用多种理论模式,而这些理论被采用的先决条件,则是要以调查各国具体的历史发展进程为基础。

(姜 芃)

第二十二章　关于城市郊区化研究

第一节　从城市化到郊区化

一、似是而非的逆转

从理论上说，城市化应该伴随人类从农业社会走向现代社会的整个历程。这就是说，随着技术的进步，农业人口总是在减少，城市人口总是在增加。然而，实际上，城市化的历程并非勇往直前、毫无逆转，当城市人口达到总人口的75—80%，就到了人口城市化的顶峰，从此，会出现人口向郊区回流的趋势。这就是郊区化。

表面看来，这是两股方向相反的运动，在第一个运动完成之后，才会产生第二个运动。但实际上，并非如此。郊区化并不是在前者完成之后才开始，而是在城市化发展到一定阶段就产生了。1920年，在美国和加拿大，城市人口达到总人口50%以上，这时，就出现了郊区化趋势。到了20世纪70年代，美国的郊区化已达到相当规模，郊区人口已经分别超过了中心城市人口和乡村人口，成为社会的主体。因此，从某种意义上说，美国已经成为郊区化的国家。在我国，随着改革开放和城市化进程的加速，尽管城市总人口刚刚接近50%，在大城市周围，郊区化的趋势也已经很强劲。

但是，郊区化并不意味着城市人口返回乡村从事农业，而是非农业人口在乡村进行加工业、信息业或仅仅是居住在乡村却在城区上班。

二、郊区化研究的里程碑

美国学术界对郊区化的研究开始于20世纪50年代，与30年代对城市的研究开始于芝加哥学派一样，这一次也是从社会学学科开始的。1958年维廉·多布林纳主编的论文集《郊区社区》问世。1962年，美国的城市史学家沃纳的名著《有轨电车的郊区：波士顿的成长历程，1870—1900》一书问世，这本书在学术界产生了巨大影响，成为研究郊区化问题的一个里程碑。1985年，哥伦比亚大学教授肯尼迪·杰克逊（Kenneth Jackson）出版了《马堂草边疆：美国郊区化》一书,不久既获得了两项学术大奖。直至今日,郊区化研究的势头仍没有减弱,1998 年,在美国历史学家年会上,还专门以郊区化问题为题,组织了一个圆桌会议展开讨论,这就是"再访《马堂草边疆》"。①

第二节 郊区化的阶段划分

一、郊区化的第一引擎——交通改善

郊区化的动力来自于科学技术和经济的发展,在这方面,最首要的条件就是交通条件的改善,因为,只有具备了便捷的交通设施,居民才有可能在中心城市和郊区之间通勤往来;工业企业才有可能远离社会的各种机构到城市之外建立卫星城。所以,交通工具的进步和道路的修建是郊区化最主要的动力。此外,通信技术的发展也起了重要作用,电话的普及加强了城区和郊区之间的信息流动,这对于经济和文化的发展至关重要。

在美国,根据交通工具的种类和水平,郊区化被分为两个阶段。第一阶段是 20 世纪 20 年代以前,属于"近代郊区化",以有轨交通为主要技术条件,以近郊的发展为主,这一阶段发展速度相对缓慢。第二阶段是"现代郊区化",是 20 世纪 20 年代以后,它的主要技术条件是汽车和公路,发展突飞猛进,以远郊的发展为主。

二、"近代郊区化"

我们先说第一阶段。1814 年,在纽约曼哈顿和布鲁克林之间的东河上开发了世界上第一个公共汽船航线,这是最早的公共交通。1826 年,在法国出现了公共马车,这是陆地上最早的公共交通。1829 年,纽约和费城也出现了公共马车。1832 年,在曼哈顿出现了有轨马车,由于有了铁轨,马车的运行速度提高,行驶起来也平稳。与此同时,蒸汽火车也是城区和郊区之间的交通工具。由于火车可以乘载大量旅客,在波士顿、费城和芝加哥,郊区很快地发展起来,特别是芝加哥的北面,是著名的五大湖区之一的密歇根湖,在湖边很快就出现了一系列小镇。1870 年,纽约建成了第一条高架铁路,不久,布鲁克林和芝加哥等城市也修建了高架铁路。1897 年,美国的第一条地铁在波士顿竣工,1904 年,纽约市地铁也投入运营。总之,通过以上叙述,可以说明,在不到一百年的

---

① 参见王旭:《美国城市史》,中国社会科学出版社 2000 年,第 347 页。

时间里，西方公共交通的发展速度是如何迅捷地突飞猛进，这些公共交通工具的改进和道路、铁轨的修建，大大促进了郊区化的进程。

在近代郊区化的过程中，影响最大的是有轨电车。以洛杉矶为例，加州电车大王亨利·亨廷顿在1890年成立了"太平洋有轨电车公司"，并在20年的时间里将几条主要线路连接起来，总长度达到1000多英里，铁路从四面八方会聚到洛杉矶。他在修建铁路的同时，在铁路两侧开发房地产，这样，既在铁路沿线进行了地产投资，又增加了铁路的运营，所以，洛杉矶的郊区很快得到了发展。

三、"现代郊区化"

在第二阶段，也就是20世纪20年代以后，对美国郊区化影响最大的是汽车的普及和公路的铺设。航空业的发展也使美国城市之间的客货流动在很大程度上改变了交通方式，这样，在每一个城市的机场周围，也集中了大量的就业人口。

郊区化的第二个动因在经济方面，一个是由土地利用模式对于城市区位的竞争引起的。根据经济学家的研究，第一、二、三产业的土地单位面积的产值比例是1∶00∶1000，由于第三产业有强大的竞争力，所以，工业企业、居民住宅在强烈的竞争下不堪重负，纷纷向郊区转移。

经济方面另一个因素是产业结构的变化。在第二次世界大战以前，美国的工业主要是重工业。二战以后，由于新兴工业的出现和工、农业的劳动生产率不断提高，第一和第二产业在国民经济中的比重越来越小，第三产业的比重不断扩大，在20世纪50—60年代，美国工业从制造业转向服务业；70—80年代，又从服务业转到信息产业。由于城市是现代经济的主要载体，所以，产业结构的变化必然对城市的职能和布局产生影响。在工业经济时期，原料和市场是选择工业基地的首要考虑因素；到了信息时代，具有高技能的科技人才就成为了最主要的因素。1956年，美国的白领工人在数量上首次超过蓝领工人；到1970年，白领工人和蓝领工人的比例是5∶4，这样，建设具有优良工作和生活环境的郊区，就成了吸引人才的重要条件。这是问题的一个方面。另一方面，在信息产业时代，具有很高价格的市中心区，仍是吸引最高产值行业的首选地区。

郊区化的第三个动因是城市环境的恶化也使人口向郊区转移。由于城市化的加速，人口迅速向城市集中，因为在人口集中的地方容易找到工作。这样，乡村人口和外来移民就迅速涌入城区，使城区的住宅越来越拥挤，房价也不断上升。为了把更多的人口塞在有限的空间内,房地产商开始建造经济适用房。在19世纪后期,在美国的大城市普遍建造经济适用房。这种公寓密度非常大,经常是通风不良、空气污浊、光线暗淡,甚至终年不见阳光。由于经济适用房的廉价,穷人聚集在这里,相应的设施也跟不上,就出现了环境的恶化,道路失修,垃圾遍地,而且,当时的交通工具主要是马车,马粪堆满了街道。可以想象,处于这种状况,一旦有条件,人们便纷纷迁往郊区。

第三节 郊区化的发展进程

一、郊区化的第二引擎——地价提升

郊区化的发展是受交通和土地价格这两个因素双重影响的。交通的发达使居民住宅和工业向郊区的转移成为可能,随之提升了郊区的地价;而郊区地价的提高,又使有钱人更多地投资于郊区房地产。

在19世纪初,纽约的地产商为了使自己的地产有更大回报,开始在布鲁克林建造高级住宅和一系列配套设施,还想方设法使这里先后取得了村和市一级的行政建制。结果,这里很快得到发展。在这一地区的带动下,纽约的郊区化发展迅速,不但在纽约州的范围内扩展,而且很快跨越了州界向新泽西州扩展,所以,现在纽约的城市概念实际上包括了新泽西。19世纪,在郊区化进程中,还出现了一种"浪漫郊区",在这些"浪漫郊区"中,住宅密度很低,各家各户由树丛隔开,还有很大的公共活动空间,如公园、餐饮和娱乐场所。

二、卫星城的出现

随着城区地价的提高,在大城市周围还出现了一些工业卫星城。美国的产业革命是从18世纪后期开始的,那时的工业主要是棉纺织业。到了19世纪后期,美国的重工业发展起来,包括钢铁、机械、石油化工等。这时随着郊区化的进展,这些工业都把工厂建在了远离市中心的郊区,并且,在这些地区还建立了工人住宅和商店等配套设施。工业卫星城的发展,使大量人口向郊区转移。

除了工业卫星城,以后又开始建造大学卫星城。在20世纪中期以后,由于航空业的发展,在许多城市郊区建造了机场,这也极大地促进了就业和人口向郊区转移。

二战以后，由于经济的迅速发展，人口与城市化的进程加速，这个城市化的进程在美国主要表现为郊区化。20世纪50年代，美国郊区的人口增长率为48.6％，而中心城市仅为10.7％。[1]到了70年代，美国郊区化趋势的脚步开始放慢，郊区的人口特征也发生了改变。不但中产阶级和富裕阶层向郊区迁移，穷人和少数民族也开始向郊区迁移。与此同时，各种产业活动也向郊区迁移。有人把70年代以后的这种情况称为"后郊区化"时代。此时，郊区化的趋势放慢了，但实际上，由于郊区的人口基数已经很庞大，所以，尽管从百分比上来看郊区化的速度放慢，郊区的实际人口还是在增加。

20世纪80年代以后，在有些大城市，人口略有增加的趋势。有越来越多的退休老年人口迁往郊外。如在1980年的美国，62岁以上的老年人有48％生活在郊区，他们住在环境优美的老人公寓。此外，由于富裕的白人又向更远的郊区转移，他们的二手房卖给了穷人和少数民族，所以在郊区也出现了黑人和少数民族的社区。

第四节　美国郊区的人口特征和种族、阶级结构

一、美国郊区的阶级结构

根据萨姆·沃纳对19世纪后期波士顿郊区的分析，住在郊区的主要是中产阶级。在中产阶级中，根据收入的不同，又分为三个等级，这三个等级分别居住在郊区的不同区域。中产阶级的上层，包括大商店老板、大制造商、经纪人、批发商、高级律师、会计师，这些人大约占总人口的5％。由于他们有很高的收入，既可以在市中心区建造高级住宅，也可以在郊区建乡间别墅，而且，有钱也有闲，他们用不着天天去上班，对公共交通也不必依赖，所以，他们一般是住在郊区的最外围。第二个部分是中层中产阶级，包括小店主、律师、教师、推销员等，大约占总人口15％。这些人有能力购买郊区较好的住宅，但是由于通勤的需要，所以对公共交通有较大依赖，或者虽然住在郊区，却不能太远，一般是住在郊区比较靠城里的地区。第三部分是中产阶级下层，包括技术工人、科室人员等，他们大约占总人口的20％—30％。由于收入较低，也会经常变换工作，所以他们对公共交通依赖性强，一般住在离城区最近的郊区。[2]当然，这是

---

[1] 孙群郎：《美国城市郊区化研究》，商务印书馆2005年，第184页。
[2] 同上，第98—99页。

19世纪后期的情形。在20世纪,虽然汽车已经成为普遍的交通工具,阶级的分布也基本按照同样的原则。

但是,这种阶级分布主要是美国和发达国家的情况。在第三世界,如中国,郊区的阶级成分复杂,既有富人的高级别墅,也有穷人的小户型公寓,因此,不能一概而论。

二、美国郊区的种族结构

除了阶级划分,就是种族划分。在美国,首先是黑人和白人的分布。美国黑人最初居住在南部,是殖民时代从非洲贩卖到南部种植园的。以后,有两次黑人向北移居的高潮,这两次浪潮都发生在美国工业迅速发展的时期,也就是20世纪上半期。第一次发生在第一次世界大战期间,黑人移往北部的工业城市。在1930年的经济大萧条中移居的数量锐减。第二次是在第二次世界大战期间,黑人移往北部和西部的工业城市,充当劳动力。由于大量黑人进入城市,使黑人的城市人口在黑人总人口的比例超过了白人的相应比例。越是大城市,黑人越多。由于收入低下,这些黑人居住在市区的贫民窟或是郊区的黑人社区。其后果是,在他们集中居住的地区税收减少、城市设施老化、环境恶化,犯罪率也比别的地方高。

第五节 郊区化造成的社会后果

一、城区的无限蔓延

第一个后果是大都市的出现和城市地域的无限蔓延。郊区化看似是与城市化正相反的进程,但是,从总体上看,郊区化实际上促进了城市化,是在更大的地域范围内城市化。这是由两方面的推动造成的。一方面是郊区卫星城的建立;另一方面是中心城市向周围的蔓延。很快,这两方面的推动就使城区和郊区连在了一起,造成了城市的无限蔓延。

郊区化的最终结果是现代大都市的形成。大都市的出现,使美国城市行政区划的设置发生了变化,每一个大都市都包括许多城市。在加拿大,与美国的情况差不多,如多伦多,包括6个城市;蒙特利尔包括29个城市,其中最小的是在圣劳伦斯河中心的一个小岛上,1992年只有6个人。对这些超大城市的管理由所在地的所有城市组成城市联合体,共同商讨和治理与各城市相关的交通和环境等问题。

二、郊区的城市化

郊区化的第二个后果是造成了郊区的城市化。在郊区,各种行业和功能逐渐健全,使郊区的就业率也不断增加,这就使整个郊区日益显示出欣欣向荣的景象。而旧的中心城市由于流失了大量中、上阶级和就业机会,税收基础受到严重削弱,穷人和少数民族却不断向城市中心汇集,福利负担加重,财政开支捉襟见肘,城市设施不断老化,日益显露出衰败的迹象。

(姜 芃)

第二十三章　后现代主义和全球化理论对城市史学的挑战

第一节　后现代主义的出场

20世纪70年代以后,西方出现了后现代主义思潮,这一思潮和理论对城市史学产生了深刻的影响。那么,什么是后现代主义?按照霍布斯鲍姆的理解,后现代主义是不同于实现现代化阶段的资本主义的一个新的历史时期。在这个时期,无论是社会矛盾,还是人们看问题的方法、角度都与现代阶段完全不同。但是,尽管如此,后现代在本质上并不是区别于资本主义世界体系的另一个时代,其经济基础、社会结构基本上没有改变,只是在西方资本主义国家实现了现代化以后的一个发展阶段。所以,所谓后现代主要是对西方发达国家而言,在这一阶段,资本主义的世界体系还有生命力,其经济扩张的前景仍然是无限的,它的任务是使现代化向西方以外的地区扩展。

基于以上原因,后现代主义可以说是一种社会思潮,或者是一种对现代社会弊端的批判情绪。这种思潮和情绪把批判的矛头对准现代社会,它对资本主义发展的各种弊病进行了无情的批判,如环境问题、女性问题、后殖民主义问题,等等。总之,后现代主义提出的一系列问题值得全世界关注。无论如何,这一思潮对世界的进步已经产生了积极意义。

在后现代思潮的影响下,现代社会所建立的各种理念受到了质疑。人民开始用新的观念和价值标准来分析现代社会。新思潮对人文学科的影响是具有冲击性的。它首先从语言学开始,继而转向文学、哲学和历史学等。毫无疑问,城市史学也不能幸免。

第二节 环境史学对城市史学的介入

一、环境史还是城市史?

环保主义是后现代主义思潮最重要的内容之一。由环保主义催生了环境保护运动和环境史学。环境史学把历史研究的范围从对人类历史的研究,扩大到对人类生存环境的研究;继而,又产生了从非人类的立场出发,来使人类与生物界相互中介的观念。这一观念认为,人与地球上的生物是平等的,共同拥有在地球上生存的权利。因此,一个人并不比一个昆虫拥有更多的权利。环境主义思想声势强大,成为 20 世纪 70 年代以后西方重要的社会思潮,也成为西方马克思主义思想的重要组成部分。

环境史学对城市史的冲击,可以以美国匹兹堡大学教授萨缪尔·海斯(Samuel P. Hays)的研究为例来进行分析。1993 年,海斯在《城市史杂志》上发表了一篇论文,题目是《从城市史到城市化社会的历史》。[1]海斯是一位环境史学家,他这篇文章的题目,让我们联想到霍布斯鲍姆的一篇在题目上类似的文章,这就是《从社会史到社会的历史》。霍布斯鲍姆的文章是在学科界定上区分了新社会史与传统的社会史,明确了新社会史的研究范围是包括经济、政治和文化的整个社会的历史,其方法是总体史的研究方法。海斯的文章在城市史的研究上,也具有类似价值。

在这篇文章中,海斯认为,研究城市化的过程,就牵涉从乡村向城市的转变,也牵涉后现代社会城里人对自然环境的追求。而城里人的这种追求是需要到乡村去实现的,于是出现了新的城乡关系问题。所以,在后现代思潮的冲击下,城市史的研究领域扩大了,从城市扩大到包括乡村和荒野的整个社会。这样,城市史学科所研究的地域范围扩大到研究整个国家或者是地区,甚至整个地球。

下面,让我们对他的这篇文章分几个侧面进行分析。

二、城市化与城乡关系

海斯认为,如果把城市史作为城市化社会的历史来研究,就必须研究乡村向城市的转变,就必须研究城乡关系。从美国的历史来看,城市与乡村的关系

---

[1] Samuel P. Hays, "From the history of the city to the history of urbanized society," in *Journal of Urban History*, Vol.19, No.4, August 1993.

经历了三个发展阶段。第一阶段是19世纪末以前。那时候是乡村支持城市，一方面，乡村人口向城市转移；另一方面，城市的边界向外推进，城市利用乡村资源进行建设。第二阶段是从19世纪末到第二次世界大战。这一阶段乡村衰落了，其表现，一方面是乡村人口的减少；另一方面乡村的资源也近于枯竭。第二次世界大战期间，尽管罗斯福总统成立了乡村生活委员会，对乡村经济进行扶植，以便恢复乡村生活的基础。但是，统计的情况表明，乡村的衰落在继续。第三阶段是城市重新发现了乡村，这是从1930年以后开始的。由于城市的郊区化趋势，有人住在乡下却在城市工作，也有城里人到乡村去买别墅，所以，乡村的非农业人口上升了。

在后现代社会，由于城市的无限扩张，城市向乡村倾倒生产和生活垃圾，城乡关系变得紧张。此外，人口的不断增加和资源不断减少之间的矛盾在城乡关系上也尖锐地表现出来。城市生活水平的提高表现为消费范围的扩大和消费程度的提高，即消费层次从满足"需要"，到生活"方便"，再到"舒适"这样三个层次。为了生活的舒适和享乐，许多城市居民的消费不但吸收周围地区的资源，而且吸收全国甚至全世界的资源。我们看到，在发达国家，市场里的商品来自全世界许多地区。由于城市人口在扩大，也由于城市的消费水平在提高，所以，城市对资源的需求总是在扩大，而自然资源却是有限的，在不断减少。由此，二者之间形成了尖锐的矛盾。

城市生活水平的提高还提出了高质量的环境消费问题，这就是干净的空气和水、少噪音和广大的空间和绿地。城市居民的这种要求往往要在城市以外的地方得到满足，也就是乡村。这样，城里人对乡村高质量的环境要求就成为城市居民高水平物质消费的一个制约和平衡力量。海斯还研究了城市对食物的消费需求引起城乡间的直接合作，如农工商一体化造成的过度使用化肥、农药和杀虫剂等。他认为，城市居民的新的高质量的消费观念与自然资源的有限，驱使人们宣传对土地、水源和空气等进行有限的开发，并使国家宣布某些地区，如荒野、沼泽和原始森林成为国家公园和自然保护区。

后现代时期，城市化的生活方式、价值观念与乡村生活方式和价值观念发生了冲突。海斯认为，城市的价值观念要比乡村进步。这是由于乡村居民要致富，把自然看成是生产商品的源泉，寻求开发自然，从而破坏了自然；城里人想保持自然环境，所以对荒野和野生动物的观念都有所改变，并通过法律的形式使自然环境得到保护。这里，城市是代表全国甚至全世界范围的高度城市化的整体的自然观；乡村则代表发展局部和低层次的自然观，这种自然观只想榨取自然资源从而破坏了自然。

这是海斯的观点，从他的观点中，我们可以看到一种城里人的话语霸权，城里人已经得到了丰厚的物质享受，而要追求更高的环境享受，希望限制乡村的开发；而乡下人却连现代的物质生活还没有得到，所以希望实现现代化，这就是一个很大的矛盾。

在后现代社会，生活水平的提高催生了一个新兴产业，这就是旅游业。近年来，在世界许多地区，旅游业的收入急剧攀升，已经超过了当地第一和第二产业。作为迅速崛起的发展中国家，中国旅游业也在不断升温。我们看到，中国许多未开发的穷乡僻壤开展了旅游业，在当地政府的扶植下，以往那些没有脱贫的农民由于开发了"农家乐"项目，不但很快脱贫，而且基本改变了生活方式，实现了小康。这是一种新型的城市化，是在不改变生态环境的条件下，农村人口不必进城实现的城市化。在全球范围内开展的旅游业也是一样，它正在以平民化、远距离、大规模的方式改变着世界的城市与乡村的格局，有力地推进着城市化进程。因此，旅游业的普及和向人迹罕至地区更深处的推进，不失为调节城乡不同环境观念矛盾的一个好方法。这是笔者从当代中国和世界旅游业的发展，对调节海斯所提出的城乡不同环境观矛盾的作用，所产生的一些联想。

旅游业创造了一种新型的城市化类型。这一类型对兰帕德所提出的城市化理论是一个挑战。生态环境史的引入使城市化有了一个新标准，城市的概念不再是由人口聚集的数量、工商业设施的完备、交通工具的类型以及居民的文化认同那些旧的指标来衡量，而更关注生活方式的变化。而生活方式的改变显然是与后现代思潮给人们观念带来的冲击分不开，这就是：人类只是地球上的一个物种，人类不应该对其他物种进行打杀或者灭绝，而应该与它们和谐相处，各得其所。这就是生态环境史对城市史的冲击。显然，这一冲击已经动摇了城市史传统的理论。

第三节　全球化理论对城市史的挑战

一、全球化与全球史观

全球化理论是在20世纪80年代以后首先在西方提出来的。随着世界经济中心向亚洲和太平洋地区的转移，统一的世界经济体系已经形成，从而实现了经济的全球化。随着经济全球化的实践,作为一种从历史经验中总结出来的理论,在学界出现了全球化思潮。如,沃勒斯坦的"世界体系"理论、布罗代尔的"经济世界"理论等,都是这一思潮最典型的代表。全球化思潮一经提出,一方面,很快影响到学术界的各个领域,如政治学、经济学、历史学以及其他许多学科;另一方面,也很快从西方向世界的其他地区扩展。

全球化作为一种观念,人们开始运用它来重新观察和分析许多理论问题,这就使以往的一些理论受到质疑和颠覆。城市史是跨学科的研究领域,其研究范围广阔、研究方法灵活,时代的变迁,其他相关学科中出现的新思想、新理论都会对它产生影响。全球化思潮在城市史学科的应用,使城市史的一些传统理论也受到质疑。

1997年,美国波特兰大学的卡尔·拉波特(Carl Abbott,1944—　)在美国《城市史杂志》上发表了一篇文章,题目是《国际城市假说——美国近年城市史的一种研究方法》。[①]在这篇文章中,作者分析了20世纪七八十年代以来世界的全球化趋势给不同规格的城市,特别是超级大都市和次一级的城市所带来的变化。他以美国为例进行了考察,认为随着殖民体系的瓦解、依附论的衰退以及世界多元化和后现代理论的兴起,城市史研究领域的"世界城市"理论应该让位于"国际城市"理论,他把这一新的理论作为一种假说提了出来。

二、"世界城市"

卡尔·拉波特首先追溯了"世界城市"这一术语及其理论产生的过程。这一术语最早出现在18世纪末,当时,歌德(J. F. Goethe)把罗马和巴黎描述为"世界城市"(*weltstadte*)。[②]到19世纪和20世纪初,德国和英国的作家都用这个词来说明工业欧洲帝国的首都在世界经济扩展的规模和程度。以伦敦为例,1862年,有人称它为"世界的中心";19世纪80年代,有人称它为"世界都市";1841年和1912年有人称它为"世界城市"。到20世纪中期,美国人认为未来世界的中心城市不应该位于英国的泰晤士河,而应该在美国圣路易附近。斯宾格勒在《西方的没落》一书中提出了特别消极的看法,认为世界城市是即将毁灭的世界文化堕落的中心。在英国,这一术语与集合城市的概念一起发展,城市规划师帕特里克·格迪斯(Patrick Geddes,1854—1932)在1915年用

[①] Carlabbott,"The international city hypothesis, an approach to the recent history of U.S. cities," in *Journal of Urban History*, November 1997, p.31.

[②] 语出 Abbott, Carl, *The International City Hypothesis: An Approach to the Recent History of U.S. Cities*(1997). Urban Studies and Planning Faculty Publications and Presentations. Paper 56.

"集合城市"去说明城市化过程中地域范围日益扩大的城市,用世界城市去说明国家首都的统领作用(如巴黎、柏林)和商业、交通网络系统中的工业中心(如杜塞尔多夫、芝加哥)。

1966年,地理学家彼得·霍尔(Peter Hall,1932—2014)在对格迪斯的网络体系进行研究以后,用范围的大小和强度两个概念来衡量城市的功能,认为世界城市基本上是欧洲单一工业资本主义经济体系的顶尖级的产物,日本和北美是它繁衍的后果。到了20世纪70年代末80年代初,"全球城市""世界级城市"这类术语很快从学者的假说转变成了人们流行的话语,然而,最普遍的是格迪斯—霍尔术语开始适应了世界经济的等级制模式,也就是适应了由都市从中心到外围实行强制控制的单一经济系统。

约翰·弗里德曼(John Friedman)致力于解释当代的全球资本积累体系,他通过"世界城市"系统来清晰地说明这一理论。他认为,国际银行和多国公司总部的集中以及支撑这些机构的专家的集中是世界城市的主要特点。由世界城市决定资本在世界范围内的使用方式和位置,它通过阶梯状组织机构和交通网络传送的它的命令。世界城市的作用类似于向全球辐射出一种电能的传导,电力传播的能力越大,世界城市集中控制的功能和权力也就越大。

世界城市模式认为,外围城市只有有限的自由意志,它们的作用由统领它们的世界城市的政治、经济权力所规定,由国际金融结构和多国公司来行使。二等城市只能就它们在等级制网络中的功能进行解释。为此,有人把这个体系分为世界城市、地区—国际城市和地区—国家城市,有人称为全球中心、区域中心和地区中心。总之,在这一系统中,外围和附属城市没有什么独立处理事务的机会。

拉波特概括说,世界城市理论致力于一种全球化的中心地点理论,全球城市,例如纽约,位于城市阶梯的顶端,它们分享所有次级城市的功能和活动;同时,它还容纳其他地方所没有的特殊活动。如,伦敦的银行家和纽约的艺术商人所提供的服务极为特殊,他们需要以整个世界为市场。

拉波特认为,在概念上,世界城市模式也与运用于发展中国家的依附理论相联系。依附理论把发展中国家出现的新的工业中心作为世界一类城市——伦敦、东京、巴黎和纽约——所制定秩序的接受者。安东尼·金(Anthony King)认为,殖民地城市为现行的根据西方价值观念、资本主义的商业组织和工业化的生产系统所进行的资本主义世界经济运作建立了空间,因此,世界城市的理论又为实行等级制的控制证实、描述了一种机制和途径,而这种等级制的控制是通过世界城市系统的等级制商业模式来实现的。①

从卡尔·拉波特的论述中我们可以看出,他所说的世界城市理论,实际上就是自近代以来欧洲以及后来延伸到北美的资本主义经济体系中所建立的等级制的城市网络系统。他的分析与凯尔莱斯和吉尔伯特相比,只不过增加了更加丰富的时代内容。

三、"国际城市"出现的背景

从世界城市理论向国际城市理论的转换是由于第二次世界大战以后世界经济形势所发生的巨大变化引起的。20世纪七八十年代,世界经济在地域上的重建在有关城市理论方面也有反映。一些学者强调世界城市发生的新变化,他们试图了解当今世界经济的多元化与早期统一的跨大西洋世界经济体系之间的不同。在所有的变化中,最明显的是太平洋地区经济的崛起。首先是东亚城市,亚洲四小龙的崛起,特别是东京,它已经作为与伦敦、纽约相匹敌的具有竞争性的经济决策的中心而出现;其次是加利福尼亚和澳大利亚,在那里也集中了许多世界城市才具有的新利益。在欧洲,高速公路和铁路的改进更加强了欧盟的联合,使一些欧洲城市在欧洲范围或世界上发挥作用。欧洲、北美大陆之间的竞争对原来某些城市的稳固地位也提出了挑战,新兴工业的出现为一些城市新的专门化功能的出现提供了条件,为一些城市的崛起创造了机会。

总之,从广义上说,世界经济形势的新发展已经引起国际新的劳动分工。在这种新分工下面,跨国公司把生产的功能从欧洲和北美东部这些所谓资本主义发展的核心地区转移出来,却把跨国公司的总部留在了那里,使这些地区已发展起来的许多城市专门从事金融业和商业、服务业,或者是信息交换技术等新兴工业。这样做的结果会出现一个新的全球化的世界体系,其特征是生产的扩展造成了全球的工业化,而工业化的控制权却掌握在为数极少的分布于全球不同地区的几个关键城市手中。这几个在某些行业能够统领世界的城市,就是所谓"国际城市"。

四、卡尔·拉波特的"国际城市"理论

这一理论是一种宏观理论,是在世界市场的运作中对城市作用及城市之间的关系进行重新考察,亦即在全球化的新形势下,在更复杂的商业和信息活动中对更具有专门功能的城市系统进行考察。国际城市理论注重研究城市在

---

① Anthony D. King, *Urbanism Colonialism, and the World-Economy: Cultural and Special Foundations of the World Urban System*, London, 1990.

国际上发挥的作用,它强调国际城市在世界城市网络中的交叉关系和相互影响。此外,它不仅关心少数几个超大城市,而且关注那些以前不曾受到世界资本涉及的中等城市。其实,对于这样一种图景,美国人文生态学的社会学家早有预见。早在20世纪二三十年代,社会学家罗德里克·麦肯齐(Roderick McKenzie)就最先勾画了国际城市的图景。那时,他思考了日本和东方经济的崛起,指出新的城市"重心"将会出现,也会有新的交流"路线",他预见到跨国和跨地区疆界的多边交换将变得越来越复杂。他还预见到现代交通手段的进步将赋予个别城市或城市链以发送者和接收者的专门功能。也就是说,他已经预见到了城市在信息时代的专门功能,认为,到那时候,城市间的空白将会消失。①

卡尔·拉波特从不同方面对世界城市理论和国际城市理论进行了区别。首先,他注意到不同城市的不同功能是国际城市理论模式的一个特点。世界城市模式注重城市网络的等级制,即上级城市对下属城市的控制行为,注重某一级城市在它所处的网络级别中的作用,如在地方、地区、国家或世界,一般来说,下级城市不会越级发挥作用。国际城市模式却注重城市的开放程度,国际城市在本质上是对世界市场开放的,是外向型的,它不必严格遵守过去等级制城市网络的次序。此外,等级制的城市网络不是完全建立在真正交换的基础上,有一种强制性功能。国际城市理论却注重交换城市双方的平等和互惠。在全球化时代,可以进行交换的"商品"种类大大增加,有实在的商品(包括个人消费品),也有移民、旅游者、商业信息、正规教育等。国际城市模式承认像纽约这样的国际城市在国际金融、商业和移民等项事务中的统领作用,也就是它们在世界阶梯状城市网络中处于顶级位置,但与此同时,它还承认城市之间的横向联系。它希望不同的城市,也能像日内瓦、布鲁塞尔或迈阿密那样,在国际经济中发展独特的功能并具有独特的地位。由于在功能和地位上的要求不同,在数量上,国际城市可以比为数极少的几个世界级城市的数量多得多。

其次,由于现代科学技术的飞速发展可以创造经济上的奇迹,因而,国际城市理论承认在一些专门功能上,一些新崛起的城市可以超越城市网络的原有等级次序,在世界上发挥重要作用。现代信息交流技术的发展和金融、商业、经济机构在世界范围的重组,使世界的经济形势发生了巨大改观,城市的国际作用也大大加强。世界上许多区域发展的实践表明,现代技术的进步和

---

① Roderick D. Mckenzie, "The concept of dominance and world-organization," in *American Journal of Sociology*, No.33. July 1927. Cited from Carlabbott, op.cit. p.35.

机构的重组可以使金融和商业产生瞬息万变的效果。由于大量信息的瞬息传播,已经改变了世界城市之间原有的竞争先后顺序,在金融和教育等方面,这一特征表现得尤为明显。因此,国际城市理论在承认世界城市理论的同时,也承认城市次序的多元性、经常性的变化。城市地位的变化是由于城市所获得的专门功能决定的。在全球化时代,城市功能越来越趋向于专门化,这是进行交流的基础;而交通革命和旅游无疑大大促进了交流的速度。

卡尔·拉波特认为,按照经济的专门化功能,20世纪后期美国的国际城市至少可以分为三类:一是国际生产城市;二是国际通路城市;三是国际交易事务城市。国际生产城市直接为世界市场服务,致力于出口成品的商品、生产的专门化或拥有大国际企业的分厂。19世纪的曼彻斯特和20世纪的底特律是这类城市的典型。由于世界贸易对于美国越来越重要,也由于经美国有大量的转口贸易,自60年代以来,美国城市的国际作用大大增强,国际管理的职能和大量的信息活动直接支持着这些生产类型的城市。国际通路城市是指历史上欧洲人进行海外定居的地区和殖民地的一些城市,如美国历史上的一些商业城市和19世纪欧洲扩张时的一些殖民地城市,都属于这一类。这些城市的作用既是文化渗透,也是商业渗透。在美国历史上,这些城市联系着东北部的工业中心,也连接着南部和西部的资源。在20世纪后期,除了历史上的交换移民和商品的作用之外,又增加了新的交换内容。国际交易事务城市,用吉恩·哥特曼(Jean Gottmann)的术语是指向跨国市场提供专业技术、金融服务和个人服务的城市。这些城市是20世纪70年代以来变化最大的,吸引了城市研究者和改革家的最大注意力,它们在新的世界城市系统中位置最重要。交易事务型城市在经济信息、政治、组织信息或文化信息方面实现专门化。[1]

为了对城市的国际化程度进行衡量,卡尔·拉波特制定了衡量这三类城市的一系列标准,其中包括衡量这些城市进行国际联系的标准、作为为首国际城市的标准等。他列表把美国纽约、华盛顿、波士顿、迈阿密、芝加哥、洛杉矶、休斯敦、新奥尔良、旧金山及亚特兰大等城市在许多方面的指标进行了比较,如外国出生的人口、外国银行数量、外国旅游者、新移民数量、进口物资的价值,具有外国领事馆的数量以及与国外建立姊妹城市关系的数量等,经过比较,纽约的确在许多方面名列前茅,当之无愧为美国首屈一指的国际城市;华盛顿由于是首都,在获得国际信息方面独占鳌头;20世纪60—80年代,美国西

---

[1] Gottman, "Gateway cities: the metropolitan sources of U.S. producer service exports," in *Urban Studies* 29, April 1992. Cited from Carlabott, op.cit. p.39.

部和南部的一些城市脱颖而出,其国际作用大为加强;其他地区的城市却相对发展缓慢。作者认为,到20世纪80年代,美国几乎所有的城市都多少具有国际作用,每一地区都有自己专门化的功能和通往国际的通路。

五、"国际城市"理论研究的意义

为什么会有从世界城市理论向国际城市理论的转变?从历史背景上来说,国际城市理论的提出不是偶然的,它是当前时代的产物,是经济全球化的必然结果。这就牵涉两个问题,一个问题是这两种理论有没有本质上的区别?第二个问题是当前的时代与以前的时代有没有本质上区别?

从根本上说,世界城市理论是与资本主义世界体系联系在一起的。资本主义的发展又是与殖民主义紧密相联。资本主义首先是从欧洲开始,在它发展的过程中,建立了横跨大西洋和深入亚洲、非洲的殖民主义世界体系。如果按照资本主义的世界体系来说,毫无疑问,在20世纪以前,欧洲是资本主义的心脏地区,是资本主义世界体系独一无二的中心,而世界其他地区,包括美洲在内,不过都是这一中心的外围或边缘地区。如果把资本主义世界体系看成一个不断向外扩展的同心圆的话,那么,这个同心圆所包括的城市就各处于这一多层次圆环的不同位置上,就处于以欧洲为中心的等级制的世界城市网络的不同"节"和"点"上。而圆心却只有一个,这就是处于等级制的世界商业城市网络金字塔顶端的伦敦。

到了20世纪,情况发生了变化。有人说"20世纪是美国的世纪,是看它崛起,看它称霸世界的世纪"。这一说法虽然过于绝对,但不是全无道理。总之,20世纪的发展产生了一个新的现实,如果说在19世纪以前,资本主义世界体系的中心地区只有一个的话,那么到了20世纪,特别是第二次世界大战以后,资本主义世界体系的中心地区就向北美扩展和转移。虽然欧洲还是最发达的地区之一,但是,现代科技的最新成就通常首先在美国出现。与这种情况相适应,位于世界等级制城市网络金字塔顶端的城市也就变成了两个,作为北美第一现代都市,纽约成了与伦敦相抗衡的另一个世界中心。20世纪六七十年代以后,以"亚洲四小龙"为首的一些国家和地区经济迅速崛起,日本、中国经济的高速发展,成了继欧洲和北美之后世界上第三个经济比较发达的地区。尽管在中国和印度等地农业人口仍占多数,但是,亚洲地区经济发展的速度是惊人的,大大超出了世界发展的平均速度。这一地区经济之所以能在极短的时间内得到发展,原因是多种多样的,有殖民体系的瓦解,也有商品经济的高速发展。但是,不可否认的一点是,资本主义利用跨国公司,把一部分工业生产从资本主义原有的心脏地区转移到这里也是一个重要原因。于是,作为世界上第三个经济发展热点地区的中心,东京成了与伦敦、纽约相匹敌的世界城市。1991年,萨斯基亚·萨森(Saskia Sassen)出版了《全球城市》一书,对世界城市进行了详尽的分析,认为,伦敦、纽约和东京是世界经济三足鼎立的首都,三者各执一个地区,是对全球经济进行管理和服务的金融中心。①以上的分析表明,世界城市理论并没有过时,它仍然在一定程度上客观地反映着当今世界经济体系的现实。

然而,从另一方面来说,20世纪后期以来,世界毕竟发生了巨大变化。与过去的时代相比,变化是多方面的。首先,市场经济的世界体系从大西洋两岸向太平洋地区扩展了。这种扩展给世界等级制城市网络带来的变化是一个顶尖级世界城市变成了三个,于是,其下属的代表"世界—国家—地区—地方"四级城市的金字塔状的网络也就从一个单一的体系变成了三个等级制的网状体系,一元制变成了多元制。这是全球化经济发展给世界城市格局所带来的第一个重要变化。

其次,在亚洲,殖民体系的瓦解对世界经济的改变是巨大的。在殖民主义的政治体制之下,商品的交换是不平等的,欧洲对亚洲实行超经济的掠夺。因此,欧洲的世界级城市对亚洲的国家及地区级城市实行的也是不平等的政治统治,没有市场经济的规则可言。殖民主义体系瓦解之后,亚洲各国人民推翻了西方帝国主义的统治,实现了国家独立,各国可以按照自己的意志与任何国家进行贸易,不必受西方强国的摆布。而且,尽管在与西方国家的经济交往中还存在着种种表面而实际上的不平等(如对亚洲地区原材料的掠夺;利用亚洲廉价的劳动力;跨国公司把金融、管理和高科技部门留在西方,把污染人的工业生产转移到亚洲,这样,既可以获得利润的主要部分,又可以使西方本土不受污染;等等),但是,以往那种超经济的掠夺毕竟消失了,亚洲与西方的贸易实行了商品交换。此外,各种各样国际商贸组织的出现,使亚洲国家可以利用国际上通行的规则不断争取各方面的平等权利。

总之,原有的国际经济秩序已经被打破,新的国际经济秩序正在建立。在这样的形势下,随着全球化的进展和国际交往的扩大,原有世界城市网络的等级制统治也随之发生了改变,与等级制并存的权力因素也随之大大削弱或消失。下级的城市不必只能与它的上级城市或它的下级城市发生单向联系,而

---

① Saskia Sassen, *The Global City*: *New York*, *London*, *Tokyo*, Princeton University Press, 1991.

是可以在同级之间、跨地区之间实行横向的和多向交往,城市关系中出现了更多的灵活性。这是国际城市理论的第二个重要特征。

然而,国际城市理论的现实意义主要不在于实际应用,与后现代主义思潮一样,它更重要的价值在于理论方面。它对现存的占统治地位的世界城市理论进行了批判,从而,也就是对现存的等级制的城市关系进行了批判。后现代主义不是一个新的历史时期,它对现存的国际经济秩序也不能进行根本的改变,但是,它站在一个全新的高度上,从人类更长久的利益出发,对现代社会中许多不合理的现象进行了激烈的批判,提出了新的发展观,因而使人们耳目一新。在批判的同时,后现代主义也为人们指出了一些未来的方向,并采取了一些措施,如环保主义、女性主义等。而这些措施正在被越来越多的人所接受、推广。这就是我们从卡尔·拉波特的国际城市理论中受到的启发。

(姜 芃)

第二十四章　城市史是否是一门学科？

城市史学是自 20 世纪 60 年代首先在西方发展起来的一个历史学分支学科，这早已成为学术界一种约定俗成的说法。然而，随着这一学科的发展，研究的领域越来越宽，引入的理论也越来越新，当人们要对这一学科的研究范围进行精确界定时，关于什么是城市史学的问题就被越来越多的人提了出来。从 20 世纪 70 年代末至今，这一问题不但没有得到解决，而且引发的问题越来越多。

第一节　来自各方面的质询

一、什么是城市？什么是城市史？

哈里·詹森认为，迄今为止，有人把城市与革命相连，有人把城市与文明相连，但是，究竟什么是历史研究对象的城市，却还没有一个令人满意的说法。在城市史学科中，存在着两种"城市"的概念，这两种概念是与城市史学的方法联系在一起的：一种是"传统的、方志式的、行为化的和封闭的，城市被看成是一个独立的变体；第二种是更现代的，城市的概念被看成是开放的和动态的，被解释成一个相互依赖的变体"。[1]

詹森还认为，城市的概念在不同时代的内涵是不同的。他举奥斯卡·汉德林（Oscar Handlin）对前工业和现代城市的分析，指出必须把前工业的城镇和现代城市进行区分，自中世纪以后，直到 18 世纪，城镇都是独立的实体，与其周围的地域是分隔开来的，只有在城乡边界有一些特殊的接触。现代的工业城市则变得越来越成为关系网中的结和点，它没有阻碍和封锁金钱和商品的流通，而是促进了这种流通，促进了生产者和消费者之间的交换。中世纪的城镇是自治的组织；现代城市应该被看成是其所处的整个地

---

[1] Harry S. J. Jansen, "Wrestling with the angle: on problems of definition in urban historiography," in *Urban History*, Vol.23, Dec. 1996.

区的器官。

那么,城市史是否是一门独立的学科?在美国康涅迪格大学的布鲁斯·斯塔夫(Bruce M.Stave)向英国城市史的创始人、列斯特大学的戴奥斯(H.J. Dyos,1921—1978)所作的访谈中,当斯塔夫问及什么是城市史时,戴奥斯答道,由于城市史使用了大量的不确定的方法和理论进行研究,要求把社会各方面的因素联系起来考虑,这对历史学家是一个巨大的挑战,完全做到这一点几乎是不可能的。[1]因此,城市史不能说是一个独立的学科。

第二节 对什么是城市和城市史的回答

一、城市史的定义是与研究的理论和方法相联系

关于什么是城市史?詹森认为,城市史的定义其实是很不确定的,它是与研究的方法论的内涵联系在一起的。由于城市可以从不同的角度进行研究,也可以使用不同的理论进行研究,随着形势的变化和新理论的层出不穷,城市史在随时调整着自己的研究角度,所以,城市史就可以根据研究的内容不同属于不同的分支学科。此外,由于城市史采取了新的研究范型,于是就发生了革命性的转变,从旧城市史转变成新城市史。这些范型包括:对城市的定义从过去城乡二分的、对立的,变成现在连贯的、相互依赖的。城市史还吸收了地理学家的研究模式,即把城市和乡村看成是一个统一的整体,把城市看成是包括乡村在内的整个地区的服务中心。[2]因此,他认为城市史的学科范围难以界定,甚至可以根据所采取的视角和使用的理论,把城市研究分解到其他不同的分支学科中去。

西奥多·赫施伯格认为,随着知识的扩展和新理论的层出不穷,城市史的研究范围已经发展得越来越广,在这样的情况下,进行知识的整合就显得尤为必要。作为城市史学家需要各方面知识的训练,应该进行跨学科的综合研究,要研究城市的人口、技术、环境、交通、商业、生活方式、社区、观念和城市居民的各个年龄段,还要把宏观和微观的研究相结合,而要做到所有这些方面,几

---

[1] Bruce M. Stave, "A conversation with H. J. Dyos: urban history in Great Britain," in *Journal of Urban History*, Vol.5, No.4, Aug.1979, p.481.

[2] Harry S. J. Jansen, "Wresting with the angle: on problems of definition in urban historiography," in *Urban History*, Vol.23, Dec.1996.

乎是不可能的。①因此,很难给城市史的研究方法和范畴下一个确切的定义。

戴奥斯认为,"城市史不是一门学科,它甚至不是一个界限分明的研究领域。实际上,它应该被看成一种研究的策略。这是在具有一定问题、一定史料和一定基本理论的前提下所进行的当代史研究,是非常宽泛的研究"。②

二、耶鲁大学新城市史学派的经验

西奥多·赫施伯格注重介绍和分析了20世纪六七十年代耶鲁大学的新城市史学派。他介绍说,1968年,在耶鲁大学由一批年轻人组成了新城市史学派。他们主要是用计量方法试图对某一城市的普通人进行研究。他们通过三方面的事物进行可计量的微观研究:一是通过强调实际环境来调查城市的建设过程;二是调查由于城市环境的多样化所引起的人们行为经验有多宽泛,他们不但要观察行为的多样性,而且要把城市环境影响行为的机制作统一的分析;三是要研究行为和环境的相互影响以及地方特色。但是,历时十年,他们调查了大量的人名录、税收账册和人的经历,想在种族、职业和阶级方面有所发现,结果却成效甚微。通过对一些城市的研究,他们发现了许多难以搞清的问题,如重名,结果使许多调查不可信;此外,经过调查,许多地方得出的结论是相似的。最后,他们承认试图做微观研究的做法归于失败。

赫施伯格认为,他们的努力之所以失败,原因是多方面的,一是他们没有把城市当成发展过程来研究,而是当成了地点。二是离开了城市发展的历史背景,就使解释变成随心所欲和毫无根据的。1975年,在经历了这些之后,当《城市史杂志》的记者布鲁斯·斯塔夫对耶鲁大学的新城市史学派进行采访时,这一派的核心人物斯蒂芬·瑟恩斯特罗姆(Stephan Thernstrom)承认他已经放弃了新城市史。而且,他认为城市史、乡村史和社会史的区分是不重要的。③

第三节 结 论

通过以上列举的一些说法,我们看到,在城市史研究中,城市的界线几乎

---

① Theodore Hershberg, "The new urban history, toward an interdisciplinary history of city," in *Journal Urban History*, Vol.5, No.1, Nov. 1978, pp.6-7, 30-31.

② Bruce M. Stave, "A conversation with H. J. Dyos: urban history in Great Britain," *Journal of Urban History*, Vol.5, No.4, Aug. 1979, pp.482-491.

③ Theodore Hershberg, "The new urban history, toward an interdisciplinary history of city," in *Journal Urban History*, Vol.5, No.1, Nov. 1978, pp.15-25.

是无法确定的,城市和乡村已经没有严格的界线区分;城市史研究的范围也是无法确定的,可以包括整个社会;而城市史的研究方法是随着时代的变化、社会科学其他学科新方法和新理论的层出不穷而不断变幻的。所以,对城市史学科进行界定的确是一件非常困难甚至不可能的事。因此,从这个意义上,有人认为,城市史不是一个确定的学科,它只是一种研究的策略,只是观察人类历史的一个新的视角。

尽管如此,我们仍然本能地知道什么是城市,什么是城市史。而且,在中国,在世界的许多国家和地区,有大批的历史学工作者在作城市史研究。人们是这样看的,城市史学家自己也是这样认为。

至此,我们似乎陷入了一种尴尬的两难境地:一方面,有大批的城市史学家在做着城市史研究;另一方面,城市史学科又难以界定。那么,怎么解释这一现象呢?曾任美国农业历史学会主席的彼德·考克莱尼斯(Peter A. Coclanis)在解释什么是"全球化"的时候,引用了爵士小号演奏家路易斯·阿姆斯特朗的一句话:"如果你需要问,那你将永远不知。"[①]此时,我们就进入了这种问过之后的不知状态。

(姜 芃)

[①] 彼德·考克莱尼斯:《农业的全球化:大米贸易的警示》,载《史学理论研究》2001年第1期,第114页。

西方城市史与城市理论对中国城市研究的影响

第二十五章　"城市"概念的从无到有

第一节　中国古代并无"城市"的概念

中国古代即有"城市"一词,而且产生的时间较早,在电子版《四库全书》中以"城市"一词进行检索,总共有3 423条,①如《史记·赵世家》:"韩氏上党守冯亭使者至,曰:'韩不能守上党,入之于秦。其吏民皆安为赵,不欲为秦。有城市邑十七,愿再拜入之赵,财王所以赐吏民。'"②又如《后汉书·法雄传》:"雄乃移书属县曰:凡虎狼之在山林,犹人之居城市。古者至化之世,猛兽不扰……"③关于这些"城市邑""城市",有些学者认为表达的即是现代"城市"的涵义,当然这也与"城市"概念的界定有关,如马正林在《中国城市历史地理》一书中提出的"城市"概念是"也就是说,中国古代的城是以防守为基本功能。城市则不然,它必须有集中的居民和固定的市场,二者缺一不都能称为城市。根据中国历史的特殊情况,当在城中或城的附近设市,把城和市连为一体的时候,就产生了城市",④并由此推断中国古代城市出现的时代应该是西周,即"夏商的都城是否设市,既无文献上的依据,也没有考古上的证明,只有西周的都城丰镐设市,有《周礼·考工记》为证",⑤并由此认为文献中出现的"城市邑"和"城市"即是现代意义的"城市"概念。他提出的这一对"城市"概念的界定,即"城(城墙)"+"市"="城市",在中国古代城市研究中具有一定的代表性,⑥虽然不能说马正林提出的认识是错误的,毕竟关于"城市"的概念至今也没有达

---

① 其中有很多并不是作为"城市"一个词汇出现,或是"城"和"市"两个概念的合称或而偏重于"市",如《后汉书》卷四十一《刘玄传》:"乃悬莽首于宛城市";《陈书》卷十二《徐度传》:"高祖与敬帝还都。时贼已据石头城,市鄽居民并在南路,去台遥远,恐为贼所乘",因此实际上出现的次数要远远少于3 423条。
② 《史记》卷四十三《赵世家》,中华书局1959年,第1825页。
③ 《后汉书》卷三十八《法雄传》,中华书局1965年,第1278页。
④ 马正林:《中国城市历史地理》,山东教育出版社1998年,第18页。
⑤ 同上,第19页。
⑥ 如董鉴泓:《中国城市建设史》,中国建筑工业出版社1989年,第5页。

成一致的意见,但这并不能说明古代文献中出现的"城市"一词具有了现代"城市"的涵义。①当然,我们可以用现代的"城市"概念来界定古代的聚落,但回到我们的主题,无论近现代"城市"的概念如何界定,实际上都是从本质上(主要是经济、社会结构)将一组特殊的聚落与乡村区分开来,那么我们首先需要考虑的是中国古代是否曾将某些聚落认为是一种特殊的实体,如果存在这种认识,那么这些特殊的聚落是否与近现代"城市"概念存在关联。下面先对这一问题进行分析。

除了辽、金、元三个少数民族政权之外,在中国古代的行政体系中,并不存在单独的现代意义的建制城市。韩光辉在《元代中国的建制城市》②《中国元代不同等级规模的建制城市研究》③《宋辽金元建制城市的出现与城市体系的形成》④等论著中对辽、金、元时期,尤其是元代建制城市的出现和发展过程进行了叙述。根据韩光辉的分析,设置建制城市(也就是录事司)的标准,并不是现在通常用来界定"城市"的经济、人口等数据,而主要依据的是城市的行政等级,即"录事司,秩正八品。凡路府所治,置一司,以掌城中户民之事。中统二年,诏验民户,定为员数。二千户以上,设录事、司候、判官各一员;二千户以下,省判官不置。至元二十年,置达鲁花赤一员,省司候,以判官兼捕盗之事,典史一员。若城市民少,则不置司,归之倚郭县。在两京,则为警巡院"。⑤从这一文献来看,界定"建制城市"的标准首先是行政等级,然后才是人口,如果行政等级不高,人口再多也不能设置录事司;同时,文献中对于"若城市民少,则不置司"中的"民少"并没有具体的规定,另外不设判官的标准为二千户以下,

---

① 总体来看,马正林所提概念涵盖的范围过于宽泛了,有"市"和一定的居民即可以为城市,且不说其中的市是否是固定市还是集市,人口要达到多少才算是达标,如果按照这一概念,不仅中国古代大多数行政城市,以及众多的乡镇聚落都可以作为城市,而且世界古代的大多数聚落似乎也可以界定为城市了。对于这种定义,李孝聪在《历史城市地理》一书中批评道:"而且,城市作为人类社会物质文明与精神文化最重要的载体,仅仅用城墙和市场这两个具体而狭隘的标准来衡量也是缺乏说服力的。"(山东教育出版社2007年,第4页)此外,由于"城市"一词具有的误导性,让人容易理解为"城"+"市",因此有学者认为应当放弃对这一词汇的使用,参见王妙发、郁越祖:《关于"都市(城市)"概念的地理学定义考察》,载《历史地理》第10辑,上海人民出版社1992年,第133页。而且"城市"一词在古代可能仅仅表示"城"的涵义,这点参见后文分析。
② 韩光辉:《元代中国的建制城市》,载《地理学报》1995年第4期,第324页。
③ 韩光辉、刘旭、刘业成:《中国元代不同等级规模的建制城市研究》,载《地理学报》2010年第12期,第1476页。
④ 韩光辉、林玉军、王长松:《宋辽金元建制城市的出现与城市体系的形成》,载《历史研究》2007年第4期,第42页。
⑤ 《元史》卷九十一《百官志》,中华书局1976年,第2317页。

并且没有规定下限,则更说明"民少"的标准是模糊不清的。不仅如此,虽然我们不能确定元代"城市"发展的水平,但明清时期"城市"的发展应当不会低于元代,但这种建制城市却在元代灭亡后即被取消。从这点来看,"建制城市"的出现并不能代表中国"城市"的发展水平,而且也没有确定一种传统,可能只是中国历史发展中的偶然现象。总体来看,就行政建制方面而言,中国古代缺乏现代意义的"城市"的划分标准,"城"通常由也管辖周边郊区的附郭县(府州及其以上行政层级)或者县管辖,"城"与其周边地区的区分在行政层面上并不重要。

不仅如此,在漫长的历史中,除了元代之外,清末之前几乎没有用来确定某类特殊聚落地位的标准。在各种文献中提到的"城",通常是那些地方行政治所和一些修筑有城墙的聚落,因此如果要寻找划分标准的话,那么就是"地方行政治所"和"城墙",但这两者又不完全统一。一方面,至少从魏晋至明代中期,很多地方行政治所并没有修筑城墙,[①]另一方面大量修筑有城墙的聚落又不是地方行政治所。因此,中国古代文献中的"城",其实包含有两方面的涵义,一方面是地方行政治所(不一定修筑有城墙),另一方面是有墙聚落。两者之中,都涵盖了各色各等差异极大的聚落,有墙聚落中既有规模居于全国首位的都城,也有周长可能不超过二三里围绕一个小村落修建的小城堡。即使行政治所,规模差异也很大。下表列出了清代府州县规模的差异。[②]因此文献中"城"和"城池"这类的概念实际上表示的是一种地理空间,而并不具有太多的其他意义。

表 25-1　清代城市规模统计

城市规模 (千米)	0—1	1—2	2—3	3—4	4—5	5—6	6—7	7—8	8—9	9—10	10以上	总共(座)
省级城市	0	0	0	0	3	2	3	2	2	0	6	18
府级城市	4	11	30	35	27	64	16	12	5	2	14	220
县级城市	52	308	395	175	108	84	9	11	1	2	7	1 152

资料来源:《四库全书》中收录的各省通志。

中国古代编纂的各种志书中,在涉及地方的部分基本上很少将与城有关的内容单独列出。如现存最早的地理总志《元和郡县图志》,其中所记政区沿

---

① 参见成一农:《古代城市形态研究方法新探》,社会科学文献出版社2009年,第160页。
② 同上,第126页。

革、古迹、山川河流都没有区分城内城外,而且也极少记录城郭的情况。《元和郡县图志》之后的地理总志,虽然记述的内容更为丰富,但也大致遵循这一方式,即没有强调"城"的特殊性。地理总志以外的其他志书也基本如此,如《十通》,在记述各种经济数据(如人口、税收等)、山川、衙署等内容时,并不将城的部分单独列出。宋代之后保存至今的地方志中虽然通常有"城池"一节,但主要记录的是城墙和城壕的修筑情况;"坊市"中虽然主要记载的是城内的坊(或牌坊)和市的分布,并与城外的乡村(或者厢、隅、都等)区分开来,但这可能是受到行政建置(城内与乡村的行政建置存在差异)的影响;在其他关于地理的章节(如桥梁、寺庙)、关于经济的章节(如食货、户口)等中基本看不到对城的强调。此外,除了极少数"城"(如北京、杭州、西安、开封)之外,中国古代基本上极少见到关于"城"的志书。虽然有学者将少数这类志书认为是"城市志",如毛曦在《中国城市史研究:源流、现状与前景》一文中认为"都邑志是专门的城市志,属于专题地理志的一种。中国古代有《洛阳伽蓝记》《三辅黄图》《雍录》《唐两京城坊考》《宋东京考》等大量的都城志。宋以来许多史书中开始增设'都邑'的专题内容,郑樵《通志》专设《都邑略》(《续通志》和《清朝通志》延续了这一体例),王应麟《通鉴地理通释》设有《历代都邑考》,董说《七国考》设置《都邑》专卷,唐宋以来修撰的《会要》中亦多设有《都邑》专题。顾炎武的《历代宅京记》则是我国第一部辑录都城历史资料的都城总志。此外,还有以城市社会文化生活为主要内容的专门著述,如孟元老《东京梦华录》、吴自牧《梦粱录》、周密《武林旧事》等",[1]但是这些志书,其中一些并不能肯定地认为是"城市志",因为这些志书也可以被认为是关于"城"或"城池"的专志,如《洛阳伽蓝记》等;还有一些志书,如最早的《通志·都邑略》记述的是都城,而且内容基本上是对都城位置的考订和描述,虽然后续志书中《都邑》的内容有所扩展,但也只是记载城池和宫殿的情况以及大致的沿革,与当代"城市志"的内容和目的相差极远,而且《通志·都邑略》的开篇即叙述"建邦设都,皆凭险阻。山川者,天之险阻也。城池者,人之险阻也。城池必依山川以为固",[2]所谓"都邑"其实就是"城池"。因此上述材料并不能证明中国古代存在"城市""城市志"或者关于"城市"的研究,而可能仅仅是关于"城"或者"城池"的研究。因此,可以认为在这些志书的编纂者看来,作为行政治所的"城"并没有太大的特殊性,或者说他们心目中并没有欧洲中世纪那些具有特殊地位的"城市"。

---

[1] 毛曦:《中国城市史研究:源流、现状与前景》,载《社会科学》2011年第1期,第161页。
[2] 《通志》卷四十一《都邑略》,中华书局1995年,第561页。

此外，虽然中国古代早已有"城市"一词，但其涵义与近现代的概念并不相同，如清代编纂的关于北京的《日下旧闻考》中有以"城市"命名的章节，记载城内的街巷、寺庙、景物等，但该书主要是分区域记述的，与"城市"对应的章节分别为"皇城""郊垌"和"京畿"等，因此"城市"一词在这里很可能只是是一种空间分区，表示的是城墙以内皇城以外的范围，类似于"城"或者"城池"。另如《后汉书·西羌传》记"东犯赵、魏之郊，南入汉、蜀之鄙。塞湟中，断陇道，烧陵园，剽城市，伤败踵系，羽书日闻"；[1]又如《北齐书·阳州公永乐传》记"永乐弟长弼，小名阿伽。性粗武，出入城市，好殴击行路，时人皆呼为阿伽郎君"，[2]这些文献中的"城市"一词同样并不一定表示的是现代意义的"城市"，很可能只是"城"或"城池"的同义词，而且文献中这类的用法还有很多。总体来看，中国古代文献中的"城市"一词很可能并不表示现代或者西方与文化、文明、公民等概念有关的涵义。

不仅文献如此，在流传至今的古代舆图中，极少出现现代意义的"城市图"，大部分表示"城"的舆图往往将城与其周边区域绘制在一起。当然方志中的"城池图"是例外情况，其表现的是整个政区的组成部分之一，在明清时期的很多方志之中，除了"城池图"之外，还有着大量表示乡村的疆里图，因此这种"城池图"表现的实际上是一种地理单位，重点并不在于强调城的特殊性。另外宋代保存下来的几幅"城图"，都有着特殊的绘制目的，《平江图》是在南宋绍定二年（1229）李寿朋对苏州里坊进行调整并重修了一些重要建筑之后绘制的，是用来表示这些成果的地图；《静江府城图》则是出于军事目的大规模修建静江府城池之后，用来记录修城经过和花费的城图，图中上方题记中详细记载了修城的经过和所修城池的长宽高、用工费料和当时经略安抚使的姓名即是明证。从文献来看，这样的"城图"在宋代还有一些。宋代之后直至清末之前，除了都城之外，与其他专题图相比较（如河工图、园林图），以"城"为绘制对象的舆图较为少见。以《美国国会图书馆藏中文古地图叙录》[3]一书为例，其中收录有美国国会图书馆所藏中文古地图约 300 幅，其中城图仅有 19 幅。在这 19 幅城图中，北京地图有 6 幅，其余的 13 幅地图中绘制于同治时期的 2 幅、光绪时期的 8 幅、清后期的 1 幅（即《浙江省垣水利全图》，李孝聪教授认为该图与清同治三年浙江官书局刊印的《浙江省垣城厢全图》刊刻自同一时期或稍晚），

---

[1] 《后汉书》卷八十七《西羌传》，中华书局 1965 年，第 2900 页。
[2] 《北齐书》卷十四《阳州公永乐传》，中华书局 1972 年，第 182 页。
[3] 李孝聪：《美国国会图书馆藏中文古地图叙录》，文物出版社 2004 年。

绘制于清代中期的只有2幅(《莱州府昌邑县城垣图》和《宁郡地舆图》)。从中国传统舆图来看,与今天大量出现的城市图不同,除了方志中的"城池图"和单幅的都城图之外,中国古代极少将"城"作为一种单独的绘图对象。

总体来看,中国古代可能存在有现代意义的"城市",但并没有突出强调某类聚落性质上的特殊性。"城""城池",甚至"城市"的划分标准很可能只是地理空间,而不是现代的从内涵上进行的界定,同时也没有从经济、社会等方面对聚落进行划分的标准,因此可以认为中国古代并无"城市"这样的概念。

出现这种情况,并不是说明中国古代没有现代意义的城市,而是说明中国古代并没有一种我们现代认为的"城市"的概念或者认识,在研究中我们依然可以用现代的"城市"概念来界定中国古代,并划分出一类研究对象。但在迄今为止中国古代"城市"的具体研究中,讨论"城市"定义的论著不少,但确实能在研究中提出某一具体的界定"城市"的标准,并应用到实际研究中的则是少而又少,这也是很多古代"城市"研究所遇到的不可避免的问题,对此研究者则采取了一些灵活的处理方式。

如避免使用"城市"一词,而采用更为宽泛的"城镇"等词汇。如刘景纯的《清代黄土高原地区城镇地理研究》,其第二章"城镇的发展与城镇体系的完善"中的第一节"府州县城镇"包括"府、州城"和"县城",第二节"市镇的普遍兴起及其相关问题"中包括"市镇的普遍兴起"和"市镇及其相关问题",显然该书中第二章标题中"城镇"一词的"城"指的是行政治所,而"镇"指的是市镇。由此避免了"城市"和"镇"的界定问题。在第三节中他自己也谈到"因而这里的'城镇'实际上包括府、州、县城及古代方志中所说的市镇和市集等,其概念的内涵更为宽泛"。[1]成一农《古代城市形态研究方法新探》一书在第六章中则直接将"地方城市"界定为"设有各级国家地方管理机构衙署的城市",也就是所谓的行政治所。[2]

在考古学中,有时则用"城址""城"来代替"城市"。如马世之《中国史前古城》,该书绪论中对"城市"的概念进行了大量讨论,但在最后部分则提到"本书是一部探讨中国史前城址的著作,兼及城市、国家和文明的起源。初名《中国史前城市》,后来考虑到其内容并不涉及那些'无墙设防的大型中心聚落',即没有城垣的早期城市,恐有名不符实之嫌。思忖再三,最后定名为《中国史前古城》,相

---

[1] 刘景纯:《清代黄土高原地区城镇地理研究》,中华书局2005年,第7页。
[2] 成一农:《古代城市形态研究方法新探》,社会科学文献出版社2009年,第160页。

比之下,这样的书名可能更加准确和实际一些",[①]其实从其前文所述来看,作者并没有将城墙作为确定城市的重要标准,在这里以"城"而不是"城市"为书名,很可能确实是因为讨论城市的概念容易,在实际研究中用概念来界定城市困难。

还有一些研究者,提出一些界定方式之后,在具体研究中则有意无意地采用了一些含混的词汇以避免用提出的关于"城市"的概念来界定具体的聚落。如许宏《先秦城市考古学研究》一书在绪论中提出了中国早期城市的几个主要特征:"(1)作为邦国的权力中心而出现,具有一定地域内的政治、经济和文化中心的职能;王者作为权力的象征产生于其中,在考古学上表现为大型夯土建筑工程遗迹(包括宫庙基址、祭坛等礼仪性建筑和城垣、壕)的存在。(2)因社会阶层分化和产业分工而具有居民构成复杂化的特征,非农业生产活动的展开使城市成为人类历史上第一个非自给自足的社会;政治性城市的特点和商业贸易欠发达,又使城市主要表现为社会物质财富的聚敛中心和消费中心。(3)人口相对集中,但处于城乡分化不甚鲜明的初始阶段的城市,其人口的密集程度不构成判别城市与否的绝对指标。"[②]但具体分析时,书中很多子标题使用的是"城址"而不是"城市"。如在"春秋战国时期城市的转型与发展"一章的"一般城市遗址与军事城堡"中,并没有对所分析的"城址"按照其在绪论中所列的三点特征进行界定。

这其实从另一个侧面证明了中国古代缺少与现代"城市"相对应的概念,由此使得中国古代缺乏用来界定现代意义"城市"的数据,用现代的"城市"标准来界定古代的聚落变得非常困难,尤其是那些通论性著作或者涉及全国或者区域研究的时候。

总体而言,中国古代肯定存在"城市"(具体如何界定则需要根据所使用的概念),但并无类似于近现代或者西方从经济或社会的角度界定的"城市"的概念和划分标准,而只有"城"或者"城池"这样的地理空间的划分。大概只是到了清末,随着与西方接触的密切,西方"城市"的概念才逐渐进入中国,中国独立于乡村的"城市"的意识才逐渐明晰,也才开始注意城乡之间的划分。

第二节 "城市"概念的产生和城市史研究的起步

光绪三十四年(1908),清政府颁布《城镇乡地方自治章程》,又曾颁布《府

---

① 马世之:《中国史前古城》,湖北教育出版社2003年,第7页。
② 许宏:《先秦城市考古学研究》,北京燕山出版社2000年,第9页。

厅州县地方自治章程》,规定府州厅治城为"城",也就是今天意义上的"市",由此才第一次明确了城市作为一政治单位,也才明确了"城市"的概念,但其内容大致抄袭日本的制度。①民国时期,曾于1912年颁布《市乡组织法》,试图建立欧洲式的市镇制度,1921年内务部又以"大总统敕令"的形式颁布了《市自治制》,从国家意义上开创了中国的城市建制,并设立南京、上海2个特别市,无锡、杭州、宁波、安庆、南昌、汉口、广州、梧州8个普通市。②同时南方革命政府控制下的广州,于1918年设市政局,1921年正式成立广州市,1926年北伐战争时期孙科在广州主持颁布并实行了《广州市暂行条例》,由此也展开了中国真正意义上的城市改革。1928年,南京国民政府公布《特别市组织法》和《市组织法》,③又曾设立北平、天津、哈尔滨、上海、南京、青岛、汉口、广州8个特别市和苏州、杭州、蚌埠、芜湖、长沙等17个普通市。1930年,又公布了《市组织法》,废止特别市和普通市的差异,而以隶属关系决定其地位差异,同时由于该法令提高了设置标准,市的数量有所减少,到1932年底共有4座院辖市(北平、上海、南京、青岛)和9座省辖市(天津、杭州、济南、汉口、广州、汕头、成都、贵阳和兰州),1948年发展到67座,其中直辖市12座,省辖市50座,专署辖市5座。④

同时,在20世纪二三十年代曾出现了市政改革运动,一些学者对于"市政"发表了大量论述著作,如董修甲先后出版了《市政学纲要》⑤《市政问题讨论大纲》⑥《市组织论》,此外还有张锐编著、梁启超校阅的《市制新论》⑦等,这些著作大都参照西方理论、模式,提出了与市政有关的各种理论和组织方法。

当然,上述设置"市"活动和"市政改革运动"虽然与"城市"存在一定差异,即一般而言设"市"的聚落基本都可以认为是城市,但是"城市"还应当包括那些没有设"市"的聚落。不过,在这一系列的过程中,"城市"作为一种在本质上不同于"乡村"的聚落已经被越来越多的人认识到;而且无论是关于设"市"的各项制度、法令,还是在市政改革运动中学者们撰写的各种论著以及颁布的条

---

① 参见王萍:《广东省的地方自治——民国二十年代》,载《近代史研究所集刊》第7期,第485页。
② 顾朝林:《中国城市地理》,商务印书馆2002年,第84页。
③ 参见涂文学:《"市政改革"与中国城市早期现代化》,华中师范大学中国近现代史博士学位论文,2006年。
④ 顾朝林:《中国城市地理》,商务印书馆2002年,第85页。
⑤ 董修甲:《市政学纲要》,商务印书馆1927年。
⑥ 董修甲:《市政问题讨论大纲》,上海青年学会书报部1929年。
⑦ 张锐编著,梁启超校阅:《市制新论》,商务印书馆1926年。

例，都是以西方(包括日本)的"城市"作为参考对象。虽然对于界定"城市"的标准一直没有一种统一的意见，甚至今天常用的用人口界定城市的标准，直至新中国成立后才由中央政府颁布，①但无论是学术界还是民众都已经意识到作为一种特殊的聚落，"城市"与乡村之间存在本质的差异。

与此同时，虽然所用词汇各有不同，但出现了大量专门记录"城市"的著作，同时也开始出现一些真正意义的"城市"和"城市史"的研究著作，如傅崇兰提出"直到近代，梁启超先生写了一篇《中国都市》的短文，内容属于萌芽状态的城市史"。②查阅材料，梁启超确实曾经撰写过两篇关于都市的论文，即《中国都市小史》③和《中国之都市》，④发表的时间都是1926年。⑤不过这两篇论文并不是最早的中国城市史的研究著作，实际上，在此之前已经出现了一些关于城市史的研究，如1914年《地学杂志》上发表的《各地都会历年久暂(暂)之统计》，⑥1914年的《上海开埠史述》⑦等等。不过，根据《中国历史地理学论著索引》⑧统计，从20世纪初至20世纪中叶关于城市史和历史城市地理的论著并不是很多，如关于北京，较早的论文有1916年郑定谟的《北京建都考》，⑨1929年奉宽的《燕京故城考》，⑩1930年朱紫江、阚铎的《元大都宫苑图考》，⑪1936年王璧文的《元大都城坊考》。⑫又如，王卫平等认为"民国时期(1925年)王謇的《宋平江城坊考》也许是最早研究江南城市(苏州)史的专著之一"；⑬熊月之等认为"20世纪30年代，陶希圣、全汉升等人关于长安、古代行会制度的论文为城市史研究的起步"。⑭城市史研究论著的大量涌现应当是在1949年之后。

---

① 参见侯杨方：《20世纪上半期中国的城市人口：定义及估计》，载《上海师范大学学报》2010年第1期，第27页。
② 傅崇兰、孟祥才、曲英杰、吴承照：《曲阜庙城与中国儒学·序》，中国社会科学出版社2002年。
③ 梁启超：《中国都市小史》，载《晨报七周纪念增刊》1926年10月。
④ 梁任公(启超)：《中国之都市》，载《史学与地学》第1期，1926年12月；第2期，1927年7月。
⑤ 熊月之、张生再：《中国城市史研究综述(1986—2006)》一文中，认为梁启超的这两篇论文"实开近代意义上的城市史研究之先声"，参见《史林》2008年第1期，第21页。
⑥ 《各地都会历年久暂(暂)之统计》，《地学杂志》1914年第5期、第6期。
⑦ 《上海开埠史述》，《东方杂志》1914年11月。
⑧ 杜瑜、朱玲玲：《中国历史地理学论著索引》，书目文献出版社1986年。
⑨ 郑定谟：《北京建都考》，载《地学杂志》1916年第7期。
⑩ 奉宽：《燕京故城考》，载《燕京学报》第5期，1929年6月。
⑪ 朱紫江、阚铎：《元大都宫苑图考》，载《中国营造学社汇刊》1930年12月。
⑫ 王璧文：《元大都城坊考》，《中国营造学社汇刊》1936年9月。
⑬ 王卫平、董强：《江南城市史研究的回顾与思考(1979—2009)》，载《苏州大学学报》2010年第4期，第1页。
⑭ 熊月之、张生再：《中国城市史研究综述(1986—2006)》，载《史林》2008年第1期，第21页。

此外，值得注意的是这一时期城市舆图的数量也大为增加，如北京1840年之前的仅有9种，1840年之后至1949年的则猛增到51幅。

总体来看，中国"城市"的概念，是在近代随着与西方的接触日益密切之后，"城市化"脚步加快，逐步意识到一些"城"或"城池"具有区别于其他聚落的经济、文化、社会结构，对于国家（区域）、社会具有超乎寻常的重要性，同时在国家近代化过程中逐渐吸收了西方"城市"的概念，中国原本的"城"和"城池"的概念则逐渐弱化，由此形成了中国的"城市"概念。与此同时，城市史的研究也逐渐萌芽。

第三节 西方界定城市的标准对中国的影响

在各种西方学者提出的界定"城市"的标准中，对中国城市史研究影响最大的主要有两种，下面分别进行介绍。

一、柴尔德的标准

英国考古学家柴尔德（Gordon Childe）根据西方城址考古提出的城市应该具有的十大特征：

（1）最初的城市较过去任何聚落均为广大，其人口亦较稠密。

（2）城市人口的构成和功能与前迥异，包括不从事农业、畜牧、渔捞或采集以取得食物的其他阶层——专门化的工匠、运输工人、商人、官吏与僧侣。

（3）直接生产者必须向神或神权下的国王缴纳赋税，以产生剩余财富的集中。

（4）规模巨大的公共建筑不但标志城市与前此村落之异，而且作为社会剩余财富的象征。

（5）僧侣、官吏和军事首长形成统治阶级，从事计划、组织等劳心活动。下层阶级从事劳力活动。

（6）财富的经营迫使文字的发明。

（7）文字的发明进一步推动科学的产生——算学、几何学、天文学。

（8）由剩余财富所供养的其他专家从事美术的新活动，其美术的概念化与复杂化造成各城市中心美术之差异。

（9）剩余财富更用于外来商品之输入，造成原料贸易的发达。

（10）由于原料能够输入，同时受到以居住地位（而非亲族地位）为基础的国家的保护,专门化的工匠成为城市政治构成的下层成员。①

其概念的核心主要是生产技术和贸易的发展使得经济迅速发展从而引起社会结构的变化,是促使城市产生的主要动力。

由于柴尔德主要针对的是早期的考古城址,因此在中国受到其影响的主要是城市考古方面的学者。他们认为柴尔德的概念并不适合中国的实际,因此以柴尔德的概念为基础,结合中国考古的实际情况,提出了一些判定中国早期城市的标准,其中最著名和有影响力的是由张光直在《中国青铜时代》一书中提出的,即:(1)夯土城墙、战车、兵器;(2)宫殿、宗庙与陵寝;(3)祭祀法器(包括青铜器)与祭祀遗迹;(4)手工业作坊;(5)聚落布局在定向与规划上的规则性。②与柴尔德的界定标准相比,张光直的概念更为具体化和物化,可以通过考古发现的遗迹来进行比照,从而更容易用来判定考古发现的城址是否为"城市"。但这一界定概念的核心是认为中国城市是政治斗争的产物,即"换言之,中国初期的城市,不是经济起飞的产物,而是政治领域中的工具,但与其说它是用来压迫被统治阶级的工具,不如说它是统治阶级用以获取和维护政治权力的工具"。③

这一出发点现在基本上被大多数研究中国城市起源和城市概念的学者所认同,如毛曦认为"中国城市起源、形成和早期发展的鲜明特征之一是政治因素在其中的主导作用。中国城市的起源和形成'并不是商业发达的后果和动因,并不具备贸易中心的性质'";④许宏认为"依我们的理解,城市是文明社会所特有的聚落形态,它从一出现就是作为刚刚诞生的初期国家的权力中心而存在的。中国古代城市的主流就是各时期社会组织——即国家的物化形式,也即政治城市;且在单纯的工商业城市出现前,它是唯一的形式。城市的政治、军事只能一直占主导地位,经济职能不断增强,这是贯穿先秦城市发展过程的一条主线。完全脱离了政治军事中心的、单纯的工商业都市在先秦乃至秦汉时代尚未出现";⑤马世之提出"中国早期城市的性质与西方城市不同,西方古典城市是经济和宗教中心,考古发现的中国早期城市则主要为政治、军事中心"。⑥

---

① V. G. Childe, "The Urban Revolution," *The Town planning Review*, Vol.XXI, No.1, pp.3-17, 1950.引自张光直:《中国青铜时代(二集)》,生活·读书·新知三联书店 1990 年,第 2 页。
②③ 张光直:《中国青铜时代(二集)》,第 6 页。
④ 毛曦:《论中国城市早期发展的阶段与特点》,载《天津师范大学学报》2006 年第 3 期,第 34 页。
⑤ 许宏:《先秦城市考古学研究》,北京燕山出版社 2000 年,第 10 页。
⑥ 马世之:《中国史前古城》,湖北教育出版社 2003 年,第 5 页。

但实际上是否如此,依然是值得讨论的问题,比如柴尔德的判定标准中之所以强调经济贸易,主要是在两河流域的早期城址中发现了大量与贸易有关的器物和记载了贸易情况的文书;虽然中国早期城址中也发现了一些外来器物,比如商代遗址中发现了来自新疆的和田玉,等等,但关键在于中国迄今发现的最早的文书——甲骨文,大都是与国家政治、军事有关的记录,而缺少经济贸易方面的内容,不可否认这在一定程度上与这一文书的特性密切相关,因此很可能是文献保存的问题形成了我们对中国早期城市的产生是政治斗争的结果这一印象。不仅早期城市如此,很多城市史研究者同样认为中国古代的"城市"(如果有的话)与西方不同,其职能偏重于政治,而不是经济发展的产物,但这很可能同样是文献遗留造成的,当然这还涉及前文提到的城市的界定问题。不过即使是行政治所,有些也是在经济发展之后,在村镇基础上设置的。如唐代的江南西道地区,自唐代前期,经济就开始逐渐发展,人口大量增加,同时也新设置了大量的县,据黄玫茵统计,贞观十三年(639)江西全区共有25个县,到元和七年(812)时增加到38个,增加了近1/2。①新增设的县就分布而言,有一个明显的特点就是大都分布在赣江的支流,如修水流域的武宁县、分宁县,盱水流域的南丰县,禾水流域的永新县等,这反映了唐代随着江西经济的发展,对赣江支流开发的深入。现有史料也证明了这一点,如分宁县,据《太平寰宇记》"江南西道·洪州·分宁县"记载:"分宁县,武宁县地,按邑图云:'本当州之亥市也,其地凡十二支,周千里之内,聚江、鄂、洪、潭四州之人,去武宁二百余里,豪富物产充之。'"②由此推测分宁县的设置是经济的开发结果。此外还有永新县,据《太平寰宇记》记载:"显庆四年(659),永新之民以太和道路阻远,请别置县于禾山东南六十七里,即今理也。"③永新县的开发也比较深入。另外信州及其所辖贵溪、上饶、玉山三县的设立,当与交通的开发有关,唐后期由此进入江南东道的道路开始被人使用。④如果爬梳史料,这样的例子还能找到很多,只是缺乏具体的统计数据。中国保留下来的大量文献主要是关于政治,尤其是上层政治的,而关于地方的档案以及与社会经济有关的文献的保存、存留,一直没有得到重视,使得这方面的材料留存下来的相对较少。同时在研究中,中国传统史学只注重政治史,社会史、经济史的研究只是最近

---

① 黄玫茵:《唐代江西地区开发研究》,载《台湾大学文史丛刊》,台湾大学文学院1996年。
② 《太平寰宇记》卷一百零六"分宁县",中华书局2007年,第2110页。
③ 《太平寰宇记》卷一百零九"永新县",第2216页。
④ 黄玫茵:《唐代江西地区开发研究》,台湾大学出版社1984年,第60页。

二十年来逐步兴起,于是近些年有些关于中国古代城市的概念已经在逐步改变。

另一方面,虽然张光直提出的概念容易与考古遗址对应,但在具体研究中被采纳的依然不多。还有一些考古学者同样在柴尔德的基础上,根据中国早期城址的考古实践,提出了自己关于城市的概念,如前文提到的许宏,还有高松凡提出的三条标准:具有多职能(至少两种)的复合体,至少具备两种以上职能;是人口、手工业、贸易、财富、建筑、公共设施高度集中的场所,并且为适应复杂的政治、经济、文化生活的需要,必须要求有按一定功能分区进行规划、建设的结构布局;人口多、密度高,居民主要从事非农业的经济、行政和文化活动。[1]不过这些判识标准在具体考古城址研究中应用依然不多,这可能与中国学术传统历来重实证不重理论有关,也可能与考古发掘多注重城墙和宫殿,而忽视与经济、社会生活有关的遗迹,从而使得这些提出的判识标准难以应用有关。

二、马克斯·韦伯的标准

马克斯·韦伯认为一个聚落要成为城市,必须具备五个特征:防御特征;市场;自己的法院,至少有部分的自治法律;相关的社团;至少享有部分的公民自治权。韦伯的观点主要来源于欧洲中世纪的城市,也就是"自治共同体",同时他认为中国"城市"的首要功能是行政性的,需要周边农村的支持,其自身几乎不能创造财富,并且中国城市的起源导致了中国城市地位的从属性,城市本身不是一个独立的居民团体(即"共同体"),而是一个帝国中央行政管理的分支机构,由此他认为中国历史上从来没有过"城市",或者至少可以确定马克斯·韦伯认为中国古代不存在等同于西方中世纪的"城市"。对于这一定义,中国学者自然不会同意,或认为马克斯·韦伯不了解中国,或认为其概念的提出主要是基于欧洲的中世纪,因此不适合中国,甚至认为其对中国持有偏见,如陈倩认为"20世纪20至60年代,韦伯理论极大影响了中外学者。他们均认为中国城市未能促使社会走出中世纪的转变,也未能提供一种较好的物质文明基础,从而将中国城市置于一个充满偏见的东西比较的序列中。西方城市代表'现代',中国则象征着'前现代'。这种对'两个世界'的截然划分使得韦伯的诸多预设显得过于自负"。[2]但极少有学者或从正面,或从反面对这一问题进行详细的解答。反而是另外一位西方学者罗威廉在《汉口——一个中国城

---

[1] 高松凡、杨纯渊:《关于我国早期城市起源的初步探讨》,载《文物季刊》1993年第3期,第48页。
[2] 陈倩:《从韦伯到施坚雅的中国城市研究》,载《重庆大学学报(社会科学版)》2007年第3期,第101页。

市的商业和社会》一书中通过实证研究,对马克斯·韦伯的观点提出了反驳,即结论中所述"一个潜在的前提条件乃是这一时期的许多中国城市与同一阶段的西方城市一样拥有许多相同特征,这说明可以将两者看作可供比较的社会单元"。①从学术角度来看,罗威廉的实证虽然是对马克斯·韦伯观点的批判,但并不能否定马克斯·韦伯这一定义的价值,因为正是这一假说,推动了我们学术发展,而且这仅仅是马克斯·韦伯整个理论体系的一个末节,其理论框架在于进行东西方的比较,尤其是希望阐释西方文明发展的原因和动力,因此其所使用的城市的判定标准有着很强的目的性,对马克斯·韦伯的批判并不能仅仅从城市这一问题着手。不过,可惜的是,一些中国学者并不理解这一点,因此虽然罗威廉的研究仅仅是一个个案分析,并不能从根本上动摇韦伯的基础,但中国学者却以此评论道:"他(罗威廉)以明显实例推重汉口行会组织的先锋作用,驳斥着韦伯之流的无稽滥调。"②这种评论显然有失公允。对于这种现象可以参见后文所引史建云《对施坚雅市场理论的若干思考》一文的评论。我们其实不必在意马克斯·韦伯关于城市的界定,更不应当在意他认为中国古代没有城市,而应当在意他构建整体理论框架的思路和理论框架本身,这些正是中国学者所欠缺的。

"城市"本身是一个历史的产物,随着历史的发展其本身也在不断地发展变化。"城市"的概念也是如此,其本身起源于西方,用于界定某种特殊类型的聚落,而世界各地聚落的发展模式并不相同,尤其是在古代,因此可能并不存在普遍的古代"城市"的概念,因此马克斯·韦伯认为中国古代并不存在"城市",其实并不奇怪,其使用的是来源于欧洲中世纪的标准;而且中国古代有无"城市"并不影响我们对于中国古代聚落的认识和研究,只要我们有着自己的合理的定义即可。不过这一问题也值得探讨,但核心并不是中国古代是否存在马克斯·韦伯所定义的"城市",而是中国古代聚落的发展模式是否与西方的相同。此外,对于概念的讨论应当基于学术研究的需要,空泛的、不涉及具体研究的城市概念的讨论并没有太大的意义,就截止到目前的中国古代城市史(包括历史城市地理)的研究来看,大多数研究中所确定的"城市"概念并无

---

① 罗威廉:《汉口——一个中国城市的商业和社会(1796—1889)》,江溶、鲁西奇译,中国人民大学出版社2005年,第413页。罗威廉同时还强调"当然,可比性并不意味着同一性。实际上,现代早期的中国城市在整个系统上'曾经'是不同于欧洲城市的"。

② 彭雨新、江溶:《十九世纪汉口商业行会的发展及其积极意义——〈汉口——一个中国城市的商业和社会(1796—1889)〉》,载《中国经济史研究》1994年第4期,第143页。

太大的学术意义,一方面是因为中国古代很可能并无"城市"的概念,同时也提不出适用于界定中国古代"城市"的具有操作性的标准;另一方面就具体的研究对象而言,这些研究中的大多数基本上讨论的都是中国古代的"城""城池"或者"城址",因此并不需要涉及"城市"的概念,或者说没有这些概念并不影响研究的进行。[①]当前研究中有必须要对"城市"概念进行讨论的是那些用当代与"城市"有关的概念(比如"城市化")对古代聚落进行的研究。

(成一农)

[①] 本文在涉及中国古代部分的时候,有时也使用了"城市"一词,但主要是遵从当前的研究习惯,并不涉及"城市"概念的界定,即基本上可以用"城"或者"城池"来替代。

第二十六章　西方城市规划对
中国近现代城市规划的影响

第一节　中国古代缺少系统的城市规划理论

根据现有的文献,中国古代缺乏系统的城市规划理论,或者至少没有系统的城市规划理论保存下来。著名的《周礼·考工记》针对的主要是都城,而且从现有文献来看,确实能证明是依据《周礼·考工记》修筑的城市(都城)数量极为有限,同时,现在学术界对于那些可能是在《周礼·考工记》影响下修建的都城也没有达成一致意见。如芮沃寿的《中国城市的宇宙论》,实际上该文所强调的"宇宙论"的主要内容是《考工记》,但与同样强调《考工记》的贺业钜不同,芮沃寿接受了现在主流的观点,认为《考工记》的成书时代较晚,即"不过我却认为该书某些片段或所包含的思想,虽则可能起源较早,但其基本结构——特别是有关数字象征的地方——当起于汉武帝时期"。[①]而且作者对某些城市的认识与贺业钜也存在很大的差异,如隋唐长安,作者认为受到帝王宇宙论(基本上等同于《考工记》)的影响不大,"帝王宇宙论对长安城的规划者虽则分明具有权威,然而这种权威却也有限……在需要作出抉择的时候,实用主义的考虑——方便、功能区划分、易于治安管理——就超过古制的规定"。[②]与此相反,贺业钜则认为隋唐长安是中国古代"营国制度"发展中的重要一环。实际上,现在大致可以肯定的是依据或者受到《周礼·考工记》影响修建的都城只有元大都和明中都。因此,总体来说,《周礼·考工记》在中国古代城市规划中的影响力并不会太大。

风水,也是以往中国古代城市规划或者城市布局研究所强调的,但缺少系统的风水方面城市规划的理论,现在关于风水对城市布局的影响都是局部的,或者是关于某些建筑布局的。如庙学,在古人的观念中,文庙应该建在城市的

[①]　芮沃寿:《中国城市的宇宙观》,施坚雅主编,叶光庭等译,《中华帝国晚期的城市》,中华书局2000年,第50页。

[②]　同上,第64页。

东部和东南部,如《嘉靖延平府志·艺文志》引(宋)陈顺孙的《沙县建文宣王庙记》:"先师之庙,上自国庠降自郡县,无不见之于东之位。此独不然,乃在县治之西,诚非其所";①再如(宣统)《固原州志》记:"谨按各府州县之文庙,率居东南巽宫,或正东震宫,以主文明。惟固原自前明,迄今数百年来,崇祀文庙方位直居城之兑宫,受纳金气,故地方人才武功发达,而文学蹇滞也"。②就现有资料来看也是如此,以《天一阁藏明代方志选刊》及其《续编》所收录的资料为基础整理了512座城市中文庙的分布情况,其中文庙位于城市北部的有25例;位于城市东部的有166例;位于城市东北部的有34例;位于城市东南部的有126例;位于城市南部的有44例;位于城市西部的有72例;位于城市西北的有18例;位于城市西南的有27例。从以上统计数字来看,有近58%的文庙分布于城市的东部或东南部,由此来看,文庙分布于城市的东部或东南部并不是偶然的现象,应当就是受到风水观念的影响,但这种观念又不具有绝对的主导地位,因为还有42%的文庙并不遵从这一观念。

此外,国家制度也缺乏对城市规划的系统规定,只是存在对某些建筑所处方位的零星规定,而且这些制度的执行也不十分严格。如社稷坛,《明史·礼志》:"府州县社稷,洪武元年颁坛制于天下郡邑。俱设于本城西北";③同书"洪武三年定制……王国祭国厉,府州祭郡厉,县祭邑厉,皆设坛城北";④同书"嘉靖十年……王国府州县亦祀风云雷雨师,仍筑坛城西南"。⑤就以上资料来看,明王朝不仅规定了礼制建筑的种类,而且有的也规定了方位,但在具体执行中,这一规定执行得并不严格,如根据甘肃东部地区的统计,44座城市的社稷坛中只有4座位于城市的西北,45座厉坛中有30座位于城市北部,47座风云雷雨山川坛中只有1座位于城市的西南。

总体来看,中国古代缺乏系统的城市规划理论和城市规划方法。

第二节 西方城市规划对中国近现代城市规划的影响

西方城市规划理论和方法传入中国的契机是1840年的第一次鸦片战争,

---

① 嘉靖《延平府志·艺文志》,《天一阁藏明代方志选刊》,上海古籍书店1982年。
② (清)王学伊纂修:宣统《固原州志》卷一"图说",成文出版社有限公司,据宣统元年刊本影印1970年,第109页。
③ 《明史》卷四十九《礼三》,中华书局1974年,第1269页。
④ 《明史》卷五十《礼四》,第1311页。
⑤ 《明史》卷四十九《礼三》,第1283页。

清政府在战争失败后，割让香港给英国，同时开放广州、厦门、福州、宁波和上海5座城市为通商口岸。此后，通过一系列不平等条约，大量城市成为开放通商口岸；同时列强各国通过获取在中国修建铁路的权利，获得了铁路站线两侧的特权。在通商口岸，列强各国运用西方城市规划理论规划租界；在铁路沿线或规划了大量城市，或者在老城区之外规划兴建了新城区。总体而言，在19世纪末和20世纪前20年，主要是西方（日本）殖民者①在租借地按照西方的规划方法进行城市规划；在20世纪20年代之后，随着租借地逐渐被中国收回和城市的近代化，在规划旧城的扩展区和新城市时，中国的城市规划师和设计者也多受到西方城市规划理论的影响。这一时期城市规划受到西方理论影响的城市数量，尚未有过具体的统计数据，不过从当前掌握资料来看，数量应当是非常众多的，不仅包括原来作为殖民地和日本主要占领区的东南沿海和东北地区的城市，甚至还涵盖了乌鲁木齐这样的内陆城市。下面对这两个发展阶段分别举例论述。

一、西方（日本）殖民者进行的城市规划

1. 营口

营口开埠之前，虽然存在一些局部街道的规划，如衙署所在地，但整体布局缺乏统一的规划，城市形态属于有机生长的类型。营口的城墙修建于同治六年（1867），受到地形的影响，城市的外部形态极不规则。从城区道路布局看，既有规整的小范围的棋盘状，又有结合当地河、沟等地理特点的不规则的放射状。商业街主要集中在今天的辽河大街和新兴大街上，沿河主要是码头。

在《天津条约》中，英国政府要求牛庄开埠，但后来调查发现牛庄已经偏离了辽河主河道，于是英国政府照会清廷，要求改换营口为通商口岸。营口开埠之后，同治六年（1867）五月，首任奉锦山海关兵备道俊达到任后，围绕商埠区修筑城墙，开设德盛门（在今西市区得胜桥里）、秩成门（在今西市区永宁里）、阜有门（在今西市区南海庙里）、扬武门（在今西市区永强里）、启文门（在今西市区启文里）、通惠门（在今西市区通惠门南里）、丰济门（在今站前区军民里）、履和门（在今站前区八田地里）、绥定门（在今站前区东双桥里）。1905—1948年日本占领期间，营口的城市空间结构主要受到日本城市规划的影响。光绪三十一年（1905）日军占领营口后，强占营口东部的青堆子，规划兴建了所谓的"新市街"，街道十分整齐，在这里日本人还建立了俱乐部、宾馆、学校、气象观

---

① 近代日本的城市规划理论主要来自西方，因此日本在中国进行规划，可以同样认为是西方城市规划思想的实践。

察所、医院、公园、银行等，与原来的营口老城形成了强烈的对比。主要街道有南本街(今辽河大街二段即从营口电业局起向东至火车站大桥)、北本街(今辽河大街一段，即从火车站大桥向东至道叉子)、旭街(今公园路北段，即从火车站向南至二一二医院俱乐部)、千代田街(今东升路北段，即从站前区人民政府向南至昧中香饭店)、宝来街(今营口市少儿图书馆至市人民医院)、青柳街(今人民公园西门向西经市针织二厂至东升市场)等。

1931年日本占领东北之后，一方面对营口老城区维持现状，另一方面在"新市街"的基础上对日本人居住的满铁附属地(太和区)进行了规划和建设，制定了都邑计划图。这是继满铁附属地市街计划之后规模较大的一次城市规划方案，体现了对满铁附属地市街计划的延续和扩大。东西向有四条主街。从北向南依次为人船街(今站前区人民政府门前的东西街)、南本街(今辽河大街二段，即火车站大桥至营口电业局段)、花园街(今人民公园西门向西过轻工局、东升市场至东新街)、青柳街(今针织二厂门前山东西街)，另有北本街(今辽河大街一段，即火车站大桥向东至道叉子)。南北向大街自东起依次为旭街(今火车站至建设路)、千代田街(今北起站前区人民政府南至建设路)、宝来街(今北起市儿童图书馆南止建设路)。另在道叉子向北是樱街(今东新里)。这种大规模的棋盘格局布局与原来老城凌乱的街道布局形成了强烈的反差，也构成了今天营口市街道布局的基础。

2. 沈阳

明朝在沈阳设沈阳中卫，1621年女真占领沈阳，此后在沈阳定都，改名为盛京。沈阳旧城位于今沈阳市的东部，城内街道呈井字形，皇城位于城市中部。

19世纪末沙俄修建中清铁路南满支线的同时，在今天沈阳南站地区建设租借地，规划了车站广场的三条放射形干道。与此同时，英美日等国在沈阳也取得了规划修建位于铁路附属地以东，沈阳老城以西的"商埠地"的特权。这一商埠地的道路由于受到附属地和沈阳老城的限制，多成斜向布置，南北向称"经街"，东西向称"纬路"，共有5条经街，13条纬路。[①]1905年日俄战争之后，日本取代俄国获得南满铁路特权，继续扩展车站前的铁路附属地。其规划布局除继续采用沙俄时期施行的文艺复兴以来西方城市规划中经常使用的圆形广场加放射形干道的规划形式之外，还修筑了与这些放射线道路交叉的3条南北向干道，2座大型广场——中央广场和平安广场也逐步完成。与此同时，

---

① 参见汪德华：《中国城市规划史纲》，东南大学出版社2005年，第145页。

在其上又叠加了棋盘格的街道布局，但与中国和西方传统的棋盘格布局不同，在这一区域内的棋盘格划分得非常密集，只有 60×110 米，这是受到日本传统的街坊"町"的影响。①

3. 上海

上海近代城市规划中，最具特色的就是里弄建筑。上海的里弄建筑始于 1853 年，当时小刀会起义军占领县城，上海的有钱人大批逃往租界区，英国商人乘机在今广东路、福州路、江西路一带建造了 800 多栋毗连式的木板房住宅，后改建为砖木结构的老式石库门住宅。1895 年，《马关条约》后，上海城市人口增加，又兴建了一批新的石库门里弄。1924 年，在卢湾、黄浦等地也出现了新式里弄建筑，此后逐渐扩展到全市。里弄建筑的主要特点是：建筑密度高；一般只有 1—2 个出入口，生活安全、安宁，同时邻里交往密切；建筑设计用地节省。②从建筑方式来看，石库门是中西城市住宅规划方式的结合，建筑形式上来源于江南传统二层楼的三合院或四合院，同时建筑细节的装饰则多为西式图案。更为重要的是，其总体布局，来源于欧洲文艺复兴以来城市规划中大量采用的联排式布局方式，比如英国伦敦的科芬园以及大量的住宅广场。

二、在西方（日本）规划影响下，由中国规划师进行的规划

1. 乌鲁木齐

自乾隆年间至民国，乌鲁木齐先后出现过四座城，即光绪《新疆四道志》所载"按《新疆识略》乾隆二十二年（1757），平准部，定新疆北路，分建城邑，以乌鲁木齐为腹地，其都统所驻曰巩宁城，乾隆三十七年（1772）建。提督所驻，曰迪化城，乾隆三十年建，在巩宁城东八里。同治初年，回变乱，二城均陷。光绪二年（1876），大军克复后，巩宁城灰烬之余，仅存废址。惟迪化城略加修葺，谓之汉城。周四里五分有奇，又于城东北半里许建满城，周三里五分。光绪十二年（1886），新疆建省，以迪化城为省会，将旧修满汉两城贯通一气，增加城垣垛齿，各就地势修筑，不成方圆，周二千七十四丈五尺，高二丈二尺，雉垛一千三百四十七，炮台十九座，城楼、月城并旧楼共十五座，门七，曰大南门，约小南门，曰大西门，曰小西门，曰大北门，曰大东门，曰小东门"。③光绪十二年拓展城

---

① 参见王茂生：《从盛京到沈阳——城市发展与空间形态研究》，中国建筑工业出版社 2010 年，第 110 页。

② 参见汪德华：《中国城市规划史纲》，东南大学出版社 2005 年，第 129 页。

③ （光绪）《新疆四道志》"城郭"，成文出版社 1968 年，第 26 页。此外据魏长洪《清代乌鲁木齐城的建置》考订，迪化城的修建时间当为乾隆三十一年，巩宁城的修建时间为乾隆三十七年，《新疆大学学报》1982 年第 1 期，第 55 页。

垣之后的城市格局，主要由原来经过规划的街道规整的新满城和巩宁城以及两城之间自然发展形成的不太规整的两部分构成。乌鲁木齐的近代规划是1934年盛世才统治新疆期间提出的，具体开始制定则是在1937年，当时改设迪化市政委员会，主要负责市区的测绘、规划等任务。1941年，毛泽民担任迪化市政委会副委员长时，曾组织绘编了《迪化市分区计划图》，并依次编制了住宅新村的规划图。"其地域范围在今沙依巴克区，南起仓房沟，北至十月广场。该规划以棋盘式小街坊为骨架，主要南北干道有黄河路、扬子江路两条，东西干道有黑龙江路、奇台路、钱塘江路三条。街坊内部又划分为若干住宅小区，以《千字文》为代号，编制地籍册，以所处位置和土地情况分等论价，售给市民建房……"①虽然毛泽民主持的规划是否参考了西方的规划方案，现在并无具体的文献记载，但其规划方式，如密集的棋盘格和用毫无意义的编号(《千字文》)命名街道、住宅，显然类似于欧洲文艺复兴以来长期采用的城市规划方式，如卡米洛·西特在他有关棋盘格规划的论述中对曼海姆的评价："在曼海姆，这种看起来像一个棋盘的设计样式被严格贯彻；毫无例外地遵循着一个枯燥的原则，即所有的街道都垂直相交，并且每一条街道都向两端笔直延展，直到穿过城镇延伸到农村。矩形的城市街区在此处如此流行，以至于街道的命名也十分肤浅，在某一个方向上的城市街区用数字命名，在另一个方向上则用字母命名。"②

2. 北京

1937年，日本占领北平。1938年，由于在平人口大量增加，成立了伪建设总署，开始编制城市规划方案，同年12月确定的规划方案要旨如下：北平是华北政治、军事、文化的中心，人口20至30年后预计达250万人；保存北平城作为文化、观光都市；由于旧城内再开发需要相当多的费用，同时中国传统住宅的布局和设计无法满足日本人的生活要求，改造困难，且有损其作为观光都市的价值等，采纳于郊区兴建新市区的方案；为避免日本人与中国人混居，兴建日本人的新市区；日本人的新市区依地形等条件决定设于西郊，对于将来增加的中国人，计划安置于城墙外围附近地区；考虑到水源、风向、通往天津之运河等因素，工业区配置于城东，通州计划发展为重工业区；整个北平城及其周围地区(包括宫城、万寿山、小汤山、长辛店等名胜古迹)，统一规划，作为观光都市，设置观光道路，连接南苑、通州、永定河和白河。"城内仍然保持中国的意

---

① 引自刘献猷：《对乌鲁木齐市城市规划的回顾》，载《新疆地方志》1995年第1期，第41页。
② Camillo Sitte, *City Planning According to Artistic Principles*, 1889/1965.

趣,万寿山、玉泉山及其他名胜地作为公园计划,在此范围乃至于周围的庭园、树木、庭石、山川,希望采取中国的式样。将来准备复原被英法联军烧毁的圆明园,希望尽力保持中国文化。"①

不过,由于战争等其他因素,日本的规划并没有得到全面施行,不过抗战胜利之后,北平市政府于1946年完成的《北平都市计划大纲》基本上遵照了日本制定的北平规划方案的主旨,提出:计划北平将来为中国的首都,保存古都风貌,并整顿为独有的观光城市;政府机关及其职员住宅及商店等,均设于西郊新市区,并使新旧市区间交通联系便利,发挥一个完整都市的功能;工业以日用必需品、精巧制品、美术品等中小工业为主,在东郊设一工业新区;颐和园、西山、温泉一带计划为市民厚生用地。②

这一规划此后虽然没有施行,但在北京甚至全国城市规划历史上具有里程碑意义的"梁陈方案",在一定程度上也参考了上述规划,或者与上述规划不谋而合。当然"梁陈方案",也即《关于中央人民政府行政中心区位置的建议》还受到芬兰著名规划学家 E·沙里宁提出的"有机疏散"理论的影响。这一理论主要是针对20世纪初西方大都市过度发展造成城市生活区与就业区之间通勤时间过长等弊端提出的,主张在大城市周边建设一些可以解决一部分居民就业的半独立城镇,由此城市是一步一步逐渐离散的,新城不是"跳离"母城,而是"有机地"进行着分离运动。需要说明的是,沙里宁的著作《城市——它的发展、衰败与未来》对世界城市规划产生了重大影响。③

3. 西安

民国二十一年(1932),国民党第四届中央执行委员会第二次全体会议决定以长安为陪都,定名西京,成立筹备委员会。民国二十三年(1934)8月,西京筹备委员会、全国经济委员会西北办事处和陕西省政府联合组成西京市政建设委员会进行市政建设。民国三十四年(1945)4月,由于国民党中央定重庆为陪都,因此将西京筹备委员会撤销。在此期间,西京筹备委员会和西京市政建设委员会为西安的城市建设做了不少具体工作,并曾提出几套完整的陪都建设计划,当然其中大多数都没有具体实施。如1934年,民间学者季平在《西京市区分化问题刍议》一文中,根据英、美、日等先进国家都市分划制度的法令实

---

① 《北京都市计划》,黄世孟译,转引自王军:《城记》,生活·读书·新知三联书店2004年,第44页。
② 王军:《城记》,第45页。
③ 王军:《城记》,第49、73页。伊利尔·沙里宁:《城市——它的发展、衰败与未来》,顾启源译,中国建筑工业出版社1986年。

例,结合实地考察,提出了市区分划的九项原则,并提出了一套完整的功能分区方案。这套方案中,依据国外的城市规划理论,首次将西京(西安)划分为商业、工业区,文化、风景各区以及行政区;在规划中,充分考虑了当地的交通条件、山川地貌和气候特点;新市区的规划,摆脱了旧城的束缚,布局在旧城区西北、西部和南部。此后,西京市政建设委员会龚洪源和西京筹备委员会的方案,基本都遵循按照地形地貌、气候条件、历史遗迹进行功能分区的主旨。1947年,陕西省建设厅在以往规划方案经验的基础上,拟定了《西安市分区及道路系统计划书》,其中建立了道路分级系统、采用棋盘格和辐射形叠加的道路规划方案、增设广场用于布局大型纪念建筑等,这些显然也是对西方城市规划方案的采用。[①]

(成一农)

[①] 参见阎希娟:《民国西安城市地理初步研究》,陕西师范大学历史地理学硕士学位论文2002年。吴宏岐:《西安历史地理研究》,西安地图出版社2006年。

第二十七章　西方理论①对中国城市史研究的影响

第一节　"坊市制崩溃"与"中世纪城市革命"

在各种理论中,对中国城市史和历史城市地理研究影响最大的莫过于"中世纪城市革命"。在介绍和评述"中世纪城市革命"这一理论对中国城市史和历史地理研究产生的影响之前,首先需要介绍这一理论产生的过程。

日本学者加藤繁在1931年发表的《宋代都市的发展》一文中提出了中国城市在唐宋之际发生"坊市制崩溃"的观点,②其核心观点就是唐宋之际,原来封闭的、禁止沿街开门造屋的坊制以及原本商业活动都要集中于市中的市制崩溃,其结果就是"其中,像坊市制崩溃,人家都朝着大街开门启户,市制愈来愈完全崩溃,商店可以设在城内外到处朝着大街的地方,设置了叫做瓦子的戏场集中的游乐场所,二层、三层的酒楼临大街而屹立,这些情形都是在宋代才开始出现的,由此可知,当时都市制度上的种种限制已经除掉,居民的生活已经颇为自由、放纵,过着享乐的日子。不用说,这种变化,是由于都市人口的增加,它的交通商业的繁盛,它的财富的增大,居民的种种欲往强烈起来的缘故……"③

此后,英国学者伊懋可(Mark Elvin)以日本学者的研究为基础,在《过去中国的模式》④一书中提出了中国"中古时期的经济革命"(the medieval economic revolution)的概念,认为中国在唐宋(特别是宋)时期出现了"经济革命",由此造成了中国城市"中世纪在市场结构和城市化上的革命"。其观点实际上与加藤繁等学者大致相同,即唐代及其之前,市场是由政府建立和监管

---

① 这里指的是西方学者提出的关于中国城市史的理论。
② 该文最初发表在1931年1月桑原博士还历纪念东洋史论丛中,后收入加藤繁《中国经济史考证》一书。
③ 加藤繁:《宋代都市的发展》,载《中国经济史考证》,商务印书馆1973年,第277页。
④ Mark Elvin, *The Pattern of the Chinese Past*, Stanford University Press, 1973.

的,公元9世纪,不断增长的商业自由最终击垮了古老的市场体系,同时中国农村经济开始和市场机制联系起来,地方市场体系得到发展;经济的发展促使产生了城市革命,城市摆脱了城墙的束缚向郊区发展,城市人口也快速增加。不过同时,伊懋可也指出了中国城市的局限,即"然而中国城市却并没有发挥出比它们面积小得多的欧洲中世纪城市的那种历史作用。中国城市不是政治和个人自由的中心,也没有独特的法律机构。居民没有公民意识(这与地方自豪感或许是相对的),也不会加入任何自发的'公民'组成的军队。他们不是商人集团,不会与周围乡村及其统治者发生矛盾……正如本书第一部分中所言,中国和欧洲之间分歧的基础原因,更准确地说,是在于中国长期持续存在的统一的君主集权制度,这种制度致使中国城市难以独立发展,就像真正的封建制度的政治和军事结构在中国也难以发展一样。这些制度只能在长期的政权纷争中才会产生"。

施坚雅基于丹尼斯·特威切特(Denis Twitchett)、[①]伊懋可和斯波义信[②]的观点,1977年在《中华帝国晚期的城市》一书的《中华帝国的城市发展》一文中归纳出"中世纪城市革命"的概念,并总结了五个特点,即"1.放松了每县一市、市需设在县城的限制;2.官市组织衰替,终至瓦解;3.坊市分隔制度消灭,而代之以'自由得多的街道规划,可在城内或四郊各处进行买卖交易';4.有的城市迅速扩大,城外商业郊区蓬勃发展;5.出现具有重要经济职能的'大批中小市镇'"。[③]

加藤繁的"坊市制崩溃"和与伊懋可提出和施坚雅发展的"中世纪城市革命"的理论先后传入中国,构成了中国学者研究、分析中国城市史,尤其是城市形态发展史的核心框架,不仅一些著名学者围绕这两种观点提出了一些重要认识,对中国城市史或者城市形态史的发展以此为基础进行分期,而且很多研究唐宋城市史和城市形态史的学者也撰写了大量论著来论证这两者的正确性。由于这方面的论著数量众多,这里不一一列举,只举出一些具有代表性和

[①] 丹尼斯·特威切特:《唐代市制》,载《小亚细亚》,出版不详,12卷第2期(1966),第202—243页;转引自施坚雅:《导言:中华帝国的城市发展》,载《中华帝国晚期的城市》,叶光庭等译,中华书局2000年,第33页。

[②] 斯波义信:《宋代商业史研究》,风间书房1968年,转引自,施坚雅:《导言:中华帝国的城市发展》,叶光庭等译,《中华帝国晚期的城市》,中华书局2000年,第33页。

[③] 施坚雅:《导言:中华帝国的城市发展》,《中华帝国晚期的城市》,叶光庭等译,中华书局2000年,第23页。"坊市制崩溃"和"中世纪城市革命"也都构成了史学研究中"唐宋变革论"的重要论据,当然"唐宋变革论"超出了本文讨论的范畴,在此不进行分析。

具有重要影响力的论著。

杨宽的名著《中国古代都城制度史研究》[①]中将中国古代都城制度的发展历史分为两大阶段,即第一阶段从先秦到唐代,是封闭式都城制度时期;后一阶段从北宋到明清,是开放式都城制度时期。这一观点的基础应当是"坊市制"的崩溃。

贺业钜在《中国古代城市规划史论丛》的《唐宋市坊规划制度演变探讨》[②]一文中对唐宋市坊的演变过程进行了详细论述,但其主要观点基本遵从于加藤繁。这也是其所撰《中国古代城市规划史》[③]的主要观点之一。

俞伟超在《中国古代都城规划的发展阶段性》中提出的中国古代都城规划的两个重要发展阶段,即"从曹魏邺都北城到隋唐两京城的棋盘格封闭式规划","北宋汴梁至明、清北京的开放式街道布局,是中国古代都城规划最后阶段的形态",[④]显然也是受到"坊市制崩溃"和"中世纪城市革命"的影响。

宿白在其影响力极大的《隋唐城址类型初探(提纲)》[⑤]一文中认为唐代地方城市的规模与坊的数量存在对应关系,同时受到整齐的坊市的影响,唐代地方城市的街道也较为规整。该文论证的基础即是坊市制下的街道布局为整齐的十字街,坊市制崩溃后,则出现了"自由得多的街道规划"。

李孝聪在《唐宋运河城市城址选择与城市形态的研究》[⑥]一文中分析了唐宋时期运河沿线不同地段城市的形成、城市形态的发展演变过程及其原因。在结论中认为这种城市形态演变的原因是:"唐宋运河城市受交通和物资集散功能的刺激,最先突破封闭的市坊制度的束缚,所以宋代城垣长度多超过唐代。其形态可分为两类:(1)以旧州县城为依托,城市形态多呈不规则形状或纺锤形,曾受市坊制约的旧城街区与自然发展未受规划的新街区对比强烈。(2)随运河开通而新兴的城市,多为以运河为长轴的狭长带状形态。"其对运河沿线城市形态演变过程的分析无疑是正确的,但这种城市形态的演变反映的是对坊市制的突破,还是江河沿线新建的、经过规划的布局规整的城市,随着

---

① 杨宽:《中国古代都城制度史研究》,上海古籍出版社1993年。
② 贺业钜:《中国古代城市规划史论丛》,中国建筑工业出版社1986年,第200页。
③ 贺业钜:《中国古代城市规划史》,中国建筑工业出版社2002年。
④ 俞伟超:《中国古代都城规划的发展阶段性》,载《文物》1985年第2期,第52页。
⑤ 宿白:《隋唐城址类型初探(提纲)》,载《纪念北京大学考古专业三十周年论文集》,文物出版社1990年,第284页。
⑥ 李孝聪:《唐宋运河城市城址选择与城市形态的研究》,载《环境变迁研究》(第4辑),北京古籍出版社1993年,第153页。

经济的发展城市形态的演变过程,依然是值得讨论的问题。显然,他的这一结论是受到了"坊市制崩溃"这一概念的影响,不过从该文的另一结论来看,他对"中世纪城市革命"也并没有全盘接受,"近半个世纪以来被国内外许多学者逐渐认同的一个推论——九至十三世纪是中华帝国史上的'城市革命期',似乎还不能仅仅用运河城市来验证,宋代城市发展的普遍性模式还需要不同地域之间的分析比较"。

此外还有一些直接以这种"革命"或者这种"革命"的结果作为题目的论著,如田银生《走向开放的城市:宋代东京街市研究》、[1]林立平《封闭结构的终结》、[2]宁欣《"中世纪城市革命"论说的提出和意义》、[3]《转型期的唐宋都城:城市经济社会空间之拓展》[4]等,这也显示了这两种理论的巨大影响力。

上述只是一些具有重要影响力的著作,其他论著数量众多,在此不能一一列举。其实当前绝大多数关于中国古代城市史、城市形态史和历史城市地理的著作和论文都将唐宋分为两个阶段,就可以看出"坊市制崩溃"和"中世纪城市革命"所具有的强大影响力。但从学术史的角度来看,无论是"坊市制崩溃"还是"中世纪城市革命",其提出或隐含的前提条件,无论是加藤繁,还是伊懋可和施坚雅,实际上都没有进行过细致的论证,而且至今也没有学者对这些前提条件进行过论证,下面对此进行一些简单的分析。[5]

市。加藤繁在《宋代都市的发展》一文是这样论述的:"这里说,商店只有设在市内,这是唐代的文献和在此之前的记录中都没有特别记载的事情。但从同业商店集合为行,行集合而为市的组织想来,又从古来关于买卖的记载大概都集合为市的情况看来,我认为不妨这样推定:自古以来,商店至少在原则上是要设在市内的,在唐代也是一样。"[6]从这段论述来看,唐宋之间"市"制崩溃的前提条件是唐代及其之前的"商店至少在原则上是要设在市内的",但这一点加藤繁只是"推定",同时他也承认"商店只有设在市内,这是唐代的文献和在此之前的记录中都没有特别记载的事情",但这一问题此后基本再无学者

---

[1] 田银生:《走向开放的城市:宋代东京街市研究》,生活·读书·新知三联书店2011年。
[2] 林立平:《封闭结构的终结》,广西人民出版社1989年。
[3] 宁欣、陈涛:《"中世纪城市革命"论说的提出和意义——基于"唐宋变革论"的考察》,载《史学理论研究》2010年第1期,第125页。
[4] 宁欣:《转型期的唐宋都城:城市经济社会空间之拓展》,载《学术月刊》2006年第5期,第96页。
[5] 具体可以参见成一农:《"中世纪城市革命"的再思考》,载《清华大学学报》2007年第2期,第77页。
[6] 加藤繁:《宋代都市的发展》,载《中国经济史考证》,华世出版社1981年,第288页。

进行论证。

坊。从现阶段的研究来看"坊墙的倒塌"其意义并不在于墙本身,而是在于坊墙倒塌之后坊制的消失和人们生活的变化。最早提出这一观点也是加藤繁,在《宋代都市的发展》一文的结语中他总结道:"其中,像坊制的崩溃,人家都朝着大街开门启户……由此可知,当时都市制度上的种种限制已经除掉,居民的生活已经颇为自由、放纵,过着享乐的日子。"①但需要明确的是,坊市制下限制人们自由的并不是坊制,而是夜禁制度,坊门的按时启闭只是实现夜禁的手段。试想,如果没有夜禁制度,那么即使存在坊墙和坊门,人们的活动也可以是自由的;反言之,如果不存在坊墙,夜禁制度却是可以施行的,这点是有着充分史料的证明,因为在坊墙消失之后,中国古代城市中依然施行过夜禁,对此《元典章》中有着明确的记载,另外值得注意的是明代经济发达的苏州、清代的北京也都实行着严格的夜禁制度。而且就坊本身来看,从宋代直至明代都是城市中基本的管理单位,其职能不仅涵盖了唐代坊正的职能,而且还增加了唐代里正的职能,职权范围不仅没有缩小,而且还大为扩展,因此坊制根本没有终结,"坊制的崩溃"显然是一种误解。

街道格局。"坊制消灭之后,街道格局的变化"如果成立,其前提条件是在坊市制下的街道格局为规整的十字形,而坊市制崩溃之后,街道格局则较为自由。但对于唐代坊市制下及其之前中国城市中的街道格局至今缺乏深入、细致的研究,仅有的少量研究也忽视了一些问题:如规划城市通常也可以形成整齐的街道格局,坊市制下也可能存在不规整的街道布局方式,同时唐代之后大量规划城市中也存在整齐的十字形街道,如明代的卫所城市和清代的满城。规整的十字形街道格局与自由的街道布局方式,很可能不是坊市制与之后城市街道布局之间的差异,而是规划城市与自由生长的城市或城市中规划部分与自由生长部分之间的差异。

"城外商业郊区"。这也是"中世纪城市革命"强调的重点,但这方面的研究从来没有分析过唐代及其之前中国古代城市中是否也存在这类现象,而只是凭借一些"印象"得出的结论。但实际上仅仅就唐代而言,在很多地方城市的子城之外就存在有大面积的居民区,比如扬州、成都,这些城市只是在唐末才修筑了环绕这些居民区的罗城。而且,至今在文献中也没有发现唐代及其之前禁止在城外居住的记载,因此"城外商业郊区蓬勃发展"只是研究者的一

---

① 加藤繁:《宋代都市的发展》,第 304 页。

种想当然。

通过上述分析可以看出,无论是"坊市制崩溃"还是"中世纪城市革命"很可能都是不成立的,至少仍是一种需要进一步论证的假设而已,但中国学术界却一直以来毫无疑问地全盘接受,并为这些理论提供了一些所谓的论据,同时由于这两种理论存在的根本性的问题,这些论据在论证方法上都存在"循环论证""不完全归纳""混淆充分条件和必要条件"等逻辑方面的问题,因此为这两种理论提供的论据基本不成立。[1]从另一个角度来看,这两种理论实际上无论是在西方还是在中国也都从来没有进行过真正意义上的学术研究。

总体而言,无论是"坊市制崩溃"还是"中世纪城市革命",在一定程度上主导了中国古代城市史、历史城市地理,尤其是古代城市形态史的研究,但由于这两种理论并没有进行过学术性的、真正的研究,因此很可能并不成立。基于此,可以说这两种理论在根本上误导了中国城市史、古代城市形态和历史城市地理的研究,产生了负面的影响。不过这种影响估计也是西方(日本)学者始料不及的,因为在西方的学术模式中,理论提出之后,所面对的除了赞扬、认同之外,随着时间的流逝会有越来越多的批评和挑战,理论的建立、推翻,然后再建立新的理论是西方学术发展的模式。但中国的学术模式到目前为止依然是传统的,即古代或者前人,尤其是那些著名学者(现在也包括了西方学者)提出观点的就是经典,不容置疑,在学术发展上缺乏怀疑精神。因此,"坊市制崩溃""中世纪城市革命"对于中国城市研究的影响,凸显了中西方学术发展模式的差异,也凸显了中国学术发展的问题,这是值得我们整个历史学界深思的。

第一节 区 域 研 究

区域研究是地理学和历史地理学的核心之一,并流行一时,如"从20世纪20年代到60年代,区域地理学在美国地理学中扮演着基础的角色,而无论是在此前还是在此后,区域地理学也都是非常重要的工作。人们定义区域、将区域绘于图上、撰写区域的论文,并在大学里讲授区域",[2]但自20世纪50年代

---

[1] 对此,参见成一农:《中国古代地方城市形态研究现状评述》,载《中国史研究》2010年第1期,第145页。

[2] 杰弗里·马丁:《所有可能的世界——地理学思想史》,成一农、王雪梅译,上海人民出版社2008年,第625页。

之后,区域的研究在西方地理学中已经日趋衰落,虽然近年来受到计量、学科联合趋势的影响逐渐复兴,但区域研究已不再是地理学的核心。

受到上述西方研究的影响,近年来区域城市的研究逐渐成为中国古代城市研究的热点,发表和出版了一系列的论著。这些论著所选择的区域,或者基于地貌单元,如刘景纯《清代黄土高原地区城镇地理研究》,[①]或者基于某种行政区划,如陈庆江《明代云南政区治所研究》。[②]此外,一些学者也强调区域城市研究的重要性,如李孝聪教授提出今后中国历史城市地理的研究应"跳出单个城市的研究模式,从一定地域范围来考察区域城市群体的变迁及其相互关系,是近十年来历史城市地理研究的新方向,这样可以加深对城市群兴衰的内在因素的理解,也有益于对城市群所处区域地理环境变化的研究";[③]"以区域中一个或几个中心城市为核心,连带其他一组城市,分析其相互关系,进行历史城市体系的综合研究。剖析历史城市格局形成的原因,描述其演化的过程,阐明区域中心城市城址选择与城市成长的自然地理条件和社会历史背景,区域城镇体系成长发育与地区开发的关系"。[④]

不过在绝大多数论著中都未能对划分区域的依据进行足够的阐释,但是无论在地理学传统还是在区域史传统中,选择进行研究的区域都是需要界定的,界定区域至少存在两种方式:一是强调区域内在的统一性,二是强调区域内部是具有相互依赖的交换关系的系统。[⑤]如果不进行界定,那么区域城市的研究就很难回答下列这一基本问题:所选择进行研究的区域与其他区域存在哪些差异,或者说选择这一区域进行研究的意义何在。这一问题的回答是不能想当然的,不能简单地回答"因为这一区域与其他区域不同"或"这一区域有着自身的特点",因为任何一个区域都必然与另外一个区域存在不同,甚至某一点都与另外一点存在不同。界定区域对于区域研究(当然也包括区域城市研究)的重要性,正如李伯重所说:"对于一项认真的区域研究来说,第一步工作是为所研究的地区划出一个明确的地域范围,并且说明划分的根据。根据

[①] 刘景纯:《清代黄土高原地区城镇地理研究》,中华书局2005年。
[②] 陈庆江:《明代云南政区治所研究》,民族出版社2002年。
[③] 李孝聪:《历史城市地理》,山东教育出版社2007年,第16页。
[④] 同上,第12页。
[⑤] 可以参看罗威廉(William T. Rowe)为林达·约翰逊主编的《帝国晚期的江南城市》一书所作的导言《长江下游的城市与区域》以及该书附录一对施坚雅模式的介绍,林达·约翰逊主编:《帝国晚期的江南城市》,成一农译,上海人民出版社2005年,第1、233页。

越充分、越合理,该项研究的科学性自然也就越高。"①以往中国区域城市史研究中,讨论较多的就是江南地区,在各种观点中,影响力最大的就是李伯重提出的界定方式,他分析的基础是施坚雅提出的19世纪中国经济区应当具有的一些主要特征,即:(1)一个经济区应当是该地区高层中心地的最大经济腹地;(2)该经济区的核心是连接该区内各高等级城市的主要贸易路线的集中之地,这些路线所构成的网络的密度由核心向边缘递减;(3)核心是主要经济资源(特别是人口)的集中之处;(4)河流的流域是决定一个经济区的关键因素。这种划分区域的方式,是将区域看成一个内部具有相互依赖的交换关系的系统。基于此,李伯重将"江南"界定为包括苏州府、松江府、常州府、镇江府、江宁府(应天)、杭州府、嘉兴府和湖州府以及太仓州八府一州构成的地区。②当然,这是一种经济区的划分方式,并不是定论,其划分方式(也即施坚雅提出的标准)是否合理也是值得讨论的理论问题,而且这种划分方式随着研究取向的演变、研究主题的变化肯定会发生变化。

但是,当前大部分区域城市研究中基本上都没有对所选择区域进行充分讨论。关于真正区域史研究与这种区域史研究之间的差异,正如王先明所说:"要而言之,是研究问题的空间特征决定了'区域史'研究的选择,而不是人为的空间取舍形成'区域史'研究,即将研究对象简单地'地域化'或'地方化'。前者构成真正意义上的'区域史研究',后者毋宁说是研究中的'区域化取向'。"③这种论断对于当前区域城市研究也是适用的,以往大多数这方面的研究都可以被视为城市通史(或者全国历史城市地理)研究的区域化,而不是真正的区域城市史的研究。当然,以往区域研究的成果依然是非常有价值的,但不进行区域理论的研究,将不能真正达到区域城市史研究的目的。

在这里还要顺带提及关于城市体系的研究。当然,这方面的研究虽然并不能简单归结于是受到施坚雅市场层级研究的影响,但与城市的概念相似,"城市体系"的概念也来自西方。不过当前关于中国古代城市体系的研究,无论进行的论证如何,基本上最终都归结于行政城市体系,如韩光辉《宋辽金元建制城市的出现与城市体系的形成》,④汤芸等《从明代贵州的卫所城镇看贵州

---

① 李伯重:《简论"江南地区"的界定》,载《中国社会经济史研究》1991年第1期,第100页。
② 参见李伯重:《简论"江南地区"的界定》,载《中国社会经济史研究》1991年第1期,第100页;李伯重:《江南的早期工业化(1550—1850)》,社会科学文献出版社2000年,第18页。
③ 王先明:《"区域化"取向与近代史研究》,载《学术月刊》2006年第3期,第128页。
④ 韩光辉:《宋辽金元建制城市的出现与城市体系的形成》,载《历史研究》2007年第4期,第42页。

城市体系的形成机理》[1]等,虽然行政城市体系也是一种城市体系,但并不是这些研究最初的研究目的之所在,而且也无法反映现代城市体系研究更关注的城市之间的经济体系和层级关系。当然,这在一定程度上与中国古代缺乏可以用来确定城市的经济体系或者其他体系的数据有关,不过今后的研究中确实应当考虑如何通过其他方式来构建中国自己的城市体系。

总体而言,当前城市体系和区域城市的研究只是借鉴了西方区域研究的表象,而未能吸收和理解西方理论的精髓和目的。

第三节　施坚雅模式

在影响中国城市史研究的各种西方理论中必然要提到施坚雅模式。施坚雅模式的核心内容主要分为两点:一是区域的划分方式,其将中国划分为九个本质上较为独立的宏观区域,在这九个区域中物质和服务在内部的交换比邻近区域间的交换更有意义,即这是一种内部依赖交换关系的划分区域的方式;[2]二是区域内部的城市按照市场层级构建为一种层级结构,其中位于顶端的中心都会整合了区域,在宏观区域内将交换系统化,资源从市场结构中较低的层级向较高的层级流动,从区域边缘向中心都会流动。[3]

这里首先需要介绍中心地理论的学术发展脉络,对此《所有可能的世界——地理学思想史》一书中有简要的介绍,现摘引如下:

> 美国地理学者的这项工作主要受到德国学者 J.H.冯·杜能、A.韦伯和 A.勒施的影响。1933 年,在某种程度上可以被称为"中心地理论"的创立者、德国地理学家沃尔特·克里斯塔勒,在对德国南部第三级经济功能区的空间排列的研究中完成了这个理论(1933—1966)。克里斯塔勒认为,他的工作是冯·杜能的农业土地使用模型(Von Thünen, 1826—

---

[1]　汤芸等:《从明代贵州的卫所城镇看贵州城市体系的形成机理》,载《西南民族大学学报(人文社科版)》2009 年第 10 期,第 7 页。

[2]　关于施坚雅宏观区域理论的来源,刘永华认为:1976 年之后,施坚雅在市场系统之上形成了他的宏观区域理论,它的这一理论是受到罗兹曼(Gilbert Rozman)的《清代中国与德川时期日本的城市网络》(Urban Networks in Ching China and Tokugawa Japan)的影响,并引入了"中心—边缘"理论。参见刘永华:《传统中国的市场与社会结构——对施坚雅中国市场体系理论和宏观区域理论的反思》,载《中国经济史研究》1993 年第 4 期,第 134 页。

[3]　参见林达·约翰逊主编:《帝国晚期的江南城市》,成一农译,上海人民出版社 2005 年,第 233 页。

1966)和阿尔佛雷德·韦伯(Alfred Weber,1909—1966)工业位置模型的补充。他指出:"物质向一个核心凝聚是物质的一种基本秩序",而人类的居住地与自然要素一样也遵从于这个规律。居民点趋向于簇集的焦点或者集结点,就是克里斯塔勒所谓的中心地,每一个中心地都被一个与其功能上相关的补充区所环绕。以德国的例证为依据,克里斯塔勒描述了一个七级的中心地的"蜂巢状的层级"。较低层级的地点提供人们在经过很短的距离后就可以获得的日常所需食物和服务。较高层级的地点不仅仅提供类似的食物和服务,而且还提供较特殊的不是日常所需的食物和服务,对此,人们愿意走较长的路去获得它们。较高层级的地点具有遍及全世界的联系。

克里斯塔勒还试图解释中心地的间隔和排列类型。他假定了一个均匀地居住着农业人口的均一平原地区作为分级的基础。如果接近一个市场是定居点类型发展的主要因素的话,那就能在一个六边形的面积内,得到从补充区到中心地的最小平均往来距离。但是克里斯塔勒承认,当尽可能多的中心地是沿着高级地点之间的主要交通线分布时,也能看到最适宜的条件。此外,如果为政府行政机构或者其他目的服务的话,简单的面向市场的类型就会出现进一步的调整。在任何地区内所能观察到的实际类型,视三个因素之间的相互作用而定:市场、交通和行政管理(Berry and Pred,1961:15—18)。

20世纪30年代,德国地理学家很少注意到克里斯塔勒的工作。1937年,奥托·施利尔(Otto Schlier)在人口统计数据的基础上对这一工作进行了试验(Schlier,1937),同时埃德加·康德曾用这一理论研究爱沙尼亚的居民点类型。1940年,德国经济学家奥古斯特·勒施(August Lösch)已经在一本关于经济学空间模式的书中考察了克里斯塔勒的思想;该书于1944年发表了经修订并且内容大量增加的新版本,并于1954年翻译成英文(Lösch,1940,1944/1954)。勒施在中心地的蜂窝式层级和在补充区的六边形类型两个方面,都发现了支持克里斯塔勒概念的证据。

居民点类型和层级的研究主要受到克里斯塔勒假设的启发,这引发了很多有关特定区域的研究以及很多替代性假说的提出。乔治·K.齐普夫提出了一项级别假说,它以任何一个城市在一个国家所有城市中的等级为基础,来预测都市区的人口(Zipf,1949/1965:374—386)。[1]

---

[1] 杰弗里·马丁:《所有可能的世界——地理学思想史》,成一农、王雪梅译,上海人民出版社2008年,第621页。

布拉什(J. E. Brush，1953)回顾了西南威斯康星州的中心地层级。他的结论认为,克里斯塔勒的研究提供了一个标准,以此可以估量世界各地可以观察到的差异。他认为在不同文化的地区不可能找到完全一样的层级结构。A. K. 菲尔布里克(A. K. Philbrick，1957)研究了农村功能组织。M.F.达西(1962)将方法应用到中心地研究的分析中。B. J. L. 贝里研究西雅图和斯波坎的定居模式以及零售中心,并和加里森共同发表了研究成果(1958a，b，1959a)(Barnes，2000)。1969年,哈维总结了众多试图在地区研究中使用这一理论的研究基础,认为"这些试验表明,实际的空间模式和理论上所预期的并不符合"(Harvey，1969:138)。可能的是关于货物流动范围的经济理论,即一位消费者为了买这种商品而愿意走的路程距离是"内在的,不可预测的"。统计技术由于计算机以及便于大规模数字检测的大量数据的出现而得到发展(Gould，1969),同时经济地理学家开始整理他们自己的数学需求以作为理解位置所必需的分析工具。柯里(1998)和凯帝(Cadey，1974)在随机变量的基础上提出了先进的数学模型。克利福和奥德(1973)以一种开创性的方式提出了地理统计学。[1]

王芳在《〈中华帝国晚期的城市〉对中国学者的借鉴作用》[2]一文中介绍了施坚雅的理论传入中国的大致过程:施坚雅(G. W. Skinner)教授主编的《中华帝国晚期的城市》(*The City in Late Imperial China*)1977年由美国斯坦福大学出版。1980年陈桥驿教授撰写了《读〈中国王朝时代晚期的城市〉的两篇书评》,发表于《杭州大学学报》该年第4期上,第一次向中国学术界介绍了这本著作,同时还译载了国外学者的两篇书评,即美国芝加哥大学教授诺顿·金斯伯格(Norton Ginsbury)的《中国王朝时代晚期的城市》与日本爱知大学副教授秋山元秀的《施坚雅编〈中国王朝时代晚期的城市〉》。1981年,《历史地理》创刊号于上发表了加拿大不列颠哥伦比亚大学教授赛明思(Marwyn S. Samuels)撰写的《评〈中国王朝时代晚期的城市〉》。1986年在《国外中国学研究译丛(1)》译载了施坚雅的《中国城市与地方系统的等级》[3]一文,将中心地理论和市场层级的概念介绍到了中国。《中华帝国晚期的城市》的中文译本在2001

---

[1] 杰弗里·马丁:《所有可能的世界——地理学思想史》,成一农、王雪梅译,上海人民出版社2008年,第620页。

[2] 王芳:《〈中华帝国晚期的城市〉对中国学者的借鉴作用》,载《杭州师范学院学报(人文社会科学版)》2001年第4期,第5页。

[3] 施坚雅著,黄飞虎译:《中国城市与地方系统的等级》,载《国外中国学研究译丛》(1),甘肃人民出版社1986年,第96页。

年由中华书局出版。陈桥驿于1985年3月再作《评〈中华帝国晚期的城市〉》，发表于同年第1期《杭州大学学报》上。

在此期间，施坚雅对中国经济史、城市史、社会史的研究都产生了巨大的影响，当然本文主要分析其对城市史的影响。在施坚雅影响力逐渐扩大的同时，也有很多学者对其理论提出了批评和评论，对于这些批评，史建云在《对施坚雅市场理论的若干思考》[1]一文中进行了反思，提出"美国学者施坚雅的市场理论在中外学术界影响巨大，几乎到了凡研究中国市镇史、集市史者都无法回避的程度，然而，其与中国的实际情况存在差距又是一个十分明显的事实。因而形成了一个怪圈：研究市镇、集市的学者，几乎没有什么人全盘接受施坚雅的观点，甚至可以说，不少人以为，如果不对施氏理论批评上几句，就不够水平。但另一方面，这些批评实际上又没能摆脱施坚雅的影响，多多少少顺着施氏理论的模式走，其中一些批评对施氏理论缺乏真正的理解"。不过也确实存在一些对施坚雅理论提出的具有真知灼见的认识和批评，如刘永华《传统中国的市场与社会结构——对施坚雅中国市场体系理论和宏观区域理论的反思》、[2]陈倩《从韦伯到施坚雅的中国城市研究》、[3]王铭铭《市场与社会结构理论批判》[4]等。

总体来看，施坚雅模式对中国城市史（历史城市地理）研究的影响主要有三个方面。

一、定量研究和建立模式

施坚雅理论的基础就是基于统计、分析的定量运算，并建立模型，这实际上也代表了西方学术研究的一种方式，但在这方面，施坚雅的研究对中国学术，包括城市史和历史城市地理的研究影响短暂。虽然中国史学界在20世纪80年代曾经出现过计量的热潮，但并没有维持多久，很快就退回到了传统的注重文字描述的研究模式，只是在近年来计量的方法才又在城市史研究中逐渐兴起。中国城市史研究中定量方法影响力短暂以及建立模型的方法基本没有被学术界所接受，这是值得分析的现象。

---

[1] 史建云：《对施坚雅市场理论的若干思考》，载《近代史研究》2004年第4期，第70页。
[2] 刘永华：《传统中国的市场与社会结构——对施坚雅中国市场体系理论和宏观区域理论的反思》，载《中国经济史研究》1993年第4期，第134页。
[3] 陈倩：《从韦伯到施坚雅的中国城市研究》，载《重庆大学学报（社会科学版）》2007年第3期，第100页。
[4] 王铭铭：《市场与社会结构理论批判》，载《社会人类学与中国研究》，广西师范大学出版社2005年，第112页。

施坚雅的人口统计数据确实存在问题。曹树基在《清代北方城市人口研究——兼与施坚雅商榷》[①]中认为施坚雅人口数据的来源很不可靠，并进一步对其用来构建城市等级理论的模式进行了批评，认为"按照正常的研究程序，在引出济弗的观点后，应该通过中国的实例来对济弗的理论进行证实或证伪。然而，施坚雅却将他自己通过设定人口等级所推得的城市人口数（而不是实际的人口数）代入济弗的模型，然后对各区域的城市中心地级别—规模进行讨论和比较。这是一种自我循环式论证"。然后在研究了乾隆四十一年及光绪十九年北方各省区人口及城市人口之后，认为"总之，无论是清代中期还是清代末年，中国都不存在一个统一的城市人口等级模式。上一级城市人口与下一级城市人口之间的关系，在区域之间表现为非常复杂的关系，城市等级与人口数量之间的关系呈现较大的差异。对于城市人口的推算，必须在区域的框架中进行。试图建立一个统一模式的做法，从根本上说来是错误的。试图先建立一个统一的模式，再来寻找区域差异的做法，也是错误的"。按照曹树基的分析，施坚雅在这方面的研究中实际上违背了他自己提出了宏观区域理论。大概正是由于对施坚雅统计数据的质疑，再加上中国古代确实缺乏可以用来进行计量的统计数据，因此使得计量分析在中国史学，包括城市史研究中的影响力不大。但数字记录和文字叙述都是对事实的描述，只不过现在人为地割裂了这两种方法。尤其是在综合的整体性研究中，由于研究的是整体特征，因此数字往往比文字更能准确地描述事实。而且，正是由于我们不了解计量的方法，使得我们在研究中有时会出现一些低级错误，最为典型的误用就是在研究中经常使用的平均数。由于平均数并不能反映一组数字的离散情况，因此在统计学中较少使用平均数来进行分析。举一个简单的例子，99 和 1 的平均数是 50、51 和 49 的平均数也是 50，虽然平均数相同，但是两组数据代表的实际情况差异很大。因此，今后的城市史和历史城市地理的研究中，尤其是那些宏观和区域的研究中，应当重视计量方法的使用。

施坚雅理论中最容易引起人诟病的就是"六边形市场区域"模型（虽然是针对市场的，但也适用于城镇的布局），一些学者认为在现实中很难找到这样的实例。但这实际上是混淆了模型与实证研究之间的差异，对此史建云《对施坚雅市场理论的若干思考》一文有着很好的评价："然而，这里我们首先需要明确的是，建立数学模型，利用抽象的模型方法研究历史到底有没有合理性。我

[①] 曹树基：《清代北方城市人口研究——兼与施坚雅商榷》，载《中国人口科学》2001 年第 4 期，第 15 页。

们可以否认建立这类模型的必要性,毕竟,实证分析才是最可靠、最能说明问题的。也可以否认建立这类模型的可能性,因为中国现存史料中可供建立数学模型、进行数学分析的数据不够多。但如果持这类观点,与施坚雅之间就根本不存在对话的基础,彼此的游戏规则不同,完全没有必要去进行任何争论。如果我们承认数学模型、数理统计和其他各种各样的数学方法作为分析工具有一定的合理性,那么,假定市场区域是圆形,无疑要比假定它是方形、三角形、菱形、平行四边形或别的什么形状更为合理。事实上,有不少中国学者认为中国农村的市场区域基本上是圆形的。而当多个圆形挤在一起,互不重叠亦无空隙时,它们就会自然而然地变成正六边形。既要建立数学模型,又纠缠于市场区域应该有几条边或几个角,事实上并无多大意义。一个一个地描述具体的市场区域的形状,对个案研究十分重要,但以此对施氏理论模型提出批评,在我看来,同样没有多大意义。"[1]这一批评是非常中肯的,也是极为正确的,当然中国的学者培养中没有建立"模型"的训练,因此我们也确实难以理解"模型"的本质。

二、市场层级和中心地理论

与宏观区域、计量和模型式相比,施坚雅对中国城市史和历史城市地理研究影响最大的当属市场层级和中心地理论,很多研究都将研究结论与中心地理论相比照,或者吸收市场层级和中心地理论作为研究的论据。如张萍在《黄土高原原梁区商业集镇的发展及地域结构分析——以清代宜川县为例》一文中以清代宜川县商业集镇的发展进程及其在空间上的分布为例,探讨了陕北黄土原梁沟壑区部分典型县域的集镇发展及地域分布规律,认为在黄土高原地区的黄土原梁沟壑区,一些典型县域传统集镇的区域分布符合中心地理论,集镇在空间上的扩展受这一规律的制约。[2]又如覃影用施坚雅的"中心地学说"来解释其所研究的叙永厅的位置和职能。[3]冯贤亮在《城市重建及其防护体系的构成——十六世纪倭乱在江南的影响》一文中对其所研究的对象"按照施坚雅对清代中国城市的界定,分出上位治所(首都、省会、府州治、直隶州治)、中位治所(府州的非附郭县治)、下位治所(直隶州属县、非直隶厅治)三类"。[4]但

---

[1] 史建云:《对施坚雅市场理论的若干思考》,载《近代史研究》2004年第4期,第71页。
[2] 张萍:《黄土高原原梁区商业集镇的发展及地域结构分析——以清代宜川县为例》,载《中国历史地理论丛》2003年第3期,第46页。
[3] 覃影:《边缘地带的双城记——清代叙永厅治的双城形态研究》,载《西南民族大学学报(人文社科版)》2009年第11期,第52页。
[4] 冯贤亮:《城市重建及其防护体系的构成——十六世纪倭乱在江南的影响》,载《中国历史地理论丛》2002年第1辑,第29页。

也有学者,对施坚雅提出的市场结构进行了批判,如前文提到的刘永华《传统中国的市场与社会结构——对施坚雅中国市场体系理论和宏观区域理论的反思》、王铭铭《市场与社会结构理论批判》。其中王铭铭提出"受宏观历史图景的启示,我们对施坚雅的区系理论产生了两个很值得进一步探索的批评:第一,既然在中华文明发轫初期,区系结构早已生成,那么清代便不是中国区系空间结构的'生成期'。由于施坚雅试图考察的是中国区系结构的生成动力和发展规律,因此他似乎不应该从中华帝国晚期入手,更不应忽视中国上古史和考古学的发现。第二,区系不仅是施坚雅所说的经济现实结构,而且还是本土文化的世界观(宇宙观、地理观)的组成部分,而施坚雅并未看到这种区系组合的多重性",①并在结论中对施坚雅的宏观区域从根本上提出了质疑:"从而,以此类的'集镇'与'核心地点'构成的'宏观区域'不是'经济空间'一词可以概括的。从上古到晚古,中国的区域不只是经济空间,还是社会、行政、文化—象征的空间场域。至于经济空间是否是决定后几类空间的东西,答案也将是否定的,因为这几类空间实际是一体化的,它们也是中国社会构造与转型的共同动因。"②但是这些批判都是基于社会学或者人类学角度的,而城市史或者历史城市地理的研究中大都依然缺乏对这两者的反思。

三、宏观区域理论

关于施坚雅宏观区域理论对中国城市史和历史城市地理研究的影响,参见上节的分析。确实,现在很多所谓参考或者受到施坚雅宏观区域理论影响的论著,实际上并没有真正理解施坚雅以及其他西方学者或者西方理论中所谓的"区域",如张芸等《从明代贵州的卫所城镇看贵州城市体系的形成机理》,③虽然在开篇引用了施坚雅《十九世纪中国的地区城市化》一文强调各区域间城市化进程上的差异,但实际上作者并没有真正理解施坚雅"区域"的概念,而仅仅人为地以"贵州"作为研究对象,也就是王先明所说的城市通史(或者全国历史城市地理)研究的区域化。

受作者知识结构的局限,本文只对一些本人较为熟悉的研究领域进行了归纳总结,并不十分全面,不过总体来看,西方城市研究理论对中国城市史(历

---

① 王铭铭:《市场与社会结构理论批判》,载《社会人类学与中国研究》,广西师范大学出版社2005年,第139页。
② 同上,第147页。
③ 张芸等:《从明代贵州的卫所城镇看贵州城市体系的形成机理》,载《西南民族大学学报(人文社科版)》2009年第10期,第7页。

史城市地理）研究有着极大的影响，这种影响既有正面的也有负面的。正面的是扩大了城市史研究的范围，引入了区域、层级等研究视角，强调除了注重政治因素对城市发展的影响之外，还应当考虑经济、文化对城市的塑造。负面的因素主要是中国学者对于从西方引入的理论和研究成果几乎是全盘接受，或者说缺乏对理论的反思精神，虽然对于某些理论也有学者提出了质疑，但也没有在西方理论之上，构建中国学者自己的理论，因此在这些研究领域难以打破西方理论的统治地位。同时很多中国学者在具体研究中，有时倾向于将自己的结论归结于某些西方学者提出的理论之下，或者是将自己的具体研究作为西方理论的论据，当然并不是否认这些研究，而是认为除了认同之外，更多的应当是在具体研究中寻找对西方理论的突破。换个角度来说，如果当前中国城市史（历史城市地理）研究中占据主导的理论和观点都是西方学者提出的话，那么我们将如何定位中国自己的学者和学术成果呢？

出现这种情况与中西方不同的学术发展模式息息相关。在西方传统中，理论，自提出开始，就要面对质疑，而学者在研究中也总是思考如何对以往的理论进行突破。理论的不断更新，是西方学术发展的主要模式，由此也使得西方学者有着很好的理论思维训练。中国的学术传统则完全不同，中国学术的发展模式是建立在史料基础上渐进的过程，同时在一定程度上依然有"崇尚权威"的思想，即认为权威学者提出的观点应当是难以动摇的；此外再加上学术传承中将"尊师""重道"两个并立的规范合二为一，由此使得中国学者缺乏向"经典"提出质疑的想法和勇气。由此，当西方理论经由著名学者传入中国学术界之后，这些理论自然而然地就成为了所谓的"经典"，学者对于它们也就缺乏怀疑和批判精神。同时中国的学术传统中缺乏理论思考的训练，大多数"理论"论著中所提出的多是一些常识、共识的总结或者只是一些看法，远远达不到理论的高度。当前西方理论对中国城市史研究所产生的影响即是在这种情况下形成的。当然，中西方学术发展模式并无好坏之分（大部分史学研究方法和视角也无高下之分），但在今天学术交流日益频繁的情况下，为了真正吸收西方学术的精华，中国学者非常有必要加强理论方面的训练。

此外，中西方研究提出"理论"或者研究本身的出发点和目的也存在差异。西方学者研究之初或者最初的选题往往着眼于宏观问题，由此逐步用一些具体的研究来进行论证；中国学者则通常从具体研究入手，逐步升华到对宏观问题的认识。涉及具体研究，西方学者的研究通常很容易做到"以小见大"，或者总能在他们研究主题的背后看到一些理论"背景"或者对宏观问题的思考；中国学者通常只有少数"大家"能做到这一点,但依然如上文所述这两种研究模式并无高下、好坏之分。西方学者的研究,尤其是对中国史的研究(包括城市史),细节上的错误往往很多,而且有时在先有结论(理论)的情况下,用西方城市史的概念、思路、研究方法来理解中国,可以说很多时候他们并不懂中国,与此相比,中国学者的研究则要可信得多。不过,为了与西方学者对话,或者说能在中国城市史研究,尤其是宏观、理论问题上获得话语的主导权,中国学者也需要在研究方法上参考一下西方,而不仅仅是参考西方学者提出的作为结论的某些理论。

(成一农)

附 录

参考文献

Abbott, Carl, *The Metropolitan Frontier: Cities in Modern Urban West*, University of Arizona Press, 1993.

Abbott, Carl, *Urban America in the Modern Age: 1920 to the Present*, Arlington Heights: Harlan Davidson Inc., 1987.

Abu-Lughod, Janet L., *Cario: 1001 Years of the City Victorious*, Princeton University Press, 1971.

Ali, Madanipour, *Tehran: the Making of a Metropolis*, Academy Press, 1998.

Alsayyad, Nezar, *Cities and Caliphs, On the Genesis of Arab Muslim Urbanism*, Greenwood Press, 1991.

Amirahmadi, Hooshang and Salah S.EL-Shakhs, *Urban Development in the Muslim World*, New Brunswick, 1993.

Artibise, Alan. F. J. and Gilbert Stelter(ed.), *The Usable Urban Past*, McGill-Queen's University Press, 1979.

Baer, Gabriel, *Fellan and Townsman in the Middle East*, Routledge, 1988.

Bernard, Richard M.(ed.), *Snow Belt Cities: Metropolitan Politics in the Northeast and Midwest since World War II*, Indiana University Press, 1990.

Bianca, Stefano, *Urban Form in the Arab World: Past and Present*, Thames and Hudson, 2000.

Blake, G. H. and R. I. Lawless, *The Changing Middle Eastern City*, Center For Social Analysis, 1980.

Bridenbaugh, Carl, *Cities in Revolt: Urban Life in America*, 1743-

1776, Oxford University Press, 1970.

Bridenbaugh, Carl, *Cities in the Wilderness: Urban Life in America, 1625-1742*, Oxford University Press, 1971.

Celik, Zeynep, *The Remaking of Istanbul, Portrait of Ottoman City in the Nineteenth Century*, University of California Press, 1993.

Chandler, Tertius and Gerald Fox, *Three Thousand Years of Urban Growth*, Academic Press Inc, 1974.

Childe, Gordon, *What Happened in History*, Penguin, 1957.

Chudacoff, Howard P., *Major Problems in American Urban History*, Cengage Learning, 1994.

Chudacoff, Howard P., *The Evolution of American Urban Society*, Pearson Higher Education, 1981.

Danielson, Michael N., & RuşenKeleş, *The Politics of Rapid Urbanization: Government and Growth in Modern Turkey*, Holmes & Meier Pub, 1986.

Davis, Mike, *City of Quartz: Excavating the Future in Los Angeles*, Verso, 1990.

Downs, Anthony, *New Visions for Metropolitan America*, Brookings Institution Press, 1994.

Dumper, Michael R. T. and Bruce E. Stanley, *Cities of The Middle East and North Africa, A Historical Encyclopedia*, ABC-CLIO, Inc., 2007.

Eckardt, Alice L., *Jerusalem: City of the Ages*; and *American Academic Association for Peace in the Middle East*, Lanham, University Press of America, 1987.

Elshehtawy, Yasser, *The Evolving Arab City, Tradition Modernity and Urban Development*, New York: Routledge, 2008.

Elsheshtawy, Yasser, *Planning Middle Eastern City, An urban Kaleidoscope in a Globalizing World*, Routledge, 2004.

Elvin, Mark, *The Pattern of the Chinese Past*, Stanford University Press, 1973.

Fox, Kenneth, *Better City Government: Innovation in American Urban*

Politics, 1850-1937, Temple University Press, 1978.

Freely, Johe, *Istanbul the Imperial City*, Penguin Books, 1996.

Gallerkamp, Charler, *MaYa: the Riddle and Rediscovery of a Lost Civilization*, David McKay Company, Inc., 1985.

Green, Constance M., *American Cities in the Growth of the Nation*, The Athlone Press, 1957.

Hakim, Besim Selim, *Arabic-Islamic Cities, Building and Planning Principles*, Kegan Paul Inc., 1986.

Handlin, Oscar, *The Uprooted: the Epic Story of the Great Migrations that Made the American People*, Grosset & Dunlap, 1951.

Hourani, Albert and Ster, S. M., *The Islamic City*, University of Pennsylvania, 1970.

Kzaimee, Bashir A, and Ayad B.Rahmani, *Place, Meaning, and Form in the Architecture and Urban Structure of Eastern Islamic Cities*, The Edwin Mellen Press, 2002.

Leeuwen, Richard Van, *Waqfs and Urban Structures: the Case of Ottoman Damascus* (Studies in Islamic law and society: Vol.11), Brill Academic Publisher, 1999.

Lockhart, Laurence, *Persian Cities*, Luzac & Company Ltd., 1960.

McKelvey, Blake, *American Urbanization: A Comparative History*, Scott, Foresman, 1973.

McKelvey, Blake, *The Emergence of Metropolitan America, 1915—1966*, Rutgers University Press, 1968.

Miller, Roberta M., *City and Hinterland, A Case Study of Urban Growth and Regional Development*, Praeger, 1979.

Miller, Zane L., *The Urbanization of Modern America: A Brief History*, Harcourt College Pub, 1973.

Mohl, Raymond A., *The New City: Urban American in the Industrial Age, 1860-1920*, Harlan Davidson Incorporated, 1985.

Monkkonen, Eric H., *America Become Urban: The Development of U.S. Cities & Towns*, University of California Press, 1988.

Morris, A. E. J., *History of Urban Form: Before the Industrial Revo-

lution, Longman, 1994.

Raymond, Andre, *Arab Cities in the Ottoman Period*, Ashgate Publishing, 2002.

Raymond, Andre, *The Great Arab Cities In The 16-18th Centuries, An Introduction*, New York University Press, 1984.

Rodenbeck, Max, *Cairo the City Victorious*, Vintage, 2000.

Rusk, David, *Cities without Suburbs*, Woodrow Wilson Center Press, 1995.

Saqqaf, Abdulaziz Y., *The Middle East City: Ancient Tradition Confront a Modern World*, Paragon House, 1987.

Sassen, Saskia, *The Global City: New York, London, Tokyo*, Princeton University Press, 1991.

Schlesinger, Arthur M., *The Rise of the City, 1878-1898*, Ohio State University Press, 1999.

Serjeant, R.B, *The Islamic City*, Paris: UNESCO, 1980.

Stewart, Dona J., Zhi-Yong Yin, Stevan M. Bullard & Jared T. Maclachlan, "Assessing the Spatial structure of urban and population growth in the Greater Cairo area, Egypt: a GIS and imagery analysis approach," in *Urban Studies*, Vol.41, No.1, January, 2004.

Teaford, Jon C., *Cities of the Heartland: The Rise and Fall of the Industrial Midwest*, Indiana University Press, 1994.

Teaford, Jon C., *City and Suburb: The Political Fragmentation of Metropolitan America, 1850-1970*, Johns Hopkins University Press, 1979.

Teaford, Jon C., *The Twentieth-Century American City: Problem, Promise and Reality*, Johns Hopkins University Press, 1986.

Thernstrom, Stephan and Richard Sennett. (eds.), *Nineteenth Century Cities: Essays in the New Urban History*, Yale University Press, 1969.

Wade, Richard C., *The Urban Frontier: The Rise of Western Cities, 1790-1830*, Harvard University Press, 1959.

Warner, Sam B., *The Urban Wildness: A History of the American City*, Harper & Row, 1972.

Weber, Adna F., *The Growth of Cities in the Nineteenth Century: a*

Study in Statistics, Cornell University Press, 1966.

Wheatley, Paul, *The Places Where Men Pray Together: Cities in Islamic Lands, Seventh through the Tenth Centuries*, University of Chicago Press, 2001.

阿尔多·罗西:《城市建筑学》,黄士钧译,中国建筑工业出版社2006年。

阿兰·雅各布斯:《伟大的街道》,金秋野、王又佳译,中国建筑工业出版社2009年。

埃比尼泽·霍华德:《明日的田园城市》,金经元译,商务印书馆2010年。

爱德华·格莱泽:《城市的胜利》,刘润泉译,上海社会科学院出版社2012年。

爱德华·克鲁帕特:《城市人:环境及其影响》,陆伟芳译,上海三联书店2013年。

爱德华·苏贾:《后现代地理学:重申批判社会理论中的空间》,王文斌译,商务印书馆2004年。

爱德华·索亚:《后大都市:城市和区域的批判性研究》,李钧译,上海教育出版社2006年。

安东尼·奥罗姆:《城市的世界——对地点的比较分析和历史分析》,曾茂娟、任远译,上海人民出版社2005年。

安东尼·吉登斯:《资本主义与现代社会理论:对马克思、涂尔干和韦伯著作的分析》,郭忠华、潘华凌译,上海译文出版社2013年。

包乐史:《看得见的城市:东亚三商港的盛衰浮沉录》,赖钰匀、彭昉译,浙江大学出版社2010年。

包亚明主编:《现代性与空间的生产》,上海教育出版社2003年。

保罗·彼得森:《城市极限》,罗思东译,格致出版社2012。

保罗·霍恩伯格、林恩·霍伦·利斯:《都市欧洲的形成(1000—1994年)》,阮岳湘译,商务印书馆2009年。

保罗·诺克斯、史蒂文·平奇:《城市社会地理学导论》,柴彦威、张景秋等译,商务印书馆2005年。

鲍德威:《中国的城市变迁:1890—1949年山东济南的政治与发展》,张汉、金桥、孙淑霞译,北京大学出版2010年。

贝淡宁、艾维纳·德夏里特:《城市的精神》,吴万伟译,重庆出版社

2012年。

彼得·伯克:《历史学与社会理论》,刘北成、姚朋、周玉鹏,上海人民出版社2010年。

彼得·霍尔:《城市和区域规划》,邹德慈、陈熳莎、李浩译,中国建筑工业出版社2008年。

彼得·霍尔:《明日之城:一部关于20世纪城市规划与设计的思想史》,童明译,同济大学出版社2009年。

彼得·霍尔:《社会城市:埃比尼泽·霍华德的遗产》,黄怡译,中国建筑工业出版社2009年。

彼得·纽曼、安迪·索恩利:《规划世界城市——全球化与城市政治》,刘晔、杜晓馨译,上海人民出版社2011年。

波斯坦、科尔曼彼得·马赛厄斯主编:《剑桥欧洲经济史》(第2卷),王春法主译,经济科学出版社2004年。

伯钠德·路易斯:《中东:激荡在辉煌的历史中》,郑之书译,中国友谊出版社2000年。

布赖恩·贝利:《比较城市化:20世纪的不同道路》,顾朝林等译,商务印书馆2010年。

蔡禾主编:《城市社会学:理论与视野》,中山大学出版社2003年。

车效梅:《中东城市的产生、发展与嬗变》,中国社会科学出版社2004年。

陈庆江:《明代云南政区治所研究》,民族出版社2002年。

陈一筠主编:《城市化与城市社会学》,光明日报出版社1984年。

陈映芳、水内俊雄、邓永成等:《直面当代城市:问题及方法》,上海古籍出版社2011年。

成一农:《古代城市形态研究方法新探》,社会科学文献出版社2009年。

大卫·哈维:《巴黎城记:现代性之都的诞生》,黄煜文译,广西师范大学出版社2010年。

大卫·哈维:《地理学中的解释》,高泳源、刘立华、蔡运龙译,商务印书馆1996年。

大卫·哈维:《希望的空间》,胡大平译,南京大学出版社2006年。

戴安娜·克兰:《文化生产:媒体与都市艺术》,赵国新译,译林出版社2012年。

戴维·斯沃茨:《文化与权力:布尔迪厄的社会学》,陶东风译,上海译文出版社 2012 年。

道格·桑德斯:《落脚城市》,陈信宏译,上海译文出版社 2012 年。

德雷克·格利高里、约翰·厄里:《社会关系与空间结构》,谢礼圣译,北京师范大学出版社 2011 年。

蒂莫西·比特利:《绿色城市主义:欧洲城市的经验》,邹越、李吉涛译,中国建筑工业出版社 2011 年。

董鉴泓:《中国城市建设史》,中国建筑工业出版社 1989 年。

段汉明:《城市学:理论·方法·实证》,科学出版社 2012 年。

多琳·马西:《劳动的空间分工:社会结构与生产地理学》,梁光严译,北京师范大学出版社 2010 年。

菲利普·巴内翰、让·卡斯泰、让-夏尔·德保勒:《城市街区的解体:从奥斯曼到勒·柯布西耶》,魏羽力、许昊译,中国建筑工业出版社 2012 年。

菲斯泰尔·德·古朗士:《古代城市:希腊罗马宗教、法律及制度研究》,吴晓群译,上海人民出版社 2012 年。

费尔南·布罗代尔:《15 至 18 世纪的物质文明、经济与资本主义》第 2 卷,顾良、施康强译,生活·读书·新知三联书店 1993 年。

费尔南·布罗代尔:《菲利普二世的地中海和地中海世界》第 1 卷,唐家龙、曾培耿等译,商务印书馆 1996 年。

费里克:《埃及古代史》,商务印书馆 1973 年。

费孝通:《论小城镇及其他》,天津人民出版社 1986 年。

冯贤亮:《城市重建及其防护体系的构成——十六世纪倭乱在江南的影响》,《中国历史地理论丛》2002 年第 1 辑。

弗里德里克·奥姆斯特德:《美国城市的文明化》,王思思等译,译林出版社 2013 年。

傅崇兰、孟祥才、曲英杰、吴承照:《曲阜庙城与中国儒学·序》,中国社会科学出版社 2002 年。

高鉴国:《新马克思主义城市理论》,商务印书馆 2006 年。

高佩义:《中外城市化比较研究》,南开大学出版社 1991 年。

格雷厄姆·郝吉思:《出租车!纽约市出租车司机社会史》,王旭等译,商务印书馆 2010 年。

顾朝林:《城市社会学》,东南大学出版社 2002 年。

顾朝林:《中国城市地理》,商务印书馆 2002 年。

韩忠:《旧金山湾区中心城市的发展与大都市区》(博士学位论文),厦门大学2005年。

汉诺-沃尔特·克鲁夫特:《建筑理论史:从维特鲁威到现在》,王贵祥译,中国建筑工业出版社2005年。

贺业钜:《中国古代城市规划史》,中国建筑工业出版社2002年。

贺业钜:《中国古代城市规划史论丛》,中国建筑工业出版社1986年。

亨利·勒菲弗:《空间与政治》,李春译,上海人民出版社2008年。

亨利·皮雷纳:《中世纪的城市》,陈国樑译,商务印书馆2011年。

胡小武:《城市社会学的想象力》,东南大学出版社2012年。

华揽洪:《重建中国:城市规划三十年(1949—1979)》,生活·读书·新知三联书店2006年。

黄承元、周振明:《城市社会心理学》,同济大学出版社1988年。

黄柯可、王旭主编:《城市社会的变迁》,中国社会科学出版社1998年。

黄丽:《国外大都市区治理模式》,东南大学出版社2003年。

黄玫茵:《唐代江西地区开发研究》,台湾大学文史丛刊,台湾大学文学院1996年。

黄民兴:《中东国家通史·伊拉克卷》,商务印书馆2002年。

矶村英一:《城市问题百科全书》,王君健等译,黑龙江人民出版社1988年。

加藤繁:《宋代都市的发展》,《中国经济史考证》,商务印书馆1973年。

简·雅各布斯:《集体失忆的黑暗年代》,姚大钧译,中信出版社2007年。

简·雅各布斯:《美国大城市的死与生》,金衡山译,译林出版社2005年。

杰布·布鲁格曼:《城变:城市如何改变世界》,董云峰译,中国人民大学出版社2011年。

杰弗里·马丁:《所有可能的世界——地理学思想史》,成一农、王雪梅译,上海世纪出版集团2008年。

杰弗里·亚历山大:《社会学二十讲:二战以来的理论发展》,贾春增译,华夏出版社2000年。

卡尔·艾伯特:《大都市边疆——当代美国西部城市》,王旭译,商务印书馆1998年。

凯文·林奇:《城市意象》,方益萍等译,华夏出版社2001年。

康少邦、张宁编译:《城市社会学》,浙江人民出版社1986年。

柯林·罗:《拼贴城市》,童明译,中国建筑工业出版社 2003 年。

库采夫:《新城市社会学》,张淑君等译,中国建筑工业出版社 1987 年。

勒·柯布西耶:《明日之城市》,李浩译,中国建筑工业出版社 2009 年。

雷蒙·威廉斯:《关键词:文化与社会的词汇》,刘建基译,生活·读书·新知三联书店 2005 年。

雷蒙·威廉斯:《乡村与城市》,韩子满等译,商务印书馆 2013 年。

雷钰、苏瑞林:《中东国家通史·埃及卷》,商务印书馆 2003 年。

李伯重:《江南的早期工业化(1550—1850)》,社会科学文献出版社 2000 年。

李孝聪:《历史城市地理》,山东教育出版社 2007 年。

李孝聪:《美国国会图书馆藏中文古地图叙录》,文物出版社 2004 年。

李孝聪:《唐宋运河城市城址选择与城市形态的研究》,载《环境变迁研究》(第 4 辑),北京古籍出版社 1993 年。

李孝悌:《中国的城市生活》,北京大学出版社 2013 年。

李艳玲:《美国城市更新运动与中心城市改造》,上海大学出版社 2004 年。

李壮松:《美国城市经理制——历史到现实的综合考察》(博士学位论文),厦门大学 2002 年。

理查德·宾厄姆等:《美国地方政府的管理:实践中的公共行政》,九州译,北京大学出版社 1997 年。

理查德·格林、詹姆斯·皮克:《城市地理学》,中国地理学会城市地理专业委员会译,商务印书馆 2011 年。

理查德·利罕:《文学中的城市:知识与文化的历史》,黄福海、吴子枫译,上海人民出版社 2009 年。

理查德·瑞吉斯特:《生态城市:重建与自然平衡的城市》,王如松、于占杰译,社会科学文献出版社 2010 年。

理查德·桑内特:《肉体与石头:西方文明中的身体与城市》,黄煜文译,上海译文出版社 2011 年。

梁茂信:《都市化时代:20 世纪美国人口流动与城市社会问题》,东北师范大学出版社 2002 年。

林立平:《封闭结构的终结》,广西人民出版社 1989 年。

林玲:《城市化与经济发展》,湖北人民出版社 1995 年。

刘景纯:《清代黄土高原地区城镇地理研究》,中华书局 2005 年。

刘文鹏:《古代埃及史》,商务印书馆 2000 年。

刘易斯·芒福德:《城市发展史——起源、演变和前景》,宋俊岭、倪文彦译,中国建筑工业出版社 2005 年。

刘易斯·芒福德:《城市文化》,宋俊岭、李翔宁译,中国建筑工业出版社 2009 年。

罗伯特·福格尔森:《布尔乔亚的恶梦:1870—1930 年的美国城市郊区》,朱歌姝译,上海人民出版社 2007 年。

罗伯特·福格尔森:《下城》,周尚意、志丞、吴莉萍译,上海人民出版社 2010 年。

罗德尼·怀特:《生态城市的规划与建设》,沈清基、吴斐琼译,同济大学出版社 2009 年。

罗思东:《美国大都市地区的政府与治理:地方政府间关系与区域主义改革》(博士学位论文),厦门大学 2005 年。

罗威廉:《汉口:一个中国城市的冲突和社区(1796—1895)》,鲁西奇、罗杜芳译,中国人民大学出版社 2008 年。

罗威廉:《长江下游的城市与区域》,林达·约翰逊主编,《帝国晚期的江南城市》,成一农译,上海人民出版社 2005 年。

马克·戈特迪纳:《新城市社会学》(第 3 版),黄怡译,上海译文出版社 2011 年。

马克·吉罗德:《城市与人:一部社会与建筑的历史》,郑炘、周琦译,中国建筑工业出版社 2008 年。

马世之:《中国史前古城》,湖北教育出版社 2003 年。

马正林:《中国城市历史地理》,山东教育出版社 1998 年。

迈克·戴维斯:《水晶之城——窥探洛杉矶的未来》,林鹤译,上海人民出版社 2010 年。

迈克·戴维斯:《死城》,李钧等译,上海书店出版社 2011 年。

曼纽尔·卡斯特:《网络社会:跨文化的视角》,周凯译,社会科学文献出版社 2009 年。

曼纽尔·卡斯特:《网络社会的崛起》,王志弘等译,社会科学文献出版社 2006 年。

米歇尔·迪尔:《后现代都市状况》,李小科译,上海教育出版社 2004 年。

莫里斯:《城市形态史:工业革命以前》,成一农等译,商务印书馆 2011 年。

穆罕默德·艾尼斯等:《埃及近现代简史》,商务印书馆1980年。
南·艾琳:《后现代城市主义》,张冠增译,同济大学出版社2007年。
帕克等:《城市社会学》,宋俊岭等译,商务印书馆2012年。
帕西昂主编:《当代城市的困扰和出路》,王松涛、孙以芳等译,重庆出版社1989年。
齐格蒙特·鲍曼:《社会学之思》,李康译,社会科学文献出版社2010年。
奇波拉:《欧洲经济史》,商务印书馆1988年。
乔尔·科特金:《全球城市史》,王旭等译,社会科学文献出版社2006年。
乔治·瑞泽尔、古德曼:《现代社会学理论》(影印版),北京大学出版社2004年。
芮沃寿:《中国城市的宇宙观》,载施坚雅主编,叶光庭等译,《中华帝国晚期的城市》,中华书局2000年。
施坚雅主编:《中华帝国晚期的城市》,叶光庭等译,中华书局2000年。
施坚雅著,黄飞虎译:《中国城市与地方系统的等级》,载《国外中国学研究译丛》(1),甘肃人民出版社1986年。
丝奇雅·沙森:《全球城市:纽约·伦敦·东京(2001年新版)》,周振华等译,上海社会科学院出版社2005年。
斯皮罗·科斯托夫:《城市的形成:历史进程中的城市模式和城市意义》,单皓译,中国建筑工业出版社2005。
斯塔夫里阿诺斯:《全球通史》,董书慧等译,北京大学出版社2005年。
苏宁:《美国房地产开发与城市更新运动》(博士学位论文),厦门大学2005年。
孙群郎:《美国城市郊区化研究》,商务印书馆2005年。
孙逊、陈恒主编:《都市文化研究》各辑,上海三联书店。
汤普逊:《中世纪经济社会史》(下),商务印书馆1997年。
田银生:《走向开放的城市:宋代东京街市研究》,生活·读书·新知三联书店2011年。
涂文学:《"市政改革"与中国城市早期现代化》,华中师范大学中国近现代史博士学位论文2006年。
汪德华:《中国城市规划史纲》,东南大学出版社2005年。
王笛:《街头文化——成都公共空间、下层民众与地方政治,1870—1930》(修订本),商务印书馆2013年。

王加丰:《扩张体制与世界市场的开辟,地理大发现新论》,北京大学出版社1999年。

王军:《城记》,生活·读书·新知三联书店2003年。

王茂生:《从盛京到沈阳——城市发展与空间形态研究》,中国建筑工业出版社2010年。

王妙发、郁越祖:《关于"都市(城市)"概念的地理学定义考察》,载《历史地理》第10辑,上海人民出版社1992年。

王铭铭:《市场与社会结构理论批判》,载《社会人类学与中国研究》,广西师范大学出版社2005年。

王铁铮、黄民兴等:《中东史》,人民出版社2010年。

王旭、黄柯可主编:《城市社会的变迁——中美城市化及其比较》,中国社会科学出版社1998年。

王旭、罗思东:《美国新城市化时期的地方政府:区域统筹与地方自治的博弈》,厦门大学出版社2010年。

王旭:《美国城市发展模式》,清华大学出版社2006年。

王旭:《美国城市史》,中国社会科学出版社2000年。

王颖:《城市社会学》,上海三联书店2005年。

威尔·杜兰:《世界文明史》第7卷,《希腊的衰落》,台湾幼狮文化译,华夏出版社2010年。

吴宏岐:《西安历史地理研究》,西安地图出版社2006年。

吴晓、魏羽力:《城市规划社会学》,东南大学出版社2010年。

夏建中:《城市社会学》:中国人民大学出版社2010年。

宿白:《隋唐城址类型初探(提纲)》,《纪念北京大学考古专业三十周年论文集》,文物出版社1990年。

许宏:《先秦城市考古学研究》,北京燕山出版社2000年。

许英:《城市社会学》,齐鲁书社2002年。

阎希娟:《民国西安城市地理初步研究》,陕西师范大学历史地理学硕士学位论文,2002年。

杨宽:《中国古代都城制度史研究》,上海古籍出版社1993年。

伊本·白图泰著:《伊本·白图泰游记》,马金鹏译,宁夏人民出版社2000年。

伊德翁·舍贝里:《前工业城市——过去与现在》,高乾、冯昕译,社会科学文献出版社 2013 年。

伊夫·格拉夫梅耶尔:《城市社会学》,徐伟民译,天津人民出版社 2005。

伊利尔·沙里宁:《城市——它的发展、衰败与未来》,顾启源译,中国建筑工业出版社 1986 年。

尤嘎·尤基莱托:《建筑保护史》,郭旃译,中华书局 2011 年。

于海主编:《城市社会学文选》,复旦大学出版社 2006 年。

约翰·里德:《城市》,郝笑丛译,清华大学出版社 2010 年。

约翰·伦尼·肖特:《城市秩序:城市、文化与权力导论》,郑娟、梁捷译,上海人民出版社 2011 年。

詹姆斯·科尔曼:《社会理论的基础》(上下册),邓方译,社会科学文献出版社 2008 年。

张光直:《中国青铜时代(二集)》,生活·读书·新知三联书店 1990 年。

张鸿雁、周晓虹:《城市社会学理论与方法:历史与逻辑的本土化视角》,中国社会科学出版社 2012 年。

郑也夫:《城市社会学》,中国城市出版社 2002 年。

周一星:《城市地理学》商务印书馆 1995 年。

曹树基:《清代北方城市人口研究——兼与施坚雅商榷》,载《中国人口科学》,2001 年第 4 期。

陈倩:《从韦伯到施坚雅的中国城市研究》,载《重庆大学学报》2007 年第 3 期。

成一农:《"中世纪城市革命"的再思考》,载《清华大学学报》2007 年第 2 期。

成一农:《中国古代地方城市形态研究现状评述》,载《中国史研究》2010 年第 1 期。

高松凡、杨纯渊:《关于我国早期城市起源的初步探讨》,载《文物季刊》,1993 年第 3 期。

韩光辉、林玉军、王长松:《宋辽金元建制城市的出现与城市体系的形成》,载《历史研究》,2007 年第 4 期。

韩光辉、刘旭、刘业成:《中国元代不同等级规模的建制城市研究》,载《地理学报》2010 年第 12 期。

韩光辉:《元代中国的建制城市》,载《地理学报》1995 年第 4 期。

侯杨方:《20世纪上半期中国的城市人口:定义及估计》,载《上海师范大学学报(哲学社会科学版)》2010年第1期。

李伯重:《简论"江南地区"的界定》,载《中国社会经济史研究》1991年第1期。

刘献猷:《对乌鲁木齐市城市规划的回顾》,载《新疆地方志》1995年1期。

刘永华:《传统中国的市场与社会结构——对施坚雅中国市场体系理论和宏观区域理论的反思》,载《中国经济史研究》1993年第4期。

毛曦:《论中国城市早期发展的阶段与特点》,载《天津师范大学学报(社会科学版)》2006年第3期。

毛曦:《中国城市史研究:源流、现状与前景》,载《社会科学》2011年第1期。

宁欣、陈涛:《"中世纪城市革命"论说的提出和意义——基于"唐宋变革论"的考察》,载《史学理论研究》2010年第1期。

宁欣:《转型期的唐宋都城:城市经济射虎空间之拓展》,载《学术月刊》2006年第5期。

彭雨新、江溶:《十九世纪汉口商业行会的发展及其积极意义——〈汉口——一个中国城市的商业和社会(1796—1889)〉》,载《中国经济史研究》1994年第4期。

史建云:《对施坚雅市场理论的若干思考》,载《近代史研究》2004年第4期。

覃影:《边缘地带的双城记——清代叙永厅治的双城形态研究》,载《西南民族大学学报》,2009年第11期。

汤芸等:《从明代贵州的卫所城镇看贵州城市体系的形成机理》,载《西南民族大学学报》2009年第10期。

王芳:《〈中华帝国晚期的城市〉对中国学者的借鉴作用》,载《杭州师范学院学报》(人文社会科学版)2001年第4期。

王萍:《广东省的地方自治——民国二十年代》,载《近代史研究所集刊》第7期。

王卫平、董强:《江南城市史研究的回顾与思考(1979—2009)》,载《苏州大学学报(哲学社会科学版)》2010年第4期。

王先明:《"区域化"取向与近代史研究》,载《学术月刊》2006年第3期。

熊月之、张生:《中国城市史研究综述(1986—2006)》,载《史林》2008年第

1期。

俞伟超:《中国古代都城规划的发展阶段性》,载《文物》1985年第2期。

张萍:《黄土高原原梁区商业集镇的发展及地域结构分析——以清代宜川县为例》,载《中国历史地理论丛》2003年第3期。

海外城市研究杂志指南

当前,我国学术界存在一种轻视海外学术杂志的倾向。在笔者看来,全国每年有数量巨大的硕士、博士论文出现,参考文献中也列举了大量学术著作,但参考文献中很少有这个领域的学术杂志。就学术研究而言,这是一个很大遗憾,因为,不参考该领域的权威杂志,就不能反映这个领域的最新前沿动态。造成这一局面的因素很多,但一个重要的原因是管理部门的轻视。当今的高校都热衷于做大做强,但他们眼中的大强是指那些看得见、摸得着的高楼大厦这类硬件建设,在图书杂志这类软件建设上却不愿过多投资。比如,菲尔兹奖(Fields Medal)得主、华人数学大师丘成桐在造访清华大学图书馆时,发现国内大学图书经费相当缺乏。他慨叹道:"别说一般大学,就连国内的名牌大学如清华大学的图书馆,也找不到数学界的期刊",而"研究任何一个科目,期刊都是不可或缺的东西,但是,领导层认为期刊只是一本薄薄的小书,售价却要数千元,他们认为不值。期刊能够将第一手的资讯带给你,但是他们却看不到期刊的重要性,所以大学也得不到这方面的经费"。不愿或不能购买相关期刊,自然会造成参考文献的缺失。

这是国内学人在利用文献进行研究时所面临的普遍困惑:实在难以寻觅自己的专业杂志。其实,这个问题由于国际互联网的出现而在一定程度上得到了解决,但国内各高校、研究机构还是在有意或无意之间回避这个问题。我们以国外比较著名的两家电子期刊网站来说明期刊为学术研究所带来的便捷。这两家网站就是非营利性的 JSTOR(http://www.jstor.org/)和 MUSE PROJECT(http://muse.jhu.edu/)。

JSTOR 已把许多重要学术期刊自创刊以来的所有文章进行存档,尽可能使学者可以便捷地访问这些期刊。人们可以方便地检索这些期刊、文献的高分辨率扫描图像,就像原版的设计、印刷和插图一样。目前,JSTOR 共收录 745 种杂志,涵盖人文社会科学、自然科学各个领域。JSTOR 最初构想是作为梅隆基金会(The Andrew W. Mellon Foundation)的一个项目,图书馆在努力为长期积累的学术期刊资料提供充足的书架时遇到了越来越多的问题,这个项目的启动就是为了解决这些问题。但缺陷是该网站只收录英文杂志,而且JSTOR不是现刊的数据库。因为JSTOR的任务是存档,所以,在最新出版的期刊和JSTOR提供的内容之间通常存在着一到五年的时间间隔。目前,国内只有北京大学、清华大学、复旦大学等8家购买了这家电子期刊网。

MUSE PROJECT 是由约翰·霍普金斯大学出版社(the Johns Hopkins University Press)和 the Milton S. Eisenhower Library(约翰·霍普金斯大学)在1993年联合创办。与60多家学术出版社合作,收录了300多份学术杂志,而且每年还在增加。但国内没有一家科研机构购买这一著名的学术期刊库。

信息时代,网络改变了一切,当然我们的学术研究也不例外。和欧美学术界相比,在利用网络资源进行学术研究方面,我们是大大落后了。相对来说,他们应用这种新的传播媒介,已经比较成熟:众多的专业杂志都制作了网络版,各大学都有自己的网页(和我们不同的是,国外大学的网站主要是由师生们自己制作,并把自己的相关资料添加上去),各研究专题都有为数众多的网站,各研究领域都有自己的搜索引擎。这就在短时间内为人们提供了大量的、最新的信息,拓展了人们的视野,便捷了学者之间的联系,当然也为学术研究提供了新的方法和手段。毫无疑问,网络正改变着学术的研究方式,虽然它自身还存在许多不完善之处,如比较混乱、粗糙、缺乏深度、引文不明确等。随着时间的推移,这些必将日臻完善。

下面,我们回顾一下杂志的起源与发展。英语"magazine"一词源自法语"magasin",而法语又来自阿拉伯语"*makhzan*",本意为"仓库"(storehouse),这一词语至今在军事方面仍指军火库。可见,杂志首先出现于法国也就不足为怪了。17世纪初法国开始发行各种小册子,主要是介绍法国的书店和书籍。后来这些小册子也流传至欧洲,各地纷纷效仿,我们不妨把这些小册子称为最原始的杂志。如1704年,《鲁宾逊漂流记》的作者丹尼尔·笛福(Daniel Defoe,1660—1731)在伦敦创办了定期刊物《评论》(*The Review*),该刊物就介于报纸与杂志之间,一直延续到1713年。①1741年在美洲也出现了杂志,这就是由安德鲁·布拉德福(Andrew Bradford,1686—1742)和本杰明·富兰克林(Benjamin Franklin)分别创建的《美洲杂志》(*American Magazine*)和《综合杂志》(*General Magazine*)。不过,这两本杂志缺乏广告,售价太高,因此,发

---

① 最初报纸与杂志之间并不存在明显的区别,随着时间的推移,两者逐渐有了区分。在内容上,报纸主要刊登有时效性的新闻,杂志则侧重于小说、游记等娱乐性的文章;在形式上,报纸的开本越来越大,对折;杂志装订、加封面,以书本的形式出现。

行时间并不长,发行范围也不广泛。

"magazine"一词首次用于刊物名称是在 1731 年,这年英国人爱德华·凯乌(Edward Cave,1691—1754)创办了《绅士杂志》(The Gentleman's magazine),这是第一份现代意义上的杂志,该杂志一直延续到 1914 年;英国作家、辞书编纂者塞缪尔·约翰逊(Samuel Johnson,1709—1784)曾在上面发表大量文章。当今仍在发行的最古老的杂志是 1739 年创刊的《苏格兰人杂志》(The Scots Magazine)。目前发行量最大的杂志是 1922 年创办的《读者文摘》(Reader's Digest)。宗教类杂志,发行量最大的是《守望台》(The Watchtower),半月刊,以 150 多种语言发行。

就史学领域而言,杂志是史学发展到一定阶段必然的产物,是史学深入研究的必要条件,是史学持续发展的物质载体,也是史学普及的标志。第一批史学专业杂志产生于 19 世纪后半期,以德国的《历史杂志》(1859)、法国的《历史杂志》(1876)、英国的《英国历史评论》(1886)、意大利的《历史杂志》(1888)和美国的《美国历史评论》(1895)为代表。随着近代文明在全球的扩延,创办史学杂志之风也蔓延到世界各地。稍后,随着史学研究的进一步深化,又产生了分科更细的史学杂志,如经济史、社会史、妇女史等专业杂志及地区史、国别史等区域和断代专业杂志。同史学发展趋势相适应,欧美还出现了以史学为基础的跨学科专业杂志,如美国的《历史女神:文学、历史及历史哲学期刊》(1970)、《交叉学科历史杂志》(1970)等。据欧洲学者大致推算,20 世纪 70 年代全世界大概有 1 200 种史学杂志。在这些杂志中,较早创办的杂志一般比较忠实于传统,主要发表文章、评论、总结等,以客观反映史学研究成果为己任,但大多数后起的史学杂志则通过定主题、出专刊、约专稿等方式来影响着史学研究的方向,一些杂志甚至成为史学更新的、强有力的武器,如法国的《年鉴》杂志(1929)、英国的《过去与现在》(1952)、美国的《评论》(1977)便是典型代表。

杂志有不同的分类法。按照读者对象可分为大众杂志、专业杂志,按读者年龄可分为儿童杂志、青年杂志、老年杂志,按照性别可分为女性杂志、男性杂志等。就历史研究而言,可具体细化出几十种类型。比如环境史研究、教育史研究、考古史研究、艺术史研究、圣经研究、科学史研究、文化史研究等等。当然,都市文化研究也是其中一个重要的分支,最近几十年涌现出一大批这类杂志,比如《规划与环境》(Planning and the Environment)、《规划史研究》(Planning History Studies)等。笔者搜集了 29 种这类杂志,它们分别是《古老城市》《中欧城市史文献》《城市与社区》《城市与社会》《现代城市史通报》《规划教育与研究杂志》《规划史杂志》《城市史杂志》《伦敦杂志》《基尔城市史社会报告》《纽伦堡城市史协会报告》《城市展望：都市化和都市进程研究》《规划史新闻》《规划展望》、《奥地利城市史研究通报》《塞奇都市研究摘要》《历史上的城市》《城市史》《城镇规划评论》《都市事务评论》《都市地理》《城市史》《城市史时事通讯》《城市史评论》《城市史年鉴》《都市形态学》《都市研究》《都市：艺术、历史和城市人类文化学》《城市史、城市社会学、古迹保护杂志》。下面加以简单介绍。

《古老城市》

名称	*Die alte Stadt: Vierteljahreszeitschrift für Stadtgeschichte, Stadtsoziologie und Denkmalpflege*
前身	*Zeitschrift für Stadtgeschichte, Stadtsoziologie und Denkmalpflege*（1974—1977）
出版者	Franz Steiner Verlag（2003— ）
先前出版者	W. Kohlhammer GmbH（1978—2002）
创建时间	1978
出版周期	季刊
语言	德语
ISSN	0170-9364
关键词	Urban History
网址	http://www.dav-buchhandlung.de/?portal=M2 http://www.phil.uni-erlangen.de/~p1ges/zfhm/zfhm_na.html

《中欧城市史文献》

名称	*Beiträge zur Geschichte der Städte Mitteleuropas*
出版者	Österreichischer Arbeitskreis für Stadtgeschichtsforschung
创建时间	1963—
语言	德语
关键词	Central Europe，Urban History
网址	http://www.phil.uni-erlangen.de/~p1ges/zfhm/zfhm_na.html

《城市与社区》

名称	*City & Community: a Journal of the Community and Urban Sociology Section of the American Sociological Association*

缩写	C&C
主编	Anthony M. Orum
出版者	Blackwell Publishing
创建时间	2002 年
出版周期	季刊
语言	英语
ISSN	1535-6841(print edition), 1540-6040(online edition)
关键词	Urban History
网址	http://www.commurb.org/journal/index.html
	http://www.blackwellpublishing.com/journal.asp?ref=1535-6841

《城市与社会》

名称	City & Society
主编	Jack Kugelmass(email: jack.kugelmass@asu.edu)
创建时间	1987
出版周期	年刊
语言	英语
ISSN	0893-0465
网址	Homepage of the "Society for Urban, National and Transnational Anthropology"(SUNTA): only general information

《现代城市史通报》

名称	Informationen zur modernen Stadtgeschichte
缩写	IMS
主编	Christoph Bernhardt, Franz-Josef Jakobi, Gerd Kuhn, Heinz Reif, Jürgen Reulecke, Axel Schildt, Clemens Zimmermann
先前主编	Christian Engeli, Wolfgang Hofmann, Horst Matzerath
出版者	Deutsches Institut für Urbanistik
创建时间	1970
出版周期	半年刊
语言	德语
ISSN	0340-1774
关键词	Urban History, 19th Century, 20th Century

网址	http://www.difu.de/publikationen/ims/
	http://hsozkult.geschichte.hu-berlin.de/zeitschriften/id=26

《规划教育与研究杂志》

名称	Journal of Planning Education and Research
缩写	JPER
主编	Michael Hibbard, Edward C. Weeks; jper@oregon.uoregon.edu
出版者	Sage Publications
创建时间	1981
出版周期	季刊
语言	英语
ISSN	0739-456X
关键词	Historic Preservation, Urban History
网址	http://www.acsp.org/JPER/index.html
	http://www.sagepub.com/journal.aspx?pid=243

《规划史杂志》

名称	Journal of Planning History
缩写	JPH
前身	Planning History Studies
主编	Christopher Silver
出版者	Sage Publications
创建时间	2002
出版周期	季刊
语言	英语
ISSN	1538-5132
关键词	Urban History
网址	http://www.sagepub.com/journal.aspx?pid=341

《城市史杂志》

名称	Journal of Urban History
主编	David R. Goldfield
出版者	Sage Publications

创建时间	1973
出版周期	双月刊
语言	英语
ISSN	0096-1442
关键词	Urban History
网址	http://www.sagepub.com/journal.aspx?pid=193
	http://www.phil.uni-erlangen.de/~p1ges/zfhm/zfhm_na.html
	http://pci.chadwyck.com/public?XXrequest=/home.cgi

《伦敦杂志》

名称	*The London Journal: a Review of Metropolitan Society Past and Present*
主编	David Green, david.r.green@kcl.ac.uk
出版者	The London Journal Trust, Center for Metropolitan History
创建时间	1975
出版周期	半年刊
语言	英语
ISSN	0305-8034
关键词	United Kingdom
网址	http://www.history.ac.uk/cmh/londonjournal/
	http://www.phil.uni-erlangen.de/~p1ges/zfhm/zfhm_na.html

《基尔城市史社会报告》

名称	*Mitteilungen der Gesellschaft für Kieler Stadtgeschichte*
语言	德语
网址	http://www.theo-physik.uni-kiel.de:81/~starrost/akens/inst/mgksg.html

《纽伦堡城市史协会报告》

名称	*Mitteilungen des Vereins für Geschichte der Stadt Nürnberg*
缩写	MVGN, MVGNürnb
出版者	Verein für Geschichte der Stadt Nürnberg
创建时间	1879

出版周期	年刊
语言	德语
ISSN	0083-5579
关键词	Germany
网址	http://www.stadtarchiv.nuernberg.de/vgn.htm
	http://www.phil.uni-erlangen.de/~p1ges/zfhm/zfhm_na.html
	http://mdz2.bib-bvb.de/~blzs/

《城市展望：都市化和都市进程研究》

名称	*Perspectivas urbanas：Estudios sobre urbanismo y procesos urbanos*；*Urban Perspectives：Studies in Urbanism and Urban Processes*
缩写	PU-UP
主编	Malcolm Burns, Javier Fedele, Manuel Guardia, F. Javier Monclus; editorial e-mail address: urbpersp@etsav.upc.es
出版者	Escola Tècnica Superior d'Arquitectura del Vallès
创建时间	2003
语言	英语、西班牙语
关键词	E-Journal, Urban History
网址	http://www.etsav.upc.es/urbpersp/

《规划史新闻》

名称	*Planning History News*
出版者	Society for American City and Regional Planning History
出版周期	半年刊
语言	英语
关键词	Urban History
网址	http://www.urban.uiuc.edu/sacrph/publications/publications.html

《规划展望》

名称	*Planning Perspectives：An International Journal of History, Planning and the Environment*
主编	Stephen V. Ward

出版者	Routledge
创建时间	1986
出版周期	季刊
语言	英语
ISSN	0266-5433(print edition),1466-4518(online edition)
关键词	Historical Geography、Urban History
网址	http://www.tandf.co.uk/journals/titles/02665433.asp
	http://www.ingentaconnect.com/content/routledg/rppe?

《奥地利城市史研究通报》

名称	*Pro Civitate Austriae. Informationen zur Stadtgeschichtsforschung in Österreichs*
缩写	PCA
出版周期	年刊
语言	德语
网址	http://www.magwien.gv.at/

《塞奇都市研究摘要》

名称	*Sage Urban Studies Abstracts*
出版者	Sage Publications
创建时间	1973
出版周期	季刊
语言	英语
ISSN	0090-5747
关键词	Abstracting Journal,Urban History
网址	http://www.sagepub.com/journal.aspx?pid=160

《历史上的城市》

名称	*Stadt in der Geschichte. Veröffentlichungen des Südwestdeutschen Arbeitskreises für Stadtgeschichtsforschung*
出版者	Jan Thorbecke Verlag
创建时间	1977
语言	德语

关键词	Urban History
网址	http://www.stadtgeschichtsforschung.de/books.htm
	http://www.thorbecke.de/index.php?id=263
	http://www.phil.uni-erlangen.de/~p1ges/zfhm/zfhm_na.html

《城市史》

名称	*Storia urbana: rivista di studi sulla trasformazioni delle città e del territorio in età moderna*
主编	Lando Bortolotti, Carlo Carozzi, Valerio Castronovo, Franco Della Peruta, Lucio Gambi, Alberto Mioni, Renato Rozzi, Ercole Sori
出版者	Edizioni Franco Angeli
创建时间	1977
出版周期	一年三期
语言	意大利语
ISSN	0391-2248
关键词	Urban History
网址	http://www.francoangeli.it/Riviste/Su.asp
	http://serials.ialhi.org/search.asp

《城镇规划评论》

名称	*Town Planning Review*
缩写	*TPR*
主编	Peter W. J. Batey, David W. Massey, Cecilia Wong
出版者	Liverpool University Press
创建时间	1910
出版周期	季刊
语言	英语
ISSN	0041-0020(print edition),1478-341X(online edition)
关键词	Urban History
网址	http://www.liverpool-unipress.co.uk/journals_2.html
	http://www.ingentaconnect.com/content/lup/tpr;jsessionid=2g3c0fg17qvo.victoria?

《都市事务评论》

名称	*Urban Affairs Review*
前身	Urban Affairs Quarterly(1965—1994)
主编	Susan E. Clarke, Gary L. Gaile, Michael A. Pagano; editorial e-mail address: uar@uic.edu
先前主编	Dennis Judd
出版者	Sage Publications
创建时间	1995
出版周期	双月刊
语言	英语
ISSN	1078-0874
关键词	Urban History
网址	http://www.sagepub.com/journal.aspx?pid=41

《都市地理》

名称	*Urban Geography*
主编	Robert W. Lake, Peter O. Muller
先前主编	Brian J. L. Berry, James O. Wheeler
出版者	Bellwether Publishing, Ltd.
创建时间	1980
出版周期	双月刊
语言	英语
ISSN	0272-3638
关键词	Urban History
网址	http://www.bellpub.com/ug/index.html http://www.ingentaconnect.com/content/bell/urban

《城市史》

名称	*Urban History*
前身	Urban history yearbook(1974—1991)
主编	Richard Rodger, Rosemary Sweet
出版者	Cambridge University Press
创建时间	1992

出版周期	一年三期
语言	英语
ISSN	0963-9268(print edition), 1469-8706(online edition)
关键词	Urban History
网址	http://www.history-journals.de/journals/hjg-u00012.html

《城市史时事通讯》

名称	*Urban History Newsletter*
主编	Shane Ewen, sde3@le.ac.uk; Simon Littlewood, sjl38@le.ac.uk
出版者	Centre for Urban History、University of Leicester
语言	英语
关键词	Urban History
网址	http://www.history-journals.de/journals/hjg-u00038.html

《城市史评论》

名称	*Urban History Review*; *Revue d'histoire urbaine*
缩写	UHR/RHU
主编	Michèle Dagenais, Robert Lewis
前主编	John H. Taylor(1972—1977), Alan Artibise(1978—1987), John Weaver(1987—1992), Richard S. Harris(1992—2001)
出版者	National Museum of Man
创建时间	1972
出版周期	biannually(since 1993; 1992: 1 issue; 1980—1991: 3 issues a year, 1979: 2 issues; 1973—1978: 3 volumes a year, 1972: 2 volumes)
语言	英语、法语
ISSN	0703-0428
关键词	Canada, Urban History
网址	http://www.hist.umontreal.ca/u/urbanhistory/home.html

《城市史年鉴》

名称	*Urban History Yearbook*
前身	*Urban History Newsletter*(1963—1973),自1992年起改为

	Urban History Yearbook
主编	H. I. Dyos
出版者	Leicester University Press
创建时间	1974—1991
出版周期	年刊
语言	英语
ISSN	0306-0845
关键词	Urban History
网址	http://www.phil.uni-erlangen.de/~p1ges/zfhm/zfhm_na.html

《都市形态学》

名称	*Urban Morphology. Journal of the International Seminar on Urban Form*
主编	Jeremy Whitehand
创建时间	1997
出版周期	半年刊
语言	英语
关键词	Urban History
网址	http://odin.let.rug.nl/isuf/urbm/

《都市研究》

名称	*Urban Studies*
主编	Ronan Paddison, editorial e-mail address: jurbs@gla.ac.uk
先前主编	William F. Lever
出版者	Carfax Publishing
先前出版者	Oliver & Boyd(1964—1970), Longman(1971—1989)
创建时间	1964
出版周期	13 issues a year(since 1999; 1997—1998: 12 issues a year)
语言	英语
ISSN	0042-0980(print edition), 1360-063X(online edition)
关键词	Urban History
网址	http://www.gla.ac.uk/UrbanStudiesJournal/
	http://www.tandf.co.uk/journals/titles/00420980.asp
	http://www.ingentaconnect.com/content/routledg/curs

《都市：艺术、历史和城市人类文化学》

名称	*Urbi：arts，histoire，ethnologie des villes*
出版者	Centre de Recherche d'Urbanisme
创建时间	1979—1989
语言	法语
ISSN	0242-1100
关键词	Urban History
网址	http://pci.chadwyck.com/public?XXrequest=/home.cgi

《城市史、城市社会学、古迹保护杂志》

名称	*Zeitschrift für Stadtgeschichte，Stadtsoziologie und Denkmalpflege*
出版者	Kohlhammer
创建时间	1974—1977
语言	德语
ISSN	0340-3688
关键词	Urban History
网址	http://www.phil.uni-erlangen.de/~p1ges/zfhm/zfhm_na.html

城市与都市的本源意义（代后记）

可以想象一下前现代、现代、后现代的城市景观，它们之间无论在城市规划，还是城市建筑上，都表现出巨大的差异，这种巨大的差异对生活在其中的群体、个人都产生巨大的影响，决定着人们的行为方式、思想观念，可见研究城市的意义是非常巨大的，诚如马克思所说城市"生产者也改变着，炼出新的品质，通过生产=发展和改造着自身，造成新的力量和新的观念，造成新的交往方式，新的需要和新的语言"。[①]

关于什么是城市这个概念就像什么是文明一样，说法很多。存在诸如城市是一种文明进程，城市是一种生活方式，城市是文明的场所，城市是文明的熔炉等说法。从词源学角度来看，City（城市）一词来源于拉丁语"civitas"（城邦），本来描述的是一座城市及生活在其中的居民，后来逐渐在西方思想中形成了人类进步与城市发展之间的联想关系，如"城市，让生活更美好"的观念。"Urban"（都市）一词也来源于拉丁语"urbs"（市区），用来表示物理特性或建造环境。可见两者本来是描述城市不同景观的。到19世纪晚期，尤其是20世纪初以后，这两个概念逐渐混同了，但我们当今在使用这个两个词语时可以体验它们之间的差异——前者的精神与气质，后者的雄伟与壮观。一言蔽之，没有城市，文明就很少有可能兴起，文明是那种"在城市中发现的文化"。城市就是在一定地域范围内聚集人口、财富、资源、建筑、服务、信息等人类文明的载体，是人类社会与特定地理环境紧密结合的一种实体，这些因素聚结在一起产生着极大的"集聚效应"，降低了各种生活成本，使普通民众受惠。

当前，我国正在经历着人类历史上最大规模的城市化。到2020年，城市人口将达到中国总人口的60%，城市化是大势所趋，但城市化水平迅速提升的同时也导致城市问题丛生，一方面如何借鉴域外经验看待城市化进程中的中国问题，另一方面，如何保护我国传统都市的历史文脉，都需要借鉴前人的经验。诚如我主编的"城市与社会译丛"（商务印书馆出版）序言中说："城市研究

[①] 马克思：《经济学手稿（1857—1858年）》，《马克思恩格斯全集》第46卷上册，人民出版社1980年，第494页。

(Urban Studies)是一门新兴的前沿学科,主要研究城市的起源、发展、嬗变以及这一进程中出现的各类问题。目前已出现了众多与这一领域相关的学科,如城市社会学、城市历史学、城市政治学、城市人类学、城市地理学、城市生态学、城市气象学等。从广义上讲,上述学科都可以归入城市文化研究(Urban Culture Studies)这一范畴。可见城市文化研究的一个重要特点是跨学科性,它综合各门人文科学的优势,吸收不同的观念与方法,以独特的视角研究城市文化的历史、现状与未来。而当代中国正处于急剧转型时期,城市化的速度越来越快,伴随这一进程也出现了一系列问题,因此这一研究不但有着重要的学术价值,而且有着现实关怀的实际意义"。就城市史研究而言,这一研究在西方已较为成熟,成立了很多机构,涌现出不少流派,成为一个专门的研究领域,出现了不少富有特色的经典作品如,早期如法国学者库朗热(Fustel de Coulanges,1830—1889)的《古代城邦——古希腊罗马祭祀、权利和政制研究》,近来如美国思想家芒福德的(Lewis Mumford,1895—1990)的《城市发展史》,当下如城市史专家雷·哈奇森的《城市研究百科全书》,[1]戴维·古德菲尔德的《美国城市史百科全书》,李斯(Andrew Lees,1940—)的《城市:一部世界史》,克拉克(Peter Clark,1944—)《牛津世界城市史研究指南》等,[2]都值得我们借鉴。

编写一部"西方城市史学"有一定难度。因为西方城市史时间跨度长,地域范围广泛,涉及不同民族、不同语言、不同观念,无论从哪个角度切入,都难免挂一漏万,因此本书以欧美国家为主,涵盖不可回避的伊斯兰城市,侧重于从宏观层面梳理西方城市史发展脉络,纵向分析西方城市发展的不同阶段及其基本特征,横向选取典型国家进行实证研究。基本内容包括:古典时代西方城市、中世纪和近代早期西方城市、工业时代的西欧城市和美国城市、20世纪西方城市研究理论与方法。试图较为系统地梳理西方城市发展历程,探讨其动力机制、阶段性模式、影响以及反应和调适。以期从宏观上把握西方城市史整体性历程,透视西方城市发展的规律,尝试构建西方城市史研究理论体系,为我国新型城镇化战略的推进提供借鉴和参考。

---

[1] Ray Hutchison ed., *Encyclopedia of Urban Studies*, 2 Volume, SAGE Publications, Inc., 2009.

[2] David R. Goldfield, *Encyclopedia of American Urban History*, 2 Volume, Sage Publications, Inc., 2006; Peter Clark ed., *The Oxford Handbook of Cities in World History*, Oxford, 2013; Andrew Lees, *The City: A World History*, Oxford, 2015,中译本将由上海三联书店出版,属于国家出版基金项目"城市史译丛"项目计划。

当下之中国，城市化进程正如火如荼地进行着，传统农村社会正向城市社会的转型，对城市的快速、健康发展提出了挑战，也对国内学界的城市研究提出了要求。在此背景下，国内城市史研究逐步兴起，并呈蓬勃发展之势，有鉴于此，我们不揣浅陋，怀"他山之石，可以攻玉"之初衷，邀请王旭、刘景华、陈淳、姜芃、成一农、谢光云、车效梅、俞金尧、刘健、陆伟芳、洪庆明、刘旭光诸位教授，按照自己的研究兴趣共同撰写这本《西方城市史学》，希图在增益国人有关城市知识的同时，能在理论模式建构、研究方法综合和研究面向选择等各个方面为国内学界的城市研究提供些许借鉴或启迪。

陈恒

2017年3月28日

于光启国际学者中心